화웨이 쇼크

HOUSE OF HUAWEI: THE SECRET HISTORY OF
CHINA'S MOST POWERFUL COMPANY

Copyright ⓒ 2025 by Eva Dou
All rights reserved including the right of reproduction in whole or in part in any form. This edition published by arrangement with Portfolio, an imprint of Penguin Publishing Group, a division of Penguin Random House LLC

Korean translation copyright ⓒ 2025 by Sangsang Academy ALL RIGHTS RESERVED.

이 책의 한국어판 저작권은 알렉스리 에이전시를 통해 Portfolio와 독점 계약한 ㈜상상아카데미에 있습니다.
저작권법에 의하여 한국 내에서 보호를 받는 저작물이므로
무단 전재와 무단 복제를 할 수 없습니다.

화웨이 쇼크
그들은 어떻게 글로벌 1위가 되었는가

1판 1쇄 펴냄 2025년 7월 16일

지은이 에바 더우
옮긴이 이경남
발행인 김병준·고세규
발행처 생각의힘
편집 박승기·정혜지 디자인 백소연·예온디자인 마케팅 김유정·최은규

등록 2011. 10. 27. 제406-2011-000127호
주소 서울시 마포구 독막로6길 11. 2, 3층
전화 편집 02)6953-8342, 영업 02)6925-4188 팩스 02)6925-4182
전자우편 tpbook1@tpbook.co.kr 홈페이지 www.tpbook.co.kr

ISBN 979-11-94880-07-3 (03320)

The
House of
Huawei

The Secret History of China's Most Powerful Company

화웨이 쇼크

그들은 어떻게 글로벌 1위가 되었는가

에바 더우 | 이경남 옮김

생각의힘

마딩에게 바친다

군인인 나는 유능하고 정말로 탁월한 전략가들을 많이 보아왔다. 하지만 런정페이보다 더 전략 지향적인 인물은 본 적이 없다.[1]

— 윌리엄 A. 오웬스 제독Admiral William A. Owens,
전 미국 합동참모본부 부의장

차례

추천의 글 13
한국어판 서문 17
나오는 사람 23
저자의 말 36
들어가는 말 38

1부

1 책방 주인 47
2 동굴 속의 공장 61
3 새로운 시작 73
4 경제특구 83
5 국산 교환기 99
6 공동의 관심사 113
7 늑대 무리 125
8 최정상 지도자와의 이별 137

2부

9	강철 부대	151
10	화웨이 기본법	167
11	겨울	183
12	기습	199
13	제국으로 가는 길	209
14	권력 분리	227
15	성화	241
16	서부전선	249
17	혁명	261
18	청문회	273
19	언론 기피증	287
20	샷자이언트	297

3부

21	매의 눈 '쉐량'	311
22	재현된 아름다움, 둥관 캠퍼스	323
23	엿듣는 국가	339

24	인질 외교	355
25	워털루	367
26	공판	387
27	환영받는 영웅	411
28	블랙 스완	419

감사의 말	434
화웨이 기업 지배 구조	441
사건 연표	442
더 읽어볼 자료들	456
사진 출처	462
주	464
찾아보기	574

일러두기

1. 이 책은 *House of Huawei: The Secret History of China's Most Powerful Company* (2025)를 우리말로 옮긴 것이다.
2. 단행본은 겹화살괄호(《》), 영화, 잡지, 방송 프로그램, 보고서 등은 홑화살괄호(〈〉)로 표기하였다.
3. 옮긴이 주는 본문에서 '—옮긴이'로 밝혔다. 미주는 출처를 밝힌 원서의 주이다.
4. 인명 등 외래어는 국립국어원의 표준어 규정 및 외래어 표기법을 따르되 일부는 관례와 원어 발음을 존중하여 그에 가깝게 표기하였다.
5. 국내에 소개된 작품명은 번역된 제목을 따랐고, 국내에 소개되지 않은 작품명은 원어 제목을 독음대로 적거나 우리말로 옮겼다.

추천의 글

모든 것을 잘하게 된 중국, 그 핵심에는 화웨이가 있다. 통신 네트워크에서 AI 칩까지 모든 것을 다 하는 화웨이의 역사는 중국 산업 발전의 역사이기도 하다. 지피지기면 백전불태라는 말대로 지금 우리에게 중국을 제대로 이해하는 것이 가장 중요하다면 이 책은 지금 우리에게 가장 필요한 것을 알려준다. 화웨이, 그 시작과 변천을 이해한다면 어떻게 맞서야 할지도 알게 될 것이다.

_최준영, 법무법인 율촌 전문위원, 유튜브 채널 〈최준영 박사의 지구본 연구소〉 운영

화웨이는 한때 중국의 삼성전자라고 불렸지만 그 성장 기세는 가속과 팽창을 거듭하고 있어 이제는 오히려 삼성전자를 한국의 화웨이로 불러야 한다는 걱정어린 목소리가 일각에서 나올 정도다. 화웨이는 통신뿐 아니라, 바야흐로 반도체는 물론 인공지능으로까지 영역을 넓히며 중국의 첨단산업

의 첨병 역할을 하고 있다. 동시에 화웨이는 미국의 대중 견제에서 가장 먼저 제재 대상이 되는 기업이 되었다. 화웨이가 어떠한 과정으로 이러한 상징적 기업이 되었는지 이미 많은 연구들이 이뤄졌지만 이번에 세상에 나온 《화웨이 쇼크》는 보다 입체적으로 화웨이의 진짜 장점과 숨겨진 한계를 냉철하게 조망했다는 점에서, 그리고 그들의 핵심 전략의 지속 가능성을 상세하게 분석했다는 점에서 독자들에게 새로운 관점을 제시한다. 화웨이 회장 런정페이 개인의 배경을 다룬 인물사적 취재는 물론, 화웨이 전략의 기반이 되는 군산기술복합체MIC의 실체를 다룬 산업사적 취재가 책 안에서 제대로 엮이며 잘 드러나고 있다. 이를 종합적으로 이해하는 것은 중국이 앞으로 글로벌 무대에서 펼치게 될 반도체-AI, 그리고 AX에 이르는 산업 전략을 이해하기 위한 전제가 된다는 점에서 시의적절한 통찰을 줄 것이다. 특히 한국 반도체 및 AI 산업에 주는 통찰은 화웨이의 전략이 경쟁에서 살아남을 수 있는 강점을 갖는 동시에 글로벌 확장성에서는 근본적 제약이 있을 수밖에 없다는 사실이다. 이는 한국이 앞으로 중국 반도체 산업을 공부하고 전략을 벤치마킹하더라도 글로벌 기준에서의 필터링을 제대로 할 수 있어야 함을 의미하는 것이기도 하다. 이 책은 글로벌 무대에서 중국과 앞으로 더욱 치열한 경쟁을 펼쳐야 하는 한국의 기업인들, 전략가들, 정책 입안자들은 물론, 첨단산업으로 진출하고자 하는 사회인들이나 학생들에게도 중요한 정보를 줄 것이다.

_권석준, 성균관대학교 화학공학과 교수, 《반도체 삼국지》 저자

《화웨이 쇼크》에서 에바 더우는 화웨이가 어떻게 중국에서 가장 성공한 기술 기업이 되었으며 어쩌다 지정학적 경쟁의 피뢰침으로 서게 되었는지 그 과정을 밝힌다. 인물의 특징을 잘 드러낸 인터뷰와 화웨이 역사에 대한 심도 있는 연구를 바탕으로, 화웨이의 성장은 물론 복잡하고도 논란이 많은

중국의 공안 정국과의 관계를 매우 깊이 있게 설명한다. 중국의 하이테크 분야와 중국과 미국의 기술 경쟁을 이해하려면 반드시 읽어야 할 책이다."
_크리스 밀러 Chris Miller, 《칩 워》 저자

중국에서 가장 중요한 기업에 현미경을 들이댄 획기적인 작품. 중국 공산당은 온라인 쇼핑이나 비디오 앱보다 통신 네트워크, 반도체, 감시 시스템에 더 집착한다. 화웨이가 가장 깊숙이 숨겨온 미스터리를 밝히는 책을 이제야 손에 넣게 되었다.
_댄 왕 Dan Wang, 예일대 로스쿨 폴차이차이나센터 Paul Tsai China Center 연구원

〈워싱턴 포스트〉 테크 전문 기자가 수십 년간의 문서를 분석하여 화웨이의 수수께끼 같은 설립자가 어떻게 빈곤에서 벗어나 현재 중국에서 가장 강력해 보이는 기업을 이끌게 되었는지 파헤쳤다.
_〈이코노미스트〉 올해의 책 선정 이유

모호하고 복잡한 화웨이에 대한 정교한 보도는 현대 지정학의 모호한 본질을 환히 비춘다.
_〈가디언〉

권위 있고, 오늘날 가장 중요한 지정학적 관계의 핵심을 다루는 이야기.
_〈파이낸셜 타임스〉

중국의 경제적 부상을 한 기업을 통해 완벽하게 보여준다.
_〈월스트리트 저널〉

시의적절하고 명확하며, 우려스러운 이야기.
_〈커커스 리뷰〉

한국어판 서문

《화웨이 쇼크》의 한국어판 출간을 앞둔 지금도 화웨이 테크놀로지는 국제 정세 속에서 여전히 그 존재감을 과시하고 있다. 통신 장비와 스마트폰으로 이름을 떨쳤던 이 기술 대기업은 최근에 한 나라의 차세대 기술력을 가늠하는 지표인 AI 칩 분야에서 중국의 선두주자로 부상해 엔비디아와 직접 경쟁을 벌이는 중이다. 화웨이는 또한 전기 자동차와 휴머노이드 로봇 외에 여러 미래 기술 분야를 넘보며 외연을 확장하고 있다. 서방의 여러 정부들은 정책적으로 여전히 화웨이의 행보를 주시하며 촉각을 곤두세운다. 트럼프 2기 행정부는 화웨이의 칩 사업을 표적 삼아 새로운 규제를 마련했고, 유럽연합은 2025년 봄에 화웨이를 콕 집어 뇌물 수수 조사에 착수했다. 이런 서방의 노골적인 압박으로 화웨이는 한때 생존 자체를 위협받았지만, 지금 화웨이가 건재하다는 것은 명백한 기정 사실이다.

화웨이 스토리는 1980년대 이후로 중국이 지켜온 공산-자본주의 하이브리드 모델의 가장 큰 성공 사례라는 점에서 의미 있는 연구 대상이다. 소형 전화교환기를 제조하는 수많은 업체 중 하나로 출발한 화웨이는 한때 치열한 국내 경쟁에 갇혀 고전했지만, 이제는 중국 최대의 기술 기업으로 자리 잡았고 더 나아가 해외 유수의 경쟁자들을 위협하는 거대 글로벌 기업으로 우뚝 섰다. 화웨이가 여기까지 오게 된 과정은 전 세계 여러 국가들이 이런저런 방식으로 연관된 거대 서사로, 자유무역을 벗어나 산업 정책을 중요시하는 시대적 정서 변화 속에 전개되는 이야기다.

이 책을 통해 자세히 밝히겠지만, 화웨이의 창업자 런정페이는 최소한 100년 정도 지속 가능한 중국 기업을 만들겠다는 일념으로 수십 년 동안 경영에 매진해, 전 세계 기업가들을 벤치마킹하는 한편 자신만의 독특한 중국 기업 모델을 구축해 왔다. 한국 독자들에게 화웨이의 이야기는 삼성 같은 한국의 거대 기술 기업과 상당히 비슷한 것처럼 비칠 수 있겠다. 세계의 예상을 뒤엎고 한 가지 기술로 독자적 위치를 마련한 다음, 여러 기술 분야로 세력을 확장해 글로벌 리더가 되었다는 점에서 그렇다. 삼성과 마찬가지로 화웨이도 엔지니어들의 독창성과 국가 차원의 시의적절한 산업 정책의 지원을 받아 성장했다. 화웨이는 삼성의 발자취를 따라 글로벌 소비자 브랜드를 구축하는 동시에, 자체적으로 업스트림 부품을 개발하는 데 막대한 R&D 자금을 투입했다. 하지만 뚜렷한 차이도 존재한다. 화웨이는 방대한 내수 시장이라는 홈그라운드의 이점이 있는가 하면, 중국 정치 체제의 영향이나 미국의 제재로 인한 엄청난 압력을 받는다는 점에서 삼성과는 다른 길을 걸었다.

한국 등 여러 나라의 정부들은 향후 몇 년 동안 화웨이를 비롯한 중국의 여러 기술 기업과 거래를 할지 여부를 두고 워싱턴과 베이징 양측으로부터 지속적인 압박을 받을 것으로 보인다. 이제 화웨이는 중국과 미국의 입김이 전 세계에 얼마나 넓게 작용하는지 보여주는 상징적 지표가 되었다. 전 세계 많은 나라들은 앞으로도 다양한 방식으로 미국과 중국에 의존할 테지만, 이 두 나라 기술 생태계의 방향이 정치적 압력에 의해 크게 갈릴 경우, 제3국의 정책 입안자들은 새로운 선택의 기로에 서게 될 것이다.

전 세계에 흩어진 주요 기업을 제대로 이해하는 데 가장 큰 난관 중 하나는 언어 장벽이다. 그런 점에서 중국어로 된 원본 자료에 크게 기대어 쓴 이 책이 그런 언어의 격차를 해소하는 데 도움이 되었으면 하는 바람이다. 관심 있는 독자를 위해 아래 사이트에 이 책에서 참고한 자료들의 목록을 영문으로 실어놓았다. https://sites.prh.com/houseofhuawei.

중화인민공화국 지도

러시아
카자흐스탄
헤이룽장성
몽골
지린성
키르기스스탄
우루무치시
라오닝성
조선 민주주의 인민공화국
타지키스탄
신장 위구르 자치구
내몽골 자치구
베이징
아프가니스탄
간쑤성
라오양시
동해
파키스탄
닝샤 후이족 자치구
산시
허베이성
대한민국
지난시
칭하이성
황해
산둥성
산시성
티베트 자치구
시안시
허난성
장쑤성
상하이
안후이성
후베이성
청두시
런몐촌
동중국해
에베레스트 산맥
청관구
쓰촨성
우한시
이우시
네팔
충칭
저장성
부탄
후난성
구이저우성
장시성
푸젠성
대만 해협
두윈시
인도
방글라데시
취징시
안순시
타이완
쿤밍시
광시 좡족 자치구
광둥 성
윈난성
룽현
선전시
N
KILOMETERS
0
500
벵골만
홍콩
주하이시
베트남
미얀마
0
500
MILES
라오스
하이난
남중국해
태국

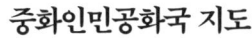

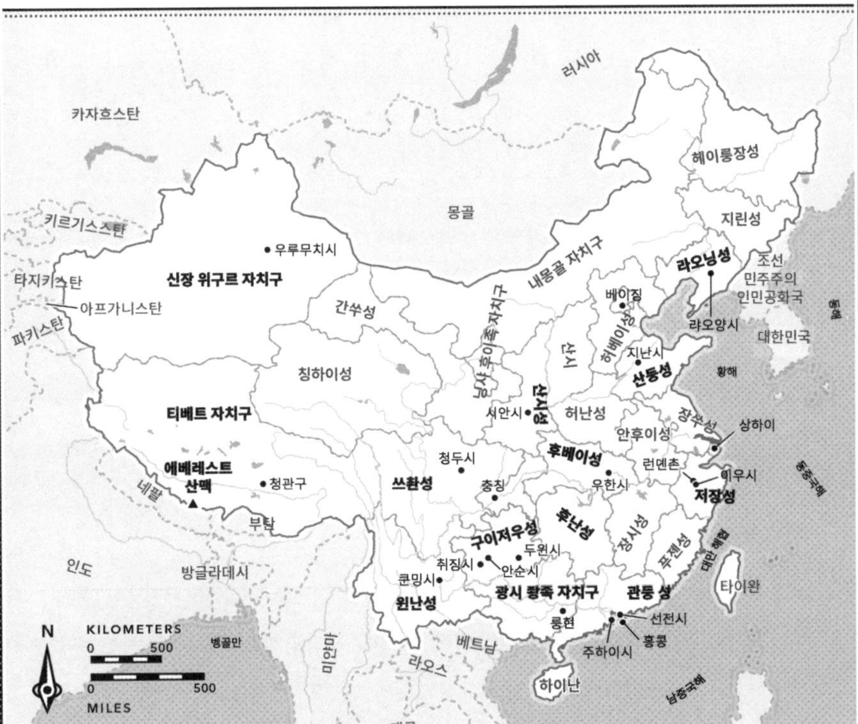

책에 표기된 이름에 대해

화웨이 임원들 중에는 업무 수행 능력을 높이기 위해 영어 이름을 채택하는 사람들이 많다. 이 책에서도 독자들의 정보 접근을 돕기 위해 영어 이름을 자주 사용했다. 중국에서는 성이 먼저 나오기 때문에 영문으로 표기할 때도 성을 앞에 쓰는 경우가 많다. 하지만 해외에 거주하는 중국인 중에는 서구의 관습을 따라 성을 뒤에 놓는 사람도 있다.

등장인물의 목록은 이 책에 나오는 임원들이 맡았던 주요 직책에 따라 배열했다. 화웨이의 경영진은 몇 년마다 역할과 책임을 돌아가며 맡는 편이어서, 여기에 소개된 경영진 중 일부는 이후 다른 직책으로 승진한 경우도 있다.

나오는 사람

런 가문 사람들

런정페이任正非: 세계 최대 통신 장비 업체 화웨이 테크놀로지의 설립자.

멍완저우孟晚舟(캐시 멍 Cathy Meng 또는 사브리나 멍 Sabrina Meng): 런정페이와 멍쥔의 딸. 화웨이 최고재무책임자 CFO.

런모쉰任摩遜: 런정페이의 아버지. 두윈민족사범대학 학장 겸 두윈제1중학교 교장.

청위안자오程遠昭: 런정페이의 어머니, 두윈제1중학교 수학 교사.

스티븐 런 Steven Ren, (런슈루 任樹錄): 런정페이의 남동생. 화웨이 최고물류책임자.

정리鄭黎: 런정페이의 여동생, 화웨이 재무 담당 임원.

멍쥔孟軍: 런정페이의 첫 번째 아내.

멍둥보孟東波 : 멍쥔의 아버지이자 런정페이의 장인. 쓰촨성 부성장.

런핑任平 (멍핑孟平) : 런정페이와 멍쥔의 아들.

야오링姚凌 : 런정페이의 두 번째 부인. 애너벨 야오의 어머니.

애너벨 야오 Annabel Yao (Yao Anna, 야오안나姚安娜, 또는 야오스웨이姚思為) : 런정페이와 야오링의 딸.

카를로스 류 Carlos Liu (류샤오종劉曉棕) : 멍완저우의 남편.

화웨이 주요 임원

쑨야팡孫亞芳 : 화웨이 회장(1999~2018년).

궈핑郭平 : 화웨이 세 명의 순환회장 중 한 명으로, 화웨이의 초기 엔지니어링팀의 일원. 화웨이의 인수합병 및 법적 소송을 지휘 감독.

켄 후 Ken Hu (후허우쿤胡厚崑) : 화웨이의 순환회장 세 명 중 한 명. 화웨이의 사이버 보안을 감독.

에릭 쉬 Eric Xu (쉬즈쥔徐直軍) : 화웨이의 순환회장 세 명 중 한 명. 화웨이가 세계적으로 발돋움하던 초기에 무선 사업부를 이끌었다.

정바오용鄭寶用 : 화웨이 초창기의 수석 엔지니어. 이후 부사장. 1990년대 후반에 화웨이 미국 사업부 사장 역임.

리이난李一男 : 초창기 화웨이의 '소년 천재' 엔지니어. 라이벌 라우터 제조업체인 하버네트웍스의 설립자.

윌리엄 쉬 William Xu (쉬원웨이徐文偉) : 초기 전화교환기의 칩 엔지니어링을 담당한 화웨이의 고위 임원 및 이사회 멤버.

첸주팡陳珠芳 : 화웨이의 당서기(1990년대 후반~2007년경).

저우다이치周代期 : 화웨이의 당서기(2008년경~).

장시셩江西生 : 화웨이의 초기 임원으로, 초기 투자자 5명의 퇴출을 협상.

제임스 얀 James Yan (옌징리閻景立): 1990년대 화웨이의 첫 미국 대표.

맷 브로스 Matt Bross: 2005년에 브리티시텔레콤의 CTO로, 화웨이를 네트워크 사업자로 선택하여 서구에서 화웨이의 첫 번째 주요 계약을 성사시킨 인물. 이후 화웨이에 합류하여 글로벌 CTO로 활약.

테레사 허 Teresa He (허팅보何庭波): 화웨이 칩 사업부 하이실리콘의 책임자.

통웬童文: 화웨이의 수석 5G 과학자. 전 노텔 네트워크 기술연구소 책임자.

찰스 딩 Charles Ding (딩샤오화丁少華): 화웨이와 ZTE에 대한 2012년 하원 정보상임위원회 청문회 당시 화웨이의 미국 수석 대표.

리처드 유 Richard Yu (유청둥余承東): 화웨이의 스마트폰 책임자.

캐서린 첸 Catherine Chen (첸리팡陳黎芳): 미·중 무역 전쟁 당시 화웨이의 공보 책임자, 남편 서이안曹貽安은 화웨이의 초기 엔지니어.

화웨이의 국내 라이벌

셴딩싱沈定興: 주하이 텔레콤 설립자. 화웨이 초기 투자자 중 한 명.

완룬난萬潤南: '중국의 IBM'이라 불리는, 중국에서 가장 유망한 초기 민간 기술 기업 쓰퉁그룹Stone Group Corporation의 창립자. 1989년 톈안먼 광장 민주화 학생 시위대를 지원했다가 프랑스로 망명.

우장싱鄔江興: 1991년에 중국 최초의 토착 첨단 디지털 '04 교환기'를 개발한 군사 기술자이자 교환기 회사 그레이트드래곤의 창립자. 인민해방군 총참모부 정보공학 아카데미의 소장 역임. 런정페이도 이 직함을 가졌던 것으로 잘못 알려졌다.

허우웨이구이侯為貴: ZTE 창립자.

류촨즈柳傳志: 레노버 창립자.

외국 기업의 임원들

존 체임버스 John Chambers : 시스코 CEO. 화웨이를 상대로 지적 재산권 소송을 제기.

브루스 클래플린 Bruce Claflin : 스리콤3Com CEO. 화웨이와의 합작 벤처 설립으로 화웨이가 시스코 소송을 방어할 수 있도록 지원.

마이크 재퍼로브스키 Mike Zafirovski : 모토로라의 COO. 2003년에 화웨이와 합병 시도.

윌리엄 A. "빌" 오웬스 William A. "Bill" Owens : 전 미합동참모부 부의장. 전 노텔 CEO. 2010년에 화웨이를 대표해 스프린트 계약 입찰 추진.

대니얼 "댄" 헤스 Daniel "Dan" Hesse : 스프린트넥스텔 CEO.

중국 정부 당국자들

1997년 이전까지는 중국 최고 지도자의 직함에 변화가 많았다. 마오쩌둥은 1949년부터 1976년 사망할 때까지 '중국 공산당 주석'이라는 칭호로 중국을 이끌었다. 잠깐 공백기가 있었던 덩샤오핑은 1997년 사망하기 전까지 '최고 지도자,' '동지' 등 다양한 호칭으로 불렸다. 이후 장쩌민을 시작으로 중국의 최고 지도자는 '중국 공산당 총서기'라는 명칭으로 통치하고 있으며 나중에는 '국가 주석'을 겸직한다. 예를 들어 시진핑은 2012년 11월 중국 공산당 총서기에 취임하여 중국의 최고 지도자 자리에 오른 후, 2013년 3월에 '중국 국가 주석'이라는 직함을 추가했다. 총서기는 중국 지도부 이인자이자 국가 서열 2위이다.

마오쩌둥 毛澤東 : 중화인민공화국 창시자이자 중국 공산당CCP 주석으로, 1949년부터 1976년 사망할 때까지 중국을 이끈 지도자.

덩샤오핑 鄧小平 : 1978년부터 1997년까지 중국을 이끈 지도자. 1980

년대 후반에 정부 직책에서 공식 은퇴했지만, 사망할 때까지 중국의 사실상 지도자로 추앙받았다. 마오쩌둥의 문화대혁명 이후 시장 개혁을 통해 중국의 경제 르네상스를 설계한 인물로 평가받는다.

자오쯔양趙紫陽 : 중국 총리(1980~1987년), 중국 공산당 총서기(1987~1989년). 1989년 톈안먼 광장의 민주화 학생 시위대에 동조했다는 이유로 해임. 공직 생활 초기에 쓰촨성의 지도자로 쓰촨성의 시장 개혁 실험 주도.

리펑李鵬 : 중국 총리(1987~1998년). 1989년 톈안먼 광장 시위대를 향해 무력 사용을 지시한 안보 강경론자.

후야오방胡耀邦 : 중국 공산당 총서기(1982~1987년).

장쩌민江澤民 : 중국 공산당 총서기(1989~2002년). 중국의 민간기업 자유화 붐과 2001년 중국의 세계무역기구WTO 가입을 지휘. 총서기 재임 초기의 서열은 덩샤오핑 아래였지만, 1997년에 덩이 사망한 후 중국의 최고 지도자가 되었다. 1994년에 런정페이와 만났던 일은 화웨이 초기 역사의 주요 사건으로 자주 언급된다.

주룽지朱鎔基 : 중국의 총리(1998~2003년). 중국의 경제 자유화에 앞장 섰으며 중국의 WTO 가입을 협상. 1996년에 그가 화웨이를 방문한 뒤로 화웨이는 국유 은행으로부터 자금을 쉽게 조달할 수 있게 된다.

후진타오胡錦濤 : 중국 지도자(2002~2012년). 빠르게 진행되는 세계화 시대를 이끌었다. 런정페이는 2001년 그의 이란 국빈 방문을 수행했다.

우방궈吳邦國 : 중국 부총리(1995~2003년). 전국인민대표대회 상임 위원회 위원장(2003~2013년). 베이징의 화웨이 지지자 중 한 명으로, 2000년대 초 화웨이가 국가 감사원의 조사를 받을 때 도움을 요청받았다.

원자바오温家宝 : 중국 총리(2003~2013년)

장가오리張高麗 : 중국 부총리(2013~2018년). 선전 당서기 시절 화웨이를 방문.

시진핑習近平 : 중국의 현 지도자. 2012년 이후 중국 공산당 총서기.

1981년 8월 3일, 선전이 중국 최초의 '경제특구'로 지정되면서 자본주의 실험에 청신호가 켜진 후 1년이 지났을 때 선전의 거리. 그때도 여전히 가장 흔한 교통수단은 자전거였다.

2005년 4월 10일, 인도 벵갈루루에 있는 화웨이 소프트웨어 개발센터에서 화웨이 창업자 런정페이(오른쪽)가 원자바오 중국 총리와 이야기를 나누고 있다.

2006년 12월 3일, 홍콩에서 열린 무역 박람회 화웨이 부스에서 화웨이 창립자 런정페이(앞줄 왼쪽 두 번째)가 우방궈 전 부총리(가운데), 요시오 우츠미內海善雄 국제전기통신연합 사무총장(앞줄 오른쪽 세 번째)과 이야기를 나누고 있다. 화웨이의 세 명의 순환 CEO 중 한 명이 된 에릭 쉬(앞줄 왼쪽)도 보인다. 우방궈는 화웨이를 지지하는 베이징 인사 중 한 명이었다.

2013년 6월 18일, 화웨이 초기에 엔지니어로 시작하여 결국 세 순환 CEO 중 한 명이 된 궈핑(앞줄 오른쪽)이 말레이시아 쿠알라룸푸르에서 화웨이와 두 나라 간 디지털교육 활성화를 위한 협약을 체결하기 위해 말레이시아 과학기술혁신부 장관 에원 에빈(가운데)을 만나고 있다.

2017년 4월 13일, 화웨이의 최장수 회장 쑨야팡이 이집트 카이로에서 압델 파타흐 엘시시 이집트 대통령을 만나고 있다. 화웨이의 고위급 외교 회담은 대부분 쑨이 담당했다.

체코 정부가 화웨이 장비에 있을 수 있는 사이버 보안 위험을 조사한다고 발표한 2019년 1월 25일, 화웨이의 세 명의 순환 CEO 중 한 명이자 화웨이의 국제 사이버 보안 정책 업무를 총괄하는 켄 후(왼쪽)가 스위스 다보스에서 안드레이 바비시 체코 총리를 만나고 있다.

2018년 5월 9일, 이탈리아 밀라노에서 화웨이의 최고재무책임자이자 런정페이의 장녀인 멍완저우가 마리오 몬티 전 이탈리아 총리(왼쪽)를 만나고 있다.

2019년 1월 21일, 중국 이동통신사 차이나텔레콤 직원이 중국 선전의 한 고층 빌딩 옥상에서 화웨이의 5G 기지국을 가리키고 있다.

2015년 10월 20일, 화웨이 창업자 런정페이(왼쪽 두 번째)가 런던 지사에서 중국 국가 주석 시진핑(오른쪽 두 번째)을 안내하고 있다. 화웨이는 글로벌 인프라 건설을 위한 시진핑 주석의 일대일로 이니셔티브로부터 많은 혜택을 받았다.

2019년 10월 29일, 중국 선전에서 열린 중국보안박람회에서 한 남성이 화웨이 감시 카메라를 살펴보고 있다. 화웨이는 비디오 감시 시스템을 전 세계에 공급하는 대형 업체다.

2016년 11월 15일, 스페인 바르셀로나에서 열린 무역박람회에서 화웨이가 '세이프 시티' 감시 시스템을 전시하고 있다. 중국 당국은 이 시스템을 통해 개별 감시 카메라의 영상과 교통 정보 및 기타 분석 정보를 대형 화면으로 확인한다.

2018년 11월 24일, 런정페이의 막내딸 애너벨 야오(앞줄 오른쪽 두 번째)가 프랑스 파리에서 열린 르 발 데뷔탕트에 참석하고 있다. 야오는 하버드 대학교에서 컴퓨터 공학을 전공했지만 팝 가수와 배우의 길을 택했다.

중국 둥관에 있는 화웨이의 광활한 옥스혼 캠퍼스에 우뚝 선 이 건물은 독일 하이델베르크성을 본떠 만들었다. 1.2제곱킬로미터에 달하는 이 R&D 센터는 유럽의 12개 도시와 유명 지역을 축소해 놓은 것처럼 설계되었다.

중국 선전에 위치한 화웨이 본사에서 손님을 맞이하는 홀에는 여신상 같은 그리스식 기둥이 줄지어 있다.

2019년 5월 8일, 화웨이 최고재무책임자 멍완저우가 브리티시컬럼비아주 밴쿠버에 있는 자택을 나서고 있다. 가택연금 중이던 그녀는 전자 발찌를 차고 보안요원을 동행해야 외출할 수 있었다.

2021년 9월 25일, 화웨이의 최고재무책임자 멍완저우가 3년 가까운 캐나다 가택연금 생활을 마치고 전세기를 이용해 중국 선전에 도착했다. 이듬해 그녀는 다른 두 명의 이사와 함께 화웨이의 순환 CEO로 승진했다.

저자의 말

이 책은 기자가 쓴 저술로, 만들어내거나 허구를 섞은 부분은 어디에도 없다. 대화나 세부적인 내용은 대부분 공식 회의록이나 연설 녹취록, 비디오 녹화, 정부 보고서 외에 당시 여러 기록에서 발췌했다. 직접 현장에 있었던 사람의 기억을 통해 얻은 정보도 더러 있다. 출처에 대한 자세한 내용은 미주나 www.houseofhuawei.com/endnotes에서 확인할 수 있다.

이 프로젝트의 목표는 중국 현대사에서 가장 성공한 기업인 화웨이 테크놀로지의 역사적 여정을 기록하는 것으로, 이 책을 통해 우리가 어떤 과정을 거쳐 지금에 이르렀으며 또 앞으로 어떻게 될지를 다루는 논의에 조금이나마 기여할 수 있다는 믿음에서 시작하게 되었다.

이는 독립적인 프로젝트이기 때문에, 화웨이나 그 밖의 테크 기업 또는 정부로부터 어떤 허락이나 의뢰도 받지 않았다. 펭귄Penguin 출판사의 임프린트 포트폴리오Portfolio가 프로젝트의 유일한 자금원이었다. 〈워싱턴 포스트〉는 내게 휴가를 내주어 이 책의 집필을 지원했다. 이 책은 또한 내가 〈워싱턴 포스트〉와 〈월스트리트 저널〉의 기자로서 수행한 인터뷰와 연구를 기반으로 했다.

이들 많은 이야기를 한 권의 책으로 다시 구성할 수 있었던 것은 중국의 많은 기업의 임원들과 정책 입안자 그리고 아낌없이 시간을 할애해준 학자 여러분들의 통찰력이 있기에 가능했다. 나는 이들의 다양한 관점을 이 책의 지면에 충실히 반영하려 애썼다. 혹시 잘못된 기술이나 오해나 빠진 부분이 있다면 그것은 전적으로 나의 책임이다. 내가 그랬던 것처럼 독자 여러분도 놀라운 통신 세계로 들어가는 탐구의 여정을 즐기기 바란다.

들어가는 말

홍콩발 비행편에 탑승한 여성은 예정보다 몇 분 이른 2018년 12월 1일 오전 11시 10분에 밴쿠버 국제공항에 도착했다.[1] 후드가 달린 짙은 색의 운동복과 스니커즈 등 편안한 차림[2]에 윤기 나는 검은 머리카락을 어깨에 늘어뜨린 그녀는 가족이 기다리는 집에 잠깐 들른 뒤 부에노스아이레스로 향할 계획이었다. 마침 아르헨티나의 수도 부에노스아이레스에서는 세계에서 가장 영향력 있는 남녀 지도자들이 G20 정상회의를 위해 속속 모여들고 있었다. 그녀는 그것이 우연의 일치라고 했다.

여객기가 밴쿠버 국제공항에 착륙한 뒤 캐세이퍼시픽Cathay Pacific 항공기를 빠져나왔을 때 뭔가 낌새가 이상했다. 승객들이 빠져나가는 65번 게이트의 탑승통로 끝에 경찰관 한 명이 승객을 막고 여권을 검사하고 있었다. 경찰관 앞까지 간 그 여성은 홍콩 여권을 내밀었다. 11년 만에 막 발급받은 새 여권이었다. 그 경찰관은 동료 경찰을 불렀고, 달려온 경찰관은 그녀에게 휴대폰을 넘겨 달라고 했다. 나중에 그녀의 변호사들은 그 자리에서 거절했어야 했다며 아쉬워했다. 하지만 그녀는 시차 적응이 안 된 데다 순간적으로 방심했기 때문에 거부해야 한다는 생각을 미처 하지 못했다. 그녀는 자신의 아이폰과 아버지 회사에서 만든 빨간색 케이스의 스마트폰을 넘겨주었다. 경찰관들은 그 휴대폰 2대를 두터운 가방에 넣었다. 휴대폰 신호를 차단하고 원격으로도 내용을 지울 수 없게 설계된 가방이었다.

그녀를 따라 수화물 찾는 곳으로 간 두 경찰관은 그녀의 짐을 뒤져 분홍색 맥북, 로즈골드색 아이패드, 256GB짜리 USB 등 전자기기들을 꺼냈다. 그중 한 명이 그녀에게 휴대폰 비밀번호를 물은 다음 아무 종이나 꺼내 받아적었다. 질문에 질문이 이어졌다. 그렇게 1시간, 2시간이 지났다. 그녀가 비행기에서 내린 지 3시간이 지났을 때 세 번째 남자가 나타나더니 그녀를 체포한다고 말했다. 미국에서 저지른 사기 혐의 때문이라고 했다.

"날 체포한다고요?"
"그렇습니다."
"그러면 날 미국으로 보낼 건가요?"
"그렇소."[3]

무작위 검문이 아닌 것은 분명했다. 치밀하게 계획된 작전이었다. 그 경찰관은 멍완저우孟晚舟에게, 감옥으로 연행한 뒤 지문을 채취할 것이라고 설명하면서 그녀에게 변호사를 구하라고 조언했다. 멍완저우는 화웨이의 최고재무책임자CFO로서 보통 캐시 멍Cathy Meng 또는 사브리나 멍Sabrina Meng으로 불렸다.

화웨이는 한동안 워싱턴의 레이더망 안에서 맴돌았다. 화웨이는 영업팀의 저돌적인 '늑대 문화'에 힘입어 서구의 경쟁사들을 물리치고 대형 계약 입찰을 따내면서 중국을 대표하는 하이테크 기업으로 떠올랐다. 화웨이는 이제 '파이프'를 만드는 수익성 높은 거래에서 1위 자리를 차지했다. 여기서 말하는 파이프는 전 세계 전화와 인터넷 네트워크를 구성하는 통신망을 일컫는 말이다. 전 세계 최고의 엔지니어들만 골라 영입한 화웨이의 돈주머니는 끝이 보이지 않을 만큼 깊어 보였다.

멍완저우의 부친이자 화웨이의 은둔형 창업자 런정페이任正非는 중국에선 이미 전설에 오른 기업인이었다. 그에게는 장기 전략가라는 평판이 따라붙었고, 그가 입에 올리는 군대식 격언은 세간에 널리 인용되었다. 런정페이는 군대에서 쌓은 경력을 뒤로 하고, 규모가 작은 전화교환기 벤처를 설립해 초라하게 출발했지만 얼마 안 가 그 분야 최고의 자리에 올라섰다. 그것은 혁신이 만들어낸 놀라운 위업이지만, 사람들의 말대로 쉽게 믿기지 않는 거짓말 같은 성공이기도 했다. 그래서인지 이상한 소문도 많았다. 화웨이가 이란과 북한에서 수상한 프로젝트를 추진 중이라는 말이 도는가 하면, 화웨이 제품에 '백도어가 있어 해외의 첩자들이 침투할 위험을 배제할 수 없다'는 우려도 있었다. 또 화웨이는 개인 소유의 독립 기업이라고 주장하지만, 중국 정부가 통제하는 회사일지 모른다는 의구심도 사라지지 않았다. 미국 관리들 중에는 조금 과장을 보태 화웨이를 미국 민주주의의 가장 큰 위협으로 단정하는 사람들도 있었다.[4]

런은 자신이 그런 구설수에 엮이고 싶어도 그럴 수 없는 처지라고 항변했다. 자신은 한낱 파이프 만드는 사람일 뿐, 배관공과 다를 바 없는 변변찮은 일을 한다고 했다. 하지만 모두가 그 말을 받아들이지는 않았다. 물론 화웨이가 만드는 것은 파이프일지 모른다. 하지만 그 파이프를 통과하는 것은 물이 아니었다. 그 속을 흐르는 것은 전화 통화, 이메일, 인터넷 트래픽, 문자 메시지, 화상 통화, 기업 회계, 의료 기록, 유언과 증언, 연애편지, 가족사진, 경찰 정보, 정부 기밀 등이었다. 한마디로 데이터였다. 파이프는 정보화 시대에 가장 가치 있는 상품이었다. 그리고 화웨이는 두 말이 필요 없는 이 파이프의 최대 공급업체였다.

또 다른 문제도 있었다. 화웨이에 대한 의문은 단순한 비즈니스의 문제가 아니었다. 그것은 신념의 문제이기도 했다. 1957년 소련이 스푸트니크Sputnik 1호를 쏘아 올렸을 때 미국인들은 한 대 얻어맞은 듯 기분이 상했다. 경직된 공산주의 방식에 젖은 모스크바가 어떻게 우리보다 우월한 기술을 실현할 수 있단 말인가, 하는 자기반성이 전국에 퍼졌다. 그 후 소련의 붕괴로 이런 논쟁은 잦아드는 것 같았다. 그리고 사람들은 공산주의 통치의 취약점과 서구 자유민주주의의 우월성을 다시 한번 확인하며 안도했다. 한편 중국으로 말하자면 수 세기 전에 이미 나침반이나 화약, 종이 등을 발명했던 기술 선도국이었다. 하지만 15세기부터는 서구에 계속 뒤처져왔기 때문에 이제 와서 다시 따라잡는다는 것은 어림없는 일 같았다. 지금까지는 그랬다. 하지만 세계는 또 다른 스푸트니크 모멘트(Sputnik moment: 기술 선진국이 후발주자에게 뒤통수를 맞는 순간—옮긴이)를 맞이하고 있었다. 이번의 스푸트니크는 화웨이였다.

화웨이는 지구상 어느 기업보다 특허 출원이 많았다. 화웨이는 5G에서도, 스마트폰에서도 1위였다. 화웨이는 인공지능 분야에서 신기원을 열고 있었다. 그들의 연간 매출은 디즈니와 나이키를 합친 것보다 많았고, 직원 수는 애플보다 많았다. 공산주의로는 이런 절대적 거대기업을 일으킬 수 없을 것이라 다들 생각했다. 하지만 실제로 그런 일이 일어났다. 이를 계기로 사람들은 철석같이 믿었던 신념을 재고해 보게 되었다. 자유무역이 정말 모든 사람을 더 부유하게 만들어주는가? 서구식 민주주의가 정말 역사의 최종 승자로 남을 수 있을까? 혁신은 과연 대학 중퇴자들의 차고에서 비롯되는 것일까? 혹시 국가가 승자와 패자를 택하는 식으로 이루어지는 것이 아닐까? 사람들은 이런 질문에 고개를 갸웃하게 되었다. 그렇지 않고서야 어떻게 화웨이 같은 회사가 존재할 수 있겠는가?

멍이 구금되고 며칠 뒤 중국이 반격에 나섰다. 캐나다인 2명이 중국에서 체포되었고 첩보 혐의로 독방에 갇혔다. 두 사람 다 이름이 마이클이었다. 부글부글 끓던 미·중 무역 전쟁이 엉뚱한 곳에서 노골적인 인질 외교로 터진 것이다.

두려움과 불확실성이 이어지는 가운데 흥미로운 일이 벌어졌다. 여러 주요 뉴스 매체로 초청장이 전달된 것이다. 〈뉴욕 타임스〉, 〈워싱턴 포스트〉, CNN, BBC 등이었다. 중국으로 날아와 런정페이를 직접 만나보라는 초대장이었다. 비밀에 가려진 화웨이 창업자가 외국 언론사를 향해 문을 열어젖힌 것은 그의 인생에서 처음 있는 일이었다. 기자들은 호기심과 불안한 마음을 가득 안고 중국 남부 해안의 메가시티 선전深圳에 하나둘씩 도착했다.

연무 자욱한 선전의 외곽도로에서 기자들의 눈 앞에 펼쳐진 수많은 공장들의 행렬은 바다처럼 끝이 안 보이게 이어졌다. 요요, 지퍼백, 스쿠버 잠수복, 전동 칫솔, 초음파 플라스틱 용접기, 볼록한 깔창 등 다양한 제품을 대량 생산하는 조립 라인들이 줄지어 서 있었다. 이곳이 바로 이른바 '세계의 공장'이었다. 마침내 외신 기자들은 어떤 호숫가 언덕에 이르렀다. 런이 세운 에덴동산이었다. 입구의 분수대에는 가장자리를 따라 달리는 백마상이 앞발을 들고 있었다. 베르사유 궁전의 작품을 실물 크기로 복제한 것이었다. 가까운 곳에 하이델베르크성의 붉은 성문탑이 우뚝 솟아 있었다. 작은 붉은색 기차가 성과 성 사이를 경쾌한 소리를 내며 달렸다. 거대한 홀의 벽과 천장에 그려진 르네상스 양식의 그림은 러시아 화가 150명을 불러들여 완성했다. 머리로 하늘을 받치고 있는 신비한 델포이의 여신상을 재현해 놓은 공간도 있었다. 옷매무새가 정교한 젊은 여인들이 류트를 연주했다. 워털루 전투를 한 눈에 보여주는 풍경화도 있었다. 밖에는 검은 백조가 호수 위를 한가롭게 떠다녔다. 직원들에게 '블랙 스완 이벤트(black-swan event: 전혀 예상하지 않았던 일이 갑자기 닥치는 경우를 뜻하는 용어)'를 경고하려는 런의 의도라고 했다.

"화웨이의 R&D 캠퍼스에 오신 것을 환영합니다." 직원들이 인사했다.

그리고 런이 걸어 나왔다. 워싱턴 일부 사람들의 말대로라면 그는 세계에서 가장 위험한 인물 중 하나다. 기자들 앞에 선 그는 그다지 위압적으로 보이지 않았다. 파스텔 셔츠에 파란색 레저 슈트를 입고 통역사를 통해 격언과 농담을 거침없이 쏟아내는 그는 주름투성이의 체구 작은 노인일 뿐이었다.

방문한 기자들은 런의 출신 배경과 화웨이의 소유권, 화려한 풍광의 유럽풍 성채, 이란에서의 화웨이 사업, 딸의 구금 등 질문 공세를 이어갔다. 하지만 무엇보다 기자들이 자기 차례가 되었을 때 묻고 또 묻고 싶었던 질문은 한 가지였다. '화웨이가 중국 정부의 첩보 활동을 도왔는가?'

"우린 수도꼭지와 파이프를 파는 회사입니다. 우리 같은 철물점에 와서 물을 내놓으라면 어쩌란 말입니까?"[5] 런은 그렇게 답했다.

1부

프로그램 제어 교환기가 없는 나라는
군대가 없는 나라와 다를 바 없다.[1]
- 런정페이, 1994년 7월 20일

1

책방 주인

| 런의 가족: 1937~1968년 |

런모쉰任摩逊[1]은 '양서良書'를 팔았다.[2] 그와 그의 친구들은 이를 애국 문학이라고 불렀다. 그들은 영웅적 행동이 절실했던 시기에 국민들의 애국심을 고취할 수단을 찾았다. 그들은 '진보 서점' '개척 서점' 같은 이름을 생각했지만 결국 '7월 7일 서점'으로 정했다. 근거는 분명했다. 1937년 7월 7일에 일본군이 루거우차오盧溝橋, Marco Polo Bridge를 건너 수도를 점령한 후 중국 영토를 계속 침탈했기 때문이다. 아돌프 히틀러의 폴란드 침공으로 시작된 제2차 세계대전이 유럽을 휩쓸기까지 아직 2년이 남아 있던 때였다. 하지만 이곳 중국에서의 전쟁은 이미 시작되었다. 런모쉰은 광시성廣西省 남부의 작은 마을 룽현容县[3]에 서점을 열었다. 그것은 그만의 전쟁 지원 방식이었다.

당시 스무 살 청년이었던 런모쉰은 이마가 넓고 얼굴이 길며 눈썹이 짙었다.[4] 형제 중 유일하게 대학에 들어간[5] 그는 뿔테 안경을 쓰고 다녀 교수 같은 인상을 풍겼다. 그는 책과 학교 교육과 글을 숭상했고, 그런 자신의 성향을 일곱 자녀에게 물려주었다.[6] 그가 서점을 열던 시절만 해도 독서는 특권층만 누리는 엘리트 취미였다. 거리를 오가는 사람들 중 글을 읽을 줄 아는 경우는 많아야 5명에 1명 정도였다.[7] 자모字母가 없어 글자를 일일이 통째로 외워야 하는 한자는 배우기 어려웠다. 그래도 룽현 사람들은 서점에 많은 관심을 보였다. 런모쉰은 구이린桂林의 한 업자로부터 혁명적인 책들[8]을 구입했다. 카를 마르크스Karl Marx의 《자본론Das Kapital》, 블라디미르 레닌Vladimir Lenin의 《프롤레타리아 혁명과 배신자 카우츠키 The Proletarian Revolution and the Renegade Kautsky》, 현대 중국 사상가 루쉰魯迅의 전집 등이었다. 그와 그의 동료들은 가게 앞에 긴 의자를 놓아 돈 없는 학생들이 앉아서 책을 읽을 수 있도록 배려했다.[9] 서점 밖에는 칠판을 세워놓아 전쟁 상황을 전했다. 말하자면 일종의 마을 소식지였다. 그들은 정치 관련 독서 클럽도 만들어 열띤 토론을 벌였다.

런모쉰은 본업 외에도 일본과의 전쟁을 지원하는 국민당 군수 공장에서 회계사로 일했다. 당시 중국의 집권 세력이었던 국민당은 농민을 등에 업고 그들을 전복시키려는 마오쩌둥毛澤東의 공산당과 내전을 벌이고 있었다. 일본이 침략해 오자 양측은 불안한 휴전 협정을 맺었다. 런모쉰은 이 협정을 적극 지지했다. 그래서 공산주의 혁명을 주장하는 마을의 어떤 파벌이 국민당과의 휴전을 끝내야 한다고 주장했을 때, 그는 그들을 반역자라며 비난했다.[10] 팽팽한 긴장이 감돌던 시기였다. 사람들은 무엇이 진정 국가를 위한 길이며, 누가 친구이고 누가 적인지, 어떤 책이 '좋은 책'인지 등을 놓고 끝도 없이 논쟁을 벌였다. 그러던 1938년 3월 어느 날, 국민당 장교들이 서점에 들이닥쳤다. 그들은 책더미를 뒤져 몇 가지 책들을 골라내 한쪽에 쌓더니 이 책들은 팔지 말라고 으름장을 놓았다. 런모쉰과 그의 동료들은 머리를 맞대고 방법을 궁리했다.[11] 그들은 금서들을 유리 진열장에 쌓아놓고 딱지를 떡하니 붙였다. '이 선반의 책들은 금서입니다.' 책은 순식간에 팔려나갔다.

1939년 하반기에 '7월 7일 서점'은 국민당의 지시로 폐쇄되었다. 서점 주인들은 좋은 책을 한 권이라도 더 나눠주기 위해 재고 처리 행사를 열었다.[12] 런모쉰은 마오쩌둥의 공산당에 합류할 생각으로 옌안延安으로 가려 했지만 도로들이 봉쇄되어 갈 수 없었다. 할 수 없이 그는 산을 넘고 또 넘어 이웃한 성省 구이저우貴州로 갔다. 교사로 일할 곳을 찾기 위해서였다.

구이저우성은 미국 미주리주보다 약간 작은 구릉지대로, 중국 남서쪽 베트남 접경지에서 내륙으로 조금 떨어진 곳에 자리 잡고 있다. 매년 여름이면 계절풍이 이 아열대 지방으로 불어와 찹쌀을 심은 이 지역 계단식 논에 물을 뿌린다. 겨울에는 차갑게 바뀐 이슬비가 계속 내린다. 이 지역 원주민은 부이족布依族으로 고유 언어를 사용하는데, 이들은 베트남 북부에도 거주한다. 수백 년 동안 중국 황제들은 이 지역을 빈곤한 국경 지대로[13] 취급해 소금조차 제대로 구하지 못하는 부류로 여겼다.[14] 요즘에도 구이저우는 관리들에게 고된 근무지로 평판이 나 있다.

런모쉰은 구이저우에서 청위안자오程远昭라는 17살 소녀를 만났다. 커다란 갈색 눈,[15] 동그란 얼굴, 환한 미소를 가진 그녀는 명랑했고 숫자에 능했다.[16] 두 사람은 결혼했고, 청위안자오는 곧 임신을 했다.

1944년 10월에 아들이 태어나자,[17] 두 사람은 아기 이름을 런정페이任正非라고 지었다. 알쏭달쏭한 이름이었다. 정正은 '옳다'는 뜻이고 페이非는 '그르다'였다. 옮기자면 '옳거나 그르다'가 될 것이다. 남자아이로는 흔한 이름이 아니었다. 예를 들어 원지아바오溫家宝의 지아바오는 '집안의 보물'이라는 뜻이고, 우지엔궈鄔建國의 지엔궈는 '나라를 세운다'는 뜻이다. 하지만 정페이正非는 무슨 뜻인가?

런정페이가 태어난 이듬해에 미국이 히로시마와 나가사키에 원자폭탄을 투하하면서 일본의 중국 통치는 갑작스레 끝났다. 런모쉰과 그의 동포들이 많은 애를 썼지만, 일본 점령을 끝낸 것은 미국의 우월한 폭탄 기술이었다. 그렇다고 중국에 평화가 온 것은 아니었다. 국민당과 공산당 사이의 내전이 재개된 것이다. 런모쉰과 청위안자오는 자녀를 6명 더 낳았고, 두 사람은 어려운 환경에서 호롱불을 켜놓고 지역 학생들을 가르쳤다.[18] 청은 한동안 초등학교 교장으로 재직했다.[19]

1949년 마오쩌둥이 승리했다. 결국 전쟁 중 런모쉰이 국민당을 위해 일한 것은 잘못된 선택이 되고 말았다. 그러나 그런 일이 그의 가족에게 얼마나 고단한 결과를 가져올지 그들은 아직 짐작조차 못했다.

1950년 안개가 자욱한 어느 날 아침, 런모쉰은 마차를 타고 자치현 전닝鎭寧으로 향했다.[20] 전닝은 '평화로운 마을'이라는 뜻이지만 마차 가운데 자리에 앉은 런모쉰을 둘러싼 세 남자는 마우저 권총을 바깥으로 겨누고 있었다. 안개가 짙게 깔렸고 흙길은 구불구불해 몇 미터 앞밖에 보이지 않았기 때문에 그들은 두려움 속에 우호적이지 않은 현지인들의 공격에 대비했다. 관리들은 런모쉰에게 전닝의 부이족 아이들을 가르칠 중학교를 새로 세워 표준중국어를 가르치라는 임무를 맡겼다. 이들에게는 막 태동한 공산주의 인민공화국을 통합하기 위한 교육이 필요했다. 마오쩌둥의 새 정부는 사방으로 뻗은 광대한 영토에 대한 공산당의 지배를 확실하게 다지고 싶었다. 역사적으로도 중국 영토는 하나로 합친 통일체이기보다 서로 다른 언어를 사용하는 자치령으로 이루어진 시기가 더 많았다. 언어를 통일하는 일은 단순한 언어의 문제가 아니라 정치의 문제였다.

런모쉰과 그의 동료들은 새로운 기숙학교를 세우는 한편 곳곳을 다니며 학생들을 모집했다. 표준중국어를 자연스레 구사하는 학생은 절반도 되지 않았다.[21] 나이 든 주민들은 대부분 중국어를 전혀 몰랐다. 오히려 런모쉰과 그의 직원들이 일상적인 부이어를 배워야 할 정도였다. 게다가 먼 곳에 사는 학생들에게는 학교를 다니는 것 자체가 하나의 도전이었다.[22] 또 대부분 학비를 낼 형편이 못 되었다. 결국 런모쉰과 교직원들은 한 가지 방법을 찾아냈다. 학생과 교사가 함께 틈틈이 농사를 지어 부족한 돈을 메우기로 한 것이었다.[23] 런모쉰은 정부로부터 4,000제곱미터 땅을 받아 학생들에게 농작물을 심고 돼지를 기르게 했다. 이처럼 학생과 교사들의 노동으로 학교는 모든 학생에게 무료로 급식을 하고 파란색 교복을 지급하는 등 여러 종류의 비용을 충당할 수 있었다.

마오쩌둥의 관리들은 자신들이 남으로는 구이저우와 북쪽으로 내몽골, 서쪽으로 티베트와 신장新疆 등 중국 국경의 변방 지역으로 문명의 영향력을 확장해 간다고 믿었다. 하지만 주민들의 생각은 달랐다. 그들은 수 세기 동안 자신들만의 언어와 관습을 지키며 살아온 사람들이었다. 그들은 정부가 무리하게 동화를 강요한다고 생각했다. 런모쉰과 그의 학교를 싫어하는 사람들도 있었다. 심지어 그를 수류탄으로 죽이겠다고 협박하는 사람까지 나왔고(정확한 이유는 밝혀지지 않았다), 급기야 정부는 교직원과 학생들의 안전을 위해 소총 4정을 지급했다.[24]

런모쉰이 하는 일 중에는 학생들에게 올바른 신념을 가르치는 것도 있었다. "분명한 이데올로기를 가지고 학생들을 지도해야 합니다." 찾아온 관리는 런 교장에게 한 마디 훈수했다. "교장부터 우리는 누구이고, 누가 우리의 친구이고 적인지 확실히 해두셔야 합니다." 런모쉰은 적을 규탄하는 학생 집회를 주최했다.[25] 국내의 적은 가혹한 지주들이었다. 국외의 적은 미국이었다. 미국은 북한과 전쟁을 벌이고 있었다. 북한은 중국의 동맹국이었다. 런모쉰은 '비판 토론'을 통해 교사들 사이에 숨어 있던 '불순분자'들을 찾아냈다고 보고했다. 비판 시간에는 종종 격론이 벌어졌으며 눈물을 쏟는 학생들도 나왔다. 반미 토론 시간에 학생들은 미군이 자행한 잔학행위에 대해 전해 들은 얘기를 증언했다. 아마 2차 세계대전 당시 미군이 이 지역을 통과할 때 저질렀던 행태를 말하는 것 같았다. 한 학생은 황궈수폭포黃果樹瀑布 근처에서 미국인 병사 하나가 재미 삼아 어떤 농부를 총으로 쐈다고 말했다. 반 친구의 여동생이 지프차에 끌려가 성폭행당했다고 증언한 학생도 있었다. 몇 년 전에 일어났던 미군과 관련된 사건의 진위 여부를 정확히 가리긴 어려웠지만 미국에 대한 증오심이 실재하는 것만은 분명했다.

런모쉰은 야망이 있는 사람이었다. 그리고 40세가 되었을 때 그는 세간의 주목을 받는 일을 시작했다. 1955년에 그는 유명한 언어학 저널에 논문 한 편을 게재했다. 부이족 어린이에게 표준중국어를 가르친 성과를 정리해 발표한 논문이었다.[26] 그는 자신이 직접 부이족의 언어를 배워 학생들과 소통했던 체험을 소개했다. 그는 마오쩌둥 집권 이후 부이족 언어가 빠르게 변하고 있다면서 '지주'나 '토지 개혁' 같은 새로운 용어도 추가되었다고 썼다. 그의 논문에 깊은 인상을 받은 교육부는 그의 학교를 직접 시찰하기 위해 관리들을 파견했다. 1955년 가을에 그는 베이징에서 열린 한 언어 회의에 초대되었다. 중국의 수도에 도착한 그는 나무들이 한 줄로 늘어선 베이하이공원北海公園 산책로에서 당당한 포즈로 사진을 찍었다.[27] 나중에 획기적인 행사로 기억되는 이 회의에서 관리들은 논란을 일으키는 결정을 내렸다. 문맹률을 줄이기 위해 한자를 간소화하기로 한 것이다.

전닝으로 돌아온 뒤 런모쉰은 그 지역 소수민족 학생들을 위한 사범학교인 두윈민족사범대학都勻民族師範大學의 학장으로 승진했다. 당시 중학생이던 그의 아들 런정페이는 아버지를 따라 현급시縣級市(우리나라의 군청소재지 정도의 행정구역 단위—옮긴이)로 거처를 옮겼다가 그곳 백화점을 보고 눈이 휘둥그레졌다. 2층 건물을 본 것은 그때가 처음이었다.[28]

런모쉰이 두윈민족사범대학의 운영을 맡았던 1958년은 마오쩌둥이 대약진운동大躍進運動이라는 야심 찬 전국적 캠페인을 막 시작했을 때였다. 한 해 전 가을에 소련은 세계 최초의 인공위성 스푸트니크 1호를 발사했다. 전 세계를 깜짝 놀라게 한 기술적 위업이었다. 소련의 지도자 니키타 흐루쇼프Nikita Khrushchev는 15년 안에 산업 생산량에서 미국을 앞서겠다는 목표를 세웠었다. 이에 자극을 받은 마오쩌둥은 그들도 15년 안에 영국을 따라잡겠다고 큰소리쳤다.

이런 거창한 목표를 달성하려면 중국 전체가 평소 하던 일을 중단하고, 국가 산업화라는 비상 과제 하나에만 매달려야 했다. 두원 사범대학도 예외가 아니었다. 런모쉰은 4년제 커리큘럼을 절반으로 줄여 학생들을 제철 제련 작업에 투입하라는 지침을 받았다. 교원과 학생들은 낮에 수업을 하고 야간에 철강을 만드는 고된 일정을 강행했다.[29] 지친 학생들은 낮에 잠을 보충할 수밖에 없었기에 그들의 수업 성과는 기대를 크게 밑돌았다.

전국적으로 벌인 운동이었기에 철은 어느 정도 생산되었지만, 전문성이 없는 사람들의 노력이라 대부분 실패로 끝났다. 철 할당량을 채우느라 농민들은 논밭을 소홀히 하고 급기야 농기구까지 녹이는 바람에 수확할 작물도 방법도 없었다. 1959년에 기아가 구이저우를 덮쳤다. 사정은 전국이 모두 비슷했다. 구이저우성의 몇몇 도시들은 곡물 배급량을 하루 1인당 밥숟가락 몇 개까지 줄였다.[30] 런모쉰은 학생들의 배급량을 늘려달라고 지역 당국에 간청했다. 작업량을 완수하려면 식량이 더 필요하다고 호소했다. 학생들은 학교 운동장에서 무를 재배하고 주어온 도토리를 갈아서 부족한 식량에 보탰다. 런모쉰은 식량 도난을 막기 위해 교직원 중 가장 정직해 보이는 공산당원을 뽑아 교대로 식품 저장실을 지키게 했다.[31]

학교 밖의 상황은 훨씬 더 안 좋았다. 구이저우 전역에서 부종 질환자 신고가 당국에 접수되었다.[32] 복수腹水로 배가 부풀어 올라 죽음에 이르는 농부들이 늘어났다. 원인은 굶주림이었다. 한 역사가의 추정에 따르면 구이저우 인구의 10%가 기근으로 사망했는데, 이는 중국 전역으로 보아도 매우 높은 사망률이었다.[33] 우연인지는 모르지만 기근과 동시에 마을에 동요가 일기 시작했다. 그러자 성난 소수민족 주민들을 해산시키라는 지시가 런모쉰과 그의 학생들에게 떨어졌다. 내키지 않지만 따르지 않을 도리가 없었다. 그들의 불만이 무엇이었는지는 지금도 알려진 바가 없다.[34]

런모쉰은 일곱 아이들을 먹일 식량을 식탁에 올리기 위해 갖은 궁리를 짜냈다. 가족은 나무나 풀뿌리를 캐어 조심스럽게 맛을 보곤 했지만 먹어도 되는 것인지는 확신할 수 없었다.[35] 온 가족이 야생 피마자 씨를 먹었다가 설사로 혼이 나기도 했다. 런정페이는 중학교 때 성적이 뛰어났지만 공부에 집중하기가 힘들었다. 고등학교 2학년 때는 기말고사를 다시 치러야 했다.

런정페이가 어려움을 딛고 대학 입학시험인 가오카오高考를 준비할 때 그의 어머니는 가끔 옥수수떡을 몰래 챙겨 아들의 허기를

사진 1.1 1959년에 발간한 한 책자에 실린 충칭건축공정학원의 모습. 위의 문구는 학생들이 직접 설계하고 건설한 캠퍼스라는 사실을 알려준다.

달래주었다.

1963년에 런정페이는 충칭건축공정학원重慶建築工程學院(나중에 충칭대학교와 합친다)에 입학했다.³⁶ 수도에 있는 칭화대清華大나 베이징대北京大 같은 일류대학은 아니지만 기근에서 간신히 살아남은 시골 학생에게는 그것도 감지덕지였다. 충칭重慶은 내륙 쓰촨성四川省의 대도시로, 입이 얼얼해질 만큼 매운 요리와 도시를 둘러싼 대나무 숲이 울창해 몸집 큰 판다가 어슬렁거리는 곳으로 유명했다. 1940년대 초엔 국민당의 전시 임시 수도로, 탄약 공장, 중공업 시설, 공과대학들이 모여 있었다.

대약진운동과 기근은 끝났지만 런은 여전히 정상적인 대학 생활을 할 수 없었다. 마오쩌둥은 젊은이들이 책 읽는데 너무 많은 시간을 들인다고 생각했다. 학생들은 농민에게 뭐라도 배워 직접 손으로 무언가를 만들어야 했다. 1964년 초에 마오는 대학 커리큘럼을 줄이고 학생들의 실습 공간을 확보하라고 지시했다.³⁷ 충칭건축공정학원의 교수들은 어쩔 수 없이 강의를 인쇄물로 대체하고 시험은 오픈북으로 치르게 했다. 학생들은 조를 짜 건설 현장에 투입되어 할당 시간을 채웠다.³⁸ 마오쩌둥은 또한 전국 대학교에 방위 계획에 참여하라는 지령을 내림으로써 학생들에게 민병대 훈련을 받게 했다.³⁹

1966년 5월 14일, 아침에 눈을 뜬 학생들 앞에 모든 수업을 사흘간 중단한다는 공고가 나붙었다.⁴⁰ 마오는 노동자의 적이 공산당을 좀먹고 있다며 이들을 뿌리 뽑아야 한다고 발표했다. 이른바 '문화혁명'의 시작이었다. 런의 대학교에서 학생과 교사들은 '대자보'를 쓰라는 지시를 받았다. 반혁명분자를 색출해 타도하자는 글을 직접 손으로 써 붙이라는 얘기였다. 얼마 안 가 4,000장 정도의 포스터가 캠퍼스 곳곳에 붙었다.⁴¹ 여름에 접어들면서 타도 대상의 수가 늘어나자 교수들은 두려움에 몸을 떨었다. '홍위병紅衛兵'이라고 쓴 붉은 완장을 차고 반혁명분자 색출에 앞장서는 학생들의 수가 계속 늘어갔다. 홍위병은 청년들로 구성된 마오쩌둥의 준군사 조직이었다.

다른 대학들도 마찬가지였지만 런의 대학도 홍위병들이 행정처를 접수했고, 교수들은 꼼짝없이 열쇠와 관인을 넘겨주었다. 그들은 충칭 정부도 무너뜨렸다. 교사와 학생들은 달아났다. 대학 운영은 그 후 2년 동안 극심한 혼란에 빠졌다. 1967년 2월에 런의 대학 학생들 일부가 그 지역 작가였던 뤄광빈羅廣斌을 납치했다.⁴² 홍위병들은 뤄를 반동 소설을 쓴 반역자로 낙인 찍은 후, 캠퍼스 내 물리학과 건물의 방에 가두었다. 결국 그는 창문에서 뛰어내려 스스로 목숨을 끊었다.

담장 너머 교정 바깥쪽 충칭의 거리 곳곳에서는 홍위병들이 악에 받쳐 싸웠고,⁴³ 파벌끼리 주도권을 놓고 전투를 벌였다. 학생들은 도시의 군수 공장에 침입해 소총과 대포, 심지어 탱크까지 탈취했다. 1967년 8월 4일에는 총격전으로 중학생 6명과 대학생 1명이 사망했다.⁴⁴ 나흘 뒤에는 강변에서 벌어진 홍위병과의 충돌로 24명이 사망하고 129명이 부상했다. 문화혁명 기간에 충칭은 유혈이 낭자한 아수라장으로 변해갔다. 한 역사가의 추산에 따르면 충칭에서는 홍위병과 민간인 약 1,700명이 죽어 나간 뒤, 1968년에야 폭력이 가라앉았다.⁴⁵

런정페이는 한편으로 두려움, 또 한편으로는 부러움 섞인 시선으로 그들을 지켜보았다.⁴⁶ 아버지의 정치적 배경이 좋지 못했기에 그는 홍위병에 끼고 싶어도 그럴 수 없었다. 대신 그는 책에 파묻

했다. 수학과 철학 서적을 탐독했고, 외국어 3가지를 독학으로 익혔다. 런은 어머니로부터 꼬박꼬박 편지를 받았는데, 대부분 당의 구호가 반복적으로 나열된 진부한 내용이었다. 편지는 비밀 유지가 어려워 그 내용을 무척 조심해야 했다. 아버지 소식을 들은 것도 친구를 통해서였다. 그 친구는 런의 아버지의 제자를 만났는데, 그는 런의 아버지도 가혹한 고초를 겪고 있다고 전했다.

런모쉰 교장의 배경은 문제가 많았다. 우선 그는 물질적으로 풍족한 환경에서 자랐다. 그의 아버지는 저장성浙江省 해안에서 햄 제조업체로 성공한 사업가였다.[47] 집도 1820년대의 저택으로, 사람들은 '13칸 런가 가옥'이라 불렀다.[48] 2층짜리였던 그 집은 겉보기에는 단순해서 흰색으로 칠한 벽에 회색 기와지붕을 얹은 평범한 양식이었다. 그러나 내부는 전혀 달라 주인의 재력과 지위를 그대로 보여주었다. 정교한 조각으로 장식한 나무 기둥과 발코니가 중앙 안뜰을 둘러싼 쓰허위안四合院 양식이었다.[49] 이런 부르주아적 배경은 런모쉰에게 불리하게 작용했다. 게다가 전시에 국민당 공장에서 일했던 전력도 문제가 되었다. 그는 서둘러 1958년에 공산당에 입당했지만 과거의 죄를 씻기에는 이미 때를 놓친 뒤였다.[50]

런모쉰은 학교 식당의 단상으로 끌려가 손이 묶인 채 얼굴에 검은 잉크를 묻히고 반혁명분자를 상징하는 기다란 고깔을 쓰는 등 수모를 당했다.[51] "공부 같은 건 필요 없다!" 사람들은 소리쳤다. "지식이 많아 봐야 반동분자밖에 되지 않는다!"[52]

학생 중 한 명이 런모쉰을 향해 학생들에게 공자를 들먹여가며 봉건주의적 사고를 주입한 사실을 인정하라고 다그쳤다. 펑저가 오라는 또 다른 학생의 회고록에 따르면, 런모쉰이 혐의를 부인하자 그 학생은 나무 막대기를 들고 달려들어 막대기가 부러질 때까지 때렸다고 한다.⁵³ "나무 막대기가 약했던 건지, 런 교장의 등뼈가 강했던 건지는 나도 모르겠다." 펑은 그렇게 썼다. "하지만 나무 막대기는 런 교장의 등에서 두 동강이 났다." 펑의 어머니는 그 얘기를 듣고 기겁하며 교장에게 매질한 학생들에게는 반드시 업보가 따를 것이라 개탄했다고 펑은 회상했다.

런모쉰은 다른 '우파'들과 함께 트럭에 실려 경고의 표시로 팻말을 목에 걸고 마을 곳곳을 끌려다녔다.⁵⁴ 그의 동료이자 학교 당서기였던 황쉬안첸은 고문을 견디지 못해 스스로 목숨을 끊었다.⁵⁵ 런모쉰도 자살을 생각해 봤지만 아내와 아이들의 앞날에 먹구름이 드리울까 두려워 참았고, 자신의 결백을 밝히기 전에는 죽지 않겠다고 다짐했다. 이에 대해 런정페이는 이렇게 설명했다. "아버지가 돌아가셨다면 우리 자식들은 평생 그 정치적 부담을 떠안고 살았을 겁니다. … 아버지는 고문을 끝도 없이 받았지만 이를 악물고 견뎠을 뿐 스스로 목숨을 끊지는 않으셨습니다."⁵⁶ 런모쉰은 강제노동수용소로 보내졌다.⁵⁷

"문화혁명은 하나의 국가적 재앙이었다." 런정페이는 나중에 그렇게 썼다. "하지만 우리에게 그것은 일종의 세례였다. 덕분에 나는 단순한 책벌레라는 껍질을 벗고 정치적으로 성숙할 수 있었다."⁵⁸

1966년부터 1976년까지 중국 전 지역 대학교에는 신입생 입학이 금지되었다. 런정페이의 동생들은 입학할 수 없었지만, 그는 어쩌다 일찍 태어난 덕에 운 좋게 대학 교육을 받을 수 있었다. 런은 1968년에 대학교를 졸업했다. 전공은 난방, 가스 공급 및 환기 공학이었다.⁵⁹

런이 졸업하던 해에 마오쩌둥은 '상산하향운동上山下鄕運動'을 시행했다. 수백만 명의 도시 청년들을 시골로 보내 농민들과 함께 노동하며 재교육을 받게 하는 조치였다. 젊은이들은 몇 년 동안 옥수수를 심고, 감자를 캐는 등 농사일을 한 뒤에야 고향으로 돌아갈 수 있었다. 하지만 대부분은 도시로 돌아가지 못했다. 귀환 허락이 떨어졌지만 이미 시골에 터를 잡고 살아가는 젊은이들이 많았기 때문이었다.

런도 농촌 노동에 투입되었지만 다른 사람들보다 운이 좋았다. 구이저우성은 베트남 국경에서 아주 가까웠고, 이미 몇 해 전부터 마오쩌둥은 미국과 싸우는 베트남을 지원하기 위해 포병, 포탄, 탱크, 무선 송신기, 전화기 등을 하노이로 보내고 있었다. 구이저우의 구릉들은 하늘로부터 좋은 엄폐물이 되었기에 중국군은 그곳에 굴을 파고 비밀 공군 기지와 위장한 공장을 건설했다. 과학을 두고 마오쩌둥 스스로가 뭐라 했던 간에 이 대리전쟁이 계속 굴러가도록 하려면 누구보다 훈련된 엔지니어가 많이 필요했다. 덕분에 런은 대학을 졸업한 뒤 익숙한 구이저우의 구릉에 배치되었고, 감자를 캐거나 철강을 만드는 일이 아니라 비밀 군사 생산기지를 건설하는 일에 투입되었다. 비밀기지의 암호명은 011이었다.[60]

2

동굴 속의 공장

| 런의 군대 시절: 1968~1982 |

구이저우성은 언덕과 동굴로 이루어진 땅이다. 오랜 세월 비에 침식되어 푸석해진 석회암 위에 표토가 얇게 펼쳐진 형태였다.[1] 지하에 있는 많은 싱크홀이 무너지면서 굴과 언덕과 계곡 등 별천지 같은 지형이 형성되었다. 구이저우에 도시를 건설했던 사람들은 일부 언덕을 깎아 평탄하게 만들고 계곡을 메웠지만, 그래도 언덕이 너무 많아 그 주변에 도시를 건설해야 했다. 안개는 좀처럼 떠나지 않고 이 지역을 떠돌았다. 미신을 버리지 못하던 오랜 옛날에 북쪽에서 이 지역을 찾은 여행자들은 안개에 유독한 성분이 있어 질병을 일으킨다고 여겼다. 하지만 마오쩌둥 군대의 생각은 달라 전투기 공장을 숨기기에 완벽한 지역이라고 판단했다.

이 프로젝트는 011로 불렸고, 가동을 멈춘 지 오랜 세월이 지난 후에도 사람들은 여전히 이곳을 수상한 눈으로 바라보았다. "그곳

은 구이저우의 비밀 부대였다."² 현지 관영 신문 안순일보安順日報
는 수십 년이 지난 후에 주민들의 말을 그렇게 인용했다. "사람들
은 그곳이 항공기를 제조하는 군수공장이었다고 말한다." 이곳에
근무했던 옛 직원에 따르면, 이 공장에는 우편물을 받을 수 있는
공식 주소가 없다고 했다.³

런정페이가 011 기지로 온 것은 대학을 마친 1968년 이후였다.
결핍과 격동의 10대를 보낸 그는 아버지를 닮은 넓은 이마, 삼각형
눈, 학자풍의 구부정한 자세를 가진 다부진 청년으로 성장해 있었
다. 그는 항상 우울해 보였고 늘 최악의 시나리오를 생각해 두는 버
릇이 있었다. 그것은 그의 평생의 성벽으로 굳어졌다. 문화혁명 기
간에 많은 사람들이 겪지 말아야 할 일을 겪고 있었지만 런은 운이
좋은 편이었다. 그가 도착한 곳은 정치적 위험을 두려워할 필요 없
이 과학적 연구를 계속할 수 있는 몇 안 되는 직장, 바로 군대였다.

남쪽에서 베트남 전쟁이 격화되던 1964년에 베이징 정부는 011
기지 건설을 명령했다.⁴ 중국 지도자들은 미국과의 전면전을 피하
려 했지만, 전쟁이 국경을 넘어올 실질적인 위험은 언제든 있었다.
그래서 그들은 대대적인 군산軍産 제조 운동의 일환으로 011 기지
를 비롯한 여타 시설을 건설하기로 했다. 구이저우는 국경을 접한
지역은 아니지만 그렇다고 국경에서 아주 멀지도 않았다. 미국 정
보기관은 중국이 새로 건설하는 공군 기지를 세 군데 찾아냈다.⁵
구이저우 주민들에게 성省 전역에 방공호를 파라는 명령이 떨어졌
다. 나중에 중국을 가장 오래 통치한 지도자 중 한 명이 되는 덩샤
오핑鄧小平은 상황을 직접 확인하기 위해 이 지역을 방문했다.⁶

011 기지는 제조 공장 한 곳을 지칭하는 암호가 아니었다. 그것
은 구이저우성의 중앙에 자리 잡은 도시 안순의 바깥에 흩어진 동

굴에 세워진 수십 개 공장의 네트워크를 의미했다. 이처럼 공장이 여러 군데로 분산되었기 때문에 상공에서는 잘 보이지 않았고 파괴하기는 더 어려웠다. 이 프로젝트를 위해 0.5제곱킬로미터가 넘는 면적에 11억 위안(현재의 환율 기준으로 1억 6,000만 US달러)이라는 막대한 비용이 투입되었다.[7] 기지 건설을 위해 2,000명이 넘는 선양항공기제작공사瀋陽飛機工業集團 직원이 멀리 북동쪽에서 이주해 왔고, 연인원 3만 5,000명을 동원한다는 계획이 세워졌다.[8] 관리들은 원래 1968년이면 011 기지에서 비행기가 제작되리라 기대했다. 바로 런이 대학을 졸업하던 때였다. 하지만 문화혁명 기간에 폭도들이 시설을 장악하는 바람에 일정에 차질이 생겼다.[9] 베이징 당국은 늦어도 1970년까지 전투기를 생산해내라고 다그쳤다.[10]

런의 말에 의하면, 그는 처음 2년은 요리사로 일했다. 재교육을 받아야 하는 '지식인'이었기 때문이라고 했다. 그런 다음 배관공으로 일했고, 그다음에 기술자로 승진했다. 시간이 남을 때 그는 독학으로 전자공학을 공부했다. 그곳에서 통신 기술과 관련된 일을 했느냐는 질문에 그는 이렇게 말했다. "당시 내가 했던 일은 통신과 아무런 관련이 없었습니다. 난 요즘의 도시 이주 노동자처럼 평범한 건설 노동자였을 뿐입니다."[11]

처음에는 주변 환경이 한심했다. 기숙사는 돌로 급하게 지은 데다 회반죽도 바르지 못해 바람과 빗물이 그대로 들어왔다. 수도시설이 없어 노동자들은 논에서 직접 물을 길어 식수를 해결했다.[12] "당시의 고초를 지금 사람들은 상상도 못할 것이다." 한 노동자는 지역 잡지에 쓴 글에서 그렇게 회상했다. "허름한 돌집에서 다 같이 잠을 잤고 다들 굶주렸다."

화웨이를 비방하는 사람들은 런의 과거 군대 경력을 마치 원죄처럼 취급한다. 그리고 그런 문제는 화웨이와 중국 정부와 당이 얼마나 긴밀한 관계를 맺고 있는지를 두고 별별 의문을 품게 만들었다. 미국 상무부에서 국제 기술 문제를 담당했던 제임스 루이스James Lewis는 그 때문에 1990년대 후반부터 워싱턴의 당국자들이 화웨이를 색다른 눈으로 보기 시작했다고 회고했다.¹³ "그것은 여러 가지 의문 중 하나였습니다. 그의 예전 고용주와의 관계가 얼마나 밀접한가?" 루이스는 그렇게 말했다.

화웨이는 그동안 런의 군 전력을 대수롭지 않게 여겼다. 화웨이의 한 임원은 미국 연방통신위원회Federal Communications Commission, FCC에 나가 선서를 한 후 제출한 진술서에서 이렇게 말했다. "미스터 런의 군 복무와 중국의 신호 정보SIGINT는 아무런 관련이 없었다."¹⁴ 화웨이는 런정페이가 011 기지에서 근무한 것은 제2국가건설위원회 제3국을 통해 이루어진 일이라고 그 경위를 밝혔다.¹⁵ "이 회사는 011 공장 건물을 건설했지만 실제로 군 소속은 아니었다. 이 회사에서 일할 당시 미스터 런은 군인 신분이 아니었다." 화웨이의 진술서는 그렇게 얘기한다.

화웨이의 주장이 옳을지도 모른다. 나중에 화웨이와 중국 정부의 관계를 이해할 때 런정페이의 군 경력은 핵심 요소가 되지 않았기 때문이다. 여러 해 동안 화웨이의 사업적 이해관계는 중국의 이해관계와 여러 면에서 떼려야 뗄 수 없는 관계로 엮이는데, 그것도 런이 기술자로 일하던 그의 군 초기 시절과는 별다른 관련이 없었다. 하지만 런정페이의 군대 경험이 그의 세계관을 형성하는 데 도움이 되었다는 사실은 의심할 여지가 없다. 그는 화웨이에 군대식 문화를 끌어들여 신병훈련소 같은 시설에서 신입 사원들을 교육하면서 그들에게 규율과 개인적 희생을 강조했다. 그는 연설할 때 군대와 관련된 비유와 유명한 전투 사례를 자주 언급했다. 세월이 흐른 뒤에도 그는 여전히 군인 같은 태도와 거동을 유지했다.

대학 졸업 후 어느 날 런은 멍쥔孟軍이라는 젊은 여성을 소개받았다. 쓰촨성 부성장 멍둥보孟東波 의 딸이었다.[16] 역사학자 허슈何蜀가 밝힌 충칭의 홍위병 역사에 따르면, 멍쥔은 충칭의 의과대학생이었다.[17] 같은 과의 한 학생은 그녀를 가리켜 키가 크고 안경을 썼으며 미인은 아니었지만 품위를 지녔다고 기억했다.[18] "내 어떤 점이 마음에 들었는지 모르겠어요." 런은 그렇게 말했다. "그녀는 이미 대단한 신분이었고, 나는 별 볼 일 없는 사내였으니까."[19]

쥔軍은 '군대'라는 뜻으로 젊은 여성에게는 어울리지 않는 이름이었다. 하지만 당시 마오쩌둥의 중국에서는 군대를 연상시키는 이름과 남자처럼 행동하는 것이 젊은 여성들 사이에 유행이었다. 마오쩌둥은 여자아이들의 발을 옥죄는 전족纏足 관행을 금지하고 여성들이 전투 현장과 공장 조립 라인에서 자신의 정체성을 찾도록 독려했다. 마오의 아내 장칭江青 은 영화배우 출신이었지만 화장과 장신구를 피하고 헐렁하고 중성적인 옷을 입었다. 전국의 젊은 여성들이 장칭을 흉내 냈다. 런은 멍쥔을 가리켜 "매우 강인한" 여성이라고 했다.[20]

런은 정치적 배경이 좋지 않아 마오쩌둥의 청년 준군사 조직인 홍위병의 일원이 될 수 없었지만, 멍쥔은 관리들이 서로 홍위병 조직에 끌어들이고 싶어 하는 강직한 젊은이였다. 그는 지방 정부의 지원을 받는 홍위병의 충칭 지부인 마오쩌둥 사상 홍위병, 즉 사상 홍위병思想紅衛兵의 부정치위원에 임명되었다.[21] 런은 멍쥔이 통솔하는 홍위병 수가 약 30만 명에 이르렀다고 말했다.[22]

멍쥔의 아버지 멍둥보는 체구가 컸고 웃을 때 이가 드러났으며[23]

프롤레타리아 출신이어서 상사들로부터 신임을 받았다.[24] 그는 우시無錫에 사는 가난한 할아버지 밑에서 자랐고 어머니는 과부가 된 후 가족의 빚을 갚기 위해 상하이로 가 힘들게 일해야 했다. 국민당이 통치하던 시절에 학생이던 멍동보는 공산당의 지하 조직에 들어가 상의 안감에 비밀 쪽지를 넣어 꿰매서 전달하는 등의 위험한 임무를 수행했다. 멍동보는 공부에 소질이 있어 뭐든 빨리 배웠고, 10대 시절 상하이의 브리티시 아메리칸 토바코British American Tobacco에서 일하는 동안 영어 몇 마디를 입에 올리는 정도가 되었다. 19살이 되던 1938년에 옌안에서 마오쩌둥의 부대에 합류하면서부터 그의 계급은 빠르게 올라갔다.[25] 1958년 마오쩌둥이 대약진운동을 시작할 무렵, 멍동보는 중국에서 가장 인구가 많은 쓰촨성의 야금을 책임지는 자리에 올랐다.[26] 그는 상부의 지시에 따라 철 제련을 위해 쓰촨성 전역에 수천 개의 재래식 가마를 만드는 일을 감독했는데, 그 탓에 사람들은 농사를 짓지 못했고 이는 끔찍한 기근으로 이어졌다.[27]

  1966년 문화혁명이 시작될 무렵 멍동보의 지위는 쓰촨성 부성장이었다.[28] 마오쩌둥은 당 내부에 정적이 숨어 있다는 강박관념에 시달린 나머지 결국 고위 관리들을 숙청하기 시작했다. 멍동보의 상관이었던 쓰촨성 서기장 리징취안李井泉은 얼굴이 검게 타고 앞니가 벌어진 인물이었는데, 이제 그를 비판하는 대규모 군중 집회가 열릴 정도로 그는 공적 1호가 되어버렸다.[29] 리징취안은 투옥되었다.[30] 마오쩌둥의 저서를 인쇄할 공장을 세우는 일에 반대한 것부터[31] 도서관에서 음란 소설을 읽는 등, 그에게는 사상적으로 불온한 여러 가지 혐의가 씌워졌다.[32] 그의 측근들도 무사하지 못했다. 거리에 걸린 한 포스터는 멍동보를 향해 리징취안이 친정부 노

사진 2.1 1967년 청두에서 열린 쓰촨성 당서기 리징취안 비판 군중대회

동자 단체를 조직할 때 그가 수하 노릇을 했다고 비난했다.³³

쓰촨성에서 발행하는 〈쓰촨일보四川日報〉에 따르면 명동보는 "무자비한 박해와 비판을 받았다."³⁴ 그는 다른 관리들 수천 명과 함께 강제노동수용소로 보내졌고³⁵, 그곳에서 직위를 박탈당한 뒤 '교육생'으로 불렸다. 교육생들은 농작물을 심고 돼지에게 먹이를 주고 집을 짓고 우물을 팠다.³⁶

그의 딸 명쥔도 고초를 겪었다. 그녀를 비롯해 정부의 후원을 받는 사상 홍위병에 속한 사람들은 과격한 학생 단체들로부터 부패한 관리들의 앞잡이 노릇을 했다는 혐의로 공격을 받았다. 여러 증언에 따르면 명쥔은 지방 정부와 사상 홍위병을 비판하라는 압력을 받았다.³⁷ 충칭의 여러 홍위병 파벌들은 얼마 안 가 거리에서 목숨을 건 총격전을 벌일 정도로 사태는 악화되었다.

문화혁명이라는 격변은 하나의 거대한 평형장치 기능을 했다.

2 동굴 속의 공장

평소 같으면 작은 마을 학교의 교장 아들이 부성장의 딸과 결혼하는 일은 구경하기 힘들었을 것이다. 하지만 각자 아버지가 노동수용소에 있는 상황에서 런정페이와 멍쥔은 서로 사랑을 가꾸기 시작했다. 런의 동생들은 모래를 파고 철도를 놓는 등 고된 노동을 하는 처지였지만, 두 사람의 결혼식 때는 돈을 모아 조촐한 예물을 준비했다.[38]

1970년 9월 18일, 011 기지는 베이징 당국의 요구에 응답했다. 소련의 디자인을 기반으로 제작한 그들의 첫 전투기 선양 J-6 III가 시험 비행에 성공한 것이다.[39] 시가 모양의 이 소형 제트기는 양쪽 날개 아래에 엔진을 하나씩 달았고 조종석 바람막이는 투명하게 방울 모양으로 덮은 버블 캐노피 Bubble Canopy 였다. 그곳에 있던 사람들 모두에게 그날의 첫 비행은 마법 같은 순간이었을 것이다. 낙후된 오지의 동굴에서 자신들이 만든 거대한 금속 덩어리를 창공에 띄웠으니 말이다.

011 기지는 해를 거듭할수록 더욱 정교해졌다. 그곳에서 일한 어떤 직원에 따르면 외국어에 능한 일단의 기술정보 관리들이 제트 엔진부터 광산용 폭발물 제조에 이르기까지 여러 가지 연구 프로젝트를 수행했다고 한다.[40]

1972년, 런과 멍쥔은 첫 아이를 출산했다. 멍완저우 孟晚舟 였다. 완저우 晚舟 는 '저녁 배'라는 뜻으로, 해질녘의 아름다운 장면을 일컫는 중국 관용구에서 따온 이름이다. 며칠 뒤 리처드 닉슨 Richard Nixon 이 베이징에 발을 디뎠다. 공산국가 중국에 미국 대통령이 처음 방문한 역사적인 순간이었다. 국민당이 내전에서 끝내 패해 타이완섬으로 달아난 뒤로, 유엔은 여러 해 동안 마오쩌둥의 중화인민공화국을 인정하지 않았으나 더는 버틸 수 없어 결국 중국으로 공식 인정했다. 수십 년 동안 국제사회에서 부랑자 취급을 받아온 중국 공산주의자들을 세계가 받아들인 것이다.

1974년에 런은 고대 실크로드의 관문이자 산시성陝西省의 성도인 시안西安에 있는 계기 제작공장으로 자리를 옮겨 온도계, 압력계, 과학 실험실과 산업에 사용되는 그 밖의 특수 기기를 만드는 교육을 받았다.[41] 그곳에서 런은 우연한 기회에 어떤 대학교에서 중국 전산학의 선구자인 우지캉의 강의를 통해 컴퓨터를 처음 접했다.[42] 런은 강의 내용을 거의 알아듣지 못했지만 나름대로 자극과 영감을 받았다.

같은 해에 런은 혹한의 북동쪽 도시 랴오양遼陽으로 파견되었다. 북한 접경지에서 북쪽으로 150킬로미터 정도 떨어진 곳이었다. 그의 부대는 인민해방군 소속의 건설부대로 공병부대라 불렸다.[43] 그의 아내는 청두成都에 남아 2살짜리 딸 멍완저우를 키웠다. 런은 딸에게 '돼지'라는 애칭을 붙였다.[44] 런이 랴오양에 배치되고 1년 정도 지났을 때 아들 런핑任平이 태어났다. 런은 휴가를 1년에 한 달밖에 못 받았기 때문에 아이들과 친해질 틈이 없었다.

런의 부대는 나일론과 폴리에스터 생산을 돕는 임무를 맡았다. 나일론과 폴리에스터는 1930~1945년 사이에 미국에서 발명되었지만,[45] 중국 기업들은 만들어내지 못하는 미지의 외래 섬유였다. 이 두 가지 섬유 생산은 마오쩌둥이 직접 지시한 최고위급 프로젝트였다.[46] 중국이 석유화학 성분에서 직물을 뽑아낼 수 있다면, 여전히 배급제를 실시하는 무명천의 심각한 부족 사태가 어느 정도 해소되리라고 그들은 판단했다. 런 자신도 자랄 때 셔츠가 넉넉하지 않아, 고등학생 때는 일 년 내내 한 가지 종류의 두꺼운 셔츠로 버텨야 했다.[47] 나일론은 군용으로도 쓸모가 많아, 미군은 낙하산부터 항공기 연료 탱크, 방탄조끼에 이르기까지 다양한 용도로 사용했다.

외국 기업들이 너도나도 이 수익성 높은 공장 프로젝트를 따내기 위해 로비를 벌였다. 마오쩌둥 정부는 외교적 문제를 고려해 프랑스의 테크닙Technip과 슈파이힘Speichim과 계약을 체결했다. 프랑스는 마오를 중국의 지도자로 인정한 최초의 서구 열강이었다.[48] 이 프로젝트는 프랑스와 마오의 중국이 타결한 역대 최대 규모의 프로젝트라는 칭송을 받았다.[49]

이들은 프랑스 기술자 수백 명과 중국 노동자 7만 명 정도를 수용할 수 있는 공장 도시를 세운다는 야심 찬 계획을 세웠다. 하지만 런이 동료들과 그곳에 도착했을 때는 아직 집 한 채가 없는 들판이어서 모두 풀밭에서 야영을 해야 했다.[50] 나중에 런은 정부가 이 프로젝트에 필요한 인력을 구하는 데 어려움을 겪었기 때문에 자신과 동료들을 랴오양으로 보냈다고 말했다. "어떤 팀도 전화를 받지 않았습니다. 그래서 정부는 결국 공장을 짓는 데 군대까지 동원했죠."[51] 재교육 캠프에서 노동자를 몇 명 뽑아 지역 관리로 양성하는 경우가 있었는데, 이들은 열심히 일할 경우 새로운 기회가 주어질 것이라는 약속을 받았다.[52]

프로젝트는 예정보다 한참 늦어졌다. 무엇보다 먼저 부식성 화학물질을 운반하는 파이프를 가설한 뒤에 다른 모든 것을 세워야 했는데 건설팀은 이런 순서를 소홀히 했다. 실수를 깨달은 그들은 결국 그동안 진행한 모든 것을 뜯어내고 처음부터 다시 시작해야 했다. "모든 게 뒤죽박죽이었습니다." 공장의 당서기 치유순은 그렇게 회상했다.[53] 프로젝트 일정이 너무 지체되자 베이징의 당 기관지 〈인민일보人民日報〉는 이를 공개적으로 비판하며, 덩샤오핑의

'반동 기질'과 '다시 자본주의로 되돌리려는 탐욕스러운 야망'이 빚어낸 실패 사례라고 규정했다. 당시 덩은 베이징의 고위 관리였지만, 마오쩌둥의 이너 서클에서 배제되는 과정에 있었다.[54]

직원 기숙사는 급하게 지어진 탓에 얼마 안 가 벽에 금이 가고 찬바람이 새어들었다. 직원들은 초록색 무명 유니폼만 걸치고 추위에 떨었다. 기숙사는 온수도 제때 나오지 않았다. 추운 계절엔 절인 양배추와 무 이외의 채소를 구하기가 어려웠고,[55] 프로젝트를 위해 랴오양에 머물던 프랑스 기술자들도 포도주는커녕 끼니도 제대로 챙기지 못했다.[56] 그래도 런은 그곳에서 머문 시간을 감사하게 받아들였다. "공장은 사막의 오아시스 같았어요." 런은 나중에 그렇게 말했다. "당시에 중국에서 기술 서적을 읽어도 정치적으로 문제 삼지 않는 곳은 찾기 어려웠습니다."[57]

런의 부대는 프랑스에서 들여온 장비를 시험하고 수정 보완하는 임무를 맡았다. 차압전송기, 파이프 유량 측정기 같은 것들이었다.[58] 이를 테스트하려면 20퍼센트포인트 미만의 편차로 정확한 공기압을 생성할 수 있는 기계가 필요했다. 런의 팀이 가진 것이라고는 1950년대에 나온 조야한 소련제 수은 측정기가 전부였다. 하지만 런은 미국 회사 아메텍Ametek에서 나온 노즐 위에 공을 띄우는 정밀 측정기가 있다는 사실을 알고 이를 직접 만들어보기로 했다.[59]

"그는 시간 가는 줄 모르고 밤낮없이 연구에만 몰두했다." PLA(인민해방군) 공병단 내부 신문에 소개되었던 그의 프로필 한 대목이다. "그 결과 그는 탈모와 불면증, 식욕 부진으로 고생했다. 33세에 불과했지만 이마에는 주름이 깊게 파였다."[60]

2 동굴 속의 공장

3

새로운 시작

| 중국 경제 개혁의 시작: 1976~1984 |

1976년 9월 9일, 그날 런과 멍 가문의 운명은 갑작스럽게 바뀌었다. 오후 4시에 중국 전역의 라디오에서 마오쩌둥이 서거했다는 숙연한 발표가 흘러나왔다. 몇 주가 지나지 않아 마오의 아내 장칭과 그 측근들이 체포되었다. 문화혁명이 끝난 것이다.

런정페이의 아버지 런모쉰과 장인인 멍동보에게 그것은 새로운 인생의 시작을 의미했다. 두 사람 모두 노동수용소에서 몹쓸 고초를 겪었지만, 이제 그들은 일상으로 돌아가 다시 일을 할 수 있게 되었다. 런모쉰은 66살이었다. 쓸쓸한 일이지만 그는 자신의 전성기가 그렇게 무의미하게 사라졌다는 사실을 받아들여야 했다. "그들은 돈키호테처럼 온갖 가상의 적을 설정해놓고 공격했다." 런모쉰은 그렇게 썼다. "그들은 사실을 왜곡해가며 끝없이 '계급투쟁'을 부추겼다."[1] 그의 아내 청위안자오도 살아남았지만 결핵에 걸렸

을 때 치료를 못해 청력이 크게 손상됐다.²

런모쉰은 문화혁명에서 살아 돌아왔지만 신분은 격하되었다. 노동수용소에서 풀려난 이 전직 대학교 학장에겐 1979년에 두원제1중학교의 교장이라는 직함이 주어졌다.³ 학교 형편은 한숨이 나올 정도였다. 홍위병들은 장비와 집기 대부분을 파괴했다. 그것들이 낡은 사상과 낡은 관습을 상징한다는 이유였다. 책상과 의자도 남은 것이 거의 없었다. 교사들이 책을 수레로 옮겨 감춰두었지만 발각되어 모두 소각되었다. 교사의 절반 정도인 30여 명의 강사들이 비판과 박해를 받았다. 수학 교사 2명이 살해당했고, 역사 교사 1명은 강제 노동 중에 병을 얻어 사망했다.⁴ 런모쉰은 환갑이 지난 지 오래여서 일을 그만둘 나이였지만 은퇴를 할 생각이 없었다. 그리고 마침내 다시 일할 수 있게 되었다. "나는 나이 든 세대가 가진 정치적 관록을 자랑스레 생각한다." 런모쉰은 나중에 그렇게 썼다. "그들은 노동수용소에서 풀려나 조직 생활에 다시 뛰어들기 무섭게 자신의 경험과 능력을 모두 바쳐 열심히 일했다."⁵

우선 두원 농민들은 할당받은 농작물을 나라에 낸 뒤 나머지는 가질 수 있었고,⁶ 농민이 아닌 사람들은 소규모로 사업을 시작했다.⁷ 지역 백화점에서는 플라스틱 슬리퍼, 보온병, 손목시계, 재봉틀이 불티나게 팔렸다.⁸ 어른, 아이 할 것 없이 모두가 갑작스러운 변화를 맞았다. 런모쉰은 국가의 방침에 따라 중국의 체제와 해외의 착취적인 자본주의 시스템이 근본적으로 어떻게 다른지 학생들에게 가르쳤다. "자본가들은 노동자에게 외상으로 전기냉장고와 자동차를 주고, 청구서에 8~12%의 이자를 붙인 다음 할부로 갚으라고 한다. 몇 달을 갚다 더는 돈을 내지 못하면 물건을 회수해 간다. 물론 그동안 받은 돈은 돌려주지 않는다." 런모쉰은 학생들에게 그렇게 말했다.⁹ 그의 학생들은 일본에 사는 한 중국 여성이 쓴 글을 통해 자본주의 체제에서 꾸려가는 생활의 버거움을 배웠다. 그녀는 직장에서 놀림을 받거나 직장을 잃지 않기 위해 하루에도 여러 번 옷을 갈아입어야 한다고 썼다. 한 학생은 외국 영화에서 사람들이 왜 그렇게 자주 의상을 갈아입는지 이제야 알 것 같다면서 이렇게 말했다. "예전에는 사치라고 생각했는데 알고 보니 부러워할 일이 아니네요."¹⁰

멍완저우는 5살쯤 된 1977년경에 구이저우에 있는 조부모님 댁으로 보내졌다.¹¹ 공산주의 중국에서는 남녀 할 것 없이 모두 밖에 나가 일하고, 아이들은 나이 든 조부모가 맡아 기르는 일이 보통이었다. 하지만 정치적으로 안정적인 지위에 있던 청두의 외조부모와 함께 지내지 않고 왜 친조부모에게 보내졌는지는 이유가 명확하지 않다.

구이저우에서 멍은 부모님과 멀리 떨어진 생활에 적응하느라 어려움을 겪었다. 조부모님의 생활은 소박했다. 사탕은 귀해 함부로 먹을 수 없는 간식이었고 저녁상에 고기가 올라오는 경우는 드물었다. 조부모님은 나이도 안 된 멍을 두원3소학교에 2년 일찍 입학시켰는데, 멍은 저보다 나이가 위인 동급생들을 따라잡느라 애를 먹었다. 특히 산수 숙제가 제일 힘들었다. 할머니는 멍의 산수를 도와주면서 가끔 탄식하곤 했다. "페이페이가 저렇게 아둔한 애를 낳다니!"¹²

스스로 공부를 못한다고 여기는 멍의 생각은 성인이 될 때까지 따라다녔다. "소학교 때 나는 정말 우둔했다. 노래를 못하고 그림도 못 그렸으며 선생님들도 날 좋아하지 않았다." 그녀는 화웨이 내부에 올린 에세이에서 그렇게 썼다.¹³ 그래도 어머니는 인내심을 가지고 그녀를 지켜보았다며 속담을 들먹였다. "고슴도치도 제 새끼는 함함하다 하니까."

런정페이의 장인 멍둥보는 노동수용소에서 풀려나 쓰촨성 부성장으로 복직했다. 그때 쓰촨성은 중국 개혁의 중심지로 주목 받고 있었다. 그리고 덩샤오핑이 중국을 이끌 새로운 지도자로 떠올랐다. 마오쩌둥이 숙청했던 작은 체구의 쓰촨성 관리 덩은 '다시 자본주의로 되돌리려는 탐욕스러운 야망'을 품었다는 혐의를 받아, 런의 나일론 공장 지연 사태 책임을 뒤집어쓴 희생양이었다. 권력을 잡은 덩은 마오쩌둥 무리의 작당과 정치적 마녀사냥은 잘못된 무리수였으며, 이 나라를 구할 수 있는 것은 서구식 자본주의라고 믿었다. 덩은 자신의 고향 쓰촨성에서 이를 실험하기로 하고, 앞머리가 V자형 헤어라인에 우울해 보이는 표정의 신임 당서기 자오쯔양趙紫陽에게 그 지휘를 맡겼다.

자오쯔양의 부관이었던 멍둥보는 쓰촨성의 집단농장을 전부 해체하고 개인 농지를 복원하는 작업을 도왔다. 1980년에 그들은 급진적인 실험에 착수해 쓰촨성의 공장 여러 곳을 개인 소유로 운영케 하여, 자체적으로 회계 관리를 하고 세금을 낸 후 남은 수익금은 가질 수 있게 했다.[14] 우선 대상은 면직공장, 시계 제조업체, 인쇄소였다. 베이징에서 당 기관지 〈인민일보〉의 주필이 방문했을 때 멍은 어디까지 개혁을 밀어붙이는 것이 가능한지 그와 논의하면서, 정부가 기업에 임대료를 부과하는 방안까지 거론했다.[15]

중국이 문호를 개방하자 외국인 방문객들이 꾸준히 늘어났다. 스위스, 유고슬라비아, 자이르공화국, 북한의 관리들이 줄줄이 청두를 찾았고, 자오와 멍 등은 손님들을 맞기 위한 연회를 준비했다.[16] 심지어 그중에는 미국 미시간주와 쓰촨성 간의 자매결연

을 위해 1982년에 방문한 미시간주 주지사 부인 헬렌 밀리켄Helen Milliken도 있었다.¹⁷

1979년에 멍은 자오를 수행해 다른 쓰촨성 관리 9명과 함께 3주 동안 영국, 스위스, 프랑스를 여행하며 세계를 구경할 수 있는 쉽지 않은 기회를 얻었다.¹⁸ 공산주의 풍조에 따라 몇 해째 인민복만 입어왔던 멍은 여행을 위해 하늘색 서구식 쓰리피스 정장을 입었다.¹⁹ 여행은 눈이 휘둥그레지는 경험이었다.

영국 외무부 장관 피터 블레이커Peter Blaker 등 고위 관리들을 만난 그들은 시장경제가 작동되는 방식을 호기심 어린 눈으로 지켜보았다.²⁰ 프랑스의 건조한 지역은 포도를, 햇볕이 강한 영국 동해안은 밀을 생산하는 등, 서로 다른 나라들이 기후에 따라 각기 다른 특산 작물을 경작해 거래함으로써 더 큰 부를 창출한다는 사실에 그들은 놀라움을 금치 못했다. 귀국 후 자오는 중국의 각 지방 정부도 이와 비슷한 무역 시스템을 도입해야 한다고 주장했다. 해외여행을 엄격히 통제하던 시기에 이런 국제적 경험은 멍동보 일가의 상상력을 자극하고도 남았을 것이다.

훗날 런정페이는 좀처럼 첫 번째 아내와 첫 번째 장인에 대해 입을 열지 않았다. 화웨이가 작은 회사를 자력으로 일으켰다는 신화를 만들어온 상황에서 고위급 정치인과의 인맥을 드러내는 것이 거북했을 수도 있다. 그러나 혼란스러웠던 중국의 초기 시장경제에서 생존하려면 어느 정도의 정치적 후원은 필수 요건이었을 것이다. 그리고 부성장은 그다지 높은 직책도 아니었다. 비교하자면 1980년대 중국을 대표하는 하이테크 기업 쓰퉁그룹四通集團,Stone Group의 창시자 완룬난万润南은 국가 주석인 류샤오치劉少奇의 딸과 결혼했다.²¹

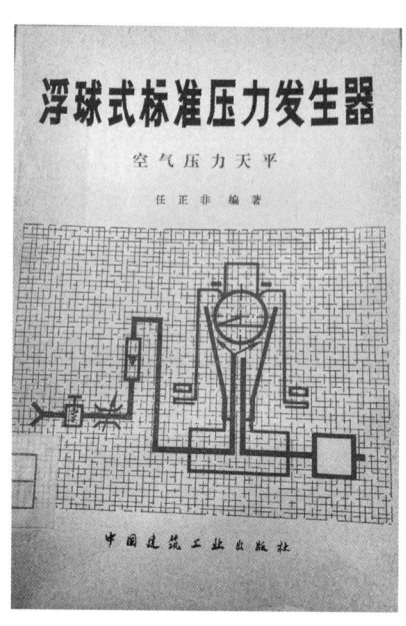

사진 3.1 '부유식 정밀 압력발생기.' 런정페이가 자신이 발명한 압력발생기를 설명해 놓은 1979년의 책자.

    화웨이를 창업할 당시 런정페이가 멍가家로부터 정치적 인맥의 도움을 받았다는 증거는 어디에도 없다. 실제로 런정페이와 멍쥔은 회사를 창업할 무렵에 이혼한 상태였다. 하지만 멍가의 지위는 여전히 닫혀 있을 뻔한 정치적 문을 젊은 런에게 열어줬고, 학교 교사의 아들에게 대담한 꿈을 품을 여지를 준 것만은 분명하다.

    심혈을 기울인 끝에 런은 1977년에 정밀 공기압 발생기를 만드는 데 성공했다. 그와 동시에 국가 지도자 자리에 오른 덩샤오핑은 곧바로 과학 연구를 장려하고 나섰다. 타이밍이 절묘하게 맞아떨어진 것이다. 런의 발명 소식은 국영 언론을 통해 대대적으로 보도되었다. "전 세계에서 이를 제조할 수 있는 곳은 일부 선진화된 산업 기술을 보유한 몇 안 되는 나라들뿐이다." 관영 〈신화통신新華通訊〉은 그렇게 큰소리쳤다.²² 런은 압력발생기의 작동 방식을 설명하는 방정식과 도표가 실린 얇은 페이퍼백 책자를 출간했다.²³ "미국 기업 아메텍의 제품과 비교해도 꽤 뛰어난 수준이다." 그는 그렇게 썼다. "가히 우리나라의 기술적 공백을 메워주는 기계라 할 만하다."²⁴

그동안 런은 가족의 불온한 정치적 배경 때문에 승진과 수상에서 번번이 탈락했었다. 중국 공산당에 입당했다면 경력에 도움이 되었겠지만 그는 입당할 수 없었다. 덩이 집권하자 이제 두 번째 기회가 찾아왔다. 1978년 3월, 중국에서 처음으로 전국과학대회가 열렸을 때, 33세의 런도 초청을 받았다. 그는 참석한 6,000명의 과학자와 엔지니어 중 가장 나이가 어렸다.²⁵ 덩은 연설을 통해, 예전에 과학자들은 부르주아 계급에 속했지만 이젠 더는 부르주아가 아니며 엄연한 노동자 계급의 일원이라고 말했다. "손으로 일하든 머리로 일하든 일을 하는 사람은 모두 사회주의 노동자입니다."²⁶ 덩은 그렇게 선언했다. 과학자들은 우레와 같은 박수를 보냈고 일부는 주먹을 높이 치켜들었다. 많은 사람들이 눈시울을 붉혔다.²⁷ "가슴이 벅차 눈물을 흘렸습니다. 마침내 이 나라의 '아들'로 인정받았기 때문이죠." 나중에 런은 그렇게 회상했다. "자본가나 지식인 계급이 아닌 노동자 계급의 일원이 되어 너무 기뻤습니다."²⁸

1978년의 전국과학대회는 런의 경력에 하나의 전환점으로, 이를 계기로 런은 중국 공산당에 입당할 수 있었다.²⁹ 대회를 통해 드러난 런의 능력에 깊은 인상을 받은 한 당 간부가 직접 전화를 걸어 입당을 권유한 것이다. 이에 맞춰 인민해방군 공병대는 공병대 내부 신문의 기자인 쉬구어타이를 시켜 런과 그의 가족 배경을 조사하도

3 새로운 시작

록 했다. 조사에 들어간 쉬 기자는 런의 헌신적인 연구에 깊은 인상을 받고 매혹되었으며, 결국 그런 내용을 담은 그의 보고는 런의 입당 신청에 신원보증서가 되었다.[30] 또한 쉬 기자는 공병대 신문에 기고한 기사를 통해 런이 문화혁명 기간에 지식인으로 몰릴 정치적 위험을 무릅쓰고 연구를 계속했다는 호의적인 인물평을 내놓았다.[31] "4인방의 압력도 그를 아끼는 친척과 친구와 동료들의 설득도 그의 연구와 탐구심을 막지 못했다." 쉬 기자는 그렇게 적었다. "그는 가족이나 자신보다 조국과 인민과 과학을 더 사랑했다."

1979년 2월에 공병대 신문은 쉬의 기사를 1면에 실었다. '정밀 압력발생기 발명가 런정페이 당에 입당.' 이 기사는 00229 부대의 런정페이가 여러 차례 입당에 실패한 전력과 '4인방'의 개입으로 누명을 쓴 가족의 과거를 청산하고 명예롭게 입당했다고 전했다. 기사는 런이 '엔지니어' 직책으로 승진했다고 기록했다."[32]

나중에 런정페이는 화웨이의 동료들에게 체제 밖에 있던 시간은 허송세월이었다고 말했다. "군인으로 복무하던 시절 내내 나는 당에 들어가지 못했다. 내 삶은 역경의 연속이었다." 그는 측근에게 그렇게 말했다. "헛되이 보낸 그 모든 시간을 생각해 봐도 납득가지 않는 부분이 있다. 내가 아무리 순진하고 어리석었다 해도 어떻게 그 모든 개방성과 타협과 옳고 그름의 중간 지대를 전혀 이해하지 못했는지 아쉬울 따름이다."[33]

랴오양 공장 건설이 거의 마무리되어 가자, 1978년 11월에 런의 부대는 남쪽을 향해 이동하기 시작했다.[34] 목적지는 산둥성山東省의 성도省都로, 거품이 올라오는 천연 온천이 유명한 문화 중심지 지난濟南이었다. 00229 부대는 지난에 연구소를 차렸고,[35] 런은 직원이 20명 정도인 그 연구소의 부소장에 임명되었다.[36] 그렇게 자리가 잡히자 런은 가족을 다시 불러 모았다. 그의 아내는 지난의 군대에 들어갈 수 있는 특혜를 받아,[37] 부부는 자녀들과 함께 지낼 수 있게 되었다. 일곱 살 무렵이었던 멍완저우는 도시 외곽의 한 소학교에 입학했다.[38] 멍은 그 시절을 공부 스트레스 없이 들판에 나가 메뚜기를 잡으며 뛰어놀던 행복한 시기로 기억했다.[39]

런은 압력 발전기를 상용화하는 과정에서 타이위안太原, 다롄大連, 선양瀋陽, 장쑤성江蘇省의 양중揚中 등 여러 도시와 협력했다.[40] 양중의 한 현지 관리의 말에 따르면, 경쟁력을 강조한 런은 격앙된 어조로 이제 막 태동한 시장경제에서 활약하는 영업팀에게 늑대 무리처럼 행동할 것을 요구했다고 한다. "늑대들이 자발적으로 먹이를 사냥하고, 잡은 먹이를 놓고 다투려면 먼저 배가 고파야 합니다. 우리는 영업 사원들을 부추겨 선제적으로 공세에 나서게 하고, 남들보다 출장도 더 많이 가고 고객도 더 많이 찾아다니고 조금이라도 더 팔기 위해 싸워, 보너스를 더 많이 받도록 해야 합니다."[41]

1982년 9월, 37살의 런정페이는 제12차 중국 공산당 전국인민대표대회에 참석했다.[42] 10년에 단 2회 열리는 전국인민대표대회는 중국 최고 지도자들이 향후 5년간의 통치 계획을 세우는 모임으로, 초청 받는 것만으로도 대단한 영광인 대회였다. 하지만 이 대회에 참석한 기록은 후일 런정페이에게 불리하게 작용한다. 외국 관리들이 화웨이와 당의 관계에 대해 의문을 제기했기 때문이다. 그 뒤로 런정페이는 정부가 주최하는 고위급 회의에는 모습을 드러내지 않았다.

또한 이 전국인민대표대회를 계기로 런정페이의 군대 경력도 갑작스럽게 끝났다. 덩샤오핑은 기업 민영화라는 구조 변화를 추진하고 있었는데, 여기에 인민해방군 공병대를 해체하는 계획이 포함된 것이다.⁴³ 런정페이는 국가 발전에 대한 열정도 남 못지않았지만 자신이 내세울 수 있는 유일한 경력을 포기하는 것도 무척 아쉬웠다.

공병대가 해체되면서 런과 멍쥔은 남부 해안에 있는 선전이라는 곳으로 배치받았다. 처음부터 실험적 '경제특구'로 건설되던 계획도시였다. 이들은 다시 멍완저우와 런핑 두 아이를 구이저우의 부모님 댁으로 보냈다.⁴⁴

열한 살에 지난으로 보내져 공부가 뒤처졌던 멍완저우는 다시 조부모님의 간섭을 받자 또 다시 적응하는 데 어려움을 겪었다. 멍은 두윈제1중학교에 입학했는데 교장은 할아버지였고 할머니는 수학 교사였다. 첫 시험에서 그녀는 반에서 꼴찌를 해, 본인은 물론 할머니와 할아버지까지 얼굴을 붉히게 만들었다.⁴⁵ 하지만 시간이 지나면서 그녀의 성적은 꾸준히 올랐다. 기하학 시험에서 만점을 받는 일도 있었다. 멍이 시 청소년위원회 위원장으로 선출되자 그의 어머니는 하늘색 옷을 보내주면서, 자유롭게 날아다니는 작은 흰 비둘기처럼 보일 것이라고 썼다.

1984년 여름에 런모쉰은 77세의 나이로 두윈제1중학교 교장직에서 물러났다.⁴⁶ 건강이 좋지 않았지만,⁴⁷ 그는 일을 멈추지 않았다. 두윈시 인민협상회의 소속 문화역사자료위원회 위원장으로 임명된 런모쉰은 두윈시 학교들의 역사를 편찬하는 일에 착수했다. 어느 날 옛 제자 중 한 명이 그를 찾아와, 동급생이 나무 막대기로 부러질 때까지 런모쉰을 때렸던 얘기를 다시 꺼냈다. 런모쉰은 씁쓸히 웃으며 말했다. "그 나무 막대기에 감사해야지. 더 단단했다면 분명 무슨 일이 나고 말았을 거야."⁴⁸

4

경제특구

| 화웨이의 기원: 1980~1989 |

1980년대 초, 중국 남부 해안에 거대한 건설 구역이 들어서고 있었다. 새로 조성되는 신도시 선전 경제특구SEZ의 면적은 326제곱킬로미터로 필라델피아와 비슷한 크기였다. 얼마 전까지만 해도 이곳은 대부분 초원이었고, 그 안에 숨어 있던 생기를 잃은 마을은 쓰레기로 가득 찬 도랑에서 악취만 풍기고 있었다.¹ 하지만 이제 이 도시 최초의 고층 건물인 궈마오國贸 빌딩은 사흘에 한 층씩 올라가는 놀라운 속도로 위용을 갖춰갔다. 지역 관리들은 이것이 바로 '선전 속도!'라고 자랑스럽게 선언했다.² 중국은 웅대한 자본주의 실험에 시동을 걸었고, 그 출발점은 선전이었다.

선전 경제특구는 침략자를 막기 좋게 원형의 벽으로 둘러싼 중국의 전통적인 도시와는 다른 형태로 설계되었다. 그곳은 중국 본토와 영국 식민지 홍콩의 경계를 따라 서쪽에서 동쪽으로 가늘고 길게 뻗은 땅이었다.³ 지도를 보면 뱀이 기다란 배를 드러내며 국경을 가로질러 누웠고, 꼬리는 동쪽에서 미르스만Mirs Bay(또는 따펑완大鵬灣)을 감싸며 말려 들어가고, 서쪽으로는 셔코우蛇口 즉 '뱀의 입'이라 불리는 곳으로 머리를 내밀고 있는 형세였다. 선전은 애초에 주민들의 편의는 고려하지 않고 설계된 도시였다. 그래서 한쪽에서 다른 쪽을 가려면 버스를 몇 시간씩 타야 했다. 경제특구 선전의 형세는 그 기능을 충실히 따른 것이었다. 그것은 중국과 중국이 아닌 세계, 즉 홍콩 사이에서 완충 지대로 역할을 하는 기능이었다. 그래서 홍콩으로부터 자본과 기술을 끌어들여 안전지대로 스며들게 하는 한편, 중국 여타 지역으로 자본주의의 '도덕적 타락'이 확산하는 속도를 최소화하려 했다. 결과가 만족스럽지 못하다고 판단되면 실험을 중단할 수도 있었다. 선전은 철조망 울타리로 중국의 여타 지역과 차단되었으며,⁴ 입구는 군인에 준하는 경비병이 지켰다.

런은 1982년과 1984년에 선전을 찾았던 때를 회상했다.⁵ 어느 쪽이든 마흔을 앞두고 있던 때였을 것이다. 선전은 멋진 곳이었지만 혼란스럽기도 했다. 선전 노동자들의 한 달 평균 임금이 500위안이라는 사실에 그는 깜짝 놀랐다. 군대 엔지니어로서 나름 중견 간부라고 자부했지만, 선전 노동자들의 봉급은 자신의 2배 이상이었다.⁶ 또 '슈퍼마켓'이라는 외국식 상점도 처음 보는 것이어서, 그런 상점 한 군데를 골라 휘황찬란한 통로 곳곳을 돌아다녔다.⁷ 선전에서 미국 기업과 첫 합작한 공장에서는 '펩시'라는 달콤한 탄산음료가 조립 라인에서 굴러 나오고 있었다.⁸ 하지만 런은 놀라운 한편 불안한 마음을 감출 수 없었다. 새로운 세상이 열리고 있었지만 자신이 적응할 수 있을지 자신이 서지 않았다. "내 또래들은 쓸

모없는 부류였어요." 그는 그렇게 회상했다. "우리는 컴퓨터를 다룰 줄 몰랐고 영어 실력도 시원치 않았죠."⁹

선전은 젊은이들을 위한 도시였다. 빠르게 변신할 능력이 있고 위험을 감수할 자신이 있다면 큰돈을 벌 수 있는 곳이 선전이었다. 선전의 젊은이들은 바로 국경 너머의 영국 식민지 홍콩의 패션에 자극받아, 평범한 푸른색 인민복을 벗어 던지고 댄디한 검정색 양복과 무안할 정도로 짧은 스커트에 스타킹을 신었다. 밤에는 생선뼈 같이 생긴 안테나를 몰래 지붕 위로 올려 검열이 없는 홍콩 TV를 시청하고 아침에는 단속에 걸리지 않도록 안테나를 내렸다.¹⁰ 그들은 중국의 다른 지역을 '내륙'이라고 부르며 그들만 누릴 수 있는 세속적 생활을 만끽했다. 해외 유학 기회를 얻는 사람들이 계속 늘어났고, 돌아와 능숙한 외국어와 최신 기술 교육을 과시하는 사람도 많았다.

런은 남해석유선전개발서비스주식회사 South Sea Oil Shenzhen Development Service Co. 라는 곳에 일자리를 얻었다.¹¹ 국영기업인 남해석유공사 South Sea Oil Corporation 의 자회사였다. 남해석유공사는 남중국해 근해의 원유 시추 프로젝트를 지원하기 위해 선전 셔코우에 현대식 항구를 건설 중이었다. 런이 들어간 자회사는 제조 구역, 쇼핑센터, 현대식 아파트 단지 등 주변 시설의 건설을 맡았다.¹² 무엇보다 주택이 턱없이 부족했다. 나중에 멍완저우는 이 시기에 부모님이 살았던 '초가집'을 이렇게 회상했다. "밖에 비가 많이 쏟아지면 집 안에선 가랑비가 내렸고, 옆집 사람들이 말하면 그 얘기가 빠짐없이 또렷하게 들렸어요."¹³

런이 이 회사에서 일했던 기간은 짧았고 두드러지는 부분도 없었다. 이 회사에서 그가 맡았던 역할도 제대로 알려진 것이 없고,

4 경제특구

그의 업무에 대한 현지 언론의 기록도 뚜렷하지 않다. 군 엔지니어로 일할 당시 그의 업적을 칭찬하는 기사가 심심찮게 나오던 것과는 대조적이었다. 당시 내륙 도시 우한에 있던 화중이공대華中理工大(화중과기대의 전신) 행정관이었던 첸주팡陳珠芳이 그곳에서 런이 한 일을 기록한 희귀한 보고서가 있다. 그녀는 화중대와 남해석유의 기술 합작회사를 세우는 문제로 런과 그 가능성을 논의한 적이 있었다. 그때 그녀는 런에게 호의적인 인상을 받았다. 그녀는 그가 잘생긴 외모에 군인 출신으로 야망이 큰 사람이라고 생각했다.[14] 런은 나중에 그녀를 설득해 화웨이에 합류시킨다. 첸은 여러 해에 걸쳐 회사 내 공산당 위원회의 비서로 일하며 회사와 정부 사이의 중요한 연락책 역할을 했다.

런은 나중에 남해석유의 차장 시절에 저질렀던 실수를 인정하게 된다.[15] 실제로 그는 어떤 거래에서 상대방에게 속아 고용주에게 금전적 손해를 끼친 뒤 해고되었다고 주장한다.[16] "어떤 사람들이 우리에게 TV를 팔겠다고 해 돈을 주었는데, 결국 TV를 받지 못했습니다" 런은 나중에 그렇게 말했다.[17] 그는 돈을 되찾기 위해 많은 시간을 들여 법률 서적을 뒤졌다고도 했다. 하지만 그의 이전 동료들은 이 사건에 대해 확인도 반박도 해주지 않았다.

런은 가정사로도 힘든 시기를 보내고 있었다. 아내 멍쥔과의 관계가 틀어져 결국 이혼하기로 합의한 것이다.[18] 이혼의 동기는 분명하지 않지만, 런이 군인이었던 탓에 오랜 세월 떨어져 있던 이유도 일부 작용했을 것이다. 아직 중국은 이혼이 흔하지 않을 때였다. 이혼을 수치로 여기는 사회 분위기 때문이었다. 하지만 일부 진보적인 중국인들은 더는 불행한 결혼 생활을 억지로 지속할 필요가 없다고 느꼈기 때문에, 전국적으로 이혼율은 조금씩 늘어나

고 있었다.[19]

　런이 방황하자 선전 과학기술국의 누군가가 그에게 창업을 해보라고 제안했다.[20] 그렇게 런은 화웨이 테크놀로지 Huawei Technologies Co.를 설립했다. 런의 나이 42세일 때였다. 군 엔지니어로서 첫 번째 경력은 그렇게 끝났다. 원해서 택한 결정은 아니었다. 정부 부서에서 잠깐 일했던 두 번째 경력도 얼마 남지 않은 때였다. 이제 런정페이는 구미가 당기지만 구설수에 말리기 쉽고 곳곳에 위험이 도사린 일에 뛰어들기로 했다. 자본가가 되기로 한 것이다.

　1987년 2월에 선전은 시범 프로그램을 통해 '민지엔民間(풀자면 '인민들 사이에서')' 개인 기술 기업의 설립을 합법화했다. 베이징에서 쿤밍昆明에 이르기까지 전국 곳곳에서 교수와 엔지니어 등 지원자가 몰려들었다.[21] 경제특구에서 직접 자기 회사를 운영한다는 발상은 가슴 뛰는 일이지만 한편으론 위험을 각오해야 하는 일이었다. 처음 창업하는 사람들 중 75%는 고용주인 해당 성에 임시 무급 휴가를 신청했고, 자신의 스타트업이 잘 풀리지 않을 경우 이전 직장으로 복귀할 수 있는 선택지도 있었다.[22]

　런정페이는 1987년 9월 15일에 화웨이華爲를 민지엔 회사로 설립했다. 자신과 다른 투자자 5명이 2만 1,000위안씩 출자해 만든 회사였다. 초기 화웨이는 자체 제품이 없었다. 다른 회사들과 계약을 맺어 간단한 전화교환기나 화재경보기 외에 몇 가지 제품을 조립해 판매했다. 화웨이는 팸플릿을 배포해, 전화는 19세기 철도나 운하처럼 새 시대의 경제 동력이라고 선전했다. '성공 가도를 선점하세요. 전자 통신은 여러분의 앞길을 밝히는 촉매제입니다.'

　화웨이의 첫 사무실은 남해석유가 표준 양식으로 지은 주거용 건물에 있었는데, 8층짜리 건물에는 사무실마다 빨래를 말릴 수 있는 발코니가 있었다.²³ 초창기 한 직원은 1989년에 런의 명함을 보고 그곳을 찾았던 때를 회상하면서, 명함에는 화웨이가 남해석유단지 A구역 16동의 8층과 9층에 입주해 있다고 적혀 있었다고 했다. "그 건물 1층에서 세어보니 건물이 9층이 아니더군요. 8층밖에 안 되는 건물이었어요. 사기꾼들이 운영하는 페이퍼 컴퍼니가 틀림없다고 생각했습니다."²⁴ 하지만 올라가 보니 옥상에 온실 같은 허름한 구조물이 하나 더 있었다. 더운 날씨였는데 면접을 보기 위해 자신보다 먼저 와있던 또 다른 지원자는 런이 금방 샤워를 하고 나올 테니 기다리라는 말을 했다고 회상했다.²⁵

화웨이의 시작과 관련해 오랫동안 끊이지 않는 궁금증 중 하나는 화웨이의 초기 투자자 5명의 침묵이다. 5명 중 누구도 그때의 일에 대해 각자의 입장을 공개적으로 밝힌 적이 없다. 심지어 이들은 자신의 이름조차 수십 년 동안 외부에 알리지 않았다.

2019년에 와서야 화웨이는 마침내 〈로스앤젤레스 타임스〉에 이들의 이름을 공개했다. 선전개발계획국 소속 장상양, 선전 석유화학 회사의 회계사 우후이칭, 선전 국영 중국여행사 무역부 매니저 첸진양陳金陽, 주하이 텔레콤Zhuhai Telecom,珠海通信 설립자 셴딩싱沈定興, 선전싼쟝전자深圳三江電子 설립자 메이중싱梅忠生 등이었다.²⁶ 앞의 세 사람에 대해서는 알려진 바가 거의 없다. 그러나 셴과 메이는 기록물 여기저기에 등장한다.

상하이에서 태어났고 런보다 8살 많은 셴딩싱은 중국 서북쪽 끝 신장新疆 지역 이닝伊寧의 통신국에서 근무한 후 남부 구이린桂林의 군용 통신 공장에서 일하다 남부 해안으로 자리를 옮겨 창업에 뛰어들었다.²⁷ 셴은 BH-01이라는 전화교환기를 개발한 후 선전의 만 건너편에 주하이 텔레콤이라는 스타트업을 차렸다. BH-01은 사설 교환기private branch exchange, PBX라고 불리는 제품으로, 전화기를 24대에서 80대까지 연결할 수 있는 전자레인지 크기의 박스형 네트워크였다. 그 시절엔 전화 회선이 부족했기에 중소기업이나 호텔 등은 PBX로 여러 대의 전화를 하나의 회선에 연결했다.

BH-01이 지역의 혁신을 대표하는 제품이라는 찬사를 받자, 셴은 순식간에 비즈니스계의 유명 인사가 되었다. 주하이珠海 시는 셴의 발명품을 치하하면서 그에게 상금 4만 달러와 새 아파트, 아우디 고급 세단을 주었다. 공산주의 정부가 돈을 너무 속되게 쓴다고 비난하는 사람도 있었지만, 현지 관리들은 경제적으로 대담한 실험을 주저하지 말라는 덩의 노선을 따른 것이라고 선을 그었다. 화웨이는 주하이 텔레콤의 BH-01과 홍콩 회사 훙녠鴻年의 교환기를 제조, 판매하기로 계약했다.[28] 신생 화웨이에게 셴의 회사는 기술적 노하우의 핵심 원천이었다.

잡지 〈차이나 앙트러프러너China Entrepreneur〉의 프로필에 따르면 메이는 선전으로 오기 전에 추운 동북부 끝 랴오닝성遼寧省에 있는 국영 화재경보기 제조업체 랴오닝 무선 제3공장에서 일했다.[29] 1985년에 메이는 동료 6명과 함께 남쪽 선전으로 자리를 옮겨 랴오닝 무선 제3공장의 합작회사를 설립했다. "첫 달이 지났지만 그 7명 어느 누구도 집에 돈 한 푼 가져가지 못했다." 프로필에는 그렇게 적혀 있었다. "하지만 그들은 낮에도 밤에도 휴일에도 꿋꿋이 일했다. … 3개월 후, 그들은 마침내 최초의 이온화식 연기감지기를 개발했다."

선전 현지 기록에 따르면 메이의 합작회사인 선전싼양전자주식회사는 화재경보기에 만족하지 않고 곧 오디오 리코더와 영상보안 시스템에 들어가는 칩으로 사업을 확장했다.³⁰ 여기에는 나중에 화웨이도 뛰어든다. 선전싼장전자는 메이를 파견한 랴오닝성 국영 공장이 절반을 소유하고, 나머지 절반은 남해석유의 자회사인 남해석유선전개발서비스가 소유했다.³¹ 이 회사는 런정페이가 화웨이를 설립하기 전에 일하던 곳이었다. 다시 말해 메이와 런은 둘 다 남해석유의 직원으로 있었지만, 두 사람이 아는 사이였거나 함께 일했는지는 확실하지 않다.

2021년에 메이와 관련된 더 자세한, 그리고 핵심적인 사실 한 가지가 밝혀졌다. 여러 해 동안 화웨이를 면밀히 연구해 온 중국 학자 톈타오田濤는 화웨이 경영진을 인터뷰한 책을 출간하면서 최근 건강이 좋지 않아 그동안의 연구 내용을 서둘러 공개한다고 썼다.³² 톈타오의 인터뷰는 화웨이 초창기 역사에 대한 신선한 통찰력을 많이 제공하는데 거기에는 초기 화웨이 임원 장시셩江西生의 발언도 들어 있었다. "회사가 처음 설립되었을 때 런은 회장도 아니었다. 메이중싱이 회장이었다."³³ 이 시기의 이야기는 어느 정도 알려졌지만, 메이가 화웨이의 초대 회장이었다는 발언은 이때 처음 나온 것 같다. 그동안 화웨이의 연혁에서 주목할 만한 부분이 누락되었던 셈이다.

지방정부 연감에도 화웨이가 설립된 지 적어도 2년 뒤인 1989년까지 남해석유 자회사인 선전싼장전자의 법적 대표는 메이로 되어 있었다.³⁴ 이는 아마도 런정페이가 전 국영기업과 결별하게 되는 과정이 흔히 알려진 것처럼 깔끔하고 간단하지 않았을지 모른다는 사실을 암시한다.

돌이켜보면 훗날 화웨이의 초기 투자자들이 시야에서 사라지는 것도 이런 혼란과 관련이 있을 것이라고 추측할 수 있다. 화웨이는 중국의 새로운 시장경제 규칙들이 속속 생겨나던 시기에 설립되었고, 기업들 간의 사업적 관계도 거미줄처럼 얽혀 있는 경우가 많았다. 나중에 화웨이가 투명하고 단순한 민간기업으로서 자신들의 이미지를 세상에 알리려 할 때 이런 초기 역사는 껄끄러운 문제가 되었다. 화웨이의 경영진은 그 문제에 대해 입을 닫았다.

런정페이가 초창기 투자자들에게 미리 알리지 않은 게 있었다. 언제까지고 위탁제조업체로 남을 수는 없다는 것이었다. 그는 전화교환기를 직접 만들고 싶었다.

런은 엔지니어를 찾기 위해 1988년 봄에 내륙의 도시 우한을 찾았다.[35] '중국의 시카고'[36]라 불리는 우한은 양쯔강에 접한 활기 넘치는 산업 도시였다. 1950년대에 화중이공대가 이곳에 들어섰지만,[37] 30년이 지난 뒤에도 대학 환경은 여전히 열악했다. 학생 기숙사는 6명이 한방을 쓰고 찬물로 샤워를 했다.[38] 에어컨도 난방시설도 없었다. 하지만 전화교환기를 잘 아는 교수가 있었고, 런은 그의 도움을 받았으면 했다.

화중대 정문에는 마오쩌둥이 한쪽 팔을 들고 서 있는 16미터 높이의 흰색 콘크리트 상이 있었다.[39] 문화혁명 당시 이 대학의 총장과 그의 아내는 마오쩌둥의 초상에 경의를 제대로 표하지 않았다는 이유로 비난을 받았다. 총장은 노동수용소로 보내졌고, 아내는 두 달 동안 대학 식당에 갇혔다.[40] 이를 계기로 거대한 마오 상이 들어서 지금까지 그 자리를 지키고 있다. 문화혁명 이후 이 대학은 르네상스를 경험했다. 총장 주쥬시朱九思는 중국판 MIT를 건설하겠다며 부임 포부를 밝혔다.[41] 그는 교수들을 세계 곳곳으로 보내 최신 기술을 연구하도록 했다.[42]

런이 이 대학교와 인연을 맺은 것은 1980년대 초로, 당시 이 대학 관계자들은 런이 몸담고 있던 남해석유와 파트너십을 모색하는 중이었다.[43] 하지만 런이 다시 화중대를 찾은 것은 저우시라는 교수를 만나기 위해서였다. 얼마 전 저우 교수는 사용자의 전화요금을 도표화하는 소프트웨어를 개발했다.[44] 저우 교수의 연구실에 갔을 때 런은 그곳에서 22살의 대학원생을 만났다. 눈이 크고 가무잡잡한 피부에 머리숱이 많은 친구로, 이름이 궈핑郭平이라 했다.[45] 궈핑은 장시성江西省에서도 네이블오렌지의 주산지인 간저우贛州 출신이었다.[46] 그는 남부 해안의 선전 경제특구에 각별한 호기심을 보였다. 그 점은 그의 여자 친구도 마찬가지였는데 덕분에 런은 그를 쉽게 끌어들일 수 있었다.[47] 궈는 화웨이에서의 인턴십 계약서에 선뜻 서명했다.

막상 해보니 신이 날 정도로 일이 적성에 맞았다. 궈핑은 교환기의 원리에 금방 빠져들었고 모르는 부분을 따라잡기 위해 밤낮으로 매달렸다. "전화기를 사용한 적도 별로 없는데 어쩌다 교환기를 담당하게 되었어요."[48] 그는 그렇게 말했다. 인턴십이 끝나고 궈는 우한으로 돌아가 전력국에서 일했지만 도무지 일에 흥미를 느끼지 못했다.[49] 그는 곧 화웨이로 돌아왔다.

런이 직접 교환기를 만들기로 했다는 얘기가 새어나가자 화웨이 투자자들은 의견이 둘로 나뉘었다. 몇몇 투자자들은 화웨이가 도급업체로 남기를 원했다. 전후 사정은 모호하지만, 이 무렵 런의 초창기 투자자 5명 중 하나였던 셴은 화웨이에게 위탁 판매했던 BH-01 교환기의 공급을 갑자기 중단했다.[50] 화웨이 임원 장시셩은 톈타오 교수에게 1990년 화웨이 주주총회에서 격한 갈등이 있었고, 이후 런과 투자자 사이에 더는 어떤 신뢰도 남지 않았다고 설명했다.[51]

화웨이는 첫 번째 교환기에 BH-03라는 이름을 붙였다. 런은 셴의 BH-01과 유사한 점이 많다는 사실을 인정하면서, 당시 중국은 지적 재산권을 보호하는 법이 허술하거나 아예 없던 무법천지여서 드문 일이 아니었다고 강변했다. 런은 직원들을 상대로 한 내부 발언에서, 엔지니어들이 복사기로 회로 기판의 '정확한 1대 1 복사본'을 프린트해 BH-03을 만들었다고 실토하면서, 셴이 공급을 중단한 후 고객들의 주문을 이행하기 위한 고육지책이었다고 해명했다.[52] 그는 또한 석유부 소속 관리가 시장의 지분부터 확보한 다음 나머지는 차차 해결하라고 재촉했다고도 했다. "당신이 장악해야 할 건 시장이에요." 그 관리는 런에게 그렇게 충고했다. "누구도 기술을 장기간 계속 보유할 수는 없습니다. 그런 건 곧 개방될 테니 걱정하지 마세요."[53] 우정통신부郵政通信部는 나중에 주하이 텔레콤에 지침을 내려 교환기 기술을 다른 회사에 라이선스하도록 했다. "우리가 베낀 것도 결국 합법화되었죠." 런은 그렇게 말했다.[54]

멍완저우는 1980년대 후반에 선전에 있는 부모님과 다시 같이 살게 되어 남해석유가 운영하는 고등학교에 입학했다.[55] 화웨이 사람들에게 멍은 낯익은 존재였다. 아버지 사무실에 있는 프린터를 이용해 숙제를 하고 엔지니어들을 "삼촌"이라 부르며 따랐기 때문이었다.[56] 16살 때 그녀는 어머니의 성을 따르기로 했는데, 성평등을 강조하던 신생 공산주의 중국에서는 드물지 않은 일이었다.[57] 하지만 멍이 왜 그런 선택을 했는지는 분명하지 않다.

선전을 비롯한 중국 전역에서 청년들의 동요가 고조되고 있었다. 장시셩은 톈타오 교수에게 당시 선전을 이렇게 설명했다. "다들 생각들이 정말 발칙했습니다."[58] 적어도 선전의 일부 젊은 노동자들, 심지어 일부 지방 관리들까지도 경제 개혁 실험을 정치적 변화와 연관 지어 생각했다. 거기엔 언론의 자유나 민주주의 같은 서구가 숭상하는 이상도 들어 있었다. 1988년에 선전은 전국 주요 언론의 헤드라인에 자주 등장하는 도시가 되었다. 노동자들이 일을 하는 동기를 두고 베이징의 학자들과 충돌할 때, 젊은이들은 애국심이 아니라 오직 이윤을 위해 일한다고 선언했다. 선전의 관리들은 젊은이들의 자유로운 발언권을 옹호하면서 말했다. "발언을 문제 삼아 범죄자 취급하는 것을 묵과하지 않겠다."[59] 더욱 기겁할 불복종 행위는 선전의 관영신문 〈선전청년보深圳青年報〉가 1면 사설을 통해 국가 지도자인 덩샤오핑의 퇴진을 촉구한 사건이었다.[60]

그리고 1989년 사태가 닥쳤다. 4월에 베이징에서 개혁가이자 반부패의 상징으로 여겨지던 후야오방胡耀邦 총서기의 죽음을 애도하던 군중이 시위대로 돌변했다. 순식간에 눈덩이처럼 불어난 이들 군중은 민주적 선거와 84세인 덩의 하야를 요구했다. 시위대는 상하이에서 간쑤성甘肅省에 이르기까지 전국 곳곳을 뒤덮었고, 학생들은 베이징 톈안먼天安門 광장에서 단식 농성을 벌였다. 〈로이터Reuters〉에 따르면 선전에서도 5월 22일에 공장 노동자, 엔지니어, 학생 외에 주민들 약 10만 명이 베이징의 학생들을 지지하는 가두행진을 벌였다.[61] 덩의 사임을 요구하는 청원서에 서명한 선전대학교 학생들의 수는 2만 명을 넘었다.[62]

학생 시위대에는 그들을 지지하는 영향력 있는 인사들도 끼어 있었다. 선전대학의 설립자이자 총장인 뤄정치羅徵啟도 그중 한 사람으로 덩 총리의 퇴진 요구에 동참했다.[63] 베이징의 저명한 기업가 완룬난도 학생들을 지지했다. 완룬난의 회사인 쓰퉁그룹은 언론이 '중국의 IBM'이라 부를 만큼 민간기업 태동기 중국의 획기적인 성공 사례였다. 완은 민간기업이 정부를 압박하면 정치도 바꿀

사진 4.1 쓰퉁그룹의 설립자 완룬난(오른쪽)과 그의 아내 리위李玉.

수 있다고 믿었다. 그는 시위대에게 음식과 음료를 제공하고 정부 측 인사와의 만남도 중재했다. 1970년대 후반에 쓰촨성에서 경제 개혁을 주도한 자오쯔양도 학생들의 주장에 동정적이었다. 자오는 멍의 할아버지의 상사이기도 했다. 당시 중국 공산당 총서기로 명실상부한 중국의 최고 지도자였던 자오는 비폭력적인 해결 방식을 원했다. 그러나 막후에서 여전히 정계를 장악하고 있던 권력 실세 덩샤오핑은 평화주의자들을 제압하기로 했다.

1989년 6월 5일 아침, 선전 주민들은 〈선전특구보深圳特区报〉 1면을 보고 충격을 받았다. '계엄군, 반혁명 폭동 진압.' 이 기사는 민주화를 외치는 시위대가 군인들을 납치하고 구타해 죽음에 이르게 했다며 시위대를 폭도로 몰았다. 그러나 검열을 거친 이 기사조차 학생들도 살해되었다는 사실은 인정했다.

자오는 해임되고 가택 연금에 처해졌다. 중국 전역에서 경찰이 검거 작전에 나섰다. 전국 각지에서 현 체제에 반대하는 사람들이 선전으로 밀려왔다. 홍콩으로 달아나기 위해서였다. 쓰퉁그룹의 창립자 완은 단속이 시작된 지 며칠이 지났을 때 친구의 신분증을 이용해 선전에 잠입했다. 시위대를 지지했던 선전대 총장 뤄정치가 완이 묵고 있는 호텔을 찾았고, 두 사람은 참담한 사태에 슬피 울었다.[64] 완은 체포 영장이 발부되기 하루 전에 무사히 홍콩으로 건너갔다. 그에게 씌워진 혐의는 정부 전복 시도였다. 베이징에서는 군대가 쓰퉁그룹의 사무실을 접수해, 민주적 개혁을 지지했던 이 회사의 싱크탱크를 폐쇄했다.[65] 완은 두 번 다시 중국으로 돌아가지 못하게 된다.

1990년에 고등학교를 졸업한 멍완저우는 선전대학교 회계학과에 입학했다. 이 학교는 급진적인 개방성으로 정평이 나 있었다. 뤄 총장은 학생들이 자체 '법정'을 열어 동료 학생들의 위반 행위를 처벌하도록 허용하고 심지어 각자 은행도 설립할 수 있게 해주었다.[66] 당시 은행은 엄격한 통제를 받는 기관이었다. 뤄는 덩의 사임을 요구하는 학생들을 지지했다는 이유로 해고되어 당에서 쫓겨났다.[67] 뤄가 격리되었다는 소문이 돌자, 뤄의 후임 총장은 그가 정치적 견해 차이로 캠퍼스 내 자택에서 "연구 중"이라고 밝혔다.[68] 경찰은 시위에 참여한 학생들을 상대로 심문에 들어갔다.[69]

멍과 화웨이에서 일하는 그녀의 또래들에게 톈안먼 사건은 분명 이후의 처신을 달리 하게 되는 경험이었을 것이다. 멍 같은 세대의 사람들은 이후 본능적으로 정치적 발언을 자제하게 된다. 금융 컨퍼런스를 준비하면서 몇 차례 멍과 함께 일했던 전 화웨이 대변인 윌리엄 플러머William Plummer는 그녀를 "매우 보수적"이라고 평가했다. "그녀는 '책잡힐 짓을 하면 처벌받는다'는 구세대의 태도를 따르는 것 같다. 중국 같은 환경에서는 처벌받는 것 자체가 문제가 된다. 그녀는 똑똑했지만 매우 조심스러웠다. 그 아버지의 딸이었으니까."[70]

런은 현실적이었다. 그는 측근들에게 애국심이야말로 화웨이에서 일할 수 있는 기본 자격이라고 강조했다. 1998년에 그는 신입사원들에게 보내는 편지에 이렇게 썼다. "우리 회사에서 일하려면 누구나 조국을 사랑해야 하고, 이제 막 생기를 되찾기 시작하는 우리의 국가를 사랑해야 한다. 언제 어디서나 조국과 국민을 실망시켜서는 안 된다."[71] 그는 젊은 직원들에게 이상은 높게 가질수록 좋다고 조언했다. "사실, 공정에 대한 절대적 기준 같은 건 애초에 없다. 그러니 희망은 아무리 높게 가져도 지나치지 않다."[72]

훗날 런은 자유는 곧 객관적 타당성에 대한 이해라고 설명했다. 그는 자유를 전복되지 않고 선로를 달리는 기차에 비유했다.[73]

5

국산 교환기

| 초기 R&D: 1993~1994년 |

런정페이는 회의실 창밖을 내다보며 뛰어내리겠다고 위협했다.[1] 그는 젊고 마른 엔지니어들에게 둘러싸인 채 이 프로젝트가 실패할 경우 여기서 몸을 던지겠다고 공언했다. 그들은 처음으로 한 단계 발전된 전화교환기를 만들 계획이지만, 성공할 수 있을지는 그도 팀원들도 확신할 수 없었다. 그는 이미 프로젝트에 필요한 자금을 터무니없는 이율로 빌린 터였다. 성공하지 못하면 파산할 수밖에 없었다.

런의 팀이 만들고 있던 교환기는 간단한 아날로그 형이어서 한 번에 40~80통, 많아야 200통 정도의 통화밖에 처리할 수 없었다.[2] 앞서 좀 더 복잡한 1,000회선 교환기를 시도해 봤지만 혼선이 심하고 통화가 자주 끊겼고, 번개가 치면 쉽게 불이 붙어 실패하고 말았다.

1993년에 그들은 한 번에 1만 통의 전화를 처리할 수 있는 디지털 교환기를 만들려고 했다. 이런 교환기라면 큰판에 뛰어들 수 있을 것이다. 더는 호텔이나 소규모 사무실 등을 상대하지 않고, 도시 전체를 커버하는 전화 교환 센터에 직접 판매할 수 있을 것이다. 그들은 기존의 아날로그 교환기술 대신 디지털 교환 시스템으로 전환하려 했다. 사람의 목소리를 0과 1로 바꿔 데이터를 보다 효율적으로 전송하는 방식이었다.

이 무렵 런은 장래가 유망한 젊은 엔지니어들로 기술팀을 꾸렸다. 특히 이들 중 두 명이 두각을 나타냈다. 화웨이의 초기 R&D에 없어선 안 될 존재였던 이들은 둘 다 화중대 출신이었다. 그중 하나는 건장한 체격과 동그란 얼굴에 목소리가 우렁찬 21살 청년 정바오융鄭寶用이었다.[3] 귀핑이 화중대에서 그를 데려올 때부터,[4] 런은 정을 형제처럼 대하며 '바오(보물)'라는 별명을 붙여주고 아꼈다. 읽기 힘든 그의 악필을 두고 가끔 놀리곤 했지만,[5] 기술로 보면 다른 기술자 1만 명 역할을 한다고 공공연하게 얘기했다.[6] 연공 서열에 따른 화웨이의 직원 순위 체계에서도 직원 0001번인 런 다음으로 직원 0002번은 정이었다. 또 다른 한 명 리이난李一男은 1993년 여름에 화웨이에 입사한 창백하고 호리호리한 체격의 '젊은 신동'이었다. 리는 화중대 영재 조기 입학 프로그램에 참가한 뒤 조기 졸업했다. 리는 너무 허약해 보여 화웨이를 방문했던 정부 고위 관리가 식사량을 늘리라고 충고할 정도였다.[7] 하지만 그는 남다른 능력으로 빠르게 엔지니어로서의 입지를 굳혔다. 리는 선전의 과학기술국이 선정한 '우수 기술 노동자'로 선정되고 전국 대회에서 2위를 차지하는 등, 국가가 수여하는 상을 잇달아 받았다. 런은 리를 빠르게 승진시키는 한편 거의 자식처럼 보살폈다.

런은 갓 꾸린 R&D 팀을 위해 선전 외곽에 있는 산업용 건물 3층을 빌렸다.[8] 에어컨이 없어 선풍기로 버텨야 했기에 더위를 식히려면 샤워를 하는 것 외에 다른 방법이 없었다. 밤이면 극성스러운 모기 때문에 모기장 없이는 일을 할 수 없었다. 벽에는 간이침대 12개가 줄지어 놓여 있었다. 밤낮 구분 없이 일하다 지치면 매트리스에 벌렁 드러누워 잠을 청했기 때문에 화웨이에는 '매트리스 문화'라는 말까지 생겼다.[9] 어떤 엔지니어는 일에 너무 몰두한 나머지 각막이 떨어져 응급 수술을 받아야 했다.[10]

저녁 식사가 끝나면 엔지니어들은 등받이 없는 의자를 끌어당겨 앉아 런이 하는 전쟁 이야기를 듣곤 했다. 그는 전투에 참전한 적은 없지만 그가 들려주는 격전지 이야기는 실감이 날 정도로 생생했다. 그중에는 한국전쟁 당시 미군과 유엔군을 상대로 값비싼 희생을 치르고 승리를 거둔 '철의 삼각지대 전투' 이야기도 있었다. 한 화웨이 임원은 에세이에서 이렇게 회상했다. "전투 장면을 묘사하는 그의 어조는 매우 뜨겁고 격정적이었어요. 듣다 보면 나도 모르게 피가 끓어오르곤 했죠."[11]

런은 화웨이 초창기부터 직원들에게 회사 주식을 살 것을 요구했다. 갓 조성한 화웨이의 R&D 프로젝트를 실행할 현금이 절실했기 때문이다. 그뿐 아니라 직원들이 주식을 갖게 되면 각자 회사의 성공에 투자한다고 생각하기 때문에 더욱 열심히 일하게 되리라고 그는 믿었다. 실리콘밸리 스타트업이 창업 임원에게 스톡옵션을 제공하는 이유와 크게 다르지 않았다. 화웨이 직원들이 자사 주식을 매입한다는 소문은 적어도 1989년까지 거슬러 올라간다. 초기 재무 관리자였던 정아이주는 1989년 2월에 남편과 함께 화웨이에 입사할 당시, 그동안 두 사람이 저축해 온 8,000위안을 런에게 건

냈다고 한다. 런은 그에 대한 보답으로 7,000위안 상당의 주식을 선물했다. "우리는 온 가족의 운명을 회사에 걸었습니다." 그녀는 그렇게 말했다.¹²

화웨이 주식은 요즘 우리가 아는 소유권의 몫을 의미하는 주식과 달랐다. 화웨이 직원들은 자신의 주식을 활용해 경영진을 투표로 해임할 수도 없고, 다른 사람에게 팔 수도 없었다. 회사를 그만두면 헐값으로 회사에만 되팔 수 있었다. 이들 주식은 일종의 배당금 형태로 회사의 재산을 직원들과 공유하는 수단에 지나지 않았다. 중국의 회사법公司法은 아직 틀이 잡히기 전이었고, 화웨이의 주식도 명확한 법적 근거 없이 발행된 것이었다. 하지만 아무도 그를 제지하지 못했다.

1991년까지 화웨이는 1,000만 위안의 고정 자산을 보유했고 연간 8,000만 위안 상당의 교환기를 생산했다.¹³ 직원 수는 105명이었는데, 그들 대다수가 주주였다. 그해 화웨이의 주주들은 뭔가 별난 결단을 했다. 1987년에 선전의 첫 번째 '민지엔(민간)' 기술 기업의 물결에 올라타 자부심을 가지고 출범했던 화웨이의 직원들이 만장일치로 더는 민간기업이기를 포기한 것이다.

1992년부터 1997년까지 화웨이는 지탄쓰오요치이에集團所有企業로, 요즘 우리가 말하는 '사기업'도 '국영기업'도 아닌 '공동소유기업'이었다. 실제로 이런 기업들은 성격상 마오 시대의 인민공사(코뮌)와 유사했다. 베이징은 인민공사를 이렇게 규정했다. '노동자 인민이 재산을 공동으로 소유하고, 공동으로 노동하고, 노동에 따라 분배하는 사회주의 경제 조직.'¹⁴ 집단소유기업이 시골에서 성공과 실패를 반복하는 가운데, 1991년에 중국 정부는 도시의 집단소유기업에 대한 가이드라인을 공식 제시했다.

당시에는 '빨간 모자를 쓰는 것(정부의 간섭을 피하기 위해 집단기업으로 포장하는 편법을 가리키는 은어—옮긴이)'이 스타트업들 사이에서 유행이었다.[15] 그것이 정치적 보호를 받을 수 있는 한 가지 방법이었기 때문이다. 1980년대 '중국의 IBM'으로 찬사를 받던 쓰퉁그룹이 1986년 '집단소유기업'으로 전환해 성공한 선구 사례였다.[16] 1991년에 국가가 제시한 가이드라인은 집단소유기업으로 전환하면 정책적으로 우대받고, 특수 은행에서 대출도 신청할 수 있다고 규정했다.[17] 또한 이 가이드라인은 전국의 지방 정부가 주도하는 경제 계획에 이들 기업을 편입시키도록 주문해, 도시의 집단 경제의 성공에 기여할 수 있도록 했다. 런과 그의 팀이 왜 지탄쓰오요치이로 전환했는지는 확실히 밝혀진 바 없지만, 자금을 조달할 기회가 많다는 유혹에 이끌렸을 수 있다. 런은 나중에 1989년의 톈안먼 사태로 인해 서방 국가들이 대 중국 금융 제재를 가하면서 사업 환경이 어려워졌다고 토로했다. "중국 경제는 3년 동안 내리막길을 걸었습니다." 런은 자체 연설에서 그렇게 말했다. "당시 경제는 정말 어려워 무너지기 직전이었어요."

현지 관리들은 화웨이가 채택한 집단 소유 시스템을 성공 사례로 꼽았다. 현지 관리들의 보고에 따르면, 화웨이는 집단 소유로 전환한 뒤 기업 강령을 고쳐 세후 이익의 40%를 주주(동시에 직원)에게 배당금으로 분배하도록 규정했다. 또 다른 30%는 '공통 준비금'으로 따로 떼어 회사 규모의 확장에만 사용하게 해, 배당금이나 직원 보너스로는 쓰지 못하도록 정했다. 나머지 30%는 '복지 기금'으로 활용했다. 이렇게 수정한 새로운 강령은 회사가 파산할 경우 직원 주주들에게 자산을 분배하는 방식까지 명시해놓았다.

지탄쓰오요치이의 기발한 특징들은 대부분 1997년에 화웨이가 유한책임회사로 전환한 이후에도 화웨이 경영 스타일로 명맥을 유지했다. 집단소유기업에 대한 국가의 가이드라인은 '민주적 경영'을 요구해, 노동자들은 노동자 위원회를 통해 선출된 공장 관리자를 감독하는 일에 관여했다. 또한 작업에 따른 분배 원칙에 따라 직원에게 보수를 지급하고, 이익이 발생한 해에는 주주에게 배당금을 지급하도록 했다. 그리고 기업은 노동자들의 이익을 대변할 노동조합을 설립해야 했다.

회사를 '민주적으로 경영한다'는 뜻은 CEO나 '공장장'이 모든 권한을 독점할 수 없다는 의미였다. 가이드라인에 따르면 공장장은 '집단 공동체를 사랑하고,' '그 구성원과 소통해야' 하며, 그렇지 않을 경우 노동자 위원회는 투표로 해임할 수 있었다. 가이드라인은 노동자 위원회에 그만한 권한이 있다고 명시했다. 경영상 중요한 의결 사항이 있으면 공장장은 안건을 제출해 노동자 위원회의 승인을 받아야 했다. 화웨이의 경우 권력이 정확히 어떤 방식으로 분배되었는지 명확하지 않지만, 선전 현지의 관계자들은 화웨이가 주주위원회, 이사회, CEO를 두어 민주적 경영을 준수하고 있다고 설명했다.

중국 지도자들은 처음부터 외국에서 만든 통신 장비를 믿지 못해 식민 통치와 감시의 수단이라고 의심했다. 1865년 청나라를 통치했던 공친왕恭親王은 베이징 주재 러시아 장관에게 보낸 편지에서, 전신선을 설치하도록 해달라는 요청을 거절하며 이렇게 말했다. "전신은 매우 불편하오. 따라서 절대 도입할 수 없소."[18]

하지만 전신은 도입되었고 뒤이어 전화까지 허가가 났다. 하지만 보급 속도는 더뎠다. 1970년대 후반에 덩샤오핑이 경제를 개방할 때까지도, 사람들은 대부분 전신과 종이 우편에 의존했다. 정부 고위 관료들의 탁자에는 각자 보안 조치가 된 빨간색 전화기가 놓였는데, 이는 정해진 사람들끼리만 연결되는 것으로 일반 전화기보다 성능이 훨씬 좋았다.[19] 일반인은 여전히 동네 전체가 한 대의 전화기를 같이 쓰는 경우가 보통이어서 프라이버시는 아예 기대할 수 없었다.[20] 1979년의 선전시도 공중전화기는 단 2대가 전부였다.[21]

1980년대로 접어들며 전화 대수가 크게 늘기 시작했다. 선전에 등록된 전화기는 1982년에 1,500대였던 것이 1988년엔 43,876대로 급증했고, 전화번호도 4자리에서 6자리로 늘어났다.[22] 수요가 공급을 크게 앞질러 전화기 대기자 명단은 3만 7,500명에 달했다. 국내에는 교환기를 만들 수 있는 기업이 없었기 때문에, 중국의 통신국들은 외국 제품을 들여다 썼다. "중국은 가히 '금광'이라 할 만합니다." 나중에 노텔Nortel로 이름을 바꾼 캐나다의 교환기 제조업체 노던텔레콤Northern Telecom의 한 임원은 1985년에 캐나다 신문과의 인터뷰에서 그렇게 말했다. 판매를 주도한 것은 스웨덴의 에릭슨Ericsson과 일본의 후지쯔Fujitsu로, 이들은 각각 자국 정부로부터 막대한 자금을 지원받았다.[23] "초창기에는 돈이 거의 없었어요. 그래서 외교 게임의 성격이 짙었죠. 여러 나라의 정부와 내로라하는 기업들이 중국이라는 무도회장으로 달려가 복잡한 원을 그려가며 유리한 입지를 찾는 식이었습니다." 1980년대에 중국에서 활약한 통신산업 분석가 켄 지타Ken Zita는 그렇게 회상했다.

베이징은 외국의 교환기 제조사들이 마음대로 들어오게 버려 두지 않고, 합작 투자 방식을 통해 중국 파트너와 기술 일부를 공유해야 한다는 조건을 달았다. 부족한 기술을 어서 빨리 배워 자급자족하는 것이 중국 정부의 최종 목표라는 사실은 더는 비밀이 아니었다. 가장 먼저 뛰어든 곳은 벨기에 벨 텔레폰 컴퍼니 Bell Telephone Company 의 자회사인 BTM Bell Telephone Manufacturing Company 으로, 그들은 상하이벨 Shanghai Bell 과 합작 형식으로 기술을 공유하기로 합의했다.²⁴ 상하이벨이 엄청난 매출을 올리자 다른 회사들도 앞다투어 뛰어들었다. 그러자 중국이 과연 이런 첨단 기술을 전수받을 능력이 있는지를 놓고 논쟁이 벌어졌다. 전 캐나다 대사 가이 생자크 Guy Saint-Jacques 는 그때를 돌이켜보면서, 캐나다 기업들은 중국에 낡은 세대의 기술만 이전하는 식으로도 얼마든지 엄청난 노다지를 캐가며 그들을 계속 뒤에 떨어뜨릴 수 있을 것으로 자신했다고 말했다. "이런 방식은 절벽을 향해 달리는 모습에 비유할 수 있습니다. 언젠가는 자기가 떨어지게 되어 있어요."²⁵ 생자크는 그렇게 말했다. 하지만 런은 외국인들의 속셈에 쉽게 넘어가지 않았다. "그들의 기술 이전 수법은 그 속내가 뻔합니다. 그들은 우리가 몇 년 뒤에도 자기들 제품을 수입하고, 또 수입하고, 또 수입하고, 또 다시 수입하리라고 기대하죠." 그는 언젠가 그렇게 말했다. "그러니 절대 자급자족은 꿈도 꾸지 말라는 얘기입니다."²⁶

그러다 1991년에 중국은 외국 전화교환기에 대한 의존 관계를 끝낼 첫 번째 돌파구를 마련한다. 그 당사자는 화웨이가 아니었다. 교환기를 만든 것은 우장싱 鄔江興 이라는 동그란 얼굴의 중국 군 소속 엔지니어였다. 우장싱의 '04 교환기'는 중국 최초로 한 번에 수천 통의 전화를 처리할 수 있는, 그래서 도시 중앙전화국을 운영하는 데 조금도 손색이 없는 대형 교환기였다. 아마 국내의 혁신만으로는 이런 획기적인 전환점을 이뤄내기 어려웠을 것이다. 중국의 한 기술 관계자는 훗날 회고록에서, 1988년에 군 연구소를 방문했을 때 군 엔지니어들이 "어쩌다 우연히" 손에 넣게 된 외국 교환기를 놓고 그 소스 코드를 연구 분석 중이라는 말을 들었다고 썼다. 그리고 그렇게 매달렸던 프로젝트에서 그들은 04 교환기를 만들어 냈다.²⁷ 경위야 어떻든 이제 외국의 힘을 빌리지 않고 전화망을 구축할 수 있게 된 것이다.

이런 획기적인 사건을 토대로 화웨이의 엔지니어들의 연구는 아연 활기를 띠기 시작했다. 그들은 04와 비슷한 고성능 교환기를 개발하기로 했다. 물론 성공 여부는 미지수였다. 런의 엔지니어 한 명이 용케 정저우鄭州에 있는 04 교환기 공장 견학을 허락받았을 때, 그곳 직원들은 그가 교환기를 자세히 살펴보도록 내버려 두었다. 아마 아무나 그런 교환기를 만들 수 없으리라는 오만 때문인 것 같았다.²⁸ 런은 또한 인맥을 이용해 엔지니어들 몇몇을 중국 북부 도시 창춘長春에 있는 AT&T로 보내 견학하도록 했고, 그들은 그곳에서 1만 회선짜리 신형 교환기를 살펴볼 기회를 가졌다.²⁹

그런 야심 찬 R&D 프로젝트를 실행하려면 자금이 필요했다. 하지만 국유기업에만 대출하여 위험을 회피하려는 은행을 설득하기가 쉽지 않았다.³⁰ 런은 그 타개책으로 1993년 4월에 모베코텔레콤Mobeco Telecom Co.Ltd.이라는 합작투자회사를 설립하기로 했다.³¹ 모베코Mobeco 라는 이름은 새뮤얼 모스Samuel Morse, 알렉산더 그레이엄 벨Alexander Graham Bell, 굴리엘모 마르코니Guglielmo Marconi 등 통신의 선구자 세 사람의 이름을 조합한 것이었다.³² 지방 및 시립 통신국 등 모베코의 창립 투자기관 17곳은 총 3,900만 위안을 이 벤처에 투자했고, 화웨이는 이들에게 주식 '배당금' 형태로 30%의 연수익률을 약속했다.

런과 그의 팀은 그들이 제작하려는 새로운 첨단 디지털 교환기를 자기들끼리 '06'³³으로 정해 불렀다. AT&T의 주력 교환기

No.5 교환기를 능가하는 교환기를 만들겠다는 의미였다. 하지만 이는 허세였다. 다른 회사의 교환기를 능가하기는커녕 그들이 만들 디지털 교환기가 제 기능이나 할 수 있을지도 불투명했기 때문이다.[34]

화웨이가 미국에 진출하기 시작한 것은 런정페이와 그의 팀이 교환기를 만드느라 고군분투하던 때였다. 교환기 하나 만드는 데에는 수십 개의 전문업체가 조달해 주는 부품 수천 종이 필요했다.[35] 그리고 이들 중 최고의 부품을 공급하는 업체는 대부분이 미국에 있었다.

화웨이는 1993년 3월 4일, 캘리포니아주 산타클래라에 랜보스 테크놀로지 Ran Boss Technologies 라는 자회사를 설립했다.[36] 그런 이름을 붙이게 된 사연은 확실하지 않지만, 언젠가 런은 랜보스를 가리켜 '바다의 여신의 머리'라는 뜻으로 북유럽 신화에 등장하는 바다의 여신 란Rán 에서 따온 것으로 안다는 말을 한 적이 있다.[37] 전 화웨이 임원 중 하나가 '런 회장'에 대한 경의를 나타내는 이름이라고 주장했는데, 그 말을 들은 런은 크게 화를 냈다고 했다.[38] 어쨌든 그들은 랜보스가 최신 기술을 따라잡는 데 중요한 역할을 해주기 바랐다. "이는 국제적 확장을 꾀하는 첫걸음으로, 화웨이의 진정한 시작을 의미한다."[39] 화웨이의 사내 신문들은 그렇게 보도했다. "랜보스는 미국의 R&D 기지로 제 역할을 할 것이며, 이를 통해 우리는 기술 수준을 더 빠르게 향상시키고 국제적으로 선진 수준의 제품을 개발할 수 있을 것이다." 런은 랜보스를 출범시킨 뒤, 잠재적 공급업체들을 탐방하기 위해 미국으로 날아갔다. 초기 미국 여행에서 런이 느꼈던 황홀감은 이후 화웨이의 역사에서 두고두고 회자된다. 기자들과의 인터뷰에서 런정페이는 미국으로 날아갈 때

물가를 몰라 코트 안에 현금 1만 달러를 꿰매두었다고 회상했다.[40] 그는 뉴욕 센트럴파크의 엄청난 규모와 보스턴 교외의 평온함 그리고 라스베이거스의 화려함을 넋을 놓고 바라보았다. 런은 1,000제곱킬로미터가 넘는 면적에 끝도 없이 펼쳐진 IBM 캠퍼스의 위용에 입을 다물지 못했다.[41]

화웨이의 첫 미국 대표로는 앤진리閻景立,James Yan라는 엔지니어가 임명되었다. 앤은 무역박람회를 둘러보고, 부품 공급업자들을 만나고, 최근 트렌드를 보고했다. "CD-ROM은 크리스마스, 새해, 생일을 축하하는 사람들을 위한 새로운 유형의 선물로 자리 잡았습니다." 얀은 한 컨벤션을 참관한 뒤 그렇게 보고했다.[42]

화웨이가 확보한 주요 공급업체 중에는 모토로라Motorola도 있었다. 미국 하이테크 기업 모토로라는 중국 사업을 확장하는 데 총력을 기울였다. 홍콩에 나가 있던 모토로라의 반도체 칩 사업부 영업 임원이었던 토니 쾅Tony Kwong은 1993년 당시 화웨이의 수석 엔지니어이던 정바오융을 만났던 때를 회상했다.[43] 그때 정은 쾅에게 화웨이가 04 교환기에 버금가는 경쟁 제품을 개발하고 있으며, 그러기 위해선 모토로라의 도움이 필요하다고 말했다. 쾅은 정바오융의 비전과 야망에 깊은 인상을 받았다. 함께 일하고 싶은 사람들이라고 그는 생각했다.

쾅은 모토로라 본사를 설득해 화웨이를 우선순위 고객 명단에 올렸다. 덕분에 화웨이는 개발에 필요한 부품 샘플을 무료로 받아 신제품 출시를 앞당길 수 있었고, 그럼으로써 세계적인 브랜드들과 대등한 위치에 설 수 있었다. 결국 화웨이는 교환기의 각 전화선에 연결되는 회로인 '라인 카드'에 모토로라 칩을 거의 독점적으로 사용하게 되었다. 이는 화웨이의 승리였지만, 모토로라의 승리이기도 했다.

미국을 여행하던 기간에 런정페이는 특히 라스베이거스에 깊은 인상을 받았다. 가전제품박람회에 참석하기 위해 라스베이거스에 도착한 그는 코린트 양식의 기둥과 검투사, 날개 달린 말 등으로 고대 로마를 재현한 시저스 팰리스Caesars Palace 호텔의 화려함에 매료되었다. "아주 아름답고 호화로웠습니다." 그는 그렇게 생각했다. 밤을 환하게 밝히는 네온 불빛을 바라보며 런정페이는 라스베이거스가 미국에서 가장 아름다운 도시일 것이라 단정했다.[44]

1994년 5월쯤, 화웨이는 한 걸음 전진한 디지털 교환기의 프로토타입을 개발했다. 전선으로 가득 찬 서류 파일이 일렬로 늘어선 캐비닛 같은 모습이었다. 화웨이는 여기에 중국인들이 행운으로 여기는 숫자 8을 붙여 'C&C08'이라고 명명했다. 방문 인사가 오면 화웨이 경영진은 앰퍼샌드&로 연결된 C는 '도시와 시골City & Countryside' 그리고 '컴퓨터와 통신Computer & Communication'을 의미한다고 설명했다.[45]

그들은 런가의 조상들이 살던 저장성의 한 마을에서 차로 얼마 걸리지 않는 이우義烏에 첫 번째 시험 장치를 설치했다.[46] 그곳의 통신 관계자들을 간신히 설득한 결과였다. 처음에 그들이 만든 교환기는 제대로 작동하지 않았다. 엔지니어들은 호텔에 있던 이불을 교환실로 가져와 며칠 밤을 새워가며 문제와 씨름했다. 리이난은 그 문제가 "교태를 부리는 여인"처럼 매우 까다로웠다고 했다."[47]

하지만 화웨이의 성공을 응원하는 사람들이 있었다. 우정통신부의 관리들은 주말에 일부러 시간을 내 찾아와 해결책을 찾기 위해 애쓰는 엔지니어들을 도왔다. 1993년 12월에는 정통부 장관 우지

찬吳基傳까지 직접 화웨이를 찾아 런정페이 팀을 격려했다. 우 장관은 해외에서 기술을 사와야 하는 게 현실이지만, 궁극적인 목표는 중국 브랜드를 만드는 것이라며 이렇게 말했다. "몇 가지 핵심 기술의 경우 일단 들여와 소화, 흡수하고 나면 우리만의 특성을 덧붙여 중국화해야 합니다."[48]

1994년 10월 베이징에서 열린 어느 산업 컨벤션에서 화웨이 팀은 지멘스Siemens, 노텔과 함께 세계적 기업들이 들어선 홀에 중국 기업으로는 유일하게 화웨이 부스를 마련했다. 그들은 벅찬 자부심을 느꼈다. 화웨이 부스에는 세계 사회주의자들의 송가인 '인터내셔널가L'Internationale'의 가사가 적혀 있었다. 노동자들에게 족쇄를 벗어 던지고 궐기하라는 내용이었다.

고귀하신 분들이 우리를 구해주지는 않는다
우리는 신도 황제도 원하지 않는다
새로운 삶을 만들어가려 할 때
믿을 건 우리 자신뿐이다.[49]

6

공동의 관심사

| 화웨이, 국가와 유대 모색: 1994~1996년 |

1994년 6월 어느 일요일 오후에 런정페이는 선전게스트하우스 Shenzhen Guesthouse¹로 향했다. 경제특구에 잠시 들른 중국 공산당 총서기 장쩌민江澤民을 만나기 위해서였다. 화웨이의 C&C08 교환기는 여전히 결함이 해소되지 않아, 정부로부터 대량 생산 인가를 받지 못한 상태였다. 하지만 선전의 관리들은 런정페이를 신뢰했고, 국가주석을 만나는 8명의 선전 기업가에 그를 끼워 넣었다.

런정페이는 이미 정치적 수완을 입증한 바 있는 데다, 정치 풍향계의 방향을 예측해 화웨이의 입지를 맞추는 안목까지 갖추고 있었다. 문화혁명 당시 아버지가 당하는 핍박을 지켜본 런은 정치적 흐름을 잘못 읽었을 때 발생할 수 있는 무서운 결과를 누구보다 민감하게 고려했을 것이다. 장 주석과의 만남은 베이징의 요구와 그들이 제시하는 사업 기회를 조율하는 자리였다.

77세의 장 주석은 유별나게 큰 각진 안경을 쓰고 머리를 빳빳하게 빗어 올려 역시 각진 헤어스타일을 했다. 장 주석은 경력 초기에 소련 자동차 공장에서 엔지니어로 교환 근무를 한 적이 있어 기술에 관심이 많았다. 장 주석은 또한 선전 경제특구를 조성하던 1980년에 이를 담당한 베이징 관료 중 한 명이었고, 실제로 전자부 장관을 맡기도 했다. 기술적인 배경을 가진 장은 원래 정상까지 오를 운명은 아니었지만, 1989년의 톈안먼 사태로 자오쯔양이 물러난 후 예상을 깨고 입지가 계속 올라갔다.

1994년 여름에 장 주석은 1995년 1월 1일로 출범을 앞둔 세계무역기구WTO에 중국을 창립회원국으로 가입시키기 위해 총력을 기울이고 있었다. 워싱턴은 장의 WTO 가입 시도를 방해했다.[2] 클린턴 행정부는 중국이 서구의 영화와 음악 등 지적 재산에 대한 공공연한 불법 복제를 해결하지 않는 한, 그와 어떤 논의도 하지 않겠다고 선언했다. 1990년대 중국의 경제 호황으로 많은 사람들이 하룻밤 사이에 상당한 재산을 모은 것은 사실이었지만, 거기에 법적 문제나 안전 문제가 없는 것은 아니었다. 바로 그날 오전에 장 주석은 주하이만 건너편의 병원들을 방문했다. 2주 사이로 같은 지역에서 두 번째로 발생한 섬유 공장 붕괴 사고의 생존자들을 만나기 위해서였다.[3] 중국의 지도자들은 세계 무대에서 인정받으려면 뒤가 깨끗해야 한다는 현실을 받아들였다. 자체적으로 R&D를 발전시키는 것도 그중 하나였다.

그래서 런이 화웨이의 R&D 계획을 설명할 때 장 주석은 깊은 관심을 가지고 경청했다. 장은 그를 "런 영감님"이라고 부르며 호감을 드러내는가 하면, 런이 화웨이에서 연구 중인 칩을 발표할 때는 메모까지 했다. 런은 자체적 전화 교환 기술 개발의 중요성을 막힘없는 언변으로 설득했다. "자체 프로그램 제어 교환기가 없는 나라는 군대가 없는 나라와 같습니다." 런은 그렇게 단언했고, 이 말은 그의 어록 중 가장 유명한 말이 되었다.[4] 장은 고개를 끄덕이며 긍정적인 답을 주었다.[5] 런은 덧붙여 국가안보의 위중함을 강조하면서, 그런 시스템의 소프트웨어는 정부가 통제해야 한다고 말했다. "프로그램 제어 교환기는 국가안보와 관련 있습니다." 그는 그렇게 말했다. "그 소프트웨어는 중국 정부의 손에 있어야 합니다."[6]

한 지방 잡지는 또한 장 주석이 런으로부터 화웨이의 사훈을 증정받았다고 보도했다. 그 내용은 이랬다.

> 국가를 다시 젊게 만든다는 희망을 가지고
> 우리는 선조들이 가졌던 번영의 꿈을 딛고 섰다
> 정직과 진보의 힘을 믿고
> 미국의 선진 기술을 지향하며
> 일본의 탁월한 경영을 본받아
> 중화민족의 영광스러운 전통에 입각해
> 높은 수준과 높은 자질을 가진 팀을 꾸려
> 조국과 인민에 더욱 충실히 봉사한다

그 잡지에 따르면 장 주석은 웃으며 선언문에 한 줄을 덧붙이는 것이 어떠냐고 말했다고 한다. '독일 국민의 엄정한 근면 정신을 배운다.'[7]

그 만남이 있고 나서 이틀 뒤에 런은 참모들에게 상황을 낙관하는 보고서를 보냈다.[8] 회의 중에 장쩌민 총서기는 통신 정책을 "여러 차례" 언급했다고 썼다. 최고지도자들은 그들의 불만을 잘 알았다. 현재의 운동장이 심하게 기울어졌다는 불평이었다. 외국 통신업체들은 면세 혜택을 받는데 국내 업체들에는 이런 혜택이 없었고, 또 외국 통신업체들은 자국 정부로부터 막대한 자금을 지원받지만 중국 스타트업은 그렇지 못하다는 얘기였다. "정부는 외국의 교환기 제조업체들이 상업 대출을 이용해 관세와 부가세를 면제받는 관행을 곧 폐기할 것입니다." 런은 그렇게 썼다. "국내 산업은 보호받게 되고 그래서 국내와 외국의 산업체들은 곧 공평한 운동장에서 뛰게 될 것입니다."⁹

장 주석의 방문이 있은 뒤로 그들의 앞을 막았던 장애물이 치워지기 시작했다. 1994년 11월에 선전에 본사를 둔 중국자오상은행 China Merchants Bank,中國招商銀行 은 '국내용 바이어스 크레딧 domestic buyer's credit'이라는 새로운 금융 상품을 내놓았다. 외국 교환기 제조업체들이 자사 제품 구매를 유도하기 위해 중국 통신사업자들에게 제공하던, 일종의 대출 같은 개념이었다. 중국에서 고객에게 국내용 바이어스 크레딧을 제공할 수 있는 최초 기업은 화웨이였다.¹⁰

1995년 4월 3일, 우정통신부는 화웨이의 C&C08 교환기의 대량 생산을 승인했다.¹¹ 중국 각지에서 모인 통신 전문가 외에 전력부, 광저우廣州시 군 간부, 공안부 사이버보안국 관계자 등이 심리를 맡았다. 전문가들은 부품의 색상이 일관되지 않고 디자인에 품위가 없으며 일부 라벨이 어울리지 않는다는 등 문제점을 지적했다. 그래도 C&C08은 심사를 통과했다. 화웨이는 이제 전국의 통신국에 교환기를 판매할 수 있게 되었다. 화웨이와 경쟁 관계에 있는 해외 기업들도 화웨이 제품에 그다지 좋은 인상을 받지 못했다. C&C08의 덮개 속을 들여다본 서구의 한 임원은 이 제품이 AT&T

의 No.5 교환기와 수상할 정도로 닮았다고 생각했다.¹²

나중에 밝혀진 사실이지만, C&C08의 개발 자금을 마련하기 위해 설립한 합작회사 모베코는 새로운 용도가 있었다. 모베코에 투자한 지방 통신국들은 해당 도시의 중앙 전화교환국 교환기를 선정하는 일도 담당했다. 화웨이는 모베코를 통해 "공동의 번영"을 이룰 것이라며 기업공개IPO의 가능성을 내비쳤다. 당시 화웨이의 부회장 쑨야팡孫亞芳은 이 문제를 이렇게 설명했다. "우리는 통신 사업자들은 물론 이들을 감독하는 정부 부처와 이해관계를 공유하는 커뮤니티를 만들었습니다."¹³ 요즘 같으면 이런 계약은 이해관계 충돌이라는 말을 들을 것이다. 하지만 중국이 자본주의로 전환하던 초기에는 이런 종류의 규정이 거의 존재하지 않았고, 있다 해도 실제로 적용하는 경우는 드물었다. 1994년 말에 화웨이는 광둥성에서 가장 많이 팔리는 민간 기술 기업이 되었다.¹⁴

모베코는 수도 베이징과 청두, 난닝南宁, 타이위안太原 등 전국 각지의 도시를 포함해 17개 성과 지방 통신국 직원들이 주주로 참여한 가운데 출범했다. 이들 명단은 빠르게 늘어나 다른 지방 당국들도 앞다퉈 이런 이익 공유 거래에 참여했다. 화웨이는 모베코가 광둥성 서기 셰페이謝非를 비롯한 고위 관리들의 지지를 받는다고 자랑하면서, 이들 고위 관리들은 화웨이가 외국 기업에 맞서 빠르게 경쟁력을 갖추기를 희망하고 있다고 전했다.¹⁵

모베코는 C&C08을 비롯해 화웨이의 여러 교환기를 제조하는 임무를 맡았다. 회사의 정관은 초기 생산 목표를 74만 회선으로 정하고 연간 300만 회선까지 용량을 확대한다는 목표를 세웠다. 또한 화웨이는 여러 국영 파트너를 상대로 기술 이전을 약속해, 3년 후에는 프로그램 제어 교환 기술을 모베코에 독점 이전하는 것 외

에 그 밖의 기술도 이전하는 옵션을 제공하겠다고 밝혔다.[16]

런은 또한 1994년 12월에 전자공업부 차관 장진창張金強을 만나 정부와 기술을 공유하고 프로젝트의 소유 지분을 제공하겠다고 제안했다.[17] 그는 장 차관에게 화웨이와 정부 간의 협력을 요약한 서면 제안서를 전달했다. 화웨이는 이 제안이 정확히 무엇을 의미하는지 설명하지 않았지만, 런의 설명 방식을 보면 모베코와의 협력 관계와 매우 유사하게 보였다. "우리의 입장은 아주 간단합니다." 런은 그렇게 말했다. "첫째, 공동 제작을 위해 우리는 모든 것을 기꺼이 공유할 의향이 있습니다. 둘째, 국익이 걸린 문제라는 점을 고려해 화웨이는 지배 지분을 포기할 수 있습니다. 화웨이의 교환기를 사용하면 단기적으로는 화웨이가 지배 지분을 보유하고 관리하겠죠. 그렇지만 시스템을 다 구축하고 나면 지분을 점진적으로 개방할 수 있습니다." 런은 또한 화웨이가 자사 소프트웨어를 국가에 "개방"할 의향이 있다고 말했다. 장은 런의 제안을 베이징으로 가져가 논의하겠다고 말했다. 이 제안이 실제로 추진되었는지는 확실하지 않다.

어쨌든 모베코가 성공하자 화웨이는 이 모델을 더욱 확대해 전국의 지방 정부와 합작 투자 네트워크를 구축했다. 이 일은 모베코의 회장이던 41세의 리위쥐李玉琢에게 맡겨 쑨에게 보고하도록 했다. 리는 정부와의 관계가 얼마나 중요한지 잘 알았다. 그는 쓰통 그룹에서 일했고, 그가 모시던 회장이 톈안먼 학생 시위대에 동조했다가 국외로 달아난 사실을 알았기 때문이었다. 리는 합작 투자를 통신 당국과 '혈연관계'를 맺는 한 가지 방법이라고 설명하면서, 그랬을 때 화웨이는 쥘롱Great Dragon,巨龍이나 다탕大唐 같은 국영 라이벌과 대등한 위치에 설 수 있다고 말했다.[18] "합작 벤처를 세운 뒤로 모든 일이 쉽게 풀렸다."리는 회고록에서 그렇게 썼다. 쓰촨성과 혈연관계를 맺었을 때 그쪽의 관리는 이렇게 말했다. "이제 파트너가 되었으니 우린 한 가족이오." 그런 다음 그 관리는 4만 회선의 외제 교환기를 뜯어내고 화웨이 것으로 교체하겠다고 약속했다. "돈 얘기는 꺼내지도 않았는데, 우리 계좌로 2,700만 위안을 보냈다."[19]

현지 관리들은 능률을 강조하는 화웨이의 문화에 흡족해하며 굼뜬 공장 노동자들의 분발을 촉구했다. 또한 화웨이의 매출이 급증하면서 이익 배당금이 늘어나는 것도 그들에겐 반가운 일이었다. 1992년에 화웨이의 매출은 1억 위안이었다. 모베코를 설립한 다음인 1993년에는 4억 1,000만 위안, 1994년에는 8억 위안, 1995년 15억 위안으로 매출은 무섭게 치솟았다.[20] 그리고 그런 상승세는 좀처럼 꺾일 줄 몰랐다.

런모쉰은 두원제1중학교에서 은퇴한 후 한동안 선전에서 아내 청위안자오와 함께 아들 런정페이와 살았다. 노부부의 생활은 검소했다. 늦은 시간에 시장을 뒤지고 다니며 떨이하는 농산물을 샀다.[21] 외출할 때는 비싼 음료를 사지 않기 위해 물병을 가득 채워 나갔다. 그들은 찌는 듯 무더운 날에도 좀처럼 에어컨을 켜지 않았다.[22]

얼마 뒤 부부는 딸이 사는 아열대 기후의 도시 쿤밍으로 이사했다.[23] 정확한 시기는 알 수 없지만 런정페이는 어느 시점엔가 재혼해 선전에서 새로운 가정을 꾸렸다. 런이 2009년 1월에 한 연설에서 두 번째 부인 야오링姚凌을 언급하면서 "15년째 가족을 위해 묵묵히 헌신하는" 여성이라고 추켜세운 것으로 보아 두 번째 결혼은 1994년 무렵에 이루어진 것으로 보인다.[24] 아몬드 모양의 눈과 매력적인 미소를 가진 야오링은 런정페이보다 훨씬 젊고 아담하고 우아했다. 일부 뉴스 보도에서는 그녀를 런의 전 비서라고 했지만,[25] 회사 측은 확인해 주지 않았다. 런은 멍쥔을 "매우 강인한" 여성이라 했고 야오링에 대해선 "점잖고 유능하다"고 묘사했다.[26] 런의 주장에 따르면 두 사람은 사이가 좋아, 첫 번째 부인이 두 번째 결혼을 위해 혼인증서까지 대신 받아주었다고 했다.[27]

쿤밍에서 런모쉰은 소수민족 학생들에게 중국어를 가르치는 요령에 대한 책을 집필하느라 바쁜 시간을 보냈다.[28] 중국어 문법의 규칙은 누구나 커가면서 자연스레 익히게 되지만 막상 설명하려면 무척 복잡했다. 런모쉰은 불변화사 '的(드)'의 용법을 16가지로 구분했다. '的'는 어떤 경우 명사에 형용사나 서술구를 연결해 주지만 그렇지 않은 경우도 있었다. 런모쉰은 '두위 연딩獨立運動'이나 '후투 쓰샹糊塗思想'에서는 명사를 형용사에 연결할 때 '的'가 필요하지 않지만, 나머지 경우에는 '的'가 필요하다고 설명했다. 런모쉰은 생각나는 대로 떠오르는 몇 가지 문구를 소개했다.

"可食用的山楂" 먹을 수 있는 산사 열매
"抗击日本鬼子的故事" 일본 악귀들과 싸우는 이야기
"過去的日子" 지난 날들
"以政治為先的人" 정치적 고려를 우선시하는 사람

1995년 6월에 런모쉰은 쿤밍에서 85세로 세상을 떠났다.[29] 노점상에게 한 잔 사서 마신 술이 사달을 낸 것이다.[30]

몇 년 뒤 런정페이는 아는 사람에게 부모님의 당안檔案(개인 신상에 대한 정보 기록) 사본을 구해달라고 부탁했다.[31] 공산당은 모든 사람에 대해 당안을 1부씩 작성해, 직업, 정치 이력, 사회 활동, 동료들의 평가 등 여러 정보들을 추적해 기록하고 있었다. 런은 그의 친구 하나가 당에 대한 충성을 담은 부모님의 고백을 읽은 후 눈물을 흘렸다고 말했다. "두 분은 평생 혁명 정신을 따랐다." 런은 그렇게 썼다.

멀리 베이징에서 화웨이를 찾아오는 손님은 계속 늘어났다. 관리들은 이 첨단 기술 분야의 떠오르는 별을 적극 지원하고 나섰다.

1996년에 저명한 경제 개혁가이자 부총리인 주룽지朱鎔基는 화웨이를 방문한 자리에서 직원들을 향해 엄지손가락을 치켜 세우며[32] 해외 진출을 권했다. "여러분 청년들은 위대합니다! 우리 프로그램 제어 교환기가 해외로 나가기만 하면 반드시 바이어들의 신임을 받을 것입니다." 그는 국내 교환기 제조업체들이 국내 시장에서 해외 경쟁사들과 맞설 수 있도록 계속 지원을 아끼지 않겠다고 약속했다. 선전 당서기 리유웨이厲有為는 주 부총리가 베이징으로 돌아가서도 계속 주변 사람들에게 화웨이를 칭찬했다는 말을 듣고 감격했다. "우리가 아는 한 그분은 다른 어떤 회사에 대해서도 그런 견해를 드러낸 적이 없습니다"[33]

방문객 중에는 중국건설은행中國建設銀行 총재 왕치산王奇山[34]과 장가오리張高麗[35]라는 현지 관리도 포함되어 있었는데, 두 사람 모두 나중에 시진핑 정부에서 고위직에 오르게 되는 인물들이었다. 장은 화웨이 엔지니어들에게 목표를 더 높이 세우라며 분발을 당부했다. "현상 유지로 만족해서는 안 됩니다."

관리들은 1991년에 설립된 화웨이의 칩 설계 센터에 특히 관심을 보였다. 칩은 소비자 기기부터 군사 시스템, 전화교환기에 이르기까지 모든 컴퓨팅 디바이스의 두뇌로, 미국 기업들이 장악하고 있는 분야였다. 칩 R&D는 초정밀 회로 때문에 특히 비용이 많이 들었다. 1996년 당시 화웨이는 10억 달러 규모의 국가 반도체 개발 프로그램을 위해 베이징 정부가 선정한 8개 기업 중 하나였다.[36] 그해 리펑李鵬 총리와의 인터뷰에서 런은 "국영과 민영" 양쪽에서 칩 제조 벤처를 설립할 생각이라고 말했다.[37] 런은 칩 제조를 "국가 차원의 활동"이라고 불렀다. "선진국들은 실리콘 웨이퍼 몇 개를 주고 우리가 재배한 땅콩을 대량 가져갑니다." 런정페이는 그렇게 말했다. "우리는 오래 전부터 이를 불평등한 거래로 여겼습니다."[38]

1994년에 런정페이와 장 주석의 만남이 있고 나서 정부는 훨씬 더 많은 지원을 약속했다. 1994년 말에 장은 런에게 향후 5개년 경제계획에서 통신사업자가 구매하는 교환기 중 절반은 화웨이 같은 순수 국내 기업의 몫으로 떼어놓겠다고 말했다.[39] "내가 보기에 기업의 소유 구조는 그다지 중요하지 않아요." 장 주석은 그렇게 말했다. "중요한 건 그게 중국 기업인가 하는 점입니다. 그래서 전자부는 여러분 같은 기업을 지원할 생각입니다." 중국은 1995년까지 8,400만 회선 규모의 교환기를 가동하고, 2000년까지 이를 1억 7,400만 회선까지 2배 이상 늘릴 계획이었다.

베이징은 화웨이와 화웨이의 경쟁사 중싱통신中興通訊, Zhongxing Telecommunications Equipment Company, ZTE의 판매고도 크게 높여주었다. 중국 관영 〈신화통신〉에 따르면, 1996년 6월 우정통신부가 전국적인 교환기 입찰 박람회를 개최했을 때 화웨이와 ZTE가 314만 회선 상당의 교환기 주문을 받아냈다고 보도했다. 전체의 62%였다. "이런 규모의 거래량이라면 올해 상반기 중국 전체 수요에 해당한다." 〈신화통신〉은 또한 화웨이와 ZTE가 국가경제무역위원회가 후원하는 프로그램을 통해 국가의 지원을 받기로 했다고 강조했다.

자금도 들어오기 시작했다. 중국인민은행中國人民銀行의 다이샹룽戴相龍 은행장은 화웨이에 대출을 제공하면서 화웨이와 "끊을 수 없는 유대"를 만들어가는 중이라고 선언했다.[40] 그는 은행이 직접 나서 화웨이 제품을 홍보하겠다고 약속했다.

1995년에 선전은 실리콘밸리에 자극을 받아 처음으로 스타트업에 투자하는 벤처캐피털 회사를 설립했다. 그 출범식에 연사로 초청받은 런은 청중들에게 말했다. "정부의 관심과 지원 없이는 어떤 하이테크 분야도 빠르게 발전할 수 없습니다. 경쟁이 치열할수록 국가가 적극 개입해야 합니다. 그것이 바로 첨단 기술 산업이 요구하는 것이고 국가안보를 위해 필요한 것입니다."[41]

중국 관리들도 화웨이의 교환기를 해외에 널리 알리기 시작했다. 리란칭李嵐淸 부총리는 외국 정부를 상대로 화웨이의 교환기를 극구 칭찬하고 화웨이 경영진을 불러 외교 순방에 동행했다. 1995년 동유럽을 순방할 때 리 부총리는 화웨이의 C&C08 교환기를 외교 선물로 가져갔다.

베이징의 관심이 커지면서 화웨이가 국유화될지 모른다는 우려가 고개를 들기 시작했다. 런정페이는 효율성 떨어지는 국유기업만은 피하고 싶었다. 사람들도 그에게 경고했다. "국유화는 절대 안 됩니다." 한 관리가 그에게 말했다. "그렇게 되면 당신들은 끝장납니다."[42] 주 부총리가 다녀간 뒤에 그의 보좌관들이 대출 액수를 늘려주겠다고 했을 때, 런은 정중히 사양했다.[43]

정부 관리들은 화웨이를 방문했을 당시, 화웨이의 기술을 감시에 사용할 수도 있지 않을까 생각하며 따로 관심을 보이기 시작했다. 1989년 톈안먼 사태 당시 무자비한 진압을 주도해 해외에서

'베이징의 도살자 the Butcher of Beijing'라는 별명을 얻은 강경파 리펑 총리는 1996년 3월 화웨이를 찾았을 때 그 부분을 콕 찍어 물었다. 범죄자가 전화를 사용했을 때 수사관이 번호를 알아내는 모습을 영화에서 본 적이 있다며, 런에게 그런 기술이 가능한지 물은 것이다.[44] 그리고 공안부에는 이런 기능이 꼭 필요하다고 덧붙였다.

"화웨이에도 이런 기술이 있습니까?" 총리가 물었다.

"전화벨이 울리는 동시에 알 수 있습니다." 런은 답했다. "1초도 안 걸립니다."

리 총리는 이 기술이 시판 중인지 물었고, 런은 그런 역량을 갖고 있지만 아직 출시하지는 않았다고 답했다.

"나는 특히 통화 추적에 관심이 있습니다. 국가 보안은 아주 중요한 문제니까요." 총리는 그렇게 말했다.

통화 추적 문제가 어떤 결과로 이어졌는지는 확실하지 않다. 하지만 이런 일로 미루어볼 때 1990년대 초부터 화웨이가 중국 당국의 최고위층으로부터 보안 문제와 관련해 어떤 요구를 받았다는 사실만큼은 부인할 수 없을 것이다. 전화 통화를 감시하는 장치가 정부에게 얼마나 유용할 것일지 생각하면 그다지 이례적인 일도 아닐 것이다. 도청은 어느 나라 정부나 어느 정도는 다 하는 일이다. 그리고 몇 년 뒤 전화가 인터넷에 연결될 때쯤이면 화웨이의 네트워크는 그 가치가 더욱 높아지게 된다. 전화 통화뿐 아니라 그 이상으로 훨씬 더 많은 것이 오고 갈 테니까.

7

늑대 무리

| 화웨이의 세일즈 머신: 1990년대 |

1996년 1월 28일, 런정페이는 화웨이의 첫 번째 '대량 사퇴식'을 단행했다. 각 지역 영업소장은 업무 요약서와 사직서, 두 가지 보고서를 제출하라는 지시를 받았다. "나는 두 보고서 중 하나에만 서명할 겁니다." 런정페이는 그렇게 말했다.[1]

"회장님께,"[2] 사직서는 그렇게 시작했다. "저는 회사의 매출을 늘리기 위해 제 젊음을 희생해가며 고군분투했습니다. 하지만 영업 일선에서 발로 뛴 지난 몇 년 동안 저의 기술적 사업적 능력은 회사의 기대에 미치지 못했습니다. … 심사 및 선발 과정을 통해 영업 업무에 더 적합한 인물을 찾으시면 이의를 제기하지 않고 현 직책에서 조용히 물러나겠습니다."

화웨이는 지방에서 시작했기 때문에 초창기 영업 매니저들은 대부분 경험과 인맥이 현지에 국한되어 있었다. 런정페이는 전국으로 그리고 아울러 세계로 나가겠다는 목표를 세우면서 영업업무와 관련된 전 직원에게 사직서를 제출한 다음 다시 지원하게 했다. "야생 염소가 잡아먹히지 않으려면 사자보다 빨리 달려야 합니다." 그는 행사에 앞서 직원들에게 그렇게 말했다. "어느 부서 할 것 없이 효율성을 최적화해, 게으른 염소, 배우지 않거나 발전하지 않는 염소, 책임감이 없는 염소가 보이면 즉시 잡아먹어야 합니다."[3]

런은 연단에 올라서 말했다. "화웨이의 임원이 된다는 것은 책임을 갖는다는 것이고, 그것은 곧 개인의 행복을 기꺼이 희생한다는 의미입니다."[4]

사임하는 영업 매니저들에게는 차례로 발언할 기회가 주어졌다. 눈물을 삼키는 사람도 있었다.

"화웨이의 일원으로서 저는 기꺼이 포석이 되겠습니다." 누군가는 그렇게 말했다.[5]

"회사의 발전 속도를 따라잡을 능력이 제게 없다면, 새로운 사람이나 저보다 직급이 높은 분께 제 일을 기꺼이 넘기겠습니다." 또 누군가는 그렇게 말했다.

"내 젊음과 능력에는 한계가 있지만, 화웨이의 미래는 끝이 없을 것입니다. 저 때문에 회사가 지체될 수는 없습니다." 그렇게 말하는 사람도 있었다.

결국 런은 영업소 소장 26명 중 6명의 사표를 수리하고 영업 사원도 30% 정도 교체했다. 화웨이 경영진은 이 대량 사직을 '화웨이인Huawei people'의 정체성을 설명하는 사례로 자주 들먹였다.[6] 직원들은 회사의 요구에 따라 직급이 올라갈 수도 내려갈 수도 있었다. 어떤 직책이 주어지든 그들은 황송하게 받아들이고, 자신의 능력을 더욱 계발하기 위해 분발했다. 그들은 회사의 사명을 받들었고, 기꺼이 개인을 희생했다.

숙청은 중국 공산당이 즐겨 쓰는 단골 메뉴로, 초급 간부들의 열의를 시험하는 수단이었다. 화웨이도 크게 다르지 않아, 직원들은 강등을 통해 인격을 형성해가고, 강등되었다가 다시 승진하면서 더욱 강해진다고 런은 말했다. "불사조는 불 속에서도 타 죽지 않습니다." 런은 이 말을 자주 입에 올렸다. 런은 최고 지도자 덩샤오핑을 예로 들었다. "덩샤오핑 동지도 세 번이나 내려갔다가 다시 올라갔습니다. 여러분이라고 왜 안 되겠습니까?"[7]

어린 런이 성장하던 마오쩌둥 시대에는 사기업私企業이라는 개념이 없었다. 이제 그는 젊은 직원들을 일깨워주려는 듯, 영업을 마치 신비로운 소명처럼 치장했다. "영업 업무는 특별하고 복잡하며 고귀합니다. 과학자의 사고력과 철학자의 통찰력, 연설가의 능변, 사회개혁가의 야망, 종교인의 낙관주의와 한결같은 영혼이 필요합니다."[8] 그는 또한 영업활동은 화약이나 연기가 없는 전쟁터 같아, 승자는 모든 것을 갖지만 패자에겐 어떤 자비도 베풀어지지 않는다고 했다. "한번 도전해보고 싶지 않습니까? 그동안 성취감을 추구하지 않았습니까? 그럼 용감하게 일어나세요. 이 위대한 시대는 개성 있는 영웅을 요구합니다."

모험거리를 찾아 여러 지역을 여행하고 정장을 빼입고 멋을 낼 수 있는 기회를 원하는 사람은 많았다. 하지만 현실은 보기만큼 화려하지 않았다. 처음에는 거의 모든 영업이 시골과 작은 마을 단위로 이루어졌다. 영업 사원들은 국공내전 당시 마오쩌둥이 구사한 작전을 본떠 '시골로 도시를 에워싸는農村包圍城市' 수법을 썼다.[9] 일단 마을과 작은 도시를 장악한 후 그 여세를 모아 대도시를 공략하는 방식이었다. "비서도, 휴대폰도, 운전기사도, 자가용도 없었습니다." 화웨이 초기의 어떤 영업 사원은 그 시절을 그렇게 회상했다.[10] 그들은 제품 정보, 계약서, 기본적인 유지보수 도구, 갈아입을 옷가지 등을 챙겨 혼자 버스나 기차를 타고 이동했다. 또 다른 영업 사원은 현지에서 1년은 버텨야 선전의 집으로 돌아갈 수 있었다고 회상했다. "본사로 돌아갈 수 있는 건 데려갈 중요한 고객이 있을 경우뿐이었습니다."[11]

런은 영업팀에게 '늑대 문화'를 계속 발전시키라고 강조했다. "늑대는 강인해야 합니다." 런은 참모들에게 말했다. "후각이 날카롭고 호전적이고 혼자 달려들지 않고 무리를 지어 공격합니다. 한 마리가 쓰러지면 다른 한 마리가 그 틈으로 뛰어듭니다. 늑대는 희생을 두려워하지 않습니다."[12]

영업 사원들은 주문을 따내기 위해 지키지 못할 약속도 했다. 영업소장들은 교환기 제작에 몇 달이 걸린다는 것을 잘 알면서도 고객에게는 곧 준비될 것처럼 말하라고 지시했다. "고객이 우리 회사를 의심하는 게 나은가 아니면 엔지니어 한 사람의 능력을 의심하는 게 낫겠는가?"[13] 화웨이는 끈질기게 고객에게 구애하는 수법으로 평판을 쌓았고, 출장 중인 공무원을 붙잡기 위해 호텔이나 공항을 어슬렁거렸으며, 심지어 그들의 집 앞에서 버티기도 했다. 중국은 1995년에 주 6일 근무를 주 5일 근무로 공식 전환했지만,[14] 화웨이의 직원들은 24시간 근무라는 원래의 방침을 고수했다.

정부 관리들이 화웨이를 관심 있게 지켜봤다고 해도, 그들은 많은 경쟁업체 중 하나에 지나지 않았고 또 가장 인기 있는 업체도 아니었다. 1995년에 중국 정부는 외국 교환기 제조업체에 맞서 쥘롱통신巨龍通信, China Great Dragon Telecommunication 이라는 국영 교환기 제조 기업을 설립했다. 쥘롱은 군 엔지니어 우장싱이 개발한 획기적인 04 교환기를 주축으로, 소규모 통신 회사 8개가 합병하는 방식으로 설립되었다. 정부는 이 벤처에 연간 22억 달러를 쏟아 부었다.[15] 또한 국영 연구소와 미국 대학 졸업생 몇 명이 설립한 시안다탕통신西安大唐通信,Xi'an Datang Telephone Co.[16]은 1995년부터 새로운 교환기 SP30을 대량 생산하기 시작했다. 그리고 같은 선전에서 화웨이와 반대쪽에 자리 잡은 중싱통신ZTE도 ZXJ10 교환기를 개발했다.[17] 중국 국내 교환기 제조업의 '빅 4'라 불린 이들은 외국 업체의 시장 점유율을 빠르게 잠식해 갔다. 몇 년 만에 중국의 전화교환기 가격은 회선당 300달러에서 70달러로 떨어졌다. 경쟁자가 너무 많아 수익이 크게 줄어들자 문 닫는 업체들도 많았다. 1996년 초에 쥘롱은 04 교환기 십여 대가 소프트웨어 문제로 갑자기 먹통이 된 사건을 계기로 주저앉아, 다시 회복하지 못했다.[18]

1997년 초에 화웨이는 베이징 시장 개척에 본격적으로 뛰어들었다.[19] 수도 베이징은 톈진天津, 광저우 등 다른 대도시에 이어 2만 4,000회선 분량의 화웨이 C&C08 교환기를 구매했다. "이제 중국의 통신 회선에 국산 제품을 장착할 때가 되었습니다." 베이징의 한 관계자는 그렇게 단언했다. 화웨이의 연간 매출은 5억 달러에 육박하고 있었다.[20] 국영 경쟁사들에 비해 약자로 출발한 화웨이가 선두 주자로 올라서자 국영 기업들은 목소리를 높여 성토했다. "화웨이가 시장 점유율을 장악하기 위해 헐값에 팔고 있다."[21] 다탕의 한 임원은 그렇게 불평했다. 쥘롱의 우장싱은 선전 과학기술국을 향해, 지방 정부가 왜 민간 소유 기업을 지원하느냐며 분통을 터뜨렸다.[22]

화웨이의 성공은 대중으로부터 큰 관심을 끌었지만, 그들은 여전히 풀리지 않는 암호 같은 존재였다. 1993년부터 화웨이는 사내 신문인 〈화웨이엔華爲人〉을 통신 당국 관계자와 그 밖의 출자자에게 발송해왔지만, 일반 대중에게는 여전히 노출을 꺼렸다. 화웨이 경영진은 좀처럼 인터뷰를 수락하지 않았고, 런도 기자들을 마주하지 않았다. 그가 지역 잡지에 실린 8명의 기업가로 선정되어 사진을 제출해야 할 일이 있었다. 이때도 그를 제외한 7명은 부드러운 조명에 영웅적인 포즈를 취한 전문 사진작가의 사진을 제시했지만, 런은 사진을 제공하지 않았다. 결국 잡지 편집자들은 어색한 스냅사진 몇 장을 겨우 찾아내 실어야 했다. 회의실 뒤편에 서서 선전 시장 리즈빈李子彬의 어깨 너머로 겨우 보이는 그는 얼룩덜룩한 넥타이를 맸고 오후에 자란 수염이 그대로 보이는 꺼칠한 얼굴이었다. "런정페이는 사진의 중앙에 서지 않는 것 같다."[23] 편집자들은 그렇게 썼다.

1990년대에 고삐 풀린 중국의 자본주의는 호황을 누렸지만, 기업이 물건을 하나 팔려면 온갖 종류의 위험을 각오해야 했다. 비즈니스는 대부분 '관시關係,' 즉 개인적 인맥에 의존했다. 그리고 잠재 고객과 '관시'를 구축하려면 요란한 술자리와 호화로운 선물을 준비해야 했다. "개방 초기에는 강력한 규제가 없었습니다. 어디를 가나 부패와 부정이 있었죠." 런정페이는 언젠가 그렇게 말했다. "환경이 그랬기 때문에 화웨이만 깨끗한 척하기가 너무 힘들었습니다."[24]

사업상 회식은 눈물을 쏙 빼는 60도짜리 수수 증류주인 바이쥬白酒 마개를 딴 다음, 산해진미가 차려진 회전하는 상 둘레에 앉아 잔에 부어 몇 차례씩 돌려가며 마셔대는 것이 기본 관례였다. 이런 회식 규정에는 고객을 존중한다는 의사를 드러내기 위해 고객보다 더 많이 취해야 한다는 조항도 포함되었다. 화웨이 초기에 어떤 임원은 고객을 접대하다가 견디지 못해 자리를 떠나 토한 사연을 쓰기도 했는데, 그런 경우는 아주 흔했다. 위장이나 간 질환으로 고생하는 직원도 있었다. 이런 일은 술을 많이 마시기로 소문난 북동부 추운 지역에서 특히 심했다. "이 구역을 책임지는 어떤 직원은 간염에 시달리면서도, 선전으로 돌아와 치료 받기를 거부하고 얼음과 눈을 뚫고 최전선을 지키며 싸우겠다고 고집을 부린다." 1995년에 런은 북동쪽 러시아 접경 근처 이춘伊春에 근무하는 화웨이의 어떤 영업 사원의 사연을 이렇게 전했다.[25] 화웨이 본사는 잦은 회식으로 위장에 탈이 난 동북부 지역 직원들에게, 치료 효과가 있다는 꿀벌이 만든 수지樹脂 프로폴리스를 보내기도 했다.[26]

  뇌물도 문제였다. 빨간 봉투(돈을 건넬 때 사용하는 홍바오紅袍)이든 그 밖의 선물이든 중국 관리들은 뇌물을 바랐다. 통신 담당 관리들은 현금이나 상품권 등 갖가지 뇌물을 받은 혐의로 유죄 판결을 받는 일이 잦았는데, 그런 뇌물 사건에 오른 명단에는 화웨이의 영업 매니저들도 다수 포함되어 있었다. 화웨이는 이런 사건이 터질 때마다 어디까지나 개별 사례에 지나지 않는다고 꼬리를 자르면서, 그 직원들이 회사의 윤리 지침을 무시한 것이라 해명했다. 하지만 공무원에게 사치품을 선물하는 것은 당연한 관례였다. 캐나다 업체인 노텔의 한 임원도 상사의 지시에 따라 조니워커 스카치위스키 50병을 중국 정부 관리들에게 건넸다고 했다. 한 컨설턴트는 스웨덴 업체 에릭슨의 경우를 예로 들었다. "에릭슨에는 고객을 전담하는 (골프) 코치가 있었습니다. 그 코치는 호주에서 날아오곤 했어요."[27] 에릭슨은 나중에 미국 법무부에 출석해, 카리브해 크루즈 등 선물과 촌지 용도로 수천만 달러를 뿌렸다고 인정했다.[28]

몇 년 후 흥미로운 보도가 하나 나왔다. 2017년에 우즈베키스탄 주재 전 중국 대사였던 리징셴李景賢이 현지 잡지에 쓴 글이었다. 그는 1998년 9월 1일 베이징의 징룬 호텔京倫飯店,Jinglun Hotel에서 런을 만나 차를 마셨는데, 런이 러시아 시장에 진출하는 문제로 자신에게 조언을 구했다고 했다. 리에 따르면 모임을 끝낼 무렵 런의 비서가 그에게 팜플렛 몇 장을 건네주었고, 집으로 돌아와 책장을 넘기는데 봉투 하나가 바닥에 떨어졌다. 미화 100달러짜리 지폐 20장이 늘어 있었다. "너무 두려워 밤새 한잠도 못 잤다." 다음 날 그는 전후 사정을 설명한 메모와 함께 현금을 외교부로 보냈다고 했다. 며칠 후 베이징 주재 화웨이 수석 대표 캐서린 첸Catherine Chen(첸리팡陳黎芳)이 리에게 전화를 걸어 현금을 돌려받았다고 말했다. 런도 직접 전화를 걸어 당황스럽게 해서 죄송하다고 깊이 사과하며, 그 돈은 대사가 새 아파트를 꾸미는 데 도움을 드리기 위해 개인적으로 마련한 선물이라고 주장했다. "그 돈은 제가 직접 노동을 해서 번 돈으로, 깨끗한 돈입니다." 런은 그에게 말했다. "회사 계좌에서 꺼낸 돈이 절대 아닙니다."²⁹

어쨌든 화웨이는 이 업계에서 환대가 후하기로 정평이 나 있었다. 화웨이는 정부 관리와 통신사 임원들이 국제회의와 연수를 위해 세계 여행을 할 때 그 비용을 대신 부담하곤 했다. 그들이 화웨이 본사를 방문하면 풍성한 연회로 대접했다. 런은 은퇴한 뒤에도 영업 매니저들을 시켜 화웨이를 도와준 통신 관련 전문가들에게 계속 생일 케이크를 보내도록 지시했다.

리즈빈 전 선전 시장은 공직에서 물러난 뒤인 2007년에 미국을 방문한 적이 있었다. 호텔에 묵고 있는데 문을 두드리는 소리가 났다. 열어보니 런정페이가 서 있었다. 저녁 식사에 초대하고 싶다며 직접 찾아온 것이었다. 리는 깜짝 놀랐다. "접니다. 런정페이입니다." 리는 회고록에 그렇게 썼다. "시장님이 11년 재임하시는 동안 저희 회사는 시장님을 한 번도 식사에 초대한 적이 없습니다. 하지만 우리 화웨이 직원들은 시장님께 늘 감사하는 마음을 간직하고 있습니다. 시장님은 저희의 은인입니다. 이제 은퇴하셨으니 저녁 식사에 초대해도 되겠죠?"[30]

그들의 이런 공격적 영업 방식은 내부적으로 새로 떠오르는 스타 간부들을 여럿 탄생시켰다. 런은 그들을 가리켜 장시간 근무와 열악한 현장 환경을 아랑곳하지 않는 화웨이의 '영웅들'이라 불렀다. 가장 뛰어난 영업 사원은 켄 후 Ken Hu (후허우쿤 胡厚崑)와 에릭 쉬 Eric Xu (쉬즈친 徐直軍)였다. 후는 화웨이의 다른 엔지니어들과 마찬가지로 화중대를 나와 1990년에 화웨이에 입사했다. 화웨이 경력 초기에 그는 내륙 도시 창사 長沙로 파견되었다.[31] 그때 고객의 교환기 중 한 대가 매일 밤 문제를 일으키는 사고가 있었다. 그는 밤새 교환실을 지켰고 결국 쥐가 케이블을 갉아먹고 있다는 사실을 알아냈다.[32] 쉬는 화웨이에 입사하기 전인 1993년에 난징에서 박사학위를 받았다. "원래 영업이나 전략 같은 개념 따위는 아예 없었습니다." 그는 그렇게 말했다. "전화나 팩스를 받으면 서둘러 자료와 슬라이드 영사기를 들고 나갔죠. 장소를 가리지 않고 거의 모든 지방의 성도 省都를 찾았습니다."[33]

런의 남동생인 런슈루 任樹錄 (스티븐 런 Steven Ren)는 TV와 영화 제작 쪽에서 일하다 1992년에 화웨이에 입사했다.[34] 런정페이보다 12살 아래인 스티븐 런은 중국 서부의 번화한 도시 란저우 蘭州의 화웨이 영업소들을 맡았다가 본사로 자리를 옮겼다. 런의 여동생 정리 鄭黎는 화웨이의 재무 부서에서 매니저로 일한 것으로 알려졌다.[35] 런

7 늑대 무리

의 다른 네 형제는 세간의 관심이 닿지 않는 곳에서 조용히 지낸다. 런은 그들의 직업을 말한 적도 없고, 중국 내 언론의 보도와 전기에서도 이 부분은 언급된 적이 없다.

가장 높은 자리까지 간 임원은 마케팅 및 영업 담당 사장으로 있다가 1994년에 화웨이 부회장으로 승진한 쑨야팡이다. 그녀는 매부리코에 체격이 당당한 40살 전후의 열혈 여성이었다. 그녀는 지방의 여러 통신국과 합작 투자를 통해 화웨이와 국가의 '결혼'을 성사시켰고, 영업 매니저들의 대량 사직 처리를 주도했다. 사람들은 쑨이 화웨이에 입사하기 전 중국의 막강한 민간 정보기관인 국가안전부MSS에서 일한 적이 있다고 수군댔다. 그녀가 화웨이에서 빠르게 승진할 수 있었던 것도 그런 그녀의 경력과 관련이 있을지 모른다. 물론 그렇지 않을 수도 있지만.

쑨의 태생과 어린 시절 환경에 대해서는 확실히 알려진 것이 없다. 그녀가 구이저우성에서 나고 자랐다고 소개한 언론이 몇몇 있지만, 화웨이가 확인해 준 적은 없다. 알려진 바에 따르면 쑨은 청두에서 대학을 다녔다고 한다. 청두는 런정페이의 첫 번째 부인 멍쥔이 자랐고 딸 멍완저우가 태어난 도시이기도 하다. 쑨은 1978년 3월에 청두전파공대(당시 기술학교 대부분이 그렇듯 이 대학도 군대가 운영했다)에 입학해 10년 만에 모집한 760명의 신입생 대열에 들었다.[36] 문화혁명 당시 전국의 대학 입학시험이 12년 동안 중단되었기 때문이다. 10여 년 동안 시험을 치르지 못한 학생들이 한꺼번에 몰렸기 때문에 그해엔 유독 경쟁이 치열했다. "그녀는 반 친구들 사이에 인기가 아주 많았어요." 같은 학생이었던 마오유밍이라는 친구는 지역 신문과의 인터뷰에서 그렇게 말했다. "쑨은 종종 학급 그룹 활동을 조직했어요. 그녀는 리더 중 한 명이었습니다."[37] 쑨이

1학년일 때 학교는 처음으로 미국인 방문객을 맞았다. 조지아 공과대학Georgia Institute of Technology 의 J. M. 페팃J.M.Pettit 총장이었다.**38**

대학을 졸업한 쑨은 1982년 허난성 중부에 있는 신샹랴오위안무선공장新鄉遼源無線工廠 (일명 760공장)**39**에 기술자로 취업했다.**40** 1950년대에 군이 설립한 이 공장은 라디오용 튜너, 녹음기와 그 밖의 장비를 만들었다. 이 공장은 흥미롭게도 얼마 안 가 멜로디Melody 라는 브랜드로 흑백 TV를 만드는 등 사업 방향을 바꾸기 시작하는데, 군납업체들이 일반소비재로 제품을 전환하는 추세에 떠밀렸던 것으로 보인다.**41** 쑨이 760 공장에서 일한 기간은 단 1년뿐이고, 1983년에는 중국전파연구소로 옮겨가 교사로 재직하다 1985년에 베이징정보기술연구소의 엔지니어가 되었다.**42** 이 두 곳은 일반에 잘 알려지지 않은 국영 연구기관으로, 그녀가 그곳에서 어떤 일을 했는지는 밝혀진 게 없다. 그녀가 국가안전부에서 일을 한 때가 이들 기관에서 근무한 후인지 아니면 동시에 양쪽을 오간 것인지도 분명하지 않다.

화웨이에 온 쑨은 빠르게 상승가도를 탔다. 화웨이 사내 잡지 〈화웨이엔〉의 1993년 9월호는 그녀가 전국에서 온 방문객들을 상대로 제품을 시연하는 영업 매니저였다고 언급한다. "이 전광 저항 (번개에 강한) 칩은 우리가 직접 개발한 것으로, 가공만 미국에서 했습니다."**43** 그녀는 그렇게 설명했다. 1994년 3월에 쑨은 마케팅 및 영업부 사장으로 승진했고, 그곳에서 신입 영업 사원들을 위한 연수원을 운영하면서, 8분 동안에 화웨이 제품을 홍보하는 훈련을 시켰다.**44** 1994년 말에 그녀는 부회장으로 승진했다.**45**

쑨은 조직의 기강을 엄격하게 다잡아, 경영진의 과도한 골프 행차에 제동을 걸었다.**46** "화웨이의 영업 사원들이라면 누구나 아는 것이 있다. 컨벤션 현장에서 넥타이를 매지 않은 채 쑨과 마주쳤다가는 불운한 결과를 맞는다는 사실이다." 그녀의 팀에 있던 어느 직원은 그렇게 썼다. "그녀의 불같은 성질은 얘기할 것도 없다. 한번 비판이 폭풍처럼 휘몰아치면 빠져나갈 생각을 말아야 한다."[47]

런정페이는 직장 여성에 대해 구시대적 시각을 드러낼 때도 있었지만, 유능한 여성 임원에 대해서는 뚝심으로 승진을 밀어붙였다. "여성 채용을 꺼리는 기업이 많습니다. 이게 다 여성 직원이 비효율적이고 맡은 일을 제대로 해내지 못하기 때문입니다." 린은 이 무렵 화웨이의 비서들에게 행한 연설에서 그렇게 말했다. "여직원들은 큰 단점이 있어요. 바로 험담과 잔소리가 많아 단합을 해친다는 점입니다. 원래 여직원을 채용하는 목적은 관리팀에 윤활유를 치는 것이었습니다. 남성 직원들은 대부분 단순하고 우직해서 의견이 충돌하면 불똥이 튀기 십상입니다. 그 사이에 탄력 있는 스펀지가 있으면 스파크가 발생하지 않아요."[48]

쑨은 화웨이를 '남성 사회'라고 설명하면서, 재능이 뛰어난 남성 엔지니어가 존경을 가장 많이 받는다고 말했다. "나는 영웅이 아니다." 그녀는 언젠가 그렇게 썼다. "하지만 나는 런정페이의 경영 철학을 충실하게 계승했다. … 나를 가리켜 정신적으로 런정페이와 가장 비슷한 사람이라고 말하는 직원도 있다."[49]

8

최정상 지도자와의 이별

| 덩샤오핑의 사망과 홍콩 이양: 1997년 |

1997년 2월 20일 새벽 3시경, 런정페이는 92세의 최고 지도자 덩샤오핑이 폐질환으로 사망했다는 뉴스를 들었다.[1] 덩은 과학 연구를 소생시키고 자본주의를 되찾아 왔으며, 아울러 화웨이 같은 기업들이 존재할 수 있게 해준 지도자였다. 한밤중이었지만 우물쭈물할 때가 아니었다. 국가 지도자가 사망했다는 것은 정치적으로 위험한 순간이 닥쳤다는 뜻이었다. 1989년 봄에도 후야오방 총서기가 사망하자 애도하는 군중이 모여들었다가 톈안먼 광장의 민주화 시위로 발전했었다. 덩샤오핑이 숨을 거두자 모든 것이 불투명해졌다. 그의 후계자들이 과연 경제 개혁 노선을 그대로 둘 것인가? 화웨이는 정치적 위기의 순간을 타고 오른 회사였다. 런은 수화기를 들었다.

오전 8시 15분에 화웨이는 팩스로 국내 지사 30여 곳, 미국

R&D 자회사 랜보스, 홍콩 지사 등 여러 곳에 긴급 공지를 타전했다.[2] 소나무와 사이프러스 등 향내 나는 나뭇가지들이 본사로 들어왔다. 재무부는 상장喪章을 만들기 위해 검은색 베일과 흰색 거즈를 주문했다. 선전에 있는 화웨이의 사무실 3곳에 각각 분향소가 마련되었다. 일부 화웨이 직원은 인쇄소로 달려가 덩의 초상이 담긴 대형 컬러 포스터를 만들었다. 다른 직원들은 모두가 추모식을 시청할 수 있도록 TV를 십수 대 설치했다. 국기는 반기로 내려 일주일 동안 게양하기로 했다. 총리 리란칭의 이스라엘 방문을 수행 중이던 화웨이 부회장 쑨야팡은 현지 중국 대사관으로 달려가 애도를 표했다.[3] 미국의 랜보스 직원들은 샌프란시스코에 있는 중국 영사관에 근조 화환을 보냈다.

당시 25세였던 런정페이의 딸 멍완저우는 화웨이 마케팅 부서에서 2년째 비서로 일하고 있었다. 그날 아침 그녀가 셔틀버스를 탔을 때는 안개가 자욱하고 쌀쌀한 바람이 불고 있었다.[4] 버스에 탄 그녀의 동료들은 근엄한 표정만 지을 뿐 다들 말이 없었다. 아무도 그 사실을 입에 올리지 않으면, 마치 그런 일이 없었던 것처럼 되리라 생각하는 것 같았다.

덩은 놀랍게도 장기기증을 유언으로 남겼다. 각막은 안구은행에 기증하고, 시신은 의학 연구용으로 기증한 뒤, 유골은 바다에 뿌려달라고 했다.[5] 방부 처리된 시신을 톈안먼 광장에 영구 전시하도록 한 마오쩌둥과는 극히 대조적인 처사였다. 덩의 시신은 묘비나 기념비 하나 남겨두지 않고 사라졌다.

정숙하게 애도하라는 공식적인 명령이 내려졌지만, 선전의 시민들은 거리로 쏟아져 나왔다. 전국 어디서나 마찬가지였다. 시청 근처에 있는 덩의 대형 초상화 아래에는 사람들이 가져온 화환과 노란 국화가 쌓여갔다.[6] 난간에는 종이학이 줄줄이 매달렸다. 덩은 톈안먼 광장의 학생 시위를 유혈 진압한 장본인이었다. 마지막 순간에는 자리에서 물러나라는 요구도 있었다. 하지만 지난 모든 것을 돌이켜 종합해 볼 때, 그들에게 덩은 위대한 지도자였다. 그는 마오 시대의 마녀사냥을 끝내고, 대학의 문을 다시 열고, 민간기업을 법으로 인정하고, 한 세대가 좀 더 행복하게 살 수 있는 기회를 허락했다. 화웨이 경영진은 사내 신문 〈화웨이엔〉 45호의 전 지면을 할애해 덩을 추모하는 글로 채웠다. 회사 사업과 직접적인 관련이 없는 주제에 지면을 온전히 할애한 것은 화웨이 사상 그때가 처음이었다. "사해가 슬피 울고, 산과 강이 그 색을 잃었다." 화웨이의 미국 대표 제임스 얀은 그렇게 썼다.[7] 런의 남동생 스티븐 런의 말도 실렸다. "그의 죽음은 인류의 큰 손실이다."[8]

멍완저우도 추모사를 썼다.[9] 그녀는 두 달 전 부친이 국영 TV에서 방영하는 덩샤오핑 관련 다큐를 꼼꼼히 챙겨보라고 지시했던 일을 썼다. 경제를 관리하는 최고의 형식이 곧 정치라는 점을 상기시키기 위한 조언이라고 했다. "과거에 덩샤오핑은 너무 아득한 존재였습니다." 그녀는 그렇게 썼다. "나는 그저 평온한 삶을 살아온 25살 여자일 뿐이었습니다." 그녀는 비탄 속에서도 용기를 잃지 말고 더욱 노력을 배가하자고 직원들을 독려했다. "내일의 성공으로 친애하는 샤오핑 동지를 위로합시다."

덩이 타계한 지 닷새 뒤, 전국 각지에서 모인 조객들이 참석한 가운데 베이징에서 덩의 추모식이 시작되자, 화웨이 직원 3,000명은 그들과 함께 3분간 묵념했다.[10] 멍을 포함한 대부분의 직원들은 덩이 수년간 노력해 이뤄낸 홍콩 반환을 못 보고 떠났다는 사실을 애석해했다. 영국은 1984년에 체결된 공동 선언에 따라 1997년 7

월 1일에 홍콩의 통치권을 중화인민공화국에 이양하기로 했다. "홍콩 반환이 100일도 채 남지 않았는데 그분은 우리 곁을 떠났습니다. 그분뿐 아니라 우리 인민 모두에게 애통한 일입니다." 멍은 그렇게 썼다.[11]

선전은 좁은 강을 사이에 두고 홍콩과 분리되어 있었다. 선전 시민의 마음에 부유한 자매 도시 홍콩은 그렇게 먼 곳이 아니었다. 런정페이는 초기 엔지니어들에게 그들의 월급이 홍콩 사람들보다 더 높아질 날이 온다고 공언했지만, 그들은 그런 꿈 같은 약속을 반신반의했다.[12] 선전이 세계를 향해 열린 중국의 문이라면, 홍콩은 그 세계가 시작되는 관문이었다.

화웨이는 초창기부터 홍콩과 사업을 벌여왔다. 화웨이는 홍콩 교환기 제조업체 홍녠의 하청업체로, 그들이 본토 시장에 판매하는 교환기를 조립해 주었다.[13] 화웨이가 자체 교환기를 설계하기 시작할 때도 그들은 홍콩 회사를 통해 해외 공급업체의 도움을 받았다. 화웨이는 1995년 9월에 홍콩 지사를 개설하면서 리젠트홍콩Regent Hong Kong 호텔을 빌려 텍사스 인스트루먼트Texas Instruments, 지멘스, 파나소닉Panasonic의 대표를 비롯한 게스트 120여 명을 초대해 파티를 벌였다.[14]

홍콩의 통신사업자들은 그때까지 외제 교환기를 선호하는 편이어서, 본토 교환기 제조업체에 대해서는 불신의 눈초리를 거두지 않았다. "초라해지는 기분입니다" 화웨이의 한 매니저는 이 영국 식민지를 방문한 후 그렇게 보고했다.[15] 그는 동료들에게 홍콩에서 만나게 될 상대에 기죽지 말고 복장부터 깔끔하게 차려입는 등 세심한 데까지 신경 쓰라고 강조했다. 하지만 반환 시기가 다가오면서 베이징은 홍콩과의 결속을 더욱 굳혀갔다. 선전의 관리들은 기술적으로 협력이 필요한 부분을 찾아내야 하는 과제를 안았다.

화웨이가 홍콩에서 두 번째로 큰 통신사업체 허치슨텔레콤 Hutchison Telecom 과 손잡아 돌파구를 마련한 것은 바로 이런 화기애애한 정치적 분위기에서였다. 허치슨텔레콤은 홍콩 최고 갑부 리자청李嘉誠의 소유였다. 리자청은 본토에서 태어났지만 어렸을 때 홍콩으로 이주한 뒤, 조화造花 만드는 사업으로 출발해 부동산 제국을 이룩했다.[16] 1984년부터 1993년까지 리의 오른팔이었던 사이먼 머레이 Simon Murray 에 따르면 리는 본토와의 거래를 경계했다.[17] "그가 제게 한 말이 있어요. '사이먼, 가령 중국 회사와 파트너 관계를 맺었다가 혹시라도 다툴 일이 생기면, 결국 중국 사람들과 맞서는 셈이 되는 겁니다. 우리로서는 아주 안 좋은 일이죠.'" 하지만 홍콩 이양이 가까워지자 리는 중국 본토와 사업 관계를 마련하는 쪽이 유리하다고 판단했다. 허치슨 쪽에서 선전에 있는 화웨이 본사를 찾아왔을 때,[18] 런의 팀은 화웨이와 손잡으면 평균보다 절반 값으로 훨씬 빠르게 네트워크를 확장할 수 있다고 설득했다.[19] 1996년 6월에 화웨이는 허치슨텔레콤과 2만 5,000회선의 C&C08 교환기 공급 계약을 체결했다.[20] 화웨이는 납품을 서둘러 4개월 후인 10월에 교환기를 운송했고 12월에 설치를 완료했다. 화웨이를 공급업체로 선정한 이유를 묻는 말에 머레이는 이렇게 답했다. "안 될 이유가 없지 않습니까? 우리는 중국과 매우 좋은 관계를 맺고 있었습니다. 나는 그곳에 있을 때 상하이에 있는 항구 하나를 인수했죠. 홍콩 사람들은 누구나 중국과 거래했어요."

화웨이에게 그 거래는 매우 중요했다. 처음으로 본토 밖에 판매 거점을 확보한 사건이었기 때문이다. "그건 화웨이 역사에서 중요한 사건이다." 화웨이의 한 매니저는 허치슨 프로젝트에 대해 그렇게 썼다. "그 계약은 우리가 드디어 해외 시장으로 첫발을 내디뎠다는 것을 의미한다! 눈물범벅, 땀범벅이 되어 축배를 들었는데 와인 잔이 깨지는 줄 알았다!"[21]

화웨이는 교환기에 만족하지 않고 계속 지평을 넓혀갔다. 홍콩 반환이 임박한 시점에 화웨이는 새로운 제품을 출시했다. 화상회의와 폐쇄회로 감시카메라에 사용할 수 있는 비디오카메라 시스템이었다. 중국 정부는 1992년부터 화상회의에 이 시스템을 도입하기 시작했지만, 전부 외국 제품뿐이었다. 관리들은 국내에서 대안을 찾으려 했다. "중국의 중앙집중식 관리 시스템에는 화상회의가 매우 적합합니다." 1997년 우정통신부 비상통신국 국장 치우젠방은 연설에서 그렇게 말했다. "그것은 특히 당과 정부 지도자들에게 편리합니다."[22] 1996년 화웨이 엔지니어 첸칭은 산호세로 날아갔다. 화상회의의 선두 주자인 컴프레션랩Compression Labs을 방문해 현황을 파악하기 위해서였다. "그들도 우리가 화상회의 시스템을 만든다는 걸 알고 있었기 때문에, 회의 내내 불친절했고 분위기도 적대적이었어요." 첸은 그렇게 회고했다.[23]

1994년에 개발에 들어갔던 화웨이의 화상회의 시스템 뷰포인트 ViewPoint가 1997년 초에 쓰촨성에 설치되었다. 난충南充시는 8개의 상호 연결 세트를 채택해 사무실끼리의 소통에 활용했다.[24] 다른 성들도 이 시스템을 도입했다. 화웨이는 국내에서 개발한 화상회의 시스템을 활용하는 것은 이번이 처음이라고 자랑하며, 쓰촨성 정부가 이미 사용하고 있는 미국의 컴프레션랩의 시스템과 병행해서 운용할 수 있다고 말했다. 화웨이는 또한 감시용 뷰포인트 시스템에 대한 마케팅을 개시했다. 이 시스템은 한 번에 비디오카메라를 최대 960대까지 연결할 수 있으며, 비디오 피드가 대형 화면에서 컬러로 순환하게 되어 있었다.²⁵ 피드가 신호를 보내면 대형 화면이 해당 디스플레이로 전환되었다. 이 장치는 모베코가 제작한 것인데, 화웨이가 지방의 여러 통신국과 합작으로 출범시켰던 모베코는 교환기에서 그치지 않고 전원 장치와 그 밖의 장치로 사업을 확장했다.

이 비디오 시스템에 누구보다 각별한 관심을 보인 것은 중국 군부였다. 외국산 장비에 비해 보안상 이점이 분명하기 때문이었다. 1996년 11월에 중국 중앙군사위원회 부주석 류화칭劉華淸은 홍콩 반환 준비를 위해 선전에 주둔하던 인민해방군 부대를 시찰하던 중 화웨이에 들렀다.²⁶ 런정페이는 류화칭을 비롯한 여러 군 관계자들에게 화웨이의 제품을 몇 가지 보여준 뒤 그들의 질문을 받았다. 〈화웨이옌〉에 따르면, 류 부주석은 화웨이가 회사를 설립할 때의 초심대로 "계속 국익을 최우선으로 삼으라고" 독려했다. 화웨이의 뷰포인트 비디오 시스템은 선전에서 북서쪽으로 차로 두어 시간 거리에 있는 광저우 군사 지역 근처에 설치되었고, 남쪽으로는 홍콩 수비대에도 설치되었다.²⁷

런이 그동안 참모들에게 누누이 강조했던 얘기가 있다. 자신들의 교환기 제작은 사업으로는 변변치 않을지 모르지만 이는 더 큰 대의, 심지어는 국가 통일과 연결되는 사업이라는 주장이었다. "홍콩 반환과 대만과의 통일 문제를 풀어나가려면 무엇보다 막대한 양의 외화가 필요합니다." 1995년 사내 연설에서 런은 그렇게 말했다. "중국은 가난한 나랍니다. 무엇으로 사람들의 관심을 끌겠습니까? ⋯ 시장밖에 없어요. 그리고 그들이 원하는 건 감자나 양파 시장이 아닙니다. 그들이 원하는 건 하이테크 시장, 특히 통신 시장입니다."²⁸

대망의 그날이 가까워지자 런은 화웨이 직원들 앞에 섰다. "며칠이면 홍콩은 조국의 품으로 돌아옵니다. 아편전쟁의 포연은 흩어졌지만 그 유령은 여전히 주변을 떠돌고 있습니다. 약소국은 결코 '마땅한 자리'를 차지할 수 없다는 것, 그것이 바로 굴욕의 세기가 우리에게 가르쳐준 진실입니다. 늑대가 양을 잡아먹으려 할 때는 언제나 그 마땅한 자리부터 찾습니다."29

1997년 6월 30일 자정을 몇 분 앞둔 시각, 영국군 의장대원 3명이 홍콩의 새 컨벤션 센터의 밝은 조명을 받으며 국기 게양대까지 절도있게 걸음을 옮겼다.30 그들은 마지막으로 유니언잭을 내렸다. 곧이어 자정을 알리는 종이 울렸고, 중국군 근위대원 3명이 노란 별 5개가 그려진 진홍색 국기를 올렸다. 중국의 지도자 장쩌민이 이를 지켜보았고, 찰스 왕세자와 토니 블레어Tony Blair 영국 총리 그리고 이양 문제를 놓고 덩과 여러 해 동안 협상을 벌였던 마거릿 대처Margaret Thatcher 전 영국 총리도 같은 자리에서 이 장면을 바라보았다.

홍콩은 대영제국의 마지막 주요 식민지였다. 전성기의 영국은 지구의 4분의 1을 차지했다. 인도는 1947년에 독립을 얻어냈고, 수단은 1956년에, 그 밖의 영국 식민지들도 차례로 대부분 독립했다. 홍콩의 마지막 영국 총독 크리스 패튼Chris Patten 은 훗날 홍콩 반환을 두고 이렇게 말했다. "그것은 단순한 대영제국의 끝이 아니었어요. 그것은 제국의 종말이었습니다."31 떠나는 영국인들은 뒤가 여전히 불안했다. 베이징은 홍콩 언론의 자유를 보장할 뿐 아니라 본토에서 허용되지 않는 여타 권리까지 인정하겠다고 말했지만, 그 약속이 지켜지리라고 생각하는 사람은 그리 많지 않았다. 하지만 중국에서는 마침내 식민 통치 시대가 끝났다며 전국이 환호했다.

기자들 약 8,000명이 홍콩으로 내려왔다.[32] 중국 국영 방송사 CCTV는 카메라 40대와 헬리콥터 2대를 동원해 공중에서 촬영 각도를 잡았다. 수많은 카메라 중에는 화웨이의 카메라도 있었다.

"홍콩 반환 과정에서 우리 카메라는 중요한 역할을 했다." 〈화웨이옌〉은 그들의 뷰포인트 시스템에 대해 그렇게 보도했다. "다량의 명령 정보를 전송했고, 영국군이 홍콩 수비대에게 인계하는 장면이나 홍콩 수비대가 국기를 게양하는 모습 등, 귀중한 이미지를 맨 먼저 전송했다."[33]

홍콩 반환을 앞둔 시점에 멍은 첫 아이를 출산했다. 아들이었다.[34] 그녀의 첫 남편에 대해서는 알려진 바가 거의 없다. 멍이 공개적으로 언급하기를 꺼렸기 때문이다. 그녀의 어머니 멍쥔이 아기 곁을 지키며 수프를 먹이고 기저귀를 갈아주었다. 오래 전 멍쥔도 멍완저우와 런펑 두 자녀를 아이들 조부모에게 맡기고 자신의 경력에 몰두했던 적이 있었다. 멍쥔이 손주를 돌보는 할머니의 역할을 맡자, 멍완저우는 이제 자신의 커리어에 집중했다.

멍완저우가 화웨이에서 시작한 경력의 첫발은 비서였다. 그녀는 문서를 프린트하고 전화를 받는 등 필요한 업무를 처리했다.[35] 처음에 그녀는 전화교환기에 달린 수많은 버튼을 보고 당황했다. 가족들은 멍이 좀 더 높은 직급으로 올라가기를 바랐지만, 산후조리가 끝나고 몸이 회복되자 그녀는 화웨이 홍콩 지사로 나가 6개월간 일한 후 학교로 돌아갔다.[36]

멍완저우의 대학 시절은 아직 제대로 알려진 게 없다. 고등학교를 중퇴했다는 일부 국내 보도도 있었다. 몇 해 뒤 멍이 언론에 처음 모습을 드러냈을 때, 그녀는 그런 보도가 잘못된 것이라고 정정해 주면서,[37] 자신은 실제로 대학에 다녔고 1992년에 졸업했다고 밝혔다. 하지만 선전대학의 기록에는 그녀가 1990년에 입학한 것으로 되어 있다. 그렇다면 재학 기간이 2년이라는 얘기여서, 의구심을 떨치기엔 석연치 않은 구석이 많았다. 화웨이에서 발표한 그녀의 공식 약력에는 멍의 대학 입학이나 심지어 학사 학위를 취득했는지 여부에 대한 구체적인 내용이 없다.

확실한 것은 1997년에 멍이 회계학 석사학위를 취득하기 위해 학교로 돌아갔다는 사실이다. 그동안 멍의 아들은 그녀의 어머니가 돌보았다. 그녀가 학위를 받은 곳은 우한의 화중대였다. 귀핑이 졸업한 곳일 뿐 아니라 런이 데리고 있던 많은 초기 엔지니어들의 모교였다. "내가 공부와 일에 집중할 수 있도록 어머니는 아이를 도맡아 묵묵히 돌봐주셨다." 멍완저우는 그렇게 썼다. 멍완저우가 석사과정을 밟을 당시에는 아버지의 성을 썼을지도 모른다. 실제로 1997년 말, 중국 학술지 2곳에는 런완저우任晚舟라는 이름으로 재무 관리에 관한 논문이 2편 실려 있다. 한 편은 국유 기업의 새로운 자금 조달 방법에 관한 논문으로, 런완저우의 소속을 화중대라고 밝혔고, MRP II와 ISO 9000 경영관리 시스템에 관한 또 다른 논문은 그녀의 소속을 선전의 화웨이로 밝혔다. 회계학 학위를 취득한 이후로 화웨이에서 그녀의 직급은 수월하게 오르막을 탔다. 그리고 곧 일과 육아를 병행하게 되면서 그녀의 몸은 바빠지기 시작했다. "퇴근하고 돌아오면 사랑하는 아들이 현관에 서 있다. 그 아이가 기분이 좋아 '엄마' 하고 맞아주면 가슴이 무너진다." 멍은 그렇게 썼다. "그래도 하루의 피로가 오간 데 없이 사라진다."[38]

화웨이는 처음 10년을 버티고 결국 살아남았다. 런의 팀은 중국 최초로 첨단 디지털 전화교환기 중 하나를 개발해 외국 기술에 의존하던 시대를 마감했다. 그는 쉽지 않은 인재들을 모아 탄탄한 팀을 꾸렸다. 정보 계통 출신의 여성 영업책임자 쑨야팡, '신동' 리이난, 형제 같은 정을 쏟은 정바오융, 초기 엔지니어 중 한 명인 궈핑 등이 모두 화웨이 부사장으로서 그를 도와 화웨이라는 선박을 조종했다. 영업 부서에 근무하던 남동생 스티븐 런과 재무 부서의 딸 멍완저우를 비롯한 여러 가족 구성원도 같은 배에 타고 있었다.

런은 목표를 더 높이 잡았다. 그는 화웨이를 단순한 중국 국적의 기업이 아니라 글로벌 기업으로 키우고, 동시에 그 분야의 선두 주자로 만들 생각이었다. 아울러 그는 경영권을 되찾고 싶었다. 그는 대리인을 앞세워 화웨이의 기존 투자자 5명의 지분을 사들이기 위한 협상을 시작했다.[39] 성장 가도를 달리는 화웨이 제국을 효율적으로 통치하기 위해 런은 학자들을 불러 모았다. 영국 입헌군주제에 착안해 자신만의 헌법을 설계하도록 한 것이다. 왕과 여왕이 다스리던 시대는 저물었지만, 화웨이는 이제 무서운 속도로 해가 지지 않는 왕국이 되어가고 있었다.

멍완저우는 어린 시절에 아버지로부터 마오쩌둥 군대에서 활약한 전쟁 영웅들의 이야기를 귀에 못이 박히도록 들었다. 국민당 벙커를 파괴하기 위해 폭탄 가방을 들고 뛰어든 둥춘루이董存瑞, 동지들의 거처를 불지 않아 국민당에 의해 참수당한 14살 소녀 첩자 류후란劉胡蘭, 홍군의 탈출을 도운 것이 발각되어 일본군의 총검에 살해된 13살의 소년 목동 왕얼샤오王二小, 나무껍질과 목화만으로 연명해 가며 닷새 동안 단신으로 일본 병사들을 저지한 양징위楊靖宇 등의 무용담이었다.[40] 멍은 이야기에 빠져 자기도 전쟁 영웅이 되었으면 하는 마음이 들기도 했다. "어린 나이에 뭘 알았겠는가? 영웅이란 게 정확히 뭔지도 모를 때인데." 멍은 그렇게 썼다.

2부

우리는 글로벌 대기업이기 때문에 세계 곳곳에서 일어나는 큰 사건은 모두 우리와 관련이 있을지 모른다.[1]

– 화웨이 신문 〈관리최적화보 Management Optimization, 管理優化報〉
2011년 3월 31일

9

강철 부대

| 해외로 나가는 화웨이: 1996~1999년 |

1998년 12월 17일 자정을 20분 지난 시각, 섬뜩한 공습 사이렌이 바그다드의 칠흑 같은 하늘을 찢었다.[1] 이라크의 대공포가 불을 뿜었고, 섬광이 번쩍이더니 지평선이 폭발했다. 미국의 B-52H 폭격기가 이라크 수도에 폭탄을 퍼붓고 있었다.

이른 저녁만 해도 중국 대사관의 분위기는 밝았다.[2] 미국의 공격이 있으리라는 예상을 진지하게 받아들인 사람은 아무도 없었다. 그래도 만일을 대비해 대사관 직원들은 방탄조끼와 헬멧을 지급받았다. 공습 사이렌이 울리자 모두 지하실로 달려갔다. 한 화웨이 직원의 설명에 따르면 대사관은 공습의 표적이 되지 않기 위해 불을 껐다. 차라리 불을 환히 밝혀 중국의 오성홍기五星紅旗가 잘 보이도록 하는 편이 더 안전하지 않겠느냐고 말하는 사람도 있었다. 우호적 방관자라는 사실을 알리자는 얘기였다.

아침이 밝았을 때 대사관 직원들은 피해 정도를 확인했다. 미 해군의 토마호크 순항 미사일 약 200발이 대량살상무기와 관련된 것으로 의심되는 '주요 표적'을 타격했다.³ 중국 대사관은 무사했다. 폭탄이 폭발한 곳은 피해 반경을 벗어난 곳이었고, 이라크군이 쏜 포탄의 파편은 빈 차고에 떨어졌다. 대사관 직원들과 함께 차를 타고 시내를 빠져나가던 한 화웨이 직원은 이라크 주민들이 거리에 서서 망연자실 하늘을 올려다보고 있는 모습을 보았다. "아편전쟁 당시 우리나라의 광경이 떠올랐다. 당시 우리는 칼 같은 재래식 무기만으로 난생처음 보는 총과 대포로 무장한 외국 군대와 맞섰다." 그는 나중에 그렇게 적었다. "약소국가라는 게 얼마나 무서운 일인가. 그런 약소국 시민이 견뎌야 하는 굴욕은 또 어느 정도인가?"⁴

화웨이 같은 기업의 입장에서 이라크는 방심할 수 없는 지역이었다. 이라크는 1990년에 쿠웨이트를 침공한 이후 유엔으로부터 제재를 받았다. 즉 이라크에 아무나 통신 장비를 팔 수 없고, 석유식량교환 프로그램 Oil-for-food Programme (식량이나 의약품 등 생필품만 살 수 있을 정도의 석유 수출만 인정해 주는 프로그램―옮긴이) 등 인도주의적 예외 조항도 유엔의 허락을 받아야 했다. 화웨이는 그곳에서 영업을 계속했지만 눈에 띄지 않으려고 조심했다. 몇 년 뒤에 서방 기자가 화웨이의 이라크 지사에 대해 물었을 때, 한 화웨이 임원은 그곳에 지사가 존재했는지 잘 모르겠다고 얼버무렸다.⁵ 이라크의 잠재 고객을 선전의 본사로 데려올 때도 화웨이는 감시망에 잡히지 않기 위해 신중에 신중을 기했다. "당시에는 정상적인 채널을 통해 공식 초청장을 보내기가 어려웠습니다." 이라크에서 근무하는 한 화웨이 직원은 그렇게 회상하며, 어떤 동료 하나가 인맥을 동원해 그들이 중국 비자를 받을 수 있도록 도와주었다고 말했다.⁶

화웨이의 엔지니어들이 제재와 억압을 받는 나라들을 동정하는 이유는 쉽게 짐작이 간다. 최근 중국에서 일어났던 사건과 비슷한 부분이 너무 많고 분명했기 때문이다. 베이징 정부는 1989년 톈안먼 광장의 학생들에게 총과 탱크를 겨누었고, 그 때문에 학생 시위대를 지지했던 사람들을 포함해 중국 국민들은 여러 해 동안 경제적 제재로 인해 고통을 받았다. 이라크 주민들도 사담 후세인Saddam Hussein의 통치 기간에는 유엔의 명령에 따라 휴대전화를 사용할 수 없었다.

런정페이와 그의 팀은 전 세계 통신 시장을 서구가 장악하고 있는 현실을 직접 눈으로 확인했다.⁷ 알렉산더 그레이엄 벨의 벨 텔레콤 컴퍼니의 직계인 루슨트테크놀로지스Lucent Technologies가 1위 자리를 지키고 있고, 스웨덴의 에릭슨, 프랑스의 알카텔Alcatel, 캐나다의 노텔이 그 뒤를 이었다. 그 외에 영국의 마르코니Marconi, 독일의 지멘스, 일본의 후지쯔, 핀란드의 노키아, 미국의 모토로라, 시스코Cisco 등 군소업체도 앞서거니 뒤서거니 자리다툼을 벌이고 있었다.

이처럼 경쟁이 치열한 시장에 진입하기 위해 화웨이는 '불량 체제rogue regimes'와 손을 잡았다. 그래도 이런 말썽의 여지가 많은 계약 덕분에 화웨이는 초기에 국제적으로 성장할 추진력을 얻을 수 있었다. 하지만 이 계약 때문에 화웨이는 워싱턴의 조준경에 포착된다. 미국의 신호정보 기관인 국가안보국National Security Agency, NSA은 무선통신을 가로채는 방식으로 이라크 같은 나라들을 감시해 왔다. 그런데 화웨이가 네트워크를 현대화한다며 광케이블을 놓는 바람에 감청해야 할 대화에 접근하는 길이 차단된 것이다.⁸

세계 시장을 향한 화웨이의 여정이 시작된 것은 1995~1996년 사이에 일어난 '제3차 대만해협 위기'가 그 계기였다. 베이징은 미국과의 긴장이 고조되자, 러시아와의 관계를 좀 더 긴밀하게 다지려 했다. 결국 1996년 4월에 보리스 옐친Boris Yeltsin과 장쩌민은 전략적 동반자 관계를 맺는다고 발표했다.[9] 그리고 이런 역사적 협정에 맞춰 중국의 국가과학기술위원회國家科學技術委員會는 모스크바에서 열리는 국제대회에 런정페이를 보냈다.[10] 화웨이로서는 처음 참석하는 주요 국제 행사였다.

런정페이는 난데없이 불어온 정치적 바람이 화웨이의 문을 활짝 열어주었다고 판단했다. "러시아 정부가 그 정도로 우리를 높이 평가한 것은 단지 우리의 제품이 뛰어났기 때문은 아닐 것이다." 런은 그렇게 썼다. "장 총서기와 옐친 대통령의 영향력 외에, 관계 개선을 바라는 중국과 러시아 양측의 분위기 덕을 본 것 같다."[11] 이번 방문을 주선한 한 중국 외교관은 "이런 국제 관계의 변화 속에서 런은 드러나지 않은 사업 기회를 용케 포착했다"라고 썼다.[12] 러시아 국영 〈타스통신TASS〉은 중국 정부가 모스크바에 화웨이 지사를 개설하기 위해 '특별 예산'을 편성했다고 보도하면서, 이 사무실은 우크라이나와 벨라루스 같은 옛소련 국가까지 포괄할 것이라고 말했다.[13]

런이 성장하던 1950년대에 소비에트 러시아는 중국의 롤모델이었다. 마오쩌둥의 산업 프로젝트는 주로 소련의 전문성이 그 밑바탕이었다.[14] 런도 학교에서 러시아어를 공부했고,[15] 어떤 볼셰비키 병사의 이야기를 담은 니콜라이 오스트롭스키Nikolai Ostrovsky의 고전 《강철은 어떻게 단련되었는가》 같은 소련 소설도 읽었다.[16] "소련의 오늘이 곧 우리의 내일이다"라는 슬로건도 있었다. 귀에 닳도록 들어온 영웅적인 국가를 이제야 직접 보게 된 것이다. 런은 호기심에 기대가 부풀었다.

그러나 모스크바 공항에 내렸을 때 런이 상상했던 소련은 더는 세상에 없었다. 1991년에 소련은 냉전에서 패하고 붕괴했다. 런이 본 것은 초인플레이션으로 황폐하게 변한 러시아였다. 공항 터미널 밖으로 짐을 옮기기 위해 카트 2대를 빌리는 데만 2만 루블이 들었다.[17] 여기에는 미국의 책임도 일부 있다고 런은 생각했다. 워싱턴은 러시아의 새 지도자 보리스 옐친을 구슬려 경제를 자본주의 체제로 신속하게 전환하도록 하는 '충격 요법'을 쓰게 했다고 런은 썼다. 하지만 금방이라도 할 것 같았던 재정 지원을 미국은 이행하지 않았다. "그들은 미끼를 던져 정책을 바꾸도록 유도하지만, 실제로 요구한 대로 정책을 바꾸면 또 다른 요구를 내민다." 런은 그렇게 썼다. "미국에게 '진정성 있는' 도움 같은 건 아예 기대를 말아야 한다."[18]

모스크바 컨벤션에서 세상을 향해 화웨이의 진면목을 알릴 기회가 오자, 런의 팀은 마케팅 자료를 한 아름 준비하고, 러시아 수중발레 무용수들을 회사 컨벤션 부스 안내원으로 배치하는 한편 '중국 화웨이 China Huawei'라는 문구와 함께 중국 오성홍기를 당당히 내걸었다.[19] 중국 대사관은 화웨이와 러시아 관리들의 미팅을 주선하고 호화로운 우크라이나 호텔 Hotel Ukraina 에서 리셉션과 기자 회견을 열게 하는 등, 필요한 지원을 아끼지 않았다.[20] 런은 딸 멍완저우를 대동했는데 몇 해 전에 화웨이에 입사한 멍은 달러를 루블로 환전하는 등의 몇 가지 업무를 도왔다.[21]

이 방문으로 화웨이는 첫 번째 해외 기업 설립을 도모하게 된다. 러시아의 도시 우파에 본사를 둔 베토 Beto 와 손을 잡고 화웨이의 C&C08 교환기를 생산하는 합작회사를 세우기로 한 것이다. 그러나 이 공장은 러시아 관리들이 형식적인 규정을 근거로 여러 가지 핑계를 대며 지연하는 바람에 수년 동안 가동하지 못한다.²² 러시아는 끝내 자국의 네트워크에 중국 교환기가 설치되는 것에 대한 경계를 늦추지 않았다. "우리가 러시아를 얼마나 알고 있는지, 실제로 러시아 시장의 문을 열 수 있는지는 아직 확신할 수 없다." 런정페이는 참모들에게 그렇게 썼다.²³

화웨이는 북쪽의 이웃 러시아에 대한 구애를 멈추지 않았다. 어느 쪽도 상내를 믿지 않았지만 베이징과 모스크바 양측은 서로의 운명이 서로 밀접하게 얽혀 있다는 현실을 부인하지 못했다. "중국과 러시아의 인민들은 모두 부유해질 것이다." 런정페이는 그렇게 썼다. "부자가 되는 것이 서구인들만의 타고난 권리는 아니다."²⁴ 나중에 블라디미르 푸틴 Vladimir Putin 이라는 사람이 대통령에 당선되자 런은 친구를 통해 그에게 축하 메시지를 보냈다.²⁵

1998년 1월에 런의 두 번째 부인 야오링은 아열대 도시 쿤밍에서 딸 애너벨 야오 Annabel Yao (야오시웨이 姚思為)를 낳았다.²⁶ 쿤밍은 이제 런 가족의 새로운 삶의 터전이 되었다. 런의 누이 중 한 명이 그곳에 살았고 그의 부모도 은퇴 후 그곳으로 이사했다. 애너벨 야오가 태어났을 때 런은 53세였다. 멍완저우와 런핑은 각각 26살과 23살이었다. 런은 은퇴할 생각이 없었지만, 이미 오래 전부터 가족 승계에 대한 이런저런 예측은 끊임없이 나돌았다. 전 우즈베키스탄 주재 중국 대사 리징셴은 그해 여름 베이징으로 가는 비행기에서 런에게 그의 뒤를 이어 화웨이를 물려받을 사람이 멍완저우인지 물었다고 한다.²⁷ 그때 런은 딸의 나이가 어릴 뿐 아니라 그 직책을 맡을 자질도 부족하다며 일축했다고 그는 썼다. 런핑도 아버지 덕에 어린 나이에 화웨이의 인턴으로 채용됐지만, 전화교환기에는 별다른 관심을 보이지 않은 것 같다. 전 화웨이 임원의 설명에 따르면, 런펑은 허페이合肥에 있는 중국과학기술대학교에서 공부한 후 MBA 과정을 밟기 위해 영국으로 건너갔다.[28]

야오링은 애너벨 야오를 데리고 영국으로 건너가 딸을 그곳 학교에 보냈다.[29] 애너벨 야오는 스스로 수줍음이 많은 편이라고 말했다. "매일 아침 어린이집 밖에서 울곤 했어요." 그녀는 어떤 다큐멘터리에서 그렇게 회상했다. "'학교 가기 싫어, 집에 갈래, 엄마랑 있을 거야.' 그렇게 떼를 썼죠."[30] 수줍은 딸의 자신감을 키워주기 위해 어머니는 애너벨을 발레 수업에 등록시켰다. 애너벨 야오는 발레가 마음에 들었고, 급기야 주연 배역에 캐스팅되기까지 했다.

애너벨 야오는 어릴 때부터 영어를 접했기에 영어가 유창했지만, 나머지 가족들은 외국어에 어려움을 겪었다. 직원들은 런이 사무실에서 혼자 영어 공부한다며 중얼거리는 모습을 여러 차례 봤고,[31] 명완저우가 회의 중 휴식 시간에 영어 단어를 외우는 것을 봤다는 사람도 있었다.[32] 화웨이는 직원들의 영어 능력을 키우기 위해 영어 경연 대회 등 여러 가지 프로그램을 시행했다. 인도 지사에 근무하는 엔지니어들의 경우, 근무 시간에 중국어를 사용하다 임원들에게 적발되면 벌금을 내야 했다.[33]

런은 잠재 고객을 끌어들이기 위해 대부분의 시간을 해외에서 보냈다. 이 분야의 베테랑 컨설턴트인 던컨 클라크Duncan Clark는 1996년경 프랑스 칸에서 열린 모바일 월드 콩그레스GSM World Congress에서 명찰을 달고 화웨이 부스를 직접 관리하던 수수한 모습의 런을 떠올렸다. "알카텔과 모토로라 같은 대기업들 중에는 크화세트가街 앞바다에 거대한 요트를 가지고 있는 경우도 있었죠."

클라크는 풍광이 아름다운 칸의 해변을 언급하며 그렇게 회상했다. "지멘스는 고객을 실어 나르는 보트를 가지고 있었습니다. 그때 화웨이 고객은 거의 없었어요." 클라크는 이번 박람회에서 유럽의 대형 이동통신사 보다폰Vodafone의 임원들에게 런을 소개했다.[34]

런은 해외 출장 일정을 공휴일로 잡는 경우가 잦았는데, 업무시간에는 따로 시간을 내기가 어려웠기 때문이다.[35] 그는 돼지 인형을 좋아했던 애너벨 야오와 시간을 많이 보내지 못한 것을 늘 미안해했다. 딸은 런과 엄마를 '아빠 돼지,' '엄마 돼지'라고 불렀다.[36] "그 아이는 나와 게임도 같이 하고 함께 더 많은 시간을 보냈으면 했지만 난 그러지 못했어요." 런은 그렇게 회상했다. "외국에 나갔다가 집에 돌아오면 너무 피곤해 침대에 마냥 누워 있기만 했거든요."[37] 런의 잦은 여행은 결혼 생활에도 좋지 않은 영향을 주었다. 아내는 그가 가족은 안중에도 없고 머릿속엔 온통 회사 생각뿐이라고 불평했다.[38]

중국 관리들은 중국의 세계무역기구WTO 가입에 대비해 화웨이 같은 기업이 해외로 진출할 수 있도록 추진하는 한편, 따로 이를 지원하기 위한 우대 정책을 마련했다. 중국 관리들은 WTO 회원국이 되면 외국 기업에 문호가 개방되고, 자국 기업도 해외로 진출할 수 있기 때문에 가입을 간절히 원했다. "세계무역기구 가입이 한 발 더 가까워지는 이 시점에, 국가가 글로벌 시장에 투자를 약속하고 경쟁에 적극적으로 뛰어드는 것은 매우 중요하다." 어떤 관리는 그렇게 말했다.[39]

어느 나라에 들어가든 화웨이 경영진은 어느 정도의 회의적 시각을 각오해야 했다. 외국의 정부 관리들은 전화 네트워크가 경제와 국가안보에서 얼마나 중요한 의미를 갖는지 분명하게 인식하고 있었다. 그들은 검증되지 않은 무명의 중국 교환기 제조업체에 네트워크를 쉽게 넘기려 하지 않았다. 그런데도 런의 팀이 꾸준히 해외 주문량을 늘릴 수 있던 것은 오로지 그들의 투지와 집념 덕분이었다. 화웨이의 사내 신문에 소개된 어떤 지사장은 2년 동안 사우디 텔레콤Saudi Telecommunication Company, STC를 끈질기게 쫓아다니며 그쪽 경영진의 신임을 받은 끝에 결국 계약을 성사시켰다.[40] 화웨이의 프로젝트 대부분이 그렇지만, 이 STC 프로젝트도 처음부터 험난한 고비가 많았다. 네트워크가 끊어지는 일이 자주 발생하자, 사우디 관리들은 전화로 항의와 불평을 멈추지 않았다. 하지만 화웨이는 주눅 들지 않고 서비스를 꾸준히 개선했다.

1998년 화웨이가 승진 요건으로 일정 기간의 해외 근무를 내건 뒤로,[41] 먼 곳을 마다하지 않고 지구 구석구석에서 고된 근무를 견디는 과정은 화웨이 문화에서 하나의 통과의례로 자리 잡았다. 직원들은 본사로 돌아오면 험지에서 겪은 이야기를 주고받았다. 전쟁터에서 총알을 피해 다닌 사람도 있고, 늪과 구릉 지대에서 말라리아나 장티푸스로 곤욕을 치른 사람도 있었다. 또는 황량한 동토에서 동상에 걸려 절뚝거리기도 했다. 제재 대상 국가에서 이루어지는 일부 프로젝트는 암호명을 써가며 비밀리에 진행해야 했다.

부룬디로 파견된 어떤 직원은 잦은 정전으로 정상적인 업무가 힘들었다며, 근처에 시장이 없어 티셔츠도 구하지 못해 불편했고, 또 하마를 만났다가 간신히 목숨을 구한 적도 있다고 했다.[42] 시에라리온에서 에볼라가 창궐했을 때 고객의 종업원 하나가 병에 걸리자 고집을 부려 병원으로 데려가는 등 감염병과 싸웠던 일을 무용담처럼 자랑하는 직원도 있었다.[43] 리비아에서 내전이 발발했을 때 그곳 화웨이 직원들은 팀을 둘로 나눠 양쪽에서 모두 전화가 작동하도록 유지했다.⁴⁴ 치명적인 지진이 발생했을 때 런은 직원들에게 당부했다. "전화 서비스가 중단되면 가능한 한 빨리 교환실로 달려가는 걸 절대 잊지 마세요."⁴⁵

런은 직원들을 강철 같다는 의미로 '티에쥔鐵軍'이라 불렀다.⁴⁶ 그는 매니저를 "장군", 엔지니어를 "병사", 영업팀은 "게릴라"로 부르고, 직원들의 급여는 "전투식량"이라고 했다. 그는 신입사원들을 군대식 신병 훈련소로 보내 규율을 익히고 동료애를 키우도록 했다. 화웨이의 경영진이 승진 대상 직원을 선발할 때도 미국 군대의 기준을 참고했다고 런은 말했다. "전투 경험이 있는가? 실제 총격전에 참여한 적이 있는가? 부상을 당한 적이 있는가?"⁴⁷

그는 전사한 병사들의 시신을 보고 읊은 시구를 들려주며 직원들의 마음을 다잡았다. "푸른 산에 뼈를 묻고/ 몸은 말가죽 덮개에 싸여 돌아오네."⁴⁸

안경을 쓴 난징 출신으로 박사학위가 있는 에릭 쉬는 화웨이에 입사한 초기 몇 해 동안 슬라이드 프로젝터를 들고 성省과 성을 돌아다니다 화웨이의 국제 마케팅 부서를 맡게 되었다.⁴⁹ 동료 임원들은 그를 '리틀 쉬Little Xu'라 불렀는데, 이는 초창기 칩 전문가였던 몸집이 큰 윌리엄 쉬William Xu, 쉬원웨이徐文偉, 즉 '빅 쉬'와 구별하기 위해서였다. 1999년에 리틀 쉬는 국영 〈차이나 데일리China Daily, 中國日報〉와 인터뷰한 자리에서 화웨이가 모스크바, 우크라이나, 브라질, 콜롬비아, 사우디아라비아, 남아프리카공화국, 나이지리아에 지사를 두고 있으며 아울러 실리콘밸리에도 R&D 거점을 확보했다고 말했다. 그는 불가리아, 우즈베키스탄, 케냐에서도 영업을 시작했다고 덧붙였다. 1993년에 설립된 실리콘밸리의 전초기지 '랜보스'는 이름부터 연원을 알 수 없는 회사였다가, 최근에야 잠행을 끝내고 공식 활동을 시작했다. 1998년에 이들은 화웨이아메리카 Huawei America Inc.라는 이름으로 재등록하면서 화웨이의 수석 부사장 정바오융을 이 법인의 사장으로 내세웠다.

중국에서 화웨이의 가장 큰 라이벌은 같은 선전에 본사를 둔 ZTE였다. 외부인들은 두 기업 간의 과도한 경쟁에 혀를 찼다. 두 회사에서 모두 근무한 경험이 있는 한 임원은 화웨이와 ZTE의 싸움을 "사실상 전쟁"이라고 표현하며 "서로 고소하고 상대방 고객을 빼앗는 짓을 일삼는다"고 덧붙였다."[50] 던컨 클라크의 말을 빌리면, 화웨이 임원들은 ZTE를 머리에 떠올리는 것조차 너무 싫어서 "그 회사 이름도 입에 올리지 않았다." 두 회사의 영업 사원들은 계약을 따내기 위해 별별 극단적인 수단을 다 동원했다. 서구 기업의 어떤 임원은 화웨이와 계약을 체결하기 직전에 ZTE 직원들이 나타나 아예 읍소 작전을 펼쳤다고 했다. "이러시면 안 됩니다. 그러면 우린 일자리를 잃습니다." 여러 해 동안 화웨이와 ZTE는 서로 지적 재산권을 침해했다고 고발하며 세계 곳곳에서 치열한 법정 다툼을 벌였다.

ZTE의 창립자 허우웨이구이侯爲貴는 런보다 3년 앞선 1941년 출생이다. 그는 국영 항공우주 공장에서 경력을 시작한 후, 선전으로 파견되어 새로운 선전 경제특구에 칩을 만드는 합작회사를 설립했다. 화웨이의 런정페이와 마찬가지로 허우도 나중에 초창기 투자자들과 사이가 틀어졌다. 그는 대부분의 직원을 이끌고 회사를 나와 그들만의 회사를 설립했다. 이를 괘씸히 여긴 중국 항공항천공업부航空航天工業部는 허우의 회사를 없애기 위해 한동안 별별 공작을 다 펼쳤다.[51] 하지만 허우의 ZTE는 그들의 공세를 극복했다. 그리고 곧 전화교환기 분야에서 이름을 알리기 시작했다.

두 사람은 여러모로 다른 점이 많았다. 런은 작은 키와 작은 몸집에 성격이 불같았지만, 허우는 키가 크고 건장하며 상냥했다. "항상 웃는 얼굴에 편안해 보였다. ZTE 직원들은 대부분 그의 온화한 태도를 자주 입에 올린다." 한 국영 언론은 허우를 그렇게 소개했다.⁵² 반면에 런은 버럭 화를 잘 내기로 악명이 높아, 옛 직원들은 그가 회의 도중에 보고서를 집어던지거나 직원들을 꾸짖어 결국 눈물을 흘리게 만들곤 했으며 심지어 부하 직원의 머리를 바인더로 내려친 적도 있다고 했다.⁵³ 화웨이와 달리 ZTE는 사실상 국유 기업이어서 관료적이었고, 그래서 위험을 회피하는 경향이 강했다. 현지 언론들은 ZTE의 경영진을 소에 비유하고 화웨이 경영진은 늑대에 비유하기도 했다. 국내적으로는 ZTE의 이런 특성이 유리한 측면도 있었다. 은퇴한 당의 공식 역사학자 리뤠이李銳는 1998년 5월에 두 회사를 방문했을 때 쓴 일기에서, 화웨이의 엔지니어는 2,200명으로 ZTE의 2배이지만 ZTE는 부채가 적어 덜 위험하다고 평가했다.⁵⁴ 그러나 ZTE가 국가 소유라는 사실은 외국 통신사업자들의 신뢰를 얻는 데 큰 장애물로 작용했다. 그들은 화웨이가 직원들이 직접 소유하는 기업이기 때문에 좀 더 독립적일 것으로 생각했다. 한 잠재 고객은 언젠가 ZTE 영업 임원에게 ZTE가 국유 기업이어서 믿지 못하겠다고 하자, 그는 답답하다는 표정을 지으며 화웨이의 종업원지주제도는 "허울뿐"이라고 소리쳤다고 했다.

전 화웨이 임원 리우핑劉平은 ZTE와 화웨이가 서로의 운영 방식을 밀착 감시했다고 주장했다.⁵⁵ "화웨이에서 고위급 회의가 열리면, 끝나기 무섭게 회의록이 ZTE의 경영진 손으로 들어갔다." 리우는 그렇게 썼다. "물론 화웨이도 회의록이 ZTE의 손에 넘어갔다는 사실을 즉시 눈치챘다." 리우에 따르면, 이런 유출을 막기 위해 화웨이는 배우자가 ZTE에서 근무하는 직원의 명단을 빠짐없이 작성했다고 한다.

1999년 5월 7일, 자정이 가까워졌을 때 미국의 B-2 폭격기 한 대가 베오그라드 상공에 나타났다. 근처에 있던 사람들 귀에 쉭 하는 소리가 들렸고, 곧이어 유도 미사일 5발이 중국 대사관을 타격했다. 건물은 불바다로 변했다.[56] 한 블록 떨어진 건물의 창문까지 깨지고 유리 파편이 사방으로 튈 정도로 폭발의 위력은 대단했다. 무너진 대사관에서 피투성이가 된 직원들이 얼이 빠진 표정으로 비틀거리며 걸어 나왔다. 중국 국영 언론사 기자 3명이 사망했다. 미국은 사고라고 발표했다. 코소보 전쟁으로 나토는 유고슬라비아를 폭격하고 있었는데, CIA가 군사 목표물의 좌표를 잘못 파악했다는 변명이었다. 그러나 중국 사람들 대부분은 이를 사고로 여기지 않았다.

베오그라드 주재 중국 대사관이 폭격을 당하자, 화웨이 직원들도 분노를 터뜨리며 전국적 항의의 물결에 동참했다. "전 세계 정의로운 세력이 일어나 미치광이 미국과 나토를 무찔렀으면 좋겠다." 한 화웨이 직원은 그렇게 썼다. "모든 중국인은 미국과 나토가 새로운 피의 빚을 초래한 이 날을 잊지 말아야 한다."[57] 화웨이는 유고슬라비아 주재 중국 대사관에 메시지를 보내 공격을 규탄하는 한편, 사망자 유족에게 20만 위안을 전달했다. 또한 부모를 잃은 어린이들을 돕겠다고도 했다.[58] "1949년 이래 중국 인민은 누구에게도 고개를 숙인 적이 없다." 화웨이는 그렇게 목소리를 높였다.[59] 베이징에서는 시위대 수천 명이 미국 대사관 주변 거리를 가득 메우고 돌을 던지고 미국 국기를 불태우고 심지어 화염병까지 던졌다. 선전의 분위기는 비교적 차분했지만, 태도만은 강경 기조여서 '오늘 중국 인민은 노No 라고 말한다'라는 기치 아래 1만 명이 모여 정치적으로 항의하는 콘서트를 개최했다. 화웨이 직원들은 2,000명으로 구성된 합창단에 합류해 애국심을 고취하는 노래를 불렀다.**60** 1989년의 톈안먼 사태 이후로 중국 당국은 대규모 시위를 허가해 주지 않았기에 이런 대규모 정치 집회는 드문 일이었다. 하지만 이번만은 예외였다.

텔레비전에 모습을 드러낸 부주식 후진타오胡錦濤는 나토의 폭격을 극악무도한 반인륜적 행위라고 비난하고 시위대의 애국충정을 칭찬하면서도 시민들의 자제를 촉구했다.**61** 화웨이 임원들은 회의를 열어 후 주석의 연설을 두고 논의했다. "미국의 막대한 군사 예산을 충당하는 돈은 주로 그들의 첨단 기술이 만들어내는 어마어마한 이윤에서 나온다."**62** 한 직원은 그렇게 단언했다. 화웨이의 당서기 첸주팡은 미국이 오늘의 중국은 깔볼지 몰라도 내일의 중국은 두려워하게 될 것이라고 장담했다. 그녀는 자신의 직장에서 열심히 일하는 것이 곧 애국이라고도 했다. "우리 제품의 모든 세세한 부분을 개선하고 국제 시장에서 더욱 발전된 모습을 보이는 것이 곧 우리나라의 국력 전반을 강화하는 것입니다."**63**

런은 직원들에게 폭격은 "우리나라가 무너지기 바라는 미 제국의 욕망이 항상 우리 주변을 맴돌고 있는" 현실을 반영하는 것이라며 각성을 요구했다. "이것은 우리 세대가 기억해야 할 사건일 뿐 아니라, 우리 국가의 경제력이 세계 수준과 대등해질 때까지 다음 또 그 다음 세대도 명심해야 할 일입니다."**64**

이 사건은 중국인의 마음속에서 계속 큰 자리를 차지하게 된다. 바로 한 해 전까지만 해도 바그다드 주재 중국 대사관에서는 중국이 방관하는 입장이라는 표시만 내걸면 미국의 폭탄으로부터 안전할 것으로 생각했다. 하지만 몇 해 뒤 화웨이는 아예 그들의 정면 공격을 받게 된다.

10

화웨이 기본법

| 경영 혁신: 1996~1999년 |

1996년 8월에 화웨이의 부회장 쑨야팡은 선전의 당서기 리유웨이와 베이징의 젊은 경영학 교수 몇 명이 함께 한 회의에 참석했다.[1] 그들이 모인 이유는 기업의 소유 방식이라는 민감한 문제를 논의하기 위해서였다. 얼마 전까지만 해도 이런 주제를 다루는 것은 정치적으로 위험한 모험이었다. 자본주의를 두고 섣부른 의견을 냈다가 노동수용소로 간 사람들이 적지 않았다. 하지만 리 서기는 기탄없이 각자의 생각을 말하라고 독려하면서, 처벌 같은 건 없다고 안심시켰다. 일부 마르크스주의 이론은 현대 중국에 "전혀 맞지 않는다"고 말해 참석자들의 웃음을 유도하기도 했다.

"오늘은 여러분의 이야기를 듣는 자리입니다." 리 서기가 말했다. "그냥 토론일 뿐이에요. 걱정할 필요 없습니다. 편하게 얘기하시면 됩니다."

화웨이의 자문을 맡았던 베이징대학교 교수 한 명이 먼저 입을 열었다.

"화웨이가 어떤 회사인지는 아직 판단하기 어렵습니다." 교수는 말했다. "현재로서는 학계에서 내놓은 새로운 이론적 지침도 없습니다."

화웨이는 설립할 때부터 중국 경제 개혁의 최전선에서 활약해 왔다. 화웨이가 출범한 것은 1987년이었다. 선전이 시범 계획으로 민간 기술 스타트업을 합법화한 지 몇 달 지나지 않았을 때였다. 중국이 1991년에 '집단소유기업'에 대한 규정을 발표하면서, 노동자가 생산 수단을 소유하는 사회주의 원칙에 따라 운영되는 이들 '레드캡red-cap' 기업에 대한 지원을 약속하자, 화웨이는 이를 시도해 보기로 결정했다. 그 후 1994년에 중국은 새로운 회사법에 따라 서구식 '유한책임회사LLC'를 설립할 수 있는 길을 터주었다. 화웨이의 경영진은 솔깃했다. 하지만 화웨이가 LLC로 전환할 수 있는지, 있다면 어떤 절차를 밟아야 하는지 또 주주의 수를 50명 이하로 제한하는 LLC 요건을 충족하려면 직원들의 분산된 주식 보유량의 레드캡 소유 구조를 어떻게 조정해야 하는지 등, 여전히 불분명한 부분이 많았다. 또한 그런 회사가 서구식 LLC를 어디까지 모방해야 하는지, 공산주의의 교의는 어디까지 준수해야 하는지도 확실하지 않았다.

런정페이는 앉아서 지시를 기다리기보다는 스스로 운명을 개척하기로 했다. 그는 교수들로 구성된 팀을 만들어 일상적인 경영 전략뿐 아니라 당과 국가와 세계의 관계 설정 등, 중국에서 현대적 기업을 성공적으로 운영하기 위한 통일된 이론을 작성하도록 했다. 그렇게 만든 결과물을 교수들은 '화웨이 기본법華爲基本法'이라고 했다."² 이 이름은 홍콩의 미니 헌법인 홍콩 기본법Hong Kong Basic Law을 연상시켰다. 홍콩 기본법은 중국에서는 쉽게 누릴 수 없는 언론의 자유 등의 권리를 명시해 놓은 획기적인 문서였다. 런이 사내 헌법에 해당하는 새로운 법을 '화웨이 기본법'이라 명명한 것은 그의 야심을 드러내 보인 것으로, 화웨이는 분명 중국의 일부이지만 중국과는 근본적으로 다른 무엇, 별개의 무언가를 구축하려는 의도였던 것 같다.

화웨이 기본법 제정에 참여했던 황웨이웨이黃衛偉 교수는 지난 세기에 중국이 세계적 기업을 하나도 배출하지 못했다는 사실에 실망했다고 썼다.³ "우리 중국은 세계 최신식 경영 이론과 방법을 모두 시도해 봤다. 미국의 테일러 방식, 독일의 린 생산방식lean production, 일본의 적시 생산 체제 등… 안 해본 것 없이 다 해봤다. 그런데 우리가 거둔 작물은 어땠는가? 가늘고 짧았다."

황은 런이라면 아무도 하지 못했던 일을 해내리라고 그에게 큰 기대를 품었다. "화웨이 기본법의 실질적 취지는 중국 기업들이 경영 일선에서 부딪히게 되는 평범한 문제들을 제기한 다음, 그에 대한 해답을 제시하는 것이었다."⁴

런은 중국의 주요 하이테크 기업가들을 만나 그들 회사의 구조를 살펴보았다. 1990년대에 화웨이의 합작사를 맡아 운영했던 리 위줘는 회고록에서, 런정페이의 요청으로 1980년대 중국의 스타 기술 기업인 쓰퉁그룹의 CEO 두안용지段永基와 레노버Lenovo 창업자 류촨즈柳傳志와의 만남을 주선했다고 회상했다. 리는 두 번의 회동에서 런정페이가 이들과 종업원 지주 문제를 논의했다고 썼다.⁵

하지만 런정페이는 중국 밖에서도 조언을 구하고 싶었다. 1997년 크리스마스가 한 주 남았을 때 런은 몇몇 직원들과 함께 미국으로 건너가 IBM을 방문했다.[6] 1980년대에 쓰퉁그룹이 '중국의 IBM'을 표방하며 야심 찬 선언을 한 이후로, IBM은 오랫동안 중국 민간 기술 산업의 롤모델이었다. 마침 런이 미국에 도착하기 얼마 전에 IBM의 슈퍼컴퓨터 딥 블루Deep Blue가 당시 세계 체스 챔피언이었던 게리 카스파로프Garry Kasparov를 눌러 인공지능의 새로운 분기점을 만들면서 IBM의 위상은 더욱 높아진 상태였다. IBM은 다른 기업에 자신들의 경영 노하우를 전수하는 고가의 컨설팅 패키지를 제공하고 있었다.

런은 기업을 100년 넘게 끌고 가는 그들의 비결이 궁금했다. 중국에는 그런 사례가 없었다. 문화혁명 이후로는 누구나 처음부터 다시 시작해야 했다. 실리콘밸리의 창업자들은 실패를 통해 성장했고, 스타트업을 만들고 또 만들어 성공할 때까지 계속 도전했다. 하지만 런은 이미 53세였다. 건강도 믿을 수 없었다. 제대로 해낼 수 있는 기회가 있다 해도, 그것이 단 한 번뿐이라는 걸 누구보다 잘 알았다. 스타트업을 굳건한 다국적 기업으로 키워내기 위해서는 완벽하게 파악해야 할 부분이 너무 많았다. 일정에 맞춰 예산이 허락하는 범위 안에서 신제품을 개발해야 했고, 그렇게 만든 제품은 안정적으로 가동되어야 했다. 제품을 배포할 수 있는 공급망도 필요했다. 이름을 다 외울 수 없을 만큼 많은 사람을 관리해야 했다. 세금을 납부하고 전 세계 각국의 법률을 준수해야 했다. 자신이 떠난 뒤에도 회사가 살아남으려면 그에 맞는 승계 계획이 필요했다. 임원 한 사람의 실수로 회사 전체가 무너지는 일이 없게 하려면 확실한 안전장치가 필요했다.

런은 IBM을 방문할 당시 건강이 좋지 않았지만, 깊은 관심을 가지고 프레젠테이션을 경청했다. IBM 발표자들은 투자를 선별하고,

제품 파이프라인을 개발하고, 일정에 따라 프로젝트를 진행하고, 팀을 꾸리는 방법에 대해 설명했다. 화웨이 팀은 열심히 메모했다. 런정페이는 IBM의 지침 같은 것이 그들에게 있으면 다국적 기업을 구축하는 과정에서 나오는 시행착오를 줄일 수 있다고 확신했다. IBM은 한 세기에 걸쳐 이런 경영 노하우를 개발해 온 기업이었다. 런정페이는 직원들에게 말했다. "먼 길을 돌아가지 않으려면 이런 대기업의 노하우를 진지하게 배워야 합니다. 현재의 결론에 이르기까지 IBM은 수십억 달러의 비용을 치렀습니다."[7]

IBM의 컨설턴트들이 화웨이 본사에 모습을 드러내기 시작한 것은 1998년 8월부터였다. 이후 그들은 10년 동안 화웨이에 상주하게 된다. IBM 초기 컨설턴트였던 게리 가너 Gary Garner는 화웨이에 대한 첫인상을 회상하며, 활기는 넘치지만 훈련이 되어 있지 않고 제대로 된 서류도 없이 포스트잇에 끄적거리는 식이었다고 회상했다. "런 밑에는 똑똑한 젊은 박사들이 많았지만 조직화되어 있지 않았어요." 그는 그렇게 말했다. "세계 시장에 진출하기엔 미흡한 부분이 많았죠."[8]

프로젝트 담당은 궈핑이었고, IBM은 전문적인 R&D 워크플로우와 글로벌 공급망 구축을 도왔다. 자문 비용은 만만한 금액이 아니었다. 런은 나중에 IBM 컨설턴트에게 시간당 680달러를 지급했다고 주장했다.[9] 화웨이 직원의 평균 월급과 거의 같은 액수였다. 하지만 그곳에 있었던 IBM 컨설턴트 중에는 그렇게 높은 비용은 아니었다고 말하는 사람도 있었다. 화웨이에서도 새로운 시스템이 부담스럽다며 항의하는 매니저들이 있었다. 런은 IBM 방식을 따라야 한다는 주장을 굽히지 않았다. 신발이 맞지 않으면 "신발에 맞게 발을 잘라내세요." 그는 그렇게 대꾸했다.[10]

IBM이 자문한 첫해인 1998년에 IBM의 생산량은 화웨이의 55배였다. 런정페이는 1999년까지 그 차이를 35~40배로 줄이겠다는 목표를 세웠다. "우리는 큰 진전을 이루고 있습니다." 그는 그렇게 직원들에게 말했다. "점차 격차를 좁혀가고 있습니다."[11]

　　화웨이가 현대적 의미의 중국 회사를 만드는 방법을 두고 고심할 당시 서구 기업과 다른 가장 큰 차이점으로 대두된 것은 당의 역할이었다. 마오쩌둥 시절에는 중국 공산당이 국내 모든 생활과 노동 분야를 좌지우지했었다. 이제 당은 결정권을 내부분 민간기업에 넘기고 있었지만 여전히 당의 역할이 일정 부분 있으리라는 것은 충분히 예상할 수 있는 일이었다.

　　중국 공산당 헌법은 오래전부터 농장, 인민 공동체, 협동조합, 공장은 물론, 직원 중에 당원이 3명 넘는 직장에는 자체적으로 당 지부를 설립하도록 규정했다. 그러다 1992년에 변화하는 경제 환경을 고려하는 의미에서 규정의 일부 문구를 수정해 '기업'도 이를 따라야 한다고 명시했다.[12]

　　기업 내 당 기구 책임자를 당서기라 했는데, 당서기는 기업이 국가의 우선순위에 발맞추도록 유도하고 직원들의 윤리적인 문제를 감독했다.[13]

　　화웨이는 1996년 5월에 사내에 당 지부를 설립해, 회사에서 당이 할 수 있는 공식적인 역할의 한계를 정했다.[14] 처음엔 런정페이가 직접 당서기를 맡았고, 1997년 9월 사내 신문 〈화웨이엔〉을 통해 그 사실을 알렸다.[15] CEO가 당서기를 겸직하는 것은 중소기업에서 흔한 일로, 두 지휘부의 역할을 일치시키기 위한 조치였다. 화웨이도 일반 사회와 마찬가지로 당원들은 영향력을 가진 소수 엘리트였다. 〈화웨이엔〉은 1997년 9월 기사에서 회사 R&D 직원의 6분의 1, 즉 240명이 당원이라고 보도했다.¹⁶ 런은 이들에게 직원들에 대한 이념적 지도를 당부했다.¹⁷ "첨단 기업이 과학적, 기술적 성과를 축적해 가려면 집단적 노력에 의존해야 한다." 기사엔 그렇게 적혀 있었다. "따라서 개인과 조직의 올바른 관계 설정은 연구 시스템 내의 직원이라면 마땅히 직시해야 할 문제가 되었다. 상황이 이런 만큼 회사는 당원들이 모범적인 역할을 마음껏 발휘하고 아울러 좋은 기업 문화를 형성할 수 있도록 하기 위해 사내 연구 시스템에 당 지부를 설립하기로 결정했다."

얼마 지나지 않아 화웨이는 당 지부를 당 위원회로 격상하고, 첸 주팡을 당서기로 임명했다. 화중이공대 행정관을 역임한 첸은 런이 남해석유에서 매니저로 일할 때 그를 만났었다. 민간기업에서 당 위원회가 맡은 역할이 어디까지인지는 아직 구체적으로 정해진 것이 없었다. 첸은 학계의 텐타오에게 다른 기업에도 자문을 구해봤다고 말하며, 그중에는 미국 기업 모토로라도 있다고 얘기했다. 모토로라도 중국 지부에 당 위원회를 두고 있었다. "민간기업 내에 당 위원회를 두는 방법을 오랫동안 고심했습니다." 그녀는 텐에게 그렇게 말했다.¹⁸

후베이성 당국이 발표한 약력에 따르면 첸은 1935년생으로 런보다 9살 정도 많았다.¹⁹ 그녀는 작은 도시 광시의 가난한 가정에서 자랐다. "평생 주리지 않고 추위만 피할 수 있다면 그 이상은 바라지 않겠다." 그녀는 어렸을 때 그렇게 다짐했다. "그게 어린 시절 내내 가졌던 꿈이었어요."²⁰ 화중대 공대생이었던 그녀는 1958년 사회주의 청년 전국대회에서 대학 대표로 선출되는 등, 정치적으로 두각을 나타내기 시작했다.²¹ 1960년에 전기기계학과를 졸업한 뒤에도,²² 그녀는 대학에 남아 레이저 연구를 했고 결국 관리직

10 화웨이 기본법

을 거쳐 화중대 경제경영대학의 당서기가 되었다. 첸은 영어를 어느 정도 할 줄 알아, 1989년 토론토 대학 인적자원관리 학과에서 교환학생으로 수업받았다.[23]

런은 첸을 설득한 끝에 1995년에 화웨이로 그녀를 불러들였다. 당시 그녀는 60세 정도로, 첫 경력인 교육 분야에서 은퇴했을 때였다.[24] 학계에서 그녀가 확보한 네트워크를 제대로 활용하면 훌륭한 인재들을 확보할 수 있다고 판단한 런은 그녀를 화웨이의 첫 번째 인사 책임자로 앉혔다. 그녀는 〈화웨이엔〉 편집장을 잠깐 맡았고, 이후 당서기로 선임되어 10년 동안 그 직책을 유지했다.

백발을 후광처럼 흩날리는 첸은 화웨이에서 엄한 할머니 같은 역할을 했다. 공식적으로 무신론 국가였던 중국에서 당은 교회를 대신해 윤리적 방향을 제시하는 주체였다. 첸은 종종 젊은 엔지니어들에게 업무와 관련해 도의적인 측면을 훈수했다. 회사의 지적 재산을 훔치거나 자신의 지위를 남용하면 그에 따르는 업보가 있을 것이라고 그녀는 경고했다. "이것이 정의이고, 이것이 우주의 법칙이다." 그녀는 직원들에게 그렇게 썼다. "부정한 수단을 써서 불법적 이득을 추구하면 결국 먹은 것, 아니 먹은 것보다 더 많이 토해내게 될 것이다."[25] 그녀는 더 나아가 직원들에게 애국적 사명감을 고취시켰다. "여러분 어깨에는 부국의 꿈이 얹혀 있다. 이는 중국 인민이 근 100년간 품어왔던 꿈이다."[26]

첸은 화웨이의 기업 문화를 형성하고 애국심, 대의를 위한 투쟁, 자기희생이라는 중국 공산당의 기치를 주입하는 데 중요한 역할을 했다. 1996년에는 그 유명한 영업팀 집단 사표 기획을 거들었다. 영업팀장들로 하여금 회사의 성공을 위해 자신의 자리를 기꺼이 포기하겠다는 선언을 하게 한 행사였다.[27] 첸은 또한 회사 내 당

원들이 자신과 상대방을 비판하는, 일종의 당 회의인 '민주적 생활 회의'를 주기적으로 운영했다.²⁸

민간기업에서 당서기가 행사할 수 있는 권한의 한계는 여전히 물음표의 영역이었다. 첸의 경우엔 나이가 많기 때문에, 사람들은 런과 권력을 놓고 다툼을 벌일 가능성을 별로 생각하지 않은 것 같다. 그녀는 화웨이에 합류하기 전에 이미 한 차례 은퇴한 적이 있고, 자신보다 젊은 참모들이 걱정하는 몇 가지 사항도 직접 해소해 준 것 같았다. 그녀는 일부 화웨이 임원들이 서로 싸웠던 일을 떠올리며 텐타오에게 이렇게 말했다. "완전히 애들 싸움이었어요. 참 볼 만하더군요." 하지만 첸은 런과 상의 없이 문제를 처리한 적도 간혹 있다고 했다. 이처럼 그녀는 자신의 역할에 어떤 확신과 주체성을 가지고 있었던 것 같다. 첸은 언젠가 화웨이 직원 하나가 자살했다는 얘기를 런에게 했다가 겁에 질린 모습을 본 후, 꼭 필요한 경우가 아니면 다시는 그런 종류의 얘기를 꺼내지 않기로 마음먹었다. "그분에게 알려서는 안 될 말이었어요."²⁹ 그녀는 나중에 그렇게 말했다.

1998년 3월에 화웨이는 2년에 걸쳐 초안을 수정한 끝에 103개 조항으로 된 기본법을 채택했다.³⁰ 6명의 교수가 심혈을 기울여 화웨이가 어떤 종류의 회사이며 또 어떤 종류의 회사가 아닌지를 확정한 법이었다.

후자 쪽을 분명히 밝힌 것은 화웨이가 서구식 상장 기업이 아니라는 점이었다. 기본법은 화웨이가 단기간에 주주 가치를 극대화하기 위해 의사 결정을 내리는 일은 없을 것이라고 선언했다. "이익의 극대화는 결코 우리가 추구하는 유일한 목표가 아닙니다."

화웨이의 목적은 주주에게 이익을 안기는 것이 아니라 통신 장비 분야에서 "세계를 주도하는 기업이 되는 것이다." 이런 목표를 달성하려면 집중과 희생이 필요했다. 그 말은 수익의 대부분을 전략적 투자에 다시 투입해 수익 대신 성장을 극대화한다는 뜻이었다. 그래서 경기가 하락할 때 직원들은 '자동적인 급여 삭감'을 감수해야 했다. 기업공개를 통해 얻는 돈벼락은 기대할 수 없었다.

런은 특히 기업공개라는 주식시장의 유혹을 경계했다. 당시 중국의 주식시장은 뜨겁게 달아 있었고, 경영진이나 일반 투자자 할 것 없이 단숨에 부자가 될 수 있다는 기대에 한껏 들떠 있었다. 하지만 멋지게 기업을 공개한 후 직원들이 주식을 현금화하거나 조기 퇴직하는 등, 인재 유출 현상도 심심치 않게 발생했다. 그러면 회사는 분기마다 수익률을 유지해야 하는 쳇바퀴에 갇히게 되고, 그럴 때마다 경영진은 근시안적이고 임기응변적으로 대응했다. "상장하고 나서 하룻밤 사이에 부자가 됐는데 계속 일할 직원이 있겠습니까?" 화웨이의 순환 CEO 에릭 쉬는 그렇게 반문했다. "직원들이 더는 일하지 않을 텐데 무엇 때문에 상장을 합니까?"[31] 기본법은 화웨이에 IPO는 필요하지 않다고 선언했다. "외부 시장 압력의 자극에 의존하지 않고도 우리는 내부의 메커니즘을 역동적으로 유지할 수 있다."

기본법은 또한 다른 가이드라인을 마련해 화웨이 경영진이 집중력을 잃는 일이 없도록 대책을 세워두었다. 본업인 통신 장비를 고수하고, 아무리 그럴듯해도 무분별하게 사업을 다변화하지 않는 것도 그중 하나였다. 화웨이는 그 해 매출의 10%를 R&D에 재투자하도록 규정했다. 그들은 R&D에 대한 집중력을 높이기 위해, 표적을 정밀하게 좁혀 선정함으로써 전략 분야에서 글로벌 경쟁사와 대등한 위치에 서거나 그들을 능가하는 것을 목표로 삼았다. "일단 하기로 결정하면 전력을 다할 것." 기본법은 그렇게 명시했다.

이 문서는 또한 화웨이의 사명에 맞지 않은 후계자를 경계했다. "우리는 제3, 제4, 또는 그보다 먼 미래 세대의 후계자들이 부패하고 자기중심적이며 나태해지는 것을 막는 규정을 만들어야 한다."

1997년에 화웨이는 유한책임회사로 등록을 변경해 시대착오적인 '집단소유기업'이라는 꼬리표를 떼고 국제적으로 인정받을 수 있는 구조를 채택했다.[32] 이런 변화에는 당연히 복잡한 문제가 뒤따랐다.

우선, 중국 회사법은 유한책임회사의 주주 수를 50명으로 제한했다.[33] 화웨이는 이미 그 한도를 훨씬 초과한 상태였다. 런이 수년 동안 직원들에게 주식을 가장 중요한 보상 수단으로 발행해 주었기 때문이었다. 한 전직 임원에 따르면 경영진이 보유한 지분은 3%에 불과했고 런이 직접 보유한 지분도 1% 미만이었다고 한다.[34] 선전 정부는 이런 문제를 인식해, 1997년 9월에 지방에서 활동하는 기업에 한 가지 방편을 제시했다. 모든 종업원 주주를 '노동조합'에 일괄 등록시킨 다음, 법적으로 단일 주주로 간주하는 방안이었다.[35] 화웨이는 당연히 이를 채택했다. 그러나 그때의 방편을 현재까지 끌고 오는 바람에 화웨이는 가뜩이나 불투명한 소유 구조에 더 많은 혼란을 가중시켜 비난을 자초했다. 서류상 화웨이의 주주는 단 둘 뿐이다. 약 1%의 지분을 가진 런 자신과 나머지를 보유한 노동조합. 나중에 화웨이 경영진은 이런 소유 구조를 가리켜 중국의 신생 기업에서는 더는 활용할 수 없는, 기록에 남을 만한 기이한 구조라고 말했다. "물론 현행법상 불법이에요. 하지만 당시 특구의 특별 승인은 합법적이었습니다."[36] 쉬 회장은 2012년에 그렇게 말했다. 그는 이처럼 특별 승인을 받은 기업이 전국에 약

1,000개였다고 지적했다. 화웨이가 이처럼 관례에 어긋나는 구조를 유지할 수 있었던 것은 아마도 정부 관리들이 그런 방식의 효과를 인정했기 때문인지도 모른다.

화웨이는 지분 구조를 재편하기 위해 초기 투자자 5명의 지분을 매입하려 했으나 문제가 간단치 않았다. 화웨이의 기본법 제정을 도운 교수 중 한 명인 황웨이웨이는 1994년 중국 회사법에 따라 자본으로 전환된 이익은 해당 투자자가 새로운 투자자를 영입하는 데 동의하지 않는 한 원래 투자자에 귀속된다고 설명했다. "하지만 런은 그렇게 생각하지 않았다." 황은 그렇게 썼다. "다른 회사들은 기업가의 이익에 주안점을 두지만 화웨이는 함께 노력한 사람들 모두의 이익을 더 많이 고려한다고 그는 말했다. … 우리의 자본 전부가 초기 투자자의 것이라 주장한다면, 그것은 노동자들이 창출한 잉여가치에 대한 그들의 소유권을 부정하는 행위다."[37] 런은 직원들에게 발행한 주식을 통해 더 많은 투자자를 유치했고, 그로 인한 이익을 보상금의 일부로 그들에게 약속했다. 결국 초기 투자자 중 2명이 소송을 제기했는데, 당시 국영 여행사 무역부 매니저였던 첸진양과 화웨이가 모방한 BH-01 교환기를 발명한 셴딩싱이었다.[38] 1999년까지 화웨이는 이들 초기 투자자 2명이 제기한 소송을 무난히 해결해 원래 그들이 투자한 금액의 70~300%를 지급했다.

화웨이는 이즈음에 경영 구조를 다시 한번 크게 개편했다. 1999년에 부회장 쑨야팡을 회장으로 승진시킨 것이다.[39] 그녀 이전에 화웨이 회장이 누구였는지, 그러니까 회사의 창립 회장인 메이중싱이었는지 아니면 그 이후 다른 사람이 회장직을 맡았는지는 확실하지 않다. 쑨은 화웨이 회장으로 재직하는 19년 동안 외국 고

사진 10.1 화웨이 회장 쑨야팡(뒷줄 왼쪽)이 2016년에 중국 부총리 류옌둥劉延東(앞줄 가운데)에게 멕시코시티 소재 화웨이 라틴아메리카 본사를 안내하고 있다.

위 인사들과의 회담 대부분을 도맡아 처리했고, 국내 언론으로부터 '화웨이의 국무장관'이라는 별명을 얻을 정도로 눈부신 활약을 보였다. 그녀는 코피 아난 Kofi Annan 유엔 사무총장부터 테레사 메이 Theresa May 영국 총리에 이르기까지 세계 지도자들과 만나는 등, 동에 번쩍 서에 번쩍하며 바쁜 일정을 소화했다.⁴⁰ 말투에 영국식 억양이 살짝 섞인 그녀는 적갈색 매니큐어와 밝은 무늬 스카프를 좋아했다.

쑨은 승진하던 해인 1999년 9월에 하버드 비즈니스 스쿨에서 중견 간부들을 위한 2개월 과정의 고급 경영자 프로그램에 참석했다. 이 프로그램의 '인터넷 첫 수업'에 참여한 약 170명의 수강생들은 각각 팜파일럿PalmPilot과 이메일 주소를 받았다.⁴¹ 이들은 8명씩 조를 이루어 일주일에 6일은 강의에 참석하고, 저녁에는 소그룹으로 모여 사례 연구를 했다. "프로그램에 참석한 야팡은 그것을 세계를 향해 문호를 개방하는 중국의 일부로 여겼습니다." 프로그램에 같이 참석했던 그레이엄 러브레이스Graham Lovelace는 그렇게 말했다. 쑨은 리더십 전문가인 존 코터John Kotter의 강의에 깊은 인상을 받았다. 리더가 된다는 것은 개인적 위험을 감수하면서 변화를 끌어내는 것이라고 그는 말했다. 존 코터는 바비 케네디Bobby Kennedy가 1968년 4월에 행한 민권을 주제로 한 즉흥 연설 영상으로 강연을 마무리했다. 마틴 루서 킹 주니어Martin Luther King Jr.가 암살당한 지 몇 시간 후 그리고 자신이 암살당하기 두 달 전에 했던 연설이었다. "그것은 영혼과 영혼의 소통이었다." 쑨은 코터의 강연에 대한 소감을 그렇게 적었다. "흐르는 눈물을 주체할 수 없었다."⁴²

영업을 책임지던 시절 쑨은 능력과 강단을 갖춘 리더라는 평가를 받았지만, 다른 사람들과의 차별점이 무엇인지 또 어떻게 화웨이의 최고 직위에 오르게 됐는지는 여전히 미스터리다. 화웨이 이사회 의장으로서 쑨은 회사의 전략적 방향을 주도했고, 런을 CEO로 선임하고 평가하고 보상하는 것은 물론, 다른 고위 매니저들을 임명하고 그들의 보수를 승인했다.⁴³ 적어도 서류상으로는 쑨이 모든 권한을 쥐고 있었다. 실제로 그녀와 런이 정확히 어떤 방식으로 권한을 공유했는지는 확실하지 않다. 일각에서는 중국 보안기관인 국가안전부에서 일한 경력이 쑨의 권력의 원천이라고 믿었지만, 이를 증명하거나 반증하기는 어려웠다. "화웨이의 회장으로서 쑨야팡은 정부 특정 부처를 대변했다는 게 내 느낌입니다."⁴⁴ 중국 초창기 테크 기업 쓰퉁그룹의 창업자 완룬난은 그렇게 말했다.

베일에 싸인 그녀의 경력은 사람들의 궁금증을 끊임없이 유발했다. 쑨은 2017년에 어느 잡지에 기고한 글에서 이렇게 밝혔다. "나는 1957년에 태어나 전자과학기술대학을 졸업하고 통신 전사로 복무하며 이 부대의 푸른 제복을 입었고, 이후 국가안전부에 들어가 통신 분야에서 일했다. 화웨이가 설립된 지 5년 뒤인 1992년에 화웨이에 입사했다." 흥미롭게도 이런 진술은 그녀의 공식적인 화웨이 약력과 차이가 있다. 화웨이의 연례 보고서는 그녀의 출생 연도를 1955년이라 밝히면서 화웨이에 입사한 것은 1989년이라고 기록했다.[45] 미국 국가정보국 오픈소스센터 Open Source Center 국장도 기밀 해제된 보고서에서 이런 불일치를 지적했다.[46]

1990년대 미국 상무부 관리였던 제임스 루이스는 화웨이 대표에게 쑨이 중국의 국가안전부 MSS 에서 일한 적이 있는지 물었다고 말했다.[47]

"그걸 어떻게 아셨습니까?" 화웨이 대표가 되물었다.

"당신네 웹사이트에 나와 있습니다." 루이스가 대답했다.

일주일도 안 돼 그 사이트에서 국가안전부 관련 언급이 사라졌다고 루이스는 말했다.

10 화웨이 기본법

11
겨울

| 닷컴 버블의 붕괴: 1999~2001년 |

1999년 봄, 첫 번째 의문의 편지가 나타났다.¹ 이 편지는 화웨이의 믿어지지 않는 성장의 기반이 '부채'와 '사기'라고 비난하면서, 이 회사가 자랑처럼 내세우는 직원 주식은 서류상의 숫자에 지나지 않는다고 주장했다. "직원들이 보유한 주식의 실제 가치가 얼마인지 명확히 아는 사람이 있는가? 사실상 자기가 쥐고 있는 주식을 언제 현금으로 교환할 수 있는지 아는 사람이 있는가?" 약 1년 뒤에 나온 두 번째 편지는 화웨이의 "불법 및 사기 행위"를 "폭로"하겠다는 취지의 내용이었다. 여기에는 화웨이의 합작회사인 화웨이 일렉트릭Huawei Electric (원래 이름은 모베코)이 통신사업자들과 손을 잡을 때 돈을 주었다는 주장이 포함되어 있었다.

두 편지의 출처는 분명하지 않았다. 한 전직 화웨이 임원은 화웨이 최대의 라이벌인 ZTE의 중상모략이라고 주장했다.² 어쨌든 이 편지로 화웨이의 고객들은 겁에 질렸다. 두 번째 편지는 닷컴 버블이 막 꺼졌을 때 나왔기 때문에 업계 전반을 흔들었다. 화웨이에는 주문이 끊겼다. 설상가상으로 베이징 당국은 조사에 착수하겠다고 나섰다.

런정페이는 현지 관리들에게 정부가 도와주지 않을 경우 화웨이는 루머의 무덤에서 살아나올 수 없다고 호소했다. 선전 시장 리즈빈은 베이징으로 달려가 우방궈吳邦国 부총리에게 면담을 청했다. 그는 부총리에게 소문이 사실이라면 런을 구금해야 한다고 말하면서도, 하지만 그가 결백하다면 중앙 정부가 나서 공개적으로 화웨이의 누명을 벗겨주어야 한다고 덧붙였다.[3]

런정페이는 감사원 직원 20여 명이 화웨이의 회계 감사를 위해 온다는 소식에 겁을 먹었다. 쑨은 선전시 과학기술국 국장 하오췬민郝春敏에게 달려가 도움을 호소했다. 남아프리카공화국에 있던 런도 전화를 걸어 눈물을 흘리며 나중에 화웨이가 누명을 벗더라도 이건 수습하기 힘든 타격이라고 말했다. "하오 국장님, 저는 조국을 사랑하는데 조국은 저를 사랑하지 않는군요!"[4]

이 감사는 런이 '화웨이의 겨울'이라 말한 일련의 역풍 중 첫 번째에 지나지 않았다. 시련은 이후 3년 동안 이어졌다. 런은 6개월 내내 악몽에 시달렸고 자주 울었다고 나중에 회상한다.[5]

2000년 3월에 닷컴 버블이 꺼졌다. 한껏 부풀어 올랐던 펫츠닷컴Pets.com 같은 스타트업에 대한 기대가 무너지면서 세계적으로 1조 7,000억 달러의 재산이 증발했고, 인터넷 파이프를 구축한 기업들은 도산에 도산을 거듭했다. 화웨이도 그들의 경쟁사들도 살아남을 수 있을지 장담할 수 없게 됐다. 이후 전 세계 통신 업계에서 20개가 넘는 기업이 파산 신청을 하게 된다. 화웨이와 경쟁사들은 어떻게든 파산을 면해보려 가격을 크게 낮췄다.

글로벌 기술의 겨울 한복판에서 화웨이는 베이징의 터무니없는 기대에 큰 부담을 느꼈다. 화웨이가 국내산 유선 전화 시스템을 구축하는 데 성공하자, 중국 지도자들이 국내 모바일 네트워크를 구축할 방법을 찾으라고 화웨이를 다그친 것이다. 1996년에 우방궈 부총리는 외국 기업이 모바일 분야를 장악한다며, 화웨이에게 모바일에 뛰어들 것을 직접 요청했다.[6] 우 부총리는 휘호까지 써주면서 화웨이의 등을 떠밀었다.[7] 하지만 기지국의 복잡한 무선 기술을 터득하려면 막대한 R&D 비용이 필요했고, 화웨이가 미국의 모토로라, 핀란드의 노키아, 스웨덴의 에릭슨, 일본의 후지쯔를 상대로 대등한 경쟁을 벌일 수 있을지도 확신하기 어려웠다. 그때는 중국의 세계무역기구wto 가입이 예상되는 터여서, 베이징도 화웨이의 글로벌 진출을 떠밀고 있었다. 이런 중요한 시점에도 위기를 못 넘기고 무너지는 기업이 속출했다. 한 가지 일을 제대로 해냈다는 자신감에, 함부로 일을 크게 벌이다 뒷감당을 하지 못해 생기는 현상이었다. 런도 더는 버틸 만한 재정이 없다는 사실을 알게 되었다.

나중에 화웨이는 스마트폰과 기지국 장비 두 분야에서 모두 세계 1위를 차지해 모바일 패권을 장악한다. 하지만 모바일의 초창기는 순탄치 않았다. 한 가지 문제는 정부가 전국 차원의 모바일 청사진을 갖추지 못하고 있다는 점이었다. 전국 네트워크를 어떤 모바일 표준으로 구축할 것인가를 놓고 베이징은 관료주의라는 벽에 막혀 한 걸음도 나가지 못하고 있었다. 미국의 CDMA를 사용할 것인가, 유럽의 GSM을 선택할 것인가, 아니면 아예 새로운 표준을 개발해야 하는가? 이는 iOS용 앱을 개발할지, 안드로이드용 앱을 개발할지, 아니면 성공 여부를 가늠할 수 없는 제3의 길을 택해 자체 앱 스토어를 구축할지를 묻는 것과 비슷했다. 중국 관리들이 이를 논의하는 동안, 화웨이 같은 기업들은 각각의 기술 표준에 일정한 R&D 자금을 분산 투자함으로써 베팅의 위험성을 줄이려 했다.

뿐만 아니라 CDMA나 GSM을 선택한다 해도 기존의 음성 및 문자 서비스인 구세대 2G를 채택할지, 아니면 일본 같은 나라에서 이미 시행 중인 휴대폰으로 웹 검색까지 할 수 있는 차세대 3G를 택할지 여부도 불분명했다. 런은 화웨이를 설립한 초기부터 한물간 기술에는 눈길도 주지 않았다. 그는 최첨단만 바라보았다. 그는 3G에 R&D를 집중시켜 이 분야의 라이벌을 따라잡기로 했다. "어떤 사람들은 미친 발상이라고 했다." 화웨이의 한 임원은 나중에 그렇게 썼다. "시장의 99%가 2G였으니까."[8] 그의 보좌진들도 경고했다. "이런 잘못된 선택은 화웨이를 무너뜨릴지 모릅니다."[9]

도시 건너편에 있는 화웨이의 라이벌 ZTE는 정반대로 접근했다. ZTE의 창업자인 허우웨이구이는 중국은 아직 개발도상국 단계이기 때문에 소비자들은 대부분 2G로도 만족할 것이라고 판단했고, 그에 따라 느려도 꾸준한 전략을 선택했다. ZTE는 R&D 자원을 2G에 쏟아부었다. 그리고 실제로 사양이 더 낮은 개인용 핸드폰에도 R&D 자원을 투입했다. 이런 핸드폰은 통화 범위가 제한적이고 가격도 저렴한 초기 기종이었다.

런으로서는 안타까운 일이지만 중국의 3G 출시 계획은 없던 일이 되고 말았다. 3G 네트워크를 처음 가동하게 되는 것은 2009년의 일이었다. 일본에서 3G 네트워크를 처음 시험 가동한 지 10년도 더 넘은 시점이었다. "결과적으로 우리는 잘못된 선택을 했습니다." 런은 나중에 시인했다.[10] 중국의 2G 네트워크는 해를 거듭할수록 그 범위를 넓혀갔고, 덩달아 ZTE의 매출도 급증하면서 3G는 사람들의 뇌리에서 사라졌다. ZTE가 싸고 산뜻한 개인용 휴대폰으로 큰 성공을 거두자, 화웨이는 몇 년 뒤에 떠밀리다시피 방침을 바꿔 자체 개인용 휴대폰을 출시하게 된다. 화웨이 일각에서는 런의 감이 떨어진 것이 아닌가 의심하는 임원들도 있었다. 초창기 직원들도 줄줄이 떠났다.

무엇보다 런정페이에게 가장 뼈아픈 사건은 아마도 '젊은 신동' 리이난의 배신이었을 것이다. 리는 화웨이 말단 엔지니어로 출발해 고위 임원으로 고속 승진했기에, 사람들은 런이 그를 잠재적 후계자로 지목해 훈련하는 중이라고 생각했다. 하지만 런의 승계 계획은 불투명했고, 야심이 큰 젊은 임원으로서는 화웨이가 아니더라도 문밖에 더 큰 기회가 기다릴지 모른다고 생각했을 것이다. 화웨이를 떠난 직후 리는 하버네트워크Harbour Networks라는 경쟁사를 설립했다. 세간의 주목을 받는 브랜드인 파워해머PowerHammer의 라우터와 교환기 제품군을 판매하는 회사였다. 소유 구조가 베일에 싸인 화웨이와 달리, 하버네트워크는 서구식 스타트업을 표방했다.[11] 리의 팀은 공격적으로 화웨이에서 엔지니어와 고객을 빼앗아갔다. 그 후 몇 년 동안 런정페이는 자신이 가르친 애제자를 물리치는 데 온 힘을 쏟아야 했다.

이 시기에 런은 또 다른 측근인 정바오융까지 잃었다. '바오'라는 애칭으로 부르며 아우처럼 아꼈던 인재였다. 정은 뇌종양 진단을 받아 당장 수술을 받아야 했다.[12] 녹초가 될 때까지 일해야 하는 근무 시간, 치열한 내부 경쟁으로 인한 심리적 스트레스 그리고 중국의 비즈니스 문화에서 큰 비중을 차지하는 술과 담배의 역할을 고려할 때, 화웨이에서 일한다면 애초에 건강을 기대할 수 없는 노릇이었다. 학계의 톈타오와 우춘보吳春波는 화웨이 고위 경영진의 3

분의 2가 불안, 고혈압, 당뇨, 우울증 등 스트레스 관련 질병을 앓고 있다고 보고했다.[13] 런 자신도 건강이 좋지 않아 힘들어했다. 그는 당뇨 진단을 받았고 미국 여행 중에는 입원도 했다.[14] 또한 감사를 받을 무렵에는 심한 우울증에 시달렸다. 그는 세기가 바뀔 무렵 여러 차례 자살을 생각했다고 가까운 임원에게 털어놓으며, 그때마다 쑨에게 전화를 걸어 도움을 청했다고 말했다.[15]

런은 직원들에게 '화웨이의 겨울'이라는 제목으로 연설을 했다. 그는 직원들이 너무 안일한 사고방식을 가지고 있다며 언제 닥칠지 모르는 위기에 대비해야 한다고 경고했다.

"예측을 못해 준비하지 않으면 얼어 죽습니다." 그는 그렇게 말했다. "그때는 따뜻한 외투를 가진 사람만 살아남습니다."[16]

화웨이가 감사에서 무혐의 처분을 받으면서, 런정페이와 그의 팀은 수명을 연장할 두 번째 기회를 받았다. 런은 적어도 감옥행은 면하게 되었다. 죽을 고비를 넘긴 화웨이는 조용히 모베코를 매각했다. 모베코는 전국의 통신 관계 공무원들과 재정적 연대망을 구축하는 데 사용했던 자회사였다. 화웨이는 모베코의 이름을 어벤시스파워 Avansys Power 로 바꾼 뒤, 미국의 에머슨일렉트릭 Emerson Electric 에 7억 5,000만 달러를 받고 팔았다.[17] 에머슨의 CEO 데이비드 N. 파 David N. Farr 는 "어벤시스는 영업능력이 역동적인 매우 탁월한 기업"이라며 성명을 발표했다. 물론 그들이 배포한 보도 자료에 감사나 대가성 혐의나 복잡한 재정적 관계에 대한 언급은 일체 없었다.

희망의 빛은 또 있었다. 중국이 13년 동안 협상을 벌인 끝에 마침내 세계무역기구에 가입할 가능성이 보인 것이다. 중국이 몇 가지 사항을 양보하자 빌 클린턴 대통령이 나서 중국의 WTO 가입 지지 성명을 발표하면서, 중국의 경제 자유화가 중국 정치 체제의 민주적 개혁으로 이어질 것이라는 희망을 분명히 드러낸 것이다. "반세기 넘게 살아오면서 인간 본성에 대해 알게 된 것을 통해 확신하는 점은 우리가 중국의 가입을 막지 않고 대신 세계 공동체로 맞아들인다면 중국의 행동에 긍정적인 영향을 미칠 기회가 훨씬 더 커진다는 사실입니다." 2000년 3월 연설에서 클린턴은 그렇게 말했다. "얼 워런 대법관Earl Warren이 말했듯이 자유는 세계에서 가장 전염성이 높은 힘입니다. 새로운 세기에는 휴대폰과 케이블 모뎀에 힘입어 자유가 크게 확산할 것입니다."[18]

클린턴 행정부는 중국이 처음으로 통신 시장을 개방하기로 합의한 것을 두고 미국이 원했던 것을 그대로 받아준 중요한 양보라고 치켜세웠다. "인터넷과 위성 서비스를 비롯해 중국의 통신 시장이 개방될 경우, 중국 국민은 시간이 갈수록 전 세계의 정보와 아이디어와 논쟁에 더 많이 노출될 것이다." 클린턴 행정부는 그렇게 발표했다. "중국 국민들이 더 많이 이동하고, 더욱 번영하고, 다른 식의 생활을 알게 되면서 그들은 자신의 삶에 영향을 미치는 결정에 대해 더 많은 발언권을 주장할 것이다."[19]

전 세계가 중국과 더불어 사는 세상을 준비하는 것과 동시에, 화웨이는 세계 곳곳에 사무소를 열기 시작했다. 런의 스타 영업 임원인 켄 후는 라틴아메리카로 파견되어 그곳의 기반을 마련했다. 화웨이는 사세를 키우겠다는 야심을 감추지 않아, 2000년 8월엔 멕시코에 사무실을 열고 10명의 직원을 상주시켰다.[20] 2000년대의 첫해에 화웨이는 스웨덴의 기존 경쟁사인 에릭슨의 본거지인 스웨덴 키스타에도 전초기지를 마련했다.[21] 2001년 1월에는 AT&T와 루슨트 같은 거대 통신업체가 자리 잡고 있는 '텔레콤 코리도Telecom Corridor'라고 불리는 지역에서 멀지 않은 텍사스주 플라노에 퓨처웨이테크놀로지Futurewei Technologies라는 간판을 걸고 사무실을 열었다.

서구권에 이름이 알려지자 보상과 위험이 동시에 따라왔다. 홍콩에서 발행되는 잡지 〈파이스턴 이코노믹 리뷰Far Eastern Economic Review〉의 편집자들 귀에 화웨이라는 떠오르는 통신 장비 공급업체에 대한 소문이 들어갔다. 그들은 30세의 캐나다 기자 브루스 길리Bruce Gilley에게 화웨이에 대한 탐사 기사를 작성하도록 했다. 화웨이는 길리에게 경영진과 인터뷰할 자리를 마련해 주었다. "그들은 가림막을 치지 않았다. 매우 개방적이었다." 길리는 그렇게 회상했다. "그들은 스스로를 민간 부문에서 이룩한 위대한 성공 사례로 생각했다."[22]

하지만 영문으로 작성된 최초의 화웨이 관련 심층 기사이자 서방 정책을 입안하는 집단에 영향력을 갖는 길리의 기사는 사실상 화웨이와 군과 정부의 관계에 초점을 맞추고 있었다. 길리는 화웨이 본사를 방문했을 때 그가 목격한 장면을 설명하는 것으로 기사를 시작했다. 방 하나 크기의 교환기 시스템 여러 대가 운송을 위해 대기 중인 것이 눈에 띄었는데, 운송장에 적힌 배송지에는 '인민해방군'이라는 글자가 박혀 있었다.[23] "수축 포장된 세 개의 커다란 시스템을 코앞에서 보았던 그때의 순간은 절대 잊지 못할 것이다." 그는 그렇게 말했다.

길리가 취재한 화웨이 프로필은 지역 잡지에 실린 기사치고는 이례적으로 수십 년이 지난 지금까지도 서방의 저명한 정부 보고서에서 꾸준히 인용된다. 기사의 세부 내용은 대부분 정확해 보이지만, 수년 동안 논란을 일으키는 문제의 문장이 하나 있다. 이 기사는 런의 배경에 대해 그가 군에 복무할 당시 직함이 '인민해방군 총참모부 소속 정보공학 아카데미 전 소장'이라 했다. 이 아카데미는 중국 군대를 위해 통신 연구를 수행하는 기관이었다. 미국 정치인들은 이 직함을 지적하며, 이는 런이 군 통신 분야에서 일했다는 증거라고 생각했다. 화웨이는 런이 그런 직함을 가진 적이 없다고 극구 부인하면서, 한 대변인을 통해 "잊을 만하면 꺼내 드는, 같잖은 헛소리"라고 일축했다.[24] 이제 와서 보면 그 정보는 단순한 착오일 가능성이 높다. 군용 04 교환기의 발명가이자 화웨이의 라이벌인 쥘롱통신의 창립자인 우장싱이 군에 있을 때의 직함이 바로 그것으로, 분명한 그의 공식 이력의 한 부분이다. 런정페이의 군 복무 시절은 대부분 확인되었고, 그가 정보공학 아카데미에서 복무했다면 우의 복무 사실을 비밀로 하지 않는 마당에 굳이 런만 비밀로 해야 할 이유도 없을 것이다. 길리조차 문제의 그 직책에 대한 질문을 받았을 때 "잘못된 정보일지도 모른다"고 답했다. "나는 그게 그렇게 중요한 문제라고 생각하지 않습니다. 우리가 아는 것은 런이 군 출신이라는 사실이고, 그의 회사가 군대의 지원을 받았다는 사실입니다. 그리고 우리는 화웨이가 전국 최고의 기업으로 급부상했다는 사실도 압니다."[25]

길리가 소개한 프로필보다 화웨이 사람들을 더 놀라게 한 것은 2000년의 〈포브스Forbes〉 보도였다. 이 잡지가 그 해 두 번째로 발표한 중국 최고 부자 명단에 56살의 런정페이를 3위에 올린 것이다. 〈포브스〉에 따르면 그는 중국 전체를 통틀어 세 번째 부자로, CITIC 재벌의 총수인 80세의 룽이런榮毅仁과 동물 사료 회사 이스트호프그룹East Hope Group의 창업자인 52살의 류용싱劉永行 다음가는 부호였다.

런정페이는 명단에 오른 것이 달갑지 않았다. 〈파이낸셜 타임스

Financial Times〉에 따르면 화웨이는 그 명단을 작성한 루퍼트 후거워프Rupert Hoogewerf에게 공장 견학을 시켜주겠다고 제안하면서, 조건으로 런정페이를 명단에서 빼줄 것을 요구했다고 한다.[26] 후거워프는 화웨이의 기업 가치를 100억 달러로 추산하면서, 그중 런의 지분이 5%라는 점을 근거로 그의 재산을 5억 달러로 추정했다. 화웨이 주식은 공개 시장에서 거래되지 않기 때문에 이 추정치가 사실에 근접한 것인지는 알기 어렵다. 런정페이는 이 명단을 무시하면서, 직원들에게 외신들이 불순한 동기로 조작한 것이라고 말했다.[27] 그는 자신이 아주 최근까지도 평범한 푸조Peugeot를 타고 다녔다는 사실을 상기시키면서, 안전을 고려해 좀 더 좋은 차를 구하라는 충고도 받았다고 했다. 회사에 빚진 돈도 이제 겨우 갚았다고 덧붙였다.

중국에서 재산을 자랑하다 정치적으로 위험해지는 경우가 있고, 실제로 부호 명단에 오른 임원들 중에는 이후 몇 해 동안 부패 혐의로 수사를 받는 경우가 많았다. "어머니는 나를 공개적으로 부자로 지목한 〈포브스〉의 기사가 나온 뒤 한시도 걱정을 놓지 못하셨습니다. 혹시나 정치적으로 어떤 좋지 않은 영향이 있지 않을까 생각해서였죠." 런은 나중에 그렇게 말했다. "어머니는 내게 그 많은 돈이 다 어디서 났느냐고 물으셨어요. 당시 환경이 좀 그랬기 때문에 어머니는 늘 두려움에 시달렸습니다."[28]

런은 2001년 1월로 예정된 후진타오 부주석의 이란 국빈 방문을 수행하게 될 몇 안 되는 기업인 명단에 포함되었다.[29] 당시 이란과 중국 정부는 양국 관계를 강화하기로 합의했고, 후 주석은 이란과 중국이 교통과 에너지와 통신 분야에서 교역량을 늘리기 바란다고 말했다.[30]

후진타오는 이미 중국의 차기 주석이 될 것이라는 소문이 파다했기 때문에, 미래의 지도자를 대면하는 것은 매우 중요했다. 1997년에 이란 대통령으로 개혁주의자 모하마드 하타미 Mohammad Khatami가 당선된 뒤로 미국이 이란에 대한 무역 제재를 완화했기 때문에, 당시에는 중국 기업이 이란에서 사업을 해도 크게 위험하다고 생각할 이유가 별로 없었다. 화웨이는 2000년의 이란 프로젝트 입찰에서 핀란드의 노키아, 스웨덴의 에릭슨, 이탈리아의 이탈텔Italtel, 독일의 지멘스와 경합했다.[31] 입찰에 참여한 런이 가장 크게 걱정하는 부분이라고 해봐야 춘절 연휴에 가족과 함께 있어주지 않는다고 화를 내는 아내 정도였다.[32] 그러나 조지 W. 부시 행정부가 이란에 대한 제재를 강화하고, 이어 버락 오바마 대통령 재임 시절에도 달라지는 것이 없자 이란에서의 화웨이 입지는 위험해졌다. 멍완저우가 밴쿠버에 억류된 것도 바로 이 때문이었을 것이다.

방문 일정 중 런정페이는 후 부주석에게 프레젠테이션을 할 수 있는 몇 분의 시간을 배정받았다. 그 자리에서 런은 후가 화웨이라는 기업의 성격을 알고 있는 것 같아 기뻤다. 하지만 여행 도중 런은 어떤 전화를 받았다.[33] 77세의 어머니가 그날 아침 쿤밍의 시장에 갔다가 차에 치였다는 소식이었다. 어머니가 점심시간이 되어도 돌아오지 않자 런의 여동생이 어머니를 찾으러 나섰다가 사고 사실을 알게 됐다고 했다. 쑨 회장은 이미 비행기로 런의 어머니 곁으로 날아간 터였다.[34] 런의 딸 멍완저우도 달려갔다.[35] 런도 뒤따라 도착해 보니 어머니의 상태는 생각했던 것보다 더 심각했다. "어머니는 약물과 기계에 의지해 겨우 심장 박동과 호흡을 유지하고 계셨다." 그는 그렇게 적었다. "이란으로 돌아가는 길에 내게 안 좋은 일이라도 생길까 봐 그들은 이후 소식을 알려주지 않았다." 그녀는 얼마 지나지 않아 세상을 떠났다.

모친상을 당한 런은 '나의 아버지와 어머니'라는 제목으로 가족에 대한 장문의 글을 썼다. 여기서 런은 부모님의 어린 시절 그리고 또 자신의 어린 시절 외에 중국 대기근과 문화혁명을 겪은 가족의 경험을 풀어놓았는데, 지금까지 그가 여기저기서 가족사를 언급하긴 했어도 이렇게 자세하고 길게 얘기한 적은 그때가 처음이었다. 런은 화웨이를 만들고 꾸려나가는 데 정신이 팔려 부모님과 시간을 많이 보내지 못한 것을 두고두고 후회했다. 이 글은 다른 기업가들에게도 영향을 미쳐, PC 제조업체 레노버의 창업자 류촨즈도 런의 글을 읽고 자신의 어린 시절 얘기를 썼다.[36] 류는 1966년에 자신의 아버지가 옛 동지를 거짓 고발하라는 강압적 요구를 거부했다가 당에서 추방당했다고 썼다. "그때는 분위기가 살벌했어요." 류는 그렇게 회상했다. "그때의 일은 내 기억에 또렷하게 남아 있습니다. 아버지는 내게 남자가 되는 법을 몸으로 가르쳐 주셨습니다. 성실함이 무엇인지 가르쳐 주셨죠!" 화웨이와 레노버의 성공은 이런 어린 시절의 가르침 덕분이라고 류는 말했다. "런정페이처럼 우리도 솔선수범하고 개인의 이익보다 회사의 이익을 먼저 생각해야 합니다. 우리의 뿌리를 되찾아 가보면 앞선 세대가 우리가 행동해야 할 방법의 토대를 이미 마련해 놓았다는 사실을 확인할 수 있습니다."

슬퍼하거나 옛 생각에 잠길 때가 아니었다. 몇 주 뒤 화웨이는 치명적인 궁지에 몰리게 된다. 2001년 2월 16일, 미국과 영국은 조지 W. 부시 대통령의 명령에 따라 이라크 수도 바그다드 외곽에 있는 목표물 다섯 곳을 합동으로 공습했다.[37] 사태가 정리되고 난 뒤, 미 국방부는 화웨이가 이라크군을 위해 설치 중이던 광섬유 케이블 네트워크가 자신들의 표적이었다고 발표했다.

당시 국방부는 구체적인 내용은 밝히지 않고, 단지 이라크가 광섬유 케이블을 활용해 연합군 전투기를 표적으로 삼았다고 발표하면서 그 케이블은 분명한 위협이라고 단정했다. 하지만 비공개 석상에서 미국 관계자들은 광섬유 케이블을 파괴한 속내를 털어놓았다. 유선 전화선을 차단하면 이라크 군대는 어쩔 수 없이 무선통신을 사용할 것이고, NSA가 이를 감청함으로써 이라크 군대를 여우굴에서 나오게 만드는 것이 원래의 작전이었다. "하지만 이라크 방공 통신이 광섬유로 바뀌면 통신을 감청할 수 없게 되어, 미군의 위험이 커지고 정찰하기도 힘들어진다." CIA 특별자문이었던 찰스 듀엘퍼Charles Duelfer는 나중에 그렇게 썼다. "그 공격으로 이라크군은 무선 링크를 사용할 수밖에 없었을 것이다. 아니면 아예 그것도 사용하지 못했거나."[38] 이보다 앞서 이 기술을 다룬 CIA 기밀 문건에 따르면 "광케이블은 통상적인 수단에 의한 무단 감청이 통하지 않기" 때문에 이를 두고 "다른 통신 방식에서는 제공되지 않는 독특한 기능"이 있다고 했다.[39] NSA 분석가로 활동하다 군사軍史를 연구하는 학자로 변신한 매튜 M. 에이드Matthew M. Aid는 NSA가 미국군 관계자들을 설득해 공습을 실행하게 했다고 썼다.[40]

이런 논란 탓에 화웨이는 외교적인 면에서 런과 그의 팀이 전혀 대비가 안 돼 있던 쪽으로 큰 주목을 받게 되었다. 화웨이는 이라크에서 미국의 제재에 어긋나는 판매를 한 적이 없다고 부인했지만, 논란을 잠재우기엔 부족했다. 미 국무장관 콜린 파월Colin Powell은 주미 중국 대사 양제츠楊潔篪와 직접 마주 앉았다.[41] 〈워싱턴 포스트〉는 1999년에 중국 외교관들이 유엔 제재위원회에 화웨이가 바그다드에 통신 장비를 공급할 수 있도록 두 차례나 허가를 요청했다며, 이는 중국 정부가 이라크에서 화웨이의 영업 사실을 알고 또 지원했다는 사실을 반증한다고 보도했다.⁴² 〈워싱턴 포스트〉는 또한 영국과 미국이 화웨이의 요청을 '보류'한 뒤, 화웨이가 이란과 비밀리에 계약을 진행했을지 모른다고 보도했다. 유엔 중국 대표부 대변인은 〈워싱턴 포스트〉로부터 논평을 요청받자, 화웨이가 유엔 안보리 결의안을 위반한 사실이 발견되면 중국 정부가 직접 수사해 기소할 것이라고 답했다. 한 전직 화웨이 임원은 런이 겁에 질린 모습을 두 번 봤다고 말했다. "한번은 중앙 정부에서 나온 조사단이 도착했을 때고, 또 한번은 화웨이가 이라크에 장비를 수출했다가 미국으로부터 제재를 받은 때였습니다."⁴³

화웨이는 결국 경고를 받는 수준에서 어느 정도 위기를 모면했다. 파월은 기자들에게 중국 정부가 이라크에서 광섬유 케이블 프로젝트를 진행하는 기업들에 '중단 명령'을 내렸다고 말했다.⁴⁴ 그러나 이 사건은 화웨이로 향하는 미국의 기술 판매를 제한하라는 요구를 비롯해 워싱턴에서 화웨이를 상대로 대대적인 조사를 벌이게 만드는 계기가 된다. 2001년 11월에 열린 대량살상무기에 관한 상원위원회 청문회에서 위스콘신 핵군축계획Wisconsin Project on Nuclear Arms Control 국장 게리 밀홀린Gary Milhollin은 상무부가 화웨이에게 제품 생산에 필요한 미국의 첨단 부품을 구매할 수 있는 라이선스를 내주었다고 비난했다.⁴⁵ 그는 화웨이가 미국의 대형 하이테크 기업 퀄컴Qualcomm으로부터 50만 달러 상당의 통신 장비를 구매하도록 허가를 받았고, DEC Digital Equipment Corporation, IBM과 휴렛팩커드Hewlett-Packard, HP, 썬마이크로시스템즈Sun Microsystems 등으로부터 고성능 컴퓨터도 구매할 수 있었다고 말했다. 그는 현재 모토로라의 수출 허가 신청이 상무부에 계류 중이라며, 이 신청이 승인되면 화웨이가 고속 교환기와 라우팅 장비를 만드는 데 도움이 될 것이라고 덧붙였다. 밀홀린은 미국의 이런 기술이 "사실상 아무것도 없는 상태에서" 출발한 화웨이의 기반을 굳히는 데 도움을 주었다고 주장했다.

한 전직 화웨이 임원은 당시에는 거의 깨닫지 못했지만, 이라크 사건은 화웨이 역사에서 중요한 분기점이었다고 말했다. 이제 화웨이는 미국의 감시망 안으로 들어가, 국가안보를 위협하는 잠재적 기업으로서 한시도 방심할 수 없는 존재가 되었다. "이라크 사건은 매우 중요했습니다." 그 임원은 그렇게 말했다. "이후 화웨이를 대하는 미국의 전략이 바뀌었죠. 그때 화웨이는 언젠가 무슨 일이 일어나고 말 것이라 여겼지만, 그 무슨 일이 트럼프일 줄은 전혀 예측하지 못했을 겁니다."[46]

9/11 테러 공격이 발생한 지 며칠 뒤 화웨이는 다시 공공연한 감시 대상이 되었다. 서방 언론은 화웨이가 카불에서 1만 2,000회선 규모의 디지털 전화교환기를 설치하는 계약을 맺었다고 전하면서, 화웨이와 중국이 테러와의 전쟁에서 잘못된 편에 섰다고 보도했다. '탈레반과의 교역으로 곤경에 처한 중국.' 어떤 헤드라인은 그렇게 단정했다. 중국 외교부는 공개적으로 화웨이를 변호해야 했다. 그해에만 두 번째였다. "보도 내용은 사실과 크게 다릅니다." 외교부 대변인은 기자들에게 그렇게 말했다. "근거 없는 비난이에요."[47]

탈레반에 설치한 전화선을 둘러싼 논란은 미국이 테러와의 전쟁에 몰두하기 위해 중국 전략을 광범위하게 재검토하는 과정에서 나온 일이었다.[48] 하지만 부시 행정부는 대테러 협력에 집중하기 위해 공산주의자들을 압박하는 문제를 잠시 보류하기로 했다. 중국은 아프가니스탄과 국경을 맞대고 있으며 파키스탄과의 관계도 긴밀했다. 화웨이 같은 공급업체들은 이들 지역 전역에서 영업했다. "사람들은 아프가니스탄 문제를 두고 중국과의 협력을 고려하기 시작했습니다." 당시 국무부 관리였던 에반 파이겐바움Evan Feigenbaum은 한 녹음 사료에서 그렇게 말했다. "그것은 논쟁의 방향을 완전히 재설정하는 일이었죠. 미국의 힘에 도전하는 중국을 다루는 방법을 놓고, 그들은 냉전 시대의 낡은 세력 균형 논쟁을 벌이기보다 외교 정책의 방향을 바꾸기로 한 겁니다."⁴⁹ 9/11 테러 한 달 후 부시는 상하이에서 장쩌민을 만나 정보를 공유하는 문제와 군사 기술 확산을 단속하는 문제로 중국의 도움을 요청했다. "중국은 강대국입니다." 부시가 말했다. "그리고 미국은 중국과 건설적인 관계를 원합니다. 우리는 중국이 세계 공동체의 완전한 일원이 된 것을 반깁니다. … 우리는 중국의 세계무역기구 가입을 환영하고 지지합니다."⁵⁰

2001년 12월, 중국은 마침내 WTO에 가입했다. 양국 관계자들은 중국이 국제 사회에 합류하는 역사적인 순간이라고 환영했지만, 중국 자신은 물론 외국 기업의 경영진들도 중국이 글로벌 경쟁의 홍수 속에서 과연 살아남을지 자신을 못했다. "WTO에 가입하면 우리 중국은 실업자 수가 늘어날 테고, 그러면 정치가 안정될 수 있을지 불투명합니다." 런정페이는 그렇게 말했다.⁵¹

화웨이의 미국 시장 진출은 파장을 일으켰다. 미국의 대형 네트워크 기업 시스코는 화웨이의 라우터가 자기들 것과 너무 비슷하다며 고소를 준비 중이라는 소문이 돌았다. 화웨이의 미국 지부인 퓨처웨이의 한 인사 팀장은 기술부 동료에게 그 소문을 물었다.

"걱정하지 마." 동료가 대답했다. "우리가 문제를 바로잡고 있으니 걱정하지 않아도 돼."⁵²

12
기습

| 이라크, 사스, 시스코: 2003~2004년 |

2003년으로 접어들자 전 세계 통신 업계는 갑작스레 다가온 엄청난 기회에 흥분을 감추지 못했다. 미국이 이라크를 침공해 사담 후세인 정권을 무너뜨릴 것이라는 소문이 돌았기 때문이었다. "전 세계의 무선통신 업체들이 이 수지맞는 파이 조각을 차지하기 위해 앞뒤 가리지 않고 달려든다." 이 분야의 어떤 간행물은 그렇게 썼다.[1] 또 다른 간행물은 업체들이 이런 전망에 "벌써 군침을 흘리고 있다"고 보도했다.[2]

이라크는 유엔 제재에 막혀 현대화를 진척시키지 못했다. 이라크에는 아직 휴대전화 네트워크가 없었고, 1980년대에 프랑스 알카텔이 구축한 유선 네트워크는 조악하기 그지없었다.[3] 그러나 후세인이 축출되고 미국에 우호적인 정권이 들어서면, 제재가 해제되고 전화망 구축이 곧 활성화될 것이 분명해졌다.

2001년 미 국방부가 화웨이가 이라크에 구축한 시설을 폭격하고 제재를 위반한 혐의로 고발하자 화웨이는 철수했다.[4] 그러나 미국의 침공 소문이 돌자 화웨이는 조용히 직원들을 다시 이라크로 들여보내기 시작했다. "처음에 이라크에 갔을 땐 명확한 임무가 없었어요." 그해 1월에 파견된 한 직원은 그렇게 회상했다. "회사 경영진이 우리에게 내린 임무는 전쟁이 끝나고 난 뒤에 도시를 재건하라는 것이었습니다."[5]

2003년 3월에 조지 W. 부시 대통령은 후세인에게 이라크를 떠나지 않으면 즉각 쳐들어갈 것이라며 최후통첩을 보냈다. 화웨이는 이라크 통신사 아시아셀Asiacell의 직원들을 선전으로 데려와 훈련시키기 위해 긴급 작전을 펼쳤다.[6] 화웨이는 이라크 엔지니어들의 비자 문제를 해결하기 위해 서둘렀다.

"전쟁이 터지기 일보 직전이었다." 중동 지역 영업을 총괄하던 화웨이의 한 매니저는 나중에 그렇게 썼다. "지금 당장 고객사의 엔지니어들을 회사로 불러들여 훈련해야 했다. 전쟁이 시작되면 빠져나올 수 없고 외부 세계와의 접촉도 차단될 판이었다."[7]

그러는 사이에 21세기 첫 번째 팬데믹이 중국 남부에서 고개를 들었다. 선전에서 멀지 않은 지역에서 사람들이 알 수 없는 이유로 호흡곤란을 겪고 있다는 소문이 돌았다. 정부에서 아무런 공식 정보가 나오지 않았기 때문에, 사람들은 각자 알아서 해결하겠다며 감기약을 사재기했다. 이 새로운 질병은 결국 중증급성호흡기증후군Severe Acute Respiratory Syndrome, 즉 사스SARS라고 불렸다. "살면서 이런 뜻밖의 난관은 처음입니다." 화웨이는 고객들에게 보낸 서신에서 질병의 빠른 확산이 "심리적 공황 상태"를 유발했다고 시인했다."[8]

다른 세계적인 재난 때도 그랬지만 화웨이의 경영진은 사스를 하나의 기회로 여겨, 자신들이 계약을 이행할 용기와 능력이 있음을 고객에게 입증해 보이려 했다. 해외의 일부 경쟁사들이 사업을 중단했을 때도 화웨이는 현지에서의 설치 작업을 강행했다. 그들은 엔지니어들이 고객을 만나는 일정에 차질이 없도록 10~15일 미리 현장에 도착해, 자가 격리 기간을 보내고 일을 처리할 수 있도록 조치했다.[9] 이는 심리적 동요를 막으려는 베이징의 방침과도 일치했다. 중국의 지도자 후진타오는 모든 것이 정상적임을 보여주기 위해, 현지 감염병 전문가들과 감염병 확산을 막기 위한 시찰 도중 일정을 변경해 화웨이에 들렀다. 관영 언론이 발표한 사진에는 마스크도 쓰지 않은 채 런정페이 팀과 대화하는 후 주석의 모습이 담겨 있었다.[10]

화웨이는 또한 팬데믹으로 인해 3G에 대한 주요 계획이 무산되는 것을 마뜩잖게 생각했다. 전 세계 네트워크 사업자들은 3G 모바일 네트워크를 구상하는 참이었고, 화웨이도 기술 연구개발에 막대한 투자를 한 후 이 시장에 발을 들여놓기 위해 필사적이었다. 화웨이는 특히 홍콩을 밀어붙였다. 홍콩에서 가장 작은 모바일 업체인 선데이커뮤니케이션Sunday Communications을 집중 공략하면 승산이 있다고 판단했기 때문이었다. "사스 따위는 안중에 없었다." 선데이와 거래를 추진하던 한 화웨이 직원은 나중에 그렇게 썼다. "우리는 거의 매일 만나 함께 밥을 먹고 얘기했다. 기본적인 예방 조치 외에는 아무도 사스를 언급하지 않았다."[11]

사스가 맹위를 떨치고 있는 선전에 이라크 엔지니어들이 도착했다. 화웨이 직원들은 이들을 시내에 있는 이슬람 식당으로 데려갔고, 다시 회사로 데려와 연수 과정에 참여시켰다.

2003년 2월 음력 설을 하루 앞둔 날, 런정페이는 미국의 라이벌 시스코가 화웨이를 상대로 소송을 제기했다는 말을 들었다. 처음에는 믿기지 않았다. "그럴 리가 없다. 그들과 논의할 때 얼마나 우호적이었는데. 정말로 고소했다니 믿을 수 없다." 화웨이의 심의에 관여했던 어떤 사람은 런이 그렇게 말했다고 전했다.[12]

시스코의 법률 고문 마크 챈들러Mark Chandler는 몇 달 전에 선전을 찾아 본사의 경고를 전달하면서 화웨이가 시스코의 라우터를 베낀 것으로 "분명히 단정했다"고 전했다."[13] 그리고 이제 대책을 실행에 옮긴 것이었다.

스탠퍼드 대학의 컴퓨터 과학자들이 1984년에 설립한 시스코 시스템즈Cisco Systems는 인터넷 파이프를 구축한 기업이자 시가총액 5조 달러를 상회하는 세계에서 가장 가치 있는 기업 중 하나였다. 시스코의 CEO 존 체임버스John Chambers는 금발에 파란 눈을 가진 업계 총아였다. 언론은 그를 가리켜 '인터넷의 제왕' '세계 최고의 CEO' '미국 최고의 보스'라고 부르며 추켜세우기 바빴다. 심지어는 대통령 선거에 출마하리라는 추측도 있었다. 하지만 그때 닷컴 불황이 닥쳤다. 2001년에 체임버스는 시스코 17년 역사상 처음으로 적자를 냈다고 보고했다. 의심하지 않을 수 없을 만큼 시스코와 유사한 라우터를 화웨이가 들고 미국 시장에 뛰어들었을 때, 체임버스는 더는 눈감아줄 기분이 아니었다.

런은 가장 신임하는 부하이자 당시 화웨이 부사장이었던 궈핑에게 가능한 한 빨리 미국으로 가라고 말했다. 런은 불리한 싸움을 피해 적의 가랑이 사이를 기는 굴욕을 감수했던 한신韓信의 고사 과하지욕跨下之辱을 떠올렸다.[14] 회사가 살아남을 수만 있다면 자존심 정도는 얼마든지 양보할 수 있었다.

고액의 변호사들을 잇달아 만난 궈핑은 매번 그들에게 물었다. "패소할 경우 얼마를 지불해야 합니까?"[15] 시스코의 메시지가 화웨이의 컨설턴트를 통해 다시 궈에게 전달되었다. "당신들은 천문학적 벌금을 물게 될 겁니다. 화웨이는 파산할 겁니다."[16]

험난해 보이는 싸움이었다. 시스코는 그들 소스 코드에서 나타나는 특정 버그가 화웨이의 키드웨이Quidway 라우터 제품군 소프트웨어에 반복적으로 나타나고 있다고 지적하며, 이는 부인할 수 없는 명백한 복제의 흔적이라고 주장했다. 또한 화웨이가 최소 5건의 시스코 특허를 침해했으며 사용 설명서의 일부를 그대로 베꼈다고 그들은 주장했다. 또한 시스코가 캘리포니아의 컨설턴트 스콧 매커로이Scott McElroy를 위장 요원으로 고용해 화웨이에게 불리한 증거를 은밀하게 수집한 사실도 소송에서 밝혀졌다. 매커로이는 무역박람회에서 화웨이 직원과 대화를 나누거나 화웨이의 라우터를 구입해 시스코에 넘겨 포렌식 분석을 하도록 했다.[17] 법원은 일찌감치 시스코의 손을 들어주어, 시스코의 요청대로 화웨이에게 증거보전을 요구하는 임시금지명령Temporary Restraining Order, TRO을 내렸다.

또한 시스코는 소송을 제기하기에 앞서 베이징을 먼저 방문하는 등, 정치적으로 신중한 자세를 취했다. 그들은 중국 내 라우터 공급업체 1위였기 때문에, 공연히 그들의 민족주의를 자극해 1위 자리를 잃는 불상사는 피하고 싶었다. 시스코의 경영진은 중국 관리들에게 시스코의 불만은 중국 정부나 국가에 대한 것이 아니라 특정 기업에 대한 것임을 강조했다. 웨스트버지니아에서 오리 사냥을 하며 자란 시스코의 CEO 존 체임버스는 사냥에 나서기 전에 오리의 습성부터 연구하는 비유를 들며, 팀에게 소송의 장단점부터 꼼꼼히 검토하라고 지시했다.[18] 체임버스는 후에 "우리는 CEO 런정페이의 가족 배경부터 이 사건과 직접적인 관련은 없어도 유사한 사건을 중국 당국이 어떻게 다뤘는지 등 모든 것을 검토했다"고 썼다. 그는 중국 정부나 화웨이를 곤란하게 하지 않도록 조심하면서 소송을 진행하면 유리한 결론을 끌어낼 수 있다고 판단했다.

화웨이에 긴장감이 감돌았다. 화웨이 일부 직원들이 시스코의 소송을 비웃는 듯한 풍자적 내용의 이메일을 유포하자, 회사는 이를 전달한 직원들 225명의 급여를 삭감했다. "업무와 관련이 없는 연쇄 이메일 유포에 가담한 사람은 급여가 삭감될 것이다!" 경영진은 그렇게 으름장을 놓았다.[19]

화웨이는 노키아, 지멘스와 지적 재산권 공유 계약을 체결하는 등 지적 재산권의 입지를 확실히 다지기 위해 안간힘을 쓰고 있었다. 심지어 그들은 회사를 모토로라에 매각하는 극단적인 경우까지 염두에 두고 있었다. 런은 하이난의 한 해변에서 모토로라의 COO 마이크 재퍼로브스키Mike Zafirovski를 만나 75억 달러 규모의 거래를 논의하기도 했다. "런과 경영진은 아주 들떠 있었습니다." 회담을 속속들이 알고 있던 어떤 사람은 그렇게 회상했다. 하지만 두 회사 모두 자국에서 군수품을 공급하는 업체였기에 거래 성사 여부는 확실하지 않았고, 성사된다 해도 규제 당국의 승인을 받을 수 있을지도 불투명했다. 하지만 이런 대화가 오갔다는 말이 시스코의 체임버스 귀에 흘러 들어갔다.[20] 아마도 그게 화웨이의 목적이었을 것이다.

화웨이를 구한 것은 결국 시스코의 라이벌인 스리콤3Com이었다. 이더넷Ethernet의 발명가 로버트 멧카프Robert Metcalfe가 1979년에 설립한 스리콤은 이 분야의 선구자였다. 하지만 이제 스리콤은 뒤처지지 않으려 안간힘을 쓰고 있었다. IBM 출신으로 희끗희끗한 머리에 안경을 쓴 스리콤 CEO 브루스 클래플린Bruce Claflin은 시스코의 체임버스와의 개인적으로 라이벌 관계임을 인정했다. "제 아내가 그러더군요. 당신을 사랑하지만 당신에 대해서는 존 체임버스가 나보다 훨씬 더 많이 알 거라고요." 클래플린은 〈뉴욕 타임스〉 기자에게 그렇게 말했다. "그때부터는 개인적인 문제가 돼버렸습니다."[21]

스리콤과 화웨이의 제휴는 양측 모두에게 매력적인 거래였다. 화웨이는 스리콤의 방대한 특허 포트폴리오를 통해 당장 법적 보호를 받을 수 있고, 스리콤은 화웨이의 낮은 생산 비용이라는 이점과 거대한 중국 시장에 진입하는 기회를 얻을 수 있었다. 두 회사가 H3C라는 합작사를 발표한 직후, 스리콤의 변호사들은 스리콤도 이해 당사자이기 때문에 시스코 소송에 개입하겠다는 요청서를 제출했다.[22] 이에 대해 시스코의 변호사들은 스리콤의 합작은 아직 규제 당국의 승인을 기다려야 하기 때문에, 스리콤은 이 소송에서 이해 당사자가 아니라고 주장했다. 그러자 스리콤의 변호인단은 반격에 나섰다.[23] 그들은 스리콤이 화웨이와의 "사업 관계를 완결하기를 원했기" 때문에, 두 회사는 별도의 이면 계약을 맺어 화웨이가 이미 스리콤 브랜드용 일부 제품을 제조하기 시작했다고 주장했다. 클래플린은 법정에서 이렇게 말했다. "스리콤과 화웨이의 합작사는 시스코를 포함한 제3자의 지적 재산권을 침해한다고 생각되는 제품을 시장에 내놓지 않기로 약속했습니다."

현재는 물론 앞으로 내놓을 모든 제품에 대해 스리콤의 특허 우산 속에서 보호받게 되자, 화웨이의 법적 문제는 그들이 예전에 시스코 특허를 침해했는지 여부 같은 훨씬 사소한 사건으로 축소되었다. 이제 시스코는 법원이 나서 화웨이가 미국 시장에 어떤 제품도 판매하지 못하도록 막아야 한다고 주장하기가 더 어려워진 것이다.

시스코 코드의 일부가 화웨이 제품에 들어갔는지를 둘러싼 의문에 대한 화웨이의 설명을 믿을 수 없다고 생각한 사람들도 있었지만, 실제로 어떤 일이 있었는지는 증명하기가 어려웠다. 화웨이는 1999년에 시스코가 고용하지 않은 제3자가 라우터 프로토콜의 소스 코드가 담긴 디스크를 화웨이 직원에게 주었고, 그 직원이 다른 동료에게 이를 전달했으며, 그 동료는 출처를 제대로 확인하지 않고 이를 사용했다고 법원에 진술했다.[24] 화웨이는 이를 두고 회사 방침을 어긴 지각없는 직원이 저지른 일회성 사건이라고 둘러댔다. "시스코가 금지하려는 행위는 중단되었으며 또 다시 그런 행위가 발생하는 일은 없을 것입니다." 화웨이의 변호사들은 법원에 보낸 서한에서 그렇게 썼다.

2003년 4월 사담 후세인이 쫓겨난 후 전 세계 통신 업계는 뜨겁게 달아올랐다. 이라크에 처음으로 휴대전화 네트워크를 구축할 수 있게 되었기 때문이다. 최대 9억 달러에 달하는 프로젝트였다. 이라크는 화웨이 최고 경영진의 의제로 떠올랐지만 화웨이만 그런 건 아니었다.[25] 이라크는 모두의 의제였다.

2003년 7월 세계보건기구 WHO가 사스의 종식을 선언한 지 얼마 지나지 않아, 요르단 암만에서 이라크의 모바일 네트워크 구축 라이선스를 획득할 통신사업자를 선정하는 입찰 회의가 열렸다. 이라크에 있던 화웨이 엔지니어는 암만으로 향하던 중 폭격으로 폐허가 된 지역을 지나쳤다. "전쟁과 폭정이 아니었다면 이 나라는 얼마나 풍요롭고 행복했겠는가." 엔지니어는 그렇게 적었다.[26] 화웨이의 고객인 아시아셀이 계약을 따낸 세 회사 중 한 곳으로 선정

되었다.²⁷

2003년 12월, 튼튼한 SUV를 탄 화웨이 엔지니어들이 암만에서 이라크 북부의 술라이마니야까지 17시간 걸리는 거리를 달렸다. 아시아셀의 2G 무선 네트워크 작업을 위해서였다. 그들은 허머Hummer를 타고 순찰 중이던 친절한 미군 병사들을 만났고, 일행 중 한 사람은 그들과 기념사진을 찍을 수 있었다. 기관총을 든 미군들 사이에 서서 그 중국인 남성은 검은 양복과 넥타이 차림으로 두 손을 깍지 낀 채 어색하게 웃었다.²⁸

사스의 기세가 누그러지자 세계 곳곳의 모바일 사업자들은 차세대 3G 네트워크 공급업체를 선정하는 작업을 진행했다. 홍콩의 선데이커뮤니케이션과 아랍에미리트의 에티살랏Etisalat은 모두 화웨이를 3G 공급업체로 선정했다고 발표했다. 팬데믹 기간에도 꾸준히 노력을 아끼지 않았던 화웨이 영업팀의 수고가 결실을 거두는 순간이었다.

이 기간에 심지어 화웨이는 미국에 처음으로 소규모 모바일 사업자를 진출시켰다. 아이러니하게도 화웨이가 미국 시장에 발을 들여놓을 수 있었던 것은 도청 용량을 확대하려 했던 FBI의 노력 덕분이었다. 1994년에 제정된 범죄수사 통신지원법Communications Assistance for Law Enforcement Act, CALEA 에 따라 통신사업자는 FBI나 그 밖의 미 당국이 전화 통화를 도청할 수 있는 기술적 접근 통로를 마련해야 했다. 인터넷 통신 트래픽이 점점 더 많아지면서 미국 규제 당국은 CALEA의 업데이트를 추진했다. 미국 연방통신위원회FCC는 통신사업자에게 웹 트래픽도 도청할 수 있도록 장비를 개조하라고 명령했다.²⁹

소규모 모바일 사업자들은 갑작스럽게 새 장비를 구입하려 했지만, 비용이 큰 부담이었다. 화웨이는 사업자가 시간적 여유를 가지고 비용을 치를 수 있는 관대한 금융 패키지를 제공했다. 금융 옵션이 주어지자 클리어톡ClearTalk이 화웨이를 선택했다. 클리어톡은 캘리포니아주 엘센트로와 애리조나주 유마 인근의 주민 2만 명에게 서비스를 제공하는 회사였다. 클리어톡의 오너 에릭 스타인맨Eric Steinmann은 미국 공급업체인 루슨트가 CALEA 업그레이드와 FCC의 다른 두 가지 새로운 기술 요구 사항에 대해 약 3,000만 달러의 견적을 제시했다고 회상했다. "우리 같은 중소기업의 입장에서 그 돈은 우리 네트워크 전체를 구축하는 데 들인 비용보다 많은 금액이었습니다. 하지만 우리는 가진 게 없었어요. … 그래서 화웨이를 선택할 수밖에 없었습니다."[30]

시스코는 2004년 7월에 화웨이에 대한 소송을 취하했다. 양측은 각 회사가 자체적으로 법적 비용을 떠안는다는 것 외에 다른 재정적 조건을 발표하지 않았다. 양측은 결과에 대해 각자의 해석을 내놓았다. 시스코의 마크 챈들러는 "지적 재산권 보호의 승리"라고 선언했다. 화웨이 역시 결과에 매우 만족한다고 발표했다.[31]

화웨이는 이후로도 계속해서 지적 재산권 소송에 시달리게 된다. 화웨이는 대부분 물러서지 않고 다투었지만, 초창기 중국 시장이 무법천지였다는 점은 런도 인정했다.

"페이스북은 어땠을 것 같습니까?" 런은 언젠가 그렇게 반문했다. "만약 중국이 페이스북을 만들었다면 다들 수도 없이 베꼈을 겁이다. 최초 발명자는 물론이고 초기에 모방했던 자들도 어디로 갔는지 모르게 사라졌을 겁니다."[32]

13

제국으로 가는 길

| 글로벌 확장: 2004~2008년 |

런정페이가 어렸을 때만 해도 해외여행이라는 단어는 좀처럼 듣기 힘든 말이었다. 하지만 화웨이 직원들은 업무이든 여가이든 당당하게 세상을 구경하고 다녔다. 인기 있는 여행지 중 하나는 호주였다. 런정페이는 2005년 광저우 주재 호주 총영사에게 부탁해, 화웨이 직원들이 호주에서 휴가를 보낼 수 있도록 비자를 받아주었다.[1] 미국으로 출장을 떠나는 직원들의 호주머니에는 디자이너 가방, 유명 브랜드 운동화 등 선전에 있는 친구와 가족에게 줄 선물 목록이 들어 있었다. 돌아오는 길에 직원들은 홍콩에 들러 수입 분유를 몇 통 사오기도 했다. 외국 브랜드를 선호하는 동료의 어린아이를 위해서였다.[2] 런도 유화를 수집했는데, 해외에서 구매한 수집품을 고국으로 나르기 위해 화웨이 직원들의 도움을 받았다.[3]

화웨이는 외국의 고위 인사나 해외 경영진을 초청하는 경우가 잦았고, 대부분은 그들의 여행 경비를 대신 부담했다. 화웨이의 새 캠퍼스는 규모가 크고 화려하기로 유명해, 고속도로에 화웨이 전용 출구가 따로 마련될 정도였다.[4] 사무실이 너무 덥고 습하고 모기가 많아 직원들이 모기장 안으로 피하던 시절은 아득한 옛말이 되었다. 새로운 직원 기숙사에는 에어컨과 텔레비전이 완비되어 있었다. 1.4제곱킬로미터에 이르는 면적에 가로수길, 축구장 4개, 테니스장, 수영장 등이 있었다.[5] 방문객을 위해 화웨이는 고급 호텔을 직접 운영했고, 제품을 전시하고 시연하는 대궐 같은 흰색 홀에는 직원들이 '사담 궁 Saddam's Palace'이라는 별명을 붙여주었다.[6] 요리사들은 세계 각국의 음식을 정성껏 공들여 조리했다. 인도의 소프트웨어 엔지니어들을 위해서는 인도 북부와 남부의 요리를 모두 제공했기 때문에 어느 지역 출신이든 고향의 맛을 즐길 수 있었다. 전통 다도茶道의 예법을 습득한 직원도 있었다.[7] 조각상 같은 외모의 리셉션 직원과 웨이터들은 키, 몸무게, 자세 등을 검사하고 손이나 팔에 흉터가 없는지 확인해 선발했다.[8]

직원들 중에는 이 모든 대외용 치장을 허세라며 못마땅하게 생각하는 사람도 있었다. 런은 그것도 하나의 사업 수단이라고 말했다. "고객들이 찾아왔을 때 '흠, 회사가 멋지군. 금방 망할 것 같지는 않아 보이는데'라고 생각해야 계약하자고 나설 겁니다." 그는 그렇게 말했다. "이 점을 알아야 해요. 우리는 서비스 업체입니다. 그러니 고객이 보고 좋아할 수 있다면, 그들을 위해 그런 시설을 만들 겁니다."[9]

초기에 런은 엔지니어들에게 돈을 주체하지 못할 정도로 부자가 될 준비나 하라고 큰소리치면서, 그때는 돈에 곰팡이가 피지 않도록 발코니에 내놔 바람을 쐬어야 할 것이라고 말해[10] 사람들을 웃겼다. 실제로 화웨이의 직원들은 부자가 되었다. 외국인 직원들도 마찬가지였다. 화웨이의 인도 대표인 루케Lu Ke는 인도 엔지니어들을 데려오는 조건으로 두 배의 급여를 요구했기 때문에 '미스터 더블Mr. Double'이라는 별명을 얻었다.¹¹ 화웨이 스웨덴 지사에서 일하던 로버트 리드Robert Read는 에릭슨이 정리해고를 할 때마다 상사가 자신을 헤드헌터로 임명해 그곳으로 보냈다며 이렇게 회상했다. "그는 내게 거금을 주면서 기차역으로 보내곤 했습니다. 그리고는 '그들을 나정하게 대하고 술도 대접하라. 그곳에 있는 사람들 모두에게 술을 사라'고 말했죠."¹²

런은 화웨이의 직원을 단순한 돈 버는 기계로 생각하지 않았다. 그는 직원들에게 자기 계발을 강조했다. 그는 화웨이 직원을 역사, 문학, 철학, 글로벌 문화를 배우는 르네상스인으로 만들려 했다. 그는 자신의 개인적인 경험을 쓰면서 간간이 역사적인 전투와 시와 지정학 등에 대한 단상을 소개하는 등, 다양한 주제의 글을 통해 스스로 모범을 보였다. 그의 엔지니어들은 단순히 라우터를 만드는 조직의 톱니바퀴가 아니라, 세련되고 철학적인 남녀라는 점을 증명하기 위해 열심히 런의 선례를 따랐다.

현금이 그 어느 때보다 빠르게 유입되었다. 대부분은 베이징에서 흘러들어온 돈이었다. 베이징의 통제를 받는 정책 은행인 국가개발은행國家開發銀行, China Development Bank은 화웨이의 2005년도 해외진출 자금으로 무려 100억 달러를 책정했다.¹³ 2004년도 화웨이 매출의 두 배에 달하는 엄청난 액수였다. 그것은 전 세계 통신사업자들이 적은 돈으로 화웨이의 장비를 사들인 뒤 대출금을 조금씩 갚아 나갈 수 있다는 의미였다. 가능한 한 빨리 사업을 시작하라는 베이징의 분명한 격려였다. 화웨이는 남아프리카공화국, 요르단,

아르헨티나, 태국과 그 밖의 여러 국가들과 잇달아 계약을 맺었다고 발표했다.

장쩌민의 뒤를 이어 국가 지도자가 된 후진타오는 나이지리아, 필리핀, 독일 등 다양한 나라에서 열린 화웨이의 계약 체결식에 직접 모습을 드러냈다. 그중에는 외교적 차원에서 협상을 진행 중인 프로젝트도 있었다. 2005년 8월에 인도네시아 대통령 수실로 밤방 유도요노Susilo Bambang Yudhoyano는 화웨이 본사를 방문한 자리에서 이렇게 말했다. "후진타오 주석과 나는 협력 범위를 확대하기로 합의했으며 특별히 정보, 통신, 국방 분야의 협력에 의견을 같이 했습니다."[14]

화웨이가 글로벌 기업으로 성장함에 따라 런정페이와 그의 팀은 외국인들이 더 쉽게 알아볼 수 있는 이름으로 사명을 변경하려 했다. 런은 화웨이華爲라는 이름이 '중국은 위대하다'는 멋진 의미를 담고 있긴 하지만 어감이 강하지 못해 마음 한구석이 늘 불만이었다. 하지만 화웨이라는 이름을 바꾸기에는 너무 늦었다고 판단해 로고만 바꾸기로 했다. 그때까지만 해도 그들의 로고는 얇은 광선 15개로 이루어진 붉은색 햇살 무늬였다. 2006년 5월에 화웨이는 국화를 연상시키는 넓고 붉은 꽃잎 8개로 간소화했다.[15] 국내 언론은 화웨이에 '국화 공장'이라는 별명을 붙여주었다.

런정페이는 〈타임Time〉지 선정 '2005년도 가장 영향력 있는 100인'에 이름을 올렸다. "마오쩌둥 주석의 판박이인 전직 군인." 〈타임〉은 런을 그렇게 평가했다. "중국의 전 지도자처럼 런정페이는 격의 없는 재치, 측근 제거, 미국 권력에 대한 도전으로 유명하다."[16]

런던에서는 당국자들이 비밀리에 토론을 열었다. 영국 최대 전화 및 인터넷 회사 브리티시텔레콤British Telecom, BT은 화웨이가 자신들의 공급업체 중 한 자리를 차지하기 위해 경합 중이라는 사실을 당국에 알렸다. BT는 전화 접속 인터넷을 고속 광대역으로 업그레이드 하는 100억 파운드 규모의 네트워크 사업을 추진 중이었다. 런정페이 팀은 이 사업을 통해 서방 진출의 돌파구를 마련하고 싶었다. 영국 국가안보정보교환국National Security Information Exchange 관계자는 화웨이의 입찰 참여를 금지하는 방안을 고려했지만 결국 응찰을 허용했다.[17] 개별 공급입체를 금지할 경우 소송이 제기될 가능성을 우려했기 때문이었다. 사실 중국이 정치적 보복을 해올 위험도 분명히 존재하고 있었다.

화웨이는 입찰에 참여하기 위해 100명이 넘는 직원을 영국으로 보냈다.[18] 화웨이는 수개월 동안 BT의 CTO 맷 브로스Matt Bross에 구애 작전을 펼친 결과 브로스로부터 긍정적인 반응을 얻어냈지만, 그들이 과연 화웨이에게 기회를 줄지는 알기 어려웠다. 화웨이의 직원들은 서구의 주요 통신사와 같이 일해본 경험이 없었기 때문에, BT의 까다로운 요구 사항을 충족시키고 입찰 과정에서 나올 온갖 종류의 기술적 질문에 차질 없이 대응하기 위해 치밀하게 준비했다. "아무 데나 바닥에 그냥 누워 잠깐 눈을 붙인 다음 작업을 계속했습니다." 한 화웨이 직원은 그렇게 회상했다. "7일 동안 쉬지 않고 준비했어요."

2005년 4월, BT가 화웨이를 선택하면서 드디어 서방으로 들어가는 둑이 터졌다. BT의 승인을 받은 화웨이는 곧이어 영국의 보다폰, 프랑스의 오랑주 SAOrange SA, 스페인의 텔레포니카Telefónica와 잇달아 계약을 체결했다. 이런 계약을 발판으로 화웨이는 개별 국가뿐 아니라 유럽 대륙 전체로 사업을 확장할 수 있었다. 보다폰은 유럽과 개발도상국에서 모바일 네트워크를 운영했다. 오랑주 SA의 영역은 프랑스와 프랑스어권 아프리카에 걸쳐 있었다. 텔레포니카는 스페인어권 국가를 장악했다. 이들 통신사의 발자취에서 옛 유럽 제국의 흔적을 발견한다 해도 우연이라고만 치부할 수는 없을 것이다. 과거 유럽 여러 나라들은 영토를 연결하고 관리하기 위해 제국 전역에 전화 네트워크를 구축하는 것을 최우선 과제로 삼았다. 이들 전화 인프라는 점차 그 소유권이 민간기업으로 넘어갔다. 미국의 인도-태평양사령부US Pacific Command 의 통신 전략 고문이었던 켄 지타Ken Zita 는 통신 네트워크를 배치하는 방식을 보면 지정학의 많은 부분이 설명된다고 말한다. "하나의 시스템에서 정보가 흐르는 방식을 이해하면 전체의 작동 방식을 알아낼 수 있습니다."[19]

보다폰으로 유럽에 진출한 화웨이는 조촐하게 출발했다. 그들은 우선 3G '동글dongle'을 공급하는 것으로 시작했다. 동글은 노트북에 꽂아 와이파이 핫스팟을 켤 수 있는 USB 스틱이었다. 하지만 이후 그들은 보다폰 브랜드로 휴대폰을 만드는 데까지 발전했다.[20] 얼마 지나지 않아 화웨이는 라우터, 서버, 광섬유 네트워크, 모바일 기지국 등 필요한 모든 것을 공급하며 사업을 확장했다. 전 세계 통신사업자들은 화웨이의 장비, 특히 저렴한 가격에 매료되었다.

이는 화웨이의 일부 서방 경쟁사에겐 종말을 고하는 서막이었다. 영국의 마르코니와 캐나다의 노텔은 BT와의 계약에 실패한 후 화웨이에 인수나 합병 의사를 타진했고, 실제로 런정페이의 신임 대리인 궈핑과 이 문제를 논의하기까지 했다.[21] 노텔의 CEO 빌 오웬스Bill Owens 는 화웨이와 노텔의 합병 문제를 놓고 캐나다와 미국 정부의 동의를 얻기 위해 몇 달 동안 동분서주했다고 말했다. 그렇게 되면 "중국과 캐나다와 미국의 관계가 더 좋아질 것"이라고 그는 말했다."²² (노텔의 미국 사업은 그 규모가 상당했기 때문에 워싱턴의 규제 당국은 그들이 어떤 거래를 하든 직접 개입할 수밖에 없었다.) "나는 런정페이 씨가 화웨이의 모든 소스 코드를 국가안보국NSA과 기꺼이 공유할 것으로 생각했습니다." 오웬스는 말했다. "나는 이 문제에 대해서 국가안전보장회의 사람들과도 이야기했었습니다." 그러나 서구의 규제 당국은 그런 거래를 무조건 보안 위험으로 간주했다.

화웨이가 해외로 사업을 확장하는 데 필요한 자금줄은 베이징이 직접 나서 문을 열어주었다. 이제 넘어야 할 남은 산은 주문을 차질 없이 이행하는 것이었다. 그러나 일부 계약은 심각하게 지연되어 성난 고객들을 달래느라 쩔쩔매야 했다. "당시 사람들은 농담조로 '달에서 책임자를 찾아온다 해도 화웨이 프로젝트를 감당할 수는 없을 것'이라고 비웃었어요." 궈핑은 그렇게 회상했다.²³

케냐가 그랬다. 화웨이는 2004년에 케냐에서 이동통신사 사파리콤Safaricom과 성대한 조인식을 거행했고, 중국 공산당 원로 우방궈까지 행사를 위해 날아왔다.²⁴ 하지만 3년 뒤에도 사파리콤은 여전히 통신 요금 청구 시스템을 기다리고 있었다. 사파리콤의 CEO 마이클 조지프Michael Joseph는 흥분하며 회상했다. "회의도 수없이 소집했습니다. 회의 중에 화가 폭발하는 경우도 많았어요."²⁵

참다못한 조지프는 홍콩으로 날아갔다. "계약을 취소하겠소." 그는 화웨이 경영진에게 그렇게 말했다. "당장 내 돈을 돌려주지 않으면 런던에서 소송을 제기할 겁니다."

화웨이가 환불하기로 합의하면서 문제가 해결되는 것 같았다. 하지만 조지프가 귀국하자 케냐의 정보통신부 장관이 그를 불렀다. 위키리크스WikiLeaks가 나이로비 주재 미국 대사관에서 빼낸 전문電文에 따르면, 조지프는 화웨이와의 계약을 취소할 경우 케냐에 약속한 중국의 모든 대외 원조가 위험해질 수 있다는 말을 들었다고 했다. 다른 장관들도 조지프에게 전화를 걸어 재고해 줄 것을 요청했다. 이민부 장관은 외국인인 조지프가 계약 취소를 강행할 경우 취업 허가 문제가 발생할 수 있다는 말도 은근히 흘렸다.[26]

몇 해 뒤에 이 사건에 대해 질문을 받았을 때 조지프는 그런 일이 있었다는 사실을 인정하면서도 화웨이를 두둔했다. 그는 화웨이가 사파리콤과의 관계를 회복할 만한 조치를 했고 이후로 핵심 파트너가 되었다고 말했다. 화웨이는 사파리콤이 M-PESA(페사는 스와힐리어로 '돈'이라는 뜻)라는 모바일 결제 시스템을 구축하는 데 필요한 엔지니어링 리소스를 제공했는데, 그것이 큰 성공으로 이어진 것이다. 사람들이 이 시스템을 사용하기 위해 사파리콤 서비스에 가입했기 때문이었다. 사파리콤 단독으로는 해낼 수 없는 성과였다. 어쨌든 그들에겐 화웨이와의 협력 외에 다른 선택지가 거의 없었다. 전 세계에서 기지국 시스템을 만드는 회사는 많지 않았고, 그마저도 비용이 적게 드는 회사는 화웨이와 ZTE 정도가 전부였다.

2011년에 조지프가 CEO 자리에서 물러나자 화웨이는 오랜 친구를 기념하는 전통에 따라 그를 선전으로 불러 성대한 파티를 열어주었다. "내가 클래식 음악을 좋아한다는 걸 알고 클래식 오케스트라까지 동원했더군요." 조지프는 그렇게 회상했다. "오페라 가수도 왔어요. 내가 태어난 해에 만든 와인도 한 병 선물로 주었습니다."

2006년 1월 일요일 아침, 북한의 지도자 김정일은 선전의 호텔을 나와 차에 올라탔다. 그를 태운 차량 행렬은 화웨이 테크놀로지로 향했다.[27] 그가 머무른 시간은 고작 20분이었다. 하지만 이 방

사진 13.1 케냐 시아야 카운티의 사파리콤 매장에 화웨이가 2016년에 개발한 모바일 결제 서비스 M-PESA의 광고가 걸려 있다.

문을 계기로 화웨이는 북한 최초의 3G 휴대전화 네트워크인 고려링크Koryolink를 구축하는 계약을 추진할 수 있었다.[28]

이라크의 경험으로 화웨이 경영진은 한 가지 사실을 터득했다. 미국의 제재를 받는 국가라도 사업을 신중하게만 진행하면 성공할 수 있다는 것이다. 화웨이는 2001년 미 국방부의 지시에 의해 이라크에 설치한 그들의 광섬유 네트워크가 폭파되고 유엔의 제재를 위반했다는 혐의로 처벌을 받는 위기에 처하는 등 고비를 맞았지만, 그들은 주저앉지 않고 이를 헤쳐 나갔다. 실제로 화웨이는 남들이 기피하는 장소를 찾아갔기에 결국 보상을 받을 수 있었다. 2003년에 제재가 해제되자 화웨이는 이라크의 새로운 모바일 네트워크에서 빠르게 자신의 입지를 넓혀갔다.

화웨이는 당시 미국이 제재를 하고 있던 북한에서, 'A9'이라는 코드명을 사용해 프로젝트에 조심스레 접근했다. 화웨이는 안테나 등 몇 가지 장비를 중국의 중개 업체인 판다인터내셔널Panda International에 판매했는데, 나중에 〈워싱턴 포스트〉가 보도한 것처럼 판다는 철도를 이용해 중국 북동쪽 국경 너머로 장비를 운송했다.²⁹ (화웨이는 〈워싱턴 포스트〉의 질문에 북한에는 "어떤 지사도 두지 않고 있다"고 잡아뗐다.) 그러나 어린 시절 기근을 겪은 경험이 있는 런정페이는 북한 주민들의 곤경이 남의 일처럼 여겨지지 않았다. "최근 몇 년 동안 북한 주민들이 직면한 어려움을 나는 진정으로 이해할 수 있다."³⁰

화웨이는 또한 미국과 탈레반의 전쟁으로 아프가니스탄의 사업 전망이 불투명해진 뒤에도 그곳 시장에서 발을 빼지 않았다. "우리는 하릴없이 돈만 쓰고 있었어요." 아프가니스탄에 나가 있던 한 엔지니어는 그렇게 회상했다. "1년이 지나가는데도 수익은 전혀 없었습니다." 그래도 경영진은 괜찮다고 말했다고 했다. 그들은 길게 보았다. "이 국가 저 국가 어디라 할 것 없이 화웨이는 늘 이런 식으로 성장해 왔습니다." 그는 그렇게 말했다. "그들은 항상 장기적으로 생각합니다." 이 엔지니어는 '전쟁 수당'으로 매일 100달러를 받았다고 했다.³¹ 노동자들은 종종 카불에 있는 화웨이의 안전 가옥에 몸을 숨긴 채 일하고 생활해야 했다. "포탄이 터지면 '오늘은 그냥 집에 있으라'는 메시지를 받곤 했죠." 아프가니스탄에 머물던 또 다른 화웨이 직원은 그 지역에 있던 동료가 인질로 잡혔지만 다행히 무사히 풀려났다고 전했다.³² 화웨이는 충칭에서 요리사 한 명을 보내 그들의 향수병을 달래주었고, 런정페이는 아프가니스탄 지사를 찾아 사기를 북돋아 주었다. "비행기를 탈 수 있는 한, 나는 어떤 험지도 가리지 않고 여러분을 찾아갈 것입니다." 런정페이는 그렇게 말했다. "나도 죽는 게 무서운데 어떻게 여러분에게 영웅적으로 싸우라고 할 수 있겠습니까?"[33]

화웨이는 이란에서도 사업을 계속했지만 정치적 환경은 갈수록 위험해지고 있었다. 1990년대 후반에 미국은 개혁주의자인 모하마드 하타미 대통령 치하에서 대이란 제재를 완화했지만, 2002년에 이란이 비밀리에 핵 시설을 건설했다는 사실이 드러나면서 다시 국제적 위기가 촉발되었다. 2005년에 당선된 강경파 대통령 마무드 아마디네자드MahmoudAhmadinejad는 핵 프로그램을 더욱 강력하게 추진해, 2006년에 처음으로 우라늄 농축에 성공했다고 발표했다.[34] 조지 W. 부시 대통령은 이란의 핵 산업과 관련된 사업자에겐 새로운 제재를 가했지만 다른 무역은 계속 허용했다. 이란은 이 지역에 근무하는 화웨이 직원들이 자주 들렀다 가는 곳이었다. 언젠가부터 이란이 아랍에미리트 비자를 갱신하는 데 편리한 경로라는 사실이 알려졌기 때문이었다. 아랍에미리트에 파견된 화웨이 직원들은 관광 비자로 일하는 경우가 많았는데, 비자를 갱신하려면 한 달에 한 번씩 출국하는 번거로움을 감수해야 했다.[35] 두바이에서 나갔다가 돌아오려면 비행기를 타고 페르시아만을 건너 이란으로 갔다가 다시 오는 방법이 가장 짧고 빨랐다. 직원들은 그것도 괜찮은 방법이라 생각했지만, 이 경로를 비행하던 여객기가 추락해 탑승자 46명 중 43명이 사망하는 일이 벌어진 뒤로 생각들이 달라졌다. 이들은 화웨이 지도부에 불만을 담아 쓴 편지에서 자신들이 그 비행기에 타지 않은 것은 순전히 운일 뿐이라며 하소연했다. "편의성이나 비용을 고려한 조치인 것은 이해하지만, 여러 나라에서 일할 때 관광 비자를 사용하는 직원들은 그 불편이 이만저만이 아닙니다."

이 시기에 화웨이는 이란 국방부 소유의 군수 계약 업체인 이란 전자산업Iran Electronics Industries에도 제품을 판매했다. 그들은 북한 프로젝트와 마찬가지로 중개인을 통해 판매했다. 화웨이 자체 신문인 〈관리최적화보〉의 2006년 10월호에는 운송장을 허술하게 붙인 직원을 질책하는 기사가 실렸다. 거기에는 중국 국영기업인 중국 국가기술수출입공사China National Technical Import and Export Corp., 中國技術進出口集團有限公司에서 '이란 전자산업'으로 배송되는 상자 사진이 함께 실려 있었다.[36] 그런데 사진에 찍힌 운송장에는 해당 소포가 화웨이와 관련된 것이라는 표시가 없었다. 중동 공급망에서 일하는 중에 그 기사를 작성한 화웨이 직원은 자신들의 파트너가 운송장이 제대로 붙지 않아 상자에서 떨어졌다며 항의했다고 썼다. "그때 난 화웨이 직원이라는 사실이 정말 수치스러웠다!" 몇 주 후, 그 이란 회사는 미사일과 대량살상무기 개발에 관여한 혐의로 미국 국무부로부터 제재를 받았다.[37]

2007년에 화웨이는 해저 케이블과 매니지드 서비스Managed Service(고객의 네트워크나 IT 시스템을 대신 운영, 관리하는 서비스—옮긴이)라는 두 가지 이색적인 제품을 선보이면서 빅리그로 올라섰다. 일반 소비자가 체감하긴 어렵지만, 화웨이가 이런 제품을 내놓았다는 것은 네트워크 분야에서 최고 수준에 도달했다는 뜻이었다.

해저 케이블은 전 세계 인터넷 트래픽의 약 99%를 전송하는 파이프라인으로, 글로벌 통신 네트워크의 중추를 형성한다. 사람들은 흔히 데이터가 지구 반대편에서 위성을 통해 내 기기로 전송된다고 생각하겠지만, 사실 데이터는 거의 예외 없이 바다 밑으로 이동한다. 케이블이 끊어지면 국가 전체가 일시적으로 오프라인 상태가 될 수 있기 때문에, 각국 정부는 해저 케이블을 매우 중요한 산업으로 간주해 관리한다. 당연한 이유로 정보기관도 이 분야에 각별한 관심을 보인다.[38] 유명한 사례로 '아이비 벨 작전Operation Ivy Bells'이 있다. 1970년대 초에 미 해군과 CIA와 NSA가 잠수부를 동원해 소련의 해저 케이블에 도청 장치를 설치한 사건인데, 그들은 10년 동안 매달 테이프를 새것으로 교체하며 도청을 일삼다 발각되어 작전을 중단했다.[39] 이후 이들 네트워크는 좀 더 안전한 광케이블, 즉 광선으로 정보를 전송하는 케이블로 교체되었다. 2001년 〈월스트리트 저널〉은 NSA가 해저 광케이블을 도청하는 기술을 개발하는 데 큰 관심을 보였으며, 이런 작전은 "기술적으로 어렵고 물리적으로 위험하며 어쩌면 불법일지 모른다"고 보도했다.[40] 신호를 가로채는 일은 미국 정부의 최고 기밀 작전에 속하는 임무로, 이에 대한 정보를 유출하는 것은 연방 범죄로 징역형을 받을 수 있다고 〈월스트리트 저널〉은 덧붙였다.

첩보 활동이 아니더라도 케이블 구축은 큰 사업이었다. 전 세계적으로 인터넷 트래픽이 기하급수적으로 증가하자, 어느 국가를 막론하고 다들 해저 케이블 구축에 열을 올렸다. 시스코와 노키아 같은 전통적인 네트워킹 장비 공급업체들이 여기에 참여했다. 구글, 마이크로소프트, 페이스북 등 신생 기업도 뛰어들었다. 화웨이는 2007년에 영국의 글로벌머린시스템스Global Marine Systems와 설립한 합작회사를 통해 이 시장에 진출했다.[41] 당시 화웨이의 최고 전략책임자였던 궈핑이 화웨이 서브머린네트웍스Huawei Submarine Networks라는 새로운 해저 케이블 벤처의 회장으로 임명되었다.[42] 이 합작회사는 곧 케냐와 아랍에미리트를 연결하는 해저 광섬유 케이블 같은 프로젝트에 입찰했다. 화웨이는 1년 전 이 프로젝트의 입찰에서 탈락한 바 있었다. 당시 낙찰을 받은 기업은 알카텔-루슨트Alcatel-Lucent로, 이 분야 업체들의 인수합병 물결이 이어질 때 미국 최대 업체 루슨트를 흡수해 몸집을 불린 프랑스의 대형 네트워크 장비 기업이었다. 하지만 화웨이는 계속 입찰에 참여해 곧 해저 케이블 프로젝트를 따내기 시작했다.

2007년에 화웨이는 에릭슨 등 서구 기업들이 개척한 종합 서비스인 매니지드 서비스도 판매하기 시작했다. 고객이 매니지드 서비스를 선택하면 화웨이는 유료로 네트워크 운영을 지원했다.[43] 외부의 관측통들은 이 부분을 완전히 빼놓고 다루지 않는 경우가 많았다. 화웨이의 사업에서 딱히 두드러지지 않는 부분이었기 때문이다. 하지만 화웨이가 갖는 지정학적 중요성을 고려하면 이 매니지드 서비스는 가장 중요한 부분에 속했다. 매니지드 서비스로 화웨이의 엔지니어들은 고객 네트워크를 통제할 수 있는 위치에 놓이게 되었다. 이후 몇 년 동안 화웨이가 정부 감시에 한몫한다는 의문에 대한 논란은 대부분 화웨이가 고객에게 매니지드 서비스를 제공하는 계약과 관련이 있었다. 그들은 이런 거래의 범위를 기업 보도 자료에 설명해 놓았다. 예를 들어, 화웨이는 2008년에 사우디아라비아 업체 모블리Mobily의 "네트워크 운영, 백 오피스, 현장 운영, 네트워크 최적화, 예비 부품 관리"를 서비스하기로 계약했다고 발표했다. 화웨이는 또한 모블리의 네트워크 내에 있는 다른 회사들의 장비도 유지보수하기로 했다. "이 매니지드 서비스 계약을 통해 모블리는 운영 비용을 절감할 수 있을 것이다." 한 보도 자료는 그렇게 말했다.[44]

화웨이가 글로벌 네트워크에 통합되는 속도가 빨라지자 그들은 각국의 첩보기관으로부터 밀착 감시를 받기 시작했다. 이 분야의 중견 간부들은 서방 정보기관의 요원들이 던졌던 질문을 떠올리기도 했다. 2007년 7월에 FBI 요원들이 뉴욕의 한 호텔에서 런을 면담했다. 그때의 상황에 대해 자세히 알려진 것은 없지만, 런은 그들에게 화웨이는 이란의 어떤 기업과도 직접 거래한 적이 없다며, "아마도 이집트에선가" 제3자에게 몇 가지 장비를 판매한 게 전부라고 말했다고 한다. 런과 그의 보좌관들은 미국 출장을 위해 비자를 신청했지만 단수 비자밖에 못 받는다는 사실을 알고 실망했다.[45] 국무부는 화웨이 직원 전원을 기술 이전 위험군으로 분류해, 비자 맨티스Visas Mantis (안보나 기술상 민감한 문제가 생길 것에 대비해 특정인에게 이례적으로 엄격한 기준을 적용해 비자 승인 여부를 심사하는 제도―옮긴이) 프로그램에 따라 복수 비자를 발급하지 못하도록 조치했다.

국가안보국의 조사 책임자였던 찰스 클랜시Charles Clancy는 2009년이나 아니면 2010년에 이라크 술라이마니야에 있는 아시아셀 본사를 방문했을 당시, 많은 인원의 화웨이 엔지니어들이 매니지드 서비스 계약을 지원하기 위해 그곳에 배치되어 있는 것을 목격했다고 회상했다. "화웨이 엔지니어들과 아시아셀 엔지니어들이 축구를 하고 있었어요." 그는 "그들은 실제로 많은 인프라를 운영했습니다."[46]라고 말했다. 나중에 클랜시는 상원위원회에 출석해, 화웨이 직원들은 이런 매니지드 서비스를 통해 해킹하지 않고도 해외 네트워크에 광범위하게 접근할 수 있다고 말했다. "정문 열쇠가 있으면 뒷문은 필요 없습니다." 그는 위원회에 그렇게 설명했다.[47]

서방 첩보기관들은 자국의 국내 네트워크 회사도 만났지만, 모든 회사들이 그들의 방문을 반긴 것은 아니었다. 캐나다 정보국 고위 간부였던 미셸 주노-카츠야Michel Juneau-Katsuya는 노텔 경영진에게 그들 회사가 중국 정보기관의 표적이 되고 있다고 경고했다. 그러나 "그들은 우리 말을 들은 척도 안 했어요." 그는 그렇게 말했다. "마치 '뭐가 문제야? … 다 잘되고 있는데. 당신들은 필요 없어. 다른 데 가서 제임스 본드 노릇이나 하시지'하는 식이었죠."[48]

2007년 9월, 워싱턴에서 화웨이는 정치적 소용돌이의 중심에 섰다. 밋 롬니Mitt Romney 전 매사추세츠 주지사가 공동 설립한 보스턴 소재 사모펀드인 베인캐피털Bain Capital과 화웨이가 손잡고 미국 네트워크 회사 스리콤을 인수하기로 했다는 소식이 나온 뒤였다. 미국의 정계 인사들은 발끈해, 이는 국가안보에 대한 위협이라고 맹비난하면서 부시 행정부에 이 거래를 막으라고 촉구했다.

온전히 재무적 관점에서만 보면 그것은 합당한 거래였다. 베인은 스리콤의 성공 여부가 화웨이의 승인에 달려 있다는 것을 알았다. 당시 스리콤을 버티게 해주는 유일한 실체는 사실상 화웨이가 2003년에 합작 투자로 설립한 중국 사업부 H3C에서 나오는 매출이었다. 하지만 외부에서는 그런 사실을 거의 몰랐다. 화웨이는 스리콤과의 약정에 따라 2006년에 H3C의 지분을 스리콤에 다시 매각하면서, 이후 18개월 동안 H3C와는 정면으로 경쟁하지 않겠다고 약속했다. 하지만 18개월이 지났을 때 사람들은 런정페이가 마음만 먹으면 언제든지 H3C를 무너뜨릴 수 있다는 사실을 깨달았다. 베인은 22억 달러의 거래에서 16%의 지분을 건네는 화해안을 제시했다.

워싱턴 인사들은 정세를 그렇게 보지 않았다. 미국 정치인들은 스리콤이 국방부 계약업체라는 점을 지적했다. 미시간주 하원의원 피터 훅스트라Peter Hoekstra는 중국이 미국 정부가 해커를 차단하기 위해 구축한 시스템이 무엇인지 알아내고야 말 것이라 경고했다. 하원 공화당 정책위 위원장 대디어스 맥코터 Thaddeus McCotter 는 이를 "미국의 국가안보에 대한 스텔스 공격"으로 규정했다. 비난이 쏟아지자 화웨이 경영진은 당황했다. 이 거래가 미국의 국가안보를 위험에 빠뜨릴 수 있느냐는 〈파이낸셜 타임스〉 기자의 질문에, 화웨이의 최고 마케팅 책임자이자 회사 내에서 솔직하기로 유명한 데다 진지하고 안경을 쓴 박사학위 소지자인 에릭 쉬는 펄쩍 뛰었나. "터무니없는 소립니다."[49]

이 거래의 운명은 비밀리에 운영되는 미국 외국인투자위원회 Committee on Foreign Investment in the United States, CFIUS 라는 규제 배심원들의 손으로 넘어갔다. 사람들은 이 위원회를 그냥 '시피어스CFIUS'로 줄여 불렀는데, 그 발음이 그리스 신화의 시피어스Cepheus, **케페우스**와 같아 권위와 음모를 연상시켰다. 재무부 장관은 보통 12개 기관의 위원회 의장을 맡지만, 헨리 폴슨 Henry Paulson 재무장관은 이해충돌의 소지가 있다는 이유로 자진 사임했다. 그는 골드만삭스Goldman Sachs의 회장을 역임한 적이 있는 데다 스리콤이 베인과 화웨이와 거래할 때 자문을 제공한 전력이 있기 때문이었다.[50] 폴슨 장관은 재무부 차관 로버트 M. 키밋 Robert M. Kimmitt 에게 사건을 넘겨 결국 키밋 차관이 사건의 심사를 맡았다.

시피어스는 권한이 막강했지만, 운영 방식은 베일에 싸여 있었다. 미국 기업에 대한 외국인 투자의 차단 여부를 결정할 때, 위원들은 국가안보를 이유로 심사를 공개하지 않았다. 기밀 정보를 다루는 업무의 민감성 때문에, 그들은 자신들이 내리는 결정을 설명할 필요가 없다고 생각했다. 아니, 오히려 설명해서는 안 된다고 생각했다. 또 그들은 가진 권한이 워낙 막강해서 굳이 거래를 적극적으로 차단할 필요도 없었다. 그냥 통과되지 않을 것이라는 암시만 하면 거래는 즉시 중단되었다.

시피어스와의 첫 의견 교환은 변호사 몇 명을 출석시켜 소규모 비공개회의로 진행하는 경우가 많았다. 하지만 심의 절차를 위해 화웨이 대표들이 나와보니 제복을 입은 국방부 고위 관리들이 홀을 가득 메우고 있었다. "이미 너희를 끝장내기로 결론을 내렸다는 뜻이죠." 그 회의의 실상을 잘 아는 어떤 사람이 그렇게 말했다. "그들은 그저 얼마나 많은 정보를 얻어낼 수 있는지 확인한 뒤에, 꺼지라고 말하려는 것뿐이었어요."

화웨이와 스리콤과 베인은 이에 굴하지 않고 몇 달 동안 시피어스를 달랠 만한 위험 완화 방책을 찾기 위해 동분서주했다. 하지만 2008년 2월에 그들은 거래가 무산되었다는 것을 알았다.

14

권력 분리

| 경영 진화: 2006~2008년 |

2007년에 화웨이 경영진은 참모들에게 새해 들어 바뀐 제도 한 가지를 공지했다. 임원을 임명할 때 회사의 공산당 위원회가 거부권을 행사할 수 있다는 사실이었다.[1] 논란의 여지가 있는 조치였다. 직원 중에는 국가 기관과 거리를 두고 싶어 화웨이 같은 민간기업을 택한 사람도 있었다. 당이 회사 운영에 깊이 개입하면 해외로 진출할 때 걸림돌이 된다는 우려도 나왔다. 외국 정부는 중국 기업 내에서 당이 어떤 역할을 하는 것 자체를 경계했다. 당 위원회가 승진 결정에 입김을 넣게 되면 이론적으로 기업 전반에 정보 요원을 심기가 쉽기 때문이다.

그해 12월에는 경영진이 직접 나서 2쪽 분량의 설명서를 배포해가며 새 정책을 옹호해야 할 정도로 직원들 사이에 불만이 커졌다. 경영진은 2005년부터 논의를 시작해 신중하게 검토한 사항이라고 밝혔다. 화웨이는 2006년 가을에 새 규정의 초안을 작성했으며, 2007년 3월에는 고위 경영진과 당 관계자들이 며칠간 회의를 계속해 가며 세부적인 시행 방안을 논의했다. "이 시스템 전체를 논의하고 의사 결정을 하는 데에만 1년 반 넘게 걸렸습니다." 회사는 직원들에게 그렇게 설명했다.

이 새로운 '권력 분리'는 연고주의와 부패를 막기 위한 것이며, 발상 자체도 미국의 3개 부처 권력 기관의 견제와 균형에서 착안한 것이라고 지도부는 말했다. 경영진은 이제 단독으로 부하 직원을 승진시킬 수 없고, 인사 부서와 당 위원회의 승인을 받아야 했다. 당 위원회는 예정된 승진을 거부할 수도 있고, 심지어 부적합한 임원을 사후에 '탄핵'할 수도 있었다.

임원 임명에 당 위원회가 발언권을 갖도록 하는 아이디어를 제안한 사람이 누군지, 런정페이의 팀에서 나온 것인지 아니면 외부 당국이 화웨이에 강요한 것인지는 확실히 알 수 없었다. 어쨌든 이런 움직임은 2000년대 중반에 후진타오 주석이 직접 나서 민간기업에서 당이 더 큰 역할을 해주도록 당부한 베이징의 움직임과 맞물려 있었다.

당 위원회가 회사 내에서 더 큰 역할을 맡을 준비를 하자, 런은 위원들에게 주어진 권한을 잘 사용하길 바란다며 이렇게 말했다. "'거부권'과 '탄핵권'은 아주 막강한 권력입니다."[2]

당이 화웨이에 대한 감독을 강화하려는 이런 변화는 화웨이에 대한 국내의 반감이 거세지는 와중에 나왔다. 화웨이는 장시간 근로를 회사 문화로 숭배했기에, 엔지니어들이 밤샘 작업을 할 때 바닥에서 잠깐씩 잘 수 있도록 책상 옆에 매트를 두었다. 이렇게 스스로 채찍질하는 문화를 반영하듯, 화웨이는 자체 발간한 R&D 책자에 '연옥煉獄'이라는 제목을 붙였다. 과학 연구의 어려움을 빗댄 카를 마르크스의 말을 인용한 것이었다.³ 타운홀 미팅에서 한 직원이 과도한 초과 근무에 대해 불평하자, 쑨야팡 회장은 연장 근무는 불가피하다며 말을 잘랐다. "우리에게 가장 부족한 자원은 시간입니다. 잘 것 다 자가면서 남을 따라잡을 수는 없어요."⁴

하지만 2006년부터 직원들이 쓰러지기 시작했다. 런정페이가 별 수단을 다 동원해도 멈춰지지 않았다. 현지 언론은 화웨이에서 발생한 사망 사건은 중국의 경제 호황 뒤에 숨겨진 무언의 인명 비용이라고 해석했다. 당시 중국의 국내총생산GDP은 11.1%로 12년 만에 최고치를 기록했다. 많은 사람이 상상을 초월하는 부를 얻었다. 하지만 하늘엔 스모그가 가득했고, 고층 빌딩을 짓는다며 유서 깊은 동네를 평평하게 만들었으며, 공장장들은 안전과 인간성을 무시하고 노동자들을 다그쳤다.

첫 번째 희생자는 순진한 얼굴에 보조개가 있는 25살의 엔지니어 후신위였다.⁵ 2006년 3월에 후는 화웨이에서 가장 시급한 프로젝트를 시작했다고 그의 여자친구는 현지 언론에 밝혔다. 그녀의 말에 따르면 다음 달인 4월에 그가 집에 돌아온 횟수는 4번이 고작이었고, 나머지 밤은 사무실에서 뜬눈으로 새웠으며 바닥에 놓인 매트리스 위에서 잠깐씩 낮잠을 잤다고 했다. 4월 말에 병원을 찾은 후는 뇌가 심각하게 손상되었다는 진단을 받았다. 혼수상태에 빠진 그는 끝내 깨어나지 못했다. 전국에서 비난이 쇄도하자 화웨이는 모든 수단을 동원해 사태를 진정시키려 애쓰는 가운데, 대변인은 기자들에게 후신위의 사망 원인은 과로가 아닌 질병이었다고 둘러댔다.

화웨이 직원의 '납득할 수 없는' 죽음은 2년 동안 계속되었다. 한 화웨이 직원은 R&D 센터에서 투신해 목숨을 끊었다. 또 다른 직원은 3층 구내식당 난간 밖으로 뛰어내렸다. 세 번째는 목을 매 자살했다. 과중한 업무로 인한 스트레스가 이들의 죽음에 영향을 미쳤는지 판별해야 했지만, 사후에 그런 인과관계를 알아내기는 어려웠다. 현지 언론은 사망자 수가 최소 6명이라고 보도했다. 사후에 발견된 어떤 엔지니어의 블로그 게시물을 살펴본 결과, 그가 심한 재정적 압박에 시달렸다는 사실이 드러났다.

> 눈물을 흘리며 아내와 생후 7개월 된 딸을 두고 떠났다. … 선전으로 돌아오는 것 외에 다른 대안이 없었다. … 애증이 뒤섞인 이 도시로 결국 돌아오고 말았다.

2007년 6월에 런정페이는 화웨이의 사내 소식지 중 하나인 〈관리최적화보〉에 공개서한을 게재했다. 당서기 첸주팡에게 도움을 청하는 내용이었다. 그는 어떻게 해야 직원들의 죽음을 막을 수 있을지 암담하다고 썼다. "화웨이 직원들의 자살과 자해가 멈추지 않습니다." 런은 그렇게 썼다. "우울증과 불안으로 고통받는 직원들이 갈수록 많아져 매우 걱정스럽습니다. 직원들이 긍정적인 마음으로 솔직하고 당당하게 삶과 마주할 수 있도록 도울 방법이 없을까요? 아무리 생각해 봐도 뾰족한 해결책이 나오지 않는군요."[6] 편지에서 런은 자신도 과거에 우울증을 앓은 적이 있지만 치료를 통해 완전히 회복했다고 밝혔다. 그는 직원들에게 업무 외 시간에는 함께 차를 마시거나 공원을 산책하는 등, 긴장을 푸는 시간을 늘려 보라고 권했다. "그 시간에 정치 토론을 벌이거나 법적 윤리적 위반 행위를 하지 않는 한 간섭하지 않을 것입니다."

그러나 외부의 비평가들 중에는 런이 압력솥 같은 업무 문화를 고집하다 이런 위기를 자초했다고 생각하는 사람들이 있었다. 화웨이는 오랫동안 월스트리트 같은 분위기를 조성해 직원들끼리의 경쟁을 부추기고 승자에게 부를 몰아주고 패자를 탈락시켰다. 상하이의 사회학자 장여우더張有德는 국내 한 잡지에 기고한 글에서 이렇게 말했다. "직원 개개인에 대한 인본주의적 관심은 이들의 기업 문화가 아니다. 화웨이는 직원을 이윤 극대화의 수단으로 여길 뿐 아니라 만인에 대한 만인의 경쟁이라는 인간 본성의 어두운 면을 부추긴다."[7]

화웨이가 자살 스캔들로 곤욕을 치를 때 노동과 관련해 또 다른 논란이 불거졌다. 중국은 노동계약법을 이제 막 채택한 터였다. 한 직장에서 10년 동안 일한 근로자를 보호하는 획기적인 법이었다. 화웨이는 인건비를 낮추기 위해 나이 든 엔지니어를 해고하고 젊은 직원으로 대체하는 수법으로 오랫동안 악명이 높았다. 2007년 말에 화웨이는 새로운 법이 제정될 움직임이 보이자, 미리 서둘러 조치를 했다. 약 6,500명의 직원에게 사직서를 제출하고 재입사하도록 요구하는 절차를 통해 선임자들을 몰아낸 것이다. 런이 솔선수범을 보였다.[8] 화웨이는 자발적인 의사에 따른 사직이라 말하며,[9] 퇴직자들에게 퇴직에 따른 보상금을 지급했다고 밝혔다. 하지만 현지 언론은 직원들은 강압에 의한 이직으로 여긴다고 보도했다. 현지 정부가 조사에 착수해 대량 사직에 불법적 요소가 없다고 발표했지만,[10] 이 사건은 화웨이의 국내 평판에 또 다른 흠집으로 남았다.

중국은 변하고 있었고 화웨이도 그 변화를 따라잡아야 했다. 과거에도 화웨이는 주기적으로 직원들에게 대량 사직을 압박한 적이 있었는데, 그중에도 1996년에 쑨야팡이 주도한 영업팀 정리해고는 특히 유명했다. 하지만 이제 새로운 세대의 근로자들은 법적 보호를 받게 되었고, 자신의 권리에 대해서도 점차 더 잘 알게 되었다. "1980년대에 태어난 근로자들은 1960년대와 70년대에 태어난 우리와는 가치관과 사고가 다릅니다." 런의 남동생인 스티븐 런은 이렇게 말한 적이 있다. "그들은 독립심이 더 강하고 자의식도 남다르죠."[11]

화웨이는 '늑대 문화' 자랑을 그만두었다. 런은 초과 근무 시간을 줄이라고 지시했다. 화웨이는 방문자들에게 직원들이 밤새 바닥에 깔아놓은 매트에서 잘 정도로 일을 열심히 했다는 이야기를 더는 하지 않고, 대신 그 매트들은 엔지니어들이 낮잠을 즐기도록 한 경영진의 배려라고 설명했다.

2007년에 63세를 맞은 런정페이는 몇 해에 걸쳐 경영의 많은 부분을 그가 '경영관리팀Executive Management Team, EMT 이라고 부른 임원 8명에게 넘겼다. 이 EMT에는 회장 쑨야팡, 윌리엄 쉬, 지핑紀平, 페이민費敏, 홍텐펑洪天峰, 초기 엔지니어 궈핑, 초기 영업 사원 에릭 쉬와 켄 후 등이 포함되었다.[12]

런은 사원들에게 이제 자신은 이인자로 내려 앉았으니 스트레스로 인해 빨리 늙는 사람은 쑨 회장일 것이라고 너스레를 떨었다. "내가 일인자일 때는 성가신 일이 많았습니다. 넘버 원은 빨리 늙을 수밖에 없어요." 런은 2004년 직원회의에서 그렇게 말했다. "이제 이인자가 되고 나니 부담감도 줄고 마음고생도 많지 않아 기분이 밝아지고 기운이 솟는 느낌입니다."[13]

그의 딸 멍완저우도 좀 더 비중 있는 역할 쪽에 조금씩 다가서고 있었다. 2006년 11월에 모리셔스공화국 언론은 이 인도양의 섬나라에 화웨이의 금융사무소가 새로 문을 열었다고 보도하면서, 사무소의 책임자는 "34세의 여성 멍완저우라고 보도했다."[14] 그녀는 이 사무소를 개설하는 책임을 맡았는데, 이는 모리셔스의 유리한 세금 환경을 이용해 사하라 이남 아프리카 전역에서 이루어지는 사업의 금융 이슈를 처리하기 위한 조치였다. 또한 모리셔스는 기업에 많은 정보를 공개하도록 요구하지 않았기 때문에, 멍의 팀은 대중의 눈을 피하고 싶은 사업을 이 섬나라를 통해 운영했다.

멍이 재무 업무를 익히기까지는 얼마의 시간이 필요했다. 그녀 스스로도 인정했지만 부서에 처음 입사했을 때는 장부를 맞추는 데만도 어려움을 겪었기 때문에, 처리한 일은 반드시 다른 사람의 확인을 받아야 했다. "사람들이 너그럽게 이해하고 지도해 준 덕분에 잃어버린 재무 지식을 조금씩 되찾을 수 있었다." 그녀는 나중에 그렇게 썼다. 화웨이의 재무 부서는 또한 체계가 뒤죽박죽이어서 멍을 포함한 경리부 동료들은 수시로 다른 부서나 고객이나 아버지로부터 지적을 받았다고 회상한다. 직원들이 환급받는 데 5개월이 걸릴 때도 있었다.[15] 멍에 따르면 "우리는 멋대로 뛰어다니는 머리 없는 닭 같았다".[16]

2007년에 런은 재무 운영 전반을 점검할 의도로 IBM 컨설팅 프로젝트를 멍에게 맡겼다. 멍은 영어가 서툴렀기 때문에 IBM 컨설턴트들과의 대화가 쉽지 않았지만 포기하지 않고 끝까지 해냈다. 그녀의 프로젝트는 회사 내에서도 그다지 호의적인 시선을 받지 못했고, 일부 영업 직원들은 엄격한 새 규정 탓에 업무가 더 어려워졌다고 생각했다. 멍은 "내부 통제를 다잡던 초기에는 재무와 비즈니스가 대립하는 개념이라고들 생각했다"고 썼다.

멍은 2007년 2월에 홍콩에서 재혼했다. 상대는 화웨이의 멕시코 법인장이었던 류샤오종劉曉椶(카를로스 류)이었다.[17] 멍은 첫 번째 결혼에서 세 아들을 두었다. 3살 연하인 류는 키가 큰 남부 출신으로, 가끔 웨이브 퐁파두르 헤어스타일로 멋을 부렸다. 류는 멍과 마찬가지로 쓰촨성의 수도 청두에서 태어났기 때문에, 두 사람의 어린 시절 경험에는 공통점이 많았다.[18] 류는 대학 졸업 후 1996년에 화웨이에 입사했고, 2000년대 초반에 랴오닝성 영업팀장으로 승진했다. 런정페이가 처음 시도한 대규모 해외 진출 방침에 따라 류는 멕시코로 파견되었다. 멕시코에서 근무하는 동안 류는 별다른 뉴스거리를 만들어내지 못했지만, 2005년에 멕시코와 중국의 통신 관련 고위 관계자들이 모인 회의에서 화웨이 대표로 맹활약해 멕시코 언론의 주목을 받았다.[19]

화웨이는 친족 채용의 부작용이나 갈등을 방지하기 위해 부부가 함께 일하는 것을 금지하는 규정을 두고 있었다. 다만 정작 규정이 적용되는 경우는 많지 않았다. 하지만 멍과 류의 관계가 문제가 되자 류는 MBA 과정을 밟겠다며 화웨이를 떠났다. 현지 언론은 런정페이의 그늘에서 벗어나 자신만의 전문 분야에서 뭔가 성취해 보려는 그의 열망에 따른 결정이라고 평가했다. 결혼 후 멍은 남편의 성을 자신의 성에 추가하는 홍콩의 관습에 따라 여권에 등록한 이름을 완저우 멍 류Wanzhou Meng Liu 로 바꿨다. 하지만 이 때문에 여권과 다른 신분증의 이름이 일치하지 않아 성가신 일들이 생기자 결국 원래대로 되돌렸다.[20]

멍과 그의 남편 류는 밴쿠버에 집을 구해 그곳에서 여름을 보내기 시작했다. 양지바른 모퉁이에 자리 잡은 튼튼한 이층집으로, 한 블록 떨어진 근처 공원에는 야구장이 있었다. 두 사람은 곧 딸을 낳았고, 이전 결혼에서 얻은 세 아들까지 자식 넷을 거느리게 되었다. 가끔 류의 부모님이 함께 머물며 아이들을 돌봐주었다. 집 앞에는 분홍색과 파란색 수국이 해마다 흐드러지게 피곤 했다.

멍이 모리셔스에 화웨이 사무소를 개설할 무렵, 또 다른 회사도 이 섬나라에 들어왔다. 카니쿨라홀딩스Canicula Holdings Limited였다. 바깥에서는 카니쿨라가 화웨이의 지배를 받는다는 사실을 알 리 없었다. 2007년에 카니쿨라는 화웨이 한 자회사로부터 스카이컴 테크Skycom Tech Co.라는 홍콩 회사를 인수했다. 당시에는 아는 사람이 거의 없었지만, 스카이컴은 화웨이가 이란에서 벌이는 사업을 은폐하기 위한 페이퍼 컴퍼니였다.

화웨이의 재무관리부 부장이던 멍은 2008년 초에 스카이컴의 이사로 등록했다.[21] 그녀가 왜 이란에서 이루어진 거래에서 자신의 연관성을 추적할 수 있는 서류를 만들었는지는 확실히 알 수 없다. 어쩌면 그것은 그녀 인생에서 저지른 최악의 실수였을지 모른다. 어쨌든 그녀는 법률에 의거한 홍콩 정보 공개 양식에 위쪽으로 기울어진 영문 필체로 캐시 멍이라 서명했다.

화웨이가 1996년에 당 위원회를 설립한 뒤로 당원 수는 회사의 직원 수와 같은 비율로 빠르게 증가했다. 2000년에 화웨이가 보유한 당원은 1,800명이었다. 2007년에는 전체 직원 6만 1,000여 명 중 1만 2,000명이 당원이었다.[22] 중국 기업들이 흔히 그렇듯, 화웨이 직원들 사이에서는 당 위원회가 애국심과 도덕심을 앞세워 무리한 행사를 벌이며 시간을 낭비한다는 불평이 나왔다. 하지만 오히려 당서기 첸주팡은 자기비판을 건성으로 하는 임원들이 있는 것 같다며 주의를 주었다.

화웨이가 설치한 당 위원회의 역할 중 하나는 윤리 감독이었다. 그들은 직원들에게 매니저의 행동에 잘못이 있으면 신고해 조사를 받게 하라고 권고했다. 당 위원회는 참모들에게 보낸 문서에서 이렇게 경고했다. "매니저 중에 도박을 하거나 불건전 업소를 방문하는 등 부정부패에 연루된 자들이 있다." 그리고 도박을 단속하는 과정에서 당원에게 위반 사항이 적발되면 회사와 당에 의해 처벌받을 것이라고 경고했다.[23] 당 위원회는 다양한 종류의 내부 불만 사항을 접수했다. 그중에는 회사의 해외 지사가 프로젝트를 결정하기 전에 이를 수입으로 책정하는 식으로 소득을 크게 부풀렸다고 주장하는 익명의 편지도 있었다.[24] 내부 간행물인 〈관리최적화보〉에서 당 관리들은 호텔 영수증 위조부터 시작해, 경제특구 국경검문소 직원에게 저지른 무례한 행동이나, 점심 식사 시간 몇 분 전에 자리를 뜨는 등 다양한 위반 행위 등을 적발해 직원들을 질책했다.

당 조직의 지도자들은 동료들 앞에서 도덕적 리더십을 발휘하고 청탁을 받지 않겠다는 서약서에 서명했다. "내 관할 구역에서 대규모 부패나 당원 비리가 발생하면 관리 소홀에 대해 연대책임을 지는 데 동의합니다." 화웨이 당원들이 서명한 서약서에는 그렇게 적혀 있었다.[25]

외부인들은 화웨이 내 공산당 위원회의 역할을 관심을 가지고 계속 지켜보았다. 2005년에 있었던 어떤 회의에서 런정페이는 한 호주 외교관으로부터 당서기의 역할이 무엇이냐는 질문을 받았을 때, 당서기는 사업의 방향을 국가 목표에 맞추도록 돕는다고 대답했다. "비즈니스는 민간기업과 국가가 협력할 때 가장 원활하게 이루어집니다."[26]

당 위원회는 또한 내부의 '민주적 생활 회의'를 감독했는데, 이 회의에서 경영진은 자아비판부터 하고 또 직원들로부터 비판을 받았다.²⁷ 불만의 대부분은 어느 나라의 기업 타운홀 미팅에서나 흔히 볼 수 있는 것들이었다. 직원들은 팀장이 너무 멀리 있고, 상사는 문제가 생길 때만 나타나고, 하급 직원들은 사고가 발생하면 처벌을 받을까 두려워 업무에 자원하기를 꺼린다고 불평했다.²⁸ 런은 회의에서 직원들의 상호비판이 도를 넘지 않도록 주의하라며 이렇게 말했다. "고통은 누구에게나 두려운 것입니다. 그러니 너무 심한 고통을 주는 것도 좋은 일은 아니죠."²⁹

내부 신문 〈관리최석화보〉에도 고위 경영진의 자기비판 내용이 가끔 올라오곤 했다. 자아비판을 하는 어떤 자리에서 수도건설관리부 책임자로 건설 프로젝트를 감독하던 스티븐 런은 당 위원들 앞에서, 자신이 남의 말을 잘 듣지 않고 화를 너무 잘 내며 격해진 감정 탓에 결정을 잘 내리지 못하는 편이라고 자책했다. "전 성격적으로 자신감이 강한 데다 고집이 센 편입니다." 그는 그렇게 말했다. "따라서 어떤 문제가 발생했을 때 일단 제가 옳다고 생각합니다. 그러나 따지고 보면 어떤 일에 절대적인 옳고 그름이라는 건 있을 수 없겠죠."³⁰

2006년 12월에 열린 글로벌 영업 책임자 켄 후를 비판하는 자리에서 당서기 첸주팡은 그가 당 업무에 열의를 보이지 않고 위원회와 거리를 둔다고 비판했다.³¹ 당시 후는 해외 행사에서 화웨이를 대표해 활동 범위를 넓혀가던 라이징 스타였다.

"솔직히 말해서 좀처럼 자넬 보기가 어렵네." 사내에 돌린 회의 기록에 따르면 그녀는 그렇게 말했다고 한다.

"맞는 말씀입니다." 그는 인정했다. "서기님과 알고 지낸 지도 오래되었지만 서로 많은 대화를 나누지 못했습니다."

첸은 후에게 해외 지사에서 당 위원회가 제 기능을 발휘할 수 있도록 힘써주면 좋겠다고 말했다. 그녀는 작년에 해외 지사들을 세 차례 방문했지만, 영업 업무에 '방해'가 된다는 반응이 나온 뒤로 더는 그들을 찾지 않았다고 말했다.

"미스터 후가 그런 말을 해주지 않으면 우린 나갈 엄두를 내기가 힘들어요." 그녀는 말했다.

후는 시키는 대로 했다. 얼마 지나지 않아 첸은 라틴아메리카의 참모들을 찾아 현지 문화에 더 잘 적응할 수 있도록 현지인들의 노래를 배우라고 권유했다.[32]

당서기 첸은 2007년 아니면 2008년에 조용히 은퇴했다. 이미 2008년 3월부터 화웨이의 자체 간행물들은 저우다이치周代期를 새로운 당서기로 언급하기 시작했다.[33]

저우는 나서기 싫어하는 편이어서 첸보다 더 사람들 눈에 띄지 않았다. 첸이 훈계조의 애국적인 글과 연설문을 많이 쓴데 반해, 저우는 대중을 상대로 펜을 든 적이 거의 없었다. 아마도 국제화 시대에 들어선 화웨이의 입지를 고려할 때, 당 간부들의 역할을 줄이는 것이 현명하다고 판단한 것 같았다. 화웨이의 연례 보고서에 나타난 그에 대한 언급에는 당서기라는 직책이 빠지고, 회사의 감독위원회 위원 또는 윤리 및 규정 준수 최고책임자라고만 적혀 있었다.[34]

런보다 3살 아래인 저우는[35] 중앙 정부의 지원을 받는 시안의 시뎬대학西電大學 내 통합서비스네트워크 국가핵심연구소State Key Laboratory of Integrated Service Networks에서 전화 교환 연구원으로 일했다. 1994년에 엔지니어로 화웨이에 입사한 뒤에도 그는 이 소속을 유지한 것으로 보이며, 수년 동안 화웨이와 시뎬대학 소속으로 계속 학술 논문을 발표했다. 한 동료는 1996년에 저우가 시뎬대학의 20대 연구원들을 동원해 화웨이의 교환기 기술 프로젝트를 거들게 했다고 말했다. 베이징의 863 하이테크 연구 프로그램으로부터 자금 지원을 받는 프로젝트였다.[36] 화웨이에 들어온 뒤로 그는 수석 엔지니어와 하드웨어 부서장 등의 직책을 거치며 승승장구했다. 당서기라는 막강한 자리로 승진하기 약 6년 전인 2002년만 해도 저우는 여전히 런정페이의 이너서클에 들지 못하는 국외자처럼 보였다. 〈관리최적화보〉는 그를 화웨이 시안연구센터의 책임자라고 언급하면서, 최근에 있었던 화웨이 연수기간에 그가 자신의 팀과 회사의 거리를 좁혔다고 칭찬했다.[37]

화웨이의 고위 경영진은 런이 어릴 때부터 훈련시킨 사람들이어서, 커리어의 대부분을 화웨이에서 보낸 화웨이의 충실한 신봉자들이었다. 반면에 첸과 그 뒤를 이은 저우 등 화웨이의 당서기는 화웨이에 입사하기 전에 이미 학술 기관의 고위직에 올랐던 사람들이었다. 이런 사실을 보면 아마도 중국의 학계나 공직의 고위직의 연고 유무가 당서기라는 직책을 수행하는 데 중요한 요소로 작용했던 것 같다.

화웨이 임원들은 내부적으로 몇 가지 면에서 당원들을 일반 직원과 다르게 대우한다고 규정했다. 따라서 그들은 애국심에 대한 사람들의 높은 기대를 충족시켜야 하고, 리더십 직책에 적합한 인물이어야 한다고 밝혔다. 런정페이는 2005년 3월에 유럽의 화웨이 재무 담당 직원을 방문한 자리에서 이렇게 말했다. "당원에 대한 우리의 요구는 더 엄격해져야 합니다. 다양한 유형의 업무에서 우리는 당원들이 주도할 수 있도록 격려해야 합니다." 런은 회사가 당원인 직원을 좀 더 제대로 '격려하고 감독'하기 위해 각 당원에 대한 인사 기록을 보관한다고 주장하면서, 국가의 이익이 다른 무엇보다 우선해야 한다고 덧붙였다. "개인이나 조직보다 먼저 당원이 큰 그림을 따르고 이해해야 합니다."[38]

15

성화

| 베이징 올림픽: 2008년 |

2007년 후반부터 화웨이의 엔지니어들은 에베레스트산에서 작업을 시작했다.[1] 중국은 다가오는 여름에 올림픽을 개최할 예정이었는데, 당국은 세계에서 가장 높은 산을 오르는 극적인 장면을 비롯해 전 세계에 걸쳐 장대한 성화 봉송을 중계하기로 계획했다. 화웨이는 에베레스트에 이동통신 서비스를 설치해 영상을 전 세계로 실시간 전송하는 일을 맡았다.

에베레스트 베이스캠프에 도착한 화웨이 대원 5명은 모두 두통과 현기증을 동반한 고산병에 시달렸다. 그들이 서 있는 곳은 해발 5,200미터가 넘는 고산이었다. 숨을 쉴 때마다 들이마시는 산소는 평소의 절반밖에 되지 않았다. 공기가 너무 희박해, 야크가 운반해 온 음식을 조리하는 것도 쉽지 않았다. "압력솥에 밥을 해도 늘 설익은 느낌이었어요." 한 엔지니어는 그렇게 회상했다. 아침에 텐트에서 일어나면 머리에 얼음 결정이 붙어 있었다. 대원들은 안테나와 무전기를 방수팩으로 감싸고 베이스캠프를 출발해 등반을 계속했다. 6,400미터 고지를 조금 넘은 자리에서 그들은 멈춰 섰고, 그곳에 세계에서 가장 높은 기지국을 설치했다. 기지국은 작고 연약해 보였다. 삼각대에 고정된 흰색 상자 몇 개가 차가운 햇빛에 반짝였다.

2008년은 화웨이는 물론 중국에도 획기적인 한 해로 기억된다. 하계 올림픽을 통해 현대 중국의 모습을 세계 무대에 선보이는 해였기 때문이다. 화웨이는 중국 기업으로는 최초로 특허 출원 총 건수에서 세계 1위를 차지하며 새로운 지평을 열었다.[2] 또한 화웨이는 유럽의 주요 통신사 보다폰과 공동 개발한 싱글랜SingleRAN(랜은 무선 접속 네트워크radio access network의 약자다)이라는 인기 있는 기지국 기술을 선보이게 되는데, 이를 계기로 그들은 보다폰을 오랜 파트너로 확보하게 된다.

중국은 올림픽을 유치하기 위해 10년 넘게 공을 들였다. 런정페이는 1993년에 중국이 호주에 2표 차이로 2000년 올림픽 유치에 실패했을 때 느꼈던 분함을 잊지 않고 있었다.[3] 베이징이 2008년 올림픽 유치에 성공한 뒤, 관계자들은 2004년 아테네 올림픽이 끝나자마자 자랑스레 톈안먼 광장의 카운트다운 시계를 작동시켰다.[4] 대회 날짜가 다가오자 사람들은 흥분을 감추지 않았다. 대중에게 많이 알려진 인물은 아니지만 야심이 남달랐던 시진핑 부주석의 지시에 따라 베이징은 완전히 새로운 면모를 갖추었고, 번쩍이는 미래형 건물들이 스카이라인을 장식했다. 화웨이 초창기부터 일했던 런의 '젊은 신동' 리이난은 다시 화웨이로 복귀했다. 한 중국 기자가 컨퍼런스 참석차 미국으로 가는 그를 비행기에서 만났다. "보세요. 이거 베이징 올림픽 티셔츠예요." 리는 기자에게 입고 있는 셔츠를 가리키며 말했다. "미국에 가서 우리가 주최하는 올림픽을 자랑할 겁니다."[5]

올림픽이 가까워지면서 중국은 세계 최대의 인터넷 시장으로 부상했다. 2억 5,300만 명이 온라인에 접속함으로써 중국은 사용자 수에서 미국을 앞질렀다.[6] 베이징 당국은 무엇보다 인터넷 사용의 폭발적인 증가를 확실하게 통제하는 문제가 시급했다. 올림픽 같은 대규모 국제 행사에서는 전화와 인터넷 수요가 급증할 수밖에 없었다. 아울러 사이버 공격을 비롯해 정치적 시위나 폭동, 테러 음모 가능성 등 갖가지 보안상의 위험도 상존했다. 중국 당국은 경찰의 사이버 역량을 강화하기 위한 프로젝트를 '금 방패Golden Shield'라 불렀다. 해외에서는 이를 '만리방화벽the Great Firewall'이라 했다.

만리방화벽은 대부분 '심층 패킷 검사deep-packet inspection, DPI'라는 기술을 주도했던 미국의 시스코가 제공한 것이었다. DPI를 통해 당국은 전송 중인 인터넷 데이터 패킷을 엿볼 수 있었다. 데이터가 수상하다고 판단되면 시스템이 웹사이트 로딩을 막거나, 받은 편지함에 이메일 수신이 안 되도록 차단할 수 있었다. 올림픽이 다가오자 화웨이는 자체 버전을 개발해 베이징의 네트워크 사업자인 베이징넷컴Beijing Netcom에 판매하기로 계약을 체결했다. "베이징넷컴은 2008년 올림픽에 이 솔루션을 채택해 비정상적인 트래픽을 검사할 것이다." 화웨이의 한 사이버 전문가는 어떤 기술 잡지에 그렇게 썼다. "이는 주로 올림픽이 열리는 기간에 일어날지 모르는 네트워크 공격을 방어하기 위한 것이다."[7]

화웨이는 제품 설명에서 스머프Smurf, 프래글Fraggle, 죽음의 핑Ping of Death 같은 이름을 가진 바이러스와 사이버 공격을 탐지하는 기능을 강조했다. 그 외에도 이 설명에는 음성 인터넷 프로토콜VoIP 트래픽, 즉 스카이프Skype 같은 서비스를 통한 인터넷 전화 통화와 P2P 파일 공유 네트워크(중국의 많은 젊은이들이 당국의 검열을 피해 외국 TV 프로그램을 내려받는 데 사용한다)를 모니터링하고 아울러 사용자 행동을 분석할 수 있다는 세부적인 내용도 담겨 있었다. 실제로 선양시 당국은 화웨이의 DPI 시스템을 통해 불법 VoIP 통화를 추적하고 높은 데시벨의 소음을 만들어 통화를 방해했다.[8]

중국은 물리적 보안도 철저히 준비했다. 화웨이는 베이징 전역에 감시 카메라 시스템을 구축하는 작업을 거들었는데, 국영 언론은 이로써 사고와 공안 사건을 예방할 수 있게 되었다고 발표했다. 베이징 시 당국은 지휘 센터에 설치된 대형 스크린을 통해 올림픽 경기장으로 연결되는 모든 도로의 교통 상황을 파악할 수 있었다. 올림픽이 시작될 무렵 베이징 당국은 약 30만 대의 감시 카메라를 설치하기로 했다. 그해 중국을 방문한 한 통신 전문가는 감시 카메라의 영상전시실을 엿보다 놀랍게 발전한 그들의 기술에 충격을 받았다고 회상했다. "모든 화면에 인공지능이 있었어요." 그는 그렇게 말했다. "카메라에서 어떤 움직임이나 이상 징후가 포착되면 자동으로 경보를 보냈습니다."[9] 중국의 한 기술 잡지는 중국이 올림픽을 계기로 안면 인식과 열화상 같은 새로운 감시 카메라 기능 도입을 가속화했다고 평가했다. "이런 기술의 공통된 특징은 일반적인 보안 시스템에서는 거의 사용되지 않는다는 점이다." 그 잡지는 그렇게 보도하며 덧붙였다. "하지만 올림픽의 보안 요구에 따라 이런 기술은 빠르게 대중화될 것이다."[10]

화웨이의 자회사인 하이실리콘HiSilicon에게 감시 카메라 붐은 희소식이었다. 하이실리콘은 화웨이의 자체 감시 카메라와 다른 회사의 감시 카메라에 칩을 공급하는 주요 공급업체가 되었다. 1991년 화웨이가 사내 칩 설계 센터로 설립한 하이실리콘은 2004년에 화웨이의 공식 자회사가 되었다. 2006년에 하이실리콘은 처음으로 감시 카메라 칩을 출시했는데, 화웨이는 이 칩을 자체 시스템에 사용하거나 다른 카메라 제조업체에 판매했다.[11] 중국 반도체산업협회 China Semiconductor Industry Association 에 따르면, 하이실리콘은 2008년도에 중국의 집적회로 설계 회사 중 매출액 4억 5,247만 달러로 매출 1위를 기록했다.[12] 매출 2위인 중국 화다집적회로설계 China Huada Integrated Circuit Design 보다 2배 이상 많은 수치였다. 2009년까지 하이실리콘은 중국 본토와 대만, 한국으로 200만 개 넘게 수출해 감시 카메라 칩 시장의 40%를 점유하게 된다.

"하이실리콘이 보안 쪽으로 진출하기 전에는 반도체 산업의 어느 기업도 보안 전용 칩을 개발하지 않았습니다." 하이실리콘의 임원인 아이 웨이는 잡지 〈중국공공안전 中国公共安全〉과의 인터뷰에서 그렇게 말했다. "하이실리콘은 아마 보안에 깊은 관심을 가진 최초의 반도체 회사일 겁니다."[13]

2008년 5월, 성화가 티베트에 도착하자 중국 관리들은 긴장했다. 베이징이 여러 해에 걸쳐 보안을 강화했는데도 티베트 극렬 시위대의 폭동으로 사상자가 생기면서 올림픽 개최에 차질이 생겼기 때문이다. 첫 번째 폭동에서 22명이 사망했다는 공식 발표가 있었지만, 인권 단체들은 사망자가 140명을 넘었다고 주장했다. 충돌 사태가 계속되면서 이 지역은 수십 년 만에 최악의 불안에 휩싸였다. 중국 관리들은 티베트 망명정부의 정신적 지도자 달라이 라마를 지지하는 자들이 분리주의를 부추겨 국가를 위험에 빠뜨린다고 비난했다. 해외에는 수십 년 동안 중국 당국의 억압적인 동화 정책을 참고 견뎌온 티베트인들을 동정하는 사람들이 많았다. 올림픽 성화가 여러 나라를 거치는 동안 반중 시위대는 이리저리 몰려다니며 구호를 외쳤다. "티베트를 해방하라!", "중국은 부끄러운 줄 알라!"

여러 해에 걸쳐 화웨이는 걸어서만 접근할 수 있는 험준한 시골 오지를 포함해 티베트 곳곳에 전화 서비스를 제공해 왔다.[14] 실제로 베이징은 티베트인과 중국의 여타 지역을 이어주는 이런 인프라를 동화 정책의 매우 중요한 도구로 여겼다. 런은 이전에 티베트 문제에 개입하려는 미국의 시도를 비판한 적이 있다. "미국은 인권이라는 모자를 쓰고 대만과 티베트 문제를 이용해 갖가지 수단으로 중국을 공격합니다."[15] 언젠가 런은 클린턴 대통령이 달라이 라마를 만나겠다고 하자 '중국의 체제를 전복하려는 선동'이라고 비난했다.[16]

2008년 5월 8일 이른 아침에 두꺼운 빨간색 파카를 입은 티베트 산악인들이 빨간 횃불을 켜고 혹독한 등반을 시작했다.[17] 이들은 간편하게 사진을 찍어 업로드할 수 있는 휴대전화를 지니고 있었다.

에베레스트산의 중국 쪽은 등반가들이 오르지 못하도록 폐쇄되어 있었다. 중국은 반대편에서 오르기 위해 네팔의 협조를 얻었고, 네팔 군인들은 반중 시위대가 총을 쏠지 모른다고 경고했다.[18] 베이스캠프를 지키는 화웨이의 엔지니어들은 등반에 차질이 없도록 만반의 대비 태세를 갖추고 있었다.

오전 9시 23분, 관영 〈신화통신〉 웹사이트에 첫 번째 사진이 올라왔다.

화웨이 엔지니어 한 사람은 들떠 본국의 동료들에게 문자를 보냈다. "에베레스트의 성화가 성공적으로 정상에 도달해 뜨겁게 타올랐다. 이를 중계하고 호위한 것은 모두 화웨이의 장비였다."[19]

올림픽 개막식 당일 아침, 화웨이 엔지니어들은 16시간 교대 근무를 위해 일찌감치 베이징넷컴 사무실에 도착했다. 그들은 점검표를 확인했다.[20]

거리는 조용했다. 그날 베이징의 사업장들은 대부분 문을 닫았고, 도로는 올림픽 공식 차량 외에는 어떤 차량도 통과할 수 없었다. 스모그를 줄이기 위해 수도 주변의 공장들은 명령에 따라 가동을 중단했다. 두 달 전부터 자동차는 번호판 끝자리에 따라 홀짝제로 격일 운행되었다. 요주의 반체제 인사들은 사전 예방 차원에서 가택 연금되었다.[21] 주 경기장 근처에는 만약의 사태에 대비해 지대공 미사일 발사대 2대가 설치되었다.

올림픽 때문에 온라인 감시를 강화했다는 소문이 돌았지만, 당국이 어느 정도까지 트래픽을 감시했는지 또는 그 일에 화웨이 직원이 관여했는지는 확인되지 않았다. 한 미국 상원의원은 베이징 호텔에 모니터링 시스템이 설치되었기 때문에, 현지 당국은 투숙객의 이메일과 웹 활동을 전부 볼 수 있을 것이라고 경고했다.[22] 이와 별도로 어떤 화웨이 직원은 자세한 설명 없이, 올림픽 기간에 모든 휴대폰의 국제 로밍은 베이징의 특별 교환국을 거친다고만 했다.[23]

하지만 그런 것은 방문객들이 눈으로 확인할 수 있는 대상이 아니었다. 올림픽 관람객들이 베이징에 도착했을 때 그들이 눈으로 확인한 것은 번쩍거리는 미래형 건물과 거대한 꽃의 물결 그리고 영어를 할 줄 아는 대학생 자원봉사자들이었다.[24] 화웨이는 차이나모바일 China Mobile 을 도와 자동 핫라인을 설치해, 호텔이나 교통편을 묻는 관람객에게 서비스를 제공했다. 화웨이의 자체 접객 부서인 스마트컴Smartcom 은 올림픽을 관람하기 위해 방문한 VIP 고객을 위해 호화로운 디너 파티를 준비했다.[25]

개막식 4시간 전, 요오드화은이 담긴 로켓들이 발사되기 시작했다. 경기장 북쪽 하늘이 건조하지 않도록 베이징 남쪽에 구름씨를 살포해 비를 만들기 위해서였다. 베이징은 날씨도 하늘에 맡기지 않았다.

2008년 8월 8일 오후 8시가 되자 2,008명의 고수들이 일제히 청동 징을 두드리기 시작했다(8은 상서로운 숫자다). 불꽃은 29개의 거대한 발자국을 허공에 찍듯 머리 위에서 폭발하며 도시의 하늘을 가로질렀다. 눈부신 불꽃의 향연이었다. 안무에 맞춰 발자국이 정확히 발사되도록 하기 위해, 화웨이는 장비를 동원해 29개 현장을 연결하는 전화 시스템을 구축해 각 불꽃놀이 팀이 발사 시점을 알 수 있도록 했다.[26] 완벽한 연출을 위해 국영 TV 방송사는 라이브 방송 대신 불꽃 발자국을 컴퓨터그래픽으로 처리해 재생했다. 인지도가 높지 않았던 시진핑 부주석은 세심하게 준비한 올림픽 성과 덕분에 한 세대 뒤에 중국에서 가장 강력한 지도자로 부상하게 된다.

화웨이 엔지니어들 중 일부는 베이징 현장에 있었지만 역사적인 개막식을 보지 못했다고 나중에 아쉬움을 토로했다. 그들에게는 책상에서 TV를 켜는 것조차 허락되지 않았다. TV에 한눈 팔다 네트워크를 지키는 중차대한 업무에 차질이 생길까 우려했기 때문이었다.

16

서부전선

| 워싱턴과 런던: 2009~2010년 |

2010년 11월, 댄 헤스Dan Hesse에게 전화가 한 통 걸려왔다.[1] 헤스는 버라이즌Verizon과 AT&T에 이어 미국에서 세 번째로 큰 무선통신 사업체 스프린트넥스텔Sprint Nextel의 CEO였다. 전화를 건 사람은 미국 상무부 장관 게리 로크Gary Locke였다. 로크는 헤스에게, 상무부는 스프린트가 4G 네트워크 업그레이드를 위해 화웨이의 입찰을 고려하고 있다는 사실을 안다고 말했다. 그리고 그 사실이 우려스럽다고 말했다.

"어쨌든 고압적인 태도는 아니었어요. 사실 그는 그것이 스프린트의 결정이라는 것을 명확히 했습니다." 헤스는 그렇게 회상했다. "그는 내게 정부 인사 자격으로 화웨이 장비를 선택하지 말라고 한 것은 아니었습니다. 다만 우리 네트워크에 화웨이 장비가 들어올 경우, 보안에 문제가 생길 수 있다는 점을 확실히 알려주고 싶었던 겁니다."

중국은 이제 겨우 3G를 출시했지만 미국을 비롯한 많은 나라들은 4G로 전환하는 중이었다. 새로운 세대의 모바일 기술이 등장했다는 것은 전 세계 통신사업자들이 10년 만에 그들의 네트워크를 대대적으로 개편한다는 의미였다. 계약은 열려 있었고, 통신사들은 갖가지 제안을 쏟아냈다.

화웨이는 세계 곳곳에서 준비 중인 4G 프로젝트에 공격적으로 응찰했다. 그중에는 미국에서 스프린트와 사업을 확장하는 문제도 포함되어 있었다. 이 소식은 워싱턴을 긴장시켰다. "화웨이가 미국 4G 네트워크의 우리 기지국에 필요한 부품을 설치한다면, 모든 기지국이 베이징의 도청 대상이 되지 않는다는 보장이 없습니다." 미국방부 기술평가단 단장이었던 에드워드 팀퍼레이크Edward Timperlake는 〈워싱턴 타임스〉에 그렇게 말했다.[2] 앞서 스프린트에 3G를 공급했던 캐나다의 네트워크 대기업 노텔은 화웨이의 낮은 가격과의 경쟁에 밀려 2009년에 파산했었다.

당시 화웨이를 대변하는 전 노텔 CEO 빌 오웬스 제독을 둘러싼 잡음도 있었다. 오웬스는 노텔에 합류하기 전에 미군 서열 2위인 합참부의장을 역임했다.[3]

로크 장관은 헤스에게 스프린트가 화웨이를 선택할 경우, 네트워크 보안 문제로 인해 일부 미국 정부 기관이 더는 스프린트를 사용하지 않을 가능성이 있다고 말했다.

"우호적인 전화였습니다." 헤스는 그렇게 말했다. "어떤 식으로든 위협은 없었어요. 하지만 그는 내가 그런 문제를 알고 있는지 확인하고 싶어 했죠."

2010년 8월에 화웨이가 스프린트 입찰에 참가한다는 이야기가 돌자 공화당 의원 8명이 오바마 행정부 고위 관리들에게 긴급 서한을 보냈다.[4] "스프린트넥스텔은 미군 및 법 집행 기관에 중요한 장비를 공급합니다." 그들은 그렇게 썼다. "우리는 스프린트넥스텔에 장비를 공급하는 업체로서 화웨이가 갖는 위치가 미국 기업에 중대한 위험을 초래하고 나아가 미국의 안보까지 해칠 수 있다는 점을 우려합니다."

그 후 의원 4명은 미 연방통신위원회FCC에 서한을 보내 화웨이의 미국 사업을 막아달라고 요청했다. "통신 시스템에서 전송되는 정보의 민감성은 물론, 외국의 첩보 활동의 가능성을 고려해 미국 정부는 단호한 조치를 해야 합니다." 그들은 서한에서 그렇게 주장했다.

화웨이는 2004년 12월에 캘리포니아와 애리조나에 소규모 패치를 공급하는 계약을 클리어톡과 체결하는 등 미국에서 몇 가지 규모가 작은 계약을 성사시킨 적이 있었다. 그러나 워싱턴에서는 화웨이가 주요 네트워크에 접속하는 상황을 매우 걱정스러운 눈으로 지켜보고 있었다. 중국 정부가 화웨이 장비를 통해 통화를 상시 도청하는 것은 아닐까? 장비를 해킹해 네트워크를 교란하지는 않을까? 또한 오웬스가 팀 화웨이Team Huawei에 있다는 것도 매우 수상쩍은 일이었다.

지적 재산권을 침해했다는 주장도 화웨이를 끈질기게 따라다녔다. 후지쯔는 2004년 런정페이에게 엄중한 어조의 서한을 보내, 화웨이 직원 한 명이 산업 컨퍼런스에서 후지쯔 광 네트워킹 장치의 케이스를 뜯어 그 안의 회로 기판을 살펴보다 적발되었다고 지적했다.[5] 아울러 후지쯔는 이를 불법으로 규정해, 사건을 FBI에 이첩했다고 밝혔다. 2010년 7월에는 모토로라가 화웨이를 고소했다.

화웨이가 2000년대 초반에 모토로라 모바일 기지국의 비공개 정보를 알아내려 했으며, 런이 여기에 직접 관여했다는 주장이었다. 화웨이는 근거가 없다고 했다. 이 문제는 조용히 해결되었지만 타협 조건은 공개되지 않았다.

노텔의 CEO로 있을 당시 오웬스는 노텔과 화웨이의 합병을 모색하기 위해 런과 궈핑을 만났지만, 그런 거래가 서방의 규제 당국의 승인을 받기 어렵다고 판단해 포기했었다. 하지만 그는 이를 계기로 런의 경영 방식과 비전을 높이 평가하게 되었다. "나는 군인이어서 훌륭하고 뛰어난 전략가들을 많이 알고 있다." 훗날 그는 그렇게 썼다. "런보다 더 전략 지향적인 사람은 본 적이 없다."[6]

오래 동안 군 고위 지휘관으로 재직했기에 오웬스도 정부가 통신 장비에 침투하고 도청할 가능성을 안이하게 여기지는 않았을 것이다. 하지만 소비자 네트워크를 오가는 정보가 얼마나 민감한 것인지에 대해서는 여러 가지 주장이 존재했다. 아무튼 정부 기밀이나 군사 자료는 공용 네트워크가 아닌, 보안이 강화된 특수 시스템에 보관되었다. 그리고 오웬스는 자신이 살아오면서 지켜본 미국의 가장 심각한 위험은 중국과의 전쟁이라고 생각한다고 입버릇처럼 말하곤 했다. 양국이 서로의 활동을 어느 정도 파악할 수 있다면 전쟁으로 치닫는 사태를 막을 수 있을 것이다. 이를 위해 오웬스는 2008년에 미국과 중국의 퇴역 장군과 제독이 매년 만나 담화하는 '싼야 이니셔티브三亞倡議'라는 프로젝트를 발족했다.

오웬스는 미국 당국자들에게 화웨이의 장비를 스프린트의 네트워크에 안전하게 통합할 수 있는 방법을 제시했다. 미국을 기반으로 하는 새로운 회사 아메리링크Amerilink가 화웨이 장비의 보안 심사를 감독하되, 미국 정부가 깊이 개입하는 방식이었다. 아메리링크의 회장은 오웬스였다. "화웨이는 아메리링크에 절대 관여하지 않을 것이다." 오웬스는 그렇게 썼다. "그들이 아메리링크에 장비와 서비스를 납품하면, 테스트와 품질 관리를 거쳐 스프린트에 최종 전달된다. 화웨이와 스프린트 간의 직접적인 접촉은 없을 것이다."[7] 오웬스는 아메리링크가 이사회와 모든 심의 과정을 국가안보국에 공개하겠다고 제안하면서, 이 거래로 인해 스프린트는 수억 달러를 절약할 수 있고 아울러 워싱턴은 하나의 기업으로서 화웨이에 대한 새로운 차원의 통찰력을 갖게 되리라고 말했다.

화웨이에겐 또 다른 지지자들도 있었다. 2010년 10월에 텍사스 주지사 릭 페리Rick Perry는 런이 플레이노에 자리 잡은 화웨이 북미 본사의 확장을 통해 지역 일자리를 창출했다고 칭찬하면서, 그의 직설적인 화법을 보면 혹시 텍사스 주민이 아닐까 하는 착각이 들 정도라고 편을 들었다. "잘 모르는 사람은 그가 서부 텍사스에서 자란 줄 알 겁니다." 이렇게도 말했다. "그는 듣기 좋은 말은 별로 하지 않았습니다."[8] 그 중요한 첫 번째 계약자로 화웨이를 선택하도록 도움을 준 BT의 CTO 맷 브로스는 화웨이의 글로벌 최고기술책임자이자 화웨이 USA의 공동 사장 2명 중 한 명으로 임명되었다.[9] 아메리링크에서는 스프린트넥스텔 부사장이었던 케빈 패킹엄Kevin Packingham이 CEO로 취임했다. 아메리링크의 이사진에는 전미 국방부 및 국토안보부 차관 고든 잉글랜드Gordon England, 전 하원 다수당 대표 리처드 게파트Richard Gephardt, 전 세계은행 총재 제임스 워펀슨James Wolfensohn이 포진되어 있었다. 잉글랜드는 〈파이낸셜 타임스〉와의 인터뷰에서 아메리링크가 화웨이 기술의 안전성을 보장할 수 있느냐는 질문에 "그렇다"고 답했다.[10]

비공개 석상에서 런은 오웬스에게 화웨이의 승산을 회의적으로

본다며, 정치적으로 반대 입장에 있는 워싱턴 때문에 화웨이의 입찰은 실패할 것 같다고 말했다.[11]

대서양 저쪽에서 영국 정부 관리들도 스프린트에서 헤스가 마주했던 것과 같은 문제로 고심했다. 네트워크에 화웨이의 장비를 사용하게 되면 보안상 위험한 일이 생길까? 그럴 경우 그 위험을 줄일 방법은 있는 것일까?

화웨이는 이미 2005년에 BT의 전국적인 광대역 업그레이드 사업의 일부를 맡아 몇 해째 영국의 주요 네트워크를 구축해 왔지만, 런던은 기존 입장을 다시 검토하기 시작했다. "영국 정부가 이렇게 말하더군요. '이제 더는 영국 네트워크에 화웨이 장비를 설치하지 않았으면 좋겠소.' 화웨이의 한 임원은 그렇게 회상했다. "그들은 말했어요. '이젠 안 됩니다. 영국 보안이 위험해집니다.'"[12] 화웨이가 치열한 노력으로 해결책을 찾아낸 뒤에야 영국 관리들은 위험을 줄일 수 있다고 믿게 되었다. 화웨이의 솔루션은 '셀Cell'이라는 것이었다.

셀은 독특한 향의 건포도 케이크로 유명한 영국의 조용한 마을 밴버리 외곽에 자리 잡은 평범해 보이는 사무 복합단지[13]에 자리를 잡았다. 셀은 갖가지 보안 장치를 갖추고 있었다. "그곳 문은 폭탄으로도 뚫을 수 없었습니다." 그곳에서 일했던 한 직원은 익명을 조건으로 그렇게 말해주었다. "그 보안 구역 안에는 전화기가 없었습니다. … 소스 코드가 들어 있는 서버는 모두 잠긴 케이지 안에 있었고, 단 한 명만이 그 케이지의 열쇠를 가지고 있었습니다."[14]

화웨이 사이버보안평가센터 Huawei Cyber Security Evaluation Centre 라는 공식명칭은 HCSEC라는 약어와 마찬가지로 발음하기가 힘들었기 때문에 사람들은 이 센터를 그저 '셀'이라고 했다. 셀은 화웨이가 세계 최초로 개설한 보안 진단 센터로, 이곳에서 영국 관리들은 화웨이 장비를 열어 내부를 살펴보면서 안전 여부를 직접 확인할 수 있었다. 2010년 11월에 열린 개소식에는 당시 화웨이의 수석 부사장이자 글로벌 네트워크 보안 위원회 의장인 초창기 스타 영업맨 켄 후가 본국에서 날아와 참석했다.¹⁵ 화웨이 경영진은 영국에 이렇게 정교한 시설을 갖추게 되었다는 사실에 큰 자부심을 가졌다. "그들은 마침내 세계 무대에서 성년으로 발돋움했으며, 세계가 자신들을 하나의 공급업체로서 진지하게 인정해 준다고 생각했습니다." 화웨이와 일하는 IBM 컨설턴트 게리 가너는 그렇게 회상했다.¹⁶

셀은 첼트넘에서 그리 멀지 않았는데, 첼트넘에는 미국의 국가안보국NSA에 해당하는 영국의 정보통신본부 GCHQ가 있었다. 그 점이 편리했다. 그러나 화웨이의 셀 관련 보도 자료에서 언급되지 않은 것이 있었다. GCHQ가 셀의 운영에 깊이 관여하고 있다는 사실이었다. "셀은 화웨이의 자체 부서라기보다 영국 정보기관의 부서라고 봐야 했습니다." 영국 정부에서 사이버 보안 연구원으로 있다가 2016년부터 셀에서 일하기 시작한 크리스 파월Chris Powell은 그렇게 말했다. "사람들은 말하겠지요. '아, 화웨이가 자체 코드를 점검한다고 믿는군요.' 그런 말을 들을 때마다 나는 생각했습니다. '뭘 모르시는군.'"¹⁷

엄밀히 말해 셀을 소유하고 자금을 제공하는 쪽은 화웨이였지만, 실제 운영하는 주체는 GCHQ였다. 그들의 허락이 없이는 화웨이 경영진도 센터에 접근할 수 없었다. 이 정보기관은 모든 직원에게 영국의 정보기관 요원에게 적용하는 '최고등급 신원조회Developed Vetting'를 받도록 요구했다.¹⁸ 이를 통과하면 어떤 통제도 받지 않고 원할 때 언제든지 정보에 접근할 수 있었다. GCHQ는 신입 요원들에게 보안 사항을 설명한 다음, 공직자 비밀 엄수법Official Secrets Act에 서명하도록 했다.

셀의 첫 소장은 GCHQ 부국장 출신으로 영국 정보기관에서 40년간 근무한 베테랑 앤드루 홉킨스Andrew Hopkins였다.[19] 다른 GCHQ 요원 출신들도 셀의 조사관으로 활동했다. 런던에서는 셀의 직원을 화웨이가 고용할 것이 아니라 GCHQ가 직접 고용해야 한다고 주장하는 사람들도 있었다. 어쨌든 파월에 따르면 그들의 충성심에 관해서는 이견이 없었다. "사람들은 화웨이보다 영국 정부에 더 무한한 충성심을 보였습니다."

셀은 곧 취약점을 찾아냈고 화웨이를 압박해 이를 수정하도록 했다. 한 팀은 제품을 하나씩 살펴보고, 다른 팀은 범위를 넓혀 시스템의 취약점을 찾았다. 셀의 조사관들은 코드에서 문제를 찾아냈지만 그런 이상 현상이 발생하는 이유는 좀처럼 설명하지 못했다. "백도어와 단순한 실수를 구분하기는 매우 어렵습니다." 파월은 그렇게 말했다. "어느 제품에나 버그는 있어요. 그리고 적어도 초기의 화웨이는 다른 어느 회사보다 심각한 버그가 많았습니다." 익명을 요구한 한 관계자에 따르면 모든 기기의 기본 비밀번호가 동일하게 설정되어 있는 것도 그런 문제 중 하나였다고 말했다. 이 관계자는 영국 당국이 화웨이보다 먼저 셀로부터 보고를 받았다고 했다.

영국 관리들은 셀이 사이버 보안을 어느 정도 보장해 줄 수 있는지 그 효능을 놓고 가벼운 논쟁을 벌이기도 했다. 하지만 셀의 존재는 영국뿐 아니라 다른 나라의 고객들을 안심시키는 데에도 많은 도움을 주었다. "이 보안 센터를 설립한 것이 이후 영국뿐 아니라 유럽 시장과 그 외 여러 나라에서의 사업에 큰 도움을 주었다고 나는 생각합니다." 화웨이 회장 쑨야팡은 영국 방문 중 행한 연설에서 그렇게 말했다.[20] 나중에 당시 영국 산업혁신기술부 장관이었던 빈스 케이블Vince Cable은 영국 정부는 화웨이 장비의 위험성을 대부분 통제 가능한 수준으로 보았다고 회상했다. "우리가 너무 많은 위험을 감수한다고 주장하는 보수적인 의원이 한두 명 있기는 했습니다. 하지만 그들의 목소리는 그리 크지 않았습니다."[21]

화웨이는 이후 영국 시장을 서구 공략의 핵심 거점으로 보고, 영국인들을 자기편으로 만들기 위해 더욱 공을 들인다. 거금을 들여 영국 정치인들을 본국으로 초청해 그들의 환심을 사려 했다. 정치가들의 재산 신고 자료에 따르면 2012년 말에 4번 채널로 송출하는 영국 TV 뉴스 프로그램 '디스패치Dispatches'는 화웨이가 영국 국회의원들의 여행비로 2년 동안 9만 파운드(약 14만 4,000달러) 이상을 지출했다고 보도했다.[22] 그중에는 2011년 1월에 마크 헨드릭 Mark Hendrick 의원과 그의 아내의 홍콩과 상하이 여행도 들어 있었다. 헨드릭은 "영국에 대한 중국의 기술 투자가 갖는 의미를 확인하기 위한" 여행이었다고 말했다.[23]

수십 년 동안 런은 일반 소비자를 상대로 기계나 장비를 팔아대는 저속한 호객행위를 좋지 않은 시선으로 보았다. 그는 특화된 제품을 전문화된 구매자에게 판매하는 신중한 소매상이었다. 런은 또한 스마트폰이라는 이 요란하고 신기한 물건이 과대평가되었다고 여겼다. "인터넷 때문에 사물의 본질이 달라지지는 않는다는 게 우리 생각입니다." 그는 직원들에게 그렇게 말했다. "자동차는 어디까지나 자동차이고 두부는 두부예요."[24]

하지만 런은 서구에서 여러 가지 난관에 부딪히게 되자 소비자가전제품 쪽으로 눈을 돌리기 시작했다. 소비자 전자기기를 만들면 해외에서의 회사 이미지가 한결 부드러워지고 아울러 공략하기 어려운 시장에서 인정받는 데 도움이 될 수 있을 것 같았다. 스마트폰은 무선 안테나, 감시 카메라, 해저 케이블에 비해 적대감이 크지 않았다. 미국 관리들이 화웨이의 스프린트 입찰에 대해 경종을 울리는 와중에도, 미국 전역에 흩어진 베스트바이Best Buy 매장은 화웨이 브랜드가 찍힌 안드로이드 태블릿을 취급하기 시작했다.[25] 전 세계 소비자들은 광고에서 화웨이라는 새로운 브랜드를 보기 시작했다.

중국은 여러 해 동안 관료주의라는 벽에 막혀, 남들보다 한참 뒤늦게 스마트폰 혁명에 합류했다. 일본에서 3G 네트워크가 처음 선보인 지 10년이 지난 뒤에야 마침내 중국은 2009년에 3G 네트워크를 출시해 아이폰 같은 스마트폰을 국내에서 사용할 수 있게 되었다. 하지만 중국이 스마트폰을 만들기 시작한 것은 그들이 그것을 사용할 수 있게 되기 훨씬 오래전부터였다. 실제로 세계 최대 스마트폰 위탁 제조업체이자 애플 아이폰의 주요 조립업체인 대만 폭스콘Foxconn의 제조 센터는 공교롭게도 화웨이 선전 사무실 바로 건너편에 있었다.

화웨이 경영진이 자사를 소비자 브랜드로 인식하기까지는 어느 정도의 시간이 필요했다. 그전까지는 그들 자신도 자사의 휴대폰을 좋아하지도, 좋아하는 척도 하지 않았다. 화웨이의 부회장 켄 후가 중국의 트위터라고 할 수 있는 웨이보에 올린 게시물을 본 사람들은 키득거리며 재미있어 했다. 게시물마다 아이폰으로 올린 것임을 드러내는 자동 표식이 찍혀 있었기 때문이었다.

결국 화웨이는 의심하는 사람들을 설득하지 못했다. 로크 장관과 헤스의 전화 통화가 이루어진 직후 스프린트는 입찰 경쟁에서 화웨이를 낙점하지 않았다.

헤스는 로크 장관과의 통화를 팀원들에게 말하지 않았다고 주장하면서, 팀원들이 각자 독자적인 의견을 내주기 바랐기 때문이라고 했다. 그는 화웨이가 "가격 면에서 매우 강점이 있다"고 말하면서도, 그들에게는 "참고할 만한 사례"가 부족하다고 지적했다.[26] 화웨이는 미국에서 다른 대형 네트워크를 제대로 구축한 실적이 없었는데, 그것이 그들이 찾고 있던 가장 중요한 자료라고 그는 말했다. "우리가 그들의 첫 번째 대형 고객이 될 뻔했죠." 그는 그렇게 말했다. "그렇게 되면 큰 위험을 감수해야 합니다. 북미에서 화웨이의 첫 번째 간판 고객이 되는 셈이니까요."

헤스는 그래도 화웨이를 최종 입찰 후보에 포함시킨 것이 스프린트가 낙찰 업체로부터 더 나은 계약을 따내는 데 도움이 되었을 것이라고 말했다. 최종 낙찰자는 에릭슨, 알카텔-루슨트 그리고 삼성이었다. "화웨이 덕분에 그들은 평소보다 더 철저히 준비하고 더 공격적으로 가격을 써냈습니다." 그는 그렇게 말했다. "그들도 경쟁력을 높여야 한다는 것을 깨달은 거죠."

한편 화웨이 경영진은 그것이 순전히 정치적 판단에 의한 결정이었다고 생각했다. "우리는 워싱턴의 정치 현실을 직시하게 됐고, 그 해에 선거가 있다는 것도 알게 되었습니다." 오웬스는 기자에게 그렇게 말했다.[27]

후는 런에게 문자로 계약이 무산된 사실을 알리면서, 화웨이의 미국 팀이 분루를 삼켰다고 보고했다.[28] 문자를 본 런은 웃었다. 안타까운 일이지만 긍정적인 측면도 있다고 그는 후를 위로했다. 런은 더는 환상을 품지 않았다.

"드디어 정신적 부담을 내려놓게 되었습니다." 런은 직원들에게 그렇게 말했다. "더는 쓸데없는 걱정을 하지 않아도 되고, 더는 타협할 필요도 없습니다. … 미국의 오만과 편견 탓에 결과적으로 우리는 가슴을 펴고 직접 경쟁에 뛰어들게 됐습니다."[29]

17

혁명

| 아랍의 봄: 2011년 |

런정페이가 이라크를 방문한 2011년 초, 그를 수행하던 화웨이의 중동 지역 책임자 이샹易翔은 전화를 한 통 받았다. 바레인 주재 중국 대사관에서 온 전화로, 화웨이를 바레인에서 빨리 철수시키라는 얘기였다.[1] '아랍의 봄'이라는 불안한 파도가 거세지고 있었다. 화웨이의 중동 본사가 있는 바레인도 더는 안전하지 않았다.[2] 터키 주재 중국 대사관도 리비아에서 중국인 수만 명을 급히 대피시키기 위해, 화웨이를 비롯한 여러 중국 기업에 도움을 호소했다.[3] 이라크의 저명한 사업가이자 런의 지인 중 한 명은 이라크의 도로가 곧 봉쇄될 테니 서둘러 떠나라고 다그쳤다. 안전하게 빠져나갈 수 있는 창구가 닫히고 있었다.

중동은 화웨이가 건설한 글로벌 제국의 심장부였다. 그럴 만도 했다. 화웨이는 미국과 그 밖의 서방 국가들과의 사업을 진전시켜

보려 무진 애를 썼지만 원한 만큼 결실이 없었기 때문이다. 중동의 여러 국가들은 미국과의 관계가 복잡했고, 그래서인지 중국과의 유대를 더 긴밀하게 다지려 했다. "중동은 단지 서방에서 나오는 뉴스 몇 가지에 휘둘려 무슨 결정을 내리는 곳이 아닙니다." 사우디아라비아의 한 전직 화웨이 매니저는 그렇게 말했다. 화웨이의 첫 해외 3G 네트워크 고객은 아랍에미리트의 에티살랏Etisalat이었다. 현재 이 회사는 직원을 약 4,000명 두고 있다.⁴ 2007년부터 화웨이는 전 세계 통신사업자에게 네트워킹 장비만 파는 것이 아니라 매니지드 서비스나 외주 기술까지 지원했다. 다시 말해 네트워크 운영자에게 문제가 발생하면 계약에 따라 화웨이의 엔지니어들이 투입되었다. 아랍의 봄이 격렬해지자 런정페이는 직원들의 사기를 다잡기 위해 중동 지역으로 떠났다.

런은 이라크, 아프가니스탄, 리비아, 말리를 차례로 방문하는 동안 그곳 직원들에게 단단히 일러두었다. 그들의 안전을 걱정하는 가족들의 심정에는 공감하지만, 업무를 제대로 인계하지 않은 채 자리를 떠나서는 안 된다고 못을 박은 것이다. "무턱대고 도망칠 수는 없는 것 아닙니까?" 그는 그렇게 말했다. "네트워크를 안정적으로 유지하는 것이 우리의 직업윤리입니다." 그들의 일에는 특별한 소명이 주어졌다고 그는 상기시켰다. "두부 가게나 튀김 가게는 언제든지 문을 닫을 수 있어요. 하지만 우리는 그럴 수 없습니다."⁵ 런은 직원들에게 어느 나라에 있든 그 나라 정치에는 '절대' 간섭하지 말라고 조언했다. "우리가 네트워크의 안정성을 포기하면 더 많은 사람이 희생됩니다."⁶

화웨이는 터키 주재 중국 대사관이 리비아에서 중국인을 대피시키는 일을 거들었지만, 엔지니어들은 일부 남겨두었다. 화웨이는 리비아 전역에 모바일과 유선 네트워크를 보유했고 해저 케이블 계약도 진행 중이었다.[7] "화웨이는 아마 리비아에 남은 유일한 외국 기업일 것이다." 한 중국 신문은 그렇게 보도했다.[8] 어떤 화웨이 직원의 아내는 2월 말 현지 언론과의 인터뷰에서, 남편이 아직 그곳에 남아 있으며 식량과 물을 충분히 비축해 놓은 상태라고 말했다. "기관총 소리가 끊임없이 들렸어요." 그녀는 대피하기 위해 동원한 비행기에서 내린 후 그렇게 말했다.[9]

런은 중국 대사관이 철수를 독촉해도 바레인팀은 그대로 남겨두기로 했다.[10] 그들은 사우디 텔레콤의 이동통신 자회사인 비바바레인 Viva Bahrain 과 사업을 막 시작한 터여서 약속을 지키고 싶었다. 시위대가 거리로 쏟아져나와 네트워크 기능이 마비될 지경에 이르자, 화웨이는 14명으로 구성된 비상 대응팀을 조직해 고객사의 네트워크를 점검했다.[11] 3월 중순, 바레인 국왕은 비상사태를 선포하고 수천 명의 보안군을 투입해 시위를 진압했다. 혼란 속에서 네트워크 장비가 정전될 위기에 몰렸다. 화웨이 팀은 급히 달려가 가솔린 발전기를 연결해 네트워크가 정상 작동될 수 있도록 유지했다.[12]

런정페이의 이라크 방문은 갑작스레 끝났다. 지인이 무장 차량을 준비해 그를 이라크 밖으로 빼냈다. 런은 여행으로 건강이 많이 나빠진 것 같았다. 몇 주 후 선전에서 그를 만난 〈파이낸셜 타임스〉 편집자 라이오넬 바버 Lionel Barber 는 런이 아프기는 하지만 그래도 약속을 지키려 애쓰는 모습을 지켜보았다. 런이 자리에 앉고 비서가 침 놓을 준비를 하는 동안 다른 비서가 그의 발치에 은으로 된 타구를 놓았다.[13]

중동이 혼란의 소용돌이 속에 있던 몇 달 동안 화웨이가 어떤 역할을 했는지에 대해서는 화웨이 직원들의 단편적인 언급만 있을 뿐 제대로 밝혀진 것이 없다. 다만 알 수 있는 것은 이 기간에 화웨이가 이 지역에서 감시 솔루션 판매를 밀어붙였다는 사실이다. 튀니지 대통령 지네 엘아비딘 벤 알리Zine el-Abidine Ben Ali가 사우디아라비아로 피신해 '아랍의 봄'으로 실각한 첫 번째 지도자가 된 지 나흘 뒤에, 화웨이는 중동 지역 사업부를 발족하면서 각국 정부를 상대로 감시 솔루션 '세이프 시티Safe City'를 판매할 예정이라고 발표했다.¹⁴ 화웨이는 홍보용 '세이프 시티' 장비를 실은 트럭을 한 대 보내 아랍에미리트에서 출발해 사우디아라비아까지 순회하도록 했다.

화웨이가 중동 고객으로부터 시위대를 추적하고 온라인 콘텐츠를 검열하거나, '아랍의 봄' 기간에 현 정권의 권력을 유지하도록 도와달라는 요청을 받았는지 여부는 알려지지 않았다. 그러나 〈월스트리트 저널〉은 화웨이가 앞서 이란 관리들에게 이런 서비스를 홍보한 적이 있다고 보도했다.¹⁵ 이 신문은 화웨이가 이란 최대의 이동통신사에 경찰이 휴대전화 위치를 기반으로 사람들을 추적할 수 있는 기술을 제공하는 계약을 체결했다고 언급했다. "위치 서비스 등 화웨이가 이란에서 지원하는 기술은 대부분 서구 네트워크에서도 유효하다." 〈월스트리트 저널〉은 그렇게 말했다. "다른 게 있다면 억압적인 정권의 손에 들어갈 경우 반대파를 진압하는 도구가 될 수 있다는 점이다." 〈월스트리트 저널〉은 화웨이가 이란에서 통신사업자를 대신해 네트워크를 운영하는 매니지드 서비스 계약을 맺었으며, 2009년 시위 당시 반체제 인사들이 통신에 사용하던 문자 메시지를 중단하고 스카이프를 차단하라는 정부 명령을 이행했다고 덧붙였다. 화웨이는 서비스를 차단한 적이 없다고 반박했다. 〈월스트리트 저널〉은 학생 운동가 3명을 인터뷰한 결과 그들이 휴대전화를 켠 직후에 체포되었다고 말했다고 밝혔다.

화웨이 경영진은 여러 해 전부터 그들이 만든 장비로 고객이 사용자의 위치를 추적할 수 있다는 사실을 확인해 주었다. 그리고 그것은 모든 통신 네트워크의 표준 기능으로, 브랜드와 관계없는 기능이라고 강조했다. 화웨이의 글로벌 사이버 보안 책임자 존 서포크John Suffolk는 영국 의회 청문회에서 이렇게 말했다. "통신의 기능을 살펴보면, 사용자가 어디에 있든 네트워크에 연결하기 위해 기지국과 연결하려 합니다. 따라서 정보가 어디에서 오는지 알기 때문에 사용자가 어디에 있는지 알 수 있습니다. 그래서 통신 네트워크는 공급업체가 어디이든 사용자의 위치를 압니다. 그래야 사용자를 해당 네트워크에 연결할 수 있기 때문입니다. 화웨이의 장비도 다른 업체와 다를 바 없습니다."[16]

화웨이가 제3국에 있을 수 있는 '사악한' 법률도 준수할 것인가, 라는 의원들의 질문에 서포크는 이렇게 답했다. "같은 말씀을 자꾸 반복해 죄송하지만 우리의 출발점이자 종착점은 우리가 해당 국가의 법률을 이해한다는 점입니다. 물론 쉬운 일은 아니지만, 일단 그들의 법을 이해하고 나면 우리는 그 법의 테두리 안에서 운영합니다. 우리는 판단하지 않습니다."

이 무렵 화웨이는 몇 년 전부터 '세이프 시티' 비디오 감시 솔루션을 홍보해 왔고, 2009년에는 처음으로 파키스탄에서 계약을 체결하는 등 절반의 성공을 거두었다.[17] 이 신형 솔루션은 중동 지역에서 날개를 달았다. 2011년 상반기에 화웨이 엔터프라이즈비즈니스그룹Enterprise Business Group의 전 세계 매출은 전년 대비 80% 급증했다.

'세이프 시티'는 당초 IBM이 2008년 금융 위기를 겪은 이후 매출을 늘리기 위해 생각해 낸 아이디어였다.[18] IBM은 그들의 '스마터 시티Smarter Cities'를 홍보하며 비디오카메라와 그 밖의 센서를 빅데이터 알고리듬에 연결하면 서류 작업을 간소화하고 에너지를 절약하고 오염을 방지할 수 있다고 설명했다. 하지만 정작 공무원들의 눈을 번쩍 뜨게 만든 것은 이 새롭고 전지전능한 장비로 범죄를 퇴치할 수 있을지 모른다는 전망이었다.

IBM은 경찰에 오래 동안 기술을 제공해 온 역사를 가지고 있으며, 당시에도 뉴욕 경찰을 도와 실시간범죄대응센터Real Time Crime Center를 구축하는 데 힘을 보탰다. 1,100만 달러 규모의 최첨단 시설을 갖춘 이 센터는 2층 크기의 비디오월videowall, 위성 영상, 330억 개 이상의 공공 기록을 보유했다.[19] IBM 경영진은 범죄 발생 전에 예측할 수 있는 이 차세대 치안의 미래상을 설명하기 위해 전 세계를 돌며 영업했다. "공공의 안전 보장은 도시에서의 삶의 질에 매우 중요합니다." 상하이에서 행한 '스마터 시티' 홍보 연설에서 IBM CEO 샘 파머사노Sam Palmisano는 그렇게 말했다. "지는 싸움은 더는 없는 것 같습니다. 뉴욕을 비롯한 여러 도시들은 첨단 데이터 분석을 통해 범죄율을 기록적으로 줄이고 있습니다."[20]

나중에 '흑인의 생명도 소중하다Black Lives Matter' 시위가 벌어지고 경찰의 뿌리 깊은 인종 편견에 대한 조사가 진행되자, IBM은 범죄를 예측하는 기술에 대한 마케팅을 중단했다. 하지만 그때도 이 아이디어를 탐내는 정부는 많았다. 2009년에 IBM이 중국 전역을 순회하면서 '스마터 시티'를 홍보할 때도 원자바오 중국 총리는 이 개념을 정식 승인해 주었다.[21] 그해 화웨이는 '스마트 시티Smart Cities'와 '세이프 시티'라는 자체 버전을 출시했다.

2011년 12월, 67세의 런정페이는 자신은 뒤로 물러나고 후배들에게 회사 운영을 맡긴다고 발표했다. "갈수록 기술이나 재무 문제를 파악하는 게 어려워지는군요. 경영도 절반밖에 이해하지 못하겠어요." 그는 직원들에게 그렇게 말했다. "내가 우리 그룹을 이해심으로 대하고 민주적으로 다루며 우리의 영웅 모두의 재능을 충분히 발현시키지 못하는 상태에서는 아무것도 이룰 수 없습니다."[22] 런은 자세한 사정은 말하지 않고 단지 요 몇 해 사이에 암 수술을 두 차례 받았다고만 밝혔다.[23] 그는 과로 탓도 있다고 했다. "너무 피곤했습니다. 지쳐서 몸이 무너지는 기분입니다."

사람들은 오래 전부터 런의 후임자가 누구일지 궁금해했다. 하지만 런은 후임자가 한 명이 아닌 3명이라고 밝혔다. 궈핑, 에릭 쉬, 켄 후가 '순환 CEO' 자격으로 각각 6개월씩 회사를 이끌기로 했다. 이런 구성은 오히려 궁금증을 키웠다. 순환 CEO 3명의 의견이 일치하지 않으면 몇 달마다 회사의 전략이 오락가락할 위험이 있기 때문이었다. 또한 순환 CEO가 다른 회사에서 전권을 가진 CEO직을 제안받을 경우 떠나지 않는다는 보장도 없었다. 하지만 순환 CEO의 이점도 분명했다. 런정페이는 경영권을 한 사람에게 완전히 넘기는 시기를 미루는 동안 임원을 여러 명 훈련할 수 있었다. 화웨이는 이미 스웨덴의 에릭슨과 핀란드의 노키아에 이어 굳건한 전 세계 3위의 무선 장비 공급업체였다. 그들은 프랑스와 미국의 대형 합작 기업인 알카텔-루슨트와 미국의 모토로라조차 뛰어넘었다. 2010년에 화웨이가 달성한 연 매출 270억 달러는 구글, 맥도날드, 코카콜라의 매출보다 높은 수치였다.

후계자 3명은 모두 18년이 넘도록 화웨이에 충성을 바쳐왔고, 각자의 자리에서 중추적인 역할을 거침없이 수행한 인재들이었다.

귀핑은 화웨이가 서방으로 진출하던 초기부터 시스코의 소송에 맞서 화웨이를 방어했을 뿐 아니라, 마르코니와 노텔의 인수 문제를 협상하는 등 대외적으로 화웨이의 얼굴 역할을 해왔다. 그는 3G 와 이파이 동글을 들고 유럽 소비자를 공략하는 초기 시장 진출도 지휘했다. 좀 더 가까이는 2011년에 화웨이가 모토로라와 지적 재산권을 놓고 법정에서 다툴 때 이를 원만히 해결했고, 시만텍Symantec 이 합작 투자에서 빠지는 과정도 지휘했다. 귀는 화웨이에 근무하는 동안 자녀를 둘 낳았지만 출산 때마다 곁을 지키지 못할 정도로 업무에 몰두했다. 그는 동료들에게 가족들 생각이 머릿속에서 떠나지 않는다고 한숨 쉬기도 했다.[24] 2010년 무렵 귀는 폐암 진단을 받았다.[25] 의사는 그에게 6개월밖에 살 수 없다는 선고를 내렸다. "암 환자의 약 80%가 두려움 때문에 죽는다더군." 귀는 동료들에게 그렇게 말했다. "그래서 이렇게 말해줬지. 난 나를 믿기 때문에 쉽게 포기하지 않을 생각이라고 말이야." 귀는 건강을 되찾아 업무에 복귀했지만 이후로 휴식과 운동 시간을 더욱 늘리게 된다.

세 사람 중 유일하게 박사학위가 있는 에릭 쉬는 2000년대 초에 화웨이의 신생 무선 사업을 이끌었다. 화웨이는 그의 지휘 아래 홍콩과 아랍에미리트에서 첫 3G 계약을 체결했고 휴대폰 사업에 진출하던 초기에도 이를 지휘했다. 쉬는 독일 지멘스와 합작벤처를 설립하고 2010년에 인도 정부와 현지 공장을 설립하기 위한 협상을 벌이는 등, 국제 파트너십을 관리하며 장비에 대한 보안 우려를 해소하기 위해 노력했다. 순환 CEO가 되기 전에는 R&D 글로벌 사장 자리까지 올랐다. 화웨이의 일부 외국인 임원들은 세 사람 중 그를 가장 가까이하기 어려운 인물로 꼽았다. "내게 에릭은 암호문 같은 존재였어요." 한 임원은 그렇게 회상하며 켄 후와 귀핑은 "항상 내 일정표에 있었지만 에릭은 그렇지 않았다"고 덧붙였다.

켄 후는 국내 영업팀의 평직원으로 시작해 화웨이 라틴아메리카 사장을 거쳐 나중에 화웨이 미국 이사회 의장을 역임했다. 그는 '셀'을 설립할 때도 화웨이를 대표했다. 셀은 영국 관리들이 화웨이의 소프트웨어 코드에 보안상 취약점이 있는지 확인할 수 있는 센터였다. 후가 국제회의에서 화웨이의 공식 대변인으로 나서는 경우도 갈수록 많아졌다. 중국의 트위터에 해당하는 웨이보의 계정에는 출장 업무로 전 세계를 휘젓고 다니며 하루는 굴, 다음 날은 일본 라멘을 먹는 그의 기내식 일정이 기록되었다. "켄 후는 세 사람 중 가장 다재다능합니다." 화웨이 임원을 역임했던 사람은 그렇게 말했다. "그는 여러 분야에 강하지만 특별히 뛰어난 특정 분야는 없습니다. 규모가 큰 회사에는 아마 그런 사람이 필요할 것 같습니다."

순환 CEO가 발표되자 사람들은 런이 가족 승계를 포기했다고 생각했다. 그의 아들 런핑은 스마트컴 운영자라는 낮은 직책에 계속 머물렀는데, 사내 접객 부서인 스마트컴은 연회, 호텔, 안내원, 고객용 운전기사 제공 등의 업무를 처리했다.[26] 스마트컴은 화웨이 캠퍼스 근처에 5성급 호텔을 운영하며, 찾아오는 국내외 손님들에게 숙소를 제공했다. 이들을 극진히 대접하는 일은 글로벌 고객을 확보하는 데 중요한 요소였다. 런은 중국의 기술 수준과 제조 표준에 대해 선입견을 가진 외국 경영진이 스마트컴 직원들의 완벽한 서비스를 직접 접해보고 감탄하는 과정에서 자신들의 편견을 깨기 바랐다. 하지만 스마트컴은 결코 화웨이의 핵심 기술 사업이 될 수 없었고, 중요한 자리로 올라가기 위한 디딤돌도 아니었다. "이 분야에서 오래 일할수록 자신이 부족하다는 생각을 하게 된다." 런핑은 스마트컴에서의 업무를 이렇게 적었다. "모든 시간을 투자해 끊임없이 공부하고 기술을 연마해야 하지만, 그래도 두각을 나타내긴 어렵다."[27] 런의 동생 스티브 런도 부사장을 역임했지만 후계자가 될 준비는 하지 않는 것 같았다.[28] 스티브 런은 언젠가 이 시절의 자신을 가리켜 "뚜렷한 업적도 없이 그저 평범했다"고 자평했다."[29]

런의 가족 중에서는 딸 멍완저우가 가장 높은 자리에 올라, 경영 개편 과정에서 CFO로 승진하고 이사회 멤버가 되었다.[30] 멍은 동료들에게 CFO라는 자리는 더 올라갈 가능성이 있는 자리라고 말했다. "대다수 회사에서 CFO는 CEO가 사업 목표를 원활히 달성하도록 그를 보좌하고 돕습니다." 그녀는 그렇게 말했다. "경영진을 훈련하는 데 CFO만큼 좋은 자리도 드물 겁니다. 전문적이면서도 포괄적이니까요."[31] 하지만 화웨이의 직원들이 생각하는 리더의 요건은 엔지니어링 쪽 역량이었다. 멍에겐 그 부분이 부족했다. 또한 리더십을 발휘할 만한 기질이 있는지도 미지수였다. 런정페이는 역사적인 전투를 거침없는 언변으로 들려주며 직원들을 각성시켰지만, 화웨이 내부 간행물에 실린 멍의 에세이는 그다지 감흥을 주지 못했고 오히려 자신의 휴가 여정을 시시콜콜 묘사하는 내용이 많았다. 어떤 글에서 그녀는 세상 최고로 마음에 드는 곳은 프랑스 프로방스 지방의 라벤더 들판이라며 이렇게 썼다. "그날 나는 꿈을 이루었다. 오랜 노예 생활 끝에 나는 마침내 자연으로 돌아갔다."[32]

2011년 초에 켄 후는 미국 정부에 공개서한을 보냈다. 서한에서 그는 화웨이 장비에 보안 위험이 내재한다는 혐의를 수긍할 수 없다며, 미국 정부가 직접 조사하여 화웨이의 누명을 벗겨달라고 제안했다. "우리는 미국 정부가 나서 화웨이에 대한 세간의 의심을 공식적으로 조사해 주기를 진심으로 희망합니다." 후는 서한에서 그렇게 밝혔다. "정부의 철저한 조사가 이루어지면, 화웨이가 평범한 상업적 단체일 뿐 그 이상도 이하도 아니라는 사실이 입증되리라 믿습니다."[33]

이 서한이 단순한 항의성 의사 표시나 문학적 수사修辭의 효과만으로 그칠 생각이었는지는 몰라도 결과는 역효과였다. 미국 의원들은 후의 제안을 받아들였다. "서신에 감사하며 귀하의 요청을 기꺼이 수락하는 바입니다." 하원 정보상임위원회 HPSCI 위원장 마이크 로저스Mike Rogers는 화웨이 대표에게 그렇게 통고했다. "우리는 화웨이를 조사하기로 결정했습니다."[34]

청문회는 2012년 9월로 잡혔다. 이 조사는 ZTE를 포함한 다른 중국 기업들도 함께 다루었다. 그러나 로저스는 시작부터 화웨이를 "방 안에 있는 400킬로그램짜리 고릴라"라고 단정했다.[35]

화웨이의 워싱턴 DC 지사에 찬 바람이 불었다. 회사의 고위 경영진은 워싱턴 지사가 꾸민 공격적 홍보 캠페인이 더 큰 부메랑이 되어 돌아왔다고 생각했다. 워싱턴 지사의 미국인 매니저들은 이제 본사가 자신들을 이중 첩자로 단정해 정보에 대한 접근을 막는다는 느낌을 받았다. 2012년 7월에 유출된 FBI의 진술서는 이전에 화웨이에서 근무했던 ZTE USA의 법률 고문 애슐리 야블론Ashley Yablon이 정보원 역할을 했다고 폭로했다. 야블론 같은 사람들이 FBI에 무슨 말을 일러바쳤는지도 알 방법이 없었다.[36]

"이 분야에서 일하는 사람들은 런정페이를 가리켜 위대한 만큼이나 불가사의한 인물이라고 말합니다." 런은 직원들 앞에서 행한 연설에서 그렇게 말했다. "사실은 그렇지 않습니다. 누구보다 내가 나를 더 잘 압니다. 내가 사람들 앞에 잘 나서지 않는 이유는 잘난 척하기 위해서가 아니라 겁이 많기 때문입니다."[37]

18

청문회

| 하원 조사: 2012년 |

2012년 9월 13일 오전 10시가 되기 바로 전, 찰스 딩 Charles Ding (딩 샤오화丁少華)은 미 국회의사당 방문자센터 HVC-210호실의 윤이 반짝거리는 나무 책상 앞에 앉았다. 깔끔하게 자른 머리에[1] 담청색 넥타이를 맨 그는 경직된 분위기를 풍기는 검은색 정장 차림이었다. 그의 앞에는 마이크와 메모가 빼곡한 검은색 바인더 몇 개와 생수가 놓여 있었다. 그의 뒤로는 자리를 꽉 채운 청중들이 폐쇄공포증이라도 유발할 것처럼 촘촘히 앉아 있었다. 앞에는 정장 차림의 미국인들이 높은 단 위에 두 줄로 앉아 엄한 표정으로 그를 내려다보았다.

단상 한가운데에는 다부지고 모난 체형의 남성이 2명 있었다. 한 명은 갈색 머리로 관자놀이에 흰머리가 살짝 보였고, 또 한 명은 짙은 눈썹을 가진 검은 머리였다. 갈색 머리는 육군 장교 출신으로 FBI 특수 요원이었던 마이애미 공화당 하원의원 마이크 로저스였고, 검은 머리는 볼티모어 검사 출신인 메릴랜드주 민주당 하원의원 찰스 "더치" 루퍼스버거Charles "Dutch" Ruppersberger였다. 하원 정보상임위원회의 두 공동위원장은 소속 정당은 달랐지만 서로 손발이 잘 맞았다. 두 사람이 처음 악수를 나눈 순간 우연히 지진이 발생하면서 의사당 건물이 흔들리는 바람에, 이후 그들은 신이 허락한 동반자라는 농담을 자주 했다.² 두 의원의 보좌관들은 그동안 1년 가까이 화웨이의 고객이나 경쟁사를 면담하고, 질문이 빼곡하게 담긴 편지를 화웨이에 보내는 등 이 청문회를 철저히 준비했다. 그들은 런정페이를 인터뷰하기 위해 홍콩으로 날아간 적도 있었다. 그들은 위원회가 가진 권한을 모두 동원에 진실을 밝혀내겠다고 별렀다.

동글동글한 얼굴에 안경을 쓰고 말투가 나긋나긋한 딩은 당시 미국에서 회사를 대표하는 화웨이의 얼굴이었다. 그는 17년 차에 접어든 화웨이의 베테랑이었다.³ 2010년에 그는 자신의 경력 대부분을 중동 지역에서 차곡차곡 쌓아 현지 사장까지 올랐다가, 그 후 화웨이의 미국 법인 대표로 임명되었다. 사람들은 그런 워싱턴에 근무할 수 있는 직위를 보상이라고 여겼을 것이다. 그는 아내와 아이들과 함께 베데스다의 아늑한 집으로 이사했다. 하지만 이제 그가 마주한 것은 굳은 표정의 얼굴이었다. 그 표정들이 포상일지 처벌일지는 알 수 없었다. "그들은 학살을 계획하고 있습니다." 딩의 미국인 지인 하나가 딩의 참모 한 명에게 이메일로 그런 메시지를 보냈다.⁴

의사봉 두드리는 소리가 났다.

"외국의 영향을 받는 통신 회사가 야기할 수 있는 위협을 검토하기 위한 조사청문회의 개최를 선언합니다."[5]

로저스는 장내에 있는 사람들에게 딩과 ZTE에서 딩과 같은 지위에 있는 사람이 위원회의 질문에 답하기 위해 소환되었다고 말했다. 그는 "백도어"에 대한 소문이 있다고 말했다. 그리고 화웨이와 중국 정부의 관계가 얼마나 긴밀한지 알아내려는 질문들이 나왔다. 영업 기밀을 빼돌렸다는 보고도 있었다.

"우리는 진실에 도달해야 하고 아울러 이들 기업이 중국 정부와 결부되어 있거나 그들의 영향을 받는지 확인해야 합니다." 로저스는 그렇게 말했다.

딩은 자리에서 일어나 오른손을 들라는 요청을 받았다.

"미스터 딩, 이 위원회에서 오로지 진실만 말할 것을 선서합니까?"

딩은 그렇게 하겠다고 선서했다.

"로저스 위원장님, 루퍼스버거 위원님 그리고 그 밖의 위원 여러분, 제 이름은 찰스 딩입니다. 저는 1995년부터 화웨이에서 일했습니다."[6] 딩은 준비된 발언을 영어로 말하기 시작했다.

그는 간략하게 자신을 소개했다. 하지만 화웨이가 중동에 진출하던 초기에 참모였다는 사실은 말하지 않았다. 그의 팀은 초기에 사우디아라비아와 첫 계약을 체결했고, 나중에는 중화권 밖에서 이루어진 첫 국제 3G 계약인 아랍에미리트의 에티살랏과도 계약했다.[7] 에티살랏의 경영진은 화웨이를 회의적인 시선으로 바라보았지만, 딩과 그의 팀은 반대하는 문제를 하나씩 체계적으로 제거해 결국 에티살랏이 화웨이의 입찰을 거부할 이유를 찾을 수 없게 만들었다. "우리가 해당 과제를 개별적으로 완벽하게 처리했기 때문에, 고객이 더는 우리를 거부할 이유를 찾지 못한 겁니다." 화웨이

사진 18.1 2012년 9월 하원 정보위원회 청문회에 참석한 화웨이 수석부사장 겸 미국 수석 대표 찰스 딩.

가 낙찰자로 결정된 후 딩은 팀원들에게 그렇게 말했다.

딩은 2006년 초에 미국 관리들을 만난 적이 있었다. 광저우 주재 미국 영사관에서 화웨이의 대학 채용 프로그램을 브리핑할 때였다.[8] 워싱턴으로 자리를 옮기면서 그는 딩샤오화라는 중국 이름 대신 찰스라는 이름을 쓰기 시작했다. 미국에서의 사업은 훨씬 더 힘들었지만 그래도 진전은 있었다. 미시간의 스피드커넥트SpeedConnect, 변두리에 속하는 캔자스의 유나이티드와이어리스United Wireless 등 소규모 업체들에서 4G 입찰을 따내기도 했다. 그는 캘리포니아의 산타클라라와 뉴저지 브리지워터에 R&D 센터를 열었고, 텍사스 플레이노에 있는 본사를 업그레이드했다.

그날 심문에 혼이 난 것은 딩만이 아니었다. 그의 왼쪽에는 또 다른 남성이 앉아 있었다. ZTE의 수석 부사장 주진윈朱錦雲이었다. 그는 검은색 정장을 입고 머리는 젤을 발라 매끈하게 정리했다. 비공개 석상에서 화웨이 경영진은 같은 도시 반대편에 있는 경쟁사인 ZTE와 한 묶음으로 취급당하는 것을 늘 못 마땅하게 여겨왔다. 따지고 보면 ZTE는 국영기업이고 화웨이는 그렇지 않기 때문에 그들과 다르다는 주장이었다. 마찬가지로 ZTE도 화웨이와 한 통속으로 취급받는 것을 달가워하지 않았다. ZTE는 국영기업이지만 상장 기업이기 때문에 화웨이보다 장부가 더 투명하다고 주장했다.

주 부사장은 두 회사의 차이를 부각하려는 의도 같았다. 그는 좀 더 직설적인 표현을 썼다. "세계가 주목하는 기업 중 하나인 ZTE를 대표해 오늘 이 자리에 서게 되어 매우 기쁩니다." 그는 그렇게 말했다. "우리는 중국에서 가장 투명한 공기업 통신 장비 업체이기 때문에, 미국 의회나 정부와 협력할 수 있는 회사 중에는 ZTE가 최선의 선택이라고 생각합니다."[9]

한편 딩은 화웨이가 현재 혐의를 받는 어떤 부적절한 행위도 한 적이 없으며, 앞으로도 평판에 손상이 갈 만한 위험을 무릅쓸 생각도 없다고 선언했다. "전 세계 고객들은 우리 화웨이를 신뢰합니다. 우리는 그 신뢰를 무산시키는 어떠한 행위도 하지 않을 것입니다. 화웨이가 국가안보를 해치거나 산업 첩보 활동에 연루될 위험을 감수한다면 그것은 대단히 어리석은 짓일 겁니다."[10]

그리고 질문이 시작되었다. 로저스는 눈살을 찡그리며 딩에게 화웨이 장비에 있는 '미승인 무선 신호Unauthorized Beaconing'를 물었다. 해외에 설치한 화웨이 장비에서 신호를 중국으로 송신하는 사례가 발견되었다는 얘기였다. 무단 접속을 가능하게 해주는 코드의 "변칙성"에 대한 보고도 있다고 했다. "왜 이런 일이 생겼는지 설명할 수 있습니까?"**11**

"위원장님, 화웨이의 어떤 장비에도 불법 수단은 없습니다." 딩은 그렇게 답했다. "방금 말씀하신 문제는 저도 잘 모르겠습니다. … 화웨이는 어떤 국가나 고객에게도 해를 끼친 적이 없고 앞으로도 그럴 것입니다." 그는 단호하게 고개를 흔들며 통역사의 영어 통역을 기다렸다.**12**

로저스는 납득하기 힘든 표정이었다. 앞서 화웨이 팀은 딩이 답변을 영어로 하는 편이 더 나은지 중국어로 하는 편이 나을지 논의했었다. 딩은 실수를 줄이기 위해 중국어로 답하기로 했다. 하지만 질문마다 대답을 두 번씩 하는 식으로 시간을 다 써버리려는 의도처럼 비치는 등, 뭔가 떳떳하지 않게 보일 위험은 있었다.

로저스는 화웨이의 공산당 위원회로 화살을 돌렸다. 민간기업에 당 위원회가 있다는 사실은 서구인들 보기에 흥미롭기도 하지만 고개가 갸웃해지는 문제였다. 일종의 독서 모임으로 당원들이 일과시간 뒤에 마르크스주의를 토론하는 것인지 아니면 실제로 중요한 사업적 결정에 개입하는지 등, 당 위원회의 권한에 대해서는 알려지지 않은 부분이 너무 많았다. 로저스는 지금까지 이런 위원회의 구성과 내부 영향력의 범위에 관해 화웨이나 ZTE로부터 어떤 세부적인 정보도 받지 못했다고 지적했다.

딩은 미국인들이 민간기업에 당 위원회가 있는 것을 이상하게 생각할 수 있다는 점을 인정하면서도, 중국 법은 이를 필수 요건으로 규정해 놓고 있다고 말했다. 월마트 Walmart 와 제너럴모터스 General Motors 도 중국에서 운영할 때는 사업장에 당 위원회를 두었다. "하지만 화웨이에서 당 위원회가 사업 운영이나 의사 결정에 참여하는 것을 저는 본 적이 없습니다." 딩은 그렇게 말했다.**13**

이런 대답은 화웨이 내 당 위원회의 역할을 축소한 것일지 모른다. 당 위원회는 그보다는 더 강력한, 제2의 인사 부서라고 할 수 있었다. 2006년부터 당 위원회는 매니저의 임명을 거부하거나 해고할 수 있는 권한을 보유했다. 최고 경영진도 때로 당 위원회에 불려가 자아비판을 해야 했다. 2009년에는 화웨이의 당 조직이 매니저 2명을 해고하도록 명령한 적이 있었다. 어떤 소프트웨어 엔지니어가 퇴사하려 했다는 이유로 그 두 사람이 보복행위를 했다고 판단했기 때문이었다.[14] 당 조직은 또한 매니저 승진 신청자 3,000명을 검토해 35명은 기각하고 51명에 대해서는 자질을 향상시키라고 요구했다.[15]

2011년 말 현재 14만 명에 달하는 화웨이 직원 중 당원은 3만 명을 상회했다.[16] 화웨이 내 공산당 기본 조직인 당 세포의 지도자들은 "회사나 사회에 부정적인 영향을 미칠 수 있는 어떠한 언동도 하지 않을 것"이며 회사를 더욱 굳건하게 만드는 일에 조력하겠다고 서약했다.[17]

"화웨이의 당 위원회는 직업윤리와 직원 복지를 증진하는 일에 주력하고 있습니다." 그리고 딩은 말을 맺었다. "감사합니다."[18]

로저스는 그에게 위원회 구성원의 이름을 말하라고 요구했다. 딩은 창립 당시 당서기인 첸주팡의 후임 저우다이치 당서기의 이름을 댔지만, 그 정도에 만족할 로저스가 아니었다. 그는 당원 명단 전체와 전직 당원의 명단까지 요구했다. "문제 없을 겁니다." 딩이 답했다. "오프라인으로 저우다이치 교수에게 연락하면 명단을 받을 수 있을 겁니다."[19]

로저스는 루퍼스버거에게 마이크를 넘겼다. 전 볼티모어 검사였던 그는 단호한 목소리로 말했다. "당신들이 미국에서 사업을 하고 싶으면, 중국 정부에게 우리 기업에 대한 사이버 공격을 중단하라고 말해야 합니다." 그는 딩과 주에게 그렇게 말했다. 루퍼스버거는 두 회사가 중국의 국가 기밀법을 이유로 앞서 서면으로 받은 질문에 대한 답변을 거부한 것에 대해 우려를 표명했다. 그는 딩에게 당이 고객의 정보를 달라고 하면 어떻게 할 것인지 물었다. "그 답을 직접 듣고 싶습니다."

딩은 화웨이가 중국 정부는 물론 당사자가 아닌 어떤 정부의 입김에 휘둘려 다른 국가에 해를 입히는 일은 없을 것이라고 대답했다. "사업은 사업일 뿐이라고 우리는 생각합니다. 이 점은 매우 확실합니다."

"그것이 당신네 정부를 거스르는 일이어서 감옥에 가게 된다 해도 그렇습니까?"

"화웨이는 법과 규정에 따라 운영합니다. 화웨이가 법을 위반하지 않았는데 정부가 어떻게, 왜 우리를 감옥에 넣겠습니까?"[20]

루퍼스버거는 성에 차지 않은 듯 보였지만, 이란에 대한 질문을 맡은 위원에게 마이크를 넘겼다.

"귀사가 이란에 장비를 판매한다는 얘기를 들었습니다. 그건 미국의 제재를 위반하는 행위일 겁니다." 노스캐롤라이나 공화당 하원의원 수 마이릭Sue Myrick이 물었다. "미스터 딩, 귀사는 이란에 장비를 판매합니까?"

"의원님, 화웨이는 이란에서 활동하는 다른 서구의 공급업체와 마찬가지로 이 나라에서 정상적인 사업 활동을 할 뿐입니다. 그리고 우리는 사업할 때 그에 따른 관련 법률과 규정을 모두 준수합니다."

"그럼 또 묻겠습니다. 귀사는 이란 정부에 장비를 판매한 적이 있습니까?"

"우리는 이란 정부에 어떤 장비도 제공한 적이 없습니다. 우리가 제공한 장비는 모두 상업용이거나 민간용입니다."[21]

그러자 캘리포니아주 민주당 상원의원 애덤 시프Adam Schiff가 루퍼스버거의 질문을 바꿔 다시 물었다. 그는 큰소리로 중국 국가보안법 제11조의 한 대목을 읽었다. "'국가 보안 기관은 어떤 조직이나 개인이든 그가 소유한 전자 통신 기기 및 장치와 그 밖의 유사한 장비 및 설비를 검사할 수 있다.'"

"미스터 딩, 중국 정부나 중국 공산당에서 당신을 찾아온다면, 그들에게 접근을 허용해야 하는 게 당신의 의무 아닙니까?"

"질문해 주셔서 감사합니다. 그리고 다시 뵙게 되어 반갑습니다, 의원님. 저는 그런 중국 법을 잘 알지 못합니다. 만약 화웨이가 그런 상황에 놓인다 해도 안 된다고 할 것 같습니다."

"하지만 미스터 딩, 제11조가 명백한 문구로 국가가 당신네 통신 장비를 검사할 수 있다고 규정하고 있다는 점은 인정하십니까?"

"의원님이 말씀하시는 그 조항에 대해서는 제가 보지 못했기 때문에 뭐라 설명하거나 논평할 수 없습니다."

시프는 이 정도에서 끝낼 생각이 없었다. "내가 보기에 당신은 아주 많은 사실을 아는 것 같은데… 당신의 사업에 직접 적용되는 법률은 잘 모르는군요." 그는 그렇게 말했다. "중국 법에는 중국 정부의 요청이 있을 경우, 귀사는 중국 정부에 장비를 제공해야 한다고 명시되어 있습니다. 그리고 당신이 중국 법정 체제에서 이 문제를 두고 다툴 가망은 없다고 봅니다. 마이크를 도로 넘기겠습니다, 의장님."[22]

질문이 잇달아 쏟아졌다. 화웨이에 자금을 지원하는 은행 중 국유 은행은 몇 개인가? 당이 그런 은행에 영향을 미치는가? 화웨이의 장비에 시스코의 코드가 들어갔는가? 회사의 직원 주주 프로그램에서 주식 가격을 결정하는 주체는 누구인가? 화웨이는 미국 기업을 계속 인수할 계획인가? 딩은 최선을 다해 답변했다. 말투는 공손했지만 가끔 손을 두드리며 힘주어 말하기도 했다. 어떨 때는 3개의 고리가 달린 바인더를 펼쳐 보이며 화웨이가 위원회에 나누어준 상당한 분량의 세부 사항을 설명했다.

딩은 집중 공격을 용케 피해 가고 있었다. 이제 질문 하나 정도 할 시간이 남았다. 일리노이주 민주당 상원의원 루이스 구티에레스Luis Gutiérrez는 딩에게 화웨이가 미국보다 영국에서 더 환영받는 이유가 무엇이냐고 물었다. 좋은 질문이었다. 그런데 대답이 모호했다. 워싱턴과 런던은 정보를 공유하기 때문에 화웨이에 대한 평가는 당연히 비슷해야 했다. 하지만 그렇지 않았다.

여름에 화웨이 회장 쑨야팡은 런던에서 열린 무역 행사에서 찰스 왕세자와 대화를 나눴는데, 그 자리에서 왕세자는 쑨에게 영국에 투자할 생각이 없느냐고 물었다.[23] 청문회가 열리기 이틀 전에 런정페이는 다우닝가 10번지에서 데이비드 캐머런David Cameron 총리를 만났고, 캐머런은 그 자리에서 영국이 "사업에 개방적"이라고 밝혔다. 실제로 화웨이는 영국에서 가장 큰 중국 투자자였다.[24]

"우리가 어느 나라에서 영업을 하든, 우리는 변함없이 시장에서 크게 번창하기를 바라고 있습니다." 딩은 그렇게 말했다.

"질문에 대답하지 않았습니다." 구티에레스는 상대를 압박했다. "미국에서 당신네는 여러 가지 난제에 부딪혔는데 영국에선 어떻게 그것을 극복했는지 그 구체적인 이유를 물었습니다. 그리고 나는 답을 듣지 못했습니다."

"영국 정부도 사이버 보안을 매우 중요하게 생각한다고 봅니다." 딩은 답했다. "우리는 사이버 보안 문제를 원만히 해결할 방법을 가지고 영국 정부와 의견을 교환했습니다."[25]

화웨이를 바라보는 영국과 미국의 견해 차이에 대해서는 정책 입안자들도 명확하게 설명한 적이 없었다. 이는 두 나라가 다른 나라와의 관계에 대해 가지고 있는 시각의 뿌리 깊은 차이와도 관련이 있는 것 같았다. "아마도 미국과 중국이 경쟁이라는 관점에서 좀 더 대등한 입장이기 때문인 것 같습니다." 영국의 화웨이 사이버 보안 센터에서 일했던 한 영국인은 말했다. "경제적인 면에서 볼 때, 영국은 중국의 경쟁 상대가 될 수 없다는 것이 내 생각입니다. 정치적으로는 미국이 유럽에 비해 언제나 중국에 대한 반감이 훨씬 더 강했습니다."[26]

미국 의원들 앞에 앉은 딩은 영국인보다 미국인들이 왜 그들에게 더 적대적이냐는 질문에 답을 피했다. 그리고 시간이 다 됐다.

"오늘 조금 실망스러운 자리였던 것 같습니다." 로저스는 마무리하면서 그렇게 말했다. "나는 좀 더 투명하고 솔직한 자리가 되길 바랐습니다." 그는 딩이 당국에 정보를 공개하는 문제에 관한 중국 법률의 특정 세부 사항을 알지 못한다고 주장한 것은 "매우 유감"이라고 덧붙였다. 그리고 그는 진술한 내용에 모순되는 부분이 많아 우려가 된다고도 했다.

"이것으로 산회를 선언합니다."[27] 의사봉을 두드리는 로저스의 입꼬리가 내려갔다. 그는 자리에서 일어나 서류를 챙겨 퇴정했다.

하원 정보상임위원회는 10월에 보고서를 내놓았다. 위원회는 다섯 명의 최초 투자자에 대한 질문과 런정페이가 이들을 어떻게 알게 되었는지 등에 대한 질문을 화웨이가 회피했다며 불만을 드러냈다. 그러면서 위원회는 미국의 정부 시스템, 특히 민감한 시스템에서 화웨이와 ZTE는 배제하는 것이 좋겠다고 권했다. 그들은 더 나아가 미국 기업을 향해 화웨이와 ZTE의 장비를 더는 사들이지 말 것을 권고했다. 또한 그들은 미국의 규제 당국이 나서 두 회사가 미국 기업을 인수하지 못하도록 막아야 한다고 주장했다. "화웨이와 ZTE가 외국의 영향력으로부터 자유롭다는 점을 믿을 수 없으며, 따라서 안보 면에서 미국과 미국의 시스템에 위협이 될 수 있다."[28]

위원회는 또한 런정페이가 군 복무 기간에 했던 일에 대해 화웨이가 말을 아끼는 행태를 못마땅하게 여겼다. "화웨이는 런의 군 경력 전부를 설명하기 거부했다." 위원회는 보고서에서 그렇게 불평했다. "화웨이는 그가 군대에 있을 당시, 누구에게 보고했는지 밝히기를 거부했다."

이 보고서는 곧바로 정치적 소재로 이용되었다. 버락 오바마 대통령의 재선 캠프는 보고서가 발표된 당일, 이를 호재로 삼아 현직 대통령이 속한 공화당의 후보인 밋 롬니를 공격했다. 2007년에 화웨이가 스리콤을 인수하려다 실패했을 당시 롬니의 회사 베인캐피털이 화웨이의 파트너였다는 사실을 유권자들에게 상기시킨 것이다. "하원 정보위원회의 결론에 따르면 롬니는 이익을 취하기 위해 중국의 한 기술 기업의 거래에 베인캐피털을 파트너로 참여시켰고, 그 거래가 국가안보에 큰 위협을 제기해 결국 그 기업은 미국에서 사업을 할 수 없게 되었다." 오바마 캠프의 대변인은 정치 전문 매체 〈폴리티코Politico〉에 그렇게 말했다. "그러나 롬니는 동료 공화당원들이 말렸는데도, 우리의 안보를 위험에 빠뜨릴지 모르는

이 거래를 철회하지 않았다."²⁹

이 보고서는 당시 정치적 문제에 그치지 않고, 여러 해에 걸쳐 지속적인 영향력을 발휘하면서 미국 관리와 외국 정부에 의해 반복적으로 인용된다. "국가안보 영역에서 무슨 일이 벌어지고 있는지는 이미 많은 사람들이 알고 있지만, 이를 최초로 문서화한 미국 정부 부처는 하원 정보위원회였습니다." 마이크 로저스 하원의원의 전 보좌관이었던 앤디 카이저Andy Keiser는 그렇게 평가했다. "그것은 공식 보고서였어요. 더는 쉬쉬하지 않았습니다."³⁰

호주는 미국과 발을 맞춰 2012년 3월에 사이버 보안이 우려된다며 차세대 광대역 네트워크 입찰에서 화웨이를 배제했다. 하지만 세계 전체로 볼 때 반 화웨이 진영은 소수에 불과했다. 호주, 캐나다, 뉴질랜드, 영국, 미국으로 구성된 정보 동맹체 파이브아이즈Five Eyes의 다른 회원국들조차도 그들의 결정을 따르기를 꺼렸다.

호주의 금지 조치 직후 뉴질랜드 총리 존 키John Key는 한 국내 의원으로부터 광대역 인프라에 화웨이를 계속 허용해야 하는지에 대한 질문을 받았다. "우리는 현재의 합의에 별다른 문제를 느끼지 못합니다." 키 총리는 그렇게 답했다. 그는 화웨이가 호주에서 모든 사업에서 배제된 것이 아니라, 차세대 광대역 계약에서만 금지당한 것이라고 지적하며 반문했다. "호주에서 그렇게 푸대접을 받는데도 화웨이가 캔버라 레이더스의 공식 스폰서가 되었다는 사실이 놀랍지 않습니까?"³¹

2012년이 저물어갈 무렵, 화웨이는 세계 최고의 통신 장비 공급업체로 전 세계 68개 수도를 포함해 500개 이상의 지역에 모바일 네트워크를 구축했다. 전 세계 상위 50개 통신사 중 45개 통신사가 화웨이의 유선 교환기와 라우터를 사용했다. 그들이 막 시작한 스마트폰 사업은 삼성과 애플에 이어 매출 세계 3위에 올랐다. 화웨이의 제품을 사용하는 인구는 30억 명에 달했다. 전 세계 인구의 5분의 2에 해당하는 수치였다.

19

언론 기피증

| 이란 사건: 2013년 |

2013년 1월, 멍완저우는 몇 년 사이 최악의 스모그가 짙게 깔린 베이징에 도착해 첫 기자회견을 열었다. 연무가 너무 짙어 학교들은 문을 닫았고 비행장은 항공기 이착륙이 금지되는 등, 베이징의 하늘이 수년간의 무분별한 산업화에 스스로 갇힌 날이었다. 기자들은 그런 순간에 베일을 걷고 나타난 40세의 캐시 멍에게 호기심을 드러냈다. 비가 오든 눈이 오든 연무가 덮든, 기자들이 런 가문 사람들을 보기는 하늘의 별 따기였기 때문이다.

이렇게 공개석상에 모습을 드러내는 것은 적어도 전년도에 있었던 미 하원 청문회 탓도 있는 것 같았다. 그 후 화웨이의 불투명성에 대한 여론의 비판이 높아졌기 때문이었다. 멍은 모인 기자들에게 자신의 아버지가 소유한 화웨이의 지분은 1.4%일 뿐이고 나머지는 약 6만 명의 직원이 나누어 보유한다고 말하며, 앞으로 화웨이의 지분 보유와 운영에 대해 정보를 더 많이 공유하겠다고 약속했다. 그녀는 지난 해에 회사가 직원 주주들에게 20억 달러의 배당금을 지급했다는 말도 덧붙였다.

멍은 회사의 이미지를 부드럽게 바꿀 목적으로 몇 가지 개인 정보도 털어놓았다. 〈파이낸셜 타임스〉는 그녀를 가리켜 주말에는 선전 해안가를 따라 파워 워크를 즐기는 두 아이의 엄마라고 보도했고, 〈비즈니스 데일리 Business Daily〉도 그녀는 상냥한 미소를 띠고 속사포처럼 말한다고 썼다.[1] "아버지는 관대하셨는데, 내가 화웨이에 입사한 이후로는 엄격하게 대하셨어요." 멍은 런정페이에 대해 그렇게 말했다. 현안과 관계없는 질문을 던진 현지 기자도 있었다. 초창기 칩 엔지니어로 당시 화웨이의 엔터프라이즈 사업부 책임자로 있는 윌리엄 쉬와 결혼했다는 소문이 사실이냐고 추궁하는 질문이었다.[2] 멍은 소문이 파다한 점은 알지만 사실이 아니라고 말했다. 그녀의 남편은 통신 업계와 관련이 없으며, 두 사람 사이에 10살 난 남자아이와 4살 난 여자아이가 있다고 답했다. 틀린 말은 아니지만 전부가 사실도 아니었다. 2007년에 결혼한 남편 카를로스 류는 화웨이 멕시코 법인의 대표로 있다가 투자 분야에서 일하기 위해 회사를 떠났다.

멍의 회견은 대체로 호평을 받았지만, 화웨이가 정확히 어떻게 통제되고 어떻게 운영되는지 등 많은 의문은 여전히 안개 속에 있다고 기자들은 지적했다. 멍이 후계자 수업을 받는다는 소문이 돌자 런정페이는 의혹을 해소해야 할 필요성을 느꼈다. 몇 달 뒤에 그는 주주사원 회의에서 현재 화웨이에 자신의 친척 등 가족 4명이 일하고 있지만, 그들 중 누구도 자신의 자리를 이어받지는 않을 것이라고 밝혔다. "모든 사람에게 그 점을 분명히 밝혀 의혹을 줄이고 사원들이 쓸데없이 에너지를 낭비하지 않도록 하려는 것"이라고 그는 못을 박았다. 자신의 후임자는 비전과 고객의 니즈에 대한 깊은 이해, 대형 회사를 관리할 능력, 현실에 안주하지 않는 기질 등을 갖춰야 한다고 말했다. "내 가족 중에는 이런 능력을 갖춘 자가 없기 때문에 승계 순위에 끼지 못할 것입니다."³

언론에 무난한 데뷔를 치른 지 며칠 지나지 않아 멍은 다시 헤드라인의 주인공이 되었다. 이번에는 훨씬 더 우호적이지 않은 이유 때문이었다.

스티브 스테클로Steve Stecklow 라는 〈로이터〉의 탐사보도 기자는 수개월 동안 화웨이와 화웨이의 경쟁사 ZTE의 이란 사업을 꾸준히 파헤쳐 왔다. ZTE가 한 해 전에 미국 기술을 이란에 수출했다는 스테클로의 보도가 나오자, 상무부는 이 회사를 조사하기 시작했다.⁴ 2012년 말에도 스테클로는 2010년에 스카이컴Skycom이라는 회사가 수출 금지 품목인 13억 유로 상당의 휴렛팩커드 장비를 이란에서 가장 큰 이동통신사에 판매하겠다고 제안한 사실을 밝혀낸 적이 있었다. 분명한 미국의 대이란 제재 위반이었다. 그는 스카이컴이 화웨이와 매우 밀접한 관계인 것으로 보인다고 쓰면서, 테헤란에 있는 스카이컴 사무실 직원들이 화웨이 배지를 달고 있고 일부 직원의 이력서에는 "스카이컴-화웨이"에서 근무하는 것으로 기록되어 있다고 보도했다.

스테클로 팀은 홍콩 스카이컴의 기업 파일을 면밀히 조사하던 중, 스카이컴 이사회의 구성원 명단에서 멍완저우의 이름을 발견했다. 나중에 한 직원은 검찰에 불려 나가 증언하며, 스카이컴과 화웨이가 〈로이터〉 기자들이 조사 중이라는 말을 듣고 크게 당황했다고 말했다.

"우리 큰일 났어." 그 직원은 이란의 스카이컴 사무실 동료에게 그렇게 말했다.[5]

"그들이 회장 따님에 대해 뭘 알아낸 모양이야." 다른 직원은 그렇게 말했다.

스테클로도 보도했지만, 스카이컴의 기업 파일에 따르면 화웨이의 CFO 멍완저우는 2008년부터 2009년까지 이 회사의 이사로 재직한 것으로 되어 있었다.[6] 이는 이란에서 이루어지는 화웨이의 거래에서 일어나는 문제를 최고 경영진의 시야 밖에서 일하는 몇몇 하급 직원의 실수로 치부할 수 없다는 사실을 의미했다. 런의 딸은 이 거래를 알았을 것이고, 나아가 런 자신도 알았을 가능성이 높다. 스테클로의 기사는 이란에서 벌이는 화웨이의 사업은 모든 관련 법률을 준수한 것이라는 화웨이의 말을 인용했다.

런은 중국 밖에서의 사업이 예측했던 것과 크게 다르다는 사실을 깨닫기 시작했다. 중국의 전반적인 경제적 호황은 기업가들이 법의 테두리를 넘어서는, 즉 '돌을 만져가며 강을 건너는 摸著石頭過河' 기업가 정신이 그 기반이었기 때문이었다. 마오의 전체주의적 통제를 벗어나게 되면서, 중국에는 사회주의에 위배된다는 이유로 공식 승인은 해주지 못해도 암암리에 눈감아 주는 자본주의적 관행이 부쩍 많아졌다. 그 결과 겁이 없는 기업가들이 시장에서 큰 재미를 봤다. 그들은 허가를 받기보다 일을 저질러 놓고 사후에 관대한 조치를 구하는 작전을 구사했다. 화웨이에는 이런 방식이 맞았다. 화웨이는 1987년 선전의 시범 프로그램에 의해 민간기업으로 설립되었는데, 이런 기업을 장기적으로 허용해 줄지 아니면 단기적인 실험으로 끝낼지는 아무도 몰랐다. 이해 충돌이라는 제약이 없는 초기 시장에서, 화웨이는 현지 통신국들과 일련의 제휴를 통해 국내 시장을 정복해 갔다.

초창기에는 이런 두려움 없는 태도가 화웨이에 큰 도움이 되었지만, 이제는 바로 그런 특성이 화웨이를 어렵게 만들고 있었다. 2010년부터 2011년까지 화웨이 미국 법인의 법률 고문으로 일했던 애슐리 야블론은 회고록에서, 법은 단지 권고사항일 뿐이라는 상사의 발언에 당황스러움을 감추지 못했다고 말했다.[7]

영국의 다국적 은행 HSBC에서 은행가들끼리 손에서 손으로 건너가며 읽은 기사가 하나 있었다. "아래의 화웨이에 대한 〈로이터〉의 아주 확실한 기사를 확인해 주시기 바랍니다. 그리고 화웨이로부터 업데이트된 정보까지 받아주신다면 더욱 감사하겠습니다."[8]

〈로이터〉의 스카이컴에 대한 폭로 기사를 확인한 HSBC의 직원들은 서둘러 장부를 확인했다. 한 참모는 동료들에게 스카이컴테크라는 법인이 화웨이와 주소를 공유하며 1년 이상 HSBC에 계좌를 유지해 왔다는 사실을 확인해 주었다. 더 큰 문제는 당시 화웨이가 스카이컴의 연례 보고서를 보냈다는 사실이었다. '기밀문서'라는 도장이 찍힌 서류 뭉치로, 흑백 인쇄물이었다. 문서는 스카이컴의 목적이 "투자 유지 및 이란에서 이루어지는 계약의 계약자로 활동하는 것(원문 그대로임)"이라고 했다.

1865년 홍콩상하이은행 Hongkong and Shanghai Banking Corporation 으로 설립된 HSBC는 사업적으로 중국과 깊은 연결고리를 맺고 있었으며 그런 관계를 더욱 발전시키려 했다. 화웨이는 핵심 거래처였다. HSBC 직원은 〈로이터〉 기사에 나온 스카이컴이 HSBC 계좌에 있는 스카이컴과 같은 회사인지 확인하고 또 스카이컴과 화웨이의 관계는 무엇인지 알아내기 위해 화웨이에 문의했다. 화웨이는 스카이컴이 현지의 동업자로, 관련 법률을 철저히 지키고 있다고 주장하며 방어적인 태도를 취했다. HSBC는 만약을 대비해 2013년 2월 23일 자로 스카이컴 계좌를 폐쇄했다.[9]

멍은 〈로이터〉 기사에 대한 논평을 거부했다. 그녀가 스카이컴 사건을 어떻게 생각했는지 정확히는 알 수 없지만, 그해 여름 그녀는 눈에 띨 정도로 재무 부서의 리스크를 줄이는 데 몰두했다. 그녀는 동료들에게 쓴 글에서 리스크가 무서운 이유는 그것이 어디에 있는지 모르고 또 어떤 영향을 미칠지 모르기 때문이라고 했다. "그렇다면 관리를 해야 하는가? 그래야 한다면 어떻게 관리해야 하는가?"[10]

HSBC의 은행가들은 화웨이와 거래를 계속할지 여부를 놓고 논의했다. 그들은 내부 보고서를 작성해 평판 리스크를 확인했다.[11] 그러자 이란에서의 제재 위반, 화웨이의 장비가 보안 위험을 초래할 수 있다는 미국 관리들의 우려, 알제리 같은 국가에서 뇌물 수수 혐의 등의 보고가 올라왔다. 반면에 화웨이가 "높은 수익 가능성"을 지닌 "절대적 글로벌 강자"로, 42개국에서 HSBC와 거래하고 있다는 보고서 등 거래를 지속해야 한다는 의견도 있었다. 미 의회 의원들도 화웨이의 보안 관련 우려를 입증할 만한 명확한 증거를 제시하지는 못하고 있었다. 화웨이는 이란에서 이루어지는 거래가 군사적이 아닌 민간 성격이며 그나마도 그곳에서 철수하는 중이라고 말했다. 화웨이는 알제리 뇌물 수수 혐의에 대해서는 부인했다.

"그들과의 관계를 끊으면, 프랜차이즈에 상당한 실질적 영향을 미칠 것이 틀림없다." HSBC의 한 직원은 이메일에 그렇게 썼다.[12]

HSBC는 화웨이와 관계를 이어가고 싶었다. 하지만 상황을 정리하기 위해, HSBC의 아시아 태평양 지역 글로벌 뱅킹 부대표인 앨런 토머스Alan Thomas를 보내 2013년 8월 22일 홍콩의 한 레스토랑의 밀실에서 직접 멍을 만나보도록 했다.¹³

통역사를 대동한 멍은 모든 것을 정확하게 해두고 싶다고 말했다. 그녀는 파워포인트 프레젠테이션을 보여주었다. "신뢰와 법 준수 그리고 협력Trust, Compliance & Cooperation"이라는 제목이었다.

"화웨이는 이란에서 유엔, 미국, 유럽연합의 관련 법률과 규정과 제재를 엄격히 준수하며 운영한다." 파워포인트에는 그렇게 적혀 있었다. "화웨이와 스카이컴의 관계는 정상적인 업무 협력 관계이다."

파워포인트는 화웨이가 한때 스카이컴의 주주였다는 사실을 인정했지만 이후 주식을 매각했고, 멍 부회장도 이사직에서 물러났다고 밝혔다. 또한 에릭슨, 노키아 지멘스 네트워크, ZTE도 이란에서 제품을 판매하고 있기 때문에, 화웨이 혼자서만 이란에서 활동하는 것은 아니라고 지적했다.

이 파워포인트 프레젠테이션은 나중에 미국 검찰이 화웨이의 이란 사업과 관련해 HSBC를 기만한 은행 사기 혐의로 기소할 때 핵심 증거로 활용된다. 하지만 당시 양측은 성공적인 만남이었다고 자평했다. 토머스는 HSBC 동료들에게 서둘러 이메일을 보냈다. "새로 문제가 되는 점은 없다. 안심이다." 그는 그렇게 썼다. "새로운 계약도 없는 것 같고, 최종 고객에 대한 고강도 조사, 세심한 제품 및 공급망 관리 등 모든 것이 투명해 보인다."¹⁴

같은 날 화웨이는 HSBC를 비롯해 씨티은행Citibank, ANZ, DBS, 스탠다드차타드Standard Chartered 등이 포함된 은행 컨소시엄으로부터 5년 기한으로 15억 달러의 대출을 확보했다고 발표하면서, 이는 지금까지 화웨이가 조달한 해외 자금 중 최대 규모라고 덧붙였

다.¹⁵

"주요 글로벌 은행들이 강력한 지지를 보내주신 것을 기쁘게 생각합니다." 멍은 보도 자료를 통해 그렇게 말했다. "이로써 화웨이의 지속 가능한 성장에 대한 금융계의 신뢰와 확신이 다시 한번 확인되었습니다."¹⁶

한편, 화웨이와 같은 도시의 라이벌 ZTE는 이란 사업을 표적 삼아 목을 조여오는 FBI 수사의 칼끝을 예리하게 느끼고 있었다. 〈로이터〉는 ZTE가 이란 최대 통신사에 유선, 모바일, 인터넷 통신을 감시할 수 있는 기능과 미국의 기술이 담긴 강력한 감시 시스템을 판매했다고 보도했다.¹⁷ 이는 미국의 대이란 기술 판매 제한 규정에 대한 명백한 위반이었다. 결국 수세에 몰리자 베일 뒤에 숨었던 ZTE의 창업자 허우웨이구이는 전례를 깨기로 했다.

2013년 4월에 허우는 〈로이터〉와의 인터뷰를 위해 베이징에 모습을 드러냈다.¹⁸ 허우는 여러 해 동안 런보다 더 언론 노출을 꺼려왔다. 회색 스웨터 위에 지퍼가 달린 감청색 코트를 걸친 그는 다리를 꼰 채 〈로이터〉의 중화권 지국장 제이슨 서블러Jason Subler 와 마주 앉았다.

허우는 서블러에게 이 분야에서 흔한 관행을 가지고 굳이 ZTE만 콕 집어 문제 삼는 것에 불쾌감을 느낀다고 말했다. ZTE는 이란에서의 사업을 "사실상 접었으며," 계약 파기로 인해 이란 고객에게 지불한 보상금 탓에 2012년에는 ZTE의 역사상 처음으로 손실을 봤다고 말했다.

"이 문제와 관련해서 우리가 받은 대우는 정말 부당합니다. 다른 업체들도 똑같은 제품을 팔았고 또 우리가 제일 많이 판 것도 아닙니다." 허우는 볼멘소리를 했다. "지금 우리는 이런 제약에 발목 잡혀 있지만, 다른 업체들은 아무런 제약 없이 여전히 제품을 팔고 있다고요. 불공평한 일입니다."

허는 화웨이가 여전히 이란에서 사업을 한다고 말했다. "우리가 화웨이나 그 밖의 기업들의 활동을 두고 이렇다저렇다 말할 입장은 아닙니다. 하지만 어쨌든 그들은 여전히 이란 시장에 개입해 있습니다. 하지만 우리는 중단했습니다."

20

샷자이언트 Shotgiant

| 스노든 유출사건: 2013~2014년 |

2014년 3월에 〈뉴욕 타임스〉와 독일 잡지 〈슈피겔Der Spiege〉이 놀라운 소식을 공개했다. 〈슈피겔〉은 NSA 계약자이자 내부 고발자인 에드워드 스노든Edward Snowden이 제공한 기밀문서를 인용하면서, NSA가 수년 전에 코드명 '샷자이언트Shotgiant'라는 프로그램을 통해 화웨이의 정보에 침투했다고 보도했다."[1]

〈뉴욕 타임스〉와 〈슈피겔〉은 미국의 첩자들이 2009년에 화웨이의 중앙 이메일 시스템을 해킹했으며, 그 이후로 쑨 회장과 런정페이의 이메일을 포함해 화웨이의 모든 이메일을 들여다보고 있었다고 폭로했다. NSA는 화웨이의 가장 중요한 지적 재산인 그들의 제품 소스 코드에 잠입했다. 그게 전부가 아니었다. 이 첩보기관은 화웨이의 인프라를 이용해 세계 곳곳에서 그들이 표적으로 삼은 통신을 도청했다.

"우리의 표적은 대부분 화웨이 제품으로 통신한다." 유출된 NSA의 파워포인트 슬라이드에는 그런 문구도 있었다. "이들 제품을 활용할 방법을 알아야겠고, 또한 이런 통신 회선에 대한 접근성을 유지하고 싶다."²

유출된 또 다른 파워포인트 슬라이드에는 런과 쑨의 이름에 표시가 되어 있어, NSA가 이메일을 토대로 이들의 소셜 네트워크를 분석했음이 드러났다. 또 다른 슬라이드는 이렇게 시작했다. "우리의 목표는 다음과 같다. 화웨이가 PRC〔중화인민공화국〕를 대신해 SIGINT〔비밀정보수집 행위〕를 수행하는지 확인할 것. … 화웨이의 존재를 활용해 관심 네트워크에 대한 접근 권한을 확보할 것. … 화웨이(그리고 경우에 따라 중국) 지도부의 계획과 의도에 대해 이용 가능한 정보를 확보할 것."

이제 미국이 왜 중국이 화웨이의 장비를 사용해 염탐할 수 있다고 확신했는지 그 이유가 분명해졌다. NSA가 여러 해 동안 해온 게 바로 그런 일이었기 때문이다.

런정페이는 NSA의 해킹 사실이 폭로된 데 대해 "예상했던 일"이라며 공개적인 논평을 자제했다. 화웨이의 미국 대변인 윌리엄 플러머는 이렇게 선언했다. "어이없는 것은 그들이 우리에게 하고 있는 짓이 바로 중국이 우리 화웨이를 통해 한다고 주장해 온 일이라는 사실입니다."³

스노든이 망명한 내부고발자가 되기까지의 과정에는 중국이 간접적으로 연루되어 있었다. NSA에 근무하는 동안 그는 미국의 컴퓨터 회사 델Dell 직원으로 위장해 도쿄에 상주했다. 도쿄에서 그는 미 국방부 관리들에게 중국의 감시 능력을 보고하는 임무를 맡았다.⁴

미국 당국자나 정보원을 전자 추적하는 중국의 능력을 파악하기 위해 NSA와 CIA 기밀 보고서를 분석하던 스노든은 중국이 매일 수집하는 전화와 인터넷 데이터의 엄청난 양에 압도당했다. 나중에 회고록에서도 밝혔지만 그는 미국 정부가 그들과 같은 전략을 사용하지 않고도 어떻게 중국이 하는 일을 그렇게 많이 알아내는지 의문을 품기 시작했다.

스노든은 답을 찾아냈고 이제 그것을 전 세계에 알리는 중이었다. 그는 미국 첩자들이 중국 이동통신사를 해킹해 수백만 건의 문자 메시지를 탈취한다고 주장했다. 그는 NSA가 매일 전 세계 휴대폰 위치 데이터와 관련해 50억 건에 달하는 기록을 수집한다는 사실을 보여주는 문서를 언론에 공개했다. 그는 NSA와 그에 대응하는 영국의 정보기관 GCHQ가 통신사업자들의 도움으로 대륙을 오가는 전화 통화와 인터넷 트래픽을 전송하는 해저 케이블을 도청한다고 폭로했다. 그는 NSA가 세계 지도자 수십 명의 전화 통화를 감시하고, 해외의 표적으로 전송되는 시스코의 라우터에 도청 장치를 설치했다고 주장했다.

스노든의 폭로 이후 중국은 두려움에 휩싸였다. 서구 기술에 대한 두려움이었다.[5] "그가 당신을 지켜보고 있다." 중국의 어떤 잡지 표지에 적힌 문구로, 헬멧을 쓴 흐릿한 인물 위에 겹쳐 놓은 경고였다. 중국 국영 방송사인 CCTV도 이를 경고하면서, 아이폰에는 사용자의 위치와 시간을 추적하는 기능이 있기 때문에 국가안보가 위험해질 수 있다고 했다. "이것은 매우 민감한 데이터입니다." 한 연구원은 방송에 나와 그렇게 말하며 국가 기밀을 누설할 수도 있다고 덧붙였다. CCTV도 마이크로소프트의 운영체제 윈도우 8이 중국 시민에 대한 정보를 수집하는 데 사용될 수 있다며, 정부 기관에서 윈도우 8을 사용하지 말 것을 권했다. "여러분의 신원, 계좌, 연락처, 전화번호 등 모든 데이터를 수집해 빅데이터 분석에 활용할 수 있습니다." 중국 한 전문가는 CCTV에서 그렇게 말했다. 중국의 안보 매파들은 프로그램 전면 교체를 요구하면서, 핵심 인프라에서 미국산 제품을 제거해야 한다고 주장했다. 중국은 주요 분야에서 국내 기술의 개발 프로그램을 가속화했다.

세계 여러 나라들도 강하게 반발했다. 논란이 거세지자 일부 주요 서방 통신사업자들은 처음으로 실상을 공개하기 시작했다. 유럽의 대형 모바일 네트워크 업체 보다폰은 정부가 자사의 네트워크에 '직접적인 접근 권한'을 유지하고 있는 국가가 6개국 정도라고 밝히면서, 그들 당국은 자신들이 필요할 경우 언제든지 영장을 제시하거나 보다폰에 알리지 않고 네트워크 데이터에 접근할 수 있다고 말했다. "이런 파이프도 존재하고, 다이렉트 액세스 모델도 존재합니다." 당시 보다폰의 그룹 프라이버시 책임자였던 스티븐 데드먼Stephen Deadman 은 〈가디언The Guardian〉과의 인터뷰에서 그렇게 말했다.[6] 개인정보 보호를 옹호하는 사람들은 이를 두고 '악몽 같은 시나리오'라고 혀를 찼다.

보다폰의 투명성 보고서에 따르면 이 회사의 네트워크는 정부 당국이 자국 내 통신에만 접근할 수 있도록 설계되었다고 했다. 그러면서도 그 보고서는 이렇게 지적했다. "대부분의 정부는 특정 개인이나 특정 건물을 표적으로 삼지 않고도, 한 국가에 들어오고 나가는 통신을 합법적으로 감청하도록 사업자에게 명령할 수 있는 법적 권한을 가지고 있다."[7] 보다폰은 체코 당국으로부터 7,677건, 스페인으로부터 2만 4,212건 등 세계 여러 정부로부터 수만 건의 합법적인 감청 요청을 받았다고 보고했다. 또한 보다폰은 알바니아, 이집트, 헝가리, 인도, 아일랜드, 몰타, 네덜란드, 카타르, 루마니아, 터키, 영국에서는 비밀 유지에 관한 해당 국가의 법적 요건으로 인해 합법적인 감청 요청 통계를 공개할 수 없다고 보고했다.[8] 대부분의 경우 이런 도청은 나루스Narus 나 베린트Verint 같은 회사가 개발한 특수 대중 감시 기술의 도움을 받았다.[9]

보통 이런 도청 요청을 받는 쪽은 화웨이 같은 하드웨어 제조업체가 아니라 보다폰 같은 통신사들이었다. 그러나 화웨이와 그의 경쟁사들은 이런 요구가 있다는 사실을 알고 있었다. 실제로 그들은 세계 여러 나라 정부로부터 당국이 데이터에 접근하는 데 사용할 수 있는 표준화된 별도의 통로side door 가 있는 제품을 설계해 달라는 요구를 받았다. 어떨 때는 한 차원 높은 수준의 요청을 받는 경우도 있었다. 2014년에 에릭슨은 익명의 고객이 도움을 청한 적이 있다고 런던에 본사를 둔 인권 및 비즈니스 연구소IHRB 에 밝혔다. 그 고객은 "많은 사람들을 감시하고 정부가 모든 디지털 통신에서 시민들의 데이터를 훨씬 더 많이 수집하고 저장할 수 있도록" 전화 및 인터넷 네트워크 방식을 대폭 변경하는 작업을 도와달라고 했다. 에릭슨은 요청을 거절했다고 밝혔다.[10]

화웨이와 에릭슨 같은 하드웨어 제조업체도 매니지드 서비스를 판매하거나 통신사업자에게 IT 지원 서비스를 아웃소싱해 도청 요청에 간접적으로 연루되는 경우가 있었다. 에릭슨의 직원들은 합법적인 감청에 말려들 수 있다는 사실을 인정했다. "에릭슨 직원은 매니지드 서비스의 일환으로 사업자의 요청이 있을 경우에만 합법적인 감청을 수행한다." IHRB는 그렇게 보고했다.[11] 화웨이의 글로벌 사이버 보안 책임자인 존 서포크는 영국 의회 청문회에서, 화웨이가 정부의 합법적인 도청 요청이 있으면 들어준다고 확인해

주었다. "합법적인 감청은 말 그대로 합법적입니다." 그는 그렇게 말했다. "그렇습니다. 우리는 당연히 합법적인 감청을 준수합니다."[12]

NSA가 시스코의 라우터를 첩보 활동에 아주 잘 활용했다는 증거도 드러났다. 저널리스트 제임스 뱀포드James Bamford는 2009년에 NSA가 여러 해 동안 시스코를 표적으로 삼았다고 보도한 바 있다. 뱀포드가 입수한 녹취록에 따르면, 당시 NSA의 서비스 담당 부국장이었던 테리 톰슨Terry Thompson은 1999년 내부 회의에서 이렇게 말했다. "시스코의 라우터를 속속들이 잘 아는 사람이 필요합니다. 지금부터 앞으로 몇 년 동안 내가 표적으로 삼는 네트워크에서 그 사용법을 내게 이해시켜 줄 사람 말입니다."[13] 스노든이 유출한 파일은 NSA가 성공했다는 사실을 밝힌 셈이었다. 글렌 그린월드Glenn Greenwald 기자는 스노든의 파일을 토대로 쓴 책에서, NSA가 미국에서 수출되는 라우터와 그 밖의 네트워킹 장치를 상시로 가로채 도청 장치를 심은 다음 수신자에게 전송했다고 폭로했다. 그가 첨부한 NSA 문서의 사진에는 세 사람이 조심스럽게 시스코 상자를 여는 모습이 담겨 있었다. "중국 기업들도 자신들의 네트워크 장비에 감시 메커니즘을 심었을 가능성이 충분합니다. 하지만 미국도 그 점에선 분명 그들과 다를 바 없습니다." 그린월드는 그렇게 결론을 내렸다.[14]

시스코 같은 미국 공급자들은 이제 화웨이와 같은 처지에 놓여, 본질적으로 반박하기도 힘든 수상한 의혹을 받게 되었다. 시스코의 중국 매출이 급감할 때에도, 중국 언론을 향해 NSA 첩보 활동에 참여했다는 사실을 부인하는 것 외에 그들이 할 수 있는 일은 많지 않았다. 시스코의 CEO 존 체임버스는 오바마 대통령에게 서한을 보내 '국제적 운영 기준'을 마련해 달라고 간청했다. "이런 식으로는 도저히 운영할 수 없습니다." 체임버스는 그렇게 썼다. "우리 고객은 우리가 최고 수준의 완벽성과 보안상 표준을 충족하는 제품을 그들의 문 앞에 갖다 놓을 수 있다고 믿습니다."[15]

화웨이의 경영진도 여러 해 동안 비슷한 의혹에 맞서 회사를 방어해 온 터라 한 마디 하지 않을 수 없었다. "프리즘아, 프리즘아! 이 세상에서 가장 믿을 만한 사람이 누구니? 이렇게라도 물어볼까요?(PRISM: NSA가 2007년부터 사용해 오나 스노든에 의해 폭로된 통신 감청 시스템—옮긴이)" 궈핑은 모바일 월드 콩그레스 연설에서 이렇게 말했다. "내 말이 무슨 말인지 모르겠으면 에드워드 스노든에게 물어보세요."[16]

68살이 된 런은 관자놀이와 이마와 눈가에 주름이 깊게 파였다. 2년 동안 화웨이는 매출 기준으로 세계 최대의 통신 장비 공급 업체로 군림해 왔다. 2014년에 화웨이는 466억 달러의 매출을 기록했는데, 마이크로소프트에 비하면 절반 수준이지만 페이스북보다 네 배 가깝게 많은 수치였다. 화웨이는 또한 2014년에 스마트폰 7,500만 대를 출하해 애플과 삼성에 이어 세계 3위의 스마트폰 제조업체로 올라섰다. 화웨이는 매년 세계 어느 기업보다 더 많은 특허를 출원했다. 스페인의 텔레포니카, 영국의 BT, 독일의 도이치텔레콤Deutsche Telekom 같은 글로벌 통신사는 화웨이의 고객을 넘어서 연구 파트너였다. 그들의 감시 솔루션 '세이프 시티'가 설치된 도시만 해도 전 세계에 100곳이 넘었다. 기근 속에서 음식이나 옷도 제대로 갖추지 못하고 자란 구이저우 구릉지 출신의 소년치고는 나쁘지 않은 성과였다.

그간 화웨이는 험난한 여정을 걸어왔지만, 경쟁자들을 따라잡는 일이 가능해 보인 적은 거의 없었다. 1990년대에 런이 직원들에게 화웨이가 세계 최대 통신업체들의 대열에 들 것이라고 했을 때도 직원들은 허황한 꿈이라며 귀담아듣지 않았다. 하지만 화웨이는 실제로 가장 큰 회사가 되었다. 그리고 런은 이제 목표를 더 올려 잡았다.

런은 화웨이의 칩 연구를 책임지는 진지하고 신중한 성격의 테레사 허Teresa He(허팅보何庭波)에게 매년 4억 달러를 지원할 테니 화웨이 기술의 기본 요소를 발전시켜 달라고 말했다. 그리고 칩 설계에 2만 명의 직원을 투입하면 좋겠다고 덧붙였다.[17] 화웨이는 또한 홍콩에 인공지능 연구소를 설립하고, 기억하기 쉽게 노아의 방주 연구소Noah's Ark Lab라고 불렀다. 이 연구소는 모스크바, 파리, 몬트리올에 지사를 설립해 전 세계에서 가장 뛰어난 인재들을 영입했다. 화웨이는 세계 최첨단 기술을 손에 넣기 위해 엔지니어뿐 아니라 수학자와 양자물리학자까지 불러들였다.

런은 마이크로소프트, 구글, 애플, IBM 등 세계 굴지의 기술 기업들이 오래전부터 독립적인 제품을 만들지 않고, 수천수백 개의 다른 기업의 기술을 위한 발판 역할을 하는 기술 플랫폼이었다는 사실에 주목했다. 그는 그것이 바로 화웨이의 목표라고 말했다. 화웨이는 글로벌 기술 세력으로 성장할 것이다. 그 말은 화웨이의 칩과 서버와 알고리듬을 플랫폼으로 구축해 전 세계의 파트너와 동맹을 확보하는 것을 의미했다. 2013년 말에 그는 참모들에게 말했다. "동맹국과 케이크를 나누는 법을 배우지 않고 세계를 지배하려고만 한다면, 우리는 징기스칸이나 히틀러와 다를 바 없는 존재가 되어 결국 저절로 멸망할 겁니다."[18]

1990년대 후반에 화웨이의 직원들은 해외로 진출하기 시작했지만 사방에서 문전박대를 당했다. 가능성을 따져보지 않은 채 전 세계 거의 모든 시장을 공략했기 때문이다. 화웨이의 해외영업팀은 계속 밀어붙였다. 2012년부터 2016년까지 캐나다 대사를 지낸 가이 생자크는 '대사관저에서의 만찬'을 상품으로 내건 자선 경매에 화웨이가 낙찰되어 그들과 만났던 일을 회상했다. "남들보다 입찰가를 항상 높게 써낸 테이블이 하나 있었어요." 생자크는 그렇게 말했다. "화웨이 테이블이었습니다. 그리고 그들이 이겼습니다."[19] 쑨야팡 회장은 외교도 직접 챙겼다. 2014년에 그녀가 만난 세계 지도자로는 이집트 대통령 압델 파타호 엘시시 Abdel Fattah el-Sisi, 스리랑카 대통령 마힌다 라자팍사 Mahinda Rajapaksa, 카자흐스탄 대통령 누르술탄 나자르바예프 Nursultan Nazarbayev, 영국 경제부 장관 빈스 케이블 Vince Cable 등이 있었다. 〈포브스〉는 쑨 회장을 2014년도 중국에서 가장 영향력 있는 여성으로 선정했다.

화웨이는 몇 년 전부터 순환 CEO 체제를 운영해 런과 쑨 회장의 지휘 아래 궈핑, 켄 후, 에릭 쉬가 6개월씩 번갈아 가며 CEO를 맡도록 했다. 이례적인 승계 방식이었지만 당장의 효과는 있어 보였다. 하지만 런의 은퇴 시점과 그 이후에 일어날 일들은 여전히 추측의 영역이었다. 2014년 3월에 열린 연례 애널리스트 컨퍼런스에서 에릭 쉬는 런의 후임으로 한 사람이 아닌 팀이 될 가능성이 높다고 언급했다. "어떻게 될지는 시간이 지나야 알 수 있을 겁니다." 쉬는 그렇게 말했다. 런의 초창기 팀원 중 의외로 많은 사람들이 20년 동안 떠나지 않고 그의 곁을 지켰다. 이는 화웨이의 우리사주 모델이 통했다는 증거였다. 초창기 런의 오른팔로 '바오'라는 별명으로 통한 정바오융은 2000년대 초에 예기치 못한 뇌종양으로 회사를 떠났지만, 회복한 뒤에는 화웨이로 복귀했다.

런의 가족 중에도 몇 사람은 계속 화웨이의 경영에 참여했다. 런정페이의 아들 런핑은 화웨이의 레스토랑과 호텔을 운영하는 서비스 기업인 스마트컴에 여전히 근무했다. 런의 동생 스티븐 런은 감사위원회와 감독위원회 같은 유력한 내부 감독 부서의 직위를 유지했고, 런의 딸 멍완저우는 최고재무책임자로서 이사회에 참여했다. 아직 승계 문제에 대한 답은 아무도 알 수 없는 상황이었다.

2014년 6월에 멍은 화웨이가 주최하는 연례 컨퍼런스인 화웨이 ICT 파이낸스 포럼 Huawei ICT Finance Forum 에 참석하기 위해 뉴욕에 도착했다. 경영진들이 저명한 글로벌 금융가들과 교분을 쌓기 위해 화웨이가 마련한 자리였다. 미국 여행으로는 그다지 적절한 시기가 아니었다. 스노든의 폭로 사건 이후 미·중 간의 긴장이 고조되고 있었기 때문이다. 마침 중국이 수입 기술 장비의 보안성을 검토하겠다고 발표했고, 중국 관영 언론은 구글과 애플 같은 미국 기업을 중국에 대한 위협으로 지목한 터였다. 서방 기업 경영진들은 수익성 높은 중국 시장에서 퇴출되지 않을까 불안해했다. 그래도 워싱턴은 해킹에 관한 한 피해가 더 큰 쪽은 미국이라며 단호한 입장이었다.

화웨이를 둘러싼 논란이 가라앉지 않는데도 화웨이와 거래하려는 은행이 많았다. "정치적인 언사들이 아무리 난무해도 은행가들의 생각은 이런 식이었습니다. '이게 진짜 사업이고 진짜 돈이다. 이게 우리가 원하는 파이 조각이다.'" 컨퍼런스 준비를 도왔던 전 화웨이 대변인 윌리엄 플러머는 그렇게 말했다.

그들은 그 해의 컨퍼런스 기조연설자로 전 연방준비제도이사회 의장 앨런 그린스펀 Alan Greenspan 을 초청했다. 멍은 또한 미국의 혁신을 칭찬하고 애플의 창업자 스티브 잡스를 영웅이자 비저너리라

고 칭하며 분위기를 띄울 연설을 준비했다.²⁰

그러나 멍이 뉴욕 존 F. 케네디 국제공항에 도착했을 때, 국토안보부 요원들은 재차 심문할 내용이 있다며 멍을 연행했다. 그들은 비자와 관련된 문제라고 말했다. 그들은 멍의 전자기기들을 압수했다.

플러머는 멍의 팀 동료로부터 다급한 전화를 받았다.²¹

"당신 한 때 외교관이었잖아요. 그녀를 빼내야 해요."

플러머는 일이 그렇게 단순하지 않다고 대답했다.

"그들이 멍 부회장을 서너 시간 붙들고 있으면서 그녀의 태블릿, PC, 휴대폰을 가져갔단 말입니다." 플러머는 그렇게 말했다.

조사가 끝나고 나서야 멍은 미국 입국을 허락받았다. 그녀는 출장 일정을 계속했다.

그 후에 플러머는 화웨이 임원들에게 미 당국이 멍의 기기를 복제했을지 모른다고 말하며, 기기를 폐기해야 한다고 조언했다.

"그녀를 수행한 사람들에게 말했어요. '다 불태우세요. 사용하면 안 돼요. 태워야 합니다. 더는 안 됩니다.'"

3부

우리는 두 강대국의 다툼 사이에 낀
작은 깨알 같은 존재다.[1]
- 런정페이, 2019년 1월 15일

21

매의 눈 '쉐량雪亮, Sharp Eyes'

| 빅데이터의 도래: 2015~2016년 |

2015년 10월 구름이 잔뜩 낀 수요일 오후, 노란색 형광조끼를 입은 런던의 보안요원들이 웜우드 스트리트의 유리로 된 오피스 타워 앞길의 차량 행렬을 멈춰 세웠다.[1] 길 건너편의 이발소와 인도 식당 밖에는 구경꾼들이 호기심 가득한 표정으로 목을 빼고 서 있었다. 카메라 플래시가 터지는 가운데 정장 차림에 빨간 넥타이를 맨 검은 머리의 중국인이 차에서 내렸다. 꽃다발을 받은 그는 화웨이 테크놀로지의 글로벌 금융 센터로 걸어 들어갔다. 직원들은 박수를 치며 환호했다. "시 주석님을 진심으로 환영합니다!"

중국의 지도자 시진핑은 영국 국빈 방문 중 공식 일정에 따라 시간을 내어 중국 기업 한 곳에 들르기로 했는데, 그 영광을 안은 기업은 다름 아닌 화웨이였다.[2] 세계를 제패하려는 중국에게 화웨이가 얼마나 중요한지 단적으로 보여주는 장면이었다. 중국의 이 기업은 영국을 상대로 한 주요 판매자일 뿐 아니라, 그들의 첨단 분야 R&D 파트너였다. 이는 영국에게도 흔치 않고 또 중요한 문제였다. 시 주석의 방문에 맞춰 화웨이는 강철보다 200배 강한 차세대 소재인 그래핀 연구를 위해 맨체스터 대학교와 새로운 파트너십을 발표할 예정이었고, 시 주석은 이 대학교의 그래핀 연구 센터를 둘러볼 계획이었다.³

런정페이는 분홍색과 파란색이 섞인 약간 튀는 넥타이를 매고 화웨이의 사무실 이곳저곳으로 시 주석을 안내하는 동안, 로봇 팔과 스마트워치 등 기기를 손으로 가리켜가며 열정적인 몸짓으로 설명했다. 검은색 정장 차림의 화웨이 임원들이 그 뒤를 따랐다. 그들 중에서도 멍완저우는 특히 눈에 띄었다. 와인 빛깔 드레스 때문인 것 같았다. 한 해 전에 JFK 공항에서 혼이 났지만 멍은 출장을 재개했다. 그리고 중국 최고 지도자와의 만남은 놓쳐서는 안 될 너무도 중요한 기회였다.

런으로서는 자부심을 가질 만도 했다. 10년 반 동안의 혈투 끝에 결국 화웨이를 끝까지 살아남은 기업으로 만들었기 때문이었다. 미국의 루슨트는 프랑스의 알카텔의 품 안으로 사라졌고, 독일의 지멘스는 핀란드의 노키아에 흡수되었다. 캐나다의 노텔은 파산했다. 영국의 마르코니는 스웨덴의 에릭슨에 흡수되었다. 미국, 독일, 캐나다, 영국이 어느 사이에 차례로 낙오한 것이다. 중국의 화웨이와 ZTE는 이제 에릭슨, 노키아와 함께 '빅 4'를 형성했다.

시진핑은 중국 주석의 통상적 임기 10년 중 3년째에 접어들었다. 그는 예상했던 것보다 더 공격적이었다. 시 주석은 중국의 야망을 담은 글로벌 르네상스를 선포하며, 여러 개발도상국에 도로와 댐과 전화망을 건설하는 1조 달러 규모의 일대일로一帶一路 이니셔티브를 출범시켰다. 또한 반도체, 로봇 공학, 인공지능 같은 핵심 기술 분야에서 중국을 세계의 선도국으로 키우겠다며 '중국제조 2025Made in China 2025'라는 10년에 걸친 대담한 산업 프로그램을 시작했다. 화웨이는 이제 일대일로, 중국제조 2025 등 중국의 주력 정책 프로그램에서 핵심적인 역할을 맡게 되었다. 런정페이는 다시 한번 정책의 풍향을 제대로 예측했고, 순풍을 받기 위해 화웨이호의 키를 잡았다.

아랍의 봄의 여파 속에 권력을 잡은 탓인지 시진핑은 안보에 총력을 기울였다. 그는 집권하자마자 대대적인 반부패 단속을 벌여, 전국의 공무원과 기업 임원들 수십만 명을 감옥으로 보냈다. 그것은 매우 교활한 조치로, 시진핑으로서는 민중들에게 좋은 반응을 끌어내는 동시에 잠재적 경쟁자들을 제거할 명분도 마련한 기획이었다. 탄압이 시작된 곳은 런 가족의 거점이었던 쓰촨성으로, 전부터 이 지역은 수도와는 동떨어진 상태에서 독자적인 방향을 추구하는 곳이라는 평이 나 있었다. 베이징의 청탁금지법 담당 수사관들은 지위고하를 가리지 않고 모든 공무원의 사업적 연결고리를 면밀히 조사했기 때문에, 화웨이처럼 정부와 긴밀한 관계를 맺고 일하는 사람들로서는 긴장하지 않을 수 없었다. 지난 몇 해 동안 화웨이와 이런 저런 인연으로 마주치지 **않은** 관리들이 몇이나 있겠는가? 사업상 화웨이는 모든 지방, 모든 도시, 심지어 모든 마을에서 그들과 이해관계를 맺어왔다. 사람들의 운명은 바람의 세기와 방향에 따라 이리저리 흔들렸다. 가난한 장어 양식업자의 아들로 쓰촨성 당서기에 오른 저우융캉周永康은 지난 2000년에 화웨이의 발신자표시 전화기 공장을 둘러본 자리에서, 쓰촨성에 투자를 늘려달라고 런정페이를 열심히 설득했었다.[4] 2001년에는 보시라이薄熙來라는 카리스마 넘치는 랴오닝성 성장이 화웨이를 방문했다가, 남쪽의 동지들이 먼 북쪽에서는 전혀 생각지도 못한 것들을 만들고 있다며 감탄사를 연발했었다.[5] 저우는 중국 공안부 부장 자리에 오르고 보 성장은 주석 후보까지 올랐지만, 두 사람 모두 부패 혐의로 종신형을 선고받고 복역 중이었다.

화웨이의 경영진은 황급히 집안 단속에 나섰다. 런과 쑨 회장, 멍완저우 그 밖의 화웨이 이사회 멤버들은 직원들 앞에 서서 오른손을 들고 공금을 횡령하거나 뇌물을 받지 않겠다고 엄숙히 선서했다.[6] "사실 화웨이에는 아직도 부패가 꽤 많습니다." 런정페이는 경고했다. "앞으로 만약 여러분이 감옥에 갔다 오면, 아이들은 항상 '우리 아빠, 감옥 갔다 왔어요'라고 얘기해야 합니다."[7]

화웨이도 단속에서 무사하지 못했다. 화웨이 스마트폰 사업부 영업책임자 텅훙페이滕弘飛는 '국가공무원이 아닌 신분으로 뇌물을 받은 혐의'로 구금되어 조사를 받았다.[8] 화웨이의 또 다른 영업 간부 톈칭쥔田淸俊은 차이나유니콤의 고위 임원에게 식당, 백화점, 발마사지 업소에서 사용할 수 있는 수천 달러 상당의 기프트 카드와 토론토행 비행기표 등의 뇌물을 제공한 사실을 인정했다.[9] 차이나유니콤 관계자는 징역 4년 6개월을 선고받았지만 톈은 검찰에 협조해 사면받은 것으로 보인다. 런정페이의 초기 '신동'으로 한때 후계자 물망에 올랐던 리이난도 화웨이를 떠난 뒤, 그의 업무와 관련된 사건에서 내부자 거래 혐의로 체포되어 2년 6개월의 징역형을 선고받았다.

시 주석은 또한 베이징의 법적 권한을 강화했다. 2015년부터 시행한 국가안보, 대테러, 사이버 보안에 관한 수많은 새로운 법률에 따라 개인과 기업은 정부 조사에 무조건 협조해야 했다. 화웨이에게 이 법은 눈엣가시 같은 존재여서, 외국 관리들은 화웨이를 신뢰할 수 없는 이유로 툭하면 이 법들을 들먹였다. 하지만 전 세계를 돌아다니며 온갖 종류의 정치적 불안을 눈으로 확인한 화웨이 경영진은 당국의 엄격한 통제 이면에 숨은 논리적 근거를 이해했을 것이다. 2016년 대한민국의 수도 서울에서 탄핵 소추된 박근혜 대통령의 퇴진을 요구하는 대규모 시위를 목격한 순환 CEO 궈핑은 페이스북에 겁먹은 얼굴의 이모티콘을 올렸다. "수많은 인파가 하야한 대통령을 성토하기 위해 이곳에 모였다." 궈는 그렇게 적었다. 박 전 대통령은 탄핵 되었고 25년형을 선고받았다.

2015년 시진핑 정부는 화웨이 같은 공급업체에게 수익성이 좋은 새로운 사업 기회를 마련했다. 보안 카메라 네트워크로 전국을 감시하는 '쉐량雪亮,Sharp Eyes'이라는 프로그램이었다. 목표는 2020년까지 중국의 공공장소를 100% 커버하는 것이었다. 시 주석의 영국 방문 출발에 맞춰 베이징 경찰은 중국 수도에는 더는 사각지대가 없다고 발표했다. 전자 눈은 베이징 전 지역을 구석구석 감시했다.[10]

런이 성장할 때만 해도 세상엔 컴퓨터가 없었다.[11] 이제는 하나부터 열까지가 다 컴퓨터다. 스마트폰, 스마트워치, 스마트 온도조절기, 스마트 진공청소기, 스마트 냉장고 등 모든 것이 스마트해지고 있었다. 얼리어답터들은 이를 빅데이터 시대 또는 사물 인터넷이라고 부르며, 미래 문명의 편리함을 만끽하는 '우주 가족 젯슨Jetsons'에 나오는 주인공들 같은 삶을 예찬했다. 하지만 한편으로 이런 기술적 진보는 기업이나 정부가 개인의 활동을 예전보다 훨씬 더 많이 더 쉽게 추적할 수 있다는 뜻이기도 했다. 몇 해 전에 미국의 대형 할인점 타깃Target은 소비자들의 구매 습관을 분석해

임신한 여성을 예측하려다 빈축을 샀다.[12] 하지만 이제 고객의 쇼핑 바구니를 들여다보는 행위는 오히려 순진해 보이는 지경이 되었다. 새로운 빅데이터 시대에 대형 기술 기업과 정부는 개인의 장바구니뿐 아니라 인터넷 검색 기록과 휴대폰 메모 앱에 적힌 메모를 통해 하루 24시간 내내 개인의 위치, 주고받은 대화와 문자, 사회적 접촉, 심지어 입으로 말하기 전의 생각까지 꽤 그럴듯하게 추적할 수 있게 되었다. 개인의 수면 패턴과 심장 박동조차 이젠 더는 개인적이고 사적인 것이라 주장할 수 없게 되었다.

"빅데이터 트래픽의 시대는 아주 끔찍한 세상일 겁니다." 런은 임원들에게 말했다. "아직 빅데이터의 정체를 우리가 잘 모르니까요. 트래픽의 양 또한 상상을 초월합니다."[13]

국내외에서 주목을 받는 화웨이의 '세이프 시티'라는 감시 시스템의 바퀴를 돌리는 것은 바로 이런 데이터의 홍수였다. 화웨이와 그 파트너들은 경찰이 그들이 만든 시스템의 도움으로 감시 카메라의 실시간 안면 인식 스트리밍, 사용자의 모바일 데이터, 소셜 미디어를 결합해 정교하게 자동 추적을 수행하고 있다며 요란하게 선전했다. 그들은 베이징의 명문 칭화대학교부터 런의 아버지가 교장으로 재직했던 구이저우의 두원제1중학교에 이르기까지 전국 각지에서 계약을 따냈다.[14] 텐진시의 한 지역에서는 심지어 화웨이가 사람이 태어나기 전부터 추적을 시작하는 데이터베이스를 선보였다고 한 관리는 전했다. "뱃속에서 있을 때부터 각 개인의 프로필이 생성됩니다." 한 관계자는 이 시스템을 그렇게 설명했다. "아기가 성장해 가면서 정보가 추가되죠."[15]

다른 나라들도 계약서에 서명했다. 화웨이는 케냐의 '세이프 시티'를 선전하며 덕분에 2014년부터 2015년까지 해당 지역의 범죄율이 46% 줄었다고 주장했고, 2015년 11월에 이루어진 프란치스코 교황의 방문이 안전하게 마무리된 데에도 이 시스템이 일정 역할을 했다고 자랑했다.[16] 이런 시스템의 전체 윤곽이 가장 상세하게 드러난 것은 화웨이의 한 파트너가 제기한 소송을 통해서였다.[17] 2016년에 화웨이와 그 파트너 회사는 손을 잡고 파키스탄 라호르에 '세이프 시티'를 설치했지만 나중에 거래가 틀어졌다. 화웨이의 파트너인 비즈니스이피션시솔루션Business Efficiency Solutions이 제출한 소장에 따르면, 이들이 개발한 시스템에는 파키스탄 정부의 여러 기관과 그 외 관계자의 민감한 기록을 저장하는 데이터 웨어하우스가 포함되어 있었는데, 여기에는 신분증 정보, 이동통신사의 데이터, 토지 기록, 납세 기록, 이민 정보 등이 들어 있었다. 캡처한 동영상과 정지 화면의 화질을 개선하고 분석할 수 있는 '디지털 미디어 포렌식 센터'도 있었다. 미디어 모니터링 시스템은 페이스북과 트위터 같은 플랫폼과 활자 매체와 방송 매체를 추적했다. 도시 전역에 설치된 감시 카메라의 비디오 피드와 신체 부착용 카메라, 경찰용 초소형 카메라도 있었다. 실시간 영상을 관제실로 송출하고 야간 감시용 열화상 카메라까지 장착한 '산업용' 드론도 있었다.

2014년에 런정페이는 신장을 찾았다.[18] 이 지역에 파견된 화웨이 직원 중 일부는 불안에 떨었다. 시 주석이 '테러와의 전쟁'을 선포한 후 우루무치의 한 기차역에서 치명적인 폭발 사고가 발생했기 때문이다. 화웨이 직원들은 안전한 근무지를 찾아 떠나자는 가족들의 성화에 시달리고 있었다.

신장위구르자치구新疆維吾爾自治區는 중국 내 면적이 가장 큰 지역으로, 알래스카나 텍사스보다 넓어 중국 국토의 6분의 1을 차지하고 주민은 약 2,000만 명이다. 국경 지대이지만 중국이 매우 중요하게 여기는 지역이다. 이 지역의 대초원과 사막을 둘러싼 경계에는 러시아, 아프가니스탄, 파키스탄, 인도 등 중국의 주요 이웃 나라들이 국경을 맞대고 있다. 중국의 유전도 대부분은 신장에 있다. 중국의 면 작물의 거의 전부 그리고 토마토, 견과류, 과일의 대부분이 이 지역에서 생산된다. 신장의 외딴 지역에서는 중국군이 핵실험과 군사 실험을 강행한 적도 있다.

동부 해안에 있는 화웨이의 엔지니어들은 신장을 모험과 위험이 도사리고 있는 고난의 오지로 여겼다. 거대한 바위가 굴러 카슈가르에서 호탄으로 가는 열차 선로를 막는 바람에, 만 이틀을 꼬박 사막에 갇혔던 직원도 있었다.[19] 큰 도시들 외곽에 사는 튀르크계 위구르 원주민들은 중국어를 사용하지 않거나 중국어 사용에 반발하면서, 한족 노동자들을 자신들의 경제를 지배하고 문화유산을 말살하려는 식민 침략자로 여겼다. 주기적으로 발생하는 민족적 긴장은 심심찮게 폭력사태로 발전하기도 했다. 위구르 당국은 화웨이가 구축한 전화와 인터넷 네트워크를 이 지역을 통제하기 위한 수단으로 생각했다. 2009년에 우루무치에서 치명적인 유혈사태가 발생하자, 당국은 10개월 동안 신장 지역의 모든 인터넷 접속을 차단했다.[20]

모든 것이 불확실했지만, 신장에 새로운 사업 기회가 열리고 있는 것만은 분명했다. '대 테러 인민 전쟁 反恐人民战争'은 불순한 위구르 분리주의자들이 빠져나갈 수 없도록 디지털 네트워크를 촘촘히 구축하기 위한 기술 전쟁이었다. 바꿔 말해 화웨이에게는 '세이프 시티' 솔루션을 대량 판매할 가능성이 열린 것이다. 화웨이는 결코 위험 앞에 위축되는 기업이 아니었다. 실제로 다른 사람들이 달아

날 때 용감하게 치고 나아가는 것이 화웨이 정신이었다. 2014년 가을에 런정페이는 신장으로 간 직원들에게 교전 지역 근무에 준하는 빠른 승진을 보장하겠다고 발표했다. "이렇게 하면 힘지도 마다하지 않을 겁니다." 그는 그렇게 말했다. "그렇지 않으면 아무도 가지 않을 테니까요."[21] 런은 나아가 참모들에게 이렇게 말했다. "현재의 방침은 아프가니스탄이나 이라크나 신장 지역에 따로 인센티브 제도를 적용해 사람들이 갈 수 있도록 유도하는 겁니다."[22] 이런 인센티브 계획으로 화웨이는 이후 몇 년 동안 신장 지역의 탄압이 심해져도 흔들리지 않고 필요한 인력을 유지할 수 있게 된다.

그때만 해도 거대한 강제수용소, 강제 노동, 고문에 대한 소문 등 이후 벌어지게 될 잔인한 탄압의 규모는 누구도 예측하지 못하고 있었다. 이후 몇 년의 세월을 보내면서 런정페이도 어느 순간, 그의 팀이 신장의 평화를 확보하는 데 영웅적으로 기여한 것이 아니라는 사실을 뒤늦게 깨달았을 것이다. 그들은 국제 인권 전문가들이 말하는 반인륜적 범죄를 선동한 주체로 역사에 기록될 것이 틀림없었다.

2016년 3월의 어느 날 아침, 화웨이 고위 인사들은 워싱턴에서 날아온 소식에 가슴이 철렁했다. 미국 상무부가 여러 해 동안 수사해 온 화웨이의 경쟁사 ZTE를 제재 대상에 올렸다는 소식이었다. 대이란 수출 규제를 위반했다는 것이 이유였다. ZTE는 이제 미국 기술을 구매할 수 없게 되었다. 사망선고와 다를 바 없는 조치였다. 미국의 칩과 소프트웨어가 없으면 ZTE는 제품을 만들 수 없었다. 그걸 모르는 사람은 없었다. 어떤 하이테크 기업도 마찬가지였으니까. 제재가 빨리 해제되지 않으면 ZTE의 남은 수명은 몇 년이 아니라 몇 달로 줄어들 것이다.

미국 상무부는 제재의 정당성을 설명하기 위해, 알려지지 않은 경로로 입수한 ZTE 내부 기록을 몇 가지 공개했다. 이 기록에는 ZTE가 이란과 북한에서 행한 거래를 감추기 위해 페이퍼 컴퍼니를 설립한 경위가 설명되어 있었다. 놀랍게도 이 문서에는 ZTE 경영진이 제재를 회피하다 적발될 경우, 그들이 받게 될 처벌 내용까지 명시되어 있었다.

1. 우리 회사는 거액의 민사상 벌금을 물게 된다.
2. 고위 경영진은 형사 사건에서 실형을 선고받게 된다.
3. 회사는 블랙리스트에 오르게 되어, 일정 기간 미국 제품의 직간접적인 구매가 일체 금지된다.[23]

ZTE가 궁지에 몰리자 중국 전역에 경종이 울렸다. 베이징에서 안보를 책임지는 매파들은 이를 미국 기술에 대한 의존도를 가능한 한 빨리 줄여야 하는 근거로 받아들였다. 그동안 몇 년째 워싱턴이 공급망을 차단하는 방식으로 중국의 첨단 기술 기업을 소리 없이 궤멸시킬 수 있다는 음모론이 횡행했었다. 하지만 공급망이 세계화된 시대에 그런 일이 가능하리라 생각하는 사람은 적어도 베이징에는 없었다. 그런데 이제 그것이 현실이 되고 말았다.

화웨이로서는 겁에 질릴 만한 좀 더 구체적인 이유가 있었다. 미국 수사관들이 실제로 잡으려는 대어가 바로 화웨이라는 소문이 파다했기 때문이었다. ZTE의 내부 고발자 애슐리 야블론은 한때 미국에서 화웨이의 선임 변호사로 일한 적이 있었다. 그리고 상무부가 공개한 기업 내부 문서에 ZTE 경쟁업체로 코드명 'F7'이라는 기호가 등장하는데, 이 업체도 미국의 제재를 피하려 유사한 전술

을 사용했다. 서술된 내용을 보면 이 업체가 어디인지 뻔했다. F7은 화웨이였다.[24]

화웨이는 여러 해째 하고 싶은 대로 사업을 벌여왔다. 이제 런은 직원들에게 민감한 지역에서 사업할 때는 미국 법을 위반하지 않도록 조심해야 한다고 경고했다. "엄격하게 법의 테두리 안에서 활동해야 합니다." 그는 그렇게 말했다. "우리는 사업하는 사람일 뿐입니다. 우리는 사업만 합니다."[25]

22

재현된 아름다움, 둥관 캠퍼스

| 화웨이 스마트폰의 승리: 2016~2017년 |

런정페이는 1990년대에 미국을 찾았다가 로마 궁전을 모델로 한 라스베이거스의 웅장한 건축물을 보고 깊은 인상을 받았다. 그는 라스베이거스가 미국에서 가장 아름다운 도시인 것 같다는 말도 했다. 그리고 그는 선전의 북쪽 한적한 지대를 골라 자기만의 궁전을 짓기 시작했다. 2016년에 전 세계에 배치된 직원 수가 18만 명까지 늘어나 화웨이 선전 본사의 규모가 커지자, 런정페이의 팀은 다른 공간을 찾기 시작했다. 당시 선전은 고층 빌딩이 빽빽이 들어서 부동산 가격이 치솟았던 터라 마땅한 공간을 찾기가 쉽지 않았다. 그러던 중 둥관東莞이 눈에 띄었다. 이제 막 주목을 받기 시작한 선전 북쪽 지역으로, 아직 개발되지 않은 드넓은 그곳 부지야말로 그들이 찾던 땅이었다. 둥관 관리들은 화웨이를 끌어들이기 위해 호수 남쪽 기슭 녹음이 우거진 땅 1.2제곱킬로미터를 화웨이에

제공했다.

런정페이의 남동생 스티븐 런은 둥관의 새로운 땅에 R&D 부지 건설을 맡아 진행하면서 이곳에 옥스혼 캠퍼스Ox Horn Campus라는 이름을 붙였다. 그들은 세계에서 두 번째로 큰 건설사인 일본의 닛켄세케이Nikken Sekkei, 日建設計를 불러들여 그들이 꿈꿔왔던 열정적 디자인을 현실로 만들었다. 그들은 옥스혼을 파리, 베로나, 브뤼헤, 옥스포드 등 12개 유럽 도시를 압축한 모습으로 재현하기로 했다. 독일의 하이델베르크성, 프랑스의 베르사유 궁전 등 서양 문명사에서 가장 유명한 건축물들도 그들의 손으로 다시 세우기로 했다. "중요한 것은 단순히 특정 건축 양식을 모방하는 것이 아니라 그것들을 진정한 아름다움으로 재현해 내는 겁니다." 스티븐 런은 그들의 프로젝트를 그렇게 설명했다.[1]

화웨이는 디테일에도 심혈을 기울였다.[2] 건축가들은 108개 건물 중 같은 지붕이 하나도 없다는 사실을 강조했다. 역사적 정확성에 대한 안목을 반영하듯, 일부 지붕널은 석판암으로, 또 어떤 지붕널은 테라코타나 구리로 만들었다. 지붕의 경사는 20도에서 90도까지 다양하게 변화를 주었다. 건물 표면 재료는 화강암, 사암, 석회암, 백운석, 벽돌 등으로 마감했고 이탈리아 베로나와 서인도제도의 그레나다를 재현한 건물은 치장 벽토로 마감했다. 물론 곰팡이와 해조류의 피해를 막기 위해 다공성多孔性 석재를 사용하는 등, 현대적 감각을 살리기 위해 고증을 일부 양보한 부분도 없지 않았다. 건물의 입구에는 모두 안면 인식 장치가 설치되었다.[3]

당시 중국에서는 서양의 상징적인 건물을 복제하는 일이 유행처럼 번지고 있었는데, 특히 떠오르는 중산층들 중에는 이런 서구 세계에 매혹을 느끼는 사람들이 많았다. 하지만 시진핑 정부는 나중에 문화적 자신감이 결여된 현상이라며 이런 관행에 제동을 걸고 나선다.[4] 런정페이는 역사적 반향을 일으키는 이런 인상적인 구조물을 보고 엔지니어들이 영감을 받아 글로벌한 사고를 하고 위대함을 열망하리라 생각했다.[5] 화웨이는 러시아 화가 150명을 동원해 홀의 천장과 벽을 르네상스 양식 벽화로 장식했는데, 화가들은 크렘린궁에도 이렇게 아름다운 회랑은 없다고 농담을 했다.[6] 성 옆에 있는 호수에는 검은 백조들을 풀어놓았다. 예측하기 어려운 최악의 시나리오를 뜻하는 금융 용어 '블랙 스완'에서 착안한 아이디어였다. 런정페이가 직원들에게 블랙 스완 이벤트를 경계하라는 말을 자주 한 때문인지, 어느 순간 검은 백조는 화웨이의 비공식 마스코트가 되었다.

바람까지 향기로운 2016년 남중국의 어느 날 밤, 반짝이는 드레스를 입은 가수가 3인조 밴드 앞에서 낮은 목소리로 노래했다. 바텐더가 칵테일을 만들기 위해 신선한 파인애플을 썰었다. 접시에 놓인 얼음 위의 생선회가 반짝였다. 스포트라이트를 받은 실내는 분홍색과 보라색이 흔들거렸다. 그리고 할리우드 스타 스칼릿 조핸슨Scarlett Johansson이 무대로 걸어 나왔다.[7]

화웨이의 새로운 P9 스마트폰 홍보 행사는 중국 팬들을 위한 스칼릿 조핸슨의 '팬 파티'로 마련되었다. '난 스칼릿 열병에 걸렸어요I Got Scarlett Fever (스칼릿 열병은 성홍열이란 뜻도 있다―옮긴이)'라는 구호가 적힌 팻말을 흔들며 환호하는 청중은 대부분 젊은 중국 여성들이었다. 이 행사는 화웨이가 세계 곳곳을 돌며 개최하던 호화 파티 중 하나로, 소비자들에게 화웨이라는 이름을 각인시킬 뿐 아니라 '화웨이'하면 세련되고 화려한 이미지가 떠오르게 하기 위한 기획이었다.

사진 22.1 할리우드 슈퍼스타 스칼릿 조핸슨이 등장하는 화웨이 스마트폰 광고.

　화웨이는 모든 수단을 동원해 세계 스마트폰의 양대 산맥인 삼성과 애플을 따라잡으려 했다. 삼성과의 격차를 좁히는 일은 벅찬 과제였다. 삼성은 광고에 연간 140억 달러를 쏟아붓고 있었는데, 이는 아이슬란드의 GDP보다 많은 액수였다.[8] 화웨이는 최고 수준의 마케팅 대행사를 동원해 런던 히드로 공항, 파리 센 강변, 뉴욕 타임스퀘어 등 세계 명소 곳곳에 광고판을 설치했다. 화웨이는 조핸슨 외에 갤 가돗Gal Gadot, 헨리 카빌Henry Cavill 같은 A급 스타들을 스마트폰 광고에 출연시켰다. 또한 워싱턴 레드스킨스, 캔버라 레이디스, 아스널 FC 등 스포츠 팀의 스폰서를 맡았다.

이런데 퍼붓는 돈은 아무리 많아도 낭비가 아니었다. 실제로 그 덕에 화웨이는 놀라운 변화를 맞게 된다. 전화교환기나 해저 케이블 사업을 한답시고 독재자나 세력가에게 감시장비나 팔던 회사가 이제 이미지를 세탁해 재미있고 고급스러운 브랜드로 재탄생한 것이다.

화웨이 설립 초창기에 런은 단말기를 사라고 호들갑 떠는 행태를 그다지 좋게 보지 않았다. 휴대폰 단말기는 그들의 핵심 사업인 교환기, 라우터, 기지국과 많이 다르다고 생각했기 때문이었다. "화웨이는 휴대폰 따위는 안 만들어!" 휴대폰 얘기만 나오면 런은 화를 내며 그렇게 소리쳤다. "말도 안 되는 소리를 하는 사람은 모두 해고하겠소!"[9] 화웨이가 스마트폰 사업을 진지하게 추진하기 시작한 뒤에도, 런은 마케팅 비용에 쓸데없는 돈이 낭비되지 않을까 걱정이 돼, 소비자 제품 책임자 리처드 유(유청동 餘承東)를 수시로 닦달했다. "사람들은 나더러 유청동을 너무 심하게 야단친다고 합니다." 런은 직원들에게 그렇게 말했다. "사실 야단치는 건 그를 아낀다는 나만의 표현 방식이에요."[10]

2015년이 되자 더는 휴대전화를 외면할 수 없게 되었다. 중국 인구의 절반 이상이 인터넷에 접속하고 있는데, 그 수단은 컴퓨터가 아니라 대부분 스마트폰이었다.[11] 화웨이 경영진도 그랬지만 실리콘밸리의 첨단 기술 기업 경영진도 스마트폰이 단순한 전화기가 아니라 역사상 가장 막강한 개인용 컴퓨터이자 소비자 데이터의 금광이라는 사실을 또렷하게 깨닫기 시작했다. 화웨이의 전략 마케팅 팀장 윌리엄 쉬는 스마트폰으로의 사업 확장을 "전 세계의 바다로, 강으로, 심지어 집안의 수도꼭지로" 흐르는 데이터를 따라가

사진 22.2 화웨이 소비자 제품 책임자 리처드 유.

는 것에 비유했다.[12]

화웨이는 2011년에 아너Honor라는 스마트폰 브랜드를 선보인 뒤, 2013년에는 젊은 층을 겨냥해 아너를 독립 브랜드로 분리했다.[13] 화웨이는 중국 스타트업 샤오미Xiaomi, 米科에서 영감을 얻었는데, 샤오미는 아이폰처럼 맵시 나는 스마트폰을 애플 기기의 절반도 안 되는 가격에 판매하는 '플래시 세일'로 한순간에 성공 가도에 올라섰다. 화웨이는 자기만의 방식으로 샤오미를 이길 수 있다고 생각해 자신들의 엄격한 품질 기준에 조금 못 미친다는 이유로 신형 스마트폰 1만 7,000대를 폐기하는 등, 대중의 이목을 끌기 위한 특이한 홍보 활동을 떠들썩하게 벌였다. "우리가 노린 것은 판매 그 자체가 아닙니다. 우리는 화젯거리를 만들어야 했어요." 아너의 CEO 자오밍趙明은 그렇게 말했다.[14] 샤오미는 화웨이의 압도적인 위세에 눌려 기회를 얻지 못했다. "화웨이는 정말 베끼는 데 선수다." 샤오미 창업자 레이쥔雷軍의 어떤 친구는 혀를 찼다.[15] 화웨이는 아너를 출시한 2015년에 판매량에서 샤오미를 앞질렀다. 이제 그들 앞에 있는 것은 삼성과 애플뿐이었다.

2016년에 화웨이는 스와로브스키 Swarovski와 협력해 보석 장식을 박은 시계 2종을 출시했다. 화웨이는 전설적인 테너 안드레아 보첼리 Andrea Bocelli를 불러 비공개 행사 무대에 서게 하고, 파리 국립오페라 Opéra national de Paris와도 파트너십을 맺었다. 런은 북아프리카에 나가 있는 화웨이 경영진을 만난 자리에서, 최고급 장비만 구매하는 미군을 좀 본받으라며 요령을 일러줬다. "신형차를 뽑는 것도 그중 하나예요. 중고차는 이제 그만 빌리라고요." 그는 그렇게 말했다. "집을 하나 사면 그 옆에 있는 땅까지 사서 농구장이나 수영장 같은 걸 만드세요." 실제로 그는 아프리카 어디서든 이런 비용을 청구하면 아낌없이 승인하도록 지시했다.[16]

화웨이의 스마트폰 사업이 호황을 누리자 화웨이 제국에서 잘 보이지 않았던 부분에 시선이 쏠리기 시작했다. 가젯 리뷰어들은 화웨이의 휴대폰 중에 화웨이의 자회사인 하이실리콘 레이블에서 설계한 프로세서로 구동되는 것이 있다는 사실을 흥미롭게 관찰하기 시작했다. 이들 칩은 화웨이가 홍보를 거의 하지 않은 브랜드인데도 놀라울 만큼 성능이 뛰어났다. 통신 회사가 자체 칩을 설계한다는 것은 그만큼 기술력이 뛰어나다는 뜻이었다. 실제로 애플과 삼성을 제외하면 그만한 능력을 가진 업체가 거의 없었다. 2014년에 리뷰어들은 화웨이가 내놓은 스마트폰 아너 6에 탑재된 하이실리콘의 프로세서가 전력 소비 면에서는 무시하기 힘든 문제가 있지만, 몇 가지 기준에서는 아이폰보다 뛰어난 성능을 보였다고 보고했다. "이는 매우 흥미로운 결과다." 한 리뷰어는 그렇게 소감을 말했다.[17]

런은 하이실리콘에 지나치게 관심이 집중되는 것이 무척 신경 쓰였다. 퀄컴 같은 다른 칩 공급업체와의 관계가 나빠질 위험이 있기 때문이었다. 이들 업체들이 화웨이를 파트너가 아닌 경쟁자로 의식하면 문제가 될 수 있었다. 또한 하이실리콘은 화웨이가 입에 잘 올리지 않던 감시 카메라 산업의 주요 공급업체였다.[18]

중국 국영 방송사 CCTV의 한 기자는 런에게 하이실리콘을 아는 사람이 많지 않아 안타깝다고 말한 적이 있다. "그걸 왜 알아야 합니까?" 런은 대답했다. "외부 사람들은 알 필요가 없습니다."[19]

화웨이의 AI 집중연구센터인 노아의 방주 연구소는 2015년까지 50명 이상의 정규직 연구원과 엔지니어를 확보해,[20] 전 세계 최고 수준의 대학과 연구 파트너십을 구축했다. 중국 관리들은 이제 중국이 가까운 미래에, 아마도 2025년쯤에는 글로벌 AI 리더가 될 수 있다는 의욕을 표명하기 시작했다. 화웨이 직원들은 AI의 미래를 두고 열띤 토론을 벌였다. "기계가 아무리 똑똑해져도 인간의 정신이 그보다 더 빨리 진화할 겁니다." 화웨이의 온라인 직원 포럼 토론에서 그런 말이 나왔다. 그러자 누군가 걱정을 털어놓았다. "이런 수준의 기술이 엉뚱한 사람의 손에 들어가 로봇이 오작동하거나 손상되기라도 할 경우 십중팔구 대량 살상을 야기할 겁니다."

화웨이는 초창기부터 우한의 화중과학기술대학 같은 중국 대학과의 연구 파트너십에 크게 의존했다. 이제 화웨이는 연구비를 지원하겠다며 전 세계 대학교를 향해 구애 작전을 폈다. 화웨이의 구애를 거절하는 대학은 찾아보기 힘들었다. 학계에서 연구에 종사하는 사람들은 대체로 자신이 세상에 도움이 되는 지적 탐구에 참여하고 있으며, 연구 결과를 모두가 읽을 수 있도록 공개한다고 생각했다. 과학 저널에 게재할 연구 논문을 위해 중국 기업과 협력하는 것은 전혀 문제가 될 일이 아니라고 그들은 생각했다. 노아의 방주 연구소의 연구원들은 세계 여러 대학과 협력해 컴퓨터가 텍스트나 음성을 보다 인간적인 방식으로 '이해할' 수 있게 해주는 자연어 처리 같은 최근 떠오르는 주제를 연구했다. 이들은 이미지 화질 향상, 데이터 마이닝, 비디오 클립의 동작 인식 같은 기술을 집중적으로 연구했다.

화웨이의 연구 파트너 목록은 길기도 했지만 또 그만큼 알차기로 유명했다. 여기에는 옥스퍼드, 스탠퍼드, UC 버클리 등 세계 유수 대학이 포함되었다. 화웨이는 유럽연합 집행위원회European Commission와 연구 프로젝트도 진행했다. 화웨이가 프랑스에 수학 연구 센터를 열었을 때는, 프랑스 고등교육연구부 국무장관 티에리 망동Thierry Mandon이 개소식에 참석했다.

언제부턴가 화웨이라는 이름이 전 세계 여러 나라에서 로비 지출 상위 기업 목록에 꾸준히 오르기 시작했다. 이는 화웨이도 서방 경쟁사들이 오랫동안 활용해 온 영향력 매수influence buying(로비 활동이나 금전적 지원을 통해 영향력을 행사하는 행위―옮긴이) 방식에 능숙해졌다는 신호였다. 2014년에 화웨이는 EU에서 로비 지출 업체 8위에 올랐다. 첨단 기술 기업으로 그들보다 비용을 많이 지출한 회사는 마이크로소프트와 독일의 지멘스뿐이었다.[21] 호주전략정책연구소ASPI의 집계에 따르면 2010년부터 2018년까지 화웨이는 다른 어떤 기업보다 더 많이 호주 연방 정치인의 해외 출장 비용을 대신 지불했다.

2016년 11월에 화웨이의 5G 수석 과학자 통웬童文을 비롯한 전문가 수십 명이 네바다주 리노에 있는 페퍼밀에 도착했다.²² 리조트와 카지노는 로마 궁전을 연상케 했다. 실내와 실외 수영장, 지열 난방 온천, 7,600제곱미터의 게임 테이블과 슬롯이 갖춰져 있었다. 하지만 화웨이 엔지니어들은 휴가를 즐기러 온 것이 아니었다. 앞으로 5일 안에 리노에서는 차세대 모바일 통신 기술 5G를 소유하고 주도할 국가를 결정할 예정이었다. 화웨이의 엔지니어들은 이 순간을 위해 오랜 세월 노력을 기울였지만, 이는 그들만의 문제가 아니었다. 실제로 5G의 최전선에 서길 원하는 것은 베이징이었다. 중국은 다른 어떤 국가보다 이 분야에 더 많은 노력을 기울였다.²³

휴대전화를 세계 어디서나 사용할 수 있는 것은 전 세계 기업들이 3G와 4G 그리고 현재 5G에 이르기까지 공통된 기술 표준technical standards을 사용하기로 합의했기 때문이다. 이들 표준에 어느 회사의 특허 기술이 포함되느냐에 따라 다른 기업들은 이후 수년간 표준 설정자에게 라이선스 비용을 지불해야 하기 때문에 치열한 공방이 오갈 수밖에 없었다. 3G 표준 기구인 3GPP는 이렇게 많은 나라의 많은 기업들이 공유하는 표준을 정하기 위해 설립되었다. 여기에 참여한 당사자는 퀄컴, 인텔Intel 같은 칩 제조업체부터 구글, 페이스북 같은 거대 인터넷 기업 그리고 노키아, 에릭슨, ZTE, 화웨이 같은 장비 제조업체에 이르기까지 다양했다.

한 표준 담당자의 회고에 따르면 3GPP의 회의는 길고 지루하기로 악명이 높았다.²⁴ 이 그룹은 '합의'에 의해 운영되기 때문에, 사실상 어느 한쪽이 완전히 지쳐 떨어질 때까지 몇 시간을 대치 상태로 이어가는 경우가 많았다. "지옥이 따로 없습니다." 회의에 참석했던 통신업계 컨설턴트 마이클 실랜더Michael Thelander는 그렇게 말했다. "이보다 더 좋은 표현은 생각나지 않네요."[25]

통웬은 무너진 노텔의 잿더미에서 화웨이가 건져낸 엔지니어였다. 그는 2009년 노텔이 파산하기 전에 이 캐나다 첨단 대기업의 네트워킹 기술연구소 책임자로 일하다 화웨이에 입사했다. 그가 보유한 특허만 해도 수백 개를 헤아렸다. 화웨이에 합류할 당시 통은 5G가 출시되는 2020년경까지 화웨이의 모바일 기술을 최첨단 수준으로 끌어올린다는 야심 찬 프로젝트를 이끌었다. 하지만 현재의 격차를 좁히기에 10년이라는 시간은 너무 짧았다. 그래도 통의 팀은 그들이 정한 목표에 달려들었다.

2G는 문자 메시지를 통용시켰고, 3G는 모바일 사진과 비디오 클립, 4G는 모바일 비디오 시대를 열었다. 이제 모바일 엔지니어들은 5G로 바뀌면 네트워크 용량이 1,000배 향상될 것으로 예상했다. 그렇게 되면 공상 과학의 영역이었던 자율주행 자동차, 원격 수술, 자율 제어 공장, 차세대 감시 시스템 같은 데이터 집약적인 애플리케이션이 현실이 될 수 있을 것이다.

3GPP 서밋 날짜가 다가오면서 통과 그의 팀은 자신들의 기반을 더욱 확고하게 다졌다. 그들은 세계 유수 기관과 맺은 연구 파트너십으로 5G 기술 대부분의 분야에서 방대한 특허 목록을 출원했다.

그중 가장 관심을 끈 기술은 '폴라 코딩polar coding'으로, 데이터를 전송할 때 발생하는 노이즈를 제거하는 신기술이었다. 4G에서 5G로 데이터 속도가 빨라지면서 노이즈를 줄일 더 나은 방법을 찾는 것이 무엇보다 중요한 과제로 떠올랐다. 화웨이가 폴라 코딩에서 진전을 이룰 수 있었던 것은 그들이 이런 선구적인 기술 개발을 위해 전 세계 최고의 연구진에게 의지했기 때문이었다. 폴라 코딩은 터키 과학자 에르달 아리칸Erdal Arıkan이 2008년에 처음 제시한 방식으로 그는 수십 년 동안 이 문제를 파고 들었다. 아리칸의 논문이 제시한 코딩 체계는 이 분야의 이론적 돌파구로 학계로부터 큰 호응을 받았다. 하지만 유망한 이론을 실행 가능한 제품으로 만들기 위해서는 엄청난 양의 공학적 자산이 필요했다. "새로운 기술을 표준화 위원회가 요구하는 수준까지 끌어올리기 위해서는 신기술을 개발할 일단의 엔지니어들이 필요합니다." 아리칸은 그렇게 말했다.

   3GPP에 참석한 화웨이의 엔지니어들은 반대 세력의 저항도 만만치 않으리라는 것을 알았다. 노이즈를 제거하는 방법이 그들의 폴라 코딩 기술 하나만 있는 것은 아니었다. 미국의 거대 칩 제조업체 퀄컴은 LDPC라는 화웨이에 필적할 만한 기술을 밀고 있었다. 퀄컴은 그들의 강력한 적수로 그 어떤 회사보다 4G 특허를 많이 보유하고 있으며, 전 세계 스마트폰 5대 중 2대는 퀄컴의 기술을 사용했다. 화웨이는 가능성을 높이기 위해 사전에 폴라 코딩을 지지하겠다는 54개 기업들로 연합 세력을 구성해 둔 터였다.[26] 알리바바, 레노버, 샤오미 등 3GPP에 참여한 거의 모든 중국 기업이 여기에 합류했다. 일본 도시바, 미국 칩 제조업체 브로드컴Broadcom, 캐나다 통신사 텔러스Telus도 마찬가지였다. 화웨이와 경쟁하는 일부 회사들은 불편한 기색을 감추지 않았다. 삼성의 한 관계자는 몇몇 기업이 "지지 기업들을 적당히 연합하게 하여" 줄을 세우는 행위는 "그다지 공정하지 않다"고 비꼬았다.[27]

   결국 어느 저녁 세션에서 화웨이와 퀄컴은 폴라 코딩이나 LDPC

나를 놓고 기 싸움을 벌였다.²⁸ 3GPP 주최 측은 청중을 예상해 회의를 더 큰 방으로 옮겼다. 몇 시간이 지났지만 어느 쪽도 양보하려 하지 않았다. 양측 모두 그 기술을 개발하는 데 적지 않은 자원을 투자했기에, 어느 쪽도 빈손으로 돌아갈 생각이 없었다. "결국 날이 밝기 시작했습니다. 그제야 다들 5G 문제를 매듭지어야겠다고 생각했습니다." 회의에 참석했던 실랜더는 그렇게 회상했다.

회의는 휴전으로 끝났다. 결국 화웨이와 퀄컴의 노이즈 감소 기술은 각자 5G 표준의 다른 부분에 채택하게 된다. 기술적인 관점에서 볼 때 그다지 매끄럽지 못하고 불필요하게 중복되는 솔루션이었다. 어느 쪽이든 하나만으로도 시스템은 제대로 작동했을 것이다. 하지만 통신은 단순히 기술만의 문제가 아니었다. 그것은 늘 정치와 관련이 있었다.

이후 몇 달 뒤 모두의 예상을 뒤엎는 일이 일어났다. 화웨이가 앞섰다는 사실을 다들 인정한 것이다. 5세대 모바일에서 화웨이는 표준필수특허SEP 분야에서 퀄컴과 LG를 제치고 1위로 도약했다. 1987년부터 시작된 화웨이의 긴 등반 여정이 이제 정상에서 완성된 것이었다.

"현재 진정한 5G 공급업체는 하나밖에 없습니다. 바로 화웨이입니다." 영국 BT 그룹의 수석 네트워크 설계자인 닐 맥레이Neil McRae는 화웨이가 주최한 컨퍼런스에서 그렇게 말했다. "다른 업체들은 이제 그들을 따라잡아야 합니다."²⁹

상황이 일단락된 후 화웨이는 오타와에서 근무하는 5G 수석 과학자 통웬을 비롯해 5G를 혁신적으로 이끈 핵심 연구자들의 공로를 기리는 행사를 열었다.³⁰ 터키의 폴라 코딩 발명가 에르달 아리칸도 초청했다. 화웨이는 아리칸 개인에게 개발 비용을 직접 지불하지는 않았지만, 그들 제품에 채택된 원기술을 개발한 공로를 치하하는 뜻으로 그의 대학에 기부금을 전달해 연구를 지속할 수 있도록 지원했다.[31]

맵시 있는 검은색 메르세데스가 아리칸을 태우고 녹음이 짙은 화웨이 캠퍼스를 지나 굽은 도로를 따라 내려갔다.[32] 차가 멈추자 흰색 정장에 흰 장갑을 낀 두 사람이 문을 열었다. 그를 맞이하기 위해 궈핑이 기다리고 있었다. 유럽식 궁전을 닮은 건물로 오르는 계단에는 붉은 카펫이 펼쳐져 있었다. 화웨이 직원들은 레드카펫 양옆에 서서 박수를 보냈다. 안쪽 연회장은 로마식 기둥이 늘어섰고 피라미드형 유리 천장은 루브르 박물관을 연상시켰다. 줄지어선 바이올린 주자들이 클래식을 연주했다. 난간 너머로 신선한 꽃잎들이 흘러내렸다. 런정페이와 궈와 그 밖의 화웨이 임원들은 아리칸을 반갑게 맞이한 후 테두리를 은색으로 장식한 파란색 좌석에 앉았다. 아리칸은 금빛 옥좌로 안내를 받았다.

사람들이 박수를 치며 환호하는 가운데 런은 승리의 여신이 새겨진 황금 메달을 아리칸에게 건넸다. 메달은 프랑스 파리 조폐국 Monnaie de Paris 에서 제작한 것으로, 진귀한 붉은 바카라 크리스탈이 박혀 있었다.

아리칸이 마이크 앞에 섰다. "런 회장님, 회장님은 지난 30년 동안 세계 최대의 통신 회사를 일구어오셨습니다. 저는 지난 30년 동안 빌켄트 대학에서 여러 가지 문제를 연구해 왔고 폴라 코드로 그 긴 여정의 정점을 찍었습니다. 오늘 우리 두 사람이 걸어온 길이 이 행사에서 교차하게 되어 무척 흐뭇합니다." 아리칸은 이어서 말했다. "화웨이 임원들과 엔지니어들의 비전과 기술적 기여가 없었다면 폴라 코드가 실험실을 벗어나 5G로 발전하기는 쉽지 않았을 것입니다. 10년도 안 되는 기간에 그것이 현실로 바뀌었다는 사실을 인정하게 되어 다시 한번 큰 기쁨을 느낍니다. 엔지니어로서 우리의 아이디어가 구체적인 실체로 나타나는 것을 보는 것보다 더 큰 보람은 없습니다. 이런 일을 가능하게 해주셔서 감사합니다."[33]

동시통역 헤드셋을 통해 아리칸의 연설을 듣는 런의 얼굴에 만감이 교차했다. 그는 미소 지으며 박수를 쳤고 눈을 빠르게 깜빡였다.

23

엿듣는 국가

| 현대화한 감시 시대: 2017~2018년 |

2017년 말, 중국 서쪽 끝 신장에서는 뭔가 일이 틀어지고 있다는 징후가 점점 뚜렷해졌다.[1] 도시 안팎의 검문소에는 기관총을 든 경비병들이 버티고 섰고, 여행자들은 얼굴을 대조한 후 전신 스캐너를 통과해야 했다. 길거리에서는 경찰이 보행자를 무작위로 세워 휴대전화에 정치나 종교에 관한 불법 콘텐츠가 있는지 확인했다. 주유소에는 폭탄 테러를 예방하기 위해 바리케이드와 철조망이 쳐졌다. 관리들은 수염을 기르거나 머리 두건을 쓰는 등 이슬람 신앙을 암시하는 사소한 표시도 극단주의의 징후로 간주해 철저히 조사할 것이라고 경고했다. 그리고 재판 없이 "재교육 센터"라고 불리는 감옥 같은 곳으로 끌려가는 사람들이 점점 늘어나고 있었다. 특히 소수민족인 위구르족이 많았다. 단기이든 장기이든 구금된 사람들의 수는 수십만 명에서 100만 명 이상으로 추산되었다. 고

문이나 학대, 사망 같은 기사도 계속 쏟아졌다.

테러와의 전쟁이라는 기치 아래 신장은 첨단 기술에 의해 세계에서 가장 탄압을 받는 감시 지역이 되었다. 그리고 화웨이는 그런 감시 체제를 구축하는 데 일조했다. 화웨이의 차세대 고속 네트워크, 안면 인식 알고리듬, 고화질 카메라, 이 모든 것이 결합해 엄청난 규모의 보이지 않는 그물망을 구축했다. 신장에 감시 장비를 판매한 기술 기업이 화웨이가 전부는 아니었지만, 그들이 주요 공급 업체 중 하나였던 것은 분명했다.

화웨이는 신장을 비롯한 중국 전역에서 수백 개의 스타트업이나 협력사와 함께 만든 첨단 감시 기술 포트폴리오를 판매했다. 그중에는 경찰이 순찰 중에 군중을 스캔해 감시 목록에 있는 얼굴을 찾아내는 스마트 안경도 있었다. 경찰 지휘 센터 후면에 설치된 대형 스크린에 실시간으로 영상을 올리는 고화질 바디캠도 있었다.[2] 주야간 가리지 않고 야외에서 반경 10미터 이내의 대화를 감청하고 분석할 수 있는 도청 장치도 있었다.[3] 지문과 유사하게 눈의 홍채 패턴으로 신분을 식별할 수 있는 생체 인식 스캐너도 있었다.[4] 음성 녹음에 있는 목소리와 수배된 인물을 대조하는 성문聲紋 데이터베이스도 있었다. 이런 장비 중에는 화웨이의 파트너 브랜드가 많아, 화웨이가 만들었다는 사실은 잘 드러나지 않았다. 화웨이는 그들의 상표가 직접 드러나지 않는 것에 만족했다.

2016년 8월에 화웨이는 신장 정부 전반에 '클라우드 컴퓨팅' 기술을 구축하는 이 지역의 전략적 파트너로 선정되었다.[5] 화웨이의 감시용 제품이 포함된 사업이었다. 화웨이 기반 안면 인식 솔루션은 신장의 수도 우루무치의 교통 중심지와 이 지역을 가로지르는 고속도로에 설치되었다. 2017년까지 화웨이는 안면 인식 감시 카메라로 입력하는 데이터베이스를 구축해 우루무치 경찰에 제공했는데, 이 데이터베이스에는 얼굴 이미지 약 5,000만 장이 저장되었다. 화웨이가 협력사와 만든 어떤 슬라이드 자료에는 이 시스템이 "경찰에 수천 건의 정확한 경보를" 발령해 준다는 홍보 문구가 담겨 있었다."⁶

신장 탄압은 홍콩의 민주화 시위대에 대한 엄격한 단속과 함께 중국을 바라보는 국제 사회의 시각에 큰 영향을 미쳤다. 중국이 WTO 가입을 추진하던 2000년대 초반 이후로, 중국 경제 개방에 속도가 붙으면 정보가 자유롭게 유통되어 보다 민주적인 통치 체제로 전환될 것이라는 믿음이 널리 퍼져 있었다. 이제 사람들은 그 믿음이 잘못된 것은 아닌지 의심하기 시작했다.

런정페이가 신장 탄압에 대해 당국의 공식 노선과 다른 의견을 가졌다 해도, 그것을 드러내선 안 된다는 것을 그는 누구보다 잘 알았을 것이다. 베이징은 신장 사태와 관련해 '유언비어 유포' 행위는 적발되는 즉시 처벌한다고 경고했다. 몇 년 뒤 끈질긴 외신 기자들로부터 신장 탄압을 어떻게 생각하느냐는 질문을 받은 런은 대체로 베이징의 주장을 되풀이했다. "미국이 중동 문제를 다룬 방식과 중국 정부가 신장 문제에 접근한 방식 중 어느 쪽이 인민들에게 더 낫다고 생각하십니까?" 런은 캐나다의 〈글로브 앤드 메일The Globe and Mail〉과의 인터뷰에서 그렇게 말했다. "지난 몇 년 동안 신장에는 사회적으로 큰 사건이나 동요가 없었습니다. 신장은 안정을 찾아가고 있습니다."⁷ 탄압에 동의하느냐는 영국 〈스카이뉴스Sky News〉의 질문에 런은 답했다. '나는 신장 정부의 정책을 잘 모릅니다. 내가 아는 것은 전반적인 생활 수준이 좋아지고 있다는 겁니다. … 나는 정치인도 아니고 정책을 연구하지도 않습니다."⁸

2017년 가을에 화웨이 자회사 하이실리콘은 AI 기능이 내장된 최초의 스마트폰 칩 기린 970 Kirin 970 을 출시했다. 그들은 분당 2,000개의 이미지를 인식할 수 있다고 했다.⁹ 화웨이는 그들이 새로 개발한 AI 기술이 여러 면에서 소비자에게 도움이 될 것이라 선전했다. 화웨이는 이런 기술 덕분에 중국자오상은행의 경우 신용카드 발급에 걸리는 시간을 15일에서 5분으로 단축했다고 말했다. 그들은 또한 중국 스타트업인 아이플라이텍 iFLYTEK 과 협력해 스마트폰에 통합될 음성 인식 시스템을 개발해, 중국 여러 지역에서 서로 다른 방언을 사용하는 사람들의 언어 격차를 해소하는 데 일조했다.

하지만 화웨이는 한층 진화된 인터넷 검열용 AI 솔루션도 마케팅하고 있었다. 화웨이는 슬라이드 자료에서 그들의 '비디오 핑거프린팅' 솔루션은 시작 부분을 다른 것으로 붙이거나 이미지를 뒤집거나 텍스트를 겹쳐 가리는 식으로 비디오 클립을 감추려 해도 온라인에서 유사한 클립을 가려낼 수 있다고 소개했다.¹⁰ 중국 소셜 미디어 플랫폼에서 이런 방법을 사용하는 사람들은 주로 검열을 피하려는 반체제 인사들로 알려져 있다. 화웨이의 슬라이드는 자신들의 알고리듬이 사진, 텍스트, 동영상에서 "민감한 정치적 콘텐츠와 인물"을 골라내는 "정치적 탐지"를 수행할 수 있다고 설명했다.

또한 화웨이는 AI를 탑재한 감시 카메라가 있으면 시장에서 쉽지 않은 기회를 잡을 수 있다고 판단해 이 분야에 기술력을 집중시켰다. 화웨이는 5G 사용 사례에 대한 자체 연구를 통해, 시장의 잠재 능력 측면에서 볼 때 AI 지원 비디오 감시 장치를 AI 애플리케이션 탑 10 중 하나로 꼽았다.¹¹ 선전 교통경찰은 9개 교차로의 신호등을 선정해 화웨이의 AI 알고리듬을 실험했다. 이 알고리듬은 실시간 교통량을 기반으로 신호 간격을 조정했다. 화웨이의 순환 회장 켄 후는 이 기술로 차량의 평균 속도가 15% 증가했다고 평가했다. "과거에는 운전자들이 신호등을 보고 멈출지 갈지를 결정했습니다." 그는 그렇게 설명했다. "이제는 신호등이 차량을 살피고 그 수를 헤아린 다음 녹색 신호를 언제 줄지 결정합니다."

런은 AI를 대하는 양가감정을 감추지 않았다. 2017년 연구원들과 대화하는 자리에서 그는 AI를 원자력 에너지에 비유하며 선용할 수도 악용할 수도 있는 양면성이 있다고 말했다. "인공지능으로 인간의 가치가 손상되지 않을까 걱정되기도 합니다." 그는 그렇게 덧붙였다. "하지만 그렇다고 우리가 인간 사회의 발전을 막을 수는 없겠죠."[12] 영화 〈스타 트렉 Star Trek〉을 보고 난 런은 로봇이 우주선 승조원으로 탑승한 모습에 착잡한 기분이 들었다고 말했다. "정말 맥 빠진 기분으로 극장을 나섰습니다." 그는 그렇게 말했다. "인공지능 시대를 사는 것이 얼마나 외롭고 끔찍한지 보여주는 영화였습니다. AI가 인간의 니즈를 일부 충족시킬 수는 있겠지만, 여전히 인간에게 필요한 건 인간의 손길입니다."[13]

해외에서 화웨이의 '세이프 시티' 감시 솔루션은 현재 80여 개국에서 약 8억 명의 인구를 지켜본다. 2018년에 화웨이는 여세를 몰아 아프리카 국가들이 '세이프 시티' 솔루션을 구매할 수 있도록 15억 달러의 자금을 지원한다고 발표했다. 몇몇 국가는 화웨이의 기술을 두 팔 벌려 환영했다. 당시 대통령이었던 도널드 트럼프가 파키스탄에 수십억 달러를 원조했는데 그 대가로 미국이 받은 것은 "거짓말과 속임수"뿐이었다고 트윗하자, 분노한 파키스탄 관리들은 펀자브주의 '세이프 시티' 프로젝트를 팡파르와 함께 공개했다.

"당신네 돈이나 대출, 보조금 따위는 필요 없다. 우리가 먹는 음식이 조금 조촐해질지 몰라도, 우리나라를 모욕하는 행위는 용납하지 않을 것이다."¹⁴ 프로젝트 출범식에서 펀자브주 총리 셰바즈 샤리프Shehbaz Sharif는 이것이 미국에 대한 파키스탄의 답이라고 말했다.

그러나 화웨이의 감시 범위가 점점 넓어지자 워싱턴은 아연 긴장했다. "혁신과 권위주의가 결합하면 문제가 아주 골치 아파지는데, 이런 결합이 중국을 넘어 밖으로 확산하고 있습니다." 하원 정보상임위원회 위원장인 애덤 시프(캘리포니아, 민주당)는 청문회에서 그렇게 말했다. "이 기술이 수출되면 여러 나라들이 중국의 사회적, 정치적 통제 모델을 모방하는 데 필요한 기술적 도구를 갖추게 됩니다."¹⁵

중국 내에서도 영상 감시가 보편화하자 우려의 목소리가 계속 커졌다. 당국은 장쑤성 내 감시 카메라 상당수가 해킹당해 해외에서 원격으로 제어되고 있다는 사실을 발견하고 기겁했다. 선전 관리들은 화웨이나 그 밖의 현지 기업에 지시해, 안면인식을 비롯한 감시 기술을 남용하지 않겠다는 공개 서약을 하도록 했다.¹⁶

통신업계 컨설턴트 마이클 실랜더는 화웨이가 획기적인 약진의 발판을 마련한 리노 5GReno 5G 서밋에서 돌아온 뒤, 음성메일을 한 통 받았다. 메일을 보낸 사람은 여성이었는데, FBI 소속이라며 통화를 원한다고 했다.¹⁷ 실랜더는 피싱 메일이라고 생각해 답장을 하지 않았다. 그런데 같은 사람으로부터 또 이메일이 왔다. 그녀는 그의 사무실에 들렀다고 말했다. 그 사무실은 그의 집이기도 했다. "그러니까 FBI가 내게 음성메일과 이메일을 보내고 우리 집까지 찾아왔다는 말입니다. 겨우 이틀 사이에 말입니다." 그는 그렇게 말했다. FBI는 그가 표준 회의standards meeting (표준을 논의하고 평가하는 회의—옮긴이)에 참석했다는 사실을 알고 화웨이가 5G에 합류할 경우 어떤 첩보상의 우려가 발생하지는 않을지 물어보려 했다고 실랜더는 말했다. 실랜더는 그 여성에게 그렇게 생각하지 않는다고 말했다고 했다. 모바일 표준은 공개된 레시피와 같아 모두가 원재료의 목록을 다 알고 있다고 그는 답했다. "'모두 다 한 자리에 모여, 함께 작업합니다. 훔칠 만한 비밀이란 게 없어요.' 난 그렇게 말했습니다."

FBI의 뒷조사는 앞으로 일어날 일을 예고하는 조기 신호였다. 선거 유세 과정에서 트럼프는 중국과의 정면 대결을 공약했고, 출범 후 그의 행정부는 대대적인 무역 전쟁, 특히 화웨이와 전쟁을 치를 기반을 마련하기 시작했다. 상무부는 ZTE에 제재 조치를 한 뒤, 화웨이에 소환장을 보내 쿠바, 이란, 북한, 수단, 시리아에 미국 기술을 수출한 모든 정보를 제출하라고 명령했다. 그 후 2017년 12월에 미국 검찰은 화웨이의 변호인단에게, 미국 기업들의 지적 재산을 훔친 혐의로 화웨이를 형사 고발한다고 통보했다.

2018년의 시작과 동시에 미국 이동통신사들은 미국의 압력에 못 이겨 화웨이의 스마트폰을 멀리하기 시작했다. 처음에는 AT&T가, 그다음에는 버라이즌이 화웨이의 단말기 판매를 중단했다.

그러던 중 프랑스 신문 〈르몽드Le Monde〉에서 충격적인 보도가 나왔다. 이 신문은 아프리카 연합African Union 본부의 관리들이 매일 밤 자정에서 새벽 2시 사이에 그들의 서버에서 데이터가 중국으로 전송되는 이해할 수 없는 현상을 발견했다고 폭로한 것이다. 미래형 공관인 이 본부 건물은 중국이 에티오피아의 수도 아디스아바바에 선물로 지어준 것이었다. "기관 내 여러 정보원들은 민감한 콘텐츠 전부가 중국에 의해 감시당했을 수 있다고 지적한다." 〈르몽드〉는 그렇게 보도했다. 호주 국방부와 미국 국무부가 자금을 지원하는 싱크탱크인 호주전략정책연구소ASPI가 후속 기사를 통해, 문제의 장비가 화웨이에서 공급되었다고 발표하자 문제는 더욱 확대되었다.

이후 언론의 취재 열기가 뜨거워지자, 화웨이는 부적절한 의혹에 대해 "전혀 근거가 없는" 주장이라며, 그들은 30년 역사에서 백도어를 만든 적이 "단 한 번도" 없다고 선언했다. "아프리가 연합 AU에 제공된 솔루션은 이 조직의 IT 직원이 제어 및 관리, 운영을 담당하기 때문에 화웨이는 데이터에 접근할 수 없다." 화웨이는 그렇게 말했다. 화웨이가 첩보 행위를 인지했거나 가담했다는 어떤 징후도 없었기 때문에, 화웨이 서버가 중국으로 데이터를 전송했다는 보도는 결정적인 증거가 되기에 부족했다. 하지만 화웨이를 비판하는 쪽에서 보면, 이 스캔들은 화웨이의 고위층이 인지했든 인지하지 못했든 그 자체로 화웨이 장비에 보안상 위험이 실재한다는 증거였다.

19년 동안 화웨이를 이끌었던 쑨야팡이 회장직에서 물러난 것은 이런 불미스러운 사건들이 잇달아 터지던 와중이었다. 화웨이는 이유를 설명하지 않았다. 쑨 회장은 60대 초반이었다. 그 정도면 중국 여성으로서는 대부분 은퇴 시기를 이미 넘긴 나이였다. 중국 정부는 젊은 근로자들에게 일자리를 제공하기 위해 조기 퇴직을 장려했다. 하지만 미국의 압박이 거세지던 점을 생각하면 그녀의 국가안전부 출신이라는 전력이 큰 부담으로 작용했을지도 몰랐다.

쑨은 화웨이에 남기로 했지만 이후로 그다지 눈에 띄지 않는 역할을 맡는다. 그녀의 후임 회장으로는 1995년에 입사해 공급망 사장, CFO 등의 직책을 거치며 승승장구한 베테랑 하워드 량Howard Liang(량화梁華)이 선임되었다.

각각 회장과 CEO를 나눠 맡았던 쑨과 런의 권력 분담의 실체는 끝까지 베일에 가려 드러나지 않았다. "솔직히 저는 두 사람의 관계가 어떤 것인지 제대로 이해한 적이 없습니다." 두 사람과 함께 일했던 이 분야의 한 고위 임원은 그렇게 말했다. 화웨이 납품업체의 또 다른 임원도 이렇게 말했다. "우리는 그녀의 권한이 어디까지인지 몰라 혼란스러웠습니다. 그녀가 많은 부분의 결재권자라는 사실 정도만 알 뿐, 그녀와 직접 부딪히는 경우는 거의 없었으니까요." 화웨이 미국 법인 대변인을 지냈던 윌리엄 플러머는 화웨이를 떠난 뒤 이렇게 말했다. "쑨이 (국가안전부 출신이라는 점을 이용해) 회사에 어떤 영향력을 행사할 입장은 아니었다는 것이 중국 측 얘기였습니다. 미국 측 얘기는 조금 달라, 그녀가 국가안전부의 정보원으로 일정 교육을 받은 후 이 회사에 투입되었다고 했죠. 내 생각에는 아마도 이 모든 것에 약간의 진실이 있지 않을까 생각합니다."

트럼프 행정부는 다른 국가들이 5G 네트워크에 화웨이와 ZTE가 들어오지 못하도록 막으려 하자 이를 지원하기 위한 외교적 캠페인을 시작했다.

세계 여러 정부는 5G 시스템을 테스트하고 네트워크를 업그레이드할 공급업체를 고르고 있었다. 결정이 되면 6G가 출시될 때까지 이후 10년 정도는 해당 공급업체와의 계약에 묶일 수밖에 없었다. 화웨이는 부분적으로 베이징이 중국 전역에서 5G를 조기 활성화한 덕분에 시작부터 순풍을 탔다. 화웨이는 신흥 시장을 대부분 장악했고 선진국 시장에서도 강세를 보이는 중이었다. 화웨이는 현지 파트너와 협력해 독일, 프랑스, 이탈리아에서 5G 시범 서비스를 추진한다고 발표했다. 미국 관리들은 불안했다. "화웨이가 판을 주도하려는 것 같았습니다." 트럼프 국무부의 경제성장·에너지·환경 담당 차관 키스 크라크Keith Krach 는 그렇게 회상했다. "공화당, 민주당 할 것 없이 모두 당황해 어쩔 줄 몰랐어요."

트럼프의 국가안보보좌관 존 볼턴John Bolton 은 5G 네트워크가 이전 세대의 것들보다 더 "단조롭기" 때문에 이론상 해커의 네트워크 침투가 쉬워졌다며, 신뢰할 수 없는 공급업체에 의존할 때의 위험이 더 커졌다고 했다. "5G를 위협하는 것은 물리적 장비가 아니었어요." 인터뷰에서 그는 그렇게 말했다. "정작 위협적인 것은 통신 경로를 바꾸거나 중간에 통신을 포착하는 프로그래밍을 끼워 넣을 능력이 있다는 것이었습니다."[18]

공화당 의원들의 발언 수위가 높아졌다. 2018년 6월에 공화당 상원의원(애리조나) 톰 코튼Tom Cotton 은 의회 연설에서 화웨이와 ZTE가 미국에서 더는 사업을 하지 못하도록 조치해야 한다고 촉구했다. "이들은 신뢰할 수 없는 기업이라는 사실을 스스로 입증했습니다. 지금 그들에게 합당한 유일한 처벌은 사형, 즉 미국에서 사업을 못하게 하는 것이라 생각합니다." 그는 그렇게 말했다.[19] 같은 공화당 상원의원 마르코 루비오Marco Rubio (플로리다)도 정부를 향해 "미국 반도체를 구매하지 못하게 만들어 화웨이를 고사시켜야 한다"고 말했다.[20] 에릭 쉬 화웨이 순환회장은 업계 전문지〈라이트리딩Light Reading〉과의 인터뷰에서 의원들의 "생각이 편협하고, 제대로 된 정보도 받지 못하고 있다"고 비난했다. "몸은 정보화 시대에 있는데 마음은 아직 농경 시대에 머물러 있는 사람들 같습니다." 쉬는 그렇게 말했다. 화웨이는 이후〈뉴욕 타임스〉와〈파이낸셜 타임스〉에 광고를 실어 쉬의 말은 없던 일로 하고 외교적인 표현으로 대체했다.

무역 전쟁이 공식화된 직후인 2018년 8월에 트럼프는 미국 정부 기관이 ZTE와 화웨이 제품을 구매하지 못하게 하는 내용을 담은 국방 법안에 서명했다. 그 달 호주는 향후 5G 네트워크에서 화웨이와 ZTE를 공식적으로 배제하는 세계 최초의 국가가 되었다. 맬컴 턴불Malcolm Turnbull 호주 총리는 회고록에서 트럼프와 미국 부통령 마이크 펜스Mike Pence, 호주 정보국장 마이크 버지스Mike Burgess 와 함께 이 문제를 놓고 의견 교환을 거듭했다고 회고했다. 턴불은 자국 정부의 후원을 받는 적이 인프라를 셧다운시킬 위험이 있을 경우, 이를 무시하기는 힘들 것이라 생각했다.[21]

런은 굴하지 않고 5G에서 화웨이는 어떤 위협적인 일도 하지 않는다고 단호하게 말했다. 그는 자신의 회사는 인류 모두에 도움이 되도록 비정치적 방식으로 기술 발전에 기여하려 애쓸 뿐이라고 말했다. "5G는 원자폭탄이 아닙니다." 그는 그렇게 주장했다.[22]

올해 75세인 ZTE의 창업자이자 회장인 허우웨이구이는 미국의 제재에 밀려 명예롭지 못하게 자리에서 물러났다. 하지만 ZTE는 허우 회장의 은퇴는 예정되었던 일로, 제재와는 무관하다고 말했다. ZTE는 제재를 해제하기 위해 CEO를 해고하고, 3가지 중범죄 혐의에 대해 유죄를 인정하고, 미국 정부에 12억 2,000만 달러의 벌금을 내기로 합의하는 것 외에도 몇 가지 양보를 하는 굴욕을 감수했다. 그런데 제재를 해제했을 때부터, 그것은 시늉일 뿐이었다는 게 드러났다. 2018년 4월에 트럼프 행정부는 ZTE가 미국의 대이란 제재를 위반한 직원들을 처벌하기로 한 합의를 이행하지 않았다고 주장하며 다시 ZTE를 압박하기 시작한 것이다.

뜻밖에도 결국 ZTE를 구한 것은 트럼프 대통령 자신이었다. 트럼프는 돌연 태도를 바꾸면서 사람들이 납득하기 어려운 해명을 내놓았다. "중국의 시진핑 주석과 나는 중국의 대형 전화 회사인 ZTE가 빠르게 사업을 재개할 수 있도록 방법을 함께 모색하는 중이다." 트럼프는 2018년 5월 트위터에 그렇게 올렸다. "중국에서 너무 많은 일자리가 사라졌다. 그래서 상무부에 이제 그만하라고 지시했다!" 트럼프 행정부는 ZTE로부터 벌금 14억 달러를 추가 징수한 후 그해 7월 제재를 다시 해제했다. 일각에서는 트럼프가 중국과의 무역 협상 타결을 위해 양보한 것이라고 분석했다. "나는 이 모든 것이 트럼프의 패착이라고 생각했습니다" 볼턴은 그렇게 말했다. "그는 시진핑에게 일종의 선물을 준 것이고, 시진핑도 그것을 선물로 받아들였죠. 잘못된 신호를 보낸 겁니다. 정책을 일관되게 추진하려면 적용에도 일관성이 있어야 해요."[23]

ZTE의 양형 조건 중 특히 독소 조항이 하나 있었는데, ZTE가 3년 동안 제3자에 대한 미국 정부의 범죄 수사에 협조해야 한다고 못 박은 부분이었다. ZTE는 연방 정부가 요청한 "문서, 기록 또는 그 밖의 자료 일체"를 제공해야 했다. 그동안 ZTE는 전 세계를 상대로 자신들이 중국 정부의 정보원이 아니라는 점을 설득하려 애썼다. 하지만 이제 그들은 꼼짝없이 없이 정보원이 될 저지에 놓였다. 그것도 미국을 위한 정보원 말이다.

그해 11월, 런의 막내딸 애너벨 야오는 벨기에 백작 가스파르 드 림부르크-스티룸 Gaspard de Limburg-Stirum 의 팔을 끼고 파리의 한 무도회장으로 들어섰다. 복숭아색 얇은 베일을 두른 그녀는 그해 데뷔 무도회인 르 발 Le Bal 의 데뷔탕트로 선정된 19명의 젊은 여성 중 한 명이었다. 게다가 그녀는 왈츠로 행사의 시작을 알리는 3명에

뽑혔다. 프랑스 귀족의 후손인 가브리엘르 드 푸르탈레Gabrielle de Pourtalès 백작부인, 인도 공주 괄리오르의 아난야 라제 신디아Ananya Raje Scindia, 오스카 수상 배우 포레스트 휘태커의 딸 트루 휘태커True Whitaker, AT&T 와이어리스 창립자 크레이그 맥코Craig McCaw의 딸 줄리아 맥코Julia McCaw 등 다른 데뷔탕트도 다들 엘리트였다. "이만 하면 성인이 됐다는 느낌을 가지고 싶었고, 그런 느낌으로 세상에 발을 내디딜 기회가 오기를 간절히 기다렸어요."[24] 그녀는 〈파리 마치Paris Match〉와의 인터뷰에서, 자신이 특혜받은 가정에서 태어난 것은 사실이지만 일주일에 15시간씩 발레 연습을 하고 밤늦게까지 숙제를 하는 등 한시도 노력을 게을리하지 않았다고 말했다. "세상을 더 살기 좋은 곳으로 만드는 게 제 목표예요." 그녀는 그렇게 말했다.[25] 런에게는 가족사진이 거의 없지만 행사가 행사인 만큼 그는 딸과 아내 야오 링과 함께 사진을 찍는 데 동의했다. 이 사진은 언론에 대대적으로 보도되었다.

데뷔 무도회 당시 애너벨 야오는 하버드 대학 3학년 새 학기에 막 들어선 컴퓨터 공학도였다. 〈파리마치〉가 소개한 약력에 따르면 그녀는 상하이의 국제고등학교에 다닌 후 미국대학입학시험 ACT에서 만점을 받았다고 했다. 그녀는 하버드 칼리지 차이나 포럼Harvard College China Forum의 재정위원장을 맡았고, 학생들이 운영하는 하버드 발레단Harvard Ballet Company에서 춤을 추는 등 활발한 캠퍼스 생활을 했다. 애너벨 야오는 고된 훈련 일정에 지쳐 한때 발레를 포기할까도 생각했지만, 런 가문은 중도에 그만두는 법이 없다는 아버지의 설득으로 계속했다고 이 기사는 전했다.

애너벨 야오와 멍완저우 사이에는 질투심이 어느 정도 있었던 것 같았는데, 확연히 다른 길을 걸어온 두 이복 자매로서는 피할 수 없는 일이었을지도 모른다. 멍완저우는 물질적으로 부족하고 교육도 제대로 받지 못한 환경에서 자랐고, 미국으로 유학을 가고 싶어 했지만 영어 실력이 서툴러 좌절했다. 하지만 그녀는 다른 형제들을 제치고 화웨이에서 아버지의 견습생으로 성장했다. 반면에 애너벨 야오는 하버드에서 컴퓨터 공학을 전공했어도 언니 같은 자리는 엄두도 낼 수 없었다. 애너벨은 호사스러운 환경에서 자라면서 힘들이지 않고도 영어를 유창하게 구사했고 자유롭게 운신하며 국제적으로 다양한 교우관계를 만들었다. 하지만 그녀가 원하는 것은 아버지의 더 많은 관심이었다. 두 자매를 집요하게 비교하는 중국 언론도 그들에겐 도움이 되지 않았다. "정말 궁금할 때가 많아요. 왜 사람들은 나를 안 좋게 말하는 거죠? 그리고 다들 언니는 좋아하면서 나는 왜 싫어하죠?" 언젠가 애너벨 야오는 한 다큐멘터리 제작자에게 그렇게 말했다.

2018년에 화웨이는 깜짝 발표를 했다. 런이 CEO 자리에 있는 동안에 회사의 부회장 4명 중 한 명에게 자신의 역할을 인계할 것이며, 그 역할은 46살의 멍이 맡게 된다는 발표였다. 그동안 자신의 자녀가 후계자가 되는 일은 없다고 아무리 그가 꾸준히 강조했어도, 사람들은 조용히 딸을 후계자로 삼으려는 술수라고 수군댔었다.

런은 나중에 이 시기에 멍이 화웨이를 떠나려 했다고 털어놓았는데, 아마도 이런 승진은 그녀를 붙잡아 두려는 시도였던 것 같다. 그녀는 좀 더 독립적으로 살고 싶다는 말을 간혹 내비치곤 했다. 화웨이 재무 부서에서 이룬 성과를 정리한 글에서 멍은, 중국의 유명한 현대 시인 수팅舒婷의 '참나무에게'라는 시를 인용했다. 참나무 옆에서 자라는 거대한 케이폭나무처럼 사랑에 잡혀 있으면서도 독립을 열망하는 시였다. "난 우리가 커다란 참나무 가지에 매달린 나팔꽃이나, 끝없이 찬사를 늘어놓는 얼빠진 새가 되지 않을 것이라고 확신한다." 멍은 그렇게 썼다. "우리는 누구에게도 의지하지 않고 높이 위를 향해 서 있는 케이폭나무다!"[26]

멍은 그해의 마지막 공개석상일지도 모를 2018년의 가을에 고향인 청두에서 대학생들을 향해 말했다. 그녀의 목소리는 사려 깊고 약간 감상에 젖은 듯했다. 멍은 학생들에게 어떤 분야에서 위대하게 되는 데는 1만 시간이 필요하다고 말한 뒤, 그러나 한 사람이 평생 일할 수 있는 시간은 7만 시간밖에 되지 않는다고 덧붙였다. "인생은 덧없고 에너지는 유한합니다." 그녀는 그렇게 말했다. "그래도 꿈이 있다면, 아직 열망이 있다면, 선택을 해야 하고 그런 다음 제한된 에너지를 그 선택에 집중해야 합니다. 우리의 선택이 우리의 미래를 결정합니다."[27] 멍은 아직 모르고 있었지만 뉴욕 법원은 이미 그녀의 체포 영장을 발부해 놓은 상태였다.

〈파이낸셜 타임스〉의 편집자 라이오넬 바버는 화웨이의 순환회장 중 한 명인 켄 후가 그해 가을 런던에서 자신을 찾아와 워싱턴의 상황을 어떻게 생각하는지 물었다고 회상했다. 바버는 후에게 자신은 조언할 입장이 아니지만, 화웨이가 중국 정부의 한 축이라는 점을 생각하면 분명히 문제가 있다고 말했다. 바버는 이렇게 말했다. "당신들 곤욕 좀 치르게 생겼습니다!"[28]

24

인질 외교

| 억류된 사람들: 2018년 12월 |

멍완저우는 짐이 단출하지 않았다.[1] 그녀는 12일간의 여행을 위해 큰 가방 2개, 판지 상자 4개, 보라색 더플백 하나를 부쳤다.[2] 첫 번째 목적지는 밴쿠버였다. 밴쿠버에 도착하면 만 하루가 지나기 전에 화웨이의 재무 담당 사장 지후이紀輝와 함께 밤 11시 25분 멕시코시티행 비행기를 타야 했다. 그곳에서 그녀는 코스타리카, 아르헨티나, 프랑스로 이어지는 여행을 계속할 예정이었다.

2018년이 저물고 있었지만 그녀는 바쁜 여행 일정을 멈추지 않았다. 그 해의 대부분을 제트기를 타고 파리, 런던, 니스, 더블린, 바르샤바, 싱가포르, 밴쿠버, 도쿄, 브뤼셀 등 세계 곳곳을 돌아다녔다.[3] 하지만 그녀가 그해 마지막 여행을 준비할 때, 밴쿠버에서는 그녀를 억류할 계획을 세워놓고 있었다.

멍이 비행기에 오르기 일주일 전인 2018년 12월 1일, 밴쿠버 국제공항의 경찰 초소에 전화 한 통이 걸려 왔다. 오타와에서 걸려 온 그 전화는 승객이 세관원을 거치지 않고 공항을 빠져나갈 수 있는지 물었다. 그리고 멍이 출국하기 전날 아침, 캐나다 법무부 밴쿠버 지부는 경찰청의 한 부서로 이메일을 보냈다. 메일을 받은 곳은 캐나다 왕립기마경찰 '마운티the Mounties'로, 국제 조직 범죄를 전담하는 곳이었다. "오늘 오후에 경찰관 한 명을 보낼 것." 이메일엔 그렇게 적혀 있었다. "외국에서 긴급인도구속Provisional Arrest 요청이 있을 것으로 예상됨."

윈스턴 옙Winston Yep 경장은 2001년에 왕립기마경찰에 입대해 자전거 순찰을 시작으로 근무를 시작했다.[4] 그는 승진이 늦어 17년 만에 경장 계급장을 달았다. 그가 소속된 부대는 다른 나라의 범죄자에 대해 인도를 요청하고 인터폴과 협력을 구하는 일을 맡아 처리했다. 그날 그는 다른 업무 때문에 법무부로 가던 중이었다. 그 탓에 그는 얼떨결에 영문을 알 수 없는 임무를 맡게 되었다. 경찰서에 도착한 옙은 자신의 표적이 멍이라는 말을 들었다. 앞서 8월 22일에 뉴욕 법원은 멍에 대한 체포 영장을 발부했다. 그리고 미국 경찰은 캐나다와의 범죄인 인도 조약을 실제로 행사하기로 했다.

옙이 받은 지시는 구체적이었다. 조용히 그녀를 찾아내 신원을 확인한 후, 체포한다는 사실을 고지하라는 것이었다. 그녀에게 변호사를 부를 기회를 준 후, 지문을 채취하고 구치소에 수감해야 했다. FBI가 개입하는 사건이지만 모양새가 좋지 않기 때문에 그들은 다른 곳에서 대기했다. "FBI는 자신들이 하는 일을 드러내기 싫어, 현장에는 모습을 드러내지 않을 것이다." 캐나다 보안정보국 Canadian Security Intelligence Service 은 내부 보고서에서 그렇게 썼다.[5]

계획을 세우는 옙과 그의 팀에게 가장 중요한 문제는 그녀를 체포하는 시점이었다. 비행기가 게이트에 도착하자마자 기내로 들어가 그녀를 체포할 수도 있다. 하지만 소란을 피우고 싶지 않아 그들은 이 방법을 포기했다. 대신 공항의 보안요원이 그녀를 멈춰 세우기로 결정했다. 경찰관들이 멍에게 몇 가지 질문을 하고 짐을 검사하고 나면, 그다음에 옙이 나서 체포 사실을 알리기로 했다.

동료 경관 한 사람은 토요일에 하는 일이니 초과 근무 수당을 받을 수 있을 것이라며 옙에게 문자를 보냈다. "모두 OT overtime!"

"뭔 쓸데없는 OT!" 옙이 답장했다. "그딴 거 바라지도 않아!"[6]

다음 날 아침이 되자 FBI가 멍이 홍콩에서 야간 비행기에 탑승했다고 알려왔다. 동반한 여성이 한 명 있다고 했다. FBI는 멍의 신체적 특징을 알려주었다. 머리는 어깨 아래로 조금 내려왔고 흰색 신발과 짙은 색 바지를 입었으며 흰색 티셔츠 앞면에는 글씨가 쓰여 있다고 했다.[7]

멍의 비행은 순조로워 예정보다 12분 이른 오전 11시 18분에 밴쿠버 국제공항 YVR 65번 게이트에 도착했다. 일이 잘못되기 시작한 건 그녀가 공항에 들어선 직후부터였다. 공항 보안요원 두 명이 게이트에서 승객의 여권을 확인하고 있었다. 그들은 그녀에게 다가와 휴대폰을 요구했다.

그녀가 휴대폰을 내밀자 공항 보안요원 중 한 명이 반짝이는 은색 파우치에 휴대폰을 넣었다. 그들은 그녀에게 통관과 출입국 심사대까지 함께 가줄 것을 요구했다. 그곳을 통과한 후 멍은 공항의 한적한 구석에 있는 2차 검사대로 향했다. 멍은 몰랐지만 근처에 안쪽에서만 보이는 거울이 있었고, 옙이 그 뒤에서 그녀를 지켜보고 있었다.

소우미스 카트라가다 Sowmith Katragadda 와 스콧 커클랜드 Scott Kirkland

두 명의 보안요원이 멍을 심문하고 짐을 뒤지기 시작했다.[8] 그들은 멍에게 통역이 필요한지 물었지만 멍은 거절했다. 질문은 주로 처음에 휴대폰을 요구했던 카트라가다가 하고, 커클랜드는 작은 수첩에 메모를 했다. 그들은 그녀의 지갑을 뒤졌다. 미니어처 마카롱과 에펠탑 열쇠고리가 딸랑거렸다. 그들은 가방들도 샅샅이 뒤졌다. 곰돌이 푸가 점프하는 스티커가 붙은 아이패드, 꽃 왕관을 쓴 커다란 요정 스티커로 장식된 맥북 에어 MacBook Air, 하얀 꽃이 달린 분홍색 장식에 연결된 USB 스틱을 꺼냈다. 그들은 그 전자기기들을 모두 압수했다.

멍은 1년에 캐나다를 두세 차례 찾고 또 그곳에 부동산도 두 채 있다고 말했다. 또한 런던에 아파트 세 채, 홍콩에 주택 두 채, 선전에 주택 두 채를 갖고 있다고 말했다. 그녀는 전에는 중화인민공화국 여권을 썼지만, 홍콩 여권을 발급받은 뒤로는 중국 여권을 포기했다고 말했다. 여권에 찍힌 스탬프는 그녀가 영국, 멕시코, 세네갈, 독일, 파나마, 브루나이 등 여러 나라를 여행했음을 보여주었다.

커클랜드는 멍에게 아르헨티나에서 G20 정상회의에 참석할 예정인지, 그곳에서 외국 외교관이나 통신사 대표들을 만날 것인지 물었다. 멍은 그럴 예정은 없으며 화웨이 자체 회의에만 참석한다고 답했다. 커클랜드는 수첩에 그 내용을 적었다. '4일 아르헨티나에서 내부 회의를 하고 프랑스로 이동'

카트라가다가 어디론가 사라져 한참 동안 보이지 않는 바람에, 멍은 커클랜드와 단둘이 우두커니 있어야 했다. 공항에 들어온 지 2시간이 지났지만 보내줄 기미는 보이지 않았다. 멍이 화장실을 다녀오겠다고 하자, 경찰관 한 명이 화장실까지 동행했다. 멍은 점점 더 불안해졌다. 그녀는 왜 자신이 2차 조사Secondary Inspection 까지 받아야 하는지 반복해 물었다. 멍은 커클랜드에게 4년 전 JFK 공항에서 이민국 직원에게 심문을 받았을 때를 이야기했다. 그때는 2시간 만에 풀려났다고 말했다.

곧 카트라가다의 상사라는 산짓 딜런Sanjit Dhillon 이 나타나 몇 가지 질문을 던졌다. 화웨이가 이란에서 사업을 했는지 알아내려는 단도직입적인 질문이었다. "나는 모릅니다." 멍은 그렇게 대답했다. 딜런은 수십억 달러 규모를 가진 회사의 최고재무책임자가 그런 사실을 모를 리 없다며 물러서지 않았다. 결국 멍은 한발 물러나 화웨이가 이란에 사무실을 두고 있다고 인정했다. 그러자 커클랜드는 멍에게 휴대폰 두 대의 비밀번호를 알려달라고 요구했다. 멍이 불러주자 그는 옆에 있는 종이에 번호를 적었다.

공항에 도착한 지 3시간 가까이 돼가는 오후 2시 11분에야 카트라가다는 그녀에게 세관 검사가 끝났다고 알려주었다. 그래도 여전히 나갈 수는 없었다. 캐나다 왕립 기마경찰이 그녀와 할 얘기가 있다고 했다. 멍이 동의하자 옙이 통역사와 함께 나타났다.[9] "오늘 우리가 여기 온 이유는 범죄인 인도 문제 때문입니다." 그는 그렇게 말했다. "우리는 미즈 멍에 대한 체포 영장을 발부받았고 그래서 결국 미국으로 인도할 겁니다." 그는 그녀가 사기 혐의로 기소되었다고 일러주었다.

멍은 어리둥절했다. "좋아요, 무슨 일이 있었는지는 잘 모르겠지만 왜 체포 영장이 발부되고 내가 사기에 연루된 거죠?"

"글쎄, 자세한 내용은 잘 모르겠습니다. 원래 이 혐의의 진원지는 미국입니다. 그들은 당신 회사를 사기 혐의로 기소했어요." 옙이 말했다. "이 영장은 캐나다에서 발부한 게 아니라 미국에서 온 겁니다." 그는 그녀에게 변호사를 선임할 권리가 있다고 일러주었다.

"제 가족에게 말해도 되나요?"

"안 됩니다."

"가족들이 저를 찾지 못하면 걱정할 텐데요."

"나중에 얘기하죠."

멍은 또한 연행되기 전에 동행한 사람과 잠깐 얘기할 수 있는지, 그리고 감옥에서 아이패드를 사용할 수 있는지 물었다. 안 된다, 절대 안 된다는 답이 돌아왔다. 그렇게 그녀는 바깥세상으로부터 격리되었다.

기록부에 이름을 올리고 지문을 채취한 후, 멍은 알루엣여성교도소 Alouette Correctional Centre for Women 로 이송되었다. 밴쿠버 외곽의 울창한 상록수림에 숨겨진 낮고 하얀 건물이었다. 나중에 멍은 그곳에서 보낸 시간이 인생 최악의 순간이었다고 털어놓았다.[10]

멍의 구금 소식이 세상에 알려진 것은 며칠이 지난 뒤였다. 화웨이의 런정페이와 그의 고문들은 당장 결정을 내려야 했다. 런정페이는 며칠 뒤에 비즈니스 미팅을 위해 아르헨티나로 갈 예정이었다. 원래 계획대로라면 그곳에서 멍완저우를 만나기로 되어 있었다. 그들은 여행을 취소할지 고민했다. 멍은 남편을 통해 아버지에게 쪽지를 보냈다. "아빠, 그들이 아빠를 쫓고 있어요. 조심하세요."[11] 런은 예정대로 여행을 계속하기로 하고 두바이에서 환승하되, 서방 국가들은 들르지 않기로 했다. "위험했지만 내가 겁먹은 듯 행동하면 다른 사람들도 그러지 않겠소? 나는 계속 가야 했습니다." 하지만 런의 아내는 걱정이 태산이었다. 그녀는 밤늦게까지 남편의 안부를 확인했다. "아직 중국인가요? 비행기는 탔나요?"

남편이 무사히 중국으로 돌아올 때까지 그녀는 한시도 마음을 놓지 못했다.

런 자신도 범죄인 인도 조항에 걸릴지 모르는 이런 긴박한 상황에서 위험을 무릅쓰고 계획된 여행을 강행할 수밖에 없었던 이유가 무엇인지는 여전히 수수께끼다. 중국 지도자 시진핑은 당시 다른 베이징 관리들과 함께 G20 회의에 참석차 부에노스아이레스에 머물고 있었다. 도널드 트럼프 미국 대통령과 쥐스탱 트뤼도Justin Trudeau 캐나다 총리를 비롯한 다른 정치 지도자들도 마찬가지였다. 런이 그렇게 급하게 여행을 강행한 이유에 대해 사람들은 G20을 위해 모인 고위 지도자들과 관계 있을 것이라 추측하는 것 같았고 또 그것이 합리적인 추론으로 보였다. 그러나 런과 그의 팀은 캐나다 공항 보안요원들에게 멍완저우의 말대로 내부 회의만을 위한 방문이라고 말했다. 화웨이 인적자원부의 책임자 잭 류Jack Lyu(류지엔劉健)는 여행 내내 런과 동행한 기자들에게 그들 팀이 멍의 구금을 논의하는 것 자체를 허락하지 않았다며, 해외에 있는 자회사의 구조 개편에 관한 회의에만 집중하기로 했다고 말했다. "회장님은 이 문제를 개인적인 일로 생각합니다." 류는 그렇게 말했다. "회장님이 캐나다에 있는 우리 변호사 팀과 연락했습니다. 하지만 모두들 혁신 프로젝트 논의에만 100% 전념하자고 했습니다."

멍의 구금 소식은 나흘 후 캐나다 법무부가 간략한 성명을 발표하면서 외부에 알려졌다. 법무부는 더 자세한 정보는 제공할 수 없다고 말을 자른 후, 멍이 보도 금지를 요청했고 그것이 받아들여졌기 때문이라고 했다. 캐나다 주재 중국 대사가 그날 예정된 캐나다 의회 출석을 취소한 것 외에 중국은 평소와 달리 경고성 발언을 삼갔다. 중국 외교부는 캐나다 당국에 진상을 밝히고 멍을 석방할 것을 엄중하게 요청했다고만 밝혔다. 화웨이 창업자의 딸 멍은 기업의 수장이었다. 중국이 더 강력하게 나오지 않으리라고는 상상하기 어려웠다. 실제로 캐나다 보안정보국은 외교적 "충격파"에 대비하라고 경고했다. 그런데 멍 부회장이 체포되고 나서 9일이 지났을 때 또 다른 사건이 터졌다.

중국 당국이 캐나다인 남성 2명을 중국에서 억류한 것이다. 첫 번째 남성은 전직 캐나다 외교관으로, 현재 국제위기감시기구 International Crisis Group 에서 일하는 마이클 코브릭 Michael Kovrig 이었다. 두 번째는 마이클 스페이버 Michael Spavor 로, 북한 관광을 기획 실행하고 북한 고위급 인사와 접촉하며 2014년 NBA 선수 데니스 로드먼 Dennis Rodman 과 김정은 북한 국무위원장의 만남을 주선한 인물이었다. 두 사람은 밤낮으로 불을 켜놓은 감방에 갇혔다.[12] 중국은 이들의 구금이 멍과 관련이 없다고 부인했지만, 두 마이클이 멍의 송환을 위한 중국의 협상카드인 것은 분명했다.

이후 트럼프가 멍의 구금 계획을 알고 있었는지 또 그런 결정을 내린 사람이 정확히 누구인지에 대해서는 여러 가지 설이 분분했다. 트럼프의 국가안보좌관이었던 존 볼턴은 인터뷰에서 법무부의 결정이었다고 말했다. "법무부에서 어떤 결정을 내리든 대통령은 이를 파기할 수 있습니다. 그건 틀림없는 사실입니다." 그는 그렇게 말했다. "그러나 사안의 성격을 생각하면 그것은 법무부의 전략적인 결정이었을 겁니다." 나중에 트럼프는 멍의 체포 계획을 사전에 몰랐다고 주장하지만, 볼턴은 그가 수사 브리핑을 꼬박 챙겼다고 말했다. "그는 알고 있었어요. 그 점은 의심의 여지가 없습니다." 볼턴은 그렇게 주장했다. "그가 그걸 기억하는지 못하는지는 별개의 문제예요."

"우리가 상대방의 심기를 건드린 겁니다." 볼턴은 계속했다. "그는 이 일이 불거지기 전부터 모든 것을 알았어요. 하지만 트럼프 행정부에서 벌어진 다른 많은 사례가 늘 그렇듯, 트럼프는 자신이 알고 있거나 결정을 내린 사건이 원하는 대로 되지 않을 경우, 그 책임을 떠넘길 사람을 찾았습니다."

백악관 크리스마스 파티에서 트럼프는 멍을 "중국의 이방카 트럼프"라 둘러대며 멍의 구금을 대하는 태도에서 모순을 드러냈다. 멍의 사건에 개입할 것이냐는 〈로이터〉 통신의 질문에, 트럼프는 중국과의 무역 협상을 타결하는 데 도움이 된다면 할 수 있다고 말했다. "그건 틀림없이 사상 최대 규모의 무역 협상이 될 것입니다. 그건 매우 중요한 일이고, 또 국가안보에도 좋은 일입니다. 그런 일에 좋다고 판단이 되면, 필요할 경우 확실히 개입할 것입니다."[13]

"우리는 군사 문제나 군민 양용 물품이나 살인을 다루고 있는 게 아닙니다." 멍의 변호사는 그렇게 말했다."[14]

멍은 체포된 지 며칠 뒤에 보석 심리를 위해 법정에 섰다. 멍은 앞으로 일이 어떻게 풀리든, 자신의 집에서 결과를 기다릴 수 있기를 바랐다. 멍의 변호사 중 한 명인 데이비드 마틴은 법정에서, 멍은 강직한 임원이어서 도주를 시도하다 망신당할 위험을 무릅쓸 사람이 아니라고 진술했다.

"다시 한번 말씀드리지만, 저는 어떤 혐의도 사소하게 생각하지 않습니다. 하지만 행위의 연속성이라는 차원에서 볼 때, 판사님은 이보다 더 심각한 범죄를 보셨을 것으로 믿습니다." 마틴은 그렇게 말했다.

멍은 윌리엄 어키 판사William Ehrcke에게 선서문을 써냈다. "이 신성한 법원이 제게 사법적 임시 석방을 허락해 주신다면 저는 제게 부과된 모든 조건을 준수하겠습니다." 그녀는 그렇게 썼다. "여권 2개를 모두 제출하겠습니다. … 통금 시간도 철저히 준수하겠습니다. … 제 아버지는 화웨이를 설립하셨습니다. 저는 회사의 평판에 손상을 입히는 어떠한 행위도 하지 않을 것입니다."

멍의 보석 심리는 밴쿠버 법원에서 열린 사건 중 수년 만에 가장 큰 볼거리였다. 전 세계 기자들이 몰려들었다. 시위 군중도 있었다. 누군가의 팻말에는 '멍완저우를 석방하라'는 문구가 적혀 있었다. '우리는 화웨이를 사랑한다'고 석힌 팻말도 있었다.

이 순간까지 멍의 사생활은 철저히 가려져 그녀의 일상은 사소한 것도 거의 공개된 것이 없었다. 하지만 지금은 그런 걸 고집할 때가 아니었다. 그녀의 변호사들은 법원이 동정심을 발휘해 주었으면 하고 바랐다.[15] 그녀는 네 아이의 엄마라고 변호사들은 호소했다. 현재 남편인 류샤오종과의 사이에 열 살 난 딸이 있고, 이전 결혼에서 낳은 아들이 셋 있는데 그중 한 명은 미국에서 학교에 다니고 있다고 했다. 그녀는 고혈압으로 고생하고 있으며 2011년에는 갑상선암 수술을 받았다. 그녀는 시댁이 여름을 보내는 밴쿠버에서 매년 2~3주를 그들과 함께 지냈다. 지금은 반납했지만 한때 캐나다 영주권을 보유하기도 했었다.

그녀는 흔히 볼 수 있는 가족의 모습을 담은 사진들을 법원에 제출했다. 멍은 디자이너 드레스를 입고 회사 행사에 참석하는 경우가 많았지만, 사진에서 멍은 색깔 있는 트레이닝복을 편하게 입고 남편과 아이들과 함께 놀고 있었다. 공원의 잔디밭에 앉아 있는 모습, 해변에 떠다니는 나뭇조각 옆에 모여 있는 모습, 웨스트 28번가에 있는 십자형 지붕과 검은색 페인트로 장식된 큰 창문이 달린 크고 견고한 회색 자택 밖에서 웃고 있는 모습 등이었다.

몇몇 친구들이 그녀를 위해 탄원서를 냈다. 중국에서 가장 인기 있는 인터넷 기업들을 고객으로 둔 차이나르네상스China Renaissance 의 잘나가는 투자은행가 바오판包凡이 쓴 것도 있었다. 그는 탄원서에서 그녀와 함께 일한 적이 있다며 그녀를 가리켜 "직업적, 도덕적 기준이 가장 높은 인물"이라 평했다. 밴쿠버에 사는 그녀의 한 이웃도 편지를 통해 멍이 가족과 함께 짧은 여름을 보내는 모습을 보며 "조용하고 정숙한 사람"이라는 인상을 받았다고 전했다. "제가 보기에 사브리나(멍완저우)는 자녀의 행복과 미래를 위험에 빠뜨리는 행위는 하지 않을 것입니다." 그 이웃은 그렇게 썼다.

멍의 남편이 그녀의 보석을 보증해 줄 법적 위치에 있는지에 대해서는 논란의 여지가 있었다. 그는 6개월짜리 방문 비자로 캐나다에 체류 중인 비시민권자였기 때문이다. 결국 캐나다 영주권자인 친구 몇 명이 추가 보증인으로 나섰다. 그들은 법원에서 1990년대에 화웨이에서 멍과 함께 일한 적이 있고, 1997년에는 함께 모스크바도 여행했다고 진술했다. 이후 이들은 밴쿠버에 정착해 보험 설계사로 일한다고 했다. "미즈 멍이 보석 조건을 위반할 경우 저는 50만 달러에 달하는 우리 집의 순자산가치를 잃을지 모르며, 그로 인해 우리 가족의 삶에 큰 타격을 받을 수 있다는 사실을 잘 알고 있습니다." 이들은 법원에 그렇게 썼다. "멍의 품성과 성실성을 고려할 때 그녀가 자신에게 부과된 조건을 위반하는 일은 없을 것이라고 우리는 확신합니다."

어키 판사가 멍을 보석으로 석방한다고 선고하자, 멍은 울음을 터뜨렸다. 멍은 GPS 추적 발찌를 24시간 착용해야 했지만 비교적 자유로운 몸으로 생활할 수 있었다. 그녀는 오전 6시부터 오후 11시까지 밴쿠버 시내를 돌아다닐 수도 있었다. 단 보안요원과 동행한다는 조건이 붙었다.

보라색 파카 차림의 그녀가 차가운 밤공기를 맞으며 걸어 나오자 기자들이 몰려들었다.

"미즈 멍! 미즈 멍!"

"미즈 멍, 오늘 보석 허가를 어떻게 생각하십니까?"

멍은 눈을 마주치지 않으려 했다. 그녀는 자신의 발을 한번 바라보고는 도로 쪽으로 눈을 돌렸다. 길가에 차가 없었다.

"차가 제자리에 없다." 그녀의 경호를 맡은 요원 한 명이 급하게 휴대폰에 대고 말했다. "부회장이 보도로 나왔는데 차가 안 보인다."

카메라 플래시가 번쩍이며 취재진이 몰려들었다. "조금만 뒤로 물러서세요." 경비원이 말했다. 그녀의 참모 한 명이 멍을 한쪽 팔로 감싸 시선으로부터 가려주려 했다.

"미즈 멍, 오늘 보석이 허가된 것에 대해 어떻게 생각합니까?"

"미즈 멍, 당신이 보석 조건을 위반하지 않는다고 믿을 만한 근거가 있나요?"

드디어 차가 도착했다. 멍은 사람들의 눈을 피해 황급히 차 안으로 들어갔다. 웨스트 28번가에 있는 커다란 회색 저택은 오랫동안 그녀의 여름 휴양지였다. 이제 그곳은 그녀의 금빛 새장이 되었다. 보안요원들이 지켜보는 가운데 그녀는 계단을 올라갔다.

25

워털루

| 무역 전쟁: 2019~2020년 |

"모두들 왔나요?" 매튜 휘태커Matthew Whitaker 법무부 장관 대행이 좌우를 둘러보며 물었다. 단상에 선 그의 옆에는 국토안보부 장관 커스텐 닐슨Kirstjen Nielsen, 상무부 장관 윌버 로스Wilbur Ross, FBI 국장 크리스토퍼 레이Christopher Wray 등 여러 인사들이 줄지어 서 있었다. "멋진 진용이군." 휘태커가 말했다.[1]

기업에 대한 수사를 발표하는 자리에 이렇게 많은 고위 당국자들이 모인 것이 마지막으로 언제였는지 다들 기억이 가물가물했다. 2019년 1월 미국 법무부 본청에서 열린 화웨이와 그 최고재무책임자 멍완저우에 대한 범죄 혐의의 발표 현장을 놓치고 싶은 사람은 아무도 없었다. 휘태커는 검찰이 '와-웨이Wah-way(어떤 이유에선지 서양 사람들은 마치 관행처럼 화웨이Huawei 이름의 첫 글자 H를 무성음으로 처리한다)'와 그 CFO에 대해 23건의 혐의를 제기했다고 발표했다. 휘태커는 이 범죄 행위의 발단이 최소한 10년 전으로 거슬러 올라가며 "최고위층까지" 줄이 닿아 있다고 말했다.

화웨이 경영진이 멍의 구금 문제를 오해에서 비롯된 착오로 처리될 것이라는 한 가닥 미련 섞인 희망을 가졌다면, 그 희망은 너무 빠르게 부서지고 말았다. 화웨이와 멍완저우와 화웨이의 페이퍼 컴퍼니 스카이컴은 은행 사기, 전신 사기, 돈세탁 공모 등 화웨이의 이란 사업과 관련된 13개 혐의로 기소되었다. 이와 별도로 화웨이는 영업 비밀 절도와 관련된 10건의 혐의로 기소되었다.

미 당국은 화웨이가 이란에서의 거래를 은폐할 용도로 만든 페이퍼 컴퍼니들을 줄줄이 찾아냈다고 밝혔다. 스카이컴과 커니쿨라 Canicula 는 별도의 회사가 아니라 다른 이름을 내건 화웨이라는 얘기였다. 검찰의 말에 따르면 이란의 스카이컴에서 일했던 한 직원은 사무실에 처음 출근했는데, 건물 안에 있는 직원들이 모두 화웨이 배지를 달고 화웨이 이메일 주소를 사용하고 있더라고 했다.[2] 역시 스카이컴에서 근무한 적이 있던 직원 2명도 화웨이와 스카이컴의 얽히고설킨 관계를 상세히 털어놓았는데, 거기에는 상단에 화웨이의 로고가 찍힌 계약 문서에 스카이컴을 대표하는 개인이 서명했다는 내용도 포함되어 있었다. 또한 미 당국은 2018년 미국을 떠난 화웨이 재무 관리자의 노트북을 조사해, 스카이컴과 커니쿨라를 비롯한 현재 알려진 화웨이 자회사들이 포함된 회사 기밀 스프레드시트를 확보했다. 검찰은 이것이 화웨이가 내부적으로 스카이컴과 커니쿨라를 서드파티 회사가 아닌 자신들의 일부로 여기는 증거라고 말했다.[3]

FBI는 여러 해 동안 화웨이를 밀착 감시해 왔다고 밝혔다. FBI가 2007년에 뉴욕에서 런정페이를 상대로 행한 인터뷰가 그 발단이었다. 그들은 몇 해 전 런이 미국의 대이란 수출 통제를 준수하고 있다고 말했지만, 허위 진술이었다며 런을 공격했다. FBI는 또한 화웨이가 조사를 방해할 목적으로, 화웨이의 이란 사업을 알고 있는 중국인 직원들을 골라내 중국으로 돌려보냈다고 주장했다.

기소장에 따르면 HSBC는 지원 자금을 늘려준다며 화웨이를 유혹하는 한편, 미국 법무부와 협력해 화웨이의 소송을 도왔다고 한다. HSBC는 2012년에 법무부와 제재 위반으로 맞닥뜨린 적이 있기 때문에 연방 정부를 도울 수밖에 없는 처지였다. HSBC가 기소 유예를 조건으로 이후 법무부와 협력하기로 합의했기 때문이었다.[4] 그들은 거래 장부를 법무부에 넘겼다. 검찰에 따르면 2010년부터 2014년까지 스카이컴은 HSBC를 통해 약 1억 달러의 거래를 진행했으며, 이 거래는 결국 미국 금융 시스템을 통해 이루어졌다.

런 가족이 가장 기겁한 것은 검찰이 모든 수사력을 멍 한 사람에게 집중했다는 사실이다. 검찰은 화웨이의 이란 사업을 다룬 파워포인트 프레젠테이션을 입수했는데, 이 자료는 2013년 8월에 멍이 HSBC에서 행한 것이었다. 검찰은 화웨이가 이란 사업부인 스카이컴과 그들이 미국의 법률을 준수한다는 진술이 "대부분 허위"였다며 기소했다.

2014년 뉴욕 JFK 공항에서 미 당국이 멍을 검거할 당시, 그들이 멍의 전자기기에서 정보를 복사했다는 화웨이 경영진의 의심이 맞았다는 사실도 기소장을 통해 드러났다. 검찰은 멍의 기기에서 '할당되지 않은 공간'에 있던 파일을 인용했는데, 그것은 이 파일이 삭제되었다가 복구되었을 가능성을 암시했다. 파일의 내용은 이랬다.

이란/스카이컴과 관련해 제기된 쟁점의 핵심: 이란 내 화웨이 영업은 유엔, 미국 및 유럽연합에서 요구하는 법률 및 규정, 제재를 준수한다. 스카이컴과의 관계는 정상적인 업무 협력 관계이다. 화웨이는 스카이컴이 규제를 받는 무역 기구와 절차를 통해 관련 법규와 수출 규제를 준수하겠다는 약속을 하도록 요구하는 바이다. 주요 정보 1: 과거에는 — 스카이컴 주식을 보유했지만 이젠 보유하지 않는다. 협력과 관련하여: 스카이컴은 1998년에 설립되었으며 화웨이의 제품 및 서비스를 판매하는 대리점 중 하나이다. 스카이컴은 대부분 화웨이의 대행사이다.

검찰은 멍완저우가 이란 내 화웨이의 사업 내용을 알았을 뿐 아니라, 이 부분과 관련해 사람들을 오도하려고 적극적으로 음모를 꾸몄다는 혐의를 입증하려는 게 분명해 보였다.

이때까지만 해도 런은 공개 석상에 좀처럼 모습을 드러내지 않았기 때문에 〈이코노미스트Economist〉는 그를 "투명 인간 런"이라고 부르며 "기술 산업계에서 가장 베일에 감추어진 수장"이라고 표현했다.[5] 하지만 위기를 맞자 그는 좀처럼 하지 않던 일을 하기로 했다. 언론의 스포트라이트를 피하지 않기로 한 것이다. 딸이 구금된 지 한 달 반이 지났을 때, 74세의 런은 세계 각국의 기자들 앞에 섰다.[6]

그는 당당하면서도 친근하게 보이려 했다. 하늘색 셔츠 위에 짙은 감청색 스포츠 재킷을 걸치고 나타난 그는 넥타이를 매지 않았다. 그의 앞에는 〈뉴욕 타임스〉, 〈월스트리트 저널〉, 〈파이낸셜 타임스〉, AP통신, CNBC를 비롯한 전 세계 주요 언론사의 기자들이 진을 쳤다. 런은 마이크 앞에 앉아 숨을 고른 후 그동안 살아온 이야기를 시작했다.

"중국 문화혁명 때 군에 입대했습니다." 그는 그렇게 말했다. "당시는 농업과 산업을 비롯해 거의 모든 분야가 혼란스러웠죠. 아주 어려운 시절이었습니다."

딸의 구금을 어떻게 생각하느냐는 질문에 런은 사법 절차에 맡기는 것이 최선이라며, 그 사건은 언급하지 않겠다고 말했다. 하지만 그는 감사하다는 말을 여러 번 했다. "멍완저우의 아버지로서 저는 딸이 정말 보고 싶습니다. 그리고 윌리엄 어키 판사님의 공정한 판결에 깊은 감사의 뜻을 전합니다. 존 깁-카슬리John Gibb-Carsley 검사님과 케리 스위프트Kerry Swift 검사님에게도 깊은 감사의 말씀을 드리고요. 또한 인도적으로 관리를 해준 알루엣여성교도소에도 감사드립니다. 멍완저우를 다정하게 대해준 수감자 동료들에게도 감사드립니다."

런은 트럼프에 대해서는 칭찬만 했다. 듣기 좋은 말을 함으로써 효과가 있기를 바라는 것 같았다. "한 개인으로서 트럼프 대통령을 말하자면, 여전히 훌륭한 대통령이라고 생각합니다. 세금을 그렇게 대폭 삭감한 건 아무나 할 수 있는 일이 아니니까요." 그는 그렇게 말했다. "그건 분명 미국 산업 발전에도 도움이 될 겁니다.

런정페이는 트럼프의 환심을 사면 사건을 일찍 해결할 수 있으리라 생각했겠지만, 행운은 그를 외면했다. 유연한 호소가 무위로 돌아가자, 화웨이는 법적 대응을 고려하기 시작했다. 2019년 3월에 멍의 변호인단은 캐나다 정부를 고소한다고 발표하며, 그들이 체포 사실도 알리지 않고 구금, 수색, 심문하는 불법을 저질렀다고 주장했다.[7] 멍의 소송을 법정으로 끌고 갈 수 있을지는 확실치 않았다. 일반적으로 보안요원에게는 입국 전에 개인을 심문하고 수색할 수 있는 권한이 있기 때문이었다. 그러나 멍의 변호사가 캐나다 요원들의 프로토콜 위반 사항을 입증한다면, 멍의 어려운 처지를 대중에게 알리는 데 도움이 될 것 같았다. 그리고 화웨이는 곧바로 미국 정부를 상대로 소송을 제기하며, 트럼프가 2018년 8월 13일에 서명한 국방예산법안에 위헌적 요소가 있다고 주장했다. 이 법안 제889조는 미국 정부 기관이 화웨이 제품을 구매하지 못하도록 규정하고 있었다. "우리는 마지막 적절한 수단으로 이런 법적 조치를 할 수밖에 없습니다." 궈핑은 기자들로 가득 메워진 방에서 그렇게 말했다. "우리는 법원의 판결을 기다리겠습니다. 그리고 그 판결이 화웨이와 미국 국민 모두에게 이익이 되리라고 믿습니다."

트럼프의 참모들은 화웨이를 위협으로 규정하고 이 같은 내용을 적극 알렸다. "그들이 중국 정부와 손잡고 있지 않다는 말은 거짓입니다." 마이크 폼페이오Mike Pompeo 국무장관은 CNBC 프로그램 '스쿼크 박스Squawk Box'에 나와 그렇게 말했다. "중국 법이 그걸 요구하고 있어요."[8] 트럼프의 수석전략가 스티브 배넌Steve Bannon은 화웨이를 "산업 민주주의 내부에 도사리고 있는 더티밤dirty bomb(핵폭탄)"이라고 했다.[9]

화웨이 법률팀이 분주히 방어막을 세우는 사이에 후폭풍이 들이닥쳤다. 여러 유명 대학들이 화웨이와 거리를 두겠다고 선언한 것이었다. 먼저 옥스퍼드 대학교는 화웨이로부터 받는 신규 연구 보조금과 기부를 전면 보류한다고 밝혔다.[10] "이 결정은 3~6개월 뒤에 위원회에서 다시 검토할 예정으로, 기존 기부금이나 연구 프로젝트에는 영향을 미치지 않는다." 이 대학은 컴퓨터과학 박사 과정 학생들에게 이 같은 내용을 이메일로 통지했다. UC 버클리와 스탠퍼드도 뒤를 이었다. "이런 혐의의 심각성이 제기하는 의문과 우려는 우리의 사법 시스템만이 해결할 수 있다." 버클리의 한 행정관은 동료들에게 그렇게 썼다.[11] 이 대학들은 오래전부터 화웨이와의 관계를 당장 끊으라는 정치가들의 공개적 압박에 시달려왔지만 그동안 그들은 이를 거부했었다. 화웨이의 기부금이 반갑기도 했지만, 아울러 과학은 정치적 논쟁에 초연해야 한다는 더 고귀한 신념이 있었기 때문이었다. 하지만 기소는 마지막 결정타였다.

해외에서도 안 좋은 뉴스가 들려왔다. 화웨이 영업 이사 왕웨이징王偉晶이 폴란드에서 간첩 혐의로 구금됐다는 소식이었다. 바르샤바를 방문한 마이크 펜스 미국 부통령은 이 사건을 두고 안제이 두다Andrzej Duda 폴란드 대통령을 공개적으로 칭찬했다. 왕웨이징은 결백을 주장했다. 그러나 화웨이는 멍의 구금에 한번 혼이 난 터라 그를 내보내기로 했다. 화웨이 대변인은 기자들에게 왕을 해고했다고 말하면서 "문제의 사건 탓에 화웨이의 평판이 나빠졌기 때문"이라고 설명했다.

2019년 5월에 도널드 트럼프는 일방적으로 전쟁, 테러 공격, 팬데믹 사태에 대비해 대통령에게 부여된 권한을 발동해 화웨이 사태를 국가 비상사태로 선포했다. "나, 도널드 J. 트럼프 미합중국 대통령은 외적들이 우리의 정보통신 기술과 서비스를 더욱 취약하게 만들고 또 이를 악용하고 있음을 발견했습니다."[13] 화웨이의 이름을 언급하지는 않았지만 누구를 겨냥한 말인지 모르는 사람은 없었다. 행정 명령에는 관련 정부 기관에 화웨이를 무력화시킬 "적절한 모든 조치"를 취하라고 적시되어 있었다.

같은 날, 미국의 경제 제재 당국인 상무부 산업안보국은 화웨이에 대한 수출 규제를 발표했다.[14] 이것은 2016년에 ZTE가 직면했던 것과 같은 치명적인 타격이었다. 이제 화웨이의 차례였다. 그들은 실존적 공포 앞에 섰다. 전 세계의 다른 기술 기업과 마찬가지로 화웨이는 이후 미국 기술, 특히 칩과 운영체제 없이 제품을 만들어야 하는 어려움을 겪게 된다.

화웨이는 칩은 퀄컴과 인텔에, 스마트폰용 안드로이드 운영체제는 구글에, 노트북은 마이크로소프트 윈도우에 의존했다. 이 미국 기업들은 국가안보를 들먹이는 모호한 발언 때문에 하룻밤 사이에 수백만 달러의 매출이 사라지는 것을 못마땅하게 여겼다. 일부 경영진은 트럼프 행정부를 상대로 은밀하게, 또 일부는 대놓고 로비를 벌였다. 마이크로소프트의 브래드 스미스Brad Smith 사장은 〈블룸버그 비즈니스위크Bloomberg Businessweek〉와의 인터뷰에서 미 규제 당국에 화웨이가 위협이 된다는 증거를 제시해 줄 것을 요청했다고 말했다. "종종 '우리가 알고 있는 것을 당신도 안다면 우리 의견에 동의할 것'이라며 응수하는데 그에 대한 우리의 대답은 이렇습니다. '좋습니다. 당신이 아는 것을 보여주면 우리가 알아서 결정하겠소. 이 나라는 그렇게 돌아가니까요.'" 스미스는 그렇게 말했다.[15]

화웨이의 경영진은 공격이 잇따르자 날을 세웠다. "미국의 정치인들이 일개 민간기업의 뒤를 캐기 위해 국가 권력 기관을 총동원하고 있다고요." 화웨이의 최고법률책임자 송류핑宋柳平은 기자들에게 목청을 높였다. "아예 우리를 폐업시킬 작정인 모양입니다. 정상이 아니에요. 과거의 사례를 들춰봐도 거의 본 적이 없는 일입니다."[16]

런은 직원들의 각오를 결집하기 위해 2차 세계대전 당시 소련 폭격기의 오래된 사진을 배포했다. 사방에서 터지는 대공 포탄을 뚫고 꿋꿋이 고도를 유지하는 소련 폭격기 사진이었다.[17] 런은 직원들에게 이 폭격기처럼 자신들도 어떻게든 비행 임무를 계속할 것이라며 결의를 다졌다. 화웨이 칩 자회사인 하이실리콘 사장으로, 평소에 모습을 드러내지 않던 테레사 허도 이례적으로 공개서한을 써서 직원들을 격려했다. 화웨이가 정말 퀄컴이나 인텔과 절연하게 되면 유일한 희망은 하이실리콘뿐이다. 하이실리콘은 오랫동안 화웨이의 '예비 타이어' 역할을 해왔지만, 화웨이가 해외 공급업체들과의 관계를 우선시했기 때문에 자신들의 저력을 온전히 발휘할 수 있을지는 잘 모르겠다고 썼다. "이제 오늘, 역사적 결정이 내려졌습니다." 그녀는 그렇게 썼다. "우리가 만든 모든 스페어 타이어가 하룻밤 사이에 '메인' 타이어가 되었습니다! 우리가 수년간 흘려온 피와 땀과 눈물을 하룻밤 사이에 현금으로 바꿔, 고객에 대한 서비스를 중단하지 않겠다는 회사의 약속을 이행할 것입니다." 그녀의 어조는 들떠 있었지만 직원들 중 자신들이 처한 현실을 모르는 사람은 아무도 없었다. 그 기소는 멍의 수감생활이 몇 년을 갈지 모른다는 얘기였고, 그 제재는 화웨이의 수명이 얼마 남지 않았다는 의미였다.

상무부는 화웨이에 부품을 공급하는 미국 기업들이 제재에 적응할 수 있도록 3개월의 유예 기간을 허락했다.[18] 나중에 그 3개월은 1년으로 연장되었다. 화웨이는 그 생명줄을 잡고 버티면서, 미국 기술 없이도 생존할 방법을 찾기 위해 서둘러 미국 칩과 그 밖의 부품을 비축했다. 미국 공급업체들은 자신들의 제품을 화웨이에 계속 판매하고 싶었다. 그들은 큰 구매자를 잃게 될 판이었다. 그들은 워싱턴의 관리들을 상대로 제재 완화를 위한 막후 로비를 벌이면서, 제재가 계속되면 중국은 미국 기술을 대체할 제품의 자체 개발에 박차를 가할 것이라고 경고했다.

런은 중국 기자들에게 순환회장 중 한 명인 에릭 쉬가 한밤중에 전화를 걸어왔다고 전했다. 쉬는 화웨이의 미국 공급업체들이 화웨이의 주문을 맞추기 위해 속도를 내고 있다고 말했다. "눈물 나더군요." 런은 말했다. "중국 속담에도 있어요. 명분이 정당하면 많은 사람들이 지지하지만, 부당한 명분은 결국 외면받는다고 말입니다."[19]

트럼프 행정부는 외교적 공세 수위를 높여, 다른 정부들이 앞으로 구축할 5G 네트워크에서 화웨이를 배제하도록 압박했다.

"전략적 필수 목표 1순위는 화웨이의 기세를 꺾고 우리 것으로 대체하는 것이었습니다." 국무부의 경제성장·에너지·환경 담당 차관 키스 크라크는 그렇게 회상했다.[20] "그런 일은 한꺼번에 천둥이 몰아치듯 발표하고 승인해서 승리해야 합니다. 그러니까 우리 나름대로 계산이 섰던 것이죠."

크라크는 그럴듯한 말을 꾸며 외국 관리들을 설득했다. "시스템에 그런 게 조금만 들어 가도, 그 약한 고리가 시스템 전체의 강도를 결정합니다." 그는 외국 관리들이 화웨이 부품을 네트워크의 주변 기기에만 사용한다고 말하면 그렇게 말하곤 했다. 크라크는 화웨이 장비가 얼마나 싼지 물어본 다음 대꾸했다. "바가지를 쓰셨네요."

"당신네 시민들의 개인 데이터를 값으로 환산하면 얼맙니까?" 크락은 그렇게 물었다. "당신네 회사들의 독점 기술과 당신네 정부에서 가장 소중한 기밀은 또 얼맙니까? 그런 것에 값을 매길 수 있습니까?"

국무부는 2019년 4월에 역풍을 맞았다. 테레사 메이 총리가 영국 5G 네트워크의 '비핵심' 부분을 화웨이에 맡기도록 승인했다고 영국 일간지 〈텔레그래프The Telegraph〉가 보도한 것이다.[21] 미국은 즉각 반발했다. NSA는 미국과 런던의 정보 공유 관계를 재평가하겠다고 경고했다. 격분한 메이 총리는 내부의 정보 유출자를 색출하기 시작했다. 며칠 만에 메이는 국방장관 개빈 윌리엄슨Gavin Williamson을 해임하면서, 그의 과실을 입증할 만한 "확실한 증거"가 있다고 서면 통보했다.[22] 화웨이 문제가 얼마나 민감한 사안이었는지 보여주는 일화였다. 미국과 영국은 더 없이 가까운 동맹이지만, 화웨이가 두 나라 사이에 균열을 일으킨 것이다. 윌리엄슨은 이 문제를 논의하기 위해 국가안보회의를 소집한 날에 〈텔레그래프〉의 정치부 부편집장 스티븐 스윈퍼드Steven Swinford와 전화 통화를 한 사실을 인정하면서도, 자기 자식들의 생명을 걸고 맹세하는데 자신은 정보 유출과 관련해 결백하다고 항변했다.[23]

그러자 폼페이오 장관은 곧바로 런던으로 날아가 이 문제로 메이 총리를 압박했다. "보안이 허술하면 신뢰할 수 있는 네트워크와 특정 정보를 공유하는 미국의 능력이 손상됩니다." 폼페이오 장관은 그렇게 경고했다. "그게 바로 중국이 원하는 것이기도 하고요. 그들은 총알과 폭탄이 아니라 비트와 바이트를 통해 서방 동맹에 도전하려는 겁니다."[24]

트럼프는 나중에 '폭스 앤 프렌즈Fox & Friends'에 출연해 영국을 압박한 경위를 직접 설명했다. "영국에 말했습니다. '우리는 런던 경시청을 아주 좋아하지만 당신들과 사업은 하지 않을 작정이오. 화웨이 시스템을 사용한다는 건 그들이 당신을 감시하도록 놔둔다는 뜻입니다. 그리고 그건 그들이 우리까지 감시한다는 뜻이고요.'"[25]

영국 관리들은 미국의 협박에 당황했다. 그들은 왜 화웨이가 다른 문제를 다 덮을 만큼 중요한 이슈인지, 왜 하필이면 지금 화웨이를 네트워크에서 퇴출해야 하는지 이해할 수 없었다. 영국은 유럽연합 탈퇴가 임박한 상황이었기에, 메이 정부가 주요 무역 상대국인 중국을 향해 칼을 빼는 것은 시기적으로 좋지 않았다. 또한 트럼프 행정부의 허세와 고압적 자세도 참기 어려웠다.

"이거 보세요, 보좌관님." 영국의 한 고위 안보 관계자는 회의 도중에 미국 국가안보보좌관 존 볼턴을 향해 말했다. "이해하기 힘들군요. 다른 모든 것들, 그러니까 칩이나 AI, 희토류 금속 같은 것들을 제쳐두고, 하필이면 잉글랜드의 언덕 위에 있는 많지도 않은 기지국들을 중국과 벌이는 새로운 기술 전쟁의 진원지로 삼는 이유가 뭡니까?" 그 관계자는 그렇게 말했다.[26]

"어쨌든 선택하셔야 합니다." 볼턴은 대꾸했다.

2019년을 보내는 동안 중국과 미국은 서로의 승패 기록을 세어보았다. 화웨이는 필리핀, 아랍에미리트, 러시아를 초기 5G의 고객으로 확보했다. 특히 러시아의 지도자 블라디미르 푸틴이 나서 화웨이를 두둔했다. "화웨이를 글로벌 시장에서 몰아내려는 섣부른 시도가 있습니다." 푸틴은 상트페테르부르크에서 열린 컨퍼런스에서 그렇게 말했다.[27] 미국은 5G에서 화웨이를 반드시 몰아내겠다고 약속함으로써 호주, 뉴질랜드, 일본을 끌어들였다.

가장 중요한 전쟁터로 여겨지는 몇몇 국가들은 태도를 정하지 못해 사태를 지켜보고 있었다. 그중에서도 유럽 최대 경제 대국 독일은 NSA가 수년간 앙겔라 메르켈Angela Merkel 독일 총리의 통화를 도청해 왔다는 에드워드 스노든의 폭로 이후로 여전히 미국을 불신하는 상태였다. 메르켈 총리는 화웨이에 대한 입장을 밝히려 하지 않았다. "나는 우리가 4G, 3G, 2G보다 보안 기준을 더 높게 잡았다고 믿는 편이지만, 그렇다고 처음부터 특정 공급업체를 배제하는 일은 없을 것입니다." 메르켈 총리는 연설에서 그렇게 말하며 네트워크 전반에서 이 나라를 고립시킬 생각이 없다고 덧붙였다.[28] 에마뉘엘 마크롱Emmanuel Macron 프랑스 대통령은 5G 입찰에서 화웨이를 완전히 배제하지는 않겠다면서도, 보안 문제가 있기 때문에 유럽 업체를 선호한다고 말했다. "주석님이라도 나와 똑같이 할 겁니다." 마크롱은 중국 지도자 시진핑에게 그렇게 말했다.[29] 인도 정부는 화웨이를 5G 시험 서비스에 참여시켰지만, 네트워크를 실제로 구축할 수 있도록 허락할지 여부는 결정을 보류했다. 멍의 구속으로 인한 정치적 후유증으로 운신의 폭이 넓지 않았던 캐나다도 5G 결정을 미루고 있었다.

대부분의 개발도상국들은 트럼프 행정부가 아무리 그럴듯한 이유를 대며 설득해도 말을 듣지 않았다. 수치를 외면할 수 없었기 때문이다. 다른 업체의 장비를 구입하면 돈을 더 많이 내야 하고, 또 중국이 어떤 보복을 할지도 알 수 없었다. "그런 설득이 신흥 시장에는 전혀 통하지 않았어요. 심지어 평소 우리의 파트너인 중진국 시장에도 소용없었죠." 최근 몇 년 동안 미국 정부에 화웨이에 맞서는 법을 자문해 온 통신 전문가 켄 지타Ken Zita는 그렇게 말했다. "예를 들어 이스라엘은 애초에 미국의 말을 무시했습니다. 중동 국가가 다들 그랬어요."[30]

화웨이를 지지하는 사람들 중에 말레이시아의 마하티르 모하맛 Mahathir Mohamad 총리가 있었는데, 그는 화웨이 장비를 "가능하면 많이" 사용하겠다고 선언했다. "화웨이는 첩보나 그 밖의 활동에서 상당한 위력을 보여줍니다. 첩보 활동을 하고 싶으면 얼마든지 하라고 하세요. 우린 비밀이 없으니까." 그는 그렇게 말했다. "미국은 화웨이의 발전을 두려워하는 것 같고, 화웨이가 자신들의 정보를 빼갈 수 있다고 의심합니다. 그래서 비난하는지도 모르겠습니다. 하지만 그런 식으로 하면 안 된다는 게 내 생각입니다."[31]

중국은 2019년 11월에 세계 최대 규모의 5G 네트워크를 가동했는데, 네트워크 건설에서 서방 국가들은 대부분 저만치 뒤처져 있었다. 미국은 당황한 기색이 역력했다. "5G의 경우 미국은 거의 모든 면에서 한참 뒤떨어졌다." 정치학자이자 구글의 CEO였던 에릭 슈미트Eric Schmidt는 어떤 특집 기사에서 그렇게 경고했다.[32]

2019년에 트럼프 행정부가 공세를 시작하자 화웨이는 곧바로 〈월스트리트 저널〉에 전면 광고를 냈다. 큰 활자로 된 세 줄짜리 문구였다.

> 누가 뭐라 하든 다 믿지는 마세요.
> 와서 직접 눈으로 확인하세요.
> 미국 언론에 보내는 공개서한[33]

그 아래에는 당시 화웨이 수석부사장이자 공공 및 정부 관계 책임자로 오래 동안 임원진이었던 캐서린 첸의 서명이 담긴 편지가 보였다. 첸은 호리호리한 체격과 설득력 있는 말투에 약간 신경질적으로 보이는 인물이지만, 화웨이 내에선 실세 중의 실세였다. 그녀는 멍완저우와 거의 같은 시기인 1995년에 화웨이에 입사했다. 1990년대 화웨이 베이징 대표부 책임자였던 그녀는 런정페이가 중국 외교관에게 선물한 현금으로 물의를 빚었을 때 사태를 무마한 장본인이기도 했다. 그녀의 남편인 서이안曹貽安은 런이 초기부터 데리고 있던 엔지니어로, 당시는 화웨이가 처음으로 디지털 교환기를 만들려고 할 때였다. 첸이 승진을 거듭하자, 서는 회사를 그만두고 육아를 책임졌다. 〈월스트리트 저널〉에 올린 공개서한에서 첸은 서방 세계가 널리 이해해 주었으면 좋겠다고 썼다. "우리가 손을 내밀 수 있는 사람의 수는 한정되어 있습니다." 그녀는 그렇게 말했다. "화웨이를 대표해 미국 언론사들을 우리의 캠퍼스로 초청하고 싶습니다. 직접 오셔서 우리 직원들을 만나보시기 바랍니다. 그렇게 여러분의 눈으로 보고 들은 것을 여러분의 독자와 시청자와 청취자에게 전달하고, 이 메시지를 공유해 화웨이의 문이 항상 열려 있다는 것을 알려주셨으면 합니다."

전 세계 언론인들이 그녀의 제안을 받아들였다. CNN, 〈LA 타임스〉, 〈스카이뉴스〉, 〈한델스블라트Handelsblatt〉, 〈다겐스 인더스트리Dagens industri〉, 〈교도통신共同通信〉, 〈알아흐람Al-Ahram〉 등 전 세계 유수 언론사들이 그녀의 초청을 수락했다. 매주 무리 지어 모여드는 기자들은 익숙지 않은 광경을 목격했다. 제이 개츠비Jay Gatsby라도 무색해질 만큼 장대하고 현란한 정경이 눈 앞에 펼쳐진 것이다. 옥스혼 캠퍼스에서 그들은 작은 빨간 기차를 타고 하이델베르크성과 베르사유 궁전을 본뜬 조형물을 구경했다. 호수 위에 사뿐히 내려앉는 검은 백조도 보았다. 하늘 높이 우뚝 솟은 여신 모양의 기둥인 그리스식 카야티드도 있었다. 회의실에 비치된 냅킨에는 기분 좋은 문구가 적혀 있었다. "품위 있는 긍정적 열정."

런이 평소에 기자들을 맞이하는 유럽풍의 웅장한 홀 한쪽 벽에는 나폴레옹의 대관식 그림이 있고, 다른 쪽에는 나폴레옹이 최후의 패배를 맞은 1815년 워털루 전투의 벽화가 걸려 있었다. 그 그림이 궁금했던 〈슈피겔〉 기자가 겁 없이 물었다. "화웨이는 떠오르는 제국입니까, 아니면 몰락하는 제국입니까?" 런은 대수롭지 않은 표정으로, 워털루 벽화는 벨기에 박물관에서 처음 봤을 때부터 마음에 들었고, 대관식 그림은 어떤 직원의 가족이 선물한 것이라고 받아넘겼다. "현재 화웨이가 직면한 상황과 이 두 그림은 아무런 관계가 없습니다." 런은 그렇게 넘겼다.

런은 각 언론사의 단독 인터뷰에도 응했는데, 은둔을 즐겼던 예전 관행을 생각하면 놀라운 변화였다. 그의 측근들은 그가 수십 년에 걸쳐 하게 될 언론 접촉을 몇 주 사이에 다 해치우려 한다고 농담했다.[35]

런의 언론 인터뷰는 그가 성격 승인(재판에 연루된 사람의 평소 인간성이나 행동에 대해 증언하는 사람—옮긴이)으로 나서 현지 증언을 보강해야 하는데도, 그렇게 하지 못하는 것에 대한 대안이었던 것 같다. 직접 캐나다로 날아가 딸을 위해 증언할 형편이 안 되기 때문이었다. 런은 딸의 성실한 인간성을 칭찬하며 대학생 시절 자신이 빌려준 돈도 꼬박꼬박 갚았다고 말했다. "우리 딸은 어떤 범죄 같은 것에 가담할 사람이 아닙니다." 런은 그렇게 말했다.[36] 런과 그의 참모들은 멍이 공항 보안요원에게 했다는 말도 확인해 주었다. 멍의 아르헨티나 여행은 G20과 아무런 관련이 없고 순전히 내부 회의를 위한 것이었다고 했다. 우연의 일치치고는 너무 공교로웠지만, 그게 그들의 설명이었고 그들은 그런 주장을 굽히지 않았다.

또한 런은 언론 인터뷰를 통해 조심스레 한 가지 제안을 흘렸다. 자신들의 5G 특허를 서구의 구매자에게 팔 의향이 있다고 한 것이다. 단 그 기술이 화웨이에서 나온 것이라 해도, 소스 코드를 검증하고 수정함으로써 보안 문제를 확실하게 해결해 줄 기업이어야 한다는 조건을 달았다.[37]

화웨이가 언론을 동원해 공세를 펼치던 시기에, 우연히도 화웨이의 모호한 소유 구조에 대한 새로운 논란이 공론화되었다. 2019

년 4월에 '화웨이는 누구의 소유인가?'라는 제목의 사전 배포 인쇄물이 온라인에 올라왔다. 풀브라이트 대학교 베트남 캠퍼스Fulbright University Vietnam 의 크리스토퍼 볼딩Christopher Balding 과 조지 워싱턴 대학교George Washington University 의 도널드 C. 클라크Donald C.Clarke 가 공동 집필한 이 논문은 난데없는 평지풍파를 일으켰다. 화웨이 주식 중 런 소유의 1.14%를 제외한 98.86%가 모두 불투명한 노조의 소유이기 때문에, 화웨이가 실제로는 "국가가 통제하고 심지어 국가가 소유하는" 기업일지 모른다는 충격적인 내용이었다.[38] "실질적으로 누가 화웨이를 소유하고 통제하든 간에 직원들 소유가 아닌 것은 분명하다." 논문은 그렇게 결론지었다. 화웨이는 강력하게 이의를 제기하면서, 직원들이 실제로 회사를 소유하고 통제한다고 반박했다.

방문한 기자들은 입구에 'ESOP 룸'이라고 적힌 작은 팻말이 붙은 흰색의 화려한 방으로 안내되었다.[39] ESOP는 종업원지주제도 Employee Stock Ownership Plan 의 줄임말이다. 유리막으로 된 진열 상자에는 손으로 쓴 법인등록증과 화웨이 직원 주주들의 이름이 적힌 책자 등, 1987년부터 작성된 화웨이의 주요 기록이 보관되어 있었다. 투어에 들어가기 전에 진열 상자를 들여다볼 수 있는 시간이 얼마 되지 않았기 때문에, 방문객으로서는 그 내용을 파악하기 어려웠다.

"마치 윌리 웡카와 초콜릿 공장Willy Wonka and the Chocolate Factory 같았어요." 한 방문객은 그렇게 회상했다. "솔직히 우리가 뭘 봤는지는 잘 모르겠어요. 볼 수 있는 것은 아주 정갈한 방들과 미소를 띤 사람들뿐이었습니다."[40]

언론의 시선을 끄는 것이 목표였다면 그런대로 목적을 달성한 것 같았다. "1시간 20분 정도의 대화에서 가장 인상 깊었던 것은 런이 무척 순수하고 솔직한 인물이었다는 사실이었다."[41] 〈뉴욕 타임스〉 칼럼니스트 토머스 프리드먼Thomas Friedman은 런과의 인터뷰를 끝낸 뒤, 이 회사가 위협적인 존재라는 증거가 없다면 런의 소박한 제안을 고려해 볼 만하다고 말했다. "화웨이라는 이름을 기억해 둘 필요가 있다." 그는 그렇게 썼다. "그 이름이 상징하는 이슈는 나머지 모든 무역 협상을 합친 것만큼이나 중요하다." 프리드먼은 어느 쪽의 말이 진실인지 알기 어렵다고 썼다. "화웨이가 정말 악역이라면 승거를 확보해 블랙리스트에 올리면 그만이다. 확실하지 않다면 트럼프 팀은 최소한 런정페이의 제안을 검토해, 화웨이가 미국 정보 전문가들을 안심시키고 자신들의 사업이 적법하다는 것을 입증할 경로가 있는지 살펴봐야 한다."[42]

언론사들과 인터뷰를 할 때마다 런은 트럼프와 그의 참모들을 칭찬했다. 트럼프에게 뭐라도 할 말이 있으면 해보라는 한 CNN 기자의 요청에 런은 이렇게 답했다. "일단 그는 대단한 인물인 게 분명합니다. 세계 어느 나라도 이렇게 단기간에 세금을 깎아줄 수는 없겠죠."[43] 블룸버그 TV와의 인터뷰에서는 이렇게 말했다. "오늘 화웨이가 무너진다 해도, 우리는 여전히 자부심을 가질 겁니다. 우리를 무너뜨린 것은 다른 누구도 아니고 트럼프였으니 말입니다."[44] 런은 자신의 이상을 굽히지 않은 마이크 펜스를 가리켜 '위대하다'고 평가하며 마이크 폼페이오 국무장관도 추켜세웠다. "마이크 폼페이오도 하버드 대학교에서 정치학 박사학위를 받은 훌륭한 분입니다." 런은 CBS와의 인터뷰에서 그렇게 말했다.[45]

그가 가장 많이 받은 질문은 화웨이가 중국 정부의 첩보 활동을 도왔는가 하는 부분이었다. 기자들은 틈만 나면 끈질기게 같은 질문을 반복해 던지면서, 기업이 수사에 협조해야 한다는 중국의 국가보안법을 들먹였다. 그때마다 런은 화웨이가 중국 정부로부터 첩보 활동을 도와달라는 요청을 받은 적이 없다고 부인하며, 요청을 받더라도 응하지 않을 것이라고 말했다. "그런 요청이라면 단칼에 거절할 겁니다." 런은 그렇게 말했다.[46] 그는 기자들에게 수십 년 후에 내 말을 뒤집을 만한 증거가 있는지 다시 확인해 보라고 응수했다.[47]

런은 전 회장 쑨야팡이 중국 정보기관인 국가안전부에서 일했다는 보도에 대해서도 몇 번이고 같은 질문을 받았다. 쑨 회장은 2018년에 회장직에서 물러났지만, 유엔이 설립한 국제기구인 지속가능발전을 위한 브로드밴드위원회 Broadband Commission for Sustainable Development 에서 화웨이 대표로 활동하는 등, 비중이 낮은 역할들을 돌아가며 맡았다.[48] 런은 쑨이 국가안전부 소속이었다는 사실을 확인해 주지도 부인하지도 않았지만, 그런 이력 때문에 화웨이에서 일할 자격을 갖지 못하는 것은 아니라고 잘라 말했다. "초등학생 시절까지 뒤져 기록에 흠이 없는 사람만 고용하라고 할 수는 없는 일 아닙니까?" 그는 BBC와의 인터뷰에서 그렇게 말했다. "우리 직원들은 출신이 제각각입니다. 그들을 평가할 때는 출신이 아니라 그들의 행동을 봐야 합니다."[49]

은퇴를 할 생각이 없느냐는 질문이 나오자 런은 한 마디로 일축했다. 그는 오전 7시 30분에 아침 식사를 한 후 사무실로 출근하는 규칙적인 업무 일정을 계속 유지할 것이라고 말했다. "아내는 나더러 친구도 취미도 많지 않다고 핀잔을 줍니다." 그는 CBS와의 인터뷰에서 그렇게 말했다. "그러면 책을 읽고 문서를 작성하는 일이 취미라고 답하죠. 특히 나는 문서 작업을 좋아합니다."[50]

26

공판

| 멍의 범죄인 인도 사건: 2019~2021년 |

2019년이 얼마 남지 않은 어느 날, 밴쿠버 주변의 언덕 숲이 타오르듯 붉게 변해갔다. 멍완저우가 가택 연금된 지도 1년이 다 돼가고 있었다. 화웨이에 있을 때는 회의에 참석하지 않으면 어디론가 이동 중이었다. 보좌관들이 일정을 너무 촘촘히 짠 탓에, 차 한잔 마실 시간조차 없다고 투덜댄 적도 많았다.¹ 하지만 이제 그녀에게 남아도는 건 시간뿐이었다. 그녀는 책을 읽고 그림을 그리고 낙엽을 바라보았다. "바쁜 일상 탓에 내 시간을 갖지 못했다면, 이젠 고난과 시련이 시간을 되돌려줬다." 그녀는 그렇게 썼다.² 남편은 당분간 함께 지내기 위해 그녀 곁으로 왔고, 방학 때는 아이들이 찾아왔다. 어머니도 방문했다. 가을이 겨울로 바뀌자 보안요원들은 산책로를 정비했다. 가끔 아버지와 전화 통화를 했지만, 사적인 대화가 보장된다고 생각하지 않았기 때문에 겉도는 얘기만 주고받았

다.³ 보석 조건이 자택 연금이라 그나마 다행이지만, 연금은 연금이었다. 어느 날 밤 멍은 남편과 집 뒤편 베란다에서 11시가 넘도록 앉아 있다가, 일회성 사고였다고 법원에 해명해야 했다.

멍의 구금 소식은 중국 사람들의 애국심을 자극했다. 사람들은 차에 '화웨이 화이팅, 중국 화이팅'이라고 적은 스티커를 붙이고 다녔다. 중국 대사관은 이 사건을 '정치적 박해'로 단정했다. 사람들이 멍을 응원하는 마음으로 화웨이 휴대폰을 사재기하는 바람에, 매장마다 화웨이 휴대폰이 동이 나는 일도 벌어졌다. 2015년 초에 화웨이는 어떤 발레리나의 발 사진을 담은 광고를 공개했다. 사진 반쪽은 발레 슈즈를 신은 발이고, 다른 반쪽은 시퍼렇게 멍이 든 맨발이었다. 이 광고는 소비자들로부터 엇갈린 평가를 받았지만, 화웨이 경영진은 이 이미지가 열심히 일하고 인내하는 회사의 정신을 잘 전달한다고 생각했다. 화웨이 캠퍼스의 한 커피숍에서 제공하는 종이컵에는 안쓰러운 발레리나의 맨발과 전자발찌를 찬 멍완저우의 발이 나란히 그려져 있었다. "멍완저우의 발과 멍든 발레리나의 발은 모두 성공을 향한 고난의 역경을 연상케 한다." 컵에는 그런 문구가 적혀 있었다.

멍완저우의 변호사들은 상황을 낙관적으로 볼 만한 이유가 있다고 생각했다. 사실 사건 자체가 터무니없지 않은가? 3시간 가까이 심문받고 수색을 당하고 나서야 체포한다는 둥 묵비권을 행사할 수 있다는 둥 통보를 했다는 것 자체가 말이 되지 않았다. 캐나다 법원이 경찰에 발부한 임시 체포 영장에는 멍을 "즉시 체포하라"고 적시되어 있었다.⁵ 3시간씩 지연시킨 것은 법원의 명령을 어긴 행위 아닌가? 멍의 법률팀은 수색과 구금이 모두 불법이었다며, 적법 절차를 어겼기 때문에 밴쿠버 판사는 멍의 미국행 인도를 중단할 의무가 있다고 주장했다.

변호인단은 승소 확률을 높이기 위해, 범죄인 인도 심리를 중단해야 하는 세 가지 근거를 제시했다. 첫째, 트럼프 행정부가 멍을 무역 전쟁의 '협상 카드'로 사용하려 함으로써 사법 절차를 훼손했다고 그들은 말했다. 트럼프는 자신의 입으로 "사상 최대 규모의 무역 협상에 도움이 된다면 개입을 고려할 것"이라고 말한 바 있었다. 둘째, 그들은 HSBC에서 이루어진 멍의 2013년도 파워포인트 프레젠테이션을 미 법무부가 왜곡했다고 말했다. 화웨이의 이란 사업에 초점을 맞춘 그 프레젠테이션에서 몇 부분만 골라 인용했다는 주장이었다. 셋째, 그들은 이란에서 사업하는 중국 기업의 업무와 관련해, 멍이 영국 은행과 나눈 대화는 본질적으로 미국과 아무런 연관성이 없으므로 이는 미국 법원이 판단할 문제가 아니라고 주장했다.[6]

판사에게 이 중 하나만이라도 그 타당성을 입증하면 일이 잘 풀릴 것 같았다. 몇몇 사람들은 승산을 높게 봤다. 실제로 주중 캐나다 대사 존 맥컬럼John McCallum은 기자들에게 멍이 범죄인 인도 조치를 반박할 확고한 근거를 가지고 있을지 모른다며, 미국이 이 문제를 없던 일로 한다면 "캐나다로서도 아주 잘된 일"이라고 말했다.[7] 결과론이지만, 이는 캐나다 대사가 공개적으로 떠들기에는 너무 솔직하고 적절치 못한 의견이었다. 얼마 뒤 맥컬럼은 쥐스탱 트뤼도 총리의 요구로 주중 대사직에서 물러났다. 국경 너머에서 화웨이의 미국인 변호사들은 정부 기관에 정보공개법Freedom of Information Act을 근거로 정보 공개를 끈질기게 요청하며 검찰이 확보한 증거가 어떤 종류인지 알아내려 했다.

모두가 멍을 순교자로 본 것은 아니었다. 드러내놓고 말하지는

사진 26.1 밴쿠버에 있는 집 밖에서 포즈를 취한 멍완저우와 남편 카를로스 류(오른쪽 두 번째).

않았지만 중국에서도 일부는 법을 어겼다면 멍도 다른 사람들과 마찬가지로 그에 상응한 대가를 치러야 한다고 말하는 사람들이 있었다. 그때 전국을 뒤흔드는 스캔들이 터졌다. 2018년 12월에 구금된 사람이 멍과 두 명의 마이클만이 아니라는 뉴스였다. 전직 화웨이 직원도 여러 명 구속되었다.

그중에 리홍옌李洪元이라는 직원은 화웨이가 갈취 혐의로 경찰에 신고한 후 251일 동안 수감 되었다가 결국 혐의가 없어 풀려났다. 또 다른 직원인 정밍은 휴가차 태국에 머물던 중 억류되었다가 선전으로 이송되었고, 그곳에서 화웨이가 제기한 여러 가지 혐의로 3개월간 수감 되었다가 석방되었다. 이 사건은 국내적으로 화웨이에 대한 반감을 유발해, 사람들은 화웨이가 위선적이고 직원들을 못살게 구는 기업이라고 생각했다. 자신들의 최고재무책임자가 부당하게 구금되었다며 항의하는 경영진이 한편으로는 무고한 직원을 감옥에 가두기를 조금도 주저하지 않았다. 사람들이 주목한 것은 멍의 안락한 가택 연금과 리와 정이 견뎌야 했던 냉혹한 수감 생활의 극명한 대비였다.

사안의 정치적 민감성을 고려할 때, 중국의 검열 당국이 이 뉴스를 공개하도록 허용한 것은 매우 이례적인 일이었다. 하지만 그것이 사태의 일면일 뿐이었다는 사실을 눈치챈 독자들은 없었다. 국

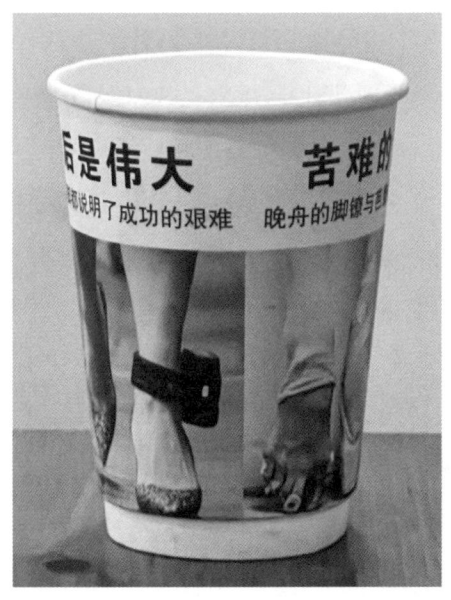

사진 26.2 화웨이 캠퍼스 카페의 컵에는 전자발찌를 차고 있는 멍완저우의 발과 위대한 성취를 위해 발레리나가 겪어야 하는 고통이 나란히 그려져 있다.

내 언론이 보도할 수 없었던 중요한 세부 내용은 구금되기 직전에 이들 직원이 모두 같은 온라인 채팅방에서 부당한 해고에 대해 회사에 항의할 방안을 논의했다는 것이다. 그중 한 명은 자신이 화웨이의 이란 내 거래와 관련된 증거를 가지고 있으며, 이를 언론에 폭로할 생각이라고 말을 꺼냈다. 나중에 정은 위챗WeChat에서 나눈 대화가 자신들의 구금과 관련 있었던 것 같다고 말했다. 실제로 같이 수감되었던 그의 동료의 아내는 변호사를 구해 남편을 면회 갔다가, 경찰이 '민감한 사건'이어서 변호인 접견이 허용되지 않는다는 말을 들었다. "정상적인 경우는 아니었어요." 정은 그렇게 말했다. "그때야 이것이 위챗에서 그 동료와 나눈 대화와 관계가 있다는 걸 깨달았습니다. 자신이 이란 프로젝트에 참여했으며 이를 신고할 작정이라고 말했거든요."[8]

한편, 캐나다의 마이클 코브릭과 마이클 스페이버는 그때까지 꼬박 1년째 중국에 억류되어 있었다. 코브릭은 베이징에서 처음 5개월을 보내는 동안, 벽에 완충물을 덧댄 독방에 갇혀 무자비할 정도로 쉴 새 없이 이어지는 심문에 시달렸다. 그중에는 과거에 그가 수행했던 외교 업무를 캐묻는 질문도 있었는데, 이는 외교 관계에 관한 빈 협약Vienna Convention on Diplomatic Relations 을 명백히 위반하는 행위였다. 그 후 그는 여러 명이 함께 수감되어 있는 감방으로 옮겨졌다. 그는 이송 과정에서 금속이 박혀 있다는 이유로 안경을 압수당했고, 한 달이 넘어서야 다른 안경을 받을 수 있었다. 스페이버는 중국 북동부 북한 국경 근처에 자리한 단둥丹東의 구치소에 수감되었다. 그의 방은 최대 18명까지 수용하는 곳으로, 감방 밖으로 나갈 수 있는 시간은 하루에 15분뿐이었다.[9] 두 사람은 밤낮으로 불을 켜놓은 방에서 감각 신경을 교란하는 고문을 견뎌야 했다.

392

"두 사람은 변호사를 만난 적도 없습니다. 가족이나 사랑하는 사람과의 면회도 거부당했습니다." 캐나다 외교부 장관 프랑수아 필리프 샹파뉴François-Philippe Champagne는 성명을 통해 그렇게 말했다. "이 두 캐나다 국민은 우리가 최우선으로 해결하려는 절대적 과제입니다."[10]

멍의 범죄인 인도 심리가 시작된 것은 그녀가 밴쿠버에 구금된 지 1년이 넘은 2020년 1월 20일이었다. 멍완저우의 집 앞에는 새벽부터 취재진이 모여들었다. 멍완저우는 검은색 SUV에 올라타면서 멀리서나마 정중하게 인사를 건넸다. "좋은 아침입니다."

처음 가택 연금에 들어갈 때만 해도 멍은 언론의 접근을 꺼렸다. 법정에 출두하는 날이면 SUV에 올라타 쏜살같이 법원 지하 주차장으로 향했고, 때로는 모자로 얼굴을 가리고 TV 카메라를 피해 서둘러 들어가곤 했다. 하지만 그날 그녀는 미소를 지으며 집을 나와 취재진을 향해 인사를 건넸다. 법원에 도착한 그녀는 지상의 정문을 통해 걸어갔다. 와, 어떻게 저렇게 180도 달라졌지? 재판을 취재하던 캐나다 TV 방송국 기자 데이비드 몰코David Molko는 어리둥절했다. 멍이 고개를 높이 들고 지나가자 기자들은 전략이 바뀌었다는 것을 알아차렸다. "화웨이 팀은 캐나다 대중을 상대로 벌이는 홍보에서 승리하거나, 적어도 그 기회를 인상적인 순간으로 남길 필요가 있다는 것을 이해했어요. 그것이 법정에서 벌어지는 일보다 더 중요하지는 않더라도 말입니다." 몰코는 그렇게 말했다.[11]

청문회의 첫 번째 단계는 '이중 범죄double criminality'를 판단하는 절차였다. 즉, 범죄인 인도가 진행되려면 멍이 기소된 행위가 캐나다와 미국 양쪽에서 모두 불법이어야 한다. 이중 범죄 문제는 언뜻 보기에 이란 제재와 관련된 것으로 보이는 사건이 멍이 은행을 속였는지 여부를 따지는 문제에서 한 걸음도 못 나가는 이유를 설명해 주기도 했다. 2018년에 트럼프 대통령이 많은 비판을 무릅쓰고 국제 핵 합의에서 탈퇴한 뒤에 미국은 이란에 대한 제재를 재개했다. 캐나다는 이를 따르지 않았다. 멍의 변호사들은 이 소송 핵심이 대이란 제재 위반 여부와 관련된 것인데, 캐나다는 이를 시행하지 않기 때문에 이중 범죄의 기준 요건이 충족되지 않았다고 주장했다. "이 모든 것의 근본은 제재에 있습니다." 변호인 리처드 펙 Richard Peck 은 그렇게 말했다. "캐나다는 주권 국가입니다. 우리에게는 우리만의 유산, 우리만의 정신, 우리만의 정체성, 우리만의 기준, 우리만의 법률이 있습니다."¹² 검찰은 멍의 혐의는 은행 사기와 관련된 것이고, 이는 두 나라에서 명백히 불법이라고 반박했다.

멍의 범죄인 인도 심리가 시작된 지 사흘이 지났을 때, 고열 증상을 보이면서 마른기침을 하는 56세 남성이 구급차에 실려 토론토의 한 병원에 도착했다. 이 남성은 중국 우한武漢을 다녀온 뒤로 몸이 아프기 시작했다고 했다. 우한에서는 화웨이의 고위 임원 다수가 대학을 다니고 있었는데, 그 도시는 얼마 안 가 코로나19 팬데믹의 진원지로 알려지게 된다. 캐나다에서 첫 코로나19 환자를 확진하던 시기에, 우한의 1,100만 주민들은 도시가 봉쇄된다는 충격적인 소식을 접했다. 긴급 차량을 제외하고는 누구도 출입이 허용되지 않았다. 이 수수께끼 같은 질병의 정체가 무엇이고 또 사태가 어떻게 전개될지 예측할 수 있는 사람은 아무도 없었다. 그러던 중 화웨이에 긴급한 전화 한 통이 걸려왔다. 우한에 대규모 야전 병원을 짓고 있는데 2주 안에 완공해야 한다는 내용이었다. 화웨이는 도시에 갇힌 사람들이 외부와 통신할 수 있는 5G 네트워크를 설치하기 위해 엔지니어 팀을 급히 투입했다. "저는 감염되지 않을 겁니다. 아직 여자친구가 없으니까요." 한 젊은 화웨이 엔지니어가 출동 준비하며 우스갯소리를 했다.[13] 해외에서 화웨이는 구호 활동에 자진해서 뛰어드는 자신들만의 전통적 재난 대응 방식을 고수해 왔다. 화웨이는 전 세계 각국 정부에 열화상 스캐너와 마스크 수백만 개를 제공했다. 캐나다와 프랑스 관리들은 화웨이의 마스크 기부가 5G 업체 선정에 대한 자신들의 결정에 영향을 미칠 수 있다는 우려를 공개적으로 부인해야 했다.[14]

2020년 5월에 멍은 이중 범죄 혐의에 대한 판사의 판결을 기다리고 있었지만, 그녀의 팀은 잔뜩 들떠 비행기를 전세로 빌려놓았다. 좋은 소식만 나오면 지체없이 떠나기 위해서였다. 그들은 마지막을 기념하며 법원 계단에서 단체 사진까지 찍었다. 하지만 결과는 크게 실망스러웠다. 판사는 은행 사기가 캐나다와 미국 양쪽에서 불법이기 때문에 심리를 계속한다고 판결해 검찰의 손을 들어주었다.[15] 판결 직후 중국 검찰은 550일 동안 기소도 하지 않고 변호사와의 면담도 허락하지 않은 채 구금해 두었던 두 마이클을 간첩 혐의로 정식으로 기소했다. 중국은 국가 보안 관련 법규의 범위가 모호해, 당국이 기소하기 전까지 거의 무기한 구금할 수 있었다. 그리고 이렇게 세간의 이목이 집중된 사건에서 기소되면, 유죄 판결을 받을 확률은 거의 100%였다.

멍의 여동생 애너벨 야오가 하버드 대학교에서 컴퓨터공학 학사 학위를 취득한 것은 이 무렵이었다.[16] 팬데믹으로 인해 졸업식은 화상으로 진행되었다. "머릿속으로 수없이 연습했던 졸업생 게시물은 아닌 것 같다." 그녀는 인스타그램에 전에 하버드의 와이드너 도서관 밖에서 찍었던 사진을 올리며 그렇게 적었다. "하버드가 헤어지자는 얘기를 문자로 하다니! 3.75년 동안 이 학교에 내 온 영혼을 바쳤는데."[17]

　밴쿠버에서는 멍과 그녀의 보안요원들까지도 서로 믿지 못할 상황이 되었다. 같은 차를 타거나 좁은 공간에서 서로 호흡을 주고받는 경우가 많았기 때문이었다. 홍콩에서 멍의 남편과 자녀들이 겨울 휴가를 보내기 위해 날아왔을 때, 원래 하기로 되어 있는 개별 격리 기간을 거치지 않았다는 사실을 요원들은 눈치채고 있었다. 크리스마스에 멍의 일행은 밴쿠버의 사회적 거리두기 규정을 무시하고, 14명 규모의 저녁 파티를 열 레스토랑을 예약했다.[18] 멍의 단체 사진도 유출되었는데, 멍과 그녀의 친구들은 마스크를 쓰지 않은 채 촘촘하게 붙어 서 있었다.

　멍의 변호사는 교대로 바뀌는 보안요원들 때문에 코로나19에 감염될 위험이 있다고 주장하며 보석 조건을 어떻게든 완화해 보려 했다. 검찰은 멍이 코로나19를 그다지 걱정하지 않는 것 같다고 지적하며, 단체 회식, 명품 매장 순례, 마스크 없는 친구들과의 어울림 등을 예로 들었다. 낭비벽이 심한 그녀의 라이프스타일을 보도하는 몇몇 시시콜콜한 뉴스들은 중국에 억류된 두 명의 마이클이 겪는 고통과 대비되어 캐나다인들의 분노를 샀다. 지난 한 해 동안 중국 당국은 팬데믹 통제를 이유로, 두 사람이 매달 가게 되어 있는 영사관 방문을 허락하지 않았다. 영사관 방문은 그들이 외부 세계와 접촉할 수 있는 유일한 연결고리였다. 코브릭이 2년 동안 가족과의 전화 통화를 허락받은 건 단 두 번뿐이었고, 스페이버는 한 번이 전부였다.

　보석 조건을 완화해 달라는 멍의 요청은 기각되었다.

　제재가 시작된 지 1년이 지났지만 화웨이는 여전히 죽지 않고 살아 있었다. 이상하게도 어떤 면에서는 상승세를 타고 있었다. 화웨이는 세계 최초이자 최대 규모의 5G 네트워크를 구축하겠다는 정부의 야망을 등에 업고, 여전히 세계 통신 장비 제조 분야에서 1위 자리를 지켰다. 대부분의 국가가 5G 계획을 수립하는 단계에 머물러 있을 때, 중국은 이미 중국 전역에 화웨이와 ZTE 5G 기지국을 구축하고 있었다. 또한 화웨이는 2020년 2분기에 처음으로 세계 1위 스마트폰 공급업체로 올라선 반면, 삼성 같은 경쟁업체들은 팬데믹 기간에 매출이 급감했다. 트럼프 행정부는 이런 현상이 마음에 들지 않았다. 그들은 상대를 더 강하게 쥐어짰다.

"화웨이를 사용하는 나라들과는 정보 공유와 관련해 어떤 것도 하지 않을 것입니다." '폭스 앤 프렌즈'에 모습을 드러낸 트럼프는 그렇게 말했다. "단언컨대 화웨이는 재앙입니다. 그들은 멋대로 우리나라를 지배했어요. 그들은 모든 것을 알았고 우리가 하는 일을 빠짐없이 알고 있었습니다. 화웨이 방식은, 정말, '스파이웨이Spyway'라고요. 전 그걸 그렇게 부릅니다. 화웨이가 나타나면 어떻게 되는지 알아요? 우리나라를 구석구석 염탐합니다. 이건 아주 복잡한 문제입니다. 다들 마이크로칩이 있죠. 눈에 보이지도 않는 것들을 가지고 있어요. 보통 사람은 물론이고 그 범위 너머에 있는 사람도 마찬가지예요. 이런 일을 하는 사람들도 못 찾습니다. 못 찾는다고요. 스파이 짓을 하니까 말입니다."[19]

2020년 2월, 법무부는 화웨이가 이란 사업뿐 아니라 북한에서의 활동에 대해서도 은행에 거짓말을 했다는 혐의를 추가해 화웨이를 확대 기소했다. 검찰은 화웨이가 대북한 프로젝트를 은폐했다며, 2013년에 화웨이가 한 공급업체에 지시를 내려 북한으로 보내는 선적물에서 화웨이 로고를 빼고 북한을 "A9"이라는 코드명으로 지칭한 사례를 들었다.

몇 주 뒤에 트럼프는 미국의 소규모 지방 통신사들이 화웨이와 ZTE 장비를 "뜯어내고 교체"할 수 있도록 최대 10억 달러를 지원하는 법안에 서명했다. 그들이 더 효과적인 수단을 찾고 있을 때, 법무장관 윌리엄 바William Barr는 미국 정부가 노키아나 에릭슨의 지배 지분을 인수해 화웨이에 대응해야 한다는 이례적인 제안을 했다. 하지만 마이크 펜스 부통령과 래리 커들로Larry Kudlow 백악관 경제 고문은 재빨리 발을 뺐다. 미국 정부는 "기업을 인수하는 사업체가 아닙니다." 커들로 위원장은 그렇게 말했다.

안보에 위협이 된다고 생각되는 기업에 미국 기술을 수출하지 못하게 막는 것, 그것이 미국 정부가 하는 일이었다. 2020년 5월에 상무부는 화웨이에 대한 제재를 강화해, 미국 기술을 화웨이에 직접 판매하지 못하게 했을 뿐 아니라 미국 기술로 만든 칩을 특별 라이선스 없이 판매하는 것도 금지했다. 이 새로운 규정은 미덥지 못했지만 그것이 실제로 화웨이에 미치는 영향은 엄청났다. 화웨이는 하이실리콘을 통해 일부 칩을 자체적으로 설계했지만, 생산은 대만의 반도체 제조사 TSMC에 의존했다. 첨단 칩 제조 분야에서는 TSMC가 최고였다. 언젠가 런은 TSMC의 설립자인 모리스 창Morris Chang(장중머우張忠謀)을 만난 적이 있는데, 그때 두 사람은 크게 달라진 각자의 인생을 확인하고 함께 놀랐다. 런보다 13년 먼저 중국 본토에서 태어난 창도 전쟁의 소용돌이 속에서 어린 시절을 보냈지만, 1949년에 하버드에서 공부하기 위해 미국으로 떠났다. 텍사스 인스트루먼트에서 화려한 경력을 쌓은 창은 대만으로 이주해 세계 최고의 고성능 칩 제조업체를 세웠다. "어쩌다 우리 두 사람은 이렇게 다른 길을 걷게 되었을까요?" 창은 고개를 갸우뚱했다.[20] 런은 대만이 본토보다 수십 년 앞서 세계를 향해 문호를 개방했고, 기술 개발에서도 수십 년 앞섰기 때문인 것 같다고 대답했다. TSMC는 여러 해 동안 화웨이에 제품을 공급해 왔지만, 제재의 위협을 무시할 용기가 없었다. 미국 기술에 접근할 수 있는 통로를 포기하고 자체적으로 사업을 운영하는 것은 자살 행위였기 때문이었다. 결국 TSMC는 화웨이로 나가는 통로를 닫았다.

이제 화웨이의 유일한 희망은 중국 국내 칩 파운드리 업체인 SMIC Semiconductor Manufacturing International Corporation 뿐이었다. SMIC가 빠르게 첨단 칩을 생산할 방법을 배우는 것 외에는 다른 도리가 없었다. 이것은 정말 기적을 바라야 할 일이었다. SMIC는 20년 동안 자체 기술력을 높이기 위해 많은 노력을 기울여왔지만, 여전히 첨단 칩을 만드는 세계 유수의 리더들에 비하면 몇 세대 뒤처져 있었다.

미국의 두 번째 제재는 상처가 깊었다. 2020년 7월에 영국은 미국의 새로운 제재를 언급하며 종전의 입장을 바꿔, 2027년 말까지 자국의 5G 네트워크에서 화웨이 장비를 모두 제거하겠다고 발표했다.[21] 영국 관리들은 제재로 인해 화웨이가 더는 신뢰할 만한 공급업체를 활용할 수 없게 되어 위험도가 높아졌다고 그 이유를 댔다. 수년 동안 영국에 화웨이와 단절하도록 압박해 온 미국으로서는 큰 승리였다. "영국은 매우 곤란한 처지에 놓여 있었습니다." 전 영국 비즈니스, 혁신 및 기술부 장관 빈스 케이블은 그렇게 말했다. "영국은 기본적으로 민감한 부품에 대해 미국이 보이콧을 하면 그들도 독자적으로 행동할 수 없다는 점을 수긍했습니다. 그래서 영국 정부는 생각을 바꿨습니다."[22]

여름에 4G에서 화웨이와 협력했던 캐나다도 5G 네트워크에서는 사실상 화웨이를 배제해, 두 대형 통신사인 벨 캐나다 Bell Canada

와 텔러스는 5G 공급업체로 에릭슨과 노키아를 선택했다. 결국 워싱턴은 호주, 캐나다, 뉴질랜드, 영국, 미국으로 구성된 정보 동맹 파이브아이즈에서 화웨이를 모두 제거하는 데 성공했다. 그러나 캐나다는 여전히 멍의 구금으로 인한 후유증에서 벗어나지 못한 상태였고, 두 마이클의 석방을 놓고 협상 중이어서 공식적인 금지 조치는 하지 않았다.

유럽 국가들은 대부분 트럼프가 주도한 대 화웨이 금지 조치를 따르기를 꺼렸다. 2020년 2월에 열린 첨단 기술과 안보 문제를 논의하는 회담에 참석하기 위해 워싱턴을 찾은 유럽의회European Parliament 의원들은 그들의 방문 결과를 이렇게 요약했다. "오늘날의 종단간 암호화E2EE 기술 덕분에, 신뢰할 수 없는 하드웨어나 잠재적으로 안전하지 않은 하드웨어에서 매우 안전한 애플리케이션을 실행하는 것이 가능해졌다. 따라서 화웨이 문제는 기술적인 문제라기보다는 정치적, 상업적인 문제임이 분명하다."[23]

한 전직 영국 고위 보안 관리는 열기가 뜨거웠던 어떤 회의를 회상하면서, 한 영국 장관이 파이브아이즈 파트너들과 더 적극적으로 협력해 화웨이를 대체할 수 있는 대안을 만들라고 요구했다고 말했다. "제가 어떻게 하길 원하십니까?" 그 관리는 그렇게 대꾸했다고 한다. "NSA의 로저스 제독이나 나카소네 장군에게 전화해서 '화웨이와 경쟁할 통신사를 만들 생각이 있습니까?'라고 하기라도 할까요?"[24]

트럼프 행정부는 이제 글로벌 통신 네트워크에서 화웨이나 ZTE 제품을 사용하지 않는 '클린 네트워크Clean Network'를 홍보하기 시작했다. 이 용어는 일부 외교 정책 옵서버로부터 즉각적인 반발을 불렀다. 그런 용어가 결국 외국에서 들어온 것을 '더러운' 것으로 치부하는 낡은 인종 차별적 인습이라는 지적이었다. "나만 그렇게 느끼는 건지는 모르지만, '클린' 네트워크를 요구하고 중국 기술이나 기업을 배제하자는 말만 꺼내면 중국이 '더러운' 나라가 되나? 그래서 전부 망할 놈의 인종차별주의자가 되자는 얘긴가?" 영국 기술 전문지 〈레지스터Register〉의 아시아 태평양 담당 편집자 사이먼 셔우드Simon Sharwood 는 트위터에서 그렇게 물었다.[25] "되풀이되는 '클린'이라는 단어 … 또 다시 그것을 향한 폼페이오와 그의 인종차별적 호루라기." 사이버 공간 연구의 허브인 하버드의 버크먼클라인센터Berkman Klein Center 의 후안 오티스 프릴러Juan Ortiz Freuler 도 그렇게 트윗했다.[26] 조지워싱턴 대학의 국제 문제 교수 수전 애리얼 애런슨Susan Ariel Aaronson 은 트럼프 행정부의 용어 사용법이 '인종차별적이고 편집증적'이라고 했다.

그런데도 폼페이오 장관은 화웨이 등 중국 테크 기업에 맞서기 위해 5가지 "클린" 이니셔티브를 발표했다. 클리어 캐리어Clear Carrier, 클린 스토어Clean Store, 클린 앱Clean Apps, 클린 클라우드Clean Cloud, 클린 케이블Clean Cable 이 그것이었다. 그는 다른 국가에도 "클린 국가Clean Countries"에 합류할 것을 권고했다. "우리는 시민들의 개인 정보가 중국 공산당의 손에 들어가지 않도록 각국에 청정국이 될 것을 촉구했습니다." 폼페이오 장관은 그렇게 말했다.[27] 국무부는 2020년 8월에 영국, 캐나다, 호주, 프랑스, 이스라엘, 일본, 스웨덴, 베트남 등 30개 '청정국' 연합을 구축했다고 발표했다. 일부 국가는 이 클럽에 가입하는 것을 달가워하지 않았다. 과거에 스와질랜드라고 불렸던 아프리카 국가 에스와티니에서 키스 크라크는 축제 행사를 통해 클린 네트워크에 들어온 공무원들을 환영했다. 몇 주 후 에스와티니는 소리 없이 탈퇴했다. 중국 국영 언론은 에스와티니의 한 관리의 말을 인용하면서, 에스와티니 왕국은 "개발과 보안을 똑같이 중요하게" 취급한다고 했다.[28]

런정페이 팀은 대수롭지 않은 척했지만, 화웨이의 사업은 트럼프 행정부의 다각적인 공격에 흔들리고 있었다. 런정페이는 사지를 잘라내는 고통스러운 결정을 내렸다. 가장 먼저 손댄 곳은 해저 케이블 합작사인 화웨이 머린 시스템Huawei Marine Systems Co.이었다. 이 사업부를 통해 화웨이는 마이크로소프트, 구글, 페이스북과 경쟁하며 이 대륙에서 저 대륙으로 전 세계 데이터를 전송하는 사업에 뛰어들었다. 화웨이 머린 시스템은 90개 프로젝트에 걸쳐 약 5만 킬로미터의 해저 케이블을 설치했다. 하지만 지정학적 압박으로 인해 화웨이 머린 시스템은 더 사업을 지속하기 어려웠다. 화웨이는 지분 51%를 중국 구매자에게 매각한다고 발표했다.

2020년 11월, 화웨이는 아끼던 아너 스마트폰 라인도 한 컨소시엄에 매각한다고 발표했다. 공격적인 가격, 세련된 디자인, 기술에 능숙한 젊은 소비자들을 대상으로 한 바이럴 마케팅 캠페인을 통해 홍보한 덕에 화웨이의 아너 휴대폰은 삼성과 애플을 제치고 전 세계 스마트폰 판매량 1위를 차지했었다. 하지만 미국의 제재로 인해 아너의 핵심 부품인 퀄컴 프로세서와 구글의 안드로이드 운영체제가 차단되었다. 런정페이는 아너의 생존이 자력으로 돌파할 능력이 있느냐 여부에 달려 있다고 판단했다. "화웨이의 가장 강력한 글로벌 경쟁자가 되어 화웨이를 뛰어넘고 심지어 '화웨이를 무너뜨리자'라고 외칩시다." 런은 떠나는 팀원들에게 말했다. "이 말을 여러분 스스로 분발할 슬로건으로 삼기 바랍니다."

막후에서 화웨이는 필요한 칩을 만들 방법을 찾기 위해 SMIC 등 여러 업체들과 협의했다. 워낙 민감한 프로젝트이고 국가적으로도 중요한 사안이라, 그들은 이런 노력에 대해 침묵을 지켰다. 하지만 비밀리에 운영하는 마이크로칩 공장이 있다는 소문이 돌기 시작했다. 런은 중국 정상급 과학자들에게 도움을 요청했다. "우리 회사는 성격상 제품 생산과 칩 제조라는 두 가지 일을 동시에 할 수 없습니다." 그는 중국의 엘리트 베이징대와 칭화대 연구원들에게 그렇게 하소연했다.[29]

외부적으로 런은 라이벌을 물리치겠다느니 글로벌 리더가 되겠다느니 하는 말을 더는 입 밖에 내지 않았다. 그는 그저 살아남는 것이 화웨이의 목표라고 말했다.

밴쿠버의 멍의 집 앞에는 때로 시위대가 모이기도 했다. 그들 손에는 중국 북서부 신장 지역 수용소에 구금되어 있는 위구르족을 석방할 것을 중국 정부에 촉구하는 현수막이 들려 있었다.[30] 중국 정부가 위구르족을 닥치는 대로 구금할 뿐 아니라 고문과 강제노동이 자행된다는 보도로 인해 국제 사회의 우려가 증폭되고 있었다. 외국 관계자들은 이런 그들의 시도가 유엔이 규정한 "반인도적 범죄"에 해당하는 것이라고 지적했다. 일부 활동가와 학자들도 이를 "문화적 학살"로 규정했다.

중국인들 사이에서도 신장 사태에 화웨이가 관련되었을지 모른다는 막연한 인식이 있었지만, 구체적인 내용은 별로 알려진 것이 없었다. 화웨이 경영진은 자사 제품이 신장에 들어갔다면 제3자를 통해 들어간 것이며, 고객이 그것을 어떻게 사용했는지는 모른다고 주장했다.

어떻게 보면 화웨이는 자사 기술이 어떻게 사용되는지에 대해 의도적으로 말을 모호하게 뭉개는 익숙한 전례를 밟고 있었다. 따지고 보면 IBM도 2차 세계대전 당시 나치에게 펀치카드 컴퓨팅 시스템을 공급했고 나치는 이를 강제수용소에서 사용했지만 IBM 경영진은 이런 사실을 몰랐다고 항변했다.[31] 시스코도 중국의 만리방화벽 구축에 합세하면서 이 장비가 중국의 반체제 인사들을 단속하는 데 도움이 된다고 마케팅했었다.[32] 노텔의 전신인 벨-노던리서치Bell-Northern Research의 직원들이 회사가 과거 소련의 지도자 레오니드 브레즈네프Leonid Brezhnev를 초청하는 것에 불만을 품자, 이 회사의 사장인 돈 치좀Don Chisholm은 직원들에게 이메일을 보내 반대하는 사람은 하루를 쉬면 된다고 말했다.[33]

2019년 6월에 화웨이의 글로벌 사이버 보안 책임자 존 서포크는 영국 하원 과학기술위원회에 불려 나가 이 주제에 대해 집중적으로 추궁받았다.[34]

"어떤 의미에서 보면 이제 당신은 아주 터무니없는 인권 침해 사건에 공범으로 몰릴 판인데 그 점에 대해 전혀 걱정이 안 됩니까?" 부스스한 백발에 마른 체격의 위원장 노먼 램이 물었다.

"그런 판단을 저희가 내리는 것은 적절하지 않다고 생각합니다." 서포크는 그렇게 대답했다. "저희는 그것이 우리가 사업을 벌이는 국가에서 합법적인가 여부만 판단합니다."

"그렇다면 우리가 인권 침해에 연루된 회사와 거래해도 된다는 말입니까?"

"법을 준수하는 기업이라면 누구와 거래해도 된다고 생각합니다."

"중국에는 법이 많지 않습니까?" 국방 선정위원회 위원장 줄리안 루이스Julian Lewis가 물었다. "나치 독일에 법이 많았던 것처럼 말입니다."

"우리는 법이 옳고 그른지 판단하지 않습니다. 그런 판단은 다른 사람들의 몫입니다."

"중국이 일당제 국가인지 아닌지에 대해 어떤 견해를 가지고 있습니까?"

"중국은 일당제 국가입니다."

"일당제 국가 중국이 인권을 억압하는지에 대해서는 어떻게 생각합니까?"

"그것에 대한 견해는 없습니다."

"그것에 대한 개인적인 견해가 없으시군요."

"그것에 대한 개인적인 견해는 없습니다."

"도덕적 판단 자체가 없군요."

"저는 그렇게 생각하지 않습니다."

2020년 후반에 화웨이가 정부의 위구르족 탄압에 가담했다는 새로운 정황이 드러났다. 펜실베이니아를 근거지로 하는 소규모 연구 기관인 IPVM은 화웨이의 안면 인식 시스템 테스트를 정리한 자체 보고서를 공개했다.[35]

"화웨이 기밀문서, 허가 없이 유포 금지"라는 문구가 각 페이지마다 찍혀 있었다. 2018년 1월 8일 자로 작성된 7페이지 분량의 이 PDF는 '정보처리 상호 운용' 보고서로, 화웨이와 중국 최대 안면 인식 공급업체 중 하나인 파트너사 메그비Megvii가 공동으로 구축한 안면 인식 추적 시스템에 대한 테스트 결과를 요약한 내용이었다. 여기에는 '실시간 얼굴 캡처' '오프라인 지도' 등 테스트를 거친 수십 가지 기능이 나열되어 있었다. 그중 두 줄이 특이했다.

오프라인 파일 위구르족 경보 지원: 합격

나이, 성별, 인종 및 얼굴 이미지 각도에 따른 인식 지원: 합격

정보처리 상호 운용 보고서에 따르면 화웨이의 기술은 어쩌다 위구르족을 추적하는 데 사용된 것이 아니었다. 그것은 의도가 있는 기술이었다. 화웨이와 메그비 엔지니어들은 얼굴 인식 시스템에 '위구르족 경보' 기능을 추가해, 소수 민족으로 보이는 얼굴을 자동으로 알려주었다. 그리고 그들은 이 기능이 제대로 작동하는지 직접 테스트를 통해 확인했다.

2020년 12월에 〈워싱턴 포스트〉가 화웨이의 '위구르족 경보' 사실을 보도하자 인권 운동가와 정치인들이 일제히 비난하고 나섰다. 프랑스 축구 스타 앙투안 그리즈만Antoine Griezmann은 화웨이와의 후원 계약을 끊겠다고 선언했다. "화웨이가 얼굴 인식 소프트웨어를 통해 위구르족 경보 개발에 기여했을 수 있다는 강한 의혹이 나왔기 때문에, 나는 이 회사와의 파트너십을 즉시 끝내겠다고 발표하게 되었습니다." 그리즈만은 3,000만 명이 넘는 팔로워가 보는 인스타그램 게시물에서 그렇게 말했다. "이 기회를 빌어 화웨이가 이런 혐의를 부인만 할 것이 아니라, 이런 대규모 탄압을 규탄하고 사회 내 인권 존중을 위해 영향력을 발휘할 수 있는 구체적인 조치를 신속하게 취할 것을 촉구합니다."[36]

애초에 화웨이는 이런 뉴스를 무시하려 했지만 그리즈만의 게시물로 대중의 관심이 높아지자 위기관리 차원의 성명을 발표하면서, 정보 처리 상호운용 보고서에 담긴 문구는 "절대 용납될 수 없는" 것이며 자사의 기술은 소수 민족을 표적으로 삼도록 설계되지 않았다고 강변했다.[37]

화웨이 덴마크의 커뮤니케이션 담당 부사장 토미 즈위키Tommy Zwicky는 보고서를 보고 심경이 불편했다.[38] "너무 어이가 없어 허탈했습니다." 그는 그렇게 말했다. 그는 과거에 화웨이가 비난받을 때 이 회사를 적극 옹호하면서, 그들이 여러 가지 음침한 비행에 연루되었다는 증거가 어디 있냐고 되물었던 적이 있다. 하지만 상호운용 보고서는 화웨이가 자사 기술이 특정 민족을 추적하는 데 사용되고 있다는 사실을 알았으며, 경영진이 이를 묵인했다는 사실을 드러내는 확실한 물증이었다. "이것은 일어났을지도 모르는 일이 아닙니다." 그는 그렇게 말했다. "이런 일이 실제로 있었습니다. 의심의 여지가 없어요."

내부적으로 항의를 제기한 후 그는 사표를 제출했다. 그는 화웨이가 조용히 퇴사하면 1년 치 연봉을 퇴직금으로 주겠다고 제안했지만 거절했다고 말했다. "그렇게 할 수 없었습니다." 그는 그렇게 말했다. "그러면 나도 문제의 일부가 되는 셈이니까요."

"결국 법정까지 갈 줄 알았습니다." 공항 보안요원 스콧 커클랜드는 그렇게 말했다.[39]

2020년 가을에 멍의 억류에 관여한 커클랜드와 경찰관들은 밴쿠버 법정의 증인석으로 불려가 그들이 법을 준수했는지를 놓고 멍의 변호인으로부터 질문을 받았다. 문제가 된 부분은 멍에게 체포 사실을 통보하기 전에 세관에서 행한 수색과 심문이었다. 공항 보안요원들은 입국하는 사람들을 마음대로 세우고 심문할 수 있는 꽤나 넓은 권한을 가지고 있었다. 반면에 멍의 권리를 알려주지 않은 상태에서 경찰의 협조를 구해 용의자로부터 증거를 수집할 권한이 그들에겐 없었다.

보안요원들은 잠깐 그런 걱정이 머리를 스쳤다고 인정했다. 법정에서 커클랜드가 경찰더러 멍의 신병을 즉시 확보해 달라고 요청한 것도, 조금이라도 지체될 경우 그녀의 권리를 침해하는 것으로 비칠까 우려되었기 때문이었다고 했다. "우리의 조사가 나중에 적법한 절차를 지연시킨 행위로 여겨질 겁니다." 그는 그렇게 말했다. 그러나 동료 요원들은 그의 의견을 무시했다. 그들은 세관이 먼저 철저히 조사한 후에 멍을 경찰에 넘기는 것이 합법적이고 적절한 조치라고 생각했다.

멍의 심문을 주도했던 공항 보안요원 소우미스 카트라가다도 국경관리국과 경찰이 한통속이라는 인상을 줄까 봐 걱정했다고 말했다. "저는 이것이 가볍지 않은 사건이라는 것을 알았습니다. 절차 전반을 나중에 재검토할 가능성이 있다고 생각했고, 그래서 절차들을 분리하고 명확하게 하기 위한 적절한 조치가 이루어져야 한다고 생각했습니다." 그는 그렇게 말했다.[40]

공항 보안요원들은 경찰이 멍에게 물어야 할 내용을 한 가지도 준 적이 없다고 부인했다. 카트라가다는 관세청 국가안보부서로부터 멍에게 물어볼 내용에 관한 지침을 받기 위해 두어 차례 자리를 비웠을 뿐, 경찰로부터는 어떤 지침도 구하지 않았다고 말했다. 멍에 대한 심문이 거의 끝나갈 무렵 나타나 이란에 관한 질문을 던졌던 그들의 상관 산짓 딜런도 경찰이 심문 내용을 주었다는 사실을 부인하며, 자신은 위키피디아에서 화웨이 페이지를 확인한 뒤에 심문했다고 주장했다.[41] 카트라가다는 멍의 휴대폰을 압수할 당시 경찰(캐나다 왕립 기마경찰RCMP)도 FBI도 모두 이 기기에 관심을 가지고 있다는 사실을 알았다고 말했다. "저는 RCMP의 관심사도 FBI의 관심사도 알고 있었습니다." 그는 그렇게 말했다.[42]

보안요원들은 몇 가지 핵심 사항에 관해서는 신기할 정도로 모두가 건망 증세를 보였다. 경찰의 체포 시간을 늦추도록 결정한 사람이 누구인지, 멍에게 휴대폰 암호를 말하라고 한 사람이 누구인지 등은 기억이 나지 않는다고 했다.[43] 멍의 변호사들은 절차상 하자를 한 가지 찾아냈다. 멍이 휴대폰 암호를 적어준 종이가 결국 경찰의 손에 들어갔다는 사실이었다. 보안요원은 그런 정보를 경찰과 직접 공유할 수 없었다. 커클랜드는 이를 단순한 실수라고 말했다. "실수를 했다는 걸 깨달은 순간 아차 싶었습니다." 그는 법원에서 그렇게 말했다. 판사가 어떻게 생각할지는 짐작하기 어려웠다. 암호 쪽지 실수가 범죄인 인도를 무산시킬 만큼 심각한 문제일까?

한편 멍의 변호인단은 미국 검찰과 협상을 통해 멍을 석방하고 싶었다. 맥킨지앤컴퍼니McKinsey & Company에서 상무이사를 지낸 도미닉 바튼Dominic Barton 신임 캐나다 대사가 중국에서 런을 방문했다. 바튼은 상하이에 수년간 거주하며 이 컨설팅 회사의 아시아 지사를 운영했다. 트뤼도는 넓은 인맥을 동원해 교착 상태인 두 마이클의 송환 협상을 타개하려 했다. 트뤼도는 바튼에게 두 사람의 석방 문제가 자신이 처리해야 할 과제 1순위라고 강조했다. 누구도 포로 교환의 여지가 있다는 사실을 공개적으로 인정하지는 않았지만, 어떤 식으로든 멍의 중국 송환과 두 마이클의 캐나다 송환이 함께 처리되어야 한다는 것 또한 모두의 공통된 인식이기도 했다.

바튼은 한 달에 한 번씩 두 마이클이 각각 구금되어 있는 구치소 두 곳을 방문했다. 그 30분이 두 사람이 외부 세계와 접촉할 수 있는 유일한 시간이었다. 바튼은 가능한 한 많은 문제를 처리하기 위해 말을 빠르게 하곤 했다.

2021년 3월에 두 마이클은 각기 다른 중국 법원에서 비공개로 재판을 받았다. 캐나다 당국자들은 두 사람이 외교 협정을 위반했기 때문에 법정에 서는 것을 거부당했다고 말했다. 그 자리에서 선고하는 판결은 없었다. 판결이 언제쯤 나온다는 말도 없었다. 그들은 머리 위에 매달린 칼만 바라보는 신세였지만, 그들의 운명이 멍의 운명과 얽혀 있는 것은 분명했다.

2021년 8월, 멍의 범죄인 인도 심리가 마지막 주에 접어들었다. 멍의 수석 변호사 리처드 펙은 사건의 전말을 요약하면서, 멍이 공항에서 불법적인 수색과 구금을 당했다고 주장했다. 그는 트럼프가 무역 협상을 타개하기 위해 멍의 사건에 개입한 것 자체가 "바로 몸값을 정한 것"이라고 말했다.[44] "국가 원수가 범죄인 인도에 간섭한 적이 단 한 번이라도 있었습니까?" 그는 그렇게 물었다.[45] 검찰은 적절한 절차를 밟았으며 재판을 위해 미국으로 인도하는 것을 정당화할 충분한 증거가 있다고 주장했다. "어느 누구도 이 나라에서 미즈 멍보다 더 공정한 인도 심리를 받은 사람은 없습니다." 캐나다 법무부의 수석 법률고문 로버트 프레이터 Robert Frater 는 그렇게 말했다.[46]

멍의 인도 심리가 끝나기 일주일 전, 중국 법원은 마이클 스페이버가 간첩 혐의로 11년 징역형을 선고받았다고 발표했다. 마이클 코브릭에 대한 판결은 아직 알려지지 않았지만, 그와 비슷한 수준의 처벌을 받을 확률이 높아 보였다. 중국 당국은 스페이버가 코브릭에게 민감한 정보를 넘겼다며 두 사건을 한데 묶어 기소했다. 그리고 정치적으로 중요한 사건의 경우 중국 법원은 거의 100% 유죄 판결을 내리는 것으로 잘 알려져 있었다.

스페이버의 선고가 나온 다음 주에 멍의 범죄인 인도 심리가 종결되었다. 그녀는 2년 반 동안 범죄인 인도와 사활을 걸고 싸웠다. 이제 판사의 결정을 기다리는 것 외에, 할 수 있는 일은 아무것도 없었다.

27

환영받는 영웅

| 멍의 귀환: 2021~2023년 |

결국 결정은 판사의 소관이 아니었다. 조 바이든 미국 대통령과 시진핑 주석은 2021년 9월에 전화로 대화를 나누었다. 양쪽 모두 수감자들을 집으로 데려오기를 바랐다. 최고위층의 합의에 따라 멍완저우의 변호사들은 신속하게 미국 법무부와 기소를 유예하기로 합의했다. 멍완저우는 화웨이와 스카이컴의 관계에 대해 HSBC를 속였다는 사실을 인정하는 진술서에 서명했지만, 유죄는 인정하지 않아도 되었다. 멍완저우가 합의 조건을 준수할 경우, 미국은 1년 뒤 기소를 취하하기로 했다.

2021년 9월 24일, 멍은 마지막으로 밴쿠버 법원에 출두했다. 판사 헤더 홈스Heather Holmes는 멍의 범죄인 인도 절차를 중지함과 동시에 보석 제한을 해제한다고 말한 후 예의를 갖춘 그녀의 태도를 칭찬했다.

"감사합니다, 판사님." 멍은 그렇게 답했다.

캐나다 주재 중국 대사 총페이우_{叢培武}는 멍을 공항까지 호송해 귀국 비행기에 태웠다. 멍이 밴쿠버를 떠나는 것과 동시에 마이클 코브릭과 마이클 스페이버도 도미닉 바튼 캐나다 대사와 함께 중국을 출발하는 비행기에 탑승했다.

밴쿠버에서 선전까지 일반적인 비행경로를 택하면 알래스카의 미국 영공을 통과해야 했다. 조종사는 이를 피하려고 기수를 크게 꺾었다. 비행 추적 웹사이트를 통해 작은 비행기를 나타내는 아이콘이 러시아를 가로질러 몽골을 거쳐 중국 남부 해안으로 내려가는 모습을 수천 명이 지켜보았다. "현재 사람들이 가장 많이 추적하는 비행기는 CA 552편(밴쿠버-선전)이다." 한 비행 추적 웹사이트는 그렇게 발표했다.[1]

멍은 창밖으로 칠흑 같은 밤하늘을 응시했다. 날개에는 표시등만 깜박였다. 머릿속에 여러 가지 생각들이 스쳐 갔다. 마지막으로 집에 간 뒤로 3년 가까운 세월이 흘렀다. 그리고 이제 46살이 되었다. 고국의 하늘이 가까워지자 멍의 시야가 흐려졌다.

비행기에서 진홍색 드레스로 갈아입은 그녀가 선전 활주로에 모습을 드러낸 순간, 카메라 플래시들이 요란하게 터졌다.[2] 방호복과 고글과 라텍스 장갑을 착용한 사람 둘이 튀어나와 빨간 장미를 그녀에게 바쳤다. 중국은 여전히 팬데믹의 깊은 수렁에 빠져 헤어나지 못한 채 세계에서 가장 엄격한 코로나19 통제를 받고 있었다. 멍은 3주간의 격리 생활을 시작하기에 앞서 카메라 앞에 잠시 머물렀다. 멍은 안전을 위해 먼발치서 마스크를 쓴 채 붉은 깃발을 흔드는 수많은 지지자들에게 허리 숙여 인사했다.

"드디어 조국의 품으로 돌아왔습니다." 멍이 목소리를 가다듬었다. "고난과 어려움으로 가득 찬 나날이었습니다."

중국 전역에서 그녀는 영웅 대접을 받았다. 선전에서 가장 높은 빌딩인 핑안파이낸스센터平安金融中心의 측면 벽은 '집에 오신 걸 환영합니다. 멍완저우'라고 적힌 네온 광고판으로 바뀌었다. 초등학생들은 멍완저우가 겪은 시련을 교훈 삼아 공부했다. 고위 관리들은 그녀를 칭찬했다. 외교부 차관 러위청樂玉成은 멍완저우가 전자 발찌뿐 아니라 "패권의 족쇄"에서도 해방되었다고 선언했다.[3] 작전이 성공으로 끝나자 중국 관리들은 시진핑 주석이 직접 그녀의 석방을 위해 노력했다는 말을 흘리기 시작했다.

멍완저우의 이복동생 애너벨 야오는 자신의 웨이보 마이크로블로그에 글을 올려 손이 떨릴 정도로 흥분을 감출 수 없다고 썼다. "당과 위대한 조국 덕분이다." 그녀는 그렇게 썼다. "언니, 언니는 나의 영원한 롤모델이자 우리 가족의 자랑이에요."[4]

멍은 이제 안전한 몸이 되었지만, 미국 검찰은 화웨이에 대한 수사를 늦추지 않고 그들의 이란 사업을 둘러싼 지적 재산 절도와 은행 사기 혐의를 계속 추적했다. 화웨이의 지도부는 비행기를 타고 전 세계를 누비며 고객 유치에 많은 시간을 쏟아왔지만, 이제는 중국 땅을 벗어나는 것을 다시 한번 생각해야 할 때였다. FBI는 예상대로 또 다시 경고사격을 개시했다. 중국인 남성 두 명을 형사 고발하면서, 그들이 잡지사 직원으로 위장한 정보 요원이라고 밝혔다. 아울러 그들은 미국 정부의 대화웨이 소송에 대한 비공개 정보를 얻기 위해 뇌물을 제공하려 한 혐의를 받고 있다고 했다.

코로나19로 3주간의 격리를 마친 멍은 10월 25일에 화웨이 사무실로 복귀했다. 그날은 마침 런정페이의 77번째 생일이었다. 직원들은 그녀를 환호로 맞이하고 그녀를 포옹하며 화웨이 스마트폰을 높이 들어 감격스러운 순간을 사진에 담았다.

2022년 3월, 멍은 4년 만에 처음으로 CFO로서 화웨이의 연간 실적을 발표하는 자리에 섰다. "여러분 얼굴을 이렇게 직접 보고 얘기할 수 있어 정말 기분이 좋습니다." 그녀는 행사를 취재하는 기자들에게 말했다. "이런 교류는 무엇으로도 대체할 수 없을 겁니다." 멍은 구금 얘기는 피했지만, 그녀가 없는 동안 많은 변화가 있었다고 말했다. "돌아온 뒤로 몇 달 동안은 밀렸던 일들을 파악하고 처리하기 위해 노력했습니다. 곧 따라잡을 수 있기를 바랍니다."

그 행사가 있고 나서 며칠 뒤, 화웨이는 50세의 멍완저우가 켄 후, 에릭 쉬와 함께 회사의 세 명의 순환회장 중 한 명으로 승진해 6개월씩 교대로 회사를 이끌게 되었다고 발표했다. 런으로부터 오랜 세월 신임을 받아왔던 귀핑은 멍에게 자리를 양보하고 한발 물러나, 감사위원회 위원장이라는 보조 역할을 맡았다. 50대 중반의 귀핑은 멍보다 나이가 그렇게 많은 편은 아니었다. 런은 최고경영자직을 유지했다. 화웨이는 언론에 회사의 승계 계획은 변하지 않았으며, 집단적 리더십을 기반으로 승계 작업은 계속될 것이라고 말했다.

런은 그동안 멍완저우가 자신의 후계자가 되는 일은 없을 것이라고 입이 닳도록 말해왔다. "미즈 멍은 매니저입니다." 그는 그렇게 말했다. "내 후계자는 단언하건대 투사일 겁니다." 그는 딸이 "등대처럼 앞길을 밝혀주는" 리더십 자질이 부족하다고 말했다. 이기심으로 가족에서 승계자를 고르는 일은 없을 것이라는 그의 확언은 경영진을 안정시켰고, 많은 기업을 혼란에 빠뜨리곤 하는 고위 경영진의 동요를 피하는 데에도 도움이 되었다. 그래도 화웨이의 일부 직원들은 런이 가족 승계를 완전히 접지는 않은 것 같다고 의심했었다.

캐나다라는 시련을 빠져나온 뒤 멍은 마침내 자신의 위치를 획득했다. 화웨이 팀원들의 눈에 그녀는 더는 보스의 응석받이 딸이 아니었다. 그녀는 회사를 대신해 고초를 겪었다. 그녀는 자신의 목을 걸었다.

귀가 감사위원회로 물러나는 것과 동시에, 화웨이의 한 시대가 일단락되었다. 그는 1988년에 입사한 이래 오래 동안 런정페이의 오른팔 역할을 해왔다. 2000년대에 귀는 시스코의 소송을 방어하고 캐나다 노텔과 영국 마르코니와 합병 문제를 협상하는 과정에서 주역으로 활약했다. 2011년부터는 화웨이의 순환 CEO로 회사를 이끌었다. 화웨이 연례 회의에 그가 마지막으로 모습을 드러냈을 때만 해도, 세상 사람들은 아직 그의 일선 후퇴 사실을 모르고 있었다. 귀는 다소 침울하고 생각에 잠긴 표정이었다. "생존을 위한 우리의 싸움은 아직 끝나지 않았습니다." 그는 그렇게 말했다. "귀는 가령 제도적 기억 institutional memory (조직이 축적해 온 지식과 정보—옮긴이) 같은 것에 좀 더 마음을 쏟고 있었습니다." 아시아를 기반으로 활동하는 기술 컨설턴트 제프리 토슨 Jeffrey Towson은 귀가 감사위원회로 자리를 옮긴 뒤 그를 만났던 일을 회상하며 그렇게 말했다. "전에는 저돌적이었죠. 지금은 스웨터 차림으로 호숫가에서 라떼를 마시며 여유를 즐기는 편이에요."

멍은 잃어버린 시간을 만회하기 위해 노력했다. 그녀가 없는 동안 중국은 많이 달라져 있었다. 선전의 인도 곳곳에 즉석 코로나19 검사대가 설치됐고, 코로나 확산 방지를 위해 주민들은 며칠 간격으로 검사를 받아야 했다. 편의점에서 고객들은 얼굴만 스캔해도 결제할 수 있게 되었다. 소문으로만 여겼던 시진핑의 뻔뻔한 야심은 현실로 드러났다. 2023년 3월에 그는 거수기에 불과한 입법 기구인 전국인민대표대회에서 만장일치로 초유의 3연임 주석에 임명되어, 개발도상국 중국을 세계의 리더로 변화시키겠다는 자신의 꿈을 한층 더 강력하게 추진할 수 있게 되었다.

2023년 4월에 멍은 화웨이 테크놀로지의 순환 CEO의 첫 반년 임기를 시작했다.

마이클 코브릭과 마이클 스페이버를 태운 비행기가 캘거리에 착륙하는 순간, 활주로에는 캐나다 총리 쥐스탱 트뤼도가 나와 있었다. "지난 1,000여 일 동안 끔찍할 정도의 힘든 시간을 보냈지만, 두 분은 고비마다 결의와 품위와 회복력을 보여주었습니다." 트뤼도는 그렇게 치하했다. "그동안 늘 그랬듯이 두 분이 보여준 강인한 품격은 앞으로도 저를 감동케 하고 분발시킬 것입니다."[6]

두 마이클이 중국에 억류되어 있는 동안 캐나다는 관계를 더는 악화시키지 않기 위해 5G 네트워크에 화웨이를 허용하는 문제에 대한 공식 결정을 미뤄왔다. 하지만 두 마이클이 무사히 귀국한 뒤 트뤼도는 5G 네트워크에서 화웨이 제품 사용을 금지한다고 공식 발표했다. "우리는 시간을 들여 상황을 면밀히 분석하고 모든 요인을 살펴봤습니다." 그는 그렇게 말했다.

중국에서 풀려난 후 두 마이클은 공개 석상에 좀처럼 모습을 드러내지 않았다. 마이클 코브릭은 국제위기감시기구에서 다시 일을 시작했고, 처음 본 두 살배기 딸 클라라와 시간을 보냈다. 지정학 분석가인 아내 비나 나지불라 Vina Nadjibulla 는 그가 구금 중이던 2019년에 클라라를 출산했었다. 마이클 스페이버는 상황이 썩 좋지 않았다. 북한을 상대로 벌이던 문화 교류 사업은 다시 하기가 힘들었다. 그의 동생 폴과 친한 친구들이 기금을 모아 그의 법률 비용과

사진 27.1 화웨이의 칩 자회사 하이실리콘 책임자 테레사 허(왼쪽)와 멍완저우.

생활비를 보탰다. "이번 사건으로 형의 생계가 상당히 어려워진 것 같습니다. 어쩌면 추방과 재산 손실로 이어질지 모릅니다." 동생 폴 스페이버Paul Spavor는 모금을 위한 홈페이지에 그렇게 썼다.

2023년 11월, 캐나다의 〈글로브 앤드 메일〉에 놀라운 기사가 실렸다. 마이클 스페이버가 중국에 억류된 사건에 대한 보상으로 캐나다 정부에 수백만 달러를 요구했다는 소식이었다. 그 기사에 따르면 그는 자신이 체포된 이유를 같이 수감된 마이클 코브릭 탓으로 생각하고 있었다. 자신이 알려준 민감한 정보를 코브릭이 자신도 모르는 사이에 서방 정보기관에 전달했다는 주장이었다. 중국 관영 언론은 이 이야기를 앞다투어 보도하며, 두 캐나다인이 첩자였다는 중국의 주장이 옳았다고 호들갑을 떨었다. 코브릭은 침묵을 깨고 캐나다 언론에 나와 이를 변명하며, 중국 정부가 외교관이자 싱크탱크 분석가인 자신의 업무를 잘 알았고 자신을 수시로 초대해 중국 관리들이나 애널리스트나 학자들과 만나게 해주었다고 말했다. "우리가 억류된 이유를 두고 끊임없이 가스라이팅하고 허위 정보를 흘려봐야 우리 모두가 벗어나려 애쓰는 고통을 연장할 뿐입니다." 코브릭은 〈내셔널 포스트National Post〉에 그렇게 말했다.[7]

캐나다 내에서는 이번 사건이 주는 교훈 말고도, 멍의 구금과 관련해 오타와 정부가 미국의 장단을 어디까지 맞춰줘야 할지를 놓고 의견이 분분했다. 미국이야 그럴 만한 사정이 있었겠지만, 서방 변호사들조차 회사 창업자의 가족을 가두는 식으로 경제적 제재 사건을 개인적인 문제로 만든 것은 이례적이라는 데 동의했다. ZTE 사건에서도 캐나다는 결코 그렇게 하지 않았다. "분명 잘못된 조치였습니다." 전 캐나다 고위 정보 관리였던 미셸 주노-카츠야는 멍을 구금한 캐나다의 조치에 대해 그렇게 말했다. "우리는 미국의 비위를 건드리지 않는답시고 추잡한 짓을 한 겁니다." 존 맨리John Manley 전 외무장관은 캐나다 언론과의 인터뷰에서 캐나다 당국은 멍을 체포하지 못하는 "창조적 무능"을 발휘했어야 했다고 아쉬워했다.[8] 가이 생자크 전 주중 캐나다 대사는 양국 간 범죄인 인도 조약에 따른 캐나다의 책임 외에도 다투고 있던 추가 요인이 있었다며, 캐나다는 미국과 북미자유무역협정을 다시 협상하는 중이었다고 털어놓았다. "재협상을 바라던 상황에서 우리가 멍의 인도를 거부해 미국 행정부의 심기를 불편하게 만들기는 어려웠을 겁니다." 그는 그렇게 말했다. "우리도 어쩔 수 없었습니다."

28

블랙 스완

| 화웨이의 미래: 2023년~ |

조종간을 잡은 멍완저우의 첫 6개월 임기가 끝나갈 무렵, 화웨이는 2023년 8월 말에 조용히 새 스마트폰을 출시했다. 화웨이는 늘 하던 홍보 행사를 생략하고 메이트 60 프로_{Mate 60 Pro}의 사양도 공개하지 않았다. 하지만 사람들은 화웨이가 미국의 제재를 비켜 갈 방법을 찾았다고 수군거렸다.[1]

이렇게 많은 사람들이 뜯어내고 조각조각 분해할 목적으로 새 휴대폰을 산 적은 거의 없었다. 분석가들은 소문이 맞다고 확신했다. 화웨이는 중국 파운드리 업체인 SMIC를 통해 5G 프로세서를 어쨌든 생산해 냈다. 두 회사 모두 그런 첨단 칩 제조를 막으려는 미국의 제재를 받는 상황에서 전개된 일이었다. 어떻게 이런 일이 가능한지 확실하게 설명할 수 있는 사람은 아무도 없었다. 화웨이와 SMIC가 제재를 위반해 가며 이런 성과를 이뤄냈을 수도 있고,

수준이 떨어지는 툴을 한계까지 밀어붙여 성공했을 수도 있다. 그것은 마치 두꺼운 붓의 끄트머리로 아주 가는 선을 그리는 것과 같아서, 기술적으로 불가능하진 않지만 고도의 기술이 필요한 과정이었다. SMIC와 화웨이는 어떤 붓을 사용했으며, 또 그것을 어떻게 구했는지 밝히지 않았다.

그래서 많은 외부인은 수수께끼 같은 화웨이의 칩 자회사인 하이실리콘 내부를 들여다보려고 했다. 그러나 어림없었다. "하이실리콘을 방문하려면 런정페이의 승인을 받아야 한다고 들었습니다." 워싱턴의 연구원 폴 트리올로Paul Triolo는 그렇게 말했다.[2]

화웨이의 새 휴대폰 소식에 워싱턴에서는 한바탕 소란이 일었고, 화웨이는 또 다시 그들의 조준경에 잡혔다. "화웨이 관련 보도를 보니 상당히 당황스럽군요." 지나 라이몬도Gina Raimondo 미 상무부 장관은 의원들에게 그렇게 말했다.[3] 그녀는 상무부가 더 많은 자원을 동원해 제재를 시행해야 한다고 말했다. 화웨이의 휴대폰이 출시된 지 몇 주 후, 바이든 행정부는 첨단 칩을 만드는 데 필요한 도구를 중국으로 수출하지 못하게 하는 조치를 강화했다.

화웨이 경영진들은 바이든이 트럼프보다 더 유연하게 나오기를 바랐겠지만, 그런 희망은 금방 사그라들었다. 바이든 행정부는 반중 인종주의를 부채질하지 않기 위해 용어 구사에 더욱 신중했다. '클린 네트워크'나 '클린 국가' 같은 말은 입에 올리지 않았다. 그러나 그들은 여러 면에서 트럼프 행정부가 중단한 부분을 이어받아 중국을 억제하려는 노력을 강화했다. 미국이 조만간 화웨이에 대한 제재를 풀 것 같다는 조짐은 어디에도 보이지 않았다.

미국은 화웨이를 대체할 새로운 대안을 추진했다. 트럼프 행정부가 시작하고 바이든 행정부가 마무리하던 그 대안을 워싱턴에서는 '오픈랜Open RAN'이라 불렸다. 오픈랜은 일종의 개방형 안드로이드 생태계 같은 기지국용 부품 믹스앤매치mix-and-match 시스템으로, 미국의 신생 공급업체가 화웨이처럼 전체 세트가 아닌 한 부분만 만들 수 있더라도 기사회생할 수 있게 해주는 기술이었다. EU 관리들은 시스템에 서로 연결된 공급업체가 많으면 사이버 보안 공격에 더 취약하다고 지적하는 등, 오픈랜을 회의적으로 바라보는 편이었다. 하지만 미국은 이 시스템을 빠른 속도로 밀어붙였다. "이것이 정부 전반의 접근 방식이었어요." 상무부 차관보이자 국가통신정보관리청 행정관인 앨런 데이비슨Alan Davidson은 그렇게 말했다. "우리는 국무부 심지어 백악관과도 매우 긴밀하게 협력해 왔습니다. … 우리는 필요한 수단은 모두 동원할 생각입니다." 바이든은 세계 지도자들과의 만난 자리에서 이 시스템에 대해 찬사를 아끼지 않았다. 미국 정부는 보조금까지 지급해 가며 인도네시아, 나이지리아, 필리핀, 심지어 아마존 열대우림 지역의 마을 등 전 세계로 이 기술을 보급했다.

화웨이의 오름세는 스푸트니크 모멘트였다. 그것은 혁신과 무역 그리고 자신의 과거와 미래를 바라보는 전 세계 사람들의 사고방식을 바꿔놓았다. "자체적인 프로그램 제어 교환기가 없는 나라는 군대가 없는 나라와 같습니다." 1994년에 런정페이는 장쩌민 총서기에게 중국 중앙 정부가 통신 장비에 대한 투자를 늘려야 한다고 주장하면서 그렇게 말했다. 이제 전 세계 여러 나라도 비슷한 결정을 내리고 있었다. 미국 어디라 할 것 없이 사람들은 갑자기 '산업정책'이니 '전략 기술'이니 하는 용어들을 입에 올리기 시작했다. 자유 시장과 민주주의가 승리하면서 더는 발전이 없으리라고 수십 년째 믿어온 사람들은 사실 아직 발전이 끝나지 않았다는 것을 깨

단게 되었다. 그리고 미래가 과거와 비슷하게 보이기 시작했다.

그렇다고 세계화에서 완전히 후퇴한 것은 아니었다. 그것은 불가능했다. 하지만 그것은 주가나 대차대조표만으로는 한 국가의 기술 역량이 지닌 사회적 가치를 온전히 담아낼 수 없으며, 그 역량이 사라졌을 때의 상실감도 온전히 드러낼 수 없음을 인정한 것이었다.

멍이 안전하게 돌아온 것과 동시에, 그동안 특이할 정도로 자주 이어졌던 런의 언론 인터뷰도 막을 내렸다. 회사는 다시 연막에 싸인 예전의 모습으로 돌아갔다. 2년 사이에 회사를 들여다볼 수 있는 별도의 창이 잠깐 열렸던 것이다. 이제 그 창은 다시 굳게 닫혔다. 런의 어린 딸 애너벨 야오도 수년간 인스타그램에 올렸던 자신의 제트족 생활jet-setting life(비행기로 자주 여행을 다니며 호화로운 일상을 즐기는 상류층의 생활—옮긴이)과 발레 댄스 관련 게시물을 한순간에 전부 삭제했다. 런은 이메일을 가능하면 짧게 작성하고 보관할 필요가 없는 오래된 기록은 없애라고 공식 발표했다. 화웨이는 웹사이트에서 오래된 게시물을 삭제했다. 회사의 당서기였던 저우다이치는 어느 순간 조용히 은퇴했다. 그의 후임으로 누가 지명되었는지 외부 사람들은 알지 못했다.[4] 2024년에 화웨이는 오랜 전통인 연례 기자 회견을 생략하기로 했다.

막후에서는 외교적 공방이 계속되었다. 2024년 7월에 독일 정부는 독일의 주요 통신사들이 5년 이내에 화웨이와 ZTE의 5G 장비를 더는 사용하지 않게 될 것이라고 발표했다. 미국의 대승이었다. 화웨이를 대하는 서구의 태도는 갈수록 비우호적으로 바뀌었다. 하지만 놀랍게도 화웨이는 여전히 5G 장비 판매량에서 세계 1위를 달렸다. 화웨이는 애국심이 뒷받침된 국내 구매와 신흥 시장

사진 28.1 구이저우 구릉지대에 유럽 마을을 재현해 놓은 화웨이의 중국 최대 데이터 센터는 2021년에 100만 대의 서버로 가동을 시작했다.

에서의 꾸준한 수요에 힘입어 굳건히 제 자리를 지켰다.

런정페이나 화웨이라는 이름이 사람들 귀에 익숙하지 않았던 1980년대에 완룬난은 '중국의 IBM'이라는 찬사를 받으며 자신의 쓰퉁그룹을 이끌었던 중국의 스타 기업가였다. 완은 경제가 바뀌면 정치도 바뀔 것이라고 믿었다. 그는 1989년 민주화 시위대를 막후에서 지원했다. 그 결과 그에 대한 체포 영장이 발부됐고, 그는 프랑스로 달아났다. 그는 끝내 고국으로 돌아가지 못했다.

여러 해가 흐른 뒤 파리에 머물던 완은 건강이 나빠지자 1980년대 후반 베이징 시절 어느 날의 일을 떠올렸다.[5] 그때 그는 현지 관리들로부터 저녁 식사 초대를 받았다. 이례적인 일이었다. 평소엔 그가 관리들을 초대해 극진한 대접을 하면서 그들의 환심을 사곤 했다. 그날 식사 중에 관리들은 완에게 국가안전부에서 요원들을 보내 그의 회사에서 근무하도록 조치할 것이라고 일러주었다. 그리고 그 위장근무자들은 국제 관계를 다루는 직책에 앉을 것이라고 말했다. 관리들은 그것이 완과 회사의 다른 임원들을 보호하기 위한 조치라고 했다. 외국인과의 거래에서 일어날 수 있는 보이지 않는 위험에 빠지지 않도록 하기 위한 사전 보안 조치라는 얘기였다. "당신들은 해외 비즈니스가 많기 때문에 당신들에게 불리한 보안 문제를 일으킬 수 있어요. 당신들이 이해하지 못하는 상황도 있고요." 완은 공무원들이 그렇게 말했던 순간을 떠올렸다. "그들이 이렇게 말하더군요. '우리가 몇 명을 보낼 거요. 당신네는 그냥 정규 직원처럼 대해주면 됩니다.'"

완은 이 무렵 국가안전부가 베이징의 다른 기술 기업에도 같은 요청을 한 것으로 알고 있다고 했다. 그는 화웨이의 상황은 몰랐다. 화웨이는 멀리 선전의 남쪽에 틀어박힌 작은 스타트업으로, 아직 누구의 레이더에도 포착되지 않았기 때문이었다. 하지만 완은 화웨이도 이와 비슷한 요구를 피하지 못했을 것이라고 짐작했다. "그 점은 확실합니다." 그는 그렇게 말했다. "통신은 국가의 생명줄을 통제하는 산업입니다. 실제로 모든 통신 시스템에는 도청에 사용할 수 있는 백엔드 플랫폼이 존재합니다."

그것은 아주 드물기는 하지만 국가안전부와 중국의 첨단 기술 산업과의 관계를 둘러싸고 있는 침묵의 덮개를 들어 올리는 순간이었다. 사실 그것은 어느 나라 할 것 없이 드문 일이었다. 세계 어디서나 이런 첩보 활동은 각국 정부가 가장 은밀하게 간직하는 기밀에 속한다. 에드워드 스노든은 해외에서 NSA의 작전을 폭로한 뒤 결국 러시아로 망명하고 말았다. 완 역시 중국에 계속 머물렀다면 체포를 각오해야 했을 것이다.

여러 해 동안 외국 정부 당국자와 언론인들은 틈나는 대로 화웨이 경영진에게 중국 정부의 지시를 어기고라도 해외 감시 활동을 거부할 의향이 있는지 물었다. 사실 그것은 대답할 수 없는 질문이었다. 중국과 미국을 포함한 전 세계 정부는 기술 기업에 조사에 협조하라고 강요할 뿐 아니라, 그 사실에 입을 다물라고 압력을 넣는다. 특히 구글은 법원에서 발부되는 '보도 금지령'의 빈도가 너무 잦다고 불평해 왔다. 보도 금지령이 내려지면 정부가 사용자 데이터를 요구한 사실을 밝힐 수 없다.

이런 관행은 베일에 싸여 있지만 정부가 네트워크 장비를 해킹할 뿐 아니라, 네트워크 사업자가 세부 사항을 눈치채지 못하는 사이에 통신 네트워크의 데이터를 도청하기 위해 '직접 액세스' 방식을 사용한다는 사실은 더는 비밀이 아니었다.

2016년 유엔의 의견 및 표현의 자유 권리 증진 및 보호에 관한 특별 보고서는 그 관행을 이렇게 설명한다.

> 국가는 또한 통신, 사용자 계정 정보, 전화 및 인터넷 기록 등 다양한 정보를 가로챌 목적으로 서비스 제공업체와 콘텐츠 플랫폼의 기술 인프라에 은밀하게 접근할 수 있다. 알려진 바에 의하면 국가들은 고객에게 컴퓨터 하드웨어를 전달하는 과정에서 제품을 변조하고, 악성 소프트웨어를 심어 사설 네트워크와 플랫폼에 침투하며, 특정 장치를 해킹하고, 그 밖의 디지털 보안의 허점을 악용한다고 한다.[6]

드러내고 말하지는 않지만 기술 기업 경영진은 네트워크를 해킹하고 감시하는 정도가 일반인들이 생각하는 것보다 훨씬 더 심하다고 믿는다. 또한 그들은 수백만 줄에 달하는 코드에 있을 수 있는 백도어의 존재 여부를 확인하기가 어렵다는 점도 인정한다. AT&T가 2016년에 사이버 보안 전문가를 대상으로 설문조사를 했을 때, 어떤 디바이스에서도 사적인 대화를 마음 놓고 나누기 힘들다고 대답한 비율이 64%였다.[7]

화웨이에게 그것은 자신들의 장비가 중국 정보기관에 의해 악용될지 모른다는 우려가 줄어들지 않는다는 의미다. 중국이 서구의 기술에 경계를 늦추지 않는 것처럼 말이다.

"화웨이 장비에는 중국 정부가 필요한 정보를 얻으려 할 경우 언제든지 접근할 수 있는 백도어가 있다는 상당한 두려움이 존재한다고 봅니다. 이것이 진짜 두려운 점이라고 생각합니다." 케냐의 이동통신사 사파리콤의 설립자 마이클 조지프는 그렇게 말했다. "그래서 어쩌겠어요? 당신 같으면 어떻게 할 건데요?" 그는 덧붙였다. "다른 정부들이 무슨 생각을 하는지도 모르잖아요. 그리고 어떤 정부는 믿을 수 있나요? 아마 다들 엿듣고 싶은 건 다 듣고 있을 겁니다."[8]

일반 사람들은 중국 국가안전부가 해외에서 어떤 식으로 도청 행위를 하는지 거의 알지 못한다. 그것은 국가안전부가 미국 정보기관처럼 오래된 기록에 대해 대대적인 기밀 해제를 하지 않는 탓도 있다. 또한 시스템 내부에서 대규모 내부 고발 시도나 에드워드 스노든 같은 내부 고발자가 나타나지 않은 탓도 있다. "미트로킨 Mitrokhin(67년 치 KGB의 첩보자료를 영국으로 빼돌린 KGB 기록보관원―옮긴이) 흉내를 내 과거 중국의 정보 작전을 기록해 망명한 사람은 아직 없습니다. 또 중국에서 빠져나가는 기밀 자료의 양도 극히 미미한 수준이고요." 중국의 정보 작전을 폭넓게 연구한 전 영국 정부 요원 데이비드 이안 체임버스 David Ian Chambers 는 그렇게 지적했다.[9]

통신 장비에 이런 위험이 있다는 것은 새삼스러운 일이 아니라는 점을 지적할 필요가 있다. 정책 입안자들은 이런 위험을 늘 인지했고, 세계화가 한창일 때는 그런 위험을 고려사항에 반영했다.

"예를 들어 CIA는 오래 동안 말레이시아와 중국에서 일어나는 일을 보고해 왔습니다. 나는 그렇게 확신합니다." 말레이시아 총리 마하티르 모하맛은 기자들에게 화웨이에 대한 질문을 받자 그렇게 말했다. "그렇다고 그것 때문에 미국을 보이콧하지는 않았습니다. 그들은 그럴 능력이 있으니까요. 그리고 이젠 화웨이도 그런 능력이 있어요. 하고 싶은 대로 해보라지요."[10]

새로운 것이 있다면 미국과 중국이 새로운 냉전을 시작하면서 계산법이 바뀌었다는 점이다. 지금의 상대방이 경쟁을 제로섬 게임으로 본다는 것을 서로 잘 안다. 따라서 양쪽은 모두 상대방이 선의를 가지고 행동하지는 않으리라고 가정한다. 또한 양쪽 모두 서로를 제치기 위해서라면 어떤 극단적인 수단도 가리지 않을 것이며, 궁지에 몰리면 단순한 악의만으로도 공멸이 확실한 파국을 부를 빨간 버튼을 주저 없이 누를 것이라고 가정한다.

"관리 대상이 되는 위협이 무엇이냐에 따라 다르겠죠. 그렇지 않겠어요?" 전 NSA 사이버 보안 연구원이었던 찰스 클랜시는 최근까지 서방 정부가 화웨이 장비를 안전하다고 여긴 이유를 그렇게 설명했다. "중국이 정보법을 실제로 적용하고 전 세계의 적을 상대로 훨씬 더 공격적으로 나온다는 전제가 없으면 그런 위협은 다룰 수 있는 위협입니다. 하지만 충분한 확신이 없다면…."[11]

화웨이 장비를 전면 교체한다는 프로그램은, 재앙임에 분명하지만 가능성이 희박한 몇 가지 시나리오에 근거한 것이라고 클랜시는 덧붙였다. 그것은 경제학자들이 블랙 스완 이벤트라 부르는 종류의 시나리오였다.

"우리는 그 위험을 정량화하는 방법을 알지 못합니다." 클랜시는 그렇게 말했다. "중국이 필요하거나 원할 경우, 그것은 아마도 대만 침공 시나리오의 일부로 사용할 수 있는 지정학적 지렛대에 가깝겠죠."

이는 맬컴 턴불 전 호주 총리가 화웨이를 5G 네트워크에서 배제할 때의 입장과 비슷하다. 당시 턴불은 유죄가 입증될 때까지는 무죄로 볼 수 있지만, 나중에 후회하느니 안전한 쪽을 택하겠다고 했다. "그렇다고 해서 화웨이가 현재 우리 통신 네트워크를 방해하는 데 사용되고 있다고 생각한 것은 아니다." 턴불은 회고록에서 그렇게 썼다. "우리의 방식은 미래의 위협을 대비한 것이었다. 우리가 확인한 것은 스모킹 건이 아니라 장전된 총이었다."[12]

블랙 스완 이벤트는 한꺼번에 몰려올 수 있다. 가능성이 매우 희박했던 사건이 아무도 예측하지 못했던 또 다른 사건을 일으킨다. 멍완저우가 몇 해 전 회사에서 저지른 제재 위반으로 밴쿠버에 구금된다는 것은 누구도 예상하지 못했던 뜻밖의 시나리오였다. 하지만 선전의 소규모 교환기 제조업체가 모든 사람이 지켜볼 만큼 성공할 수 있다는 얘기 또한 더더욱 가능성이 희박했다.

그렇다면 그다음은 어떻게 될까? 화웨이는 사람들이 예상했던 것 이상으로 미국의 공세를 견디고 살아남아 더욱 번창했다. 오랫동안 의지했던 미국 기술에 대한 미련을 버리고, 자체적인 대안을 개발해 어떤 면에서는 더욱 강해졌다. 이 위기로 베이징은 화웨이가 소중한 존재라는 사실을 새삼 깨닫게 되었다. 중국 관리들은 화웨이를 죽음의 골짜기에서 빼낼 수만 있다면 산이라도 옮길 기세다. 화웨이는 당분간 국제적 사건에서 여전히 중요한 역할을 할 것으로 보인다.

하지만 착각해서는 안 된다. 미국 정부는 화웨이의 상승세를 멈추는 데 성공했다. 화웨이는 더는 매년 새로운 매출 기록을 갈아치우던 기세를 멈추고, 대신 2020년의 수준을 회복하려 애쓴다. 더는 서구로 확장하려 애쓰지 않고, 대신 신흥 시장에 보유하고 있던 그들의 영역을 지키려 한다. 화웨이는 혁신을 주도했던 미국이나 유럽 대학과의 소중한 R&D 파트너십을 잃었다. 그러나 화웨이는 지금도 여전히 최첨단 기술을 선도한다. 수년 전부터 인공지능 같은 새로 떠오르는 분야에 대한 연구를 시작한 덕분이다(2025년 초 공개된 딥시크Deepseek의 인공지능 모델은 화웨이의 Ascend 910C 칩에서 구동하는 것으로 알려져 있다—옮긴이). 하지만 그들을 막는 벽이 사방을 둘러싸고 있는 상황에서 화웨이가 다음 세대는 물론 그 이후에도 R&D 리더로서 그 자리를 유지할 수 있을지는 아직 미지수다.

런정페이 자신의 문제도 있다. 런은 20년 넘게 승계 계획으로 고심을 거듭했고, 자신을 포함한 개별 경영진이 실수를 할 때마다 회사로 불똥이 튀지 않게 하려고 이런저런 시스템을 도입했다. "기업의 핵심이 기업가라면, 그런 곳처럼 비참하고 절망적이며 신뢰할 수 없는 기업도 없을 겁니다." 런은 직원들에게 그렇게 말한 적이 있다. "내가 은행이라면 기업가에게 절대 대출해 주지 않을 겁니다. 왜냐고요? 내일 그가 비행기를 탔는데 그 비행기가 떨어지지 않는다고 누가 장담합니까?"[13] 최근 몇 년 사이에 런은 이미 동료들에게 많은 권한을 넘겼으며 자신은 '마스코트'에 지나지 않는다고 주장해 왔다. 하지만 그는 여전히 직원들에게 영감을 주고 각자의 사명을 일깨워 준다. 그런 런이 없는 화웨이가 어떻게 굴러갈지는 여전히 미지수다. 그의 후계자들은 자국에서 정상에 오른 기업을 계속 그 자리에 머물도록 해야 하는 막중한 시험을 마주하고 있다.

몇 년 전에 화웨이는 연례 보고서를 통해 수정된 새 조직도를 공개했다. 맨 위에 '주주총회'라는 항목이 새로 추가됐는데, 화웨이는 이를 '최고 직권'이라고 불렀다."[14] 이사회는 주주총회에 보고했다. CEO도 그랬다. 다른 모든 직원들도 마찬가지였다. 그리고 화웨이를 통제하는 주체가 정확히 누군가라는 잦아들지 않는 질문에 관한 문제라면, 그 답은 아마도 눈에 보이는 것 저편에 있을 것이다.

외국의 옵서버들은 15만 명이 넘는 직원 주주들이 '주주총회'를 통해 화웨이를 통제한다는 그들의 주장을 대체로 믿지 않는 편이다. 그들이 보기에 그것은 분명코 사실이 아니기 때문이다. 일반 화웨이 엔지니어나 영업 사원은 회사의 큰 전략에 대해 아무런 발언권이 없다. 하지만 주주총회를 완전히 무시하는 것도 성급한 일일지 모른다. 흥미롭게도 이런 주주 중 선택된 일부는 실제로 실질적인 권한을 갖고 있으니까.

5년마다 수십 명의 주주가 공식적으로 '대표'로 임명되어 모든 주주의 이름으로 의사 결정을 내릴 권한을 부여받는다. 이들 대표는 회사의 주요 결정을 판단한다. 이들은 또한 화웨이의 이사를 선출하고, 이사회는 다시 CEO를 선출한다.

그러면 그런 대표들이 누구인지 궁금해지지 않을 수 없다. 이들은 화웨이 직원들의 공개 투표로 선출된다고 하는데, 이는 운이 좋아 동료들로부터 표를 받은 엔지니어들이 돌아가면서 직원들에 의한 지배에 참여하는 것 같다고 추측하게 할 수도 있다. 이는 사실이 아니다. 화웨이가 주주 대표 명단을 공개하기 시작한 2014년부터, 이들 대표 집단은 화웨이에서 가장 힘 있는 임원들로 구성되어, 대체로 안정적인 체제를 유지해 왔다.[15] 실제로 이사회나 경영진의 명단보다는 대표들의 명단이 회사 내 권력의 역학 관계를 더 잘 반영하는지도 모른다. 회사에서 영향력이 있는 것으로 알려진 사람들은 다른 고위 직책을 맡지 않아도 이 목록에 들어간다. 예를 들어 런의 동생 런슈루와 아들 런핑, 당서기인 저우다이치 등은 대표 명단에 꾸준히 이름을 올렸다. 쑨야팡도 있다. 그녀는 2018년 회장직에서 물러난 뒤 화웨이에 남았지만, 고위 경영진 자리에는 오르지 않았다. 그러나 2023년 대표자 명단에서 그녀의 이름은 런에 이어 두 번째에 올랐고 그보다는 실권이 적은 신임 회장 량화의 앞에 놓여 있다.[16] 이 밖에도 대표자 명단에는 회사의 존경받는 원로들의 이름이 보인다. 회사 창립 당시의 투자자들의 주식 인수를 협상한 장시셍도 그런 경우다.

회사 자료에 따르면 임직원 대표회의는 "회사의 주요 문제를 결정하고 관리하고 모니터링하며" 또 이사회 임원과 감사위원회를 선출한다. 그리고 밝혀진 바와 같이, 대표들은 거의 예외 없이 자신을 이사나 감독으로 선출한다. 그리고 CEO는 이사들이 선출하는데, 그들은 늘 런을 뽑는다. 런 역시 대표다.

외국인이 보면 아주 황당한 체제처럼 보일지 모른다. 하지만 중국에서는 낯익은 모습이다. 국가의 운영 방식 자체가 이와 놀라울 만큼 유사하기 때문이다. 매년 중국 공산당 전국인민대표대회가 열리는데, 여기에는 전국 지방당의 민초에 의해 선출된 대의원 약 2,000명이 참석한다.[17] 이 대의원들은 간부를 약 200명 선출해 당 중앙위원회에 보내고, 중앙위원회는 이 중 24명을 정치국 위원으로 뽑는다. 이 중에 7명이 정치국 상무위원에 선출되고, 그 7명 중 1명이 당의 최고 직책인 총서기로 뽑힌다. 이런 복잡한 선출 제도에도 불구하고 중국 정치 체제를 연구하는 학자들은 일반적으로 중국 최고 지도자는 중국의 최고 권력자들이 모이는 비공개회의에서 미리 결정된다고 생각한다.

화웨이가 자체 선거로 선출하는 대표들이 그토록 일관되게 유지되는 이유는 확실하지 않다. 한 가지 설명은 각 대표의 득표수에 보유 주식 수가 가중치로 부여되기 때문에 런을 비롯한 고위 임원들이 하급 직원보다 표를 훨씬 더 많이 얻는다는 것이다. 또 다른 설명은 런이 직원들에게 꾸준히 지급해 온 배당금으로 부자가 되는 직원이 많기 때문에, 직원들이 그에게 표를 던지지 않을 이유가 별로 없다는 것이다. 아니면 일종의 선거를 실시하긴 하지만 민주주의를 채택하지 않는 국가이기 때문에, 투표 결과가 예상을 크게 벗어나지 않도록 하는 나름의 생존 기술을 개발했을 수도 있다.

이런 중국의 통치 체제는 화웨이를 누가 통제하는지 그 해답을 찾을 수 있는 렌즈를 제공한다. 우리가 아는 중국 정부는 이런 모습이다. 집단 통치 모델은 최종 결정자가 정확히 누구인지 모호하다. 그리고 이는 의도된 것이다. 권력은 핵심 지도자 한 사람에게 집중되어 있기 때문에 결정을 내리는 당사자는 그 한 사람이겠지만, 존경받는 원로들이 막후에서 상당한 영향력을 행사하는 경우도 많다. 심지어 이들은 명목상 지도자의 결정을 뒤엎을 수도 있다. 정부도 화웨이도 모두 당의 자체 징계 메커니즘이 있어 개별 관리들을 통제하는 강력한 지팡이 역할을 하는데, 이 메커니즘 때문에 당은 이데올로기에 어긋나는 사람들을 축출할 수 있다.

화웨이의 목표는 당의 목표와 마찬가지로 장기적인 생존이다. 이런 목표를 이루려면 직원들의 충분한 동의가 있어야 한다. 하지만 주주의 가치나 개인의 행복을 극대화하는 것 자체는 이들의 목적이 아니다.

이런 시스템에는 강점과 약점이 있다. 강점은 모두가 한마음이 되어 무서운 속도로 놀라운 과업을 이룩할 수 있다는 것이다. 하지만 이런 시스템은 강력해도 무너지기 쉽고, 성공해도 거기에 연루된 개인에게 엄청난 비용을 치르게 한다.

1990년대에 화웨이가 기본법 초안을 작성할 때, 런과 그의 참모들은 화웨이가 어떤 종류의 회사인지 자문했다. 이제 그 답은 분명해졌다. 화웨이는 국가의 이미지와 그들의 모든 두려움과 결점 그리고 모든 용기와 시詩가 모여 이루어진 회사다.

감사의 말

이 기획을 지원해 주는 한편으로 많은 가르침을 준 〈워싱턴 포스트〉의 편집자와 동료들께 감사드린다. 2022년 중국 파견 임무를 마무리하는 의미로 시작한 이 기획을 격려해 준 더글라스 젤Douglas Jehl, 애나 파이필드Anna Fifield, 데이비드 크로셔David Crawshaw, 릴리 쿠오Lily Kuo, 캐머런 바Cameron Barr와 귀국 후 워싱턴의 〈워싱턴 포스트〉 기술 정책팀에 따로 내 자리를 마련해 준 로리 몽고메리Lori Montgomery, 마크 시벨Mark Seibel, 앨렉시스 소벨 피츠Alexis Sobel Fitts, 제이미 그래프Jamie Graff, 김윤희Yun-Hee Kim 등 여러분께 크나큰 감사를 드린다. 두 팀과 함께 일할 수 있어 정말 즐거웠다. 〈워싱턴 포스트〉의 동료들은 다양한 방식으로 중국과 세계에 대한 내 이해의 폭을 넓혀주었다. 특히 예리한 통찰과 우애를 베풀어준 켄드라 니콜스Kendra Nichols, 카테리나 앙Katerina Ang, 크리스천 셰퍼드

Christian Shepherd, 리릭 리Lyric Li, 페이린 우Pei-Lin Wu, 알리시아 첸Alicia Chen, 김민주Min Joo Kim, 그레이스 문Grace Moon, 에밀리 라우할라Emily Rauhala, 엘렌 나카시마Ellen Nakashima, 드류 하웰Drew Harwell, 케이트 커델Cate Cadell, 어맨다 콜레타Amanda Coletta, 캣 자크르제브스키Cat Zakrzewski, 크리스티아노 리마스트롱Cristiano Lima-Strong에게 감사하다는 말을 전하고 싶다.

존 팜프렛John Pomfret은 친절하게도 이 책 기획안의 초안을 읽고 난 뒤, 에이전트 피터 번스타인Peter Bernstein과 에이미 번스타인Amy Bernstein을 소개해 주었다. 두 분은 전문성과 노련함으로 이 아이디어를 구체화시켰다. 편집을 담당한 '포트폴리오'의 노아 슈워츠버그Noah Schwartzberg는 처음부터 이 기획을 믿어주었고 여러 달 동안 예기치 않은 변수가 생길 때마다 영감을 주는 아이디어와 함께 확고한 지원과 사려 깊은 편집으로 내게 힘을 주었다. 이 빚을 어떻게 갚아야 할지 모르겠다. 지원과 지도를 아끼지 않은 에이드리언 잭하임Adrian Zackheim과 니키 파파다폴로스Niki Papadopoulos를 비롯한 포트폴리오 경영진에게도 감사드린다. 포트폴리오 팀과 함께 일할 수 있었던 것은 즐겁고 소중한 순간이었다. 브라이언 보차드Brian Borchard, 니나 브라운Nina Brown, 메간 캐바나Meighan Cavanaugh, 애나 다빈Anna Dobbin, 린다 프리드너Linda Friedner, 제시카 레니오네Jessica Regione, 크리스 웰치Chris Welch, 로렌 모건 위티컴Lauren Morgan Whitticom의 전문성과 세심한 배려에 특히 감사를 드린다. 눈에 금방 들어오는 멋진 표지를 디자인해 준 브라이언 레머스Brian Lemus에게도 감사하다는 말을 드린다. 레일라 샌들린Leila Sandlin은 숙련된 솜씨로 원고를 검토해 주었고, 여러 가지 두서없는 개별적 부분들을 훌륭하게 종합해 주었다. 오쿠무라 리츠코Ritsuko Okumura는 이 책을 반드시 전 세계 독자들 앞에 선보이겠다는 일념으로 끝도 없는 수고를 해주었고, 〈애버커스Abacus〉의 리처드 베즈윅Richard Beswick은 영국과 영연방 시장에 이 책을 널리 알려주었다.

초고를 읽고 예리한 비판을 아끼지 않은 크리스티나 라슨Christina Larson, 제임스 파머James Palmer, 댄 왕Dan Wang, 매튜 밀러Matthew Miller, 도널드 C. 클라크, 던컨 클라크에게도 감사를 표한다. 이분들 덕분에 책 내용이 크게 개선되었다. 5G 부분의 초안을 읽다 잠이 든 어떤 분에게도 진심 어린 감사를 드린다.

아카이브 연구 과정은 신문 기자인 내게는 새로운 영역이지만 많은 멘토가 있어 큰 어려움 없이 작품을 마칠 수 있었다. 조지프 토리기안Joseph Torigian, 마크 오퍼Marc Opper, 조슈아 슈퍼트Joshua Seufert 그리고 의회도서관 아시아 열람실의 전문가들 여러분이 아카이브에 대한 지식을 내게 아낌없이 나누어주었다. 이 자리를 빌어 다시 한번 감사하다는 말씀을 드린다. 이들의 도움이 없었다면 앞의 몇 장은 지금보다 내용이 훨씬 초라해졌을 것이다. ARTP Association des Retraités de Technip의 대니얼 베일리Daniel Bailly, 크리스토프 벨로르조Christophe Bélorgeot, 필립 로빈Philippe Robin은 랴오양 석유화학 섬유공장과 관련해 흥미로운 통찰력을 제시해 주었고, 저우펑수오Zhou Fengsuo, 마야 왕Maya Wang, 크리스틴 초이Christine Choy, 벤 클라인Ben Klein은 내 연구의 방향을 친절하게 바로잡아 이끌어주었다. 브리티시컬럼비아주 대법원의 대니카 라구스Danica Raguz는 밝은 표정을 잃지 않은 채 인내심을 가지고 몇 주 동안의 내 기록 조회 요청을 들어주었다.

가물거리는 기억의 문을 열어 소중한 과거를 공유해 주고 지식과 통찰력과 의견까지 아낌없이 제시해 준 모든 통신 엔지니어, 경영진, 정부 관계자, 여러 분야의 전문가들에게 깊은 감사를 드린다. 에르달 아리칸, 크리스토프 베커Christoph Becker, 존 볼턴, 빈스 케이블, 던컨 클라크, 로버트 폭스Robert Fox, 게리 가너, 조지 길더George Gilder, 댄 헤스, 댄 허치슨Dan Hutchison, 마이클 조지프, 미셸 주노-카츠야, 앤디 카이저, 존 코터, 마이클 코브릭, 키스 크라크, 토니 큉, 리처드 컬랜드Richard Kurland, 제임스 루이스, 둥칭 리Dongqing Li, 그레이엄 러브레이스, 에드가 마스리Edgar Masri, 사이먼 머레이Simon Murray, 리카르도 나니Riccardo Nanni, 빌 오웬스, 제이크 파커Jake Parker, 비슈 폴Vishu Paul, 윌리엄 플러머William Plummer, 크리스 파월, 로버트 리드, 다이앤 리날도Diane Rinaldo, 샤를 롤레Charles Rollet, 가이 생자크, 브라이언 쉴즈Brian Shields, 에릭 스타인맨, 존 스트랜드John Strand, 레오 스트로친스키Leo Strawczynski, 닐스 텐 외버Niels Ten Oever, 마이클 실랜더Michael Thelander, 제프리 토슨Jeffrey Towson, 폴 트리올로, 존 F. 타이슨John F. Tyson, 완룬난, 스티브 워터하우스Steve Waterhouse, 에릭 정Eric Zeng, 켄 지타, 토미 즈위키 등 여러분의 이름을 여기 남겨 감사드린다. 그 외에도 많은 분들이 익명으로 의견을 주셨다. 특히 시간을 내어 각자의 기억을 되짚어 주신 전현직 화웨이 직원 여러분께 감사드린다. 여기에 그분들의 이름이 누락되었다면 그것은 분명 내 불찰이다. 여러분 모두가 아니었다면 이 기획은 마무리되지 못했을 것이다.

데이비드 몰코David Molko와 어맨다 콜레타Amanda Coletta는 밴쿠버 재판에서 확보한 메모와 통찰을 아낌없이 공유해 주었다. 스티브 스테클로, 브루스 길리, 라이오넬 바버는 귀중한 시간을 내어 화웨이 역사에서 중요했던 순간에 그들과 만났던 기억을 회고해 주었다.

2019년에 〈월스트리트 저널〉 팀의 질문에 답하고 웅장한 화웨이 캠퍼스를 보여 준 런정페이 회장을 비롯한 화웨이 임원들에게 감사를 표한다. 또 수년 동안 사실 확인 요청에 전문성을 발휘해 준 화웨이의 홍보팀 직원들, 특히 가이 헨실우드Guy Henshilwood, 에비타 서Evita Cao, 디 판Di Fan에게도 감사드린다. 화웨이는 결국 이 기획에 대해 직접적인 논평을 하지 않기로 결정했는데, 유감스럽긴 하지만 불확실한 현재의 미·중 정치 환경을 생각하면 이해 못할 바도 아니다.

이 연구는 톈타오, 우춘보, 황웨이웨이, 요한 피터 머만Johann Peter Murmann, 양샤오롱Yang Shaolong, 연웬Yun Wen, 도널드 C. 클라크 등 수년간 화웨이를 연구해 온 중국 및 외국 학자들의 노력에 큰 빚을 지고 있다. 그들의 저작은 각주에 인용되어 있으며, 화웨이를 좀 더 알고 싶은 독자는 이분들의 저술을 연구해 보기 바란다. 특히 톈타오의 저서는 화웨이에 관한 한 발군의 저작으로, 화웨이를 알고자 하는 모든 이들에게 초석이 될 것이다.

런은 평소 직원들에게 르네상스인에 어울리는 교양을 강조해 역사, 문학, 철학을 공부하고 아울러 각자의 생각을 글로 표현해 보도록 장려하는 독특한 기업 문화를 정착시켰다. 그렇게 해서 엮어진 화웨이 직원들의 글과 에세이는 요사이 몇 해 동안 내 곁을 지켜준 멋진 동반자였다. 자신의 생각을 글로 풀어낸 화웨이 직원들과 화웨이의 사내 간행물을 통해 상세한 역사를 꾸준히 기록하는 방대한 작업을 수행해 온 보이지 않는 그분들에게 경의를 표한다.

신참 기자 시절 내게 아시아 하이테크 산업을 보는 눈을 길러 준 〈월스트리트 저널〉의 퇴직 동료들에게도 감사를 드린다. 내가 타이베이에 근무할 때는 에어리즈 푼Aries Poon과 김윤희 외에 제니 슈Jenny Hsu, 로레인Lorraine Luk, 패니 류Fanny Liu 등 친절한 동료들이 그 요령을 알려주었다. 고인이 된 카를로스 테하다Carlos Tejada를 비롯해 길리안 웡Gillian Wong, 조시 친Josh Chin, 소피아 맥팔랜드Sofia McFarland, 존 코리건John Corrigan, 찰스 허츨러Charles Hutzler, 제러미 페이지Jeremy Page, 요코 쿠보타Yoko Kubota, 알리사 앱코위즈Alyssa Abkowitz, 차오 덩Chao Deng, 커스텐 장Kersten Zhang, 양지예 등 많은 것을 가르쳐주신 많은 분들께도 감사드린다.

또한 저술 기획에 대한 종합적 식견을 친절하게 공유해 준 제이크 애덜스타인Jake Adelstein, 웡춘한王春翰, 조시 친Josh Chin, 리자 린Liza Lin, 테드 앤서니Ted Anthony, 제임스 짐머만James Zimmerman, 베서니 앨런Bethany Allen, 시바니 마타니Shibani Mahtani, 스티븐 리 마이어스Steven Lee Myers에게도 감사의 인사를 전한다. 그리고 우정과 위로와 함께 열띤 대화와 지적 교류를 함께 나눈 키아라 카피타니오Chiara Capitanio, 재스민 틸루Jasmine Tillu, 라이언 모건Ryan Morgan, 브라이언 잭슨Brian Jackson, 빈센트 리Vincent Lee, 유안 리Yuan Li, 젠 권Jen Kwon, 유안 런Yuan Ren에게 고마운 마음을 전한다.

그동안 나는 훌륭한 스승을 모실 수 있는 행운을 누려왔다. 고인이 된 제프리 나돈Jeffrey Nardone은 나와 내 동료 학생들에게 세상에 대한 호기심과 더 나은 변화를 위한 열망과 각 분야의 권위자에 대한 경외심을 갖도록 가르쳐준 저널리즘의 첫 스승이었다. 조그림Joe Grimm, 짐 빌헬름Jim Wilhelm, M. L. 엘릭M.L.Elrick, 짐 셰퍼Jim Schaefer 같은 분들 덕분에 나는 〈디트로이트 프리프레스Detroit Free Press〉에서 처음으로 진지한 탐사 보도를 접할 수 있었다. 미주리 저널리즘스쿨Missouri School of Journalism의 린다 크랙스버거Lynda Kraxberger, 에이미 사이먼스Amy Simons, 짐 맥밀런Jim MacMillan, 카렌 미첼Karen

Mitchell 그 외 여러 교수님들은 주변 세상의 이야기를 보고 꼼꼼하게 메모하고 사실을 확인하는 방법을 가르쳐주었다. 미주리대 경제학과 데이비드 맨디David Mandy 와 제프리 밀요Jeffrey Milyo 는 상품과 화폐의 흐름이 세상을 어떻게 움직이는지 관찰하는 방법을 가르쳐주었다. 이분들 덕분에 이후로 나는 경이로운 눈으로 세상을 계속 탐구할 수 있었다.

무엇보다 이 모든 기회를 주신 부모님과 나를 응원해 준 동생 댄에게 깊은 감사를 드린다. 내게 마르지 않는 영감을 주는 소중한 내 가족이다.

마지막으로 이 책을 쓰는 내내 사랑과 지지를 보내준 내 삶의 동반자 남편 마이클에게 가장 큰 감사를 보낸다. 마이클은 처음부터 이 책의 최대 응원군이었고, 초안의 예리한 비평가였으며, 멈출 줄 모르는 말장난 제조기에다 역사와 국제 문제를 함께 토론해 준 조력자였다. 그의 통찰력 덕분에 이 책은 여러 면에서 더 세련되고 더 실속 있는 작품이 되었다. 그와 우리의 사랑스러운 고양이들은 내가 자신감을 잃을 때 나를 일으켜 세워 결국 결승선을 통과하도록 이끌어주었다.

화웨이 기업 지배 구조

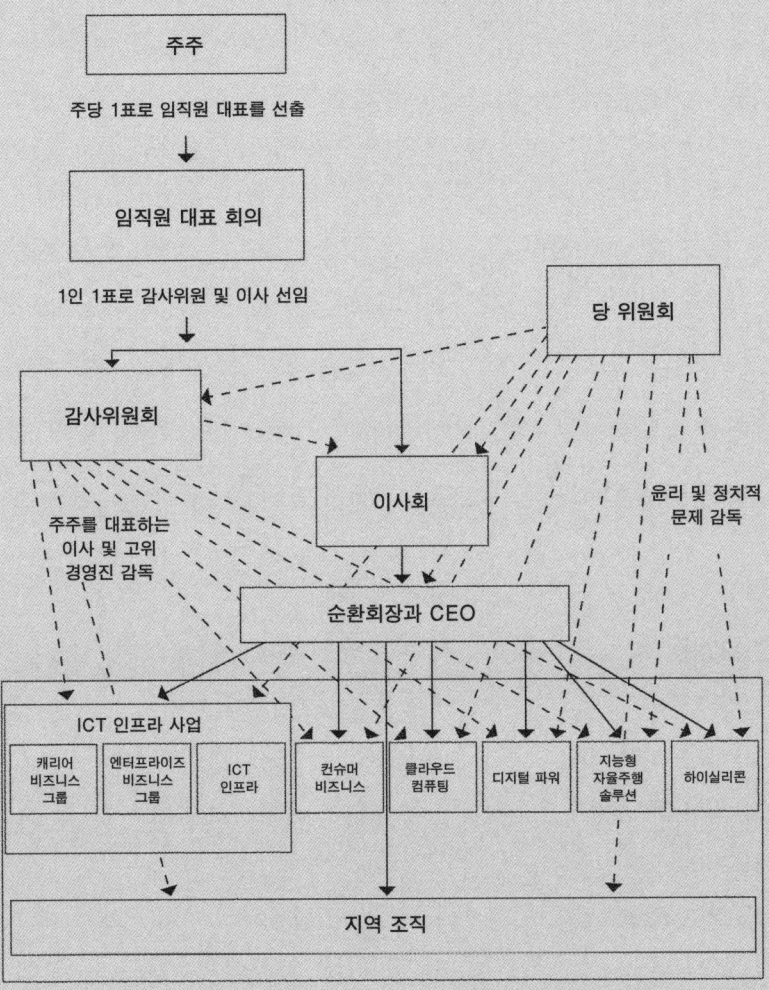

화웨이의 주주는 런정페이(지분의 0.73% 소유)와 화웨이 노조(지분의 99.27% 소유)로 구성되며, 노조는 15만 1,796명의 전현직 엔지니어를 대표한다.

사건 연표

1937년 7월 7일: 베이징 인근에서 일본군과 중국군이 충돌한 루거우차오 사건으로 태평양 지역에서 제2차 세계대전 발발.
1937년: 런모쉰, 광시성 룽현에 도착해 책방 개점.
1939년: 국민당, '7월 7일 서점' 폐쇄.
1944년 10월 25일: 런정페이 출생.
1945년 9월 2일: 일본 항복. 제2차 세계대전 종료.
1946년: 중국 국공 내전 재개.
1949년 10월 1일: 마오쩌둥, 중화인민공화국 수립 선포.
1950년: 런모쉰, 소수민족인 부이족 아이들을 위한 중학교를 설립하라는 임무를 받고 구이저우성 젠닝에 도착.

1957년 10월: 소련, 세계 최초의 인공위성 스푸트니크 1
                    호 발사.
1958년: 런 가족, 구이저우성 두원으로 이주. 런모
                    쉰, 두원 소수민족사범대학 학장으로 부임.
                    공산당 입당.
1958년: 마오쩌둥. 대약진운동 시작.
1959~1961:   중국 대기근 시작.
1963년: 런정페이, 충칭건축공정학원에 입학.
1966년 5월: 10년에 걸친 문화혁명 시작. 런모쉰과 멍동
                    보, 강제노동수용소에 수감.
1968년: 런정페이, 충칭건축공정학원을 졸업 후 011
                    기지 근무.
1972년 2월 13일: 멍완저우 출생.
1974년: 런정페이, 시안 계기 제작공장에서 훈련.
                    PLA 공병단 소속으로 랴오양으로 파견되어
                    나일론과 폴리에스터 공장 건설에 합류.
1976년 9월 9일: 마오쩌둥 사망. 문화혁명 종식.
1977년경: 멍완저우, 구이저우에 있는 친조부모와 함
                    께 살게 되다.
1978년: 중국의 새 지도자 덩샤오핑, 중국 최초의 전
                    국과학대회에서 문화혁명 이후 과학의 복구
                    를 선언. 이 대회에는 런정페이도 참석했다.
                    런정페이, 중국 공산당 입당. 랴오양 석유화
                    학섬유공장 준공이 가까워짐에 따라 런의
                    부대는 남쪽 지난으로 이동. 런은 연구소의

	부소장에 임명.
1979년:	런정페이, 자신의 발명품을 설명한 책자 '부유식 정밀 압력발생기-기압 평형'을 출간. 런모쉰, 두원제1중학교 교장 부임. 멍둥보, 유럽 여행.
1980년 5월:	선전, 경제특구로 지정.
1982년 1월 8일:	미국 법무부, 당시 세계 통신 연구 분야의 선두주자였던 AT&T의 해체를 명령.
1982년 9월:	런정페이, 중국 공산당 제12차 전국인민대표대회에 참석. 덩샤오핑, 중국 공산당 공병대 해체 발표.
1982~1984년:	런정페이와 멍쥔, 선전으로 이주(날짜 불확실). 런, 남해석유에서 근무 시작.
1984년:	런모쉰, 중학교에서 은퇴하고 지역 학교의 역사를 정리 서술.
1987년 2월:	선전, 개인이 민지엔(민간) 기술 회사를 설립할 수 있도록 허용.
1987년 9월 15일:	화웨이 테크놀로지 설립.
1988년 봄:	런정페이, 우한 화중이공대학교에서 교환기 개발 연구원 모집.
1988년 가을:	화중공대 대학원생 궈핑, 인턴십을 위해 화웨이에 도착.
1990년:	화웨이 주주총회에서 런정페이와 5명의 초기 투자자 사이에 심각한 분쟁 발생.
1990년:	멍완저우, 고등학교 졸업 후 선전대학교 입

	학(회계학 전공).
1990년:	켄 후, 화웨이 합류.
1991년:	군 엔지니어 우장싱, 중국 최초의 자체 첨단 디지털 교환기 '04 교환기' 개발.
1991년:	화웨이, 칩 설계 센터 설립, 후에 하이실리콘으로 이름 변경.
1991~1992년:	화웨이, 지탄쓰오요치이에 즉 공동 소유 회사로 등록(정확한 날짜는 불분명).
1992년:	스티븐 런, 화웨이에 합류.
1993년:	리이난과 에릭 쉬, 화웨이에 합류.
1993년:	화웨이, 최초의 첨단 디지털 교환기 C&C08 개발에 착수.
1993년 3월 4일:	화웨이, 캘리포니아 샌타클래라에 첫 번째 미국 자회사 랜보스테크놀로지 설립하고 R&D 업무 개시.
1993년 4월:	화웨이, 지방 통신국과 높은 연간 투자 수익을 약속하며 국내 합작사 모베코 설립.
1994년:	쑨야팡, 화웨이의 부회장으로 승진.
1994년 5월:	저장성 이우에 화웨이의 C&C08 디지털 교환기의 첫 번째 시험 장치 설치.
1994년 6월:	런정페이, 선전에서 국가 지도자 장쩌민을 만나 "자체 프로그램 제어 교환기가 없는 나라는 군대가 없는 나라와 같다"는 유명한 발언을 남김.
1994년 11월:	중국자오상은행, '국내용 바이어스 크레딧'

	이라는 새로운 금융 상품 발표. 화웨이, 중국 최초로 이 상품을 고객에게 제공.
1995년 1월 1일:	세계무역기구WTO가 설립되었으나 미국의 방해로 중국은 창립 회원국이 되지 못함.
1995년 4월 3일:	우정통신부, 화웨이의 C&C08 교환기 대량 생산 승인.
1995년 6월:	런모쉰 사망.
1995년 9월:	화웨이, 홍콩 지사 설립.
1996년:	화웨이, 10억 달러 규모의 국가 반도체 개발 프로그램 기업 8개 중 하나로 선정.
1996년 1월 28일:	화웨이의 영업팀, 쑨야팡 주도로 '대량 사직 행사' 개최.
1996년 3월:	화웨이, 사내 공산당 지부 설립.
1996년 4월:	중국과 러시아, 전략적 파트너십 체결. 런정페이, 모스크바 지사 개설을 위해 방문.
1996년 6월:	화웨이, 허치슨텔레콤과 C&C08 교환기 판매 계약 체결과 동시에 홍콩 시장 진출.
1996년 11월:	우방궈 부총리, 화웨이를 방문한 자리에서 유선 전화교환기에서 거둔 성공을 모바일 전화로 재현해 보라고 제안.
1997년:	화웨이, 법적 구조를 유한책임회사로 변경한다고 발표. 몇 년이 걸릴지 모르는 기존 투자자 5명에 대한 인수 협상을 시작. 베이징에 C&C08 교환기 판매를 시작으로 베이징 시장에 진출. 최초의 화상회의 및 비디오

	감시 시스템 뷰포인트 배포 개시.
1997년 2월 20일:	덩샤오핑 사망.
1997년 4월:	러시아 우파에 화웨이의 첫 번째 국제 합작사 베토-화웨이 설립.
1997년 7월 1일:	홍콩 반환으로 156년간의 영국 식민 통치 종식.
1997년 9월:	선전 정부, 유한책임회사의 주주 수를 50명으로 제한하는 중국 회사법에 대한 해결 방안으로 현지 기업들에 직원 소유 모델을 채택할 것 제안. 종업원 주주를 보유하는 '노조'를 단일 주주로 간주하는 이 모델을 화웨이도 채택.
1997년 12월:	런정페이, IBM을 방문한 자리에서 화웨이의 해외 사업 성장 방안에 대한 컨설팅을 받기로 결정.
1998년:	임원의 승진 자격 조건으로 해외 근무를 요구하는 새로운 정책 도입.
1998년 1월:	런정페이의 딸 애너벨 야오 출생.
1998년 3월:	화웨이, 2년간의 초안 작업 끝에 '화웨이 기본법' 채택.
1998년 8월:	IBM 컨설턴트들, 화웨이에 도착해 10년간 상주.
1999년:	쑨야팡, 화웨이의 회장 취임.
1999년 9월:	쑨야팡, 하버드 비즈니스 스쿨의 중견 경영진을 위한 고급 경영 프로그램에 입학.

1999~2000년:	익명의 편지, 화웨이의 불법적인 비즈니스 관행을 고발하는 한편, 국가감사원에 화웨이의 장부를 감사하도록 촉구.
2000년 3월:	닷컴 버블이 꺼짐.
2000년 8월:	화웨이, 멕시코와 스웨덴에 사무소 개설.
2000년 11월:	〈포브스〉, 런정페이를 중국에서 가장 부유한 50대 기업가 3위에 올림.
2001년 1월:	화웨이, 미국 시장 판매를 목표로 텍사스주 플레이노에 퓨처웨이테크놀로지라는 자회사를 설립.
2001년 1월:	런정페이, 후진타오 부주석의 이란 국빈 방문 수행.
2001년 2월 16일:	미 국방부, 화웨이가 이라크에 건설 중인 광섬유 케이블 네트워크에 대한 공습 명령. 화웨이, 이란 프로젝트 참여로 유엔 제재를 위반해 기소되다.
2001년 2월 25일:	런정페이, 전월에 모친상을 당한 후 가족사를 회고하는 에세이 '나의 아버지와 어머니' 발표.
2001년 9월:	화웨이, 아프가니스탄의 탈레반을 위해 전화 시스템을 구축했다는 의혹으로 외신으로부터 비난받음.
2001년 10월:	화웨이, 지방 통신국을 투자자로 끌어들여 초기 국내 사업 확장에 도움을 주었던 모베코라는 이름의 어벤시스파워를 미국의 에

	머슨일렉트릭에 7억 5,000만 달러를 받고 매각.
2001년 12월:	중국, 세계무역기구WTO에 가입.
2003년 2월:	시스코, 지적 재산권 위반 혐의로 화웨이를 고소.
2003년 3월:	미국, 이라크 침공.
2003년 7월:	이라크, 사담 후세인 퇴진 후 제재가 해제되면서 화웨이가 구애했던 아시아셀을 포함한 3개 회사에 첫 모바일 네트워크 라이선스를 발급. 화웨이, 아시아셀의 네트워크 공급 계약 체결.
2004년:	화웨이의 칩 설계 센터, 하이실리콘이라는 자회사로 공식화되다.
2004년 7월:	시스코, 화웨이에 대한 소송 취하.
2004년 12월:	화웨이, 미국 최초의 고객인 소규모 셀룰러 사업자 클리어톡을 위해 남부 캘리포니아와 애리조나에서 운영되는 네트워크 출시.
2005년:	중국개발은행, 해외 고객이 화웨이 제품을 구매할 수 있도록 100억 달러의 자금 할당.
2005년 4월:	영국 통신사 BT, 전화 접속 인터넷에서 광대역으로 주요 네트워크를 업그레이드할 공급업체로 화웨이를 선정하면서 서구에서 화웨이의 첫 번째 주요 계약 체결.
2006년:	화웨이의 칩 사업부 하이실리콘, 최초의 감시 카메라 칩 출시.

2006년 1월:	북한 지도자 김정일, 화웨이 방문.
2006년 4월:	25세의 화웨이 엔지니어 후신위, 몇 주간의 초과 근무 후 뇌 감염으로 사망. 화웨이의 근무 문화에 대한 대중의 반발 비등.
2006년 11월:	화웨이, 스리콤과의 합작회사 H3C의 지분을 미국 회사에 다시 매각하는 계약을 체결. 18개월 동안 스리콤의 엔터프라이즈 네트워킹 사업과 직접 경쟁하지 않기로 합의.
2007년:	화웨이, 유료로 고객의 네트워크 운영을 지원하는 '매니지드 서비스' 판매 개시.
2007년 5월:	화웨이, 영국의 글로벌머린시스템과 합작 투자로 화웨이서브머린네트웍스를 설립함으로써 해저 케이블 시장에 진출.
2007년 7월:	FBI, 뉴욕의 한 호텔에서 런정페이를 인터뷰.
2007년 9월:	화웨이, 네트워킹 회사 인수를 위해 베인캐피털과 손잡고 스리콤 지분을 인수하기로 했다는 소식이 전해지면서 워싱턴이 발칵 뒤집힘. CFIUS, 거래를 재검토하기 시작.
2007년 가을:	화웨이 엔지니어들, 올림픽을 앞두고 에베레스트에 셀룰러 서비스 설치 작업 개시.
2007년 12월:	화웨이, 사내 신문 〈관리최적화보〉를 통해 직원들에게 회사의 공산당 위원회가 임원 임명에 대한 거부권을 갖게 될 것이라고 발표.
2008년:	화웨이, 중국 기업 최초로 특허 출원 건수에

2008년:	서 전 세계 1위를 차지. 화웨이, 첸주팡이 물러난 뒤 저우다이치를 새로운 당서기로 임명.
2008년:	멍완저우, 스카이컴 이사로 등록.
2008년 1월:	10년 이상 한 회사에서 근무한 직원의 고용을 보호하는 중국 노동계약법 시행. 이 법이 시행되기 직전, 화웨이 직원 6,500명이 사직서를 제출하고 재입사함으로써 화웨이에서 연공 서열이 사라짐.
2008년 2월:	화웨이, CFIUS가 미국 거래를 막겠다고 밝힌 후 스리콤 지분 인수 계획을 포기.
2008년 5월 8일:	올림픽 성화, 에베레스트 등정. 화웨이, 이 장면을 전 세계에 방송하는 데 도움을 줌.
2009년:	중국, 오랜 지연 끝에 3G 모바일 네트워크 출시. 중국에 스마트폰 상륙.
2009년:	화웨이, '세이프 시티' 감시 시스템을 전 세계에 판매하기 시작.
2010년:	멍완저우, 화웨이의 CFO에 임명.
2010년 8월:	미 공화당 의원들, 오바마 행정부에 서한을 보내 스프린트 네트워크 공급 입찰에 화웨이가 참여하지 못하도록 막아줄 것을 촉구.
2010년 11월:	스프린트, 4G 네트워크 공급 입찰에 화웨이의 참여를 배제.
2010년 11월:	영국 정부, 화웨이의 장비에 대한 사이버 보안 취약성을 검사할 수 있는 화웨이사이버

	보안평가센터 HCSEC 설립.
2011년 2월:	화웨이의 켄 후 부회장, 미국 정부에 공개 서한을 보내 철저한 조사를 요청. 화웨이가 "평범한 상업적 단체일 뿐 그 이상도 이하도 아니라는 사실을 입증"해줄 것을 요구.
2011년 12월:	화웨이, 궈핑과 켄 후와 에릭 쉬가 6개월씩 번갈아 가며 회사를 이끄는 순환 CEO 체제로 전환한다고 발표.
2012년 3월:	호주, 차세대 광대역 네트워크에 대한 화웨이의 입찰 금지.
2012년 9월:	하원 정보상임위원회 HPSCI, 화웨이와 ZTE에 대한 청문회 개최.
2012년 10월:	HPSCI, 화웨이와 ZTE에 대한 보고서 발표. 두 기업으로부터 구매를 중단할 것을 미국 기업들에 권고.
2013년:	화웨이, 청소년 시장을 겨냥한 독립형 스마트폰 브랜드 아너 출시.
2013년 1월:	멍완저우, 베이징에서 화웨이의 CFO로서 첫 기자 회견을 열고 회사의 투명성을 강화하겠다고 약속.
2013년 1월:	〈로이터〉, 멍완저우가 스카이컴의 이사였다고 보도.
2013년 8월 22일:	멍완저우, HSBC 경영진을 만나 화웨이의 이란 사업에 대한 슬라이드 자료 발표.
2014년 3월:	〈뉴욕 타임스〉와 〈슈피겔〉, 에드워드 스노

	든이 유출한 문서를 인용하면서 NSA가 '샷자이언트'라는 프로그램을 통해 수년 동안 화웨이에 침투해 왔다고 보도.
2014년 4월:	우루무치의 기차역에서 폭탄 테러 발생. 신장 지역에 대테러 단속 시작되다.
2014년 6월:	멍완저우, 뉴욕 JFK 공항에서 2차 심문을 위해 구금. 미 당국, 그녀의 전자기기를 복제.
2015년:	화웨이, 스마트폰 판매량에서 샤오미를 제치고 애플과 삼성에 이어 3위를 차지.
2015년 10월:	시진핑, 영국 화웨이 지사 방문.
2016년:	화웨이, 둥관에 유럽의 도시와 지역을 재현해 12개의 '타운'으로 구성된 옥스혼 캠퍼스 건설에 착수.
2016년 3월:	미국 상무부, ZTE를 제재.
2016년 11월:	화웨이, 5G 표준에 폴라 코딩 기술을 채택.
2017년:	중국, 2030년까지 세계 AI 강국이 되겠다는 목표를 발표.
2018년 1월:	AT&T와 버라이즌, 화웨이의 스마트폰 판매를 중단.
2018년 1월:	프랑스 신문 〈르몽드〉, 아프리카 연합 본부의 서버가 매일 밤 중국으로 데이터를 전송한다고 보도.
2018년 3월:	19년 동안 화웨이 회장직을 수행한 쑨야팡이 물러나고, 량화가 그 자리를 대신.
2018년 7월:	호주전략정책연구소, 아프리카 연합 본부의

	서버가 화웨이에서 생산된 것이라고 보고.
2018년 8월:	트럼프 대통령, 미국 정부 기관이 화웨이와 ZTE 장비를 구매하지 못하게 막는 국방 법안에 서명.
2018년 8월:	호주, 향후 5G 네트워크에서 화웨이와 ZTE를 공식적으로 금지하는 세계 최초의 국가가 되다.
2018년 11월:	애너벨 야오, 파리의 '르 발' 데뷔.
2018년 12월 1일:	멍완저우, 밴쿠버 국제공항에 구금되다.
2018년 12월 10일:	캐나다인 마이클 코브릭과 마이클 스페이버, 중국에 구금되다.
2018년 12월 11일:	멍완저우, 보석으로 석방.
2019년 1월 16일:	런정페이, 해외 언론과 첫 기자회견을 가지다.
2019년 1월 28일:	미국 검찰, 화웨이와 멍완저우에 대한 형사 기소 발표.
2019년 5월:	트럼프 대통령, 통신 분야에 국가 비상사태를 선포. 연방 기관에 "모든 적절한 조치"를 취할 것을 지시. 상무부 산업안보국, 화웨이에 대한 제재 발표.
2019년 6월:	화웨이, 해저 케이블 자회사 화웨이 머린시스템을 중국 구매자에게 매각하기로 결정.
2020년 1월 20일:	멍완저우의 범죄인 인도 심리가 밴쿠버에서 시작.
2020년 2분기:	화웨이, 처음으로 세계 1위 스마트폰 판매 업체가 되다.

2020년 5월:	미 상무부, 대 화웨이 제재 강화.
2020년 7월:	영국, 화웨이에 대한 입장을 번복하고 2027년 말까지 자국의 5G 네트워크에서 모든 화웨이 장비를 제거하겠다고 발표.
2020년 11월 16일:	화웨이, 휴대폰 브랜드 아너 매각 발표.
2021년 3월 22일:	마이클 코브릭과 마이클 스페이버, 비공개 재판을 받다.
2021년 9월 24일:	화웨이 최고재무책임자 멍완저우, 미국 법무부와 양형 합의를 체결하고 중국으로 귀환. 중국, 같은 날 마이클 코브릭과 마이클 스페이버의 캐나다 귀국 허용.
2022년 3월:	멍완저우, 켄 후, 에릭 쉬와 함께 화웨이의 세 명의 순환회장 중 한 명으로 임명. 궈핑, 감사위원회 의장에 임명.
2023년 4월:	멍완저우, 화웨이의 순환 CEO로서 첫 반년 임기 시작.
2023년 9월:	화웨이, 미국의 제재에도 불구하고 국내에서 만든 5G 칩으로 구동되는 메이트 60 프로 스마트폰 출시.

더 읽어볼 자료들

화웨이 관련 주제에 대해 좀 더 알고 싶은 독자는 다음 작품들의 일독을 권한다. 이 목록에는 굳이 많은 자료를 포함시키지 않았다. 아래에 소개하는 작품은 별도의 언급이 없는 한 서적이다. (한글 병기가 된 제목은 우리나라에 번역서로 소개된 책의 제목이다.—옮긴이)

영어로 된 화웨이 관련 저작물

우춘보와 텐타오가 공동 집필한 《화웨이의 위대한 늑대 문화The Huawei Story》는 화웨이의 철학과 기업 문화를 전 세계 독자에게 알린 초기 저작으로, 화웨이 고위 경영진의 직접적인 견해를 기반으로 한 저술 중 대표적인 책이다.

우샤오보吳曉波, Xiaobo Wu, 요한 피터 머만Johann Peter Murmann, 황산黃燦, Can Huang, 궈빈郭斌, Bin Guo 등이 함께 쓴 *The Management Transformation of Huawei*는 화웨이의 모호한 경영 구조를 상세하게 설명한 훌륭한 자료로, 부록에 '화웨이

기본법Huawei Basic Law'의 영어 번역본 전문을 실어놓았다.

텐타오와 인지펑殷志峰,Yin Zhifeng이 펴낸 The Huawei Stories 시리즈(Pioneers, Explorers, Visionaries, Adventurers, and Spirit)는 화웨이 직원들의 에세이 모음집으로, 대부분 〈화웨이엔〉에 게재되었던 화웨이 역사의 주요 순간을 1인칭 시점으로 서술한다.

전 미국 대변인이었던 윌리엄 B. 플러머가 쓴 Huidu: Inside Huawei는 미국에서 화웨이가 마주했던 여러 가지 위기와 미 하원의 조사에 대한 화웨이의 대응을 조명한 다채로운 회고록이다.

조지프 스미스Joseph Smith의 Huawei Inside Out은 화웨이가 세계로 뻗어가는 과정에서 도움을 주었던 초기 IBM 컨설턴트들이 가졌던 화웨이에 대한 흥미로운 견해를 엿볼 수 있다.

화웨이의 소유권에 관한 다양한 관점을 알고 싶으면 화웨이의 기업 구조를 다룬 크리스토퍼 볼딩과 도널드 C. 클라크의 논문 'Who Owns Huawei?'(http://dx.doi.org/10.#2139/ssrn.#3372669)와 이를 반박한 중국의 왕쥔王軍,Wang Jun 교수의 논문을 왕지첸Zichen Wang이 영어로 번역한 https://www.pekingnology.com/p/who-really-owns-huawei-a-response을 참조하면 된다.

중국어로 된 그 밖의 화웨이 관련 저작물

텐타오가 두 권으로 쓴《华为访谈录》는 여러 해에 걸친 연구와 조사를 반영한 것으로, 화웨이의 초창기 역사와 핵심 경영진들의 경험에 대한 통찰력을 소개한다는 점에서 단연 돋보이는 자료다.

전 화웨이 임원 리위저李玉琢의 회고록《一路直行: 我的企业理想》은 화웨이 등 여러 중국의 하이테크 기업에서 지냈던 일을 솔직하고 다채롭게 서술한 이야기로, 저자가 런정페이 등 여러 업계의 거물들과 부딪쳤던 재미있는 일화와 함께 화웨이의 초기 국내 합작사가 매출 확대에 기여한 내용 등을 소개한다.

우지엔궈鄔建國가 쓴《华为的世界》는 화웨이에서 수석 엔지니어 정바오융의 직속 부하로 일했던 우의 개인적인 경험을 근거로 초기에 화웨이가 부상하게 된 경위를 생생하게 묘사한다.

리우펑劉平의 회고록《华为往事》와 서이안曹貽安의《在華為打拼雜記》도 일독할 만한 자료다. 온라인으로만 접할 수 있는 이 두 작품은 두 전직 화웨이 임원이 쓴 글이어서 화웨이의 성격과 업무 문화를 자세히 들여다볼 수 있다.

장리화張麗華의《华为研发》는 화웨이의 초기 교환기와 그 밖의 제품에 대한 자세한 설명과 함께 그 개발 과정을 소개한다.

통신산업에 관한 그 밖의 저작물

로버트 D. 앳킨슨Robert D.Atkinson의 에세이 'Who Lost Lucent? The Decline of America's Telecom Equipment Industry'는 통신산업의 부동의 리더였던 미국이 오랜 세월에 걸쳐 쇠퇴하게 되는 과정을 자세히 알고자 하는 사람들에게 좋은 출발점이다. 다음 사이트를 참조할 것. https://americanaffairsjournal.org/2020/08/who-lost-lucent-the-decline-of-americas-telecom-equipment-industry.

스티브 콜Steve Coll이 쓴 The Deal of the Century: The Breakup of AT&T는 1982년에 미 법무부가 AT&T의 전화 독점을 해체하라는 명령을 내리게 된 경위를 밝힌다. 돌이켜보면 이는 미국의 글로벌 통신 분야에 대한 지배의 종언을 알리는 신호였다.

존 타이슨John Tyson이 쓴 Adventures in Innovation: Inside the Rise and Fall of Nortel는 화웨이의 경쟁사 중 가장 화제가 되었던 노텔의 행보와 그들을 파산으로 몰고 간 요인을 탐구한다.

조너선 펠슨Jonathan Pelson의 Wireless Wars: China's Dangerous Domination of 5G and How We're Fighting Back은 미국의 대형 기업 루슨트

의 전 임원이 바라본 글로벌 통신 분야의 최근 역사를 흥미롭게 조명한다.

제프 체이스Jeff Chase와 존 질버Jon Zilber가 공동 집필한 *3Com*은 화웨이와 합작 투자한 스리콤에 대한 통찰력 있는 연대기로, 화웨이는 이 합작 벤처를 통해 시스코으로부터의 소송을 무난히 방어할 수 있었다. 아울러 이 책은 화웨이가 스리콤을 인수하기 위해 베인캐피털과 손잡았던 패착도 자세하게 설명한다.

ZTE의 전 미주 법률 고문 애슐리 야블론Ashley Yablon이 쓴 *Standing Up to China: How a Whistleblower Risked Everything for His Country*는 저자가 ZTE의 제재 위반 사실을 FBI에 고발하기로 결심하게 된 경위를 자세하게 묘사한다. 이 책에는 야블론이 이전에 화웨이에서 일했던 내용도 담겨 있다.

국가 감시와 기술 첩보 활동에 관한 그 밖의 저작물

에드워드 스노든의 *Permanent Record*는 스노든이 NSA에 근무하는 동안 중국의 감시 능력을 연구한 내용과 이와 관련해 미국 정부가 가진 권한의 범위를 조사하게 된 과정을 설명한다.

매튜 M. 에이드Matthew M.Aid의 *The Secret Sentry: The Untold History of the National Security Agency*는 정보공개법Freedom of Information Act을 통해 공개된 미국 정부 기록을 바탕으로 NSA의 역사를 심층 연구한 저작이다. 여기에는 2001년 미국이 이라크에서 화웨이의 광섬유 네트워크를 폭격한 사건도 설명해 놓았다.

글렌 그린월드가 쓴 《스노든 게이트No Place to Hide: Edward Snowden, the NSA, and the U.S. Surveillance State》는 NSA가 시스코 라우터에 백도어 감시 도구를 심어 해외 고객들에게 전송한 경위를 상세하게 보도한다. 그린월드의 보도는 에드워드 스노든이 유출한 기밀 기록이 그 기반이다.

조시 친Josh Chin과 리자 린Liza Lin이 쓴 *Surveillance State: Inside China's Quest to Launch a New Era of Social Control*은 신장 지역의 탄압에 대한 자

세한 설명과 함께, 화웨이가 우간다에서 국가 감시를 지원한 내용을 다루면서 현대 중국의 첨단 감시 장치를 심층 분석한다.

민신페이Minxin Pei, 裵敏欣가 쓴 *The Sentinel State: Surveillance and the Survival of Dictatorship in China*는 중국의 정보 수집 작전에 대한 역사적 관점과 함께 중국이 지금과 같은 첨단 기술 국가로 발전하게 된 경위를 설명한다.

로제 팔리고Roger Faligot의 *Chinese Spies: From Chairman Mao to Xi Jinping*은 중국의 국내외 정보 활동을 심도 있게 연구한 저서다. 저자는 수십 년 동안 이 주제에 천착한 프랑스 탐사 저널리스트다.

리처드 커바즈Richard Kerbaj의 *The Secret History of the Five Eyes: The Untold Story of the International Spy Network*은 한 장을 할애해 화웨이를 둘러싼 트럼프 행정부와 영국 간의 비공개 협상을 다룬다.

중국의 하이테크 산업을 다룬 그 밖의 작품

후안 두Juan Du 의 《신화 고쳐쓰기The Shenzhen Experiment: The Story of China's Instant City》는 선전 경제특구가 부상하는 모습을 그린 생생하고 풍부한 연구서다.

에릭 하윗Eric Harwit이 쓴 *China's Telecommunications Revolution*은 1949년부터 현대에 이르기까지 중국이 전화와 인터넷 네트워크를 구축해가는 과정에 관한 이야기를 들려준다.

던컨 클라크의 *Alibaba: The House that Jack Ma Built*는 중국의 기술 산업 전문가의 눈으로 중국의 거대 인터넷 기업을 들여다볼 수 있는 매혹적인 창이다.

미·중 관계를 다룬 그 밖의 작품

존 팜프렛John Pomfret의 *The Beautiful Country and the Middle Kingdom: America and China, 1776 to the Present*는 수 세기에 걸쳐 진화해 온 미·중

관계를 다룬 섬세하고도 장대한 이야기다.

밥 데이비스Bob Davis와 웨이링링 Lingling Wei, 魏玲靈이 쓴 *Superpower Showdown: How the Battle Between Trump and Xi Threatens a New Cold War*는 미국과 중국이 벌이는 무역 전쟁 협상을 생생한 필치로 그려내면서 미·중 관계의 역사에 대한 폭넓은 맥락을 제공한다.

빌 오웬스의 *China-US 2039: The Endgame?*은 미·중 전쟁의 위험과 이를 완화하는 방법에 대해 많은 것을 시사하는 책이다. 저자는 합참부의장 출신으로 노텔 CEO를 역임했고 2010년 스프린트 계약 입찰에서 화웨이를 대표했던 인물이다.

정부 보고서

하원 정보상임위원회 HPSCI가 2012년에 발표한 화웨이 및 ZTE에 관한 보고서는 두 회사에 대한 상세한 조사 내용 때문에 가장 빈번하게 인용되는 미국 정부의 공개 보고서 중 하나다. 이 보고서는 https://intelligence.house.gov/sites/intelligence.house.gov/files/documents/huawei-zte%20investigative%20report%20(final).pdf에서 확인할 수 있다.

영국의 국가안보보좌관에게 보고하는 영국 화웨이 사이버 보안 평가 센터 HCSEC의 연례 보고서는 매년 화웨이 장비에 대한 테스트에서 발견된 보안 문제를 정리한 흥미로운 자료다. 이 보고서는 https://www.gov.uk/search/all?keywords=huaweicybersecurityevaluationcentreoversightboardannualreports&order=relevance에서 확인할 수 있다.

사진 출처

29쪽 위: Photo by Arnold Drapkin / ZUMA Wire / Newscom. 아래: Photo by Gautam Singh / Associated Press.

30쪽 위: Photo by Paul Yeung / Associated Press. 아래: Photo by Lin Hao / Xinhua via Imago / Alamy.

31쪽 위: Photo @ Egyptian Presidential Office / APA Images / ZUMA Wire via Alamy. 아래: Photo by Jakub Strihavka / CTK via Alamy.

32쪽 위: Photo by Davide Ferreri / Alamy. 가운데: Photo by Andreas Landwehr / dpa Picture-Alliance / Newscom. 아래: Photo by Matthew Lloyd / PA Images via Alamy.

33쪽 위: Photo by Andy Wong / Associated Press. 아래: Photo by Pau Barrena / Xinhua via Imago / Alamy.

34쪽 위: Photo by ImagineChina via Newscom. 아래: Photo by the author.

35쪽 위: Photo by the author. 가운데: Photo by Heinz Ruckemann / UPI via Alamy. 아래: Photo by Jin Liwang / Imago via Alamy.

55쪽: Photo from the 1959 booklet 重庆建筑工程学院, an internally published overview of the Chongqing Institute of Architecture and Engineering.

67쪽: Photo from the Sichuan Daily.

78쪽: Photo by the author.

95쪽: Photo courtesy of Wan Runnan.

179쪽: Photo by David de la Paz / Xinhua News Agency via Imago / Alamy.

217쪽: Photo by Joerg Boethling / Alamy.

276쪽: Photo by J. Scott Applewhite / Associated Press.

326쪽: Photo by ImagineChina Limited / Alamy.

328쪽: Photo by Marcel Thomas / ZUMA Press, Inc. / Alamy.

390쪽: Photo by Darryl Dyck / The Canadian Press via Associated Press.

391쪽: Photo by the author.

417쪽: Photo by STR/AFP via Getty Images. Page 348: Photo by Tao Liang / Imago via Alamy.

주

자주 인용되는 문헌

In His Own Words: Dialogues with Ren: The eight English volumes of Ren Zhengfei's interview transcripts, published by Huawei and available at https://www.huawei.com/en/media-center/company-facts.

On the Record: Huawei Executives Speak to the Public: The five English volumes of other Huawei executives' interview transcripts, published by Huawei and available at https://www.huawei.com/jp/facts/interview-library/hear-from-the-top-executives-of-huawei.

Huawei People [华为人]: The Chinese edition of Huawei's main internal newspa- per. Issues from the years 1993 to 2024 are available at https://xinsheng.huawei.com/next/#/newpaper/channel?pageType=1.

Huawei People, English edition: Issues from the years 2001 to 2024 are available at https://xinsheng.huawei.com/next/#/newpaper/periodicals?pageType=4&lang=en. *US v. Meng*, BCSC(브리티시컬럼비아 대법원): 멍완저우의 송환 심리 서류는 사건명 United States v. Meng, 2020 BCSC 785

으로 BCSC 밴쿠버 등기소에 있는 사건 번호 27761에서 찾을 수 있다.

인터뷰 내용을 익명으로 처리하기 위해, 신원 공개를 원치 않은 개인과의 인터뷰는 날짜를 기재하지 않았다. 각 장에서 중국어 저작물을 처음 언급할 때는 영어 번역본과 함께 원제(중국어)를 병기하고, 이후에는 영어 번역본만 표기했다. 작동하지 않는 URL의 경우, 일부는 archive.org 또는 archive.ph에 보관되어 있다.

첫머리글

1. Bill Owens, foreword to *The Huawei Story*, by Tian Tao with Wu Chunbo (Thousand Oaks, CA: SAGE Publications, 2015).

들어가는 말

1. Details of Meng's detention come from *US v. Meng*, BCSC.
2. South China Morning Post, "Judge Releases Video of Huawei's Meng Wanzhou Being Searched at Airport before Arrest," streamed on August 22, 2019, YouTube video, 1:49, https://www.youtube.com/watch?v=eTrUmg3x5xc.
3. Statement of Wanzhou MENG taken by Cst. Winston YEP, Affidavit of Donna Chan, 0948-0973, *US v. Meng*, BCSC.
4. Maggie Miller, "Huawei Threat 'No. 1 Concern' Moving Forward, Trump National Security Adviser Says," *The Hill*, November 16, 2020, https://thehill.com/policy/cybersecurity/526165-huawei-threat-no-1-concern-moving-forward-trump-national-security/.
5. Ren Zhengfei, "Ren Zhengfei's Interview with the *Financial Times*," Huawei (website), June 24, 2019, archived April 29, 2023, at the Wayback Machine, https://web.archive.org/web/20230429201256/https://www.huawei.com/br/facts/voices-of-huawei/ren-zhengfeis-interview-with-the-financial-times.

1부

1. Ren Zhengfei, "Views on China's Rural Phone Network and Switching

Indus- try" [对中国农话网与交换机产业的一点看法], *Huawei People* [华为人], no. 8, July 20, 1994.

1장. 책방 주인

1. Ren Moxun's birth name was Ren Musheng. His writings were largely pub- lished under the name Ren Moxun. It was common in his generation to have more than one name for use in different situations. His son Ren Zhengfei re- ferred to him as Ren Moxun in the essay "My Father and Mother" [我的父亲母亲], in *Huawei Selected Writings* [华为文摘], vol. 7 (Shenzhen: Huawei Technolo- gies Co., 2002), 217.

2. Ren Moxun, "In the Early Days of the Anti-Japanese War, the Seven-Seven Bookstore in Rongxian County Was the Distribution Office of the Life Book- store, Spreading Progressive Ideas to Inspire Young People to Push Forward" [抗战初期融县七七书店即生活书店分销处传播进步思想引青年前进方向], in *Selected Collection of Duyun's Literary and Historical Materials* [都匀文史资料选辑], vol. 5 (Duyun: Duyun Municipal Committee of the Chinese People's Po- litical Consultative Conference [中国人民政治协商会议贵州省都匀市委员会], 1986), 19–27. Other details of the bookstore are drawn from this essay.

3. Rongxian (融县) was renamed the Rongshui Miao Ethnic Minority Autono- mous County (融水苗族自治县) in 1965.

4. Description based on jacket photos from Ren Moxun, *Basic Knowledge of Mod- ern Mandarin for Middle School Students* [中学生现代汉语基本知识] (Guiyang: Guizhou People's Publishing House [贵州人民出版社], 2002).

5. Ren, "My Father and Mother," 217. Ren writes that his father had to leave uni- versity in Beijing and return home a year before graduation due to the death of his parents.

6. Ren Zhengfei has five younger sisters and one younger brother, according to Li Hongwen, *Ren Zhengfei & Huawei: A Business and Life Biography* (London: LID, 2017), chap. 1.

7. State Council Information Office [国务院新闻办公室], "50 Years of Human Rights Development in China" [中国人权发展50年], State Council of the Peo-

ple's Republic of China (website), February 2000, http://www.gov.cn/gongbao/content/2000/content_60013.htm.

8. Ren, "In the Early Days," 20.

9. Wei Kaizhang [韦凯章], "Guangxi Rongxian County Seven-Seven Bookstore" [广西融县七七书店], in *History of Bookstore Work* [书店工作史料 四], vol. 4 (Beijing: Xinhua Bookstore Headquarters [新华书店总店], 1990), 118–20.

10. Ren, "In the Early Days," 24.

11. Ren, 23.

12. Ren, 25.

13. Jodi L. Weinstein, *Empire and Identity in Guizhou: Local Resistance to Qing Ex- pansion* (Seattle: University of Washington Press, 2014), 4.

14. Weinstein, *Empire and Identity in Guizhou*, 61.

15. Tom Mackenzie (TomMackenzieTV), "#Huawei founder Ren Zhengfei handed me these pix during our interview—Ren (at back) with mother 6 sib- lings circa 1950," Twitter, May 27, 2019, 2:53 a.m., https://twitter.com/TomMackenzieTV/status/1132902521981276161.

16. Ren, "My Father and Mother," 217. Ren writes that his mother had limited for- mal education and had self-studied. His mother taught middle school math, according to Meng Wanzhou, "Grandma, Can You Hear?" [奶奶, 你能听见吗?], *Huawei People* [华为人], no. 115, March 28, 2001.

17. "Mr. Ren Zhengfei," Huawei (website), archived February 17, 2023, at the Wayback Machine, https://web.archive.org/web/20230217161008/https://www.huawei.com/us/executives/board-of-directors/ren-zhengfei.

18. He Qinan [贺其难], "A Comfort in Old Age" [晚年的欣慰], *Qiannan Daily* [黔南日报], August 19, 2018. He recalled working with Ren Moxun at a school lit by kerosene lamps in Guizhou's Rongjiang County around the year 1947.

19. "Ren Zhengfei Accepts Interview with Sony CEO: Only by Tolerating Opposition Can Talent Emerge" [任正非接受索尼CEO采访: 容忍反对才会人才辈出], *Entrepreneur Daily* [企业家日报], February 19, 2019.

20. Details of Ren Moxun's arrival in Zhenning from Ren Moxun, "The First Mi- nority Middle School in My Province" [我省第一所民族中学], in *Selected Col- lection of Duyun's Literary and Historical Materials* [都匀文史资料选辑], vol. 2 (Duyun: Duyun Municipal Committee of the Chinese People's Political Consultative Conference [中国人民政治协商会议贵州省都匀市委员会], 1983), 216–23.

21. Ren Yijun [任以均], "Zhenning Minority Middle School's Experience in Re- solving Language Barriers and Improving Teaching Outcomes" [镇宁民族中学解决语言隔阂提高教学效果的经验], *Chinese Language* [中国语文], no. 5 (May 1955): 28–30. This appears to be a piece written by Ren Moxun under a penname. The preface of Ren's *Basic Knowledge* cites his article about the school in this issue of the journal as impressing officials at China's Ministry of Educa- tion.

22. Wang Fangli [王芳礼], "Remembering Two or Three Things about Principal Ren Moxun" [回忆任摩逊校长二三事], in *Love in the Silver City: Remembering Ren Moxun's Days at Zhenning Minority Middle School* [爱在银城：忆任摩逊在镇宁民族中学的日子], comp. Wu Aimin and Chen Guoping [吴爱民，陈国平] (Guiyang: Guizhou Publishing Group [贵州出版集团], 2018), 105.

23. Ren, "The First Minority Middle School," 217.

24. Ren, 217. Ren Moxun does not mention the specific reason for the death threat against him, beyond writing that there was "collusion between class enemies outside the school and individual reactionary teachers and students inside the school."

25. Details of the rallies, including allegations against US soldiers, from Ren Moxun, "The First Minority Middle School," 218.

26. Ren Moxun, preface to *Basic Knowledge of Modern Mandarin for Middle School Students* [中学生现代汉语基本知识] (Guiyang: Guizhou People's Publishing House [贵州人民出版社], 2002); and Ren, "Zhenning Minority Middle School's Experience," 28–30.

27. Ren, *Basic Knowledge*, photo insert.

28. Ren Zhengfei, "Ren Zhengfei's Interview with Le Point," in *In His Own Words*: Dialogues with Ren, vol. 4 (Shenzhen: Huawei Technologies Co., 2019),

54.

29. Ren Moxun, "Experience from Establishing Duyun Teachers' Specialty School" [创办都匀师范专科学校的经过], in *Selected Collection of Duyun's Literary and Historical Materials* [都匀文史资料选辑], vol. 3 (Duyun: Duyun Municipal Committee of the Chinese People's Political Consultative Confer- ence [中国人民政治协商会议贵州省都匀市委员会], 1984), 125.

30. Qiannan Bouyei and Miao Autonomous Prefecture History Gazetteer Compi- lation Committee [黔南布依族苗族自治州史志编纂委员会], *Qiannan Bouyei Ethnic Group 1 Major Events* [黔南布依族苗族自治州志 第一卷 大事记] (Gui- yang: Guizhou People's Publishing House [贵州人民出版社], 2005), 124. Ac- cording to this source, one commune production team said that each person's daily quota had been lowered to 2.6 liang (两) of grain a day, and that "other canteens in the district also could not guarantee basic food needs."

31. Li Shiquan [李仕铨], "Remembering Qiannan Prefecture's First Ethnic Group Teachers' School" [记黔南州第一所民族师范学校], in *Selected Collection of Duyun's Literary and Historical Materials* [都匀文史资料选辑], vol. 6 (Duyun: Duyun Municipal Committee of the Chinese People's Political Consultative Conference [中国人民政治协商会议贵州省都匀市委员会], 1987), 246–47.

32. Qiannan Bouyei and Miao Autonomous Prefecture History Gazetteer Compi- lation Committee, *Qiannan Bouyei Ethnic Group 1 Major Events*, 124. The au- thors mention, in particular, the East Wind Commune, where 8,860 people developed swelling sickness due to grain rations being too low, with 3,234 of them "cured in time."

33. Cao Shuji [曹树基], "Death and Its Causes in China from 1959 to 1961" [1959-1961年中国的人口死亡及其成因], *Chinese Journal of Population Science* [中国人口科学], no. 1, 2005, https://www.yhcw.net/famine/Research/r060628a.html.

34. Ren, "Experience from Establishing Duyun Teachers' Specialty School," 127.

35. Ren, "My Father and Mother," 218–20.

36. "Mr. Ren Zhengfei."

37. Shi Xian [施希安] et al., comps., *History of the Chongqing Institute of Architec- ture and Engineering* [重庆建筑工程学院校史] (Chongqing: Chongqing Univer- sity Press [重庆大学出版社], 1992), 127.

38. "Building a Closer Relationship, Spurring Ideological Reformation, Teachers and Students Labor Together at the Beijing Foreign Studies University and Chongqing Institute of Architecture and Engineering" [密切了相互关系 促进了思想改造 北京外语学院 重庆建工学院师生共同劳动], *Guangming Daily* [光明日报], March 9, 1964.

39. Shi et al., *History of the Chongqing Institute*, 98–99.

40. Shi et al., 175.

41. Shi et al., 175.

42. "Going Down in Infamy: About the Traitor Luo Guangbin's Suicide to Evade Punishment" [遗臭万岁：关于叛徒罗广斌的畏罪自杀], *8·18 Battle Report* [8-18战报], May 18, 1967, in *A New Collection of Red Guard Publications, Part III: A Comprehensive Compilation of Red Guard Tabloids from the Provinces*, ed. Song Yongyi, vol. 4 of 52 (Oakton, VA: Center for Chinese Research Materials, 2005), 1193.

43. From 1966 to 1968 during the Cultural Revolution, Chongqing was a center of deadly battles between rebel groups, known as the Violent Struggle, or Wudou (武斗).

44. Guobin Yang, *The Red Guard Generation and Political Activism in China* (New York: Columbia University Press, 2016), 40.

45. Chris Buckley, "Chaos of Cultural Revolution Echoes at a Lonely Cemetery, 50 Years Later," *New York Times*, April 4, 2016, https://www.nytimes.com/2016/04/05/world/asia/china-cultural-revolution-chongqing.html.

46. Ren, "My Father and Mother," 222.

47. Ren, 217.

48. Wang Jin [王锦], "Friends of the Provincial Political Consultative Committee Visited Our County" [省政协之友社来我县考察], *Pujiang News* [浦江要闻], April 21, 2023, http://www.pj.gov.cn/art/2023/4/21/art_1229224385_59114553.html.

49. Pujiang Fabu (Zhejiang Province Pujiang County People's Government News Office verified Weibo account) [浦江发布(浙江省浦江县人民政府新闻办公室官方微博)], "Ren Ancestral Home to Be Restored to Original Appearance" [任氏祖居将恢复原貌], Weibo, November 29, 2020, https://m.weibo.cn/status/4576916465520972.

50. Ren, "My Father and Mother," 218.

51. Ren, 220.

52. Ren Moxun, "A Few Words from the Perspective of Educational Development" [从教育发展角度说几句话], in *Selected Collection of Duyun's Literary and His- torical Materials* [都匀文史资料选辑], 6:3.

53. Feng Jugao [冯举高], "The Teacher's Teachings Were Actually Quite Straight- forward" [师道其实很质朴], *Qiannan Daily* [黔南日报], August 5, 2018.

54. Ren, "My Father and Mother," 220.

55. Ren, 220.

56. Ren, 221.

57. US Consulate Guangzhou, "Huawei Says 3Com Plans Still Uncertain," WikiLeaks Cable: 08GUANGZHOU171_a, March 21, 2008, https://search.wikileaks.org/plusd/cables/08GUANGZHOU171_a.html.

58. Ren, "My Father and Mother," 222.

59. Huawei Public Relations Team, "Responses to Additional Questions from *The Wall Street Journal*," in *In His Own Words: Dialogues with Ren*, vol. 7 (Shen- zhen: Huawei Technologies Co., 2019), 138.

60. Ren Zhengfei, "Ren Zhengfei's Interview with *The Wall Street Journal*," in In *His Own Words: Dialogues with Ren*, 7:115.

2장. 동굴 속의 공장

1. Jodi L. Weinstein, *Empire and Identity in Guizhou: Local Resistance to Qing Ex- pansion* (Seattle: University of Washington Press, 2014), 14–15.

2. Tong Heling [童鹤龄], "Demystifying 011, Part 5 and 6" [揭秘0一一(五六)],

Anshun Daily [安顺日报], January 3, 2020.

3. Yang Wanshu [杨万树], "My Time at Panzhihua and Base 011" [我在攀枝花和011基地], in *Farewell to the Nameless Lake: The Whereabouts of the Fifth Gradu- ating Class of Peking University 3* [告别未名湖 北大老五届行迹 3] (Beijing: Jiuzhou Publishing House [九州出版社], 2015), 375.

4. Guizhou Provincial Chronicle Compilation Committee [贵州省地方志编纂委员会], "Chapter 1: Base 011" [第一章 011基地], in *Guizhou Provincial Chronicle Mechanical and Electronic Industry Chronicle* [贵州省志 机械电子工业志] (Gui- yang: Guizhou People's Publishing House [贵州人民出版社], 1988), 105.

5. James G. Hershberg and Chen Jian, "Reading and Warning the Likely Enemy: China's Signals to the United States about Vietnam in 1965," *International History Review* 27, no. 1 (March 2005), 58, http://www.jstor.org/stable/40110654.

6. Dan Lanshan [单兰山], "I Was Xiaoping's Photographer" [我给小平当摄影师], *Guangan Daily* [广安日报], October 9, 2018, http://cpc.people.com.cn/BIG5/n1/2018/1009/c69113-30329870.html.

7. Guizhou Provincial Chronicle Compilation Committee, "Chapter 1: Base 011," 105.

8. Liu Lin [刘琳], "Aviation Industry Corporation of China Shenyang Aircraft Corporation: Good People and Good Horses Build the Third Line" [航空工业沈飞：好人好马建三线], *China Aviation News* [中国航空报], September 10, 2021, http://www.cannews.com.cn/2021/09/10/99332149.html.

9. Tong Heling [童鹤龄], "Demystifying 011, Part 8 and 9" [揭秘0一一(八九)], *Anshun Daily* [安顺日报], January 17, 2020.

10. Du Linjie [杜林杰], "Past Events of Guizhou 011" [贵州011往事], *New West* [新西部], June 2019, http://www.xxbcm.com/info/1013/58765.htm.

11. Ren Zhengfei, "Ren Zhengfei's Interview with *The Wall Street Journal*," in *In His Own Words: Dialogues with Ren*, 7:115.

12. Liu, "Aviation Industry Corporation of China Shenyang Aircraft Corporation."

13. James Lewis, interview by the author, 2022. After working at the Commerce Department, Lewis went on to be a director at the Center for Strategic and In- ternational Studies.

14. Fan Zhiyong, "Declaration of Fan Zhiyong," January 30, 2020, in Comments of Huawei Technologies Co. Ltd. and Huawei Technologies USA Inc., Exhibit MM at 3, filed February 3, 2020, PS Docket No. 19-351, https://www.fcc.gov/ecfs/document/102030067606114/2.

15. See Huawei Public Relations Team, "Responses to Additional Questions from *The Wall Street Journal*," in *In His Own Words: Dialogues with Ren*, vol. 7 (Shen- zhen: Huawei Technologies Co., 2019), 138–39; and Wuhan Statistics Bureau [武汉市统计局], "Introduction to the State Construction Third Bureau Second Company" [中建三局二公司简介], in *Wuhan Statistics Yearbook 1996* [武汉统计年鉴 1996] (Wuhan: China Statistics Press [中国统计出版社], 1996), 436. Ac- cording to local government reference books, the Second Company of the State Construction Commission's Third Bureau was founded in Chongqing in 1954, and it carried out construction projects in Guizhou and Yunnan Provinces be- fore being moved to Wuhan in 1970.

16. See Yu Likun [于立坤], *Ren Zhengfei* [任正非传] (Beijing: Beijing United Press [北京联合出版社], 2020), 19; Sun Like [孙力科], *Biography of Ren Zhengfei* [任正非传] (Hangzhou: Zhejiang People's Press [浙江人民出版社], 2017), 16; and Lin Chaohua [林超华], *Famous and Silent: Biography of Ren Zhengfei* [声名显赫又沉默如谜：任正非传] (Wuhan: Huazhong University of Science and Technology Press [华中科技大学出版社], 2016), 21. Ren's first marriage to Meng Jun is often briefly mentioned in domestic biographies of Ren, with some mentioning that she was the daughter of Sichuan's vice-governor. A person with knowl- edge of the matter confirmed to the author that these reports are correct.

17. He Shu [何蜀], *Fighting for Chairman Mao* [为毛主席而战] (Hong Kong: SDX Joint Publishing [三联书店], 2010), 77 of 395, Google Play Books.

18. Huang Changguo [黄昌国], "Memories of Being a Royalist in Chongqing and Bombarding the Central Cultural Revolution Group during the Cultural Revolution" [文革中我在重庆当保皇派和炮打中央文革的回忆], *China News Digest* [华夏文摘增], March 20, 2007, www.cnd.org/cr/ZK07/

cr397.gb.html.

19. Ren Zhengfei, "Ren Zhengfei's Interview with Chinese Media," in *In His Own Words: Dialogues with Ren*, vol. 3 (Shenzhen: Huawei Technologies Co., 2019), 60–61.

20. Ren, "Ren Zhengfei's Interview with Chinese Media," 60.

21. He, *Fighting for Chairman Mao*, 110 of 395, Google Play Books; and Huang, "Memories of Being a Royalist."

22. Ren, "Ren Zhengfei's Interview with Chinese Media," 60.

23. Photos of Meng Dongbo from Wuxi New Fourth Army History Research Association [无锡市新四军历史研究会], "Meng Dongbo" [孟东波], in *Selected Edition of Wuxi People of the New Fourth Army*, vol. 2 of 2, rev. ed. [新四军无锡籍人物选编修订本下] (Beijing: Chinese Communist Party History Publishing House [中共党史出版社], 2015), 412; and Sichuan Province Area Annals Edit- ing Committee [四川省地方志编纂委员会], eds., *Annals of Sichuan Province: Annals of Foreign Affairs* [四川省志：外事志] (Chengdu: Bashu Publishing House [巴楚书社], 2000), photo insert.

24. Details of Meng Dongbo's early life from Meng Dongbo, "My Enlightening Teacher Chen Zhenbai" [我的启蒙恩师陈枕白], in *Chen Zhenbai Commemora- tive Collection* [陈枕白纪念文集] (Beijing: China Literature Publishing House [中国文学出版社], 2003), 43–45.

25. Wuxi New Fourth Army History Research Association, "Meng Dongbo," 414.

26. Meng Dongbo was Sichuan Province's director of metallurgical industry (冶金工业厅长) from September 1958 to October 1965, according to Sichuan Prov- ince Area Annals Editing Committee [四川省地方志编纂委员会], eds., *Annals of Sichuan Province: Annals of Metallurgy* [四川省志：冶金工业志] (Chengdu: Sichuan Science and Technology Publishing House [四川科学技术出版社], 1992), 308.

27. Meng Dongbo, "The Sun Shines on the Main Path, Sichuan's Iron and Steel Situation Is Good" [总路线阳光普照 四川钢铁形式好], *Metallurgical News* [冶金报], January 4, 1960; and Zhang Rulan [张如兰], "Memories of the 'Big Steel Push' Campaign" [大办钢铁运动的回忆], in *A True Record*

of Key Events in Contemporary Sichuan 1 [当代四川要事实录 1] (Sichuan: Sichuan People's Pub- lishing House [四川人民出版社], 2005), 89. In "The Sun Shines," published by a state-run journal, Meng Dongbo writes that Sichuan had exceeded its iron and steel quotas for the year. In Zhang's oral history, he says that Meng, his col- league, was assigned to investigate the efficacy of the primitive kilns, and that even though they all knew the kilns were ineffective, they were obliged to im- plement them.

28. Sichuan Province Area Annals Editing Committee [四川省地方志编纂委员会], eds., *Annals of Sichuan Province: Annals of Government Affairs*, vol. 1 of 2 [四川省志：政务志(上册)] (Beijing: Annals Publishing House [方志出版社], 2000), 343.

29. "Cultural Troops of the Province and City Fiercely Struggle against Li Jing- quan" [省市文艺大军猛批狠斗李井泉], *Wen Gong Bao* [文攻报], November 17, 1967.

30. Song Yuwu, *Biographical Dictionary of the People's Republic of China* (Jefferson, NC: McFarland, 2013), 172–73.

31. "Cultural Troops of the Province."

32. "Li Jingquan's 'Spiritual Life'" [李井泉的'精神生活'], *Wen Gong Bao* [文攻报], November 17, 1967.

33. "Beat Down Li Jingquan and Liberate the Southwest: Excerpts from Big-Character Posters" [打到李井泉解放大西南：大字报摘登], *8.15 Battle Report* [8.15 战报], January 21, 1967.

34. "Comrade Meng Dongbo Passes Away" [孟东波同志逝世], *Sichuan Daily* [四川日报], December 9, 2001.

35. "Deceased Persons: Meng Dongbo" [逝世人物：孟东波], in *Sichuan Yearbook 2002* [四川年鉴 2002], ed. Li Hongren [李洪仁] (Chengdu: Sichuan Yearbook Publishing House [四川年鉴出版社], 2002), 458.

36. Chengdu Local Annals Compilation Committee [成都市地方志编纂委员会], comp., *Chengdu City Annals Major Events* [成都市志大事记] (Beijing: Annals Publishing House [方志出版社], 2010), 758.

37. He, *Fighting for Chairman Mao*, 112 of 395, Google Play Books; and "A Single Spark Can Start a Prairie Fire," *8.15 Battle News*, January

1, 1967, in *A New Collection of Red Guard Publications, Part III: A Comprehensive Compilation of Red Guard Tabloids from the Provinces*, ed. Song Yongyi, vol. 4 of 52 (Oakton, VA: Center for Chinese Research Materials, 2005), 1555.

38. Ren Zhengfei, "My Father and Mother" [我的父亲母亲], in *Huawei Selected Writings* [华为文摘], vol. 7 (Shenzhen: Huawei Technologies Co., 2002), 221.

39. Liu, "Aviation Industry Corporation of China Shenyang Aircraft Corporation."

40. Yang, "My Time at Panzhihua," 375–77.

41. Ren Zhengfei, "An Insight, an Idea with Ren Zhengfei," interview by Linda Yueh, Huawei (website), 2015, https://www.huawei.com/en/executives/arti cles/hw_412440.

42. Ren, "An Insight, an Idea with Ren Zhengfei."

43. This was a division of China's People's Liberation Army that carried out con- struction projects between 1966 and 1983, during a period when few or no pri- vate construction companies were operating. In May 1973, the State Council ordered the PLA Engineering Corps' 22nd Detachment (later also called Troop 00229), which had been based in Xi'an, to move to Liaoyang to take on the chemical fiber factory construction project. See Annals of China Construction Eighth Engineering Bureau Editorial Department, comp., *Annals of China Construction Eighth Engineering Bureau* [中国建筑第八工程局志] (Jinan: Shandong Youyi Publishing House [山东友谊出版社], 1998), 45–46.
Papers published by Ren in May and June 1978 give his affiliation as "Lia- oning Liaoyang Troop 303 Detachment 57." See Liaoyang Liaoning Troop 303 Detachment 57 and Ren Zhengfei [辽宁辽阳三〇三部队57分队, 任正非], "A Float-Type Standard Pressure Generator (Part 2) Air Pressure Balance" [浮子式标准压力发生器(下)空气压力天平], *Chemical Automation and Instrumentation* [化工自动化及仪表], June 30, 1978, 27–32.
In publications between October 1978 and 1981, his affiliation is given as Troop 00229. See Ge Tai [戈泰], "Ren Zhengfei" [任正非], *Civil Engineering Corps* [基建工程兵], October 18, 1978, as cited in Comments

of Huawei Technologies Co. Ltd. and Huawei Technologies USA Inc., Exhibit A at 43, filed February 3, 2020, PS Docket No. 19-351, https://www.fcc.gov/ecfs/document/10203006 7606114/2; and Yan Jingli [阎景立], Xu Lesheng [许乐胜], and Ren Zhengfei [任正非], "Real-Time Calibration of an Automatic Manometry System" [自动测压系统的实时校准], *Industrial Instrumentation and Automation Equipment* [工业仪表与自动化装置], March 2, 1981.

44. Ren, "Ren Zhengfei's Interview with *The Wall Street Journal*," 132.

45. "Du Pont Discloses New Yarn Details," *New York Times*, October 28, 1938.

46. Han Fugui [韩福贵], "I Was the Translator for the French Prime Minister's Visit to Liaoyang Petrochemical" [我为法国总理访问辽化当翻译], in *Endeav- oring Liaoyang Petrochemical People: Historical Materials of Liaoyang Petro- chemical* [奋进的辽化人：辽阳石化史资料] (Shenyang: Liaoyang City People's Consultative Conference [政协辽阳市委员会], 2016), 350.

47. Ren, "My Father and Mother," 218–19.

48. Han, "I Was the Translator," 350.

49. "Liao-Yang Petrochemical Complex," Association de Retraités de Technip (website), http://www.artechnip.org/medias/files/liao-yang-complex.pdf.

50. Ren Zhengfei, "Ren Zhengfei's Interview with UK Documentary Producer," Huawei (website), archived April 26, 2023, at the Wayback Machine, https:// web.archive.org/web/20230426163437/https://www.huawei.com/nl/facts/voices-of-huawei/ren-zhengfeis-interview-with-uk-documentary-producer.

51. Ren Zhengfei, "Ren Zhengfei's International Media Roundtable," in *In His Own Words: Dialogues with Ren*, vol. 1 (Shenzhen: Huawei Technologies Co., 2019), 3.

52. Qi Yushun [戚玉顺], "Raising the Entire Province's Power to Build Liaoyang Petrochemical" [举全省之力建设辽化], in *Endeavoring Liaoyang Petrochemical People: Historical Materials of Liaoyang Petrochemical*, 2.

53. Qi, "Raising the Entire Province's Power," 3.

54. "Two Proactives Are Much Better Than One: An Investigation into the Liao- yang Petrochemical Fiber Main Factory Construction" [有两个积极性比只有一个积极性好得多：辽阳石油化学纤维总厂建设工程的调查], *People's Daily* [人民日报], September 7, 1976.

55. Ren Zhengfei, "Ren Zhengfei's Interview with BBC StoryWorks," in *In His Own Words: Dialogues with Ren*, vol. 5 (Shenzhen: Huawei Technologies Co., 2019), 67.

56. Han, "I Was the Translator," 354.

57. Ren, "Ren Zhengfei's Interview with BBC StoryWorks," 68.

58. Chinese People's Liberation Army Construction Corps Troop 303 Detachment 57 [中国人民解放军建字303部队57分队], "Summary of Trial Production of Air Pressure Balance" [空气压力天平试制小结], *Refining and Chemical Automation* [炼油化工自动化], no. 4 (1977): 23–30.

59. Ge, "Ren Zhengfei."

60. Ge, "Ren Zhengfei."

3장. 새로운 시작

1. Ren Moxun, "A Few Words from the Perspective of Educational Development" [从教育发展角度说几句话], in *Selected Collection of Duyun's Literary and His- torical Materials* [都匀文史资料选辑], vol. 6 (Duyun: Duyun Municipal Com- mittee of the Chinese People's Political Consultative Conference [中国人民政治协商会议贵州省都匀市委员会], 1987), 3.

2. Ren Zhengfei, "My Father and Mother" [我的父亲母亲], in *Huawei Selected Writings* [华为文摘], vol. 7 (Shenzhen: Huawei Technologies Co., 2002), 221–22.

3. Wang Rongqi [王荣齐], "Duyun No. 1 Middle School" [都匀一中], in *Selected Collection of Duyun's Literary and Historical Materials* [都匀文史资料选辑], 6:109.

4. Wang, "Duyun No. 1 Middle School," 108.

5. Ren, "My Father and Mother," 223.

6. Guizhou Province Duyun City Annals Compilation Committee [贵州省

都匀市史志编纂委员会], *Duyun City Annals Part 2* [都匀市志 下] (Guiyang: Guizhou People's Publishing House [贵州人民出版社], 1999), 753.

7. Guizhou Province Duyun City Annals Compilation Committee, *Duyun City Annals*, 973.

8. Guizhou Province Duyun City Annals Compilation Committee, 981–82.

9. Ren Moxun, "On the Inherent Rules of Moral Education" [论德育的内在规律], *Guizhou Education* [贵州教育] 23, no. 3 (1983) [总第23期, 1983第3期]: 10.

10. Ren, "On the Inherent Rules of Moral Education," 10–11.

11. Meng Wanzhou, "Grandma, Can You Hear?" [奶奶, 你能听见吗?], *Huawei People* [华为人], no. 115, March 28, 2001.

12. Meng, "Grandma, Can You Hear?"

13. Meng Wanzhou [晚舟], "Kite" [风筝], in *Huawei Selected Writings* [华为文摘], vol. 3 (Shenzhen: Huawei Technologies Co., 1997), 117.

14. "New Management System Yields Good Results in Sichuan Province," Xinhua General Overseas News Service, August 21, 1980.

15. "Sichuan Deputies Discuss Hua Guofeng's Speech," Xinhua General Overseas News Service, September 10, 1980.

16. "Zairian President Mobutu Visits People's Commune in Chengdu," Xinhua General Overseas News Service, March 29, 1980.

17. "Milliken Hosts Banquet," Chengdu Sichuan Provincial Service, November 12, 1982, in Foreign Broadcast Information Service, *Daily Report: China*, FBIS-CHI-82-220, November 15, 1982, B3.

18. Sichuan Province Area Annals Editing Committee [四川省地方志编纂委员会], eds., *Annals of Sichuan Province: Annals of Foreign Affairs* [四川省志 : 外事志] (Chengdu: Bashu Publishing House [巴楚书社], 2000), 225.

19. Sichuan Province Area Annals Editing Committee, *Annals of Sichuan Province: Annals of Foreign Affairs*, photo insert.

20. Zhao Ziyang, *Prisoner of the State: The Secret Journal of Premier Zhao Ziyang* (New York: Simon & Schuster, 2009), 134–36.

21. Scott Kennedy, "The Stone Group: State Client or Market Pathbreaker?,"

China Quarterly, no. 152 (December 1997): 751, http://www.jstor.org/stable/655558.

22. Xinhua News Service [新华社], "Ren Zhengfei Produces an Air Pressure Balance" [任正非制成空气压力天平], *Guangming Daily* [光明日报], October 13, 1977.

23. Ren Zhengfei, *A Floating-Ball Precision Pressure Generator—Air Pressure Balance* [浮球式标准压力发生器] (Beijing: China Construction Industry Press [中国建筑工业出版社], 1979).

24. Ren, *A Floating-Ball Precision Pressure Generator*, preface.

25. Ren, "My Father and Mother," 222.

26. Deng Xiaoping, "Speech at the Opening Ceremony of the National Conference on Science," March 18, 1978, China through a Lens transcript, http://www.china.org.cn/english/features/dengxiaoping/103390.htm.

27. VideoChinaTV, "The First National Science Conference Was Held in Beijing in March 1978," streamed on April 5, 2021, YouTube video, 3:59, https://www.youtube.com/watch?v=Ei1TVCIsVdI.

28. Ren Zhengfei, "Ren Zhengfei's Interview with German Broadcaster ARD," in *In His Own Words: Dialogues with Ren*, vol. 3 (Shenzhen: Huawei Technologies Co., 2019), 121–23.

29. Ren, "Ren Zhengfei's Interview with German Broadcaster ARD," 123–24.

30. Zhang Peifang [张佩芳], "Interesting Things about Comrade Xu Guotai" [战友许国泰那些有意思的事], Bingwang Literary Creation Center [兵网文学创作中心], February 24, 2022, archived March 29, 2023, at the Wayback Machine, https://web.archive.org/web/20230329013934/www.tdbzy.com/index.php/zhanyouyuanchuang/497792.html.

31. Ge Tai [戈泰], "Ren Zhengfei" [任正非], *Civil Engineering Corps* [基建工程兵], October 18, 1978, as cited in Comments of Huawei Technologies Co. Ltd. and Huawei Technologies USA Inc., Exhibit A at 43, filed February 3, 2020, PS Docket No. 19-351, https://www.fcc.gov/ecfs/document/102030067606114/2.

32. Xu Guotai [许国泰], "The Inventor of the Precision Pressure Generator Ren Zhengfei Joins the Party" [标准压力发生器第研制者 任正非入党], *PLA*

Engi- neering Corps [基建工程兵], February 14, 1979.

33. Ren Zhengfei, "A Spring River Flows Eastward" [一江春水向东流], *Huawei People* [华为人], no. 243, January 7, 2012.

34. It's unclear when Ren himself made the move to Jinan. Some of his troop, the 22nd Detachment (二十二支队), which was also called Troop 00229 (00229 部队), moved as early as November 1978, while others stayed at the Liaoyang fac- tory until April 1979, according to Editorial Department of Annals of China Construction Eighth Engineering Bureau [中国建筑第八工程局志编辑部], comp., *Annals of China Construction Eighth Engineering Bureau* [中国建筑第八工程局志] (Jinan: Shandong Youyi Publishing House [山东友谊出版社], 1998), 46.

35. Editorial Department of Annals of China Construction Eighth Engineering Bureau [中国建筑第八工程局志编辑部], comp., *Annals of China Construction Eighth Engineering Bureau*, 46.

36. Ren Zhengfei, "Ren Zhengfei's Interview with *The Wall Street Journal*," in *In His Own Words: Dialogues with Ren*, vol. 7 (Shenzhen: Huawei Technologies Co., 2019), 113.

37. Xu, "The Inventor."

38. Meng, "Grandma, Can You Hear?"; and Ren, "Ren Zhengfei's Interview with *The Wall Street Journal*," 99.

39. Meng, "Grandma, Can You Hear?"

40. Ren Zhengfei (Jinan 00229 Troop Research Institute) [任正非 (济南00229部队科研所)], "What Is the Performance of the Floating Standard Pressure Generator (Air Pressure Balance) and Which Factories Produce It?" [浮球标准压力发生器 (空气压力天平)工作性能及何厂生产?], *Petrochemical Automation* [石油化工自动化], no. 4 (1979): 72.

41. Zhu Yifang and Wang Yanbin [朱义芳、王彦斌], "A Story from the Past of Ren Zhengfei and Yangzhong" [任正非与扬中的一段往事], Yangzhong City Con- verged Media Center [扬中市融媒体中心], December 22, 2021, https://www.yzxw.com/Mobile/wz.php?Id=266876.

42. Ren Zhengfei, "Ren Zhengfei's International Media Roundtable," in *In His Own Words: Dialogues with Ren*, vol. 1 (Shenzhen: Huawei Technologies

Co., 2019), 6–7.

43. Ren, "My Father and Mother," 223; and "Decision of the State Council and the Central Military Commission on the Cancellation of the Infrastructure Engi- neering Corps" [国务院, 中央军委关于撤销基建工程兵的决定], in Editorial Department of Annals of China Construction Eighth Engineering Bureau [中国建筑第八工程局志编辑部], comp., *Annals of China Construction Eighth En- gineering Bureau*, 579.

44. Meng, "Grandma, Can You Hear?"

45. Meng, "Grandma, Can You Hear?"

46. Wang, "Duyun No. 1 Middle School," 109.

47. Ren Moxun [任摩逊] to Chen Qixian [陈启铣], letter, 5 October 1981, displayed at the Ren ancestral home in Rendiancun, Zhejiang Province.

48. Feng Jugao [冯举高], "The Teacher's Teachings Were Actually Quite Straight- forward" [师道其实很质朴], *Qiannan Daily* [黔南日报], August 5, 2018.

4장. 경제특구

1. "The Spirit of Reform and Opening Up Has Never Faded: Shenzhen in the Eyes of Three Generations of Entrepreneurs" [改革开放的精神从未褪色：三代企业家眼中的深圳], Xinhua News Agency [新华社], May 23, 2018, http://m.xin huanet.com/gd/2018-05/23/c_1122872345.htm.

2. Juan Du, *The Shenzhen Experiment* (Cambridge, MA: Harvard University Press, 2020), 22.

3. Antony Gar-On Yeh, "Development of the Special Economic Zone in Shenzhen, the People's Republic of China," *Ekistics* 52, no. 311 (March/April 1985): 156.

4. Called "the Second Line Border," this fence had nine entry and exit check- points. See Du, *The Shenzhen Experiment*, 38.

5. There are varying accounts of when he moved to Shenzhen. A Huawei slide deck presented to *Wall Street Journal* reporters on November 4, 2019, says that Ren moved to Shenzhen in 1982. In an interview, Ren

told German broadcaster ARD that he came to Shenzhen in 1984 (Ren Zhengfei, "Ren Zhengfei's Inter- view with German Broadcaster ARD," in *In His Own Words: Dialogues with Ren*, vol. 3 [Shenzhen: Huawei Technologies Co., 2019], 127). In Meng Wan- zhou's essay "Kite" (see note 13), she says that her parents moved to Shenzhen to heed the party's call when she was eleven, which would have been between 1982 and 1984, depending on whether she was giving her age in the traditional Chinese way or the Western way.

6. Ren Zhengfei, "Ren Zhengfei's Interview with *The Wall Street Journal*," in I*n His Own Words: Dialogues with Ren*, 7:116–17.

7. Ren Zhengfei, "Ren Zhengfei's Interview with the BBC," in *In His Own Words: Dialogues with Ren*, 1:119.

8. Du, *The Shenzhen Experiment*, 174.

9. Ren Zhengfei, "Ren Zhengfei's Interview with French Media: I Have Never Been a Low-Key Person, or I Would Not Have Been Able to Mobilize Hundreds of Thousands of Huawei Staff" [任正非接受法国媒体采访实录：我一贯不是你一个低调的人，否则不可能鼓动起十几万华为人], Huxiu.com [虎嗅网], De- cember 2, 2013, https://www.aecf-france.org/actu_membre_31.htm.

10. Wen Chaoli [文朝利], ed., *Shenzhen Quotations* [深圳语录] (Shenzhen: Haitian Publishing House [海天出版社], 2010), 38–40.

11. "Ren Zhengfei Accepts an Interview with Foreign Media for the First Time, Calls Himself 'A Homebody'" [任正非首度接受外媒采访 自称'宅男'], CCTV, De- cember 1, 2013, http://jingji.cntv.cn/2013/12/01/ARTI1385903284128558.shtml.

12. Red Flag Editorial Board and Shenzhen SEZ Policy Research Office [红旗杂志社，深圳经济特区政策研究室], eds., *New Look of Shenzhen Special Economic Zone* [深圳特区新貌] (Hong Kong: Economic Information Agency [香港经济报道社], 1985), 23.

13. Meng Wanzhou [晚舟], "Kite" [风筝], in *Huawei Selected Writings* [华为文摘], vol. 3 (Shenzhen: Huawei Technologies Co., 1997), 117.

14. "Interview 6: Chen Zhufang" [访谈6：陈珠芳], in *Huawei Interviews* [华为访谈录], ed. Tian Tao (Beijing: CITIC Publishing House [中信出版集团], 2021),

149–51.

15. Ren Zhengfei, "An Insight, an Idea with Ren Zhengfei," interview by Linda Yueh, Huawei (website), 2015, https://www.huawei.com/en/executives/arti cles/hw_412440.

16. Ren Zhengfei, "Ren Zhengfei's Interview with BBC StoryWorks," in *In His Own Words: Dialogues with Ren*, vol. 5 (Shenzhen: Huawei Technologies Co., 2019), 70.

17. Ren, "An Insight, an Idea with Ren Zhengfei."

18. Ren Zhengfei, "Ren Zhengfei's Interview with Chinese Media," in I*n His Own Words: Dialogues with Ren*, 3:61.

19. "Divorce on Upswing in China," *United Press International*, February 4, 1985.

20. Ren, "Ren Zhengfei's Interview with BBC StoryWorks," 70.

21. Li Dong [李栋], "48 Non-Governmental Technology Companies Have Regis- tered in Shenzhen" [深圳市已有48家民间科技技术业申报注册], *Special Zone Economy* [特区经济], no. 3 (1987): 13.

22. Yin Hanfan [鄞汉藩], "Shenzhen City's Non-Governmental Technology Com- panies" [深圳市的民间科技企业], *Special District Technology* [特区科技], no. 3 (1987): 6–7.

23. Details are drawn from a description and photograph of the early building in "Walking the Huawei Road Again" [重走华为路], *Huawei People* [华为人], no. 251, September 5, 2012; and from the recollections of Huawei executive Jiang Xisheng, as told to Ryo Takeuchi in *100 Faces of Huawei*, season 1, episode 3, "Who's Controlling Huawei from the Past to Future?," directed by Ryo Takeu- chi, streamed by Hezhimeng on March 27, 2021, YouTube video, 30:57, https:// youtu.be/F5NUXSdkd3g?si=uYWssVdgbBQWG1kj.

24. Jiang Xisheng in "Who's Controlling Huawei," 25:35.

25. Zhang Jianguo [张建国], "Huawei's First Human Resources Vice President Ex- plains: Two or Three Things about Huawei's Human Resources Management" [华为首任主管人力资源副总裁讲述：华为人力资源管理二三事], in *Insight: China Stone Management Review* [洞察：华夏基石管理评论],

vol. 51 (Beijing: China Fortune Press [中国财富出版社], 2019), 120–26.

26. The five names and the titles of Zhang, Wu, and Chen are from Norman Pearl- stine et al., "The Man behind Huawei," *Los Angeles Times*, April 10, 2019, https://www.latimes.com/projects/la-fi-tn-huawei-5g-trade-war. Mei's title comes from "Daring to Lead the Nine Regions: Several Stories of Liaoning En- trepreneurs in Shenzhen" [敢领九州风流：几位辽宁企业家在深圳的故事], *China Entrepreneur* [中国企业家], 1996, 4. Shen's title comes from Jin Shengmo [金胜谟], *Experience in Business Management* [经营管理实践] (Beijing: Beijing Institute of Technology Press [北京理工大学出版社], 1993), 137.

27. Ministry of Personnel Department of Experts [国家人事部专家司], ed., *List of Experts, Scholars, and Technicians of the People's Republic of China Receiving Special Government Allowances, 1992*, vol. 1 [中华人民共和国享受政府特殊津贴专家, 学者, 技术人员名录 1992年卷 第1分册] (Beijing: China International Broadcasting Press, 1995), 1099.

28. Ren Zhengfei, "Ren Zhengfei's Interview with UK Documentary Producer," Huawei (website), archived April 26, 2023, at the Wayback Machine, https:// web.archive.org/web/20230426163437/https://www.huawei.com/nl/facts

/voices-of-huawei/ren-zhengfeis-interview-with-uk-documentary-producer.

29. "Daring to Lead the Nine Regions."

30. "South Sea Oil Shenzhen Three Rivers Electronics Company [深圳石油深圳三江电子公司]," in *Shenzhen Special Economic Zone Yearbook 1989* [深圳经济特区年鉴1989], ed. Shenzhen Special Economic Zone Yearbook Editing Committee [深圳经济特区年鉴编辑委员会] (Guangzhou: Guangdong People's Press [广东人民出版社], 1989), 624.

31. China Securities Co. Ltd. [中信建投证券股份有限公司], "Shenzhen Fanhai Sanjiang Electronics Co. Ltd. Initial Public Offering Prospectus" [深圳市泛海三江电子股份有限公司 首次公开发行股票 招股说明书], May 9, 2017, 1-1-48, http://pdf.dfcfw.com/pdf/H2_AN201707140719364576_1.pdf.

32. Tian Tao, preface to *Huawei Interviews* [华为访谈录], ed. Tian Tao (Beijing: CITIC Publishing House [中信出版集团], 2021).

33. "Interview 1: Jiang Xisheng" [访谈1：江西生], in Tian, *Huawei Interviews* [华为访谈录], 5.

34. South Sea Oil Shenzhen Three Rivers Electronics Company [深圳石油深圳三江电子公司]," in *Shenzhen Special Economic Zone Yearbook 1989* [深圳经济特区年鉴1989], 624; Guangdong Yearbook Editing Committee [广东年鉴编辑委员会], comp., *Guangdong Yearbook 1989* [广东年鉴 1989] (Guangzhou: Guangdong People's Press [广东人民出版社], 1989), 569; and Meng Fansen and Wu Debi [孟繁森, 吴德壁主], comps., *National New Products Overview 1988–1989* [国家级新产品总览 1988–1989] (Beijing: Yuhang Press, 1990), 270–71.

35. "Interview 6: Chen Zhufang," in Tian, *Huawei Interviews*, 150.

36. Paul French, "From One-Time Chinese Capital to Coronavirus Epicenter, Wu-han Has a Long History that the West Had Forgotten," CNN, February 23, 2020, https://www.cnn.com/2020/02/22/asia/wuhan-history-hnk-intl/index.html.

37. Founded in 1953 in Wuhan, the Huazhong Institute of Technology (HIT) was renamed the Huazhong University of Science and Technology (HUST) in 2000. See "History," Huazhong University of Science and Technology (web-site), http://english.hust.edu.cn/ABOUT/History.htm.

38. Interviews by the author with alumni.

39. Huazhong University of Science and Technology [华中科技大学], "Huazhong University Stories: How Was the 'Statue of Chairman Mao' Created?" [华中大故事：'毛爷爷像'是如何诞生的?], *Paper*, November 29, 2019, https://m.thepa per.cn/baijiahao_5101017?sdkver=e06426d6&clientprefetch=1.

40. Wang Jionghua [王炯华], *A Critical Biography of Zhu Jiusi* [朱九思评传] (Wuhan: Huazhong University of Science and Technology [华中科技大学出版社], 2011), 90–92.

41. Wang, *A Critical Biography*, 143.

42. Wang, 129.

43. "Interview 6: Chen Zhufang," in Tian, *Huawei Interviews*, 149–51. Chen re-called the trip taking place in 1983 or 1984.

44. "Interview 6: Chen Zhufang," in Tian, *Huawei Interviews*; Zhou Xi and Xiao Debao [周细, 肯德宝], "Long-Distance Telephone Exchange System Con- trolled by a Z-80 Microcomputer" [Z-80微型机控制的长途电话交换台系统], *Journal of Huazhong Institute of Technology* [华中工学院学报] 12, no. 3 (June 1984): 59–62; and Huazhong University of Science and Technology, School of Computer Science and Technology [华中科技大学计算机科学与技术学院], eds., *Thirty Years of Unity and Progress: Special Collection of the 30th Anniver- sary Celebration of the School of Computer Science and Technology* [团结奋进三十年：计算机科学与技术学院三十年院庆专集] (Wuhan: Huazhong University of Science and Technology, School of Computer Science and Technology, 2003), 198.

45. "Interview 6: Chen Zhufang," in Tian, *Huawei Interviews*, 150.

46. *100 Faces of Huawei*, season 1, episode 1, "Huawei International Employees Re- veal the Real Reasons for America's Sanctions of Huawei," directed by Ryo Takeuchi, streamed by Hezhimeng on March 5, 2021, YouTube video, 31:27, https://youtu.be/O4spoHp4HhY?si=mt2iemhzS7Mx75HS. Guo Ping mentions his hometown in an interview that is part of this episode. Descriptions of his appearance in Huawei's early years are drawn from photographs shown here.

47. Guo Ping, "Meet Your Better Self at the Great Turning Point of History: Notes on Huawei Rotating Chairman Guo Ping's Meeting with New Employees" [在历史大转折中遇见更好的自己：华为轮值董事长郭平与新员工座谈纪要], Hua- wei People (verified account) on Xinsheng Forum [心声社区的 华为人(官方账号)], August 11, 2021, archived April 27, 2023, at Archive. Today, https://archive.ph/P7xQI.

48. Guo Ping, "Don't Miss the Opportunity in a Crisis: Notes on Huawei Rotating Chairman Guo Ping's Meeting with New Employees" [不要浪费一场危机的机会：华为轮值董事长郭平与新员工座谈纪要], *Huawei People* [华为人], no. 350, September 2020.

49. Guo Ping, "Hotpot with Guo Ping Episode 1: No Special Recipe," interview by Jeffrey Towson, Huawei (verified channel), streamed on January 13, 2020, YouTube video, 4:40, https://www.youtube.com/watch?v=5XLt1H-mSlc.

50. It's unclear exactly when Zhuhai stopped supplying Huawei with the BH-01, and if development of Huawei's rival switch, the BH-03, began before or after. What may be the earliest mention of the BH-03 appears in a government year-book profile of the Shenzhen branch of the China Post and Telecommunica- tions Equipment Corporation (中国邮电器材总公司深圳公司). According to that profile, in 1989, the company began a partnership with Huawei to make the BH-03. See *China Transportation and Communications Yearbook 1990* [中国交通年鉴 1990] (Beijing: China Transportation and Communications Year- book Press [中国交通年鉴社], 1990), 440.

    Huawei shipped its first BH-03 units at the end of 1991, according to Chen Kangning [陈康宁], "Telling the Story of Huawei's People: In 1991, We Were in Haoye Village" [讲述华为人的故事：1991年我们在蚝业村], *Huawei People* [华为人], no. 179, August 28, 2006.

    A photograph of the BH-03 can be found in Zhang Lihua [张利华], *Research and Development of Huawei*, 3rd ed. [华为研发 第3版] (Beijing: Mechanical In- dustry Press [机械工业出版社], 2017), 15.

51. "Interview 3: Jiang Xisheng's Second Interview" [访谈3：江西生第二次访谈], in Tian, *Huawei Interviews* [华为访谈录], 55.

52. Ren Zhengfei, "Let the Life of Youth Radiate Brilliance: Minutes of Ren Zheng- fei's Speech at the Internet Product Line Striving Conference" [让青春的生命放射光芒：任总在网络产品线奋斗大会上的讲话纪要], in *Huawei Selected Writings* [华为文摘], vol. 10 (Shenzhen: Huawei Technologies Co., 2010), 13.

53. Ren, "Let the Life of Youth Radiate Brilliance," 13. In the speech, Ren said that he received this advice from Zhou Liangshu (周良叔), an official at the Minis- try of Petroleum's Bureau of Geophysical Prospecting (石油部物探局), calling the bureau "our partner at the time." Curiously, this appears to be the only known mention that Huawei executives have made about a partnership with the Ministry of Petroleum, and it's unclear what the partnership entailed.

54. Ren, 13.

55. Meng's high school, the Affiliated High School of Shenzhen University (深圳大学附属中学), was founded in 1986 as Huaming School (华明学校), set

up by South Sea Oil. (See "Affiliated High School of Shenzhen University: School In- troduction" [深圳大学附属中学：学校介绍], Shenzhen Government Online, http://www.sz.gov.cn/school/ssxx/szdxsffsxx/content/post_9558836.html.) According to a post by the school, Meng graduated from the high school in 1990. (See Affiliated High School of Shenzhen University [深大附中], "She's Returned, She's Returned, the Affiliated High School of Shenzhen University's Outstanding Alumna Meng Wanzhou Has Really Returned This Time!" [回来了，回来了，深大附中的杰出校友孟晚舟这一次是真的回来了!], *Tencent News* [腾讯网], September 25, 2021, https://new.qq.com/rain/a/20210925A08XDG00.)

56. Qiu Huihui [丘慧慧], "Ren Zhengfei's Daughter Meng Wanzhou's First Time Revealing the Secrets of the Family and the Truth of Huawei" [任正非之女孟晚舟首度解密家族和华为真相], *21st Century Business Herald* [21世纪经济报], January 22, 2013, tech.sina.com.cn/t/2013-01-22/00408000729.shtml.

57. Qiu, "Ren Zhengfei's Daughter."

58. "Interview 1: Jiang Xisheng" [访谈1：江西生], in Tian, *Huawei Interviews* [华为访谈录], 1.

59. The official was Yuan Geng, head of Shenzhen's Shekou Industrial District and a champion of freedom of speech and the press. See Wen Chaoli [文朝利], ed., *Shenzhen Quotations* [深圳语录] (Shenzhen: Haitian Publishing House [海天出版社], 2010), 114–15.

60. Allison Liu Jernow, "Don't Force Us to Lie: The Struggle of Chinese Journal- ists in the Reform Era," *Occasional Papers/Reprints Series in Contemporary Asian Studies*, no. 2 (1994): 8, https://digitalcommons.law.umaryland.edu/cgi/viewcontent.cgi?article=1120&context=mscas.

61. Reuters, "Police Guard Joins in Protest," *Independent*, May 23, 1989.

62. "Shenzhen Party Members Demand Deng's Retirement," *Hong Kong Ming Pao*, May 19, 1989, in Foreign Broadcast Information Service, *Daily Report: China*, FBIS-CHI-89-096, May 19, 1989, 39.

63. Fan Cheuk-wan, "Shenzhen Party Members Call on Deng to Resign," *Hongkong Standard*, May 20, 1989, in Foreign Broadcast Information Service, *Daily Report: China*, FBIS-CHI-89-098, May 23, 1989, 72. According to the article, Luo told *The Hongkong Standard* that all

party members at the university decided to send the telex "because they considered it an 'abnormal phenomenon' to have a 'su- preme helmsman' overriding the legitimate power structure of the party."

64. Wan Runnan [万润南], *The Seas and Clouds of Business: The Story of Stone Group* [商海云帆：四通故事] (Tianyu Press [天语出版社], 2013), section 18-07.

65. Scott Kennedy, "The Stone Group: State Client or Market Pathbreaker?," *China Quarterly*, no. 152 (December 1997): 746–77, http://www.jstor.org/stable/655558.

66. Shenzhen Innovation and Development Institute (verified account) ["深圳创新发展研究院"公众号], "Farewell to the Great Founder of Shenzhen Univer- sity, Mister Luo Zhengqi for Eternity!" [送别伟大的深圳大学开创者, 罗征启先生千古!], Sohu, April 12, 2022, https://www.sohu.com/a/537398345_390121.

67. "Shenzhen University Head Fired for Riot Support," Guangzhou Guangdong Provincial Service, July 25, 1989, in Foreign Broadcast Information Service, *Daily Report: China*, FBIS-CHI-89-142, July 26, 1989, 32.

68. Daniel Kwan, "Former University Official in Guangdong 'Isolated,'" *South China Morning Post*, May 2, 1990, in Foreign Broadcast Information Service, *Daily Report: China*, FBIS-CHI-90-085, May 2, 1990, 77.

69. Cheung Po-Ling, "Guangdong Investigators to Hunt Student Leaders," *Hong-kong Standard*, August 1, 1989, in Foreign Broadcast Information Service, *Daily Report: China*, FBIS-CHI-89-146, August 1, 1989, 56.

70. William Plummer, interview by the author.

71. Ren Zhengfei, "To New Employees" [致新员工], preface to *First Time Shaking Hands* [第一次握手] (Beijing: China Youth Publishing House [中国青年出版社], 1998).

72. Ren, "To New Employees."

73. Ren Zhengfei, "From the Kingdom of Necessity to the Kingdom of Freedom" [要从必然王国, 走向自由王国], *Huawei People* [华为人], no. 66,

April 6, 1998.

5장. 국산 교환기

1. Ren's threat to jump out a fifth-floor conference room window if they didn't succeed in building the C&C08 switch has become a legendary part of Hua- wei's story in China. It is cited in numerous domestic accounts of the company's history, with one of the earlier mentions found in Si Hui [司辉], *Huawei's R&D and Innovation: New Edition* [华为的研发与创新 : 最新版] (Shenzhen: Hai- tian Publishing House [海天出版社], 2012), 232. This meeting is reported to have taken place on April 19, 1993, according to Yang Shaolong, *The Huawei Way: Lessons from an International Tech Giant on Driving Growth by Focusing on Never-Ending Innovation* (New York: McGraw-Hill Education, 2017).

2. The HJD48, which could connect up to forty-eight telephones, is often viewed as the first of Huawei's switches to be truly developed in-house. Guo Ping led the project. See Guo Ping [郭平], "Huawei's Road to Success in the Eyes of Hua- wei People: From Accidental Success to Inevitable Success" [华为人眼里的华为之路 : 从偶然性成功到必然性成功], *Caijing* [财经网], June 19, 2014, finance.sina.com.cn/leadership/20140619/195919465412.shtml.
An early Huawei report on the HJD48 mentioned that it had a password-billing feature for hotels, and that it was also suitable for use by police, border guards, and the wujing (paramilitary police). See "HJD48 Program-Controlled User Switch" [HJD48型程控用户交换机], *Huawei People* [华为人], no. 4, Sep- tember 27, 1993.

3. Li Yinan [李一男], "The Spirit of the New Machine" [新机器的灵魂], in *Huawei Selected Writings* [华为文摘], vol. 1 (Shenzhen: Huawei Technologies Co., 1996), 130.

4. "Interview 6: Chen Zhufang" [访谈6 : 陈珠芳], in *Huawei Interviews* [华为访谈录], ed. Tian Tao (Beijing: CITIC Publishing House [中信出版集团], 2021), 150.

5. Ren Zhengfei, "Minutes of the Work Report to Mr. Ren by the Eastern and Southern Africa Management Department" [东南非多国管理部向任

总汇报工作纪要], Xinsheng Forum, November 15, 2012, https://xinsheng.huawei.com/next/#/detail?uuid=916313487663906842.

6. For a profile of Zheng Baoyong, who was Wu's boss at Huawei, see Wu Jianguo and Ji Yongqing [吴建国, 冀勇庆], *Huawei's World* [华为的世界] (Beijing: CITIC Press [中信出版社], 2006), 119–23.

7. "Song Jian, State Councillor and Director of the State Science and Technology Commission, Inspects Huawei" [国务委员, 国家科委主任宋健视察华为], *Huawei People* [华为人], no. 18, June 18, 1995.

8. Chen Kangning [陈康宁], "Telling the Story of Huawei's People: In 1991, We Were in Haoye Village" [讲述华为人的故事：1991年我们在蚝业村], *Huawei People* [华为人], no. 179, August 28, 2006.

9. Chen, "Telling the Story of Huawei's People."

10. Chen, "Telling the Story of Huawei's People."

11. Zhang Jianguo [张建国], "Huawei's First Human Resources Vice President Ex- plains: Two or Three Things about Huawei's Human Resources Management" [华为首任主管人力资源副总裁讲述：华为人力资源管理二三事], in *Insight: China Stone Management Review* [洞察：华夏基石管理评论], vol. 51 (Beijing: China Fortune Press [中国财富出版社], 2019), 122.

12. Zheng Aizhu [郑爱珠], "The Weight of Responsibility" [责任的重量], in *Our Golden Armor Is Battered by a Hundred Battles in the Yellow Sands* [黄沙百战穿金甲], ed. Yin Zhifeng (Hong Kong: SDX Joint Publishing [三联书店], 2017),

149. This book of essays by Huawei employees is available in English transla- tion as *Visionaries*, in the Huawei Stories series, but the English translation of this passage may be confusing; it says Zheng's fifteen thousand yuan in stock was "the original startup capital for Huawei." The Chinese version reflects that she was not calling it the company's initial capital but her and her hus- band's "initial stock at Huawei" (这就是我们在华为的原始股).

13. Details in this paragraph are drawn from Qiu Shuming, Lan Zhenqiang, and Peng Haibin [丘淑明, 蓝镇强, 彭海斌], "The Joint-Stock Cooperative System Is a Good Method to Improve and Develop My Country's

Collective Owner- ship Economy" [股份合作制是完善和发展我国集体所有制经济的好形式], *Special Zone Economy* [特区经济], no. 4 (1992): 23–24. The article says that the authors are employees of the Shenzhen City Bureau of Industry and Commerce.

14. "Regulations of the People's Republic of China on Urban Collectively Owned Enterprises" [中华人民共和国城镇集体所有制企业条例], *State Council Gazette, supplement*, April 28, 2011, https://www.gov.cn/gongbao/content/2011/content_1860730.htm.

15. Wang Jun [王军], "Huawei's Equity and Governance Structure" [华为的股权与治理结构], trans. by Zichen Wang [王子辰], in *Beyond the Trap: On Sino-US Trade Dispute*, ed. Qiang Shigong et al. (Beijing: Contemporary World Press [当代世界出版社], 2020), 8, 26, full excerpt reprinted at https://drive.google.com/file/d/1_9ncG_yCHKeRPDEkZ5zxxnAJGEkF4_sG/view. Page references are to the Google file.

16. Wang, "Huawei's Equity and Governance Structure," 26.

17. "Regulations of the People's Republic of China."

18. Erik Baark, *Lightning Wires: The Telegraph and China's Technological Modern- ization, 1860–1890* (London: Greenwood Press, 1997), 69.

19. Wang Yutang, Sun Zhongquan, and Yan Yongji [王玉堂、孙忠权、燕永吉], *Confidentiality Education Study Guide for Party and Government Cadres* [党政干部保密教育学习辅导] (Beijing: China Publishing Group [中国出版集团公司], 2018), 85; and Wu Jichuan [吴基传] et al., eds., *Big Leap: Thirty Years of China's Telecommunications Industry* [大跨越：中国电信业三十春秋] (Beijing: People's Publishing House [人民出版社], 2008), 20.

20. Eric Harwit, *China's Telecommunications Revolution* (Oxford: Oxford Univer- sity Press, 2008), 33; and interviews with anonymous interviewees by the author.

21. Shenzhen Post and Telecommunications Gazetteer Editing Committee [深圳市邮电志编纂委员会], *Shenzhen Post and Telecommunications Gazetteer* [深圳市邮电志] (Shenzhen: Haitian Publishing House [海天出版社], 2001), 203.

22. Shenzhen Post and Telecommunications Gazetteer Editing Committee,

Shen-zhen Post and Telecommunications Gazetteer, 191–93.

23. Ken Zita, *Modernising China's Telecommunications: Implications for International Firms* (London: Economist Intelligence Unit, 1987), 2–4.

24. Robert D. Atkinson, "Who Lost Lucent?: The Decline of America's Telecom Equipment Industry," *American Affairs* 4, no. 3 (Fall 2020): 99–135, https:// americanaffairsjournal.org/ 2020/08/ who- lost- lucent- the- decline- of-americas-telecom-equipment-industry.

25. Guy Saint-Jacques, interview by the author, 2023.

26. Ren Zhengfei, "The Situation before Us and Our Task at Hand: Speech at the Marketing Department's Work Training Meeting, December 26, 1995" [目前我们的形势和任务：任正非在1995 年总结大会上的讲话, 1995年12月26日], in *Huawei Selected Writings* [华为文摘], vol. 1 (Shenzhen: Huawei Technologies Co., 1996), 1.

27. Hao Chunmin with Pei Zhengli [郝春民于沛整理], *High Technology Lifts the New Shenzhen: An Autobiography from Someone with Personal Experience of the Shenzhen Tech Structural Reform* [科技托起心深圳：一名深圳科技体制改革亲历者的自述] (Beijing: China Science and Technology Publishing House [中国科学技术出版社], 2014), 62–63.

28. Cao Yian [曹贻安], "Miscellaneous Notes on Working at Huawei" [华为打拼杂记], *Blue Blood Research* [蓝血研究], May 11, 2021, https://finance.sina.cn/chanjing/gsxw/2021-05-11/detail-ikmyaawc4597139.d.html?from=wap.

29. Ren Zhengfei, "Let the Life of Youth Radiate Brilliance: Minutes of Ren Zhengfei's Speech at the Internet Product Line Striving Conference" [让青春的生命放射光芒：任总在网络产品线奋斗大会上的讲话纪要], in *Huawei Selected Writings* [华为文摘], vol. 10 (Shenzhen: Huawei Technologies Co., 2010), 14.

30. Hao with Pei, *High Technology Lifts the New Shenzhen*, 66.

31. "Mobeco Founding Meeting Takes Place" [莫贝克创立大会召开], *Huawei People* [华为人], no. 1, May 11, 1993.

32. Li Yuzhuo [李玉琢], *Straight Down the Path: My Business Ideals* [一路直行：我的企业理想] (Beijing: Contemporary China Publishing House [当代中国出版社], 2014), 97.

33. "The Naming of the C&C08" [C&C08命名记], *Huawei People* [华为人], no. 7, June 7, 1994.

34. Li, "Spirit of the New Machine," 131.

35. Li Youwei, *Collected Writings of Li Youwei*, vol. 1 of 2 [厉有为文集(上)] (Shen- zhen: Haitian Publishing House [海天出版社], 2010), 150. In June 1993, Shen- zhen mayor Li Youwei said in a speech that Huawei's switches had more than eighty suppliers in the Pearl River Delta.

36. "Articles of Incorporation of Ran Boss Technologies Ltd., Inc.," California Business Search, March 9, 1993, https://bizfileonline.sos.ca.gov/api/report/GetImageByNum/021255241189079145048149172231063251026051004143.

37. Ren Zhengfei, "Notes on a Trip to America" [赴美考察散记], in *Huawei Selected Writings* [华为文摘], vol. 1 (Shenzhen: Huawei Technologies Co., 1996), 120–24.

38. Zhang Lihua [张利华], *Research and Development of Huawei*, 3rd ed. [华为研发第3版] (Beijing: Mechanical Industry Press [机械工业出版社], 2017), 160.

39. "Ran Boss Company Registered" [兰博公司注册], *Huawei People* [华为人], no. 1, May 11, 1993.

40. Kathrin Hille, "Ren Zhengfei: Huawei's General Musters for a Fight," *Financial Times*, December 14, 2018, https://www.ft.com/content/19791f96-ff00-11e8-aebf-99e208d3e521.

41. Ren, "Notes on a Trip to America," 123.

42. Yan Jingli [阎景立], "Ran Boss Report" [兰博报导], *Huawei People* [华为人], no. 13, March 10, 1995.

43. Tony Kwong, interview by the author.

44. Ren, "Notes on a Trip to America," 123.

45. "U.S. Ambassador Li Daoyu Visits Huawei" [驻美大使李道豫参观华为公司], *Huawei People* [华为人], no. 20, August 25, 1995.

46. Sun Yuanyuan [孙媛媛], "We Used Huawei's First Program-Controlled Switch" [我们用了华为首台程控式交换机], *Jinhua Daily* [金华日报], December 26, 2018.

47. Li, "Spirit of the New Machine," 131.

48. "Record of the Report to Minister of Posts and Telecommunications Wu Ji- chuan" [向邮电部长吴基传汇报], *Huawei People* [华为人], no. 5, January 28, 1994.

49. Huawei Party Committee [华为公司党委] and Huawei Human Resources Committee [华为公司人力资源委员会], "Heaven Rewards the Diligent" [天道酬勤], in *Huawei Selected Writings* [华为文摘], vol. 9 (Shenzhen: Huawei Tech- nologies Co., 2006), 4.

6장. 공동의 관심사

1. Details about this meeting come from "High-Tech Products Are the Develop- ment Direction of the Special District's Companies—Notes from General Sec- retary Jiang Zemin's Meeting with Companies in Shenzhen" [高技术产业是特区企业的发展方向——江泽民总书记在深圳与企业座谈小记], *Huawei People* [华为人], no. 8, July 20, 1994. The article says that the meeting took place on June 19, 1994, and that the other seven companies at the meeting were the Shenzhen Petrochemical Group, the Overseas Chinese Town Group, the Shenzhen Con- struction Group, the China Merchants Shekou Industrial Zone Holdings Co., the SEG Group, Konka Electronics, and Ren's former employer, South Sea Oil.

2. Keith M. Rockwell, "Kantor: China Must Change to Earn WTO Admission," *Journal of Commerce*, June 6, 1994, https://www.joc.com/article/kantor-china-must-change-earn-wto-admission_19940607.html.

3. "President Jiang Zemin Visits Survivors of Factory Collapse," Associated Press, June 19, 1994.

4. "High-Tech Products Are the Development Direction of the Special District's Companies."

5. Ren recounted part of his conversation with Jiang in Ren Zhengfei, "Views on China's Rural Phone Network and Switching Industry" [对中国农话网与交换机产业的一点看法], *Huawei People* [华为人], no. 8, July 20, 1994.

6. "High-Tech Products Are the Development Direction of the Special District's Companies."

7. Jiang's remarks and the text of the oath are reported in Yan Zi [燕子], "Break-ing the Cocoon" [破茧], *Special Zone Literature* [特区文学], no. 4 (1995), 136. This profile of Huawei appears to have been written with the company's coop- eration, as it features interviews with Ren's senior aides, Zheng Baoyong and Li Yinan.

8. Ren Zhengfei, "Views on China's Rural Phone Network" [对中国农话网与交换机产业的一点看法], *Huawei People* [华为人], no. 8, July 20, 1994.

9. Ren, "Views on China's Rural Phone Network."

10. Li Youwei [历有为], "Guangdong Province Shenzhen City People's Govern- ment Letter of Congratulations" [广东省深圳市人民政府贺信], *SEZs and Hong Kong–Macao Economy* [特区与港澳经济], no. 7, 1996. Dated November 14, 1994, this letter is addressed to China Merchants Bank's Shenzhen headquarters, Huawei Technologies Co., and the Hubei Province Jingzhou District Telecom Bureau, the first customer to purchase switches from Huawei using domestic buyer's credit. See also "Practical Research on Domestic Buyer's Credit Oper- ations" [国内买方信贷操作实务研究], *SEZs and Hong Kong–Macao Economy* [特区与港澳经济], no. 7, 1996.

11. "C&C08 Thousand-Line Digital Switch Passes Production Appraisal Meeting" [C&C08万门数字交换机通过生产定型鉴定会], *Huawei People* [华为人], no. 15, April 10, 1995.

12. Lucent executive Frank D'Amelio considered the C&C08's layout and design to be nearly identical to AT&T's 5E, according to Jonathan Pelson, *Wireless Wars: China's Dangerous Domination of 5G and How We're Fighting Back* (Dallas: BenBella Books, 2021), 91.

13. Sun Yafang, "I Am Spiritually Similar to Ren Zhengfei" [我在心灵上接近任正非], *Modern Enterprise Culture* [现代企业文化(上旬)], May 5, 2017.

14. Guangdong Science and Technology Committee [广东省科学技术委员会], "Chapter 4: Private Technology Companies" [第四章: 民营科技企业], *Guang-dong Technology Yearbook 1994* [广东科技年鉴 1994] (Guangzhou: Guangdong Technology Press [广东科技出版社], 1996), 69.

15. Liu Bingan [刘炳安], "The Recent Situation of the Establishment of Mobeco Telecom Company" [莫贝克电信公司筹建近况], *Huawei People* [华

为人], no. 3, July 21, 1993.

16. "Articles of Association of Shenzhen Mobeco Communication Industry Co. Ltd." [深圳莫贝克通讯实业股份有限公司章程], *Huawei People* [华为人], no. 9, August 20, 1994. It's unclear how much technology Huawei ended up transfer- ring to Mobeco, and the company declined to comment on this question. From available records, it appears that Huawei transferred its power supply technol- ogy to Mobeco (later sold off as Avansys Power) and possibly some low-end switching technology while retaining its advanced switching IP.

17. "Electronics Ministry Vice-Minister Zhang Jinqiang Inspects the Company" [电子部副部长张今强视察公司], *Huawei People* [华为人], no. 13, March 10, 1995.

18. Li Yuzhuo [李玉琢], *Straight Down the Path: My Business Ideals* [一路直行 : 我的企业理想] (Beijing: Contemporary China Publishing House [当代中国出版社], 2014), 124.

19. Li, *Straight Down the Path*, 126.

20. Zhang Yunhui [张运辉] and Zhao Guobi [赵国璧], *Who Will Abandon You, Huawei* [华为你将被谁抛弃] (Beijing: Intellectual Property Press [知识产权出版社], 2013), 34.

21. Ren Zhengfei, "My Father and Mother" [我的父亲母亲], in *Huawei Selected Writings* [华为文摘], vol. 7 (Shenzhen: Huawei Technologies Co., 2002), 223.

22. Zhang Yanyan [张燕燕], "Reflections after Reading 'My Father and Mother'" ["我的父亲母亲"读后感], *Huawei People* [华为人], no. 115, March 28, 2001.

23. Ren, "My Father and Mother," 223.

24. Ren Zhengfei, "Our Struggle Is Subjectively for the Happiness of Ourselves and Our Families, Objectively for the Country and Society: Mr. Ren's Speech for Presenting Awards to Family Members at the Sales and Service Systems Struggle Conference on January 16, 2009" [我们的奋斗主观上为了自己和家人的幸福, 客观上为了国家和社会：任总在2009年1月16日销服体系奋斗大会上为家属颁奖的讲话], *Huawei People* [华为人], no. 209,

March 3, 2009.

25. Norman Pearlstine et al., "The Man behind Huawei," *Los Angeles Times*, April 10, 2019, https://www.latimes.com/projects/la-fi-tn-huawei-5g-trade-war/; and Tan Dawn, "Huawei Saga: What We Know and Don't about the Highly Secre- tive Firm, Low-Profile Family," Straits Times, December 9, 2018.

26. Ren Zhengfei, "Ren Zhengfei's Interview with Chinese Media," in *In His Own Words: Dialogues with Ren*, vol. 3 (Shenzhen: Huawei Technologies Co., 2019), 61.

27. Ren, "Ren Zhengfei's Interview with Chinese Media," 61.

28. Ren Moxun, *Basic Knowledge of Modern Mandarin for Middle School Students* [中学生现代汉语基本知识] (Guiyang: Guizhou People's Publishing House [贵州人民出版社], 2002).

29. Ren, "My Father and Mother," 223.

30. Ren, 216.

31. Ren, 218.

32. "Vice-Premier Zhu Rongji Inspects Huawei" [朱容基副总理视察华为], *Huawei People* [华为人], no. 30, June 18, 1996.

33. Li Youwei [厉有为], "Secretary Li Youwei's Speech at the Signing Ceremony" [厉有为书记在签字仪式上的讲话], *Huawei People* [华为人], no. 31, July 18, 1996.

34. "Vice-Premier Zhu Rongji Inspects Huawei."

35. Zhou Xuejun [周学军], "Shenzhen City Party Secretary Zhang Gaoli Inspects Huawei" [深圳市委书记张高丽考察华为], *Huawei People* [华为人], no. 65, March 26, 1998.

36. The program was called "the 909 Project." See "The 909 Example" [909案例], *China Science and Technology Information* [中国科技信息], no. 22, 2001.

37. "Premier Li Peng Inspects Huawei" [李鹏总理视察华为公司], *Huawei People* [华为人], no. 27, April 10, 1996.

38. Ren Zhengfei, "Notes on a Trip to America" [赴美考察散记], in *Huawei*

Selected Writings [华为文摘], vol. 1 (Shenzhen: Huawei Technologies Co., 1996), 120–24.

39. "Electronics Ministry Vice Minister Zhang Jinqiang Inspects the Company."

40. "President of the People's Bank of China Dai Xianglong Visits Huawei" [中国人民银行行长戴相龙参观考察华为], *Huawei People* [华为人], no. 48, April 10, 1997.

41. "Shenzhen Establishes a High-Tech Industry Investment Service Co., Mr. Ren Was Invited to Speak as a Representative of High-Tech Enterprises" [深圳成立高新技术产业投资服务有限公司 任总应邀作为高新技术企业代表讲话], *Huawei People* [华为人], no. 12, January 20, 1995. This first venture-capital company was called the Shenzhen High-Tech Industrial Investment Services Co.

42. "Vice-Chairman Tian Juyun Inspects Huawei" [田纪云副委员长视察华为公司], *Huawei People* [华为人], no. 39, December 20, 1996.

43. Zhang Guobao [张国宝], "Zhang Guobao: Nokia's Decline Was Unfortunately Predicted by Me" [张国宝：诺基亚衰落不幸被我言中], Sina Finance [新浪财经], December 25, 2013, http://finance.sina.com.cn/hy/20131225/114017746578.shtml.

44. Quotes from Ren's exchange with Li Peng appear in "Premier Li Peng Inspects Huawei."

7장. 늑대 무리

1. Sun Yafang, "I Am Spiritually Similar to Ren Zhengfei" [我在心灵上接近任正非], *Modern Enterprise Culture* [现代企业文化(上旬)], May 5, 2017.

2. Marketing Department [市场部], "For Tomorrow (Attachment: Resignation Letter)" [为了明天(附：辞职信)], *Huawei People* [华为人], no. 25, February 8, 1996.

3. Ren Zhengfei, "The Situation before Us and Our Task at Hand: Speech at the Marketing Department's Work Training Meeting, December 26, 1995" [目前我们的形势和任务：任正非在1995年总结大会上的讲话，1995年12月26日], in [华为文摘], vol. 1 (Shenzhen: Huawei Technologies Co., 1996), 2.

4. Ren Zhengfei, "Chairman Ren's Speech at the Marketing Department's Ceremony for Collective Resignation from Full-Time Employment" [任总在市场部全体正职集体辞职仪式上的讲话], *Huawei People* [华为人], no. 25, February 8, 1996.

5. "A Shocking, Tear-Filled Event: The Marketing Department Ends Its Training Session and Holds a Collective Resignation Ceremony" [一个惊天地, 泣鬼神的壮举—市场部结束整训并举行集体辞职仪式], *Huawei People* [华为人], no. 25, February 8, 1996.

6. Xu Zhijun, "Goodbye, Fierce Zhang Fei" [别了, 猛张飞], *Huawei People* [华为人], no. 42, January 30, 1997.

7. Ren Zhengfei, "Success Is Not a Reliable Guide for the Future—Ren Zhengfei's Speech at the Company's Marketing Conference, January 17, 2011" [成功不是未来前进的可靠向导—任正非在公司市场大会上的讲话2011年1月17日], *Management Optimization* [管理优化], no. 380, May 17, 2011.

8. Ren Zhengfei, "Stand Up, Heroes: Speech at the Inauguration Ceremony of Se- nior and Intermediate Cadres of the Marketing Headquarters" [英雄好汉站出来：在市场总部高, 中级干部就职仪式上的讲话], *Huawei People* [华为人], no. 15, April 10, 1995.

9. Zhang Jianguo [张建国], "Huawei's First Human Resources Vice President Ex- plains: Two or Three Things about Huawei's Human Resources Management" [华为首任主管人力资源副总裁讲述：华为人力资源管理二三事], in *Insight: China Stone Management Review* [洞察：华夏基石管理评论], vol. 51 (Beijing: China Fortune Press [中国财富出版社], 2019), 122.

10. Chen Kangning [陈康宁], "A Representative Office of One Person: Huawei's Hefei Rep Office in 1990" [一个人的办事处：1990年的华为合肥办事处], *Huawei People* [华为人], no. 151, April 27, 2004.

11. Zhang, "Huawei's First Human Resources Vice President Explains," 122.

12. Ren Zhengfei, "Establishing an Organization and Mechanism Adapted to the Survival and Development of the Enterprise: A Dialogue between Mr. Ren and HAY Experts about the Area of R&D at the Qualification Assessment Meeting" [建立一个适应企业生存发展的组织和机制：任总与HAY专家在任职资格考核会上关于研发部分的对话], in *Huawei Selected Writings* [华为文摘], vol. 4 (Shenzhen: Huawei Technologies Co., 1998), 29.

13. Song Tun [宋暾], *I Was at Huawei for 16 Years: Turning Around Is Also a Kind of Nirvana* [我在华为16年：转身也是一种涅槃] (Beijing: Posts & Telecom Press [人民邮电出版社], 2014), chap. 1.

14. Steven Mufson, "Mao's Land of Diligence Discovers Joys of the 2-Day Weekend," *Washington Post*, May 7, 1995, https://www.washingtonpost.com/archive/poli tics/1995/05/07/maos-land-of-diligence-discovers-joys-of-the-2-day-weekend/58c178a0-2a34-4b04-9f0c-34e2f3d72f96.

15. Karen Cooper, "China to Flex Its Telecoms Muscle," *Evening Standard*, September 19, 1995.

16. "China Develops Advanced Telephone Exchange System: Report," Dow Jones International News, June 29, 1995.

17. "Zhongxing Produces New Telephone Switching System," Asiainfo Daily News Service, December 6, 1995.

18. "Wu Jiangxing: I'm Only Half a Hero" [邬江兴: 我也就算是半个英雄], *Xinhuanet* [新华网], December 3, 2013, https://www.cae.cn/cae/html/main/col36/2013-12/06/20131206164049265903539_1.html.

19. "Domestic Switching Systems Enter Beijing's Telephone Web," Xinhua En- glish, January 2, 1997.

20. "Huawei Obtains Huge Buyers Credit," Xinhua English, July 24, 1998.

21. "China Company—Xi'an Datang Telecom Stands Out for Its Innovations," Economist Intelligence Unit, March 3, 2000.

22. Hao Chunmin with Pei Zhengli [郝春民与沛整理], *High Technology Lifts the New Shenzhen: An Autobiography from Someone with Personal Experience of the Shenzhen Tech Structural Reform* [科技托起心深圳：一名深圳科技体制改革亲历者的自述] (Beijing: China Science and Technology Publishing House [中国科学技术出版社], 2014), 64–65.

23. Qin Shuo [秦朔], "Shout Success and They Will Always Be There: An Overview of Eight Great Guangdong Private Entrepreneurs" [叫成功永远在：广东八大民企风云人物扫描], *South Reviews* [南风窗], no. 10, 1998, 9.

24. Ren, "The Situation before Us and Our Task at Hand," 2.

25. Ren, 3–4.

26. "Interview 7: Chen Zhufang's Second Interview" [访谈7：陈珠芳第二次访谈], in *Huawei Interviews* [华为访谈录], ed. Tian Tao (Beijing: CITIC Publishing House [中信出版集团], 2021), 191.

27. Duncan Clark, interview with the author, 2022.

28. Office of Public Affairs, "Ericsson Agrees to Pay Over $1 Billion to Resolve FCPA Case," press release, US Department of Justice, December 6, 2019, https://www.justice.gov/opa/pr/ericsson-agrees-pay-over-1-billion-resolve-fcpa-case.

29. Li Jingxian [李景贤], "Close Up with a Strange Man: Ren Zhengfei" [走进奇人任正非], *Beiguang People* [北广人物], no. 3, 2017, 12.

30. Li Zibin [李子彬], *I Was Mayor of Shenzhen* [我在深圳当市长] (Beijing: CITIC Press [中信出版社], 2020), 93–94. Li writes that after Ren invited him to din-ner, Li offered to bring Ren along the next day to a meeting with former AIG chairman Maurice Greenberg. Greenberg hadn't heard of Huawei but was im- pressed by Ren and later went to visit.

31. "Interview 1: Jiang Xisheng" [访谈1：江西生], in Tian, *Huawei Interviews* [华为访谈录], 2.

32. Ken Hu, "Ken Hu's Speech at VivaTech 2019," in *On the Record: Huawei Executives Speak to the Public*, vol. 3 (Shenzhen: Huawei Technologies Co., 2019), 214.

33. Xu, "Goodbye, Fierce Zhang Fei."

34. Shulu Ren, "The Virtuous Cycle of Architecture: The Source of Huawei's Com- petitiveness," *Nikken Journal*, no. 23 (Summer 2015): 13, https://www.nikken.co.jp/ja/about/p4iusj00000o1e0y-att/NJ23_WEB.pdf; "Mr. Ren Shulu (Ste- ven Ren)," Huawei.com, https://www.huawei.com/en/executives/superviso ry-board/ren-shulu.

35. Cao Zhen, "Huawei Denies Family Successor Report," *Shenzhen Daily*, October 29, 2010, http://www.szdaily.com/content/2010-10/29/content_5039593.htm.

36. The Chengdu Radio Engineering Institute was later renamed the University of Electronic Science and Technology.

37. "Sun Yafang Reached the Top of the *Fortune China* Women's List, Her

Class- mate Says She Was Very Active Back Then" [孙亚芳登顶财富中国女强人榜 同学称当年很活跃], *Chengdu Daily* [成都日报], November 17, 2011, finance.sina.com.cn/leadership/crz/20111117/110710834419.shtml.

38. University of Electronic Science and Technology Gazetteer Editing Commit- tee [电子科技大学志编纂委员会], *University of Electronic Science and Technol- ogy Gazetteer (1956–2015)*, vol. 1 of 2 [电子科技大学志(1956–2015)上卷] (Chengdu: University of Electronic Science and Technology Press [电子科技大学出版社], 2016), 17.

39. According to her bio in Huawei Investment & Holding Co. Ltd., *Building a Bet- ter Connected World: Huawei Investment & Holding Co. Ltd. 2015 Annual Report* (Shenzhen: Huawei Investment & Holding Co. Ltd., 2016), 108, https://www.huawei.com/-/media/corporate/pdf/annual-report/annualreport2015_en.pdf.

40. State Council Economic, Technological and Social Development Research Center [国务院经济技术社会发展研究中心], "Liaoyuan Radio Factory (State- Run Factory 760)" [燎原无线电厂(国营第七六〇厂)], *China's Large and Medium-Sized Industrial Enterprises: Electronics Industry Volume* [中国大中型工业企业 电子工业卷] (Beijing: China Urban Economic and Social Publishing House [中国城市经济社会出版社], 1989), 291.

41. Li Zhengen, Guo Shuwu, and Zhang Xu [李振根, 郭书武, 张旭], "Seeking the Traces of the Past Glory" [享尽荣华何觅影], *Pingyuan Evening News* [平原晚报], March 23, 2011.

42. Huawei Investment & Holding Co. Ltd., *Building a Better Connected World*, 108.

43. "Special Report on the Meeting on Rural Telephony: It's a Great Pleasure to Have Friends from Afar: The Fifth Seminar on Rural Communications Tech- nology and Markets Is Held at Huawei" [农话会专题报道：有朋自远方来 不亦乐乎：第五期农村通信技术与市场研讨会在华为公司召开], *Huawei People* [华为人], no. 4, September 27, 1993.

44. "Training of Market Personnel Successfully Completed" [市场人员培训工作顺利结束], *Huawei People* [华为人], no. 6, March 22, 1994.

45. Dai Zhihui [戴智慧], "Liaoning Provincial Management Bureau Cooperates with Huawei on Power Supply" [辽宁省管局与华为进行电源合

作], *Huawei People* [华为人], no. 11, December 25, 1994.

46. "Interview 11: Cao Yi'an" [访谈11 : 曹贻安], in Tian, *Huawei Interviews* [华为访谈录], 349.

47. Yang Shengping [汤圣平], *Out of Huawei* [走出华为] (Beijing: China Social Sci- ences Press [中国社会科学出版社], 2004), chap. 6.

48. Ren Zhengfei, "Speech at the Secretaries' Symposium" [在秘书座谈会上的讲话], *Huawei People* [华为人], no. 44, February 26, 1997.

49. Sun, "I Am Spiritually Similar to Ren Zhengfei."

8장. 최정상 지도자와의 이별

1. Li Ning [李宁], "Unending Reminiscence and Deep Commemoration—Written on the Passing of the Esteemed and Beloved Deng Xiaoping" [无限的追思深深的缅怀—写在敬爱的邓小平逝世的日子里], *Huawei People* [华为人], no. 45, Feb- ruary 28, 1997.

2. Li, "Unending Reminiscence and Deep Commemoration."

3. "Eternal Glory to Deng Xiaoping, a Great Man of a Generation—Commemorating Xiaoping's Unfinished Mission to Build the Nation into an Economic Power" [一代伟人邓小平永垂不朽——缅怀小平遗志, 把祖国建设成经济强国], *Huawei People* [华为人], no. 45, February 28, 1997.

4. Meng Wanzhou [晚舟], "Everlasting Affection" [悠悠情思], *Huawei People* [华为人], no. 45, February 28, 1997.

5. Steven Mufson, "Deng's Successor to Lead Memorial Rites Tuesday," *Washington Post*, February 21, 1997, https://www.washingtonpost.com/wp-srv/inatl/asia/feb/20/deng.htm.

6. Zhao Jinsong [赵劲松], "The Noble Spirit Will Last, the Heroic Spirit Will Stay" [浩气长存, 英灵永留], *Huawei People* [华为人], no. 45, February 28, 1997.

7. Yan Jingli [阎景立], "Remembering Mister Deng Xiaoping" [怀念邓小平先生], *Huawei People* [华为人], no. 45, February 28, 1997.

8. Li, "Unending Reminiscence and Deep Commemoration."

9. Meng, "Everlasting Affection."

10. "Eternal Glory to Deng Xiaoping."

11. Meng, "Everlasting Affection."

12. Zhang Jianguo [张建国], "Huawei's First Human Resources Vice President Ex‑ plains: Two or Three Things about Huawei's Human Resources Management" [华为首任主管人力资源副总裁讲述：华为人力资源管理二三事], in *Insight: China Stone Management Review* [洞察：华夏基石管理评论], vol. 51 (Beijing: China Fortune Press [中国财富出版社], 2019), 122–23. Zhang wrote that the salary for a Huawei engineer was only three hundred yuan a month at the time, while the salary across the border was ten thousand Hong Kong dollars a month. But the engineers did eventually earn more than their Hong Kong coun‑ terparts. Li Yinan mentions being given a similar pitch when he was recruited to Huawei. See Li Yinan [李一男], "Speech after the First Phone Call on GSM" [在 GSM打通第一个电话后第讲话], in *Purgatory* [炼狱] (Shenzhen: Huawei Man‑ agement Optimization Newspaper Editorial Office [华为管理优化报编辑部], 82.

13. Ren Zhengfei, "Ren Zhengfei's Interview with BBC StoryWorks," in *In His Own Words: Dialogues with Ren*, vol. 5 (Shenzhen: Huawei Technologies Co., 2019), 72–73. Hung Nien was set up in the British colony by China's Ministry of Aerospace Industry.

14. "Hong Kong Huawei Holds Launch Party" [香港华为举行开业庆典], *Huawei People* [华为人], no. 21, October 18, 1995.

15. Zhou Gengsheng [周更生], "Returning from Setting Up the Switches in Hong Kong" [香港开局归来], in *Purgatory*, 51.

16. Kevin Platt, "China's Trusted Adviser is Billionaire Tycoon," *Christian Science Monitor*, February 3, 1997.

17. Simon Murray, interview by the author.

18. Gong Hao [龚昊], "C&C08 in Hong Kong's Telecommunications Network" [香港电信网中的C&C08], in *Huawei Technologies Report Selected Papers*, vol. 1 [华为技术报精选 第一辑] (Shenzhen: Huawei Technologies Report Publishing Department [华为技术报编辑部], 1999), 192.

19. Yun Wen, *The Huawei Model: The Rise of China's Technology Giant* (Urbana: University of Illinois Press, 2020).

20. Gong, "C&C08 in Hong Kong's Telecommunications Network," 192.

21. Gengsheng, "Returning from Setting Up the Switches in Hong Kong."

22. "The Speech of the Director of the Emergency Communications Department of the Ministry of Posts and Telecommunications Qiu Zhenbang at the Evalu- ation Meeting for Videoconferencing Technology" [中国邮电电信总局应急通信处邱振邦处长在会议电视技术鉴定会上的讲话], *Huawei People* [华为人], no. 60, November 12, 1997.

23. Chen Qing [陈青], "Notes on a Trip to the United States" [访美纪行], *Huawei People* [华为人], no. 39, December 20, 1996.

24. "Domestic Videoconferencing System Set Up for the First Time On-Site" [国产会议电视系统首次实地开通], *Huawei People* [华为人], no. 44, February 26, 1997.

25. Huawei Company [华为公司], "ViewPoint Provides Comprehensive Solution Project for Remote Image Monitoring" [ViewPoint为远程图像监控提供全面解决方案], *World Telecommunications* [世界电信], no. 5, 1998, 26.

26. "Central Military Commission Vice-Chairman Liu Huaqing Inspects Huawei" [中央军委副主席刘华清视察华为公司], *Huawei People* [华为人], no. 38, Decem- ber 13, 1996.

27. Zhou Xuejun and Chen Lian [周学军, 陈连], "Huawei ViewPoint Videoconfer- encing System Passes Appraisal" [华为ViewPoint会议电视系统通过鉴定], *Huawei People* [华为人], no. 59, October 21, 1997.

28. Ren Zhengfei, "The Situation before Us and Our Task at Hand: Speech at the Marketing Department's Work Training Meeting December 26, 1995" [目前我们的形势和任务：任正非在1995年总结大会上的讲话 1995年12月26日], in *Huawei Selected Writings* [华为文摘], vol. 1 (Shenzhen: Huawei Technologies Co., 1996), 2.

29. Ren Zhengfei, "Calling for Heroes: Speech at the Conference on Exemplary Deeds of the Company's Research System" [呼唤英雄：在公司研究试验系统先进事迹汇报大会上的讲话], *Huawei People* [华为人], no. 54, June 26, 1997.

30. "The Handover and Related Ceremonies," in *Hong Kong Yearbook*, ed.

Bob Howlett (Hong Kong: Information Services Department, 1997), https://www.yearbook.gov.hk/1997/ch2/e2a.htm; and ProtocolOnline, "Hong Kong Hand- over Ceremony—1997," streamed on January 11, 2008, YouTube video, 10:02, https://www.youtube.com/watch?v=dVZzRY0X6_g&t=322s.

31. Acton Institute, "The Handover of Hong Kong: The Hong Konger," streamed on July 2, 2022, YouTube video, 5:15, https://www.youtube.com/watch?v= 8duHnOkcn04.

32. Asieh Namdar and Pei Jian, "Hong Kong Handover to Receive Tremendous Television Coverage," CNN, June 29, 1997.

33. Zhou and Chen, "Huawei ViewPiont Videoconferencing System Passes Ap- praisal."

34. Details in this paragraph come from Meng Wanzhou [晚舟], "Kite" [风筝], in *Huawei Selected Writings* [华为文摘], vol. 3 (Shenzhen: Huawei Technologies Co., 1997), 117.

35. Cathy Meng, "Tolerance Ensures Brilliance," *Huawei People* (English), no. 247, October 31, 2013.

36. Meng, "Kite," 118.

37. Qiu Huihui [丘慧慧], "Ren Zhengfei's Daughter Meng Wanzhou's First Time Revealing the Secrets of the Family and the Truth of Huawei" [任正非之女孟晚舟首度解密家族和华为真相], *21st Century Business Herald* [21世纪经济报], January 22, 2013, tech.sina.com.cn/t/2013-01-22/00408000729.shtml.

38. Meng, "Kite," 118.

39. "Interview 3: Jiang Xisheng's Second Interview" [访谈3：江西生第二次访谈], in *Huawei Interviews* [华为访谈录], ed. Tian Tao (Beijing: CITIC Publishing House [中信出版集团], 2021), 59. Jiang said the five investors started exiting in 1997, but the process was not complete until 1999 or 2000.

40. Meng Wanzhou [晚舟], "Who Is a Hero" [谁是英雄], *Huawei People* [华为人], no. 49, April 23, 1997. Her essay lists the names of the war heroes. Their bi- ographical sketches are drawn from various sources.

2부

1. "When Disaster Strikes, How Should We Face It?" [大难发生时, 我们该如何面度?], *Management Optimization* [管理优化], no. 377, March 31, 2011.

9장. 강철 부대

1. AP Archive, "Iraq: US Launches Series of Military Strikes on Baghdad," streamed on July 21, 2015, YouTube Video, 4:19, https://www.youtube.com/watch?v=I3_frkT2Gj4.
2. Qiao Xiaoping [乔小平], "Baghdad Battlefield Report" [巴格达战地纪实], *Huawei People* [华为人], no. 83, February 8, 1999.
3. Susanne M. Schafer, "Cohen, Shelton Describe Bomb Damage," *Washington Post*, December 17, 1998, https://www.washingtonpost.com/wp-srv/inatl/longterm/iraq/stories/apmilitary121798.htm.
4. Qiao, "Baghdad Battlefield Report."
5. Bruce Gilley, "Huawei's Fixed Line to Beijing," *Far Eastern Economic Review*, December 28, 2000.
6. Yi Mingjun [易明军], "Crossing the Battlefield" [穿越战地], *Huawei People* [华为人], no. 148, January 15, 2004.
7. William Lazonick and Edward March, "The Rise and Demise of Lucent Tech- nologies" (paper, Business History Conference, St. Louis, MO, March 31–April 2, 2011), https://thebhc.org/sites/default/files/lazonickandmarch.pdf.
8. Matthew M. Aid, *The Secret Sentry: The Untold History of the National Security Agency* (New York: Bloomsbury, 2009), loc. 4656 of 9625, Kindle.
9. "Russia, China Cement New Strategic Partnership," *Baltimore Sun*, April 26, 1996.
10. Shen Qingjian [沈庆鉴], "Review of Huawei's International Economic and Technological Cooperation" [华为公司开展国际经济技术合作的回顾], *Huawei People* [华为人], no. 229, November 8, 2010.
11. Ren Zhengfei, "Miscellaneous Notes on Attending an Exhibition in Russia" [赴俄参展杂记], *Huawei People* [华为人], no. 32, August 28, 1996.
12. Shen, "Review of Huawei's International Economic and Technological

Coop- eration."

13. Andrei Kirilov and Vladimir Fedoruk, "Chinese Companies Advance Its Tech- nologies to Russian Market," TASS, May 13, 1996.

14. Joseph Torigian, interview by the author, 2021.

15. Ge Tai [戈泰], "Ren Zhengfei" [任正非], *Civil Engineering Corps* [基建工程兵], October 18, 1978, as cited in Comments of Huawei Technologies Co. Ltd. and Huawei Technologies USA Inc., Exhibit A at 43, filed February 3, 2020, PS Docket No. 19-351, https://www.fcc.gov/ecfs/document/102030067606114/2.

16. Ren, "Miscellaneous Notes on Attending an Exhibition in Russia."

17. Ren, "Miscellaneous Notes on Attending an Exhibition in Russia."

18. Ren Zhengfei, "Crossing the Dividing Line between Asia and Europe" [走过亚欧分界线], *Huawei People* [华为人], no. 50, May 8, 1997.

19. Ren, "Miscellaneous Notes on Attending an Exhibition in Russia."

20. Shen, "Review of Huawei's International Economic and Technological Coop- eration."

21. Cathy Meng, "Tolerance Ensures Brilliance," *Huawei People* (English), no. 247, October 31, 2013.

22. Shen, "Review of Huawei's International Economic and Technological Coop- eration."

23. Ren, "Crossing the Dividing Line between Asia and Europe."

24. Ren, "Crossing the Dividing Line between Asia and Europe."

25. "Summary of Mr. Ren's Symposium with the 2012 Lab" [任总与2012实验室座谈会纪要], Xinsheng Community [心声社区], August 31, 2012, archived No- vember 25, 2021, at Archive.Today, https://archive.is/hOnLo.

26. De notre envoyée spéciale en Chine, "Bal des debs: Une fille du ciel dans la Ville lumière," *Paris Match*, November 13, 2018, https://www.parismatch.com/Peo ple/Bal-des-debs-Une-fille-du-ciel-dans-la-Ville-lumiere-1586623.

27. Li Jingxian [李景贤], "Close Up with a Strange Man: Ren Zhengfei" [走进奇人任正非], *Beiguang People* [北广人物], no. 3, 2017, 11.

28. Wu Jianguo [吴建国] and Ji Yongqing [冀勇庆], *Huawei's World* [华为的世界] (Beijing: CITIC Press [中信出版社], 2006), 83–84.

29. Annabel Yao (AnnabelBallerina), Instagram photo, February 7, 2013. On Instagram, Annabel Yao posted a now-deleted childhood photo of herself in a blue frock, tagging it "#8yearsold #oxford #england #OHS #uniform." Oxford High School, or OHS, is a prestigious private girls' school in England for students age four and older.

30. Toutiao Entertainment [头条娱乐], "Annabel Yao's Debut Documentary: Rule-Breaking Princess" [姚安娜出道纪录《破格公主》], streamed on April 20, 2021, YouTube video, 17:29, https://www.youtube.com/watch?v=gIs684aRpWs.

31. Wu and Ji, *Huawei's World*, xii.

32. Catherine Chen, "Catherine Chen's Interview with the CBC," in *On the Record: Huawei Executives Speak to the Public*, vol. 2 (Shenzhen: Huawei Technologies Co., 2019), 127.

33. Bai He [百合], "Missing the Days in India" [怀念在印度的时光], *Huawei People* [华为人], no. 145, September 28, 2003.

34. Duncan Clark, interview with the author, 2022.

35. Ren Zhengfei, "My Father and Mother" [我的父亲母亲], in *Huawei Selected Writings* [华为文摘], vol. 7 (Shenzhen: Huawei Technologies Co., 2002).

36. Ren Zhengfei, "Ren Zhengfei's Interview with *The Wall Street Journal*," in *In His Own Words: Dialogues with Ren*, vol. 7 (Shenzhen: Huawei Technologies Co., 2019), 132.

37. Ren Zhengfei, "Ren Zhengfei's Interview with UK Documentary Producer," Huawei (website), archived April 26, 2023, at the Wayback Machine, https:// web.archive.org/web/20230426163437/https://www.huawei.com/nl/facts/voices-of-huawei/ren-zhengfeis-interview-with-uk-documentary-producer.

38. Ren, "Ren Zhengfei's Interview with Chinese Media," in *In His Own Words: Dialogues with Ren*, vol. 3 (Shenzhen: Huawei Technologies Co., 2019), 53.

39. Wang Rong, "Wealthy Province Invests Overseas," *Business Weekly*,

March 26, 2000.

40. STC System Department [STC系统部], "Fulfilling the Dreams of 1.5 Billion People" [成就十五亿人的梦想], *Huawei People* [华为人], no. 247, May 3, 2012.

41. Zhou Zhanhong [周展宏], "Huawei Rotating CEO Eric Xu: The Future Will Be Focused on the Pipeline System" [华为轮值CEO徐直军：未来聚焦管道体系], Fortune Chinese Network, December 4, 2012, https://tech.sina.cn/t/2012-12-04/detail-iavxeafs2413983.d.html?from=wap.

42. Song Yu, "Living the Frontier Spirit in Africa," in *Pioneers*, Huawei Stories, ed. Tian Tao and Yin Zhifeng (London: LID Publishing, 2017), chap. 8.

43. Long Feng, "Every Cloud Has a Silver Lining," in *Pioneers*, chap. 10.

44. Xin Yuanwei [辛苑薇], "Huawei Founder Ren Zhengfei 'Does Not Have a Threshold' Faithful Record of His Interview with Domestic Media" [华为创始人任正非"不设门槛"接受国内媒体采访实录], *21st Century Business Herald* [21世纪经济报], June 16, 2014, https://m.21jingji.com/article/20140616/herald/240fd2306a25cc83e3c2233d0cc40d9c.html.

45. Ren Zhengfei, "Minutes of Mr. Ren's Discussion with Employees of the Chengdu Representative Office, June 16, 2008" [任总在成都代表处与员工座谈纪要], *Management Optimization* [管理优化], no. 321, November 30, 2008.

46. Ren Zhengfei, "Strengthening the Construction of the After-Sales Service Or- ganization to Embrace the Company's Significant Development: Mister Ren's Speech at the Overseas Engineering Department Training Conference" [加强售后服务组织建设迎接公司大发展：任总在海外工程部集训大会上的讲话], *Huawei People* [华为人], no. 33, October 6, 1996.

47. Ren Zhengfei, "Ren Zhengfei's Interview with BBC StoryWorks," in *In His Own Words: Dialogues with Ren*, vol. 5 (Shenzhen: Huawei Technologies Co., 2019), 80.

48. Zhou Zhanhong [周展宏], "Huawei Rotating CEO Eric Xu: The Future Will Be Focused on the Pipeline System [华为轮值CEO徐直军：未来聚焦管道体系]," *Fortune Magazine Chinese Edition* [财富中文网], December 4, 2012, 2, http:// tech.sina.com.cn/t/2012-12-04/11337855689.shtml.

49. Zhan Lisheng, "Huawei Expands Global Market," *China Daily*, June 27, 1999.

50. Ashley Yablon, *Standing Up to China: How a Whistleblower Risked Everything for His Country* (Dallas: Brown Books Publishing Group, 2022), loc. 470 of 3153, Kindle.

51. Hao Chunmin with Pei Zhengli [郝春民于沛整理], *High Technology Lifts the New Shenzhen: An Autobiography from Someone with Personal Experience of the Shenzhen Tech Structural Reform* [科技托起心深圳：一名深圳科技体制改革亲历者的自述] (Beijing: China Science and Technology Publishing House [中国科学技术出版社], 2014), 60.

52. Hu Haiyan, "From Determination to Domination," *China Daily*, updated May 18, 2011, http://global.chinadaily.com.cn/a/201105/18/WS5a2e6083a3109f488237c035.html.

53. Interviews by the author; and Li Yuzhuo [李玉琢], *Straight Down the Path: My Business Ideals* [一路直行：我的企业理想] (Beijing: Contemporary China Publishing House [当代中国出版社], 2014), 136.

54. Li Rui [李锐], "Li Rui's Diaries for 1998" [李锐日记], vol. 30, 52–53.

55. Liu Ping [刘平], "Huawei and ZTE's 'Spy War'" [华为和中兴的"间谍战"], *IT Time Weekly* [IT时代周刊], August 20, 2009, 70–71. This appears to be an excerpt from Liu's memoir *Bygone Times at Huawei* [华为往事], only published online.

56. Kevin Ponniah and Lazara Marinkovic, "The Night the US Bombed a Chinese Embassy," *BBC News*, May 6, 2019, https://www.bbc.com/news/world-europe-48134881.

57. Ban Xiaojing [班晓晶], "Remember This Day" [铭记这一天], Huawei People [华为人], no. 88, May 15, 1999.

58. "Huawei Messages the Chinese Embassy in Yugoslavia, Xinhua News Agency and Guangming Daily" [华为公司致电南联盟中国大使馆，新华通讯社，光明日报社], *Huawei People* [华为人], no. 88, May 15, 1999.

59. "Huawei Messages the Chinese Embassy in Yugoslavia."

60. "Today the Chinese People Said 'No,' Shenzhen the Window of the World Played a Themed Concert for Ten Thousand" [中国人今天说"不"深

圳世界之窗奏响万人主题音乐会], *Ta Kung Pao* [大公报], May 15, 1990.

61. "Information: On May 9, 1999, Hu Jintao Delivered a Speech on the Attack on Our Embassy in Yugoslavia" [资料：1999年5月9日胡锦涛就我驻南使馆遭袭击发表讲话], *People's Daily Online* [人民网], May 10, 1999, https://news.sina.cn/sa/2003-05-25/detail-ikknscsi0532619.d.html.

62. Newspaper Commentator [本报评论员], "Defend National Dignity with Prac- tical Actions" [以实际行动捍卫民族尊严], *Huawei People* [华为人], no. 88, May 15, 1999.

63. Newspaper Commentator, "Defend National Dignity with Practical Actions."

64. Ren Zhengfei, "'The Chinese People Say No' Photo News" ["中国人今天说不" 图片新闻], *Huawei People* [华为人], no. 89, May 20, 1999.

10장. 화웨이 기본법

1. Details and dialogue from the meeting are drawn from "Taking Labor as the 'Intellectual Capital' to Participate in the Operations of an Enterprise— Minutes of a Discussion between Comrade Li Youwei, Shenzhen Municipal Party Committee Secretary, and Young Scholars of the National People's Con- gress" [把劳动作为"知本"参与企业营运——深圳市市委书记厉有为同志和人大青年学者座谈纪要], *Huawei People* [华为人], no. 37, November 29, 1996.

2. Huang Weiwei et al., eds., *Out of Chaos* [走出混沌] (Beijing: Posts & Telecom Press [人民邮电出版社], 1998). Written by the professors, this is a book-length account of the drafting of the Huawei Basic Law and the philosophical and management considerations that went into it.

3. Huang Weiwei et al., *Out of Chaos*, 54.

4. Huang Weiwei et al., 63.

5. Li Yuzhuo [李玉琢], *Straight Down the Path: My Business Ideals* [一路直行：我的企业理想] (Beijing: Contemporary China Publishing House [当代中国出版社], 2014), 98–100, 119–21.

6. Details about Ren's visit to IBM are drawn from Ren Zhengfei, "What We Have Learned from the American People" [我们向美国人民学习什么],

Huawei People [华为人], no. 63, February 20, 1998.

7. Ren, "What We Have Learned from the American People."

8. Gary Garner, interview by the author.

9. Ren Zhengfei, "Ren Zhengfei's Interview with BBC StoryWorks," in *In His Own Words: Dialogues with Ren*, vol. 5 (Shenzhen: Huawei Technologies Co., 2019), 81.

10. "Survival Is the Hard Truth for Enterprises: Excerpts from a Conversation between Mr. Ren and HAY Senior Consultant Vicky Wright" [活下去，是企业的硬道理: 根据任总与HAY公司高级顾问Vicky Wright的谈话摘选], *Huawei Selected Writings* [华为文摘], vol. 6 (Shenzhen: Huawei Technologies Co., 2000), 96.

11. Ren Zhengfei, "Be Responsible for Products Wholeheartedly, Serve Customers Wholeheartedly: Ren's Speech at the Farewell Reception for Huawei's Electrical R&D Personnel Going to Production and Service Training" [全心全意对产品负责，全心全意为客户服务：任总在欢送华为电气研发人员去生产用服锻炼酒会上的讲话], *Huawei People* [华为人], no. 72, August 15, 1998.

12. "Amendment to Articles of the Constitution of the Communist Party of China (Revised in 1987)" [中国共产党章程部分条文修正案 (1987年修改)], Communist Party Member Network [共产党员网], December 24, 2014, https://fuwu.12371.cn/2014/12/24/ARTI1419399131052717.shtml; and "Constitution of the Communist Party of China (Adopted by the 14th National Congress on October 18, 1992)" [中国共产党章程 (1992年10月18日十四大通过)], Communist Party Member Network, December 24, 2014, https://fuwu.12371.cn/2014/12/24/ARTI1419399356558735_all.shtml.

13. Wei Yu, "Party Control in China's Listed Firms," *Czech Journal of Economics and Finance* 63, no. 4 (2013): 382–97, http://journal.fsv.cuni.cz/storage/1281_382-397-yu.pdf.

14. "Huawei Corporate Research System Party Branch Holds Inaugural Meeting" [华为公司研究系统党支部召开成立大会], *Huawei People* [华为人], no. 57, September 10, 1997. This article mentions "Huawei Company" setting up a party branch (党支部) in May 1996, as well as setting up a subsequent party branch for the R&D department in September 1997.

15. "Huawei Corporate Research System Party Branch Holds Inaugural Meeting."

16. "Huawei Corporate Research System Party Branch Holds Inaugural Meeting."

17. "Huawei Corporate Research System Party Branch Holds Inaugural Meeting."

18. "Interview 6: Chen Zhufang" [访谈6：陈珠芳], in *Huawei Interviews* [华为访谈录], ed. Tian Tao (Beijing: CITIC Publishing House [中信出版集团], 2021), 170.

19. Hubei Province Education Committee [湖北省教育委员会], ed., *Hubei Prov- ince Education System Advanced Technical Specialists List*, vol. 1 [湖北省教育系统高级专业技术人员人名录第一集] (Wuhan: Wuhan University Press [武汉大学出版社], 1991), 26.

20. Chen Zhufang, "Self-Actualization and Self-Management" [自我实现与自我管理], *Management Optimization* [管理优化], no. 210, November 18, 2003.

21. Yao Qihe [姚启和], ed., *Overview of Forty Years of Huazhong University of Sci- ence and Technology* [华中理工大学的四十年缩影] (Wuhan: Huazhong Univer-sity of Science and Technology Press, 1993), 58.

22. Hubei Province Education Committee, *Hubei Province Education System Ad- vanced Technical Specialists List*, 26.

23. "Interview 6: Chen Zhufang" [访谈6：陈珠芳], 152.

24. "Interview 6: Chen Zhufang" [访谈6：陈珠芳], 152–53.

25. Chen Zhufang, "You Don't Work for a Lifetime, but You Have to Be a Person for a Lifetime" [人不能一辈子做事 但要一辈子做人], *Huawei People* [华为人], no. 132, August 21, 2002.

26. Peng Yong [彭勇], "Good Sons and Daughters Aspire to Travel Far to Make their Mark" [好儿女志在四方], *Huawei People* [华为人], no. 113, January 18, 2001.

27. "Interview 7: Chen Zhufang's Second Interview" [访谈7：陈珠芳第二次访谈], in *Huawei Interviews* [华为访谈录], ed. Tian Tao (Beijing: CITIC Publishing House [中信出版集团], 2021), 187–88.

28. "Interview 7: Chen Zhufang's Second Interview" [访谈7：陈珠芳第二次访谈], 197–98.

29. "Interview 7: Chen Zhufang's Second Interview" [访谈7：陈珠芳第二次访谈], 176.

30. "Huawei's Basic Law" [华为公司基本法], in Huang Weiwei et al., *Out of Chaos*, 49. A full English translation of the Basic Law appears in Appendix D of Xiaobo Wu et al., *The Management Transformation of Huawei: From Humble Beginnings to Global Leadership* (Cambridge, UK: Cambridge University Press, 2020). The original Chinese version is reprinted in *Out of Chaos*.

31. Eric Xu [徐直军], "Huawei CEO Eric Xu Describes the Secrets of Huawei's Success: Employee Stock Ownership" [华为CEO徐直军自述华为成功的秘诀：员工持股制], *Fortune China* [财富中文网], December 3, 2012, http://www.iheima.com/article-17723.html.

32. Mike Rogers and Dutch Ruppersberger, *Investigative Report on the US National Security Issues Posed by Chinese Telecommunications Companies Huawei and ZTE: A Report* (Washington, DC: House Permanent Select Committee on Intelligence, 2012), 15.

33. Article 24 of the Company Law of the People's Republic of China states that "a limited liability company shall be invested in and established by no more than 50 shareholders." See "Company Law of the People's Republic of China," Ministry of Commerce, October 17, 2019, http://mg.mofcom.gov.cn/article/policy/201910/20191002905610.shtml.

34. Li, *Straight Down the Path*, 99–100. Li recalled Ren giving this shareholder breakdown in a meeting with Stone Group CEO Duan Yongji in 1995.

35. "Shenzhen Interim Provisions on the Internal Employee Shareholding Pilot Program in State-Owned Enterprises, September 30, 1997" [深圳市国有企业内部员工持股试点暂行规定], in *Advanced Enterprise Management Manual* [企业进阶管理手册], ed. Zhou Weimin [周卫民] (Shanghai: Shanghai Finance University Press [上海财经大学出版社], 1999), 790.

36. Xu, "Huawei CEO Eric Xu Describes the Secrets of Huawei's Success."

37. Huang et al., *Out of Chaos*, 132.

38. Demetri Sevastopulo, "Huawei Pulls Back the Curtain on Ownership Details," *Financial Times*, February 27, 2014, https://www.ft.com/content/469bde20-9eaf-11e3-8663-00144feab7de.

39. Sun Yafang's official biography says she was promoted to Huawei chairwoman in 1999. It is unclear which month. An essay under her name published in De- cember 1999 still referred to her as Huawei's standing vice president, though it was possibly submitted for publication before her title change. The Harvard Business School program she attended ran from September to November 1999. See Sun Yafang [孙亚芳], "Serving Mobile Communications via Leading-Edge Core Networks" [以领先的核心网络服务移动通信], *World Telecommunications* [世界电信], no. 12, 1999.

40. Sun Yafang, "Appreciating Secretary-General Kofi Annan's Leadership Model: Thoughts on Participating in the Symposium between UN Secretary-General Kofi Annan and Chinese Entrepreneurs" [领略安南秘书长的领袖风范——参加联合国秘书长安南与中国企业家座谈会有感], *Huawei People* [华为人], no. 158, November 26, 2004.

41. Graham Lovelace (a classmate in the program), interview by the author.

42. Sun, "Appreciating Secretary-General Kofi Annan's Leadership Model."

43. Huawei Investment & Holding Co. Ltd., *2016 Annual Report* (Shenzhen: Hua- wei Investment & Holding Co. Ltd., 2017), 100, https://www.huawei.com/-/media/CORPORATE/PDF/annual-report/AnnualReport2016_en.pdf.

44. Wan Runnan, interview by the author, 2024.

45. For instance, see Sun's bio in Huawei Investment & Holding Co. Ltd., *Building a Better Connected World: Huawei Investment & Holding Co. Ltd. 2015 Annual Report* (Shenzhen: Huawei Investment & Holding Co. Ltd., 2016), 108, https://www.huawei.com/-/media/corporate/pdf/annual-report/annualreport2015_en.pdf.

46. Director of National Intelligence Open Source Center, "Huawei Annual Report Details Directors, Supervisory Board for First Time," October 5, 2011, 3, https://irp.fas.org/dni/osc/huawei.pdf.

47. James Lewis, interview by the author, 2022.

11장. 겨울

1. Fang Yuan [方圆], "Huawei, Everyone Is So Confused about You" [华为，大家对你好困惑], *Science Times* [科学时报], August 30, 2000. According to this article, there were two anonymous letters, one in April 1999 and another in May 2000. The national audit is mentioned in a number of other accounts, including Mike Rogers and Dutch Ruppersberger, *Investigative Report on the US National Security Issues Posed by Chinese Telecommunications Companies Huawei and ZTE: A Report* (Washington, DC: House Permanent Select Committee on Intelligence, 2012).

2. Liu Ping [刘平], "Huawei and ZTE's 'Spy War'" [华为和中兴的"间谍战"], *IT Time Weekly* [IT时代周刊], August 20, 2009, 70–71.

3. Liu Yan [刘岩], "Former Shenzhen Mayor Li Zibin: Seeking Out the Central Government on Behalf of a Private Enterprise" [前深圳市市长李子彬：为民营企业找中央], CCTV *Dialogue* [CCTV《对话》], February 23, 2010, archived March 2, 2024, at the Wayback Machine, https://web.archive.org/web/20240302152822/http://jingji.cntv.cn/program/duihua/20100223/106089.shtml.

4. Sun's visit and Ren's phone call are recounted in Hao's memoir, Hao Chunmin with Pei Zhengli [郝春民于沛整理], *High Technology Lifts the New Shenzhen: An Autobiography from Someone with Personal Experience of the Shenzhen Tech Structural Reform* [科技托起心深圳：一名深圳科技体制改革亲历者的自述] (Beijing: China Science and Technology Publishing House [中国科学技术出版社], 2014), 73.

5. Ren Zhengfei, "A Spring River Flows Eastward" [一江春水向东流], *Huawei People* [华为人], no. 243, January 7, 2012.

6. Wu made the request while visiting Huawei in November 1996, according to Zhou Xuejun and Huang Chaowen [周学军, 黄朝文], "Huawei Takes the Lead in Launching a Domestic Commercial GSM System" [华为率先推出国产商用GSM系统], Huawei People [华为人], no. 60, November 12, 1997.

7. "Vice-Premier Wu Bangguo Writes the Words 'China Is Promising' in Four Big Characters (Photograph)" [吴邦国副总理挥毫题写了"中华有为"四个大字], *Huawei People* [华为人], no. 36, November 20, 1996.

8. Jie Su, "The Lion's Share of a Small Market," in *Adventurers*, Huawei Stories, ed. Tian Tao and Yin Zhifeng (London: LID Publishing, 2020), chap. 23.

9. Ren Zhengfei, "Ren Zhengfei's Interview with UK Documentary Producer," Huawei (website), archived April 26, 2023, at the Wayback Machine, https:// web.archive.org/web/20230426163437/https://www.huawei.com/nl/facts/voices-of-huawei/ren-zhengfeis-interview-with-uk-documentary-producer.

10. Ren, "Ren Zhengfei's Interview with UK Documentary Producer."

11. Allen T. Cheng, "Private Equity Firm Warburg Pincus Brings Lots of Cash and Contrarian Discipline to Its Big Asia Push, but Its Real Edge Is Brainy Locals," Native Intelligence, *Institutional Investor*, January 2003.

12. "Interview 7: Chen Zhufang's Second Interview" [访谈7：陈珠芳第二次访谈], in *Huawei Interviews* [华为访谈录], ed. Tian Tao (Beijing: CITIC Publishing House [中信出版集团], 2021), 178–79.

13. Tian Tao with Wu Chunbo, *The Huawei Story* (Thousand Oaks, CA: SAGE Pub- lications, 2015), 31.

14. Zhang Yanyan [张燕燕], "Reflections after Reading 'My Father and Mother'" ["我的父亲母亲"读后感], *Huawei People* [华为人], no. 115, March 28, 2001.

15. "Ren Zhengfei Accepts Interview with Sony CEO: Only by Tolerating Opposition Can Talent Emerge" [任正非接受索尼CEO采访：容忍反对才会人才辈出], *Entrepreneur Daily* [企业家日报], February 19, 2019.

16. Ren Zhengfei, "Huawei's Winter" [华为的冬天], in *Huawei Selected Writings* [华为文摘], vol. 8 (Shenzhen: Huawei Technologies Co., 2004), 212.

17. "Emerson Purchases Huawei's Avansys Power Business, China's Leading Net- work Power Provider," corporate release, Exhibit 99.1 in Emerson Electric Co., Form 8-K for October 21, 2001 (filed on October 22, 2001), US Securities and Exchange Commission, https://www.sec.gov/Archives/

edgar/data/32604/00 0095013801500161/form8k_102201.htm.

18. "Full Text of Clinton's Speech on China Trade Bill," *New York Times*, March 9, 2000, https://archive.nytimes.com/www.nytimes.com/library/world/asia/03 0900clinton-china-text.html.

19. White House Office of the Press Secretary, "The U.S.-China WTO Accession Deal: A Strong Deal in the Best Interests of America," March 8, 2000, Clinton White House Archives, https://clintonwhitehouse4.archives.gov/WH/New/html/20000308_1.html.

20. Tim Duffy, "China's Huawei to Expand Presence in Mexican Telecom Mkt," Dow Jones Newswires, February 9, 2001.

21. "Huawei Global Wireless R&D Divisions," *Huawei People* (English), no. 254, December 18, 2014. Former employee Robert Read said the office was at first called "Atelier," without any outward indication that it was owned by Huawei.

22. Bruce Gilley, interview by the author.

23. Bruce Gilley, "Huawei's Fixed Line to Beijing," *Far Eastern Economic Review*, December 28, 2000–January 4, 2001, https://web.pdx.edu/~gilleyb/Huawei_FEER28Dec2000.pdf.

24. William B. Plummer, *Huidu: Inside Huawei* (Middletown: William B. Plummer, 2018), 210.

25. Gilley, interview.

26. Richard McGregor, "China Rich List Features New Entrepreneurs," *Financial Times*, November 10, 2000.

27. Ren, "Huawei's Winter," 212.

28. Ren, "Ren Zhengfei's Interview with UK Documentary Producer"; and Jona- than Watts, "Chinese Tycoon Hit by 'Curse of the Rich List,'" *Guardian*, December 1, 2006, https://www.theguardian.com/world/2006/dec/01/china.jonathanwatts.

29. Ren Zhengfei, "My Father and Mother" [我的父亲母亲], in Huawei *Selected Writings* [华为文摘], vol. 7 (Shenzhen: Huawei Technologies Co., 2002), 216. This essay went through a number of versions throughout the years, and a later incarnation posted to an official Huawei website does not

mention Iran as the destination of the diplomatic trip. This version was archived March 2, 2024, at Archive.Today, https://archive.ph/OL3za.

30. "Iranian President Praises Partnership with China," Xinhua English, January 7, 2001.

31. Xue Jianhui [薛建辉], "Middle East Travels" [中东之旅], in *Huawei Selected Writings* [华为文摘], vol. 6 (Shenzhen: Huawei Technologies Co., 2000), 80–82.

32. Xue, "Middle East Travels," 80–82.

33. Ren, "My Father and Mother," 216.

34. Ren, 215.

35. Meng Wanzhou, "Grandma, Can You Hear?" [奶奶，你能听见吗?], *Huawei People* [华为人], no. 115, March 28, 2001.

36. Liu Chuanzhi [柳传志], "Liu Chuanzhi: Thoughts after Reading Ren Zhengfei's 'My Father and Mother'" [柳传志：读任正非的"我的父亲母亲"有感], *People's Daily Online* [人民网], January 27, 2015.

37. Colum Lynch, "Chinese Firm Probed on Links with Iraq," *Washington Post*, March 16, 2001, https://wapo.st/3yvzAjK.

38. Charles Duelfer, *Hide and Seek: The Search for Truth in Iraq* (New York: Public Affairs, 2009), 494.

39. Central Intelligence Agency, "Telecommunications Systems Evolutionary De-velopments," CIA-RDP92B00181R000300270041-4, CIA Library, Freedom of Information Act Electronic Reading Room, https://www.cia.gov/reading room/docs/CIA-RDP92B00181R000300270041-4.pdf. This memo is undated. Its reference to the USSR should put its creation date before 1991.

40. Matthew M. Aid, *The Secret Sentry: The Untold History of the National Security Agency* (New York: Bloomsbury, 2009), loc. 4658 of 9625, Kindle.

41. Maggie Farley, "U.S. Pushes for Response from China," *Los Angeles Times*, February 22, 2001.

42. Lynch, "Chinese Firm Probed on Links with Iraq."

43. Liu, "Huawei and ZTE's 'Spy War.'"

44. Andrea Koppel, "Powell: China Agrees to Stop Helping Iraq," CNN, March 8, 2001, http://edition.cnn.com/2001/WORLD/asiapcf/east/03/08/us.china.iraq.

45. "U.S. Senate Governmental Affairs Committee: Subcommittee on Interna- tional Security, Proliferation and Federal Services Holds a Hearing on Weap- ons of Mass Destruction," *Federal Document Clearing House*, November 7, 2001.

46. Interview by the author.

47. Andrew Browne, "China Denies Reports of Links to Taliban," Reuters, Sep- tember 15, 2001.

48. Shirley Kan, *U.S.-China Counter-Terrorism Cooperation: Issues for U.S. Policy*, Congressional Research Service Report for Congress, May 12, 2005, https:// apps.dtic.mil/sti/tr/pdf/ADA462468.pdf.

49. Evan Feigenbaum, "Evan A. Feigenbaum Oral History Part I," interview by Russell L. Riley, November 20, 2020, Presidential Oral Histories, Miller Cen- ter, University of Virginia, https://millercenter.org/the-presidency/presiden tial-oral-histories/evan-feigenbaum-oral-history-part-i.

50. George W. Bush and Jiang Zemin, "U.S., China Stand against Terrorism," joint press conference, Shanghai, October 19, 2001, George W. Bush White House Archives, https://georgewbush-whitehouse.archives.gov/news/releases/2001/10/20011019-4.html.

51. Ren Zhengfei, "Crossing the Dividing Line between Asia and Europe" [走过亚欧分界线], *Huawei People* [华为人], no. 50, May 8, 1997.

52. Declaration of Chad Reynolds Supplementing Cisco's Motion for Preliminary Injunction, March 14, 2003, *Cisco v. Huawei*, No. CIV. QA.2:03-cv-027 (U.S. Dist. Ct. E.D. Tex.).

12장. 기습

1. Lynnette Luna, "Wireless in Iraq," *Mobile Radio Technology* 21, no. 6 (June 2003): 39.

2. Jeff May and Tom Johnson, "AT&T Challenges Rival MCI with All-in-

One Phone Plan," *Star-Ledger* (Newark, NJ), April 29, 2003.

3. May and Johnson, "AT&T Challenges Rival MCI with All-in-One Phone Plan."

4. "Iraq War—Chinese ICPs See Surge in Users, Telecom Equipment Makers and Power Firms Discuss Plans," *Interfax China IT & Telecom Report*, April 18, 2003. In April 2003, Russia's Interfax news agency quoted a Huawei manager as saying that the company had stopped shipping telecom equipment to the Middle East at the end of the previous year and had been "away from the Iraq market for some time." The article also quoted a ZTE spokesperson as saying that ZTE might join the reconstruction in Iraq, depending on approval by the Chinese government and "how big the risk is."

5. "Excerpts from the Discussion on 'Continuously Improving Per Capita Effi- ciency, Building a High-Performance Corporate Culture'" ["持续提高人均效益, 建设高绩效企业文化" 讨论摘编], *MO*, no. 216, March 5, 2004.

6. Interviews by the author with people familiar with the matter; and Yi Mingjun [易明军], "Crossing the Battlefield" [穿越战地], *Huawei People* [华为人], no. 148, January 15, 2004.

7. Yi, "Crossing the Battlefield."

8. "A Greeting to Telecom Operators" [致电信运营商的问候], *Huawei People* [华为人], no. 141, May 26, 2003.

9. Song Tun [宋暾], "Huawei Service during the 'SARS' Period" ["非典"时期的华为服务], *Huawei People* [华为人], no. 141, May 26, 2003.

10. "General Secretary Hu Jintao Inspects Huawei" [胡锦涛总书记视察华为公司], *Huawei People* [华为人], no. 140, April 22, 2003.

11. Peng Bo [彭博], "Dazzling Sleepless Nights in Hong Kong" [幻彩香江不眠夜], *Huawei People* [华为人], no. 155, August 31, 2004.

12. Interview by the author with a person familiar with the matter.

13. Defendants' Opposition to Cisco's Motion for Order That Defendants Preserve Evidence, February 19, 2003, *Cisco v. Huawei*, No. CIV.QA.2:03-cv-027 (U.S. Dist. Ct. E.D. Tex.).

14. Li Min [李岷], "Huawei Staff Recall Cisco's Lawsuit against Huawei: The

Story behind the Settlement" [华为人士回忆思科诉华为案：和解的背后故事], *China Entrepreneur* [中国企业家], June 22, 2005, http://tech.sina.com.cn/t/2005-06-22/1212642975.shtml.

15. Li, "Huawei Staff Recall Cisco's Lawsuit against Huawei."

16. Guo Ping, "Don't Waste the Opportunity in a Crisis: Minutes of Huawei Rotat- ing Chairman Guo Ping's Meeting with New Employees" [不要浪费一场危机的机会：华为轮值董事长郭平与新员工座谈纪要], *Huawei People* [华为人], no. 350, September 2020.

17. Scott Thurm, "Cisco Ran Sting Operation to Nab a Copycat in China," *Wall Street Journal*, April 4, 2003, https://www.wsj.com/articles/SB104942212126672500.

18. John Chambers, *Connecting the Dots: Lessons for Leadership in a Startup World* (New York: Hachette Books, 2018), chap. 3.

19. "Anyone Who Participates in Sending Chain Emails Unrelated to Work Will Have Their Pay Cut" [参与发送与工作无关连环邮件 每人降薪处理], *MO*, no. 199, May 20, 2003.

20. Interview by the author with a person familiar with the matter.

21. Rick Gladstone, "When Love and Work Clash in the Valley," *New York Times*, August 5, 2001, https://www.nytimes.com/2001/08/05/business/when-love-and-work-clash-in-the-valley.html.

22. "Chinese and American Communication Companies Reach Win-Win Cooper- ation: Huawei and 3Com Establish Joint Venture" [中美通信企业达成多赢合作：华为与3Com成立合资企业], *Huawei People* [华为人], no. 140, April 22, 2003; and 3Com Corporation's Opposed Motion to Intervene, June 10, 2003, *Cisco v. Huawei*, No. CIV.QA.2:03-cv-027 (U.S. Dist. Ct. E.D. Tex.).

23. Cisco's Response to 3Com's Motion to Intervene and 3Com's Reply to Cisco's Response to 3Com's Motion to Intervene, June 2003, *Cisco v. Huawei*, No. CIV. QA.2:03-cv-027 (U.S. Dist. Ct. E.D. Tex.).

24. Defendants' Opposition to Cisco's Motion for Preliminary Injunction, March 24, 2004, *Cisco v. Huawei*, No. CIV.QA.2:03-cv-027 (U.S. Dist. Ct. E.D. Tex.).

25. Yi, "Crossing the Battlefield."

26. Yi, "Crossing the Battlefield."

27. Edmund Sanders, "Iraq Awards Three Wireless Licenses," *Los Angeles Times*, October 7, 2003, https://www.latimes.com/archives/la-xpm-2003-oct-07-fg-cell7-story.html.

28. Sun Shiyong [孙士勇], "Experiencing Baghdad" [体验巴格达], *Management Optimization* [管理优化], December 30, 2003.

29. Patricia Moloney Figliola, "Digital Surveillance: The Communications Assis- tance for Law Enforcement Act," *CRS Report for Congress*, June 8, 2007, https://sgp.fas.org/crs/intel/RL30677.pdf.

30. Eric Steinmann, interview by the author, 2024.

31. "Huawei, Cisco Settle IPR Dispute," *China Daily*, updated July 30, 2004, http:// www.chinadaily.com.cn/english/doc/2004-07/30/content_353070.htm.

32. "Minutes of Mr. Ren's 2012 Laboratory Symposium" [任总与2012实验室座谈会纪要], Xinsheng Forum, August 31, 2012, https://xinsheng.huawei.com/next/#/detail?uuid=916315732476379136.

13장. 제국으로 가는 길

1. Interview by the author with a person familiar with the matter.

2. Interviews by the author with former Huawei employees.

3. Liu Ming [刘明], "Two or Three Things Learned by Being around Mr. Ren" [感悟任总身边 二三事], *Huawei People* [华为人], no. 250, August 6, 2012.

4. Wieland Wagner, "From Sweatshop to Laboratory," *Der Spiegel*, January 2, 2006, https://www.spiegel.de/international/spiegel/china-s-high-tech-offensive-from-sweatshop-to-laboratory-a-393615.html.

5. Vikas Kumar, "Enter the Dragon," *Economic Times*, November 18, 2006; "China: The Struggle of the Champions," Economist Intelligence Unit, Janu- ary 6, 2005; Michael Sainsbury, "China Tackles World's Best in Research," *Australian*, November 25, 2004; and Former Science and

Technology Coun- selor of the Chinese Embassy in Russia Shen Qingjian [原驻俄罗斯使馆科技参赞沈庆鉴], "Revisiting Huawei" [再游华为], *Huawei People* [华为人], no. 233, March 8, 2011.

6. Interviews by the author with former employees.

7. "Smartcom Company Sun Meiran: The Scent of Tea Welcomes Guests" [慧通公司院孙妹冉：一缕茶香迎客来], *Huawei People* [华为人], no. 209, March 3, 2009.

8. "Huawei Smartcom Business Co. Came to Southwest College for a Special Recruitment Event for Receptionists for Its International Conference Center" [华为慧通商务有限公司莅临西航进行国际会议中心接待员专场招聘], Sichuan Southwest College of Civil Aviation, 2018, archived October 11, 2023, at the Wayback Machine, https://web.archive.org/web/20231011025031/https://www.schkxy.com/Mobile/jyfc/content/?ClassId=353&Id=28668.

9. Ren Zhengfei, "Meet the Challenge, Cultivate Your Skills Diligently, Welcome the Arrival of Spring" [迎接挑战, 苦练内功, 迎接春天的到来], *Sina*, 2002, http://tech.sina.com.cn/csj/2020-02-13/doc-iimxxstf1076725.shtml.

10. Zhang Xiaoheng [张笑恒], *Huawei Internal Speeches: Your Hard Work Will Pay Off* [华为内部讲话: 你的奋斗终有回报] (Beijing: Democracy and Construction Press [民主与建设出版社], 2017), 235–36.

11. "Interview 12: Lu Ke's Second Interview" [访谈12：吕克第二次访谈], in *Huawei Interviews* [华为访谈录], ed. Tian Tao (Beijing: CITIC Publishing House [中信出版集团], 2021), 390.

12. Robert Read, interview by the author.

13. "China Development Bank Offers Huawei Technologies Credit Financing of US$10 Billion to Support Its International Expansion," *China Telecom* 12, no. 1 (January 2005): 15.

14. "Indonesian President Visiting Huawei Headquarters," *Huawei People* (En- glish), no. 164, July 31, 2005.

15. Softstone, "Why Is the Old Logo Still Being Used for New Materials Purchases" [新购料为何还用老标志], *Management Optimization* [管理优化], no. 316, Sep- tember 18, 2008.

16. Matthew Forney, "Ren Zhengfei," *Time*, April 18, 2005, https://content.time.com/time/specials/packages/article/0,28804,1972656_1972707_1973574,00.html.

17. Interviews by the author with people familiar with the matter; and Ian Levy, "Security, Complexity and Huawei; Protecting the UK's Telecoms Networks," *NCSC Blog*, National Cyber Security Centre, February 22, 2019, https://www.ncsc.gov.uk/blog-post/blog-post-security-complexity-and-huawei-protecting-uks-telecoms-networks.

18. Victor Zhang, "A London Courtship," in *Pioneers*, Huawei Stories, ed. Tian Tao and Yin Zhifeng (London: LID Publishing, 2017), chap. 3.

19. Ken Zita, interview by the author, 2022.

20. Jie Su, "The Lion's Share of a Small Market," in *Adventurers*, Huawei Stories, ed. Tian Tao and Yin Zhifeng (London: LID Publishing, 2020), chap. 23.

21. Guo Ping, "Don't Miss the Opportunity in a Crisis: Notes on Huawei Rotating Chairman Guo Ping's Meeting with New Employees" [不要浪费一场危机的机会：华为轮值董事长郭平与新员工座谈纪要], *Huawei People* [华为人], no. 350, September 2020.

22. Bill Owens, interview by the author, 2022.

23. Guo Ping, "Huawei's Road in the Eyes of Huawei People: From Accidental Success to Inevitable Success" [华为人眼里的华为之路：从偶然性成功到必然性成功], *Caijing* [财经网], June 19, 2014, http://finance.sina.com.cn/leadership/20140619/195919465412.shtml.

24. "Kenya, China Sign Economic, Technical Pacts," *BBC News*, November 1, 2004.

25. Michael Joseph, interview by the author, 2023.

26. U.S. Embassy Nairobi, "Kenya--Doing Business the Chinese Way," WikiLeaks Cable: 07NAIROBI4246_a, October 30, 2007, https://wikileaks.org/plusd/cables/07NAIROBI4246_a.html.

27. Reported by multiple press outlets, including "Kim Jong Il Reportedly Arrived in Beijing Today, Meets Central Government Officials" [傳金正日今抵京 晤中央高層], *Wen Wei Po* [香港文匯报], January 16, 2006.

28. Ellen Nakashima, Gerry Shih, and John Hudson, "Leaked Documents Reveal Huawei's Secret Operations to Build North Korea's Wireless Network," *Washington Post*, July 22, 2019, https://www.washingtonpost.com/world/national-security/leaked-documents-reveal-huaweis-secret-operations-to-build-north- koreas- wireless- network/ 2019/ 07/ 22/ 583430fe- 8d12- 11e9- adf3- f 70 f78c156e8_story.html.

29. Nakashima, Shih, and Hudson, "Leaked Documents Reveal Huawei's Secret Operations to Build North Korea's Wireless Network."

30. Ren Zhengfei, "My Father and Mother" [我的父亲母亲], in *Huawei Selected Writings* [华为文摘], vol. 7 (Shenzhen: Huawei Technologies Co., 2002), 219.

31. Interview by the author with a former Huawei engineer.

32. Lin Jincan [林进灿], "A Record of My Life and Work in Afghanistan" [阿富汗工作生活实录], *Huawei People* [华为人], no. 228, September 28, 2010.

33. Ren Zhengfei, "Mr. Ren's Speech in Discussions with Regional Department Heads in Thailand and Employees in Nepal" [任总在泰国与地区部负责人, 在尼泊尔与员工座谈的讲话], Xinsheng Forum, February 15–16, 2017.

34. Kelsey Davenport, "Timeline of Nuclear Diplomacy with Iran, 1967–2023," Arms Control Association (website), January 2023, https://www.armscontrol.org/factsheets/Timeline-of-Nuclear-Diplomacy-With-Iran.

35. San Li [三力], "Suggestions from Frontline Employees" [来自一线员工的建议], *Management Optimization* [管理优化], no. 217, March 22, 2004.

36. Gao Yucheng of the Middle East and North Africa Supply Chain Business Group [中东北非供应链业务部 高宇澄], "Falling Labels" [飘落的标签], *Management Optimization* [管理优化], no. 271, October 30, 2006.

37. "Bureau of International Security and Nonproliferation: Imposition of Non- proliferation Measures Against Foreign Persons, Including a Ban on U.S. Government Procurement," *Federal Register*, December 28, 2006.

38. Olga Khazan, "The Creepy, Long-Standing Practice of Undersea Cable Tapping," *Atlantic*, July 16, 2013, https://www.theatlantic.com/international/ar chive/2013/07/the-creepy-long-standing-practice-of-

undersea-cable-tapping/277855.

39. Matt Blitz, "How Secret Underwater Wiretapping Helped End the Cold War," *Popular Mechanics*, March 30, 2017, https://www.popularmechanics.com/technology/security/a25857/operation-ivy-bells-underwater-wiretapping/.

40. Neil King Jr., "In Digital Age, U.S. Spy Agency Fights to Keep from Going Deaf," *Wall Street Journal*, May 23, 2001, https://www.wsj.com/articles/SB990563785151302644.

41. Derek Jiang, "China's Huawei Technologies to Set Up JV with Global Marine Systems," AFX Asia, May 14, 2007.

42. Susan Wang, "China's Huawei Submarine Networks Starts Operations in Tian-jin," AFX Asia, December 18, 2018.

43. Huawei, "Managed Services Business Outlook," streamed on February 24, 2014, YouTube video, 6:55, https://www.youtube.com/watch?v=M6uJ5HZNtbA.

44. Huawei Technologies, "Huawei Wins Mobily Deal," *Light Reading*, April 3, 2008, https://www.lightreading.com/business-management/huawei-wins-mobily-deal.

45. US Consulate Guangzhou, "Huawei Says 3Com Plans Still Uncertain," WikiLeaks Cable: 08GUANGZHOU171_a, March 21, 2008, https://search.wikileaks.org/plusd/cables/08GUANGZHOU171_a.html.

46. Charles Clancy, interview by the author, 2024. Clancy's LinkedIn résumé says he was a research leader at the National Security Agency from January 2005 to July 2010. See "Charles Clancy," LinkedIn, https://www.linkedin.com/in/clancytc.

47. *5G: The Impact on National Security, Intellectual Property, and Competition: Hear- ing before the Senate Committee on the Judiciary, 116th Cong. (2019)* (testimony of Dr. Charles Clancy, Bradley Professor of Cybersecurity, Virginia Tech), https://www.judiciary.senate.gov/imo/media/doc/Clancy%20Testimony.pdf.

48. Michel Juneau-Katsuya, interview by the author, 2023.

49. Andrew Parker and Paul Taylor, "Huawei Rails at 3Com Deal Security

Concerns," *Financial Times*, February 11, 2008, https://www.ft.com/content/3795d97c-d8d5-11dc-8b22-0000779fd2ac.

50. Bill Gertz, "Paulson Hands Off Merger Review," *Washington Times*, October 5, 2007, https://www.washingtontimes.com/news/2007/oct/5/paulson-hands-off-merger-review.

14장. 권력 분리

1. "Separation of Three Powers: Major Institutional Changes in Managerial Ap- pointment and Management" [三权分立 : 干部任用与管理的重大制度变革], *Management Optimization* [管理优化], no. 298, December 20, 2007. The word- ing of the extended Q&A reflects concerns among staff about the change.

2. Ren Zhengfei, "Huawei University Wants to Be the Cradle of Generals: Speech at the Symposium of Leaders of Huawei University and the Party Committee" [华为大学要成为将军的摇篮 : 在华为大学和党委领导座谈会上的讲话], *Management Optimization* [管理优化], no. 280, March 15, 2007.

3. *Purgatory* [炼狱] (Shenzhen: Huawei Management Optimization Newspaper Editorial Office [华为管理优化报编辑部]).

4. Sun Yafang [孙亚芳], "Minutes of an Exchange between Sun Yafang and Employees" [孙亚芳与员工交流纪要], *Huawei People* [华为人], no. 105, June 12, 2000.

5. Ye Zhiwei [叶志卫] and Wu Xiangyang [吴向阳], "Hu Xinyu Incident Resur- rected, Huawei Says Netizens Misunderstand Mattress Culture" [胡新宇事件再起波澜 华为称网友误解床垫文化], *Shenzhen Special Zone Daily* [深圳特区报], June 14, 2006.

6. Ren Zhengfei, "One Must Cheerfully Live This Life Full of Difficulties" [要快乐地度过充满困难的一生], *Management Optimization* [管理优化], no. 287, June 30, 2007.

7. "Is Corporate 'Wolf Culture' Devouring China's Over-Worked Emplo- yees?," *China Labour Bulletin*, May 27, 2008, https://clb.org.hk/en/content/corporate-%E2%80%9Cwolf-culture%E2%80%9D-devouring-china%E2%80%99s-over-worked-employees#c.

8. "Announcement on the Recent Changes in the Company's Human Resources" [关于近期公司人力资源变革的情况通告], *Management Optimization* [管理优化], no. 300, January 15, 2008.

9. Wu Chunbo [吴春波], "Even Ren Zhengfei Has Resigned: Reviewing the 2007 'Huawei Collective Resignation'" [任正非都辞职了：复盘2007年"华为集体大辞职"], China Stone e-Insight [华夏基石e洞察], December 5, 2018, archived March 2, 2024, at the Wayback Machine, https://web.archive.org/web/20240 302215909/https://mp.weixin.qq.com/s/A426mx92e7PHqAqvwLqKJA.

10. Wu, "Even Ren Zhengfei Has Resigned."

11. Steven Ren [任树录], "Impressions from Studying the EMT Self-Discipline Oath" [EMT自律宣言学习有感], *Management Optimization* [管理优化], no. 296, November 20, 2007.

12. Xiaobo Wu et al., *The Management Transformation of Huawei: From Humble Beginnings to Global Leadership* (Cambridge, UK: Cambridge University Press, 2020), sec. 2.3, 84.

13. Ren Zhengfei, "Mr. Ren's Speech at the Third Quarter 2004 Domestic Marketing Work Conference" [任总在2004年三季度国内营销工作会议上的讲话], *Management Optimization* [管理优化], no. 227, September 30, 2004.

14. "ZTE v. Huawei in the African Boxing Ring," *Africa Intelligence: Indian Ocean Newsletter*, November 18, 2006.

15. Zuo Fei, "People of Huawei in Saudi Arabia," *Huawei People* (English), no. 173, May 31, 2006.

16. Sabrina Meng, "The Bitter Cold of Winter Gives a Warm Fragrance to Plum Blossoms in Spring," in *Visionaries*, Huawei Stories, ed. Tian Tao and Yin Zhifeng (London: LID Publishing, 2018), preface.

17. Certificate of Marriage (Exhibit A of Xiaozong Liu Affidavit), *US v. Meng*, BCSC.

18. Affidavit of Xiaozong Liu, *US v. Meng*, BCSC.

19. Alberto Aguilar, "Buscan evitar que restrinjan alimentos," Nombres, Nombres y . . . Nombres, *Mural* (Mexico), December 13, 2005.

20. Affidavit of Xiaozong Liu, *US v. Meng*, BCSC.

21. Skycom Tech Co. Limited (company number 644842), "Notification of Change of Secretary and Director, Form D2A," Hong Kong Company Registry, Febru- ary 27, 2008.

22. The party member count comes from "Huawei's Innovative Private Enterprise Party-Building Experience Deserves Attention and Promotion" [华为创新民企党建经验值得重视推广], *Shenzhen Special Zone Daily* [深圳特区报], July 9, 2007, archived March 2, 2024, at the Wayback Machine, https://web.archive.org/save/http://news.sina.com.cn/o/2007-07-09/040012168279s.shtml. Hua- wei's employee count comes from Donglin Wu and Fang Zhao, "Entry Modes for International Markets: Case Study of Huawei, a Chinese Technology Enterprise," *International Review of Business Research Papers* 3, no. 1 (March 2007): 188, https://www.iberchina.org/files/2018/Entry_Modes_For_International_Markets_Case_Study_Huawei.pdf.

23. "Promote Righteousness, Stay Away from Gambling" [发扬正气 远离赌博], *Management Optimization* [管理优化], no. 231, December 9, 2004.

24. "A Letter to the Party Committee" [给党委的一封信], *Management Optimization* [管理优化], no. 313, July 31, 2008.

25. "Pledge Letter for Party Organization Cadres" [党组织干部承诺书], *Management Optimization* [管理优化], no. 384, July 15, 2011.

26. Interview by the author with a person familiar with the matter.

27. "What Is 'Self-Criticism'?" ["自我批判"是什么?], *Huawei People* [华为人], no. 98, January 22, 2000.

28. "Tidbits from the Production Department's Democratic Life Meeting" [生产总部民主生活会花絮], *Huawei People* [华为人], no. 59, October 21, 1997.

29. Ren Zhengfei, "Huawei's Winter" [华为的冬天], in *Huawei Selected Writings* [华为文摘], vol. 8 (Shenzhen: Huawei Technologies Co., 2004), 207.

30. "Capital Construction Management Department to Implement Self-Examination of Cadres with Practical Actions" [基建部将以实际行动落实干部自省自查] and "Steven Ren's Self-Examination Report" [任树录自检自查汇报], *Management Optimization* [管理优化], no. 314, August 20, 2008.

31. "Establishing Positive Interpersonal Relationships: Record of Hu

Houkun's Self-Criticism Summary and Appraisal Meeting" [建立积极人际关系：胡厚崑自我批判总结评议座谈会纪实], *Management Optimization* [管理优化], no. 278, February 15, 2007.

32. Sun Kai [孙凯], "Communication Starts from Culture" [沟通从文化开始], *Huawei People* [华为人], no. 194, December 10, 2007.

33. "The 2007 Commendation Conference Was Held for Huawei's Publicity Work in Two Newspapers" [2007年度华为公司两报宣传工作表彰大会召开], *Huawei People* [华为人], no. 198, March 31, 2008.

34. For instance, see Zhou Daiqi's bio in *Corporate Governance Report* (Shenzhen: Huawei Technologies Co., 2016), 111, https://www-file.huawei.com/-/media/corporate/pdf/annual-report/annualreport2015_cg_report_en.pdf.

35. *Corporate Governance Report*, 111.

36. Qu Bin [屈斌], "We Are Willing to Sacrifice for the Product" [为了产品，我们愿意放弃], *Huawei People* [华为人], no. 53, June 12, 1997.

37. Chen Peigen [陈培根], "Promote Professionalism, Ascend One Level First" [促进职业化 先上一层楼], *Management Optimization* [管理优化], no. 189, October 10, 2002.

38. Ren Zhengfei, "Building the Financial Management System into an Ironclad Wall That Keeps Pace with the Rapid Changes of the Company's Business: Speech at the Training Class for Financial Management Cadres of the Euro- pean Regional Department" [把财经管理体系建成跟随公司业务快速变化的铜墙铁壁：在欧洲地区部财经管理干部培训班上的讲话], *Management Optimization* [管理优化], no. 241, July 20, 2005.

15. 성화

1. Details about Huawei's Mount Everest project are drawn from Zhong Bin [钟彬], "Stories from the Front Lines of Delivery: From 5,200 Meters to 6,500 Me- ters" [来自交付一线的故事：从5200米到6500米], *Huawei People* [华为人], no. 195, December 31, 2007; and "The World's Highest Altitude Mount Everest Base Station Set Up at an Altitude of 6,500 Meters" [世界最高海拔珠峰基站开通 海拔6500米], *China Economic Network* [中经网],

November 15, 2007.

2. "Global Economic Slowdown Impacts 2008 International Patent Filings," WIPO, January 27, 2009, https://www.wipo.int/pressroom/en/articles/2009/article_0002.html.

3. Ren Zhengfei, "How Today's Young People Can Love Their Nation: Mr. Ren's Speech at the September 16 Forum with Employees about the Diaoyu Islands Incident" [当代青年怎样爱国：任总在9月16日与员工关于钓鱼岛事件座谈会上的讲话], in *Huawei Selected Writings* [华为文摘], vol. 3 (Shenzhen: Huawei Technologies Co., 1997), 68.

4. "China Begins Olympic Countdown," ABC News, September 22, 2004, https://www.abc.net.au/news/2004-09-22/china-begins-olympic-countdown/555940.

5. Sun Changxu [孙昌旭], "Coincidental Meeting with 'IT Great Man' Li Yinan" [巧遇"IT奇人"李一男], *China Entrepreneur* [中国企业家], August 2008.

6. David Barboza, "China Surpasses U.S. in Number of Internet Users," *New York Times*, July 26, 2008, https://www.nytimes.com/2008/07/26/business/world business/26internet.html.

7. Zheng Zhibin [郑志彬], "Purify the Virtual Network Space, Create a Harmoni-ous Information World: Huawei's New Technology Plays an Important Role in the Field of Anti-DDOS Attacks" [净化虚拟网络空间, 缔造和谐信息世界：华为新技术在防DDOS 攻击领域发挥重要作用], *Information Network Security* [信息网络安全], July 10, 2008.

8. Xu Ping [徐平], "Successfully Blocked Illegal VoIP Operations: Refinement of Shenyang Netcom's Broadband Operation, A New Vista Opens" [成功堵击VoIP非法运营：沈阳网通宽带精细化 运营打开新局面], *Huawei Technology* [华为技术], September 2007.

9. Ken Zita, interview by the author. He recalled touring a municipal public safety control center in Sichuan Province in 2008.

10. Jian Xin [建新], "Beijing Olympics Bring New Opportunities and New Chal-lenges to Security Companies" [北京奥运带给安防企业新机遇和新挑战], *Cards World* [金卡工程] 12, no. 4 (2008): 72–74.

11. Wang Hua'an [王华安], "China Security, China Chip: HiSilicon Is Moving Forward—Exclusive Interview with HiSilicon Semiconductor's Ai Wei" [中国安防中国芯 海思正前行——专访海思半导体艾伟], *China Public Security* (com- prehensive edition) [中国公共安全 (综合版)], December 1, 2009.

12. "HiSilicon, Hynix-ST and Freescale China Top Chinese IC Company Rankings for 2008," Interfax, February 26, 2009.

13. Wang, "China Security, China Chip."

14. Wang Wenzheng, "Mission to Medog," in *Pioneers*, Huawei Stories, ed. Tian Tao and Yin Zhifeng (London: LID Publishing, 2017), chap. 7.

15. Ren Zhengfei, "What We Have Learned from the American People" [我们向美国人民学习什么], *Huawei People* [华为人], no. 63, February 20, 1998.

16. Ren, "How Today's Young People Can Love Their Nation," 67–70.

17. Associated Press, "Raw Video: Olympic Torch Lit on Everest Summit," streamed on May 7, 2008, YouTube video, 0:36, https://www.youtube.com/watch?v=vgXm2bIK6J8.

18. "Nepal: Everest Pro-Tibet Protesters May Be Shot," CNN, updated April 20, 2008, http://www.cnn.com/2008/WORLD/asiapcf/04/20/nepal.torch.oly/in dex.html.

19. "Huawei's GSM Base Station Helps China Mobile Successfully Send the First Photo of the Olympic Flame Reaching the Summit of Mount Everest" [华为 GSM基站力助中国移动成功传出 第一张奥运圣火登顶珠峰照片], *Huawei People* [华为人], no. 201, July 7, 2008.

20. Ruo Ran [若然], "Olympics Story 4: A Quiet 16 Hours" [奥运故事4:静静的16小时], *Huawei People* [华为人], no. 203, September 5, 2008.

21. Gillian Murdoch, Beijing Editorial Reference Unit, "Factbox: Security Steps for Beijing's Olympics," Reuters, August 8, 2008, https://www.reuters.com/article/us-olympics-security/factbox-security-steps-for-beijings-olympics-idUST20636620080808.

22. Richard Cowan, "China Spying on Olympics Hotel Guests: U.S. Senator," Reuters, July 29, 2008, https://www.reuters.com/article/us-olympics-china-spying-idUSN2934051920080729.

23. Zhao Yuan [赵渊] et al., "Helping the 'Technology Olympics' Shine the Com- munications Light: Huawei Fully Cooperates with Operators to Usher in Olympics Communications" [助力"科技奥运" 绽放通信之光 华为全面配合运营商为奥运通信保驾护航], *Huawei People* [华为人], no. 203, September 5, 2008.

24. "Information on Beijing Olympic Volunteers," China Internet Information Cen- ter, June 9, 2005, http://www.china.org.cn/english/MATERIAL/131531.htm.

25. Zhao et al.., "Helping the 'Technology Olympics' Shine"; "About Us," *Smartcom*, hwht.com/introduction.html?lang=en.

26. Zhao et al., "Helping the 'Technology Olympics' Shine."

16장. 서부전선

1. Dan Hesse, interview by the author, January 2023.

2. Eli Lake, "Beijing Spying Feared in Telecom Proposal," *Washington Times*, October 20, 2010, https://www.washingtontimes.com/news/2010/oct/20/beijing-spying-feared-in-telecom-proposal.

3. Stephanie Kirchgaessner, "Former US Official Joins Huawei Consultancy," *Financial Times*, October 20, 2010, https://www.ft.com/content/cbdf6c38-dc97-11df-84f5-00144feabdc0.

4. Jon Kyl et al. to Hon. Timothy Geithner, Hon. Gary Locke, Hon. Martha N. Johnson, and Gen. James Clapper, letter, 18 August 2010, in David Barboza, "Scrutiny for Chinese Telecom Bid," *New York Times*, August 22, 2010, https:// graphics8.nytimes.com/packages/pdf/business/20100823-telecom.pdf.

5. The July 21, 2004, letter from Melanie Scofield, Fujitsu Network Communica- tions' general counsel, to Ren Zhengfei and Song Liuping, then the senior di- rector of Huawei's IPR Department, was filed in 2020 as Exhibit B-1 of the Appendix in Support of Fujitsu Network Communications, Inc.'s Motion to Quash and to Stay Deposition Pending Ruling on Motion, *Huawei v. Verizon*, No. 2:20-cv-00030-JRG (U.S. Dist. Ct. E.D. Tex.).

6. Bill Owens, foreword to *The Huawei Story*, by Tian Tao with Wu Chunbo (Thousand Oaks, CA: SAGE Publications, 2015).

7. William A. Owens, James Blaker, and Martha Bejar, "China in the Age of Ac- celerating Change: A Positive Approach," in *Breakthrough: From Innovation to Impact*, ed. Henk van den Breemen et al., vol. 1 (Lunteren: The Owls Founda- tion, 2016), 208.

8. Governor Perry, "Gov. Perry Helps Cut Ribbon at Huawei Technologies' New U.S. Headquarters," streamed on October 2, 2010, YouTube video, 11:45, https://www.youtube.com/watch?v=0eruWGDSYDg.

9. "Matt Bross Joins Huawei as Global Chief Technology Officer," M2 Presswire, September 30, 2009; and Matt Bross and Charles Ding, "Chinese Firm Not In- fluenced by Government," letter to the editor, *Washington Times*, August 24, 2010, https://www.washingtontimes.com/news/2010/aug/24/chinese-firm-not-influenced-by-government.

10. David Twiddy, "Sprint Nextel Executive Packingham Leads Huawei Vendor Amerilink Telecom," *Kansas City Business Journal*, August 24, 2010; and Kirchgaessner, "Former US Official Joins Huawei Consultancy."

11. Owens, Blaker, and Bejar, "China in the Age of Accelerating Change," 209.

12. Interview by the author with a former Huawei executive.

13. Google Maps' Street View.

14. Interview by the author with a former employee, 2024.

15. "Huawei Opens Cyber Security Evaluation Centre in the UK," Huawei (web- site), December 6, 2010, https://www.huawei.com/au/news/au/2010/hw-u_151000.

16. Gary Garner, interview by the author.

17. Chris Powell, interview by the author.

18. Huawei Cyber Security Evaluation Centre (HCSEC) Oversight Board, *1st Annual Report: A Report to the National Security Adviser of the United Kingdom*, March 2015, https://www.gov.uk/government/publications/huawei-cyber-se curity-evaluation-centre-oversight-board-annual-report-2015.

19. Richard Kerbaj, "Chinese Firm Hires Former GCHQ Chief," *Sunday Times*, June 23, 2013.

20. UK Trade & Investment (UKTI), "China Business Day—Madam Sun Yafang, Chairwoman, Huawei," streamed on July 27, 2012, YouTube video, 12:18, https://www.youtube.com/watch?v=R488InonJL4.

21. Vince Cable, interview by the author, 2023.

22. Christopher Hope, "Huawei Spends Thousands Wooing British MPs," *Australian Financial Review*, updated December 3, 2012, https://www.afr.com/com panies/huawei-spends-thousands-wooing-british-mps-20121203-jihco.

23. House of Commons, *Register of Members' Financial Interests as at 13 January 2012* (London: Stationery Office, 2012), 149, https://publications.parliament.uk/pa/cm/cmregmem/1782/1782.pdf.

24. Ren Zhengfei, "Speech by Mr. Ren at the 'Ten Blue-Blooded Heroes' Commen- dation Ceremony" [任总在"蓝血十杰"表彰会上的讲演稿], Xinsheng Forum, June 24, 2014.

25. "Huawei Device Gearing Up Abroad," Sinocast, February 1, 2011.

26. Hesse, interview.

27. Bill Owens, "CEO Chat with CenturyLink's Bill Owens," interview by Steve Saunders, *Light Reading*, July 12, 2016, https://www.lightreading.com/busi ness-transformation/ceo-chat-with-centurylink-s-bill-owens.

28. Ren Zhengfei, "Success Is Not a Reliable Guide for the Future—Ren Zhengfei's Speech at the Company's Marketing Conference, January 17, 2011" [成功不是未来前进的可靠向导—任正非在公司市场大会上的讲话2011年1月17日], *Management Optimization* [管理优化], no. 380, May 17, 2011.

29. Ren, "Success Is Not a Reliable Guide for the Future."

17장. 혁명

1. "Interview 6: Yi Xiang" [访谈6：易翔], in *Huawei Interviews 2* [华为访谈录 2], ed. Tian Tao (Beijing: CITIC Publishing House [中信出版集团], 2022), JD Ebook, chap. 6.

2. Huawei put its Middle East headquarters in Bahrain in 2009. See "Bahrain Military and Police Clear Protesters" [巴林军警对示威者强制清场], *China Youth Daily* [北京青年报], February 19, 2011.

3. Tang Xiaoyi, "The Overseas Adventures of a Bemused Female Administrative Manager," in *Pioneers*, Huawei Stories, ed. Tian Tao and Yin Zhifeng (London: LID Publishing, 2017), chap. 14.

4. Huawei, "Huawei Opens Doors to Middle East Executive Briefing Centre," press release, Business Wire, December 4, 2012, https://www.businesswire.com/news/home/20121203006845/en/Huawei-Opens-Doors-to-Middle-East-Executive-Briefing-Centre.

5. Ren Zhengfei, "Mr. Ren's Speech on Cherishing Life and Professional Responsibility" [任总关于珍爱生命与职业责任的讲话], *Huawei People* [华为人], no. 235, May 5, 2011.

6. Ren, "Mr. Ren's Speech on Cherishing Life and Professional Responsibility."

7. "China's Huawei, ZTE Get $75M in Libyan Fiber, Mobile Contracts," DowJones Newswires, September 12, 2008; and MEED Editorial, "Libya Awards Submarine Cable Deal to Huawei Marine Networks," MEED, January 20, 2010, https://www.meed.com/libya-awards-submarine-cable-deal-to-huawei-marine-networks.

8. Chen Keyu, "Firms Ponder a Return to Libya," *China Daily*, updated October 25, 2011, https://global.chinadaily.com.cn/bizchina/2011-10/25/content_13967041.htm.

9. "Photo News: 'Great, the Motherland Is Great!'" [图文：太好了，祖国伟大!], *Chutian Metropolitan Daily* [楚天都市报], February 26, 2011.

10. "Interview 6: Yi Xiang," chap. 6.

11. "Basic Professional Ethics" [基本的职业操守], *Huawei People* [华为人], no. 238, August 3, 2011.

12. "Commitment Responsibility Perseverance" [承诺 当责 坚守], *Huawei People* [华为人], no. 235, May 4, 2011.

13. Lionel Barber, interview by the author, 2023. See also Lionel Barber, *The Powerful and the Damned: Private Diaries in Turbulent Times* (London:

WH Allen, 2020), 183–84.

14. "Huawei Expands into ME Enterprise Sector," *Khaleej Times*, January 18, 2011.

15. Steve Stecklow, Farnaz Fassihi, and Loretta Chao, "Chinese Tech Giant Aids Iran," *Wall Street Journal*, October 27, 2011, https://www.wsj.com/articles/SB10001424052970204464504576651503577823210.

16. Science and Technology Committee, "Oral Evidence: UK Telecommunications Infrastructure, HC 2200," House of Commons, June 10, 2019, Q94, https:// committees.parliament.uk/oralevidence/9387/html. This House of Commons committee was renamed the Science, Innovation and Technology Committee in 2023.

17. Huawei's Safe City contract for Islamabad, announced in 2009, was ill-fated. After China's state-run Export-Import Bank extended a massive loan to finance the contract, critics alleged that the contract had been illegally awarded to Huawei at inflated prices without an open bid. Pakistan's Supreme Court eventually declared the contract invalid.

18. Josh Chin and Liza Lin, *Surveillance State: Inside China's Quest to Launch a New Era of Social Control* (New York: St. Martin's Press, 2022), 123.

19. New York City Global Partners, *Best Practice: Real Time Crime Center: Centralized Crime Data System*, April 27, 2010, https://www.nyc.gov/html/unccp/gprb/downloads/pdf/NYC_Safety%20and%20Security_RTCC.pdf.

20. Fran O'Sullivan, "Building a Super City—China Style," *New Zealand Herald*, June 8, 2010, https://www.nzherald.co.nz/ business/ifran-osullivani-building-a-super-city-china-style/ETCLIHWQ6XVP3QZ52WVIR3TGAY.

21. "Feeling the 'Ubiquity' of the Sensor Network" [感受传感网的'无所不在'], *Wuxi Daily* [无锡日报], August 24, 2009.

22. Ren Zhengfei, "A Spring Flows Eastward" [一江春水向东流], *Huawei People* [华为人], no. 243, January 7, 2012.

23. Ren, "A Spring River Flows Eastward."

24. Guo Ping, "Meet Your Better Self at the Great Turning Point of History: Notes on Huawei Rotating Chairman Guo Ping's Meeting with New

Employees" [在历史大转折中遇见更好的自己:华为轮值董事长郭平与新员工座谈纪要], *Huawei People* (verified account) on Xinsheng Forum [心声社区的华为人(官方账号)], August 11, 2021, archived April 27, 2023, at Archive.Today, https://ar chive.ph/P7xQI.

25. Guo Ping said in 2016 that it had been six years since his diagnosis. See Guo Ping, "Huawei Rotating CEO Guo Ping: Where You Invest Your Time Deter- mines What You Will Achieve" [华为轮值CEO郭平：时间在哪里，成就在哪里], Sohu, August 25, 2016, https://www.sohu.com/a/111993759_205354.

26. "About Us," Smartcom (website), accessed March 23, 2023, https://www.hwht.com/introduction.html?lang=en.

27. Meng Ping [孟平], "Cooking Is Like Life" [料理如人生], *Huawei People* [华为人], no. 294, February 16, 2015.

28. Cao Zhen, "Huawei Denies Family Successor Report," *Shenzhen Daily*, October 29, 2010, http://www.szdaily.com/content/2010-10/29/content_5039593.htm.

29. Ren Shulu [任树录], "There Are No 'Heroes' Here" [这里没有"英雄"], *Huawei People* [华为人], no. 102, April 7, 2000.

30. Her CFO position became widely known with the publication of Huawei's 2010 annual report in April 2011.

31. Meng Wanzhou, "One Step Further: Meng Wanzhou's Opening Speech at the May 21 CFO Seminar (Phase 1)" [百尺竿头 更进一步：孟晚舟5月21日在CFO研讨班(第一期)的开班讲话], *Management Optimization* [管理优化], no. 409, July 31, 2012.

32. Meng Wanzhou, "The Eternal Dreamland of Provence" [普罗旺斯 永远的梦乡], *Huawei People* [华为人], no. 228, September 28, 2010.

33. Ken Hu, "Huawei Open Letter," *Wall Street Journal*, February 5, 2011, https:// www.wsj.com/public/resources/documents/Huawei20110205.pdf.

34. RepMikeRogers, "Huawei and ZTE Testify before the House Intel Committee Part 1," streamed on October 3, 2012, YouTube video, 6:50 of 28:22, https:// www.youtube.com/watch?v=ApQjSCUpt4s.

35. "House Intelligence Committee Launches Investigation into National

Security Threats Posed by Chinese Telecom Companies Working in the U.S.," press release, Congressman Mike Rogers (website), November 17, 2011, archived November 21, 2011, at the Wayback Machine, https://web.archive.org/web/20111121235233/https://mikerogers.house.gov/news/documentsingle.aspx?DocumentID=269471.

36. "FBI Targets Chinese Firm over Iran Deal," *Smoking Gun*, July 12, 2012, http://www.thesmokinggun.com/documents/fbi-probes-zte-iran-deal-645912.

37. Ren, "A Spring River Flows Eastward."

18장. 청문회

1. William Plummer, interview by the author.
2. Mike Rogers, "Why Congress Is Broken," *Politico Magazine*, January/February 2015, https://www.politico.com/magazine/story/2015/01/mike-rogers-leaves-congress-113888.
3. "Biography: Charles Ding," House Permanent Select Committee on Intelli- gence (website), https://intelligence.house.gov/sites/intelligence.house.gov/files/documents/biographycharlesding91112.pdf.
4. William B. Plummer, *Huidu: Inside Huawei* (Middletown: William B. Plummer, 2018), 151.
5. RepMikeRogers, "Huawei and ZTE Testify before the House Intel Committee Part 1," streamed on October 3, 2012, YouTube video, 0:57 of 28:22, https://www.youtube.com/watch?v=ApQjSCUpt4s. The other quoted remarks from Rogers's opening statement are made at 6:23 and 12:44. See also the Federal News Service's full transcript of *Hearing of the House (Select) Intelligence Committee: National Security Threats Posed by Chinese Telecom Companies Working in the U.S.*, 112th Cong., 2nd sess. (September 13, 2012).
6. RepMikeRogers, "Huawei and ZTE Testify before the House Intel Committee Part 1," 13:27.
7. Paul Vishu, interview by the author, 2023.
8. US Consulate Guangzhou, "Huawei: The Human Resource

Component of a Modern Chinese Company," WikiLeaks Cable: 06GUANGZHOU32401_a, December 15, 2006, https://wikileaks.org/plusd/cables/06GUANGZHOU32401_a.html.

9. RepMikeRogers, "Huawei and ZTE Testify before the House Intel Committee Part 2," streamed on October 3, 2012, YouTube video, 19:26 of 30:21, https://www.youtube.com/watch?v=wG2tk98AX_s.

10. RepMikeRogers, "Huawei and ZTE Testify before the House Intel Committee Part 1," 21:40.

11. RepMikeRogers, "Huawei and ZTE Testify before the House Intel Committee Part 2," 21:17.

12. RepMikeRogers, "Huawei and ZTE Testify before the House Intel Committee Part 2," 22:50.

13. RepMikeRogers, "Huawei and ZTE Testify before the House Intel Committee Part 3, streamed on October 3, 2012, YouTube video, 2:34 of 30:08, https://www.youtube.com/watch?v=PFI7hdhocus&t=206s.

14. "The Party Committee's Impeachment Letter for Liu and He from the Fifth R&D Department of Software Company NGBSS" [党委对软件公司NGBSS 开发五部刘某, 何某弹劾函件], *Management Optimization* [管理优化], no. 327, March 3, 2009.

15. "Give Full Play to the Role of Grassroots Party Organizations in Exercising Power in Cadre Appointments" [发挥基层党组织在干部任用过程中的行权作用], *Management Optimization* [管理优化], no. 348, January 15, 2010.

16. Zheng Bo of the Nanchang Representative Office [南昌代表处 郑波], "A Few Thoughts on Grassroots Party Organizations Playing Their Role" [关于基层党组织发挥作用的几点思考], *Management Optimization* [管理优化], no. 390, Oc- tober 17, 2011.

17. "Pledge Letter for Party Organization Cadres" [党组织干部承诺书], *Management Optimization* [管理优化], no. 384, July 15, 2011.

18. RepMikeRogers, "Huawei and ZTE Testify before the House Intel Committee Part 3," 3:15.

19. RepMikeRogers, "Huawei and ZTE Testify before the House Intel

Committee Part 3," 6:20.

20. This line of questioning by Ruppersberger starts at 14:17 and ends at 25:31 in RepMikeRogers, "Huawei and ZTE Testify before the House Intel Committee Part 3."

21. This line of questioning by Myrick starts at 2:48 in RepMikeRogers, "Huawei and ZTE Testify before the House Intel Committee Part 4," streamed on October 3, 2012, YouTube video, 21:32, https://www.youtube.com/watch?v=6fDRRwiptUU.

22. This line of questioning by Schiff starts at 14:40 and ends at 25:06 in Rep- MikeRogers, "Huawei and ZTE Testify before the House Intel Committee Part 5," streamed on October 3, 2012, YouTube video, 30:22, https://www.youtube.com/watch?v=zrhVxqoSz4U&t=173s.

23. UK Trade & Investment (UKTI), "China Business Day—Madam Sun Yafang, Chairwoman, Huawei," streamed on July 27, 2012, YouTube video, 12:18, https://www.youtube.com/watch?v=R488InonJL4.

24. "Huawei to Invest £1.3bn in Growing Its UK Business," *BBC News*, September 11, 2012; Richard Garfield, "Huawei in Basingstoke Job Bonanza," *Basingstoke Gazette*, April 14, 2011, https://www.basingstokegazette.co.uk/business/8975644.huawei-in-basingstoke-job-bonanza/.

25. Quotes from Gutiérrez's line of questioning start at 21:25 and end at 24:24 in RepMikeRogers, "Huawei and ZTE Testify before the House Intel Committee Part 7," streamed on October 3, 2012, YouTube video, 30:12, https://www.youtube.com/watch?v=4wbzvxI6EnY&t=1225s.

26. Interview by the author with a former HCSEC employee.

27. Quotes from Rogers's closing statement start at 26:56 and end at 29:04 in Rep- MikeRogers, "Huawei and ZTE Testify before the House Intel Committee Part 7."

28. Mike Rogers and Dutch Ruppersberger, *Investigative Report on the U.S. Na- tional Security Issues Posed by Chinese Telecommunications Companies Huawei and ZTE: A Report* (Washington, DC: House Permanent Select Committee on Intelligence, 2012), 45.

29. "Obama Campaign Uses Huawei to Attack Romney," Politico Pro, October 8, 2012, https://subscriber.politicopro.com/article/2012/10/obama-campaign-uses-huawei-to-attack-romney-009607.

30. Andy Keiser, interview by the author, 2022.

31. See (4 April 2012) 679 NZPD 1648, https://www.parliament.nz/resource/en-NZ/50HansD_20120404/6c52cee99d91266b91e52140dd1eb4bc93b27bbf.

19장. 언론 기피증

1. Kathrin Hille, "Huawei Pins Hopes on Fresh Face," *Financial Times*, January 21, 2013, https://www.ft.com/content/18b2da7c-63be-11e2-af8c-00144feab49a.

2. Qiu Huihui [丘慧慧], "Ren Zhengfei's Daughter Meng Wanzhou's First Time Revealing the Secrets of the Family and the Truth of Huawei" [任正非之女孟晚舟首度解密家族和华为真相], *21st Century Business Herald* [21世纪经济报], January 22, 2013, tech.sina.com.cn/t/2013-01-22/00408000729.shtml.

3. "Summary of Mr. Ren's Speech at the Shareholder Representative Conference" [任总在持股员工代表大会的发言摘要], Xinsheng Forum, March 30, 2013, ar- chived June 18, 2023, at Archive.Today, https://archive.ph/nkpUd.

4. Steve Stecklow, "Exclusive: U.S. Probes China's ZTE over Tech Sales to Iran," Reuters, May 25, 2012, https://www.reuters.com/article/us-zte-usa-investiga tion-idUSBRE84O0W420120525.

5. Record of the Case for Prosecution, January 28, 2019, *US v. Meng*, BCSC.

6. Steve Stecklow, "Exclusive—Huawei CFO Linked to Firm That Offered HP Gear to Iran," Reuters, January 31, 2013, https://www.reuters.com/article/uk-huawei-skycom/exclusive-huawei-cfo-linked-to-firm-that-offered-hp-gear-to-iran-idUKBRE90U0CA20130131.

7. Ashley Yablon, *Standing Up to China: How a Whistleblower Risked Everything for His Country* (Dallas: Brown Books, 2022), chap. 3

8. Applicant's Record on the Fourth Application to Adduce Evidence Pursuant to Section 32(1)(c) of the Extradition Act, *US v. Meng*, BCSC,

86.

9. Applicant's Record on the Fourth Application to Adduce Evidence Pursuant to Section 32(1)(c) of the Extradition Act, 206.

10. Meng Wanzhou, "Brief Talk on Risk Management" [浅谈风险管理], *Management Optimization* [管理优化], no. 432, July 15, 2013.

11. Applicant's Record on the Fourth Application to Adduce Evidence Pursuant to Section 32(1)(c) of the Extradition Act, 29–39.

12. Applicant's Record on the Fourth Application to Adduce Evidence Pursuant to Section 32(1)(c) of the Extradition Act, 250.

13. "Applicant's Condensed Book of Materials on Vukelich Motion," *US v. Meng*, BCSC; and Karen Freifeld and Steve Stecklow, "Exclusive: HSBC Probe Helped Lead to U.S. Charges against Huawei CFO," Reuters, February 26, 2019, https:// www.reuters.com/article/idUSKCN1QF1IA.

14. Applicant's Record on the Fourth Application to Adduce Evidence Pursuant to Section 32(1)(c) of the Extradition Act, *US v. Meng*, BCSC, 23.

15. Huawei, "Huawei Tech. Investment Co., Limited Secures USD1.5 Billion Equivalent 5-Year Term Loan, Revolving Credit Facilities from International Financial Institutions," press release, Telecom Ramblings, August 22, 2013, https://newswire.telecomramblings.com/2013/08/huawei-tech-investment-co-limited-secures-usd1-5-billion-equivalent-5-year-term-loan-revolving-credit-facilities-from-international-financial-institutions.

16. Huawei, "Huawei Tech. Investment Co., Limited Secures USD1.5 Billion Equivalent 5-Year Term Loan."

17. Steve Stecklow, "Special Report: Chinese Firm Helps Iran Spy on Citizens," Reuters, March 22, 2012, https://www.reuters.com/article/idUSBRE82L0BC.

18. Jason Subler, "China's ZTE Says It Basically Dropped Iran Business," Reuters, April 18, 2013, https://www.reuters.com/article/idUSBRE93H0A9.

20장. 샷자이언트

1. David E. Sanger and Nicole Perlroth, "N.S.A. Breached Chinese Servers Seen as Security Threat," *New York Times*, March 22, 2014, https://www.nytimes.com/2014/03/23/world/asia/nsa-breached-chinese-servers-seen-as-spy-peril.html; and "NSA Spied on Chinese Government and Networking Firm," *Der Spiegel*, March 22, 2014, https://www.spiegel.de/international/world/nsa-spied-on-chinese-government-and-networking-firm-huawei-a-960199.html.

2. "Slides Describe Mission Involving Huawei," *New York Times*, March 22, 2014, https://www.nytimes.com/interactive/2014/03/23/world/asia/23nsa-docs.html.

3. Paul Sandle and Jane Barrett, "Huawei CEO Says Not Surprised by U.S. Spying Reports," Reuters, May 2, 2014, https://www.reuters.com/article/technology/huawei-ceo-says-not-surprised-by-u-s-spying-reports-idUSBREA410HC/; Sanger and Perlroth, "N.S.A. Breached Chinese Servers Seen as Security Threat."

4. Edward Snowden, *Permanent Record* (New York: Metropolitan Books, 2019), chap. 16.

5. Cao Yin, "China to Launch Security Reviews on Tech Products," *China Daily*, May 22, 2014, https://www.chinadaily.com.cn/china/2014-05/22/content_17533528.htm; Paul Carsten and Adam Jourdan, "Apple iPhone a Danger to China National Security," Reuters, July 12, 2014, https://www.reuters.com/ar ticle/uk-apple- china/apple-iphone-a-danger-to-china-national-security-state-media-idINKBN0FH0GF20140712; and "Windows 8 a 'Threat' to China's Security," *BBC News*, June 5, 2014, https://www.bbc.com/news/technol ogy-27712908.

6. Juliette Garside, "Vodafone Reveals Existence of Secret Wires That Allow State Surveillance," *Guardian*, June 5, 2014, https://www.theguardian.com/ business/2014/ jun/06/ vodafone-reveals- secret-wires- allowing-state-surveillance.

7. Vodafone, *Law Enforcement Disclosure Report*, June 2014, https://assets.ctfas sets.net/q70b9vms4z5k/10VLGEH1di9wZ0cNdXbeEE/4755cc2a78d1 4c89bd 2987f67c68518e/law-enforcement.pdf.

8. Vodafone, *Law Enforcement Disclosure Report*.
9. James Bamford, *The Shadow Factory: The Ultra-Secret NSA from 9/11 to the Eavesdropping on America* (New York: Doubleday, 2008).
10. Lucy Purdon with Salil Tripathi and Motoko Aizawa, *Human Rights Challenges for Telecommunications Vendors: Addressing the Possible Misuse of Tele- communications Systems: Case Study: Ericsson* (London: Institute for Human Rights and Business, 2014), 32, https://www.ihrb.org/uploads/reports/2014-11-18%2C_IHRB_Report%2C_Human_Rights_Challenges_for_Telecommu nications_Vendors.pdf.
11. Purdon with Tripathi and Aizawa, *Human Rights Challenges for Telecommuni- cations Vendors*, 16.
12. Science and Technology Committee, "Oral Evidence: UK Telecommunications Infrastructure, HC 2200," House of Commons, June 10, 2019, Q146–47, https:// committees.parliament.uk/oralevidence/9387/html.
13. Bamford, *The Shadow Factory*, 196.
14. Glenn Greenwald, *No Place to Hide: Edward Snowden, the NSA, and the U.S. Surveillance State* (New York: Metropolitan Books, 2014), 151; and Glenn Greenwald, "How the NSA Tampers with U.S.-Made Internet Routers," *Guardian*, May 12, 2014, https://www.theguardian.com/books/2014/may/12/glenn-greenwald-nsa-tampers-us-internet-routers-snowden.
15. John Chambers to President Barack Obama, letter, 15 May 2014, in Don Clark, "Cisco Chief Chides NSA in Letter to Obama," *Wall Street Journal*, May 19, 2014, https://www.wsj.com/public/resources/documents/WSJ-20140519-Cis coLetter.pdf.
16. Bloomberg News, "Huawei Goes on Offense in the Battle for Hearts and Minds," *Bloomberg*, updated February 27, 2019, https://www.bloomberg.com/news/articles/2019-02-27/under-siege-huawei-plays-offense-in-battle-for-hearts-and-minds.
17. "Summary of Mr. Ren's Symposium with the 2012 Lab" [任总与2012实验室座谈会纪要], Xinsheng Community [心声社区], August 31, 2012, archived

No- vember 25, 2021, at Archive.Today, https://archive.is/hOnLo.

18. Ren Zhengfei, "The Best Defense Is an Attack" [最好的防御就是进攻], *Management Optimization* [管理优化], no. 442, November 20, 2013.

19. Guy Saint-Jacques, interview by the author, 2023.

20. Meng Wanzhou, "Keynote Speech by Cathy Meng at Huawei ICT Finance Fo- rum," *Huawei People* (English), no. 252, September 17, 2014.

21. William Plummer, interview by the author.

3부

1. Ren Zhengfei, "Ren Zhengfei's International Media Roundtable," in *In His Own Words: Dialogues with Ren*, vol. 1 (Shenzhen: Huawei Technologies Co., 2019), 28.

21장. 매의 눈 쉐량

1. Details about Xi's visit to Huawei's offices in London are drawn from CCTV Video News Agency, "Chinese President Xi Jinping Visits Huawei," streamed on October 21, 2015, YouTube video, 1:00, https://www.youtube.com/watch?v=v-kSp8r_KlM.

2. "Xi Jinping Visits Huawei UK," Ministry of Foreign Affairs of the People's Re- public of China, October 22, 2015, https://www.fmprc.gov.cn/mfa_eng/topics_665678/2015zt/xjpdygjxgsfw/201510/t20151023_705440.html.

3. "China's President Xi Jinping Visits the National Graphene Institute," Univer- sity of Manchester (website), October 23, 2015, https://www.manchester.ac.uk/discover/news/chinas-president-xi-jinping-visits-the-national-graphene-institute.

4. "Zhou Yongkang Meets with Ren Zhengfei" [周永康会见任正非], *Sichuan Daily* [四川日报], September 10, 2000; and Zhao Rengui [赵仁贵], "When Zhou Yong- kang Inspected Huawei in Ya'an, He Emphasized That a Large Number of High-Quality Talents Should Be Gathered to Accelerate the Growth of High- Tech Industries" [周永康在雅安考察华为公

司时强调 凝聚大批高素质人才加速壮大高科技产业], *Sichuan Daily* [四川日报], August 20, 2000.

5. "Photo News" [图片新闻], *Huawei People* [华为人], no. 124, December 28, 2001; and "Xilai's Witty Remarks on Liaoning-Guangdong Economic Cooperation: The 'Liaoning Boss' Needs to Learn from the 'Guangdong Boss'" [熙来妙语连珠纵论辽粤经济合作：" 辽老大"要向"粤老大"学习], *Southern Metropolis Daily* [南方都市报], December 19, 2001.

6. "Huawei Holds Self-Discipline Oath Meeting for Board of Directors" [华为公司举行董事会自律宣言宣誓大会], Management Optimization [管理优化], no. 420, January 17, 2013.

7. "Minutes of Eastern and Southern Africa Multinational Management Department Work Report to Mr. Ren," Xinsheng Forum, November 15, 2012, https:// xinsheng.huawei.com/next/#/detail?uuid=916313487663906842.

8. Sijia Jiang, "Huawei's China Smartphone Sales Chief Detained for Suspected Bribe-Taking," Reuters, December 27, 2017, https://www.reuters.com/article/idUSKBN1EL0Y8.

9. *Beijing Xicheng District People's Procuratorate v. Zhang Zhijiang*, the First In- stance Criminal Judgment on the Crime of Accepting Bribes [张智江受贿罪一审刑事判决书] (2015), Xi Xing Chu Zi Di 801 Hao [(2015) 西刑初字第801号].

10. "Beijing Police Have Covered Every Corner of the City with Video Surveillance System," *China Daily*, October 5, 2015, http://en.people.cn/n/2015/1005/c90000-8958235.html.

11. For details about Ren's time in Xi'an, see chapter 2.

12. Charles Duhigg, "How Companies Learn Your Secrets," *New York Times*, Feb- ruary 16, 2012, https://www.nytimes.com/2012/02/19/magazine/shopping-habits.html.

13. "Using the Turtle Spirit to Catch Up with the Dragon Spaceship: Ren Zheng- fei's Speech at the Company's 2013 Annual Cadre Work Conference (October 19, 2013)" [用乌龟精神，追上龙飞船：任正非在公司2013年度干部工作会议的讲话], Xinsheng Forum, June 30, 2015, https://xinsheng.

huawei.com/next/#/de tail?uuid=916313846695800837.

14. "Huawei & Unisec 3D GIS Security IoT Visualization Platform Joint Solution" [华为&云众三维GIS安防物联网可视化平台联合解决方案主打胶片] (PowerPoint presentation, Huawei, 2016).

15. Zhang Guosheng, "Tianjin Smart City Creates Economic Prosperity and Better Lives," *ICT Insights*, January 2019, 6, https://www-file.huawei.com/-/media/corporate/pdf/publications/ict/ict-201901-se-en.pdf.

16. Bai Jianhua, "ICT Builds Safe Cities," *ICT Insights*, no. 20, December 2016, 24–25, https://e-file.huawei.com/-/media/EBG/Download_Files/Publications/en/ICT%20Insights%20Issue%2020-new.pdf.

17. Complaint (Attorney Civil Case Opening), ECF No. 1, August 11, 2021, *Business Efficiency Solutions v. Huawei*, No. 8:21-cv-01330 (U.S. Dist. Ct. C.D. Cal.), https:// www.courtlistener.com/docket/60148011/ 1/ business-efficiency-solutions-llc-v-huawei-technologies-co-ltd.

18. Ren Zhengfei, "Speech by Mr. Ren at the Human Resources Work Report Meeting" [任总在人力资源工作汇报会上的讲话], Xinsheng Community [心声社区], June 24, 2014; and "Xinjiang Station Attack: President Xi Jinping Urges Action," *BBC News*, May 1, 2014, https://www.bbc.com/news/world-asia-china-27232924.

19. The train track obstruction occurred in 2012, according to "The Spring of Counting Plum Blossoms: Notes from a Little Accounting Soldier" [数点梅花天地春：账务小兵手记], Xinsheng Community [心声社区], February 15, 2017, xin sheng.huawei.com/cn/index.php?app=forum&mod=Detail&act=index&id= 3369437.

20. Edward Wong, "After Long Ban, Western China Is Back Online," *New York Times*, May 14, 2010, https://www.nytimes.com/2010/05/15/world/asia/15china.html.

21. Ren Zhengfei, "Speech by Mr. Ren at the Meeting about the Inspiration and Challenges That the 'Squad Leaders' Battle' Has Brought to Huawei" [任总在"班长的战争"对华为的启示和挑战汇报会上的讲话], Xinsheng Community [心声社区], September 23, 2014, archived August 26, 2023, at Archive.Today, https://archive.is/gAbVR.

22. Ren Zhengfei, "Mr. Ren's Speech at the Human Resources Work Report Meet- ing" [任总在人力资源工作汇报会上的讲话], Xinsheng Community [心声社区], August 20, 2014, https://xinsheng.huawei.com/next/#/detail?uuid=916313489635229703.

23. Guo Jianjun, "Report Regarding Comprehensive Reorganization and Stan- dardization of the Company Export Control Related Matters," ZTE Corpora- tion Document Submitted for Ratification (Review) Form, 25 August 2011, Bureau of Industry and Security, archived March 13, 2016, at the Wayback Machine, https://web.archive.org/web/20160313235843/http://www.bis.doc.gov/index.php/forms-documents/doc_download/1438-report-regarding-english.

24. Paul Mozur, "ZTE Document Raises Questions about Huawei and Sanctions," *New York Times*, March 18, 2016, https://www.nytimes.com/2016/03/19/tech nology/zte-document-raises-questions-about-huawei-and-sanctions.html.

25. Ren Zhengfei, "The Road Ahead Will Not Be Paved with Flowers: Ren Zheng- fei's Speech at the 2016 Marketing Mid-Year Meeting (July 12, 2016)" [前进的路上不会铺满了鲜花：任正非在2016年市场年中会议上的讲话], Xinsheng Fo- rum, January 8, 2017, https://xinsheng.huawei.com/next/#/detail?uuid=916313898692587522.

22장. 재현된 아름다움, 둥관 캠퍼스

1. Shulu Ren, "The Virtuous Cycle of Architecture: The Source of Huawei's Com- petitiveness," *Nikken Journal*, no. 23 (Summer 2015): 12–14, https://www.nikken.co.jp/ja/about/p4iusj0000001e0y-att/NJ23_WEB.pdf.

2. Fu Runhong [符润红], "Innovative Technology in the Classical Style: Decoding the Innovative Technology of Huawei's Songshan Lake Final Project" [古典造型的创新技术：解密华为松山湖终端项目的创新技术], *Architecture Technique* [建筑技艺] 26, no. 10 (2020): 116–17.

3. "Virtual Tour: Work and Live in Huawei's Songshan Lake Campus," Huawei (website), July 10, 2020, https://e.huawei.com/ae/material/local/1fa31b9fe67f4e86b4ab30c188ae0c17.

4. Huang Lanlan, "China Vows to Ban Notorious Copycat Architectures," *Global Times*, May 7, 2020, https://www.globaltimes.cn/page/202005/1187721.shtml.

5. Ren Zhengfei, "From the Crystallization of Human Civilization, Find the Key to Solve the World's Problems: Speech by Mr. Ren at the Briefing on the Public Relations Strategy Outline" [从人类文明的结晶中，找到解决世界问题的钥匙: 任总在公共关系战略纲要汇报会上的讲话], Huawei (website), September 29, 2018, archived March 22, 2023, at the Wayback Machine, https://web.archive.org/web/20230322035210/https://xinsheng.huawei.com/cn/index.php?app=forum&mod=Detail&act=index&id=4092231.

6. Ren Zhengfei, "Ren Zhengfei's Interview with *The Wall Street Journal*," in *In His Own Words: Dialogues with Ren*, vol. 7 (Shenzhen: Huawei Technologies Co., 2019), 103.

7. Huawei Consumer Business Group, "Scarlett Johansson Shoots Selfies with Fans at Huawei P9 Fans Club Party Event," press release, PR Newswire, November 17, 2016, https://www.prnewswire.com/news-releases/scarlett-johansson-shoots-selfies-with-fans-at-huawei-p9-fans-club-party-event-300365123.html.

8. Miyoung Kim, "Samsung's Advertising Budget Is Bigger Than the GDP of Ice-land," Reuters, November 29, 2013.

9. Quote from an English-language slide deck about Huawei's history, presented by the company to *Wall Street Journal* reporters on November 4, 2019.

10. Ren Zhengfei, "Mr. Ren's Speech at the July 25, 2014, EMT Work Meeting" [任总在2014年7月25日EMT办公会议上的讲话], Xinsheng Forum, https://xinsheng.huawei.com/cn/index.php?app=forum&mod=Detail&act=index&id=2070297.

11. Steven Millward, "For the First Time, More Than Half of China's Population Is Online," Tech in Asia, January 27, 2016, https://www.techinasia.com/more-than-half-of-china-population-is-online.

12. William Xu [徐文伟], "The Way Cloud Computing Extends Its Value" [云计算价值的延伸之道], *ICT* [新视界], no. 15, September 2015.

13. Meng Jing and Shen Jingting, "Huawei Spins Off Honor, 'Young' Smartphone Brand," *China Daily*, updated December 17, 2013, https://www.chinadaily.com.cn/business/2013-12/17/content_17178424.htm.

14. Zhao Ming, "The Dumbest Bird in the Flock Takes Flight," *Adventurers*, Huawei Stories, ed. Tian Tao and Yin Zhifeng (London: LID Publishing, 2020), chap. 9.

15. Interview by the author with a Xiaomi business associate.

16. Ren Zhengfei, "Mr. Ren's Speech at the Reporting Meeting in North Africa (Niger, Burkina Faso)" [任总在北部非洲(尼日尔 布基纳法索) 汇报会议的讲话], Xinsheng Forum, February 10, 2017.

17. Andrei Frumusanu and Joshua Ho, "Huawei Honor 6 Review," AnandTech, September 12, 2014, https://www.anandtech.com/show/8425/huawei-honor-6-review/5.

18. "Huawei Unit Ships Chinese-Made Surveillance Chips in Fresh Comeback Sign," Reuters, September 20, 2023, https://www.reuters.com/technology/huawei-unit-ships-chinese-made-surveillance-chips-fresh-comeback-sign-sources-2023-09-20/.

19. Department of Public and Government Affairs, "Highlights: CCTV Interviews Ren Zhengfei Again: However Poor We Are, We Cannot Lack Teachers" [精华|央视再访任正非：再穷不能穷老师], Xinsheng Forum, May 27, 2019, https://xinsheng.huawei.com/next/#/detail?uuid=916315738105135106.

20. "Prof. Yang Qiang of Huawei's Noah's Ark Lab Visits USTC," USTC (website), December 28, 2015, https://en.cs.ustc.edu.cn/2015/1228/c23602a93641/page.htm.

21. "US Corporations Are the Biggest Spenders in Brussels Lobbying," Lobby-Facts, September 30, 2014, archived October 4, 2014, at the Wayback Machine, https://web.archive.org/web/20141004055210/ http://www.lobbyfacts.eu/news/25-09-2014/us-corporations-are-biggest-spenders-brussels-lobbying.

22. Interviews by the author with people familiar with the matter; and "Annex G: List of participants at RAN1 #87," in *Draft Report of 3GPP*

TSG RAN WG1 Meet- ing #87 v0.1.0, 3GPP, https://www.3gpp.org/ftp/tsg_ran/WG1_RL1/TSGR1_87/Report.

23. Zhi Xinxin [治欣慰], "The Nonstandard Life of a Standards Representative" [标准代表的非标准生活], *Huawei People* [华为人], no. 253, October 31, 2012.

24. Paul Triolo, "The Telecommunications Industry in U.S.-China Context: Evolv- ing toward Near-Complete Bifurcation," Johns Hopkins Applied Physics Laboratory, 2020, https://www.jhuapl.edu/assessing-us-china-technology-con nections/publications.

25. Michael Thelander, interview by the author.

26. "Way Forward on Channel Coding" (PowerPoint presentation, Huawei, 2016), https://www.3gpp.org/ftp/tsg_ran/WG1_RL1/TSGR1_87/Docs/R1-1613211.zip.

27. "Final Report of 3GPP TSG RAN WG1 #87 v1.0.0," November 2016, https://www.3gpp.org/dynareport?code=TDocExMtg--R1-87--31665.htm.

28. "Final Report of 3GPP TSG RAN WG1 #87 v1.0.0"; interviews by the author.

29. Ray Le Maistre, "BT's McRae: Huawei Is 'the Only True 5G Supplier Right Now,'" *Light Reading*, November 21, 2018, https://www.light-reading.com/5g/bt-s-mcrae-huawei-is-the-only-true-5g-supplier-right-now-.

30. Huawei Digital Power, "Huawei Founder Ren Zhengfei Met with the Father of #PolarCode, Prof. Erdal Arıkan," streamed on August 9, 2018, YouTube video, 14:36, https://www.youtube.com/watch?v=BE5HuqEgooY.

31. Erdal Arıkan, written interview conducted by the author, 2021.

32. The descriptions in this passage derive from Huawei Digital Power, "Huawei Founder Ren Zhengfei Met with the Father of #PolarCode."

33. For Arıkan's quoted remarks, see Huawei Digital Power, "Huawei Founder Ren Zhengfei Met with the Father of #PolarCode," 10:54 to 12:24.

23장. 엿듣는 국가

1. For a detailed portrait of Xinjiang's high-tech government surveillance, see Josh Chin and Liza Lin, *Surveillance State: Inside China's Quest to Launch a New Era of Social Control* (New York: St. Martin's Press, 2022), chap. 1.

2. "Huawei Mobile Surveillance Dispatching Solution V3.0" (PowerPoint presen- tation, Huawei, 2018).

3. "Huawei x FamilySmart AI Audio Violence-Detection System Joint Solution" [华为 x 家人智能AI音频暴力侦测系统联合解决方案] (PowerPoint presenta- tion, Huawei, 2018).

4. "Huawei & Iristar Solution on Smart Prison High-Security Prevention and Control System Based on Iris Recognition" [华为&中科虹星基于虹膜识别的高安全防控系统智慧监所解决方案主打胶片] (PowerPoint presentation, Hua- wei, 2016).

5. "Xinjiang and Huawei Enterprise Cloud Have Reached a Strategic Coopera- tion to Jointly Promote the Development of the Cloud Computing Industry" [新疆与华为企业云达成战略合作, 携手推进云计算产业发展], Huawei (web- site), September 2, 2016, archived December 19, 2022, at the Wayback Machine, https://web.archive.org/web/20221219053120/https://www.huaweicloud.com/news/1472802911_321.html.

6. Eva Dou, "Documents Link Huawei to China's Surveillance Programs," *Washington Post*, December 14, 2021, https://www.washingtonpost.com/world/2021/12/14/huawei-surveillance-china.

7. Nathan VanderKlippe, "Huawei Founder Defends 'Seamless Surveill- ance' Technology, Dismisses Criticism It Enables Human-Rights Abuses," *Globe and Mail*, updated December 4, 2019, https://www.theglobeandmail.com/world/ article- huawei- founder- defends- seamless- surveillance- technology-dismisses.

8. Ren Zhengfei, "Ren Zhengfei's Interview with Sky News," in *In His Own Words: Dialogues with Ren*, vol. 5 (Shenzhen: Huawei Technologies Co., 2019), 137–38.

9. Gary Sims, "Huawei Announces the Kirin 970—New Flagship SoC with AI Capabilities," Android Authority, September 2, 2017, https://www.

androidau thority.com/huawei-announces-kirin-970-797788.

10. Huawei, "Huawei Cloud AI Practice: Empower Digital Transformation" (PowerPoint presentation, ITU, 2019), https://www.itu.int/en/ITU-D/Regional-Presence/AsiaPacific/SiteAssets/Pages/Events/2019/Artificial-Intelligence-Overview-and-Applications/HUAWEI%20CLOUD%20AI%20Solutions.pdf.

11. Huawei and Wireless X Labs, "5G Unlocks a World of Opportunities: Top Ten 5G Use Cases" (white paper, Huawei Technologies Co., 2017), https://www- f ile.huawei.com/-/ media/corporate/ pdf/ mbb/ 5g-unlocks-a-world- of-opportunities-v5.pdf.

12. "A Cup of Coffee Absorbs the Energy of the World, a Bucket of Glue Binds the Wisdom of the World: Mr. Ren's Visit to Four Canadian University Presidents' Symposiums and His Speech at the Company's Employee Symposium (October 4–6, 2017)" [一杯咖啡吸收宇宙能量 一桶浆糊粘接世界智慧：任总访问加拿大四所高校校长座谈会，以及在公司员工座谈会上的讲话 (2017年10月4日–6日)], Xinsheng Forum, November 23, 2017, https://xinsheng.huawei.com/next/#/detail?uuid=916314257771675653&search_result=1.

13. "Ren's Arabic Media Roundtable October 20, 2019," in *In His Own Words: Dialogues with Ren*, vol. 7 (Shenzhen: Huawei Technologies Co., 2019), 55–56.

14. Ashraf Javed, "Shehbaz Inaugurates Safe City," *Nation* (Pakistan), January 5, 2018, https://www.nation.com.pk/05-Jan-2018/shehbaz-inaugurates-safe-city.

15. *China's Digital Authoritarianism: Surveillance, Influence, and Political Control: Hearing before the House Permanent Select Committee on Intelligence*, 116th Cong. (2019) (opening statement of Chairman Adam B. Schiff), accessed via the National Security Archive, https://nsarchive.gwu.edu/document/20110-national-security-archive-144-chairman-adam-b.

16. "Hikvision Products Exposed to Have Security Vulnerabilities, Investigated by Public Security Authorities" [海康威视产品被曝存安全漏洞遭公安部门清查], *Xinjingbao* [新京报], February 28, 2015; Jane Zhang, "Tencent, Huawei, Other Major Shenzhen Firms to Bolster User Data

Safeguards Ahead of Roll- Out of New Personal Information Law," *South China Morning Post*, October 23, 2021, https://www.scmp.com/tech/policy/article/3153448/tencent-huawei-other-major-shenzhen-firms-bolster-user-data-safeguards.

17. Michael Thelander, interview by the author.
18. John Bolton, interview by the author, 2023.
19. Tom Cotton, "Cotton Warns about the Threat of Huawei and ZTE," Tom Cot- ton Senator for Arkansas (website), June 13, 2018, https://www.cotton.senate.gov/news/speeches/cotton-warns-about-the-threat-of-huawei-and-zte.
20. "Rubio, Banks Raise Concerns of Chinese Espionage through University Part- nerships with Huawei," Marco Rubio U.S. Senator for Florida (website), June 20, 2018, https://www.rubio.senate.gov/rubio-banks-raise-concerns-of-chinese-espionage-through-university-partnerships-with-huawei.
21. Malcolm Turnbull, *A Bigger Picture* (Melbourne: Hardie Grant Books, 2020), 560–63.
22. Ren Zhengfei, "Ren Zhengfei's Interview with Chinese Media," in *In His Own Words: Dialogues with Ren*, vol. 1 (Shenzhen: Huawei Technologies Co., 2019), 409.
23. Bolton, interview.
24. Edward Barsamian, "Inside Le Bal, the World's Most Exclusive Debutante Ball," *Vogue*, November 28, 2018, https://www.vogue.com/article/le-bal-debutante-gala-annabel-yao-paris-couture-party.
25. "Bals des debs: Une fille du ciel dans la Ville Lumière," *Paris Match*, November 13, 2018, https://www.parismatch.com/People/Bal-des-debs-Une-fille-du-ciel-dans-la-Ville-lumiere-1586623.
26. Sabrina Meng, "Forward," in *Built on Value: The Huawei Philosophy of Finance Management*, ed. Weiwei Huang (Singapore: Palgrave Macmillan, 2019).
27. Meng Wanzhou, "Huawei's Meng Wanzhou: The Coming Days Are Not End- less, and Our Choices Determine Our Future" [华为孟晚舟：来日并

不方长，选择决定未来], *Huawei People* [华为人], no. 339, November 1, 2018.

28. Lionel Barber, interview by the author, 2023.

24장. 인질 외교

1. Unless otherwise noted, the details in this chapter are drawn from *US v. Meng*, BCSC.
2. Applicant's Documents on Evidentiary Voir Dire—Sowmith Katragadda, Tab 15, *US v. Meng*, BCSC.
3. Affidavit of Donna Chan, 0082-0096, September 18, 2019, *US v. Meng*, BCSC.
4. Applicant's Documents on Evidentiary Voir Dire—Winston Yep, Tab 2, *US v. Meng*, BCSC.
5. SITREP: Impending Arrest in Canada of MENG Wanzhou, December 1, 2018, *US v. Meng*, BCSC.
6. Applicant's Documents on Evidentiary Voir Dire—Winston Yep, Tab 15, *US v. Meng*, BCSC.
7. Affidavit of Donna Chan, 0185, September 18, 2019, *US v. Meng*, BCSC.
8. Scott Kirkland Solemn Declaration, Chan Affidavit 1, 51, *US v. Meng*, BCSC.
9. Statement of Wanzhou MENG taken by Cst. Winston YEP, Affidavit of Donna Chan, 0948-0973, *US v. Meng*, BCSC.
10. Meng Wanzhou, "Your Warmth Is a Beacon That Lights My Way Forward," Huawei (website), December 1, 2019, archived September 9, 2023, at the Way-back Machine, https://web.archive.org/web/20230909160130/https://www.huawei.com/ it/facts/voices-of-huawei/your-warmth-is-a-beacon-that-lights-my-way-forward.
11. Ren Zhengfei, "Ren Zhengfei's Interview with German Broadcaster ARD," in *In His Own Words: Dialogues with Ren*, vol. 3 (Shenzhen: Huawei Technologies Co., 2019), 29.
12. Anna Fifield, "China Accuses Two Detained Canadians of Stealing State Se-crets," *Washington Post*, March 4, 2019, https://wapo.st/4bLvsuz.

13. Jeff Mason and Steve Holland, "Exclusive: Trump Says He Could Intervene in U.S. Case against Huawei CFO," Reuters, December 11, 2018, https://www.reuters.com/article/us-usa-trump-huawei-tech-exclusive-idUSKBN1OA2PQ.

14. Judicial Interim Release Hearing, 66, December 7, 2018, *US v. Meng*, BCSC.

15. Affidavit of Wanzhou Meng, December 4, 2018, *US v. Meng*, BCSC.

25장. 워털루

1. Matthew Whitaker, "Acting Attorney General Whitaker Announces National Security Related Criminal Charges against Chinese Telecommunications Con- glomerate Huawei," January 28, 2019, Office of Public Affairs, US Department of Justice, video, 35:37, https://www.justice.gov/opa/video/acting-attorney-general-whitaker-announces-national-security-related-criminal-charges.

2. Record of the Case for Prosecution, January 28, 2019, *US v. Meng*, BCSC.

3. Record of the Case for Prosecution, *US v. Meng*, BCSC.

4. Office of Public Affairs, "HSBC Holdings Plc. and HSBC Bank USA N.A. Admit to Anti-Money Laundering and Sanctions Violations, Forfeit $1.256 Billion in Deferred Prosecution Agreement," press release, US Department of Justice, December 11, 2012, https://www.justice.gov/opa/pr/hsbc-holdings-plc-and-hsbc-bank-usa-na-admit-anti-money-laundering-and-sanctions-violations.

5. "The Long March of the Invisible Mr. Ren," *Economist*, June 2, 2011, https://www.economist.com/briefing/2011/06/02/the-long-march-of-the-invisible-mr-ren.

6. Ren Zhengfei, "Ren Zhengfei's International Media Roundtable," in *In His Own Words: Dialogues with Ren*, vol. 1 (Shenzhen: Huawei Technologies Co., 2019), 1–41.

7. Amy Smart, "Huawei CFO Meng Wanzhou Sues Canadian Government, RCMP and CBSA," Global News, March 3, 2019, https://globalnews.ca/news/5017311/huawei-meng-wanzhou-suing-canada-rcmp.

8. Jessica Bursztynsky, "Secretary of State Pompeo: Huawei's CEO 'Isn't Telling the American People the Truth' on China Government Ties," CNBC, updated May 23, 2019, https://www.cnbc.com/2019/05/23/secretary-of-state-pompeo-huawei-saying-that-it-does-not-work-with-the-chinese-government-is-false.html.

9. Jessica Bursztynsky, "Ex-Trump Advisor Steve Bannon: Huawei Is a 'Dirty Bomb Inside Industrial Democracies,'" CNBC, updated June 27, 2019, https:// www.cnbc.com/2019/06/27/steve-bannon-huawei-is-a-dirty-bomb-inside-industrial-democracies.html.

10. Laurie Chen, "Oxford University Suspends Donor Ties with Chinese Tech Gi- ant Huawei as National Security Fears Mount," *South China Morning Post*, Jan- uary 17, 2019, https://sc.mp/k9bkb.

11. Vice Chancellor for Research Randy Howard Katz to Members of the Chancel- lor's Cabinet, 30 January 2019, "UC Berkeley Police Directive on Huawei En- gagement 2019-01-30," 23 August 2019, Document Cloud, Internet Archive, https:// archive.org/details/6331119-UC-Berkeley-Policy- Directive- on-Huawei.

12. Vanessa Gera and Kelvin Chan, "Huawei Fires Sales Manager Who Poland Charged with Spying," Associated Press, January 12, 2019, https://apnews.com/general-news-4eeeff2461614b93aca237b728c22baa.

13. Exec. Order No. 13,873, 84 Fed. Reg. 22689 (May 15, 2019), https://www.govinfo.gov/content/pkg/FR-2019-05-17/pdf/2019-10538.pdf.

14. Office of Public Affairs, "Department of Commerce Announces the Addition of Huawei Technologies Co. Ltd. to the Entity List," press release, US Depart- ment of Commerce, May 15, 2019, https://2017-2021.commerce.gov/news/press- releases/2019/05/department- commerce-announces- addition-huawei-technologies-co-ltd.html.

15. Dina Bass, "Microsoft Says Trump Is Treating Huawei Unfairly," *Bloomberg Businessweek*, September 8, 2019, https://www.bloomberg.com/news/articles/2019-09-08/microsoft-says-trump-is-treating-huawei-unfairly.

16. "Dr. Song Liuping's Statement at the Huawei Press Conference on May 29, 2019," Huawei (website), May 30, 2019, https://www.huawei.com/en/

news/2019/5/SongLiuping-Statement-Huawei-Press-Conference.

17. Ren Zhengfei, "Ren Zhengfei's Interview with Chinese Media," in *In His Own Words: Dialogues with Ren*, vol. 3 (Shenzhen: Huawei Technologies Co., 2019), 2.

18. Temporary General License, 84 Fed. Reg. 23468 (May 20, 2019), https://www.federalregister.gov/documents/2019/05/22/2019-10829/temporary-general-license.

19. Ren, "Ren Zhengfei's Interview with Chinese Media," 5.

20. Keith Krach, interview by the author, 2022.

21. Steven Swinford and Charles Hymas, "Theresa May Defies Security Warnings of Ministers and US to Allow Huawei to Help Build Britain's 5G Network," *Telegraph*, April 24, 2019.

22. Matt Chorley, "So That's What Will Get You the Sack from This Government," *Times (UK)*, May 2, 2019, https://www.thetimes.co.uk/article/so-thats-what-will-get-you-the-sack-from-this-government-xt2mgk2ks.

23. Simon Walters, David Wilcock, and Martin Robinson, "The 11 Minute 'Smok- ing Gun' Phone Call: Gavin Williamson Admits He Spoke to Journalist after Security Council Meeting but Denies He Spoke about Huawei and Swears 'On My Children's Lives That I'm Innocent,'" *Daily Mail*, updated May 2, 2019, https:// www.dailymail.co.uk/news/article-6981725/ Defence- Secretary-Gavin-Williamson-SACKED-Theresa-May.html.

24. Michael R. Pompeo, "The Special Relationship," speech, May 8, 2019, Lan- caster House, London, UK, Department of State, transcript and video, https:// 2017-2021.state.gov/the-special-relationship.

25. Factbase Videos, "Interview: Donald Trump Calls In to Fox and Friends for an Interview—August 17, 2020," streamed on August 17, 2020, YouTube video,

52:14, https://www.youtube.com/watch?v=UAFd-N0UVKI&t=1186s.

26. Interview by the author with a senior UK security official, 2023; and John Bolton, interview by the author, 2023.

27. Sam Meredith, "Russia's Putin Says Huawei Is Being Unceremoniously Pushed Out of the Global Market," CNBC, updated June 7, 2019, https://www.cnbc.com/2019/06/07/russias-putin-says-huawei-is-being-unceremoniously-pushed-out-of-the-global-market.html.

28. Patrick Donahue, "Merkel Calls for High 5G Security, But No Full Huawei Ban," *Bloomberg*, November 27, 2019, https://www.bloomberg.com/news/arti cles/2019-11-27/merkel-calls-for-high-5g-security-but-no-full-huawei-ban.

29. Michel Rose and Elizabeth Pineau, "Macron Says France's 5G Strategy Founded on European Sovereignty," Reuters, August 28, 2020, https://www.reuters.com/article/idUSKBN25O2I1.

30. Ken Zita, interview by the author, 2022.

31. South China Morning Post, "Huawei 'Can Spy as Much as They Like,' Says Ma- laysia's Mahathir Mohamad," streamed on May 31, 2019, YouTube video, 1:18, https://www.youtube.com/watch?v=NGkdIjNFn70.

32. Graham Allison and Eric Schmidt, "China's 5G Soars Over America's," *Wall Street Journal*, February 16, 2022, https://www.wsj.com/articles/chi- nas-5g-america-streaming-speed-midband-investment-innovation-competition-act-semiconductor-biotech-ai-11645046867.

33. EJ Powers, "Can a Public Relations Hail Mary Turn the Tide for Huawei?," LinkedIn, February 28, 2019, https://www.linkedin.com/pulse/can-public-relations-hail-mary-turn-tide-huawei-ej-powers.

34. Ren Zhengfei, "Ren Zhengfei's German Media Roundtable," in *In His Own Words: Dialogues with Ren*, vol. 7 (Shenzhen: Huawei Technologies Co., 2019), 146.

35. Eric Xu, "Eric Xu's Interview with Reuters," in *On the Record: Huawei Execu- tives Speak to the Public*, vol. 2 (Shenzhen: Huawei Technologies Co., 2019), 173.

36. Ren Zhengfei, "Ren Zhengfei's Interview with German Broadcaster ARD," in *In His Own Words: Dialogues with Ren*, 3:143.

37. "Ren Zhengfei May Sell Huawei's 5G Technology to a Western Buyer," *Economist*, September 12, 2019, https://www.economist.com/

business/2019/09/12/ren-zhengfei-may-sell-huaweis-5g-technology-to-a-western-buyer.

38. Christopher Balding and Donald C. Clarke, "Who Owns Huawei?," preprint, submitted to SSRN on April 17, 2019, https://ssrn.com/abstract=3372669.

39. *100 Faces of Huawei*, season 1, episode 3, "Who's Controlling Huawei from the Past to Future?," directed by Ryo Takeuchi, streamed by Hezhimeng on March 27, 2021, YouTube video, 30:57, https://youtu.be/F5NUXSdkd3g?si=uYWss VdgbBQWG1kj.

40. Interview by the author with an industry executive, 2022.

41. Arjun Kharpal, "Huawei's CEO on Trump, His Daughter's Arrest and Apple," CNBC, April 19, 2019, https://www.linkedin.com/pulse/huaweis-ceo-trump-his-daughters-arrest-apple-arjun-kharpal.

42. Thomas L. Friedman, "Huawei Has a Plan to Help End Its War with Trump," *New York Times*, September 10, 2019, https://www.nytimes.com/2019/09/10/opinion/huawei-trump-china-trade.html.

43. Ren Zhengfei, "Ren Zhengfei's Interview with CNN," in *In His Own Words: Dialogues with Ren*, vol. 2 (Shenzhen: Huawei Technologies Co., 2019), 13.

44. Ren Zhengfei, "Ren Zhengfei's Interview with Bloomberg TV," in *In His Own Words: Dialogues with Ren*, 3:101.

45. Ren, "Ren Zhengfei's Interview with CBS," in *In His Own Words: Dialogues with Ren*, 1:172.

46. Ren, "Ren Zhengfei's International Media Roundtable," 22.

47. Ren, 22.

48. "Ms. Sun Yafang," Broadband Commission for Sustainable Development (web- site), https://www.broadbandcommission.org/commissioner/sun-yafang.

49. Ren Zhengfei, "Ren Zhengfei's Interview with the BBC," in *In His Own Words: Dialogues with Ren*, 1:121–22.

50. Ren, "Ren Zhengfei's Interview with CBS," 192.

26장. 공판

1. Meng Wanzhou, "London Impressions" [伦敦印象], in *Huawei Selected Writings* [华为文摘], vol. 12 (Shenzhen: Huawei Technologies Co., 2015), 256.

2. Meng Wanzhou, "Your Warmth Is a Beacon That Lights My Way Forward," Huawei (website), December 1, 2019, archived September 9, 2023, at the Way-back Machine, https://web.archive.org/web/20230909160130/https://www.huawei.com/it/facts/voices-of-huawei/your-warmth-is-a-beacon-that-lights-my-way-forward.

3. Ren Zhengfei, "Ren Zhengfei's Interview with CBS," in *In His Own Words: Dialogues with Ren*, vol. 1 (Shenzhen: Huawei Technologies Co., 2019), 160.

4. Xinhua, "China Opposes Canada's Authority on Huawei CFO Case: Embassy," *China Daily*, March 2, 2019, https://www.chinadaily.com.cn/a/201903/02/WS 5c7a1afba3106c65c34ec587.html.

5. Warrant of Provisional Arrest, November 30, 2018, *US v. Meng*, BCSC.

6. Huawei Canada, "Statement from Huawei Canada," press release, Canada Newswire, February 27, 2021.

7. Joanna Chiu, Wanyee Li, and Michael Mui, "Ambassador John McCallum Says It Would Be 'Great for Canada' if U.S. Drops Extradition Request for Huawei's Meng Wanzhou," *Toronto Star*, January 25, 2019, https://www.thestar.com/vancouver/ambassador-john-mccallum-says-it-would-be-great-for-canada-if-u-s-drops-extradition/article_f45ea9ba-a352-5a74-96c1-b1f2b7d04159.html.

8. Zeng Meng, interview by the author, 2023.

9. James Griffiths and Steve George, "Two Canadians Got Caught in a Spat be-tween the US and China. They've Been in Prison for a Year," CNN, December 10, 2019, https://amp.cnn.com/cnn/2019/12/10/asia/canada-china-kovrig-spavor-huawei-intl-hnk/index.html.

10. Global Affairs Canada, "One Year since Canadians Michael Kovrig and Mi-chael Spavor Arbitrarily Detained in China," Government of Canada (website), December 9, 2019, https://www.canada.ca/en/global-affairs/news/2019/12/one-year-since-canadians-michael-kovrig-and-

michael-spavor-arbitrarily-detained-in-china.html.

11. David Molko, interview by the author, 2023.
12. Jason Proctor, "Meng Wanzhou Case Is about the U.S. Wanting Canada to Enforce Sanctions It Rejects, Defence Says," *CBC News*, updated January 20, 2020, https://www.cbc.ca/news/canada/british-columbia/meng-wanzhou-extradition-criminality-1.5430149.
13. Wang Bo / Hubei Rep Office, "Fighting COVID-19 Together: Stories from the Hubei Rep Office amid the COVID-19 Outbreak," *Huawei People* (English), no. 313, April 2020.
14. Arjun Kharpal, "Canada and France Say Donations of Coronavirus Masks Won't Influence Decisions on Huawei and 5G," CNBC, April 10, 2020, https://www.cnbc.com/2020/04/10/coronavirus-canada-france-deny-masks-will-affect-huawei-5g-decisions.html.
15. Amanda Coletta, "Canadian Court Rules Extradition Case against Huawei Executive Meng Can Proceed," *Washington Post*, May 27, 2020, https://wapo.st/3KpTmzL.
16. Annabel Yao (AnnabelBallerina), "Belated graduation post. . . . ," Instagram photo, June 10, 2020. This post has since been deleted.
17. Annabel Yao (AnnabelBallerina), Instagram photo, 2020. This post has since been deleted.
18. Amanda Coletta, "Detained Huawei CFO Enjoys Private Shopping and Evenings at Open-Air Theaters 'Under the Stars,' Wants Bail Conditions Eased," *Washington Post*, January 17, 2021, https://wapo.st/3X2Ds5S.
19. Factbase Videos, "Interview: Donald Trump Calls In to Fox and Friends for an Interview—August 17, 2020," streamed on August 17, 2020, YouTube video, 52:14, https://www.youtube.com/watch?v=UAFd-NoUVKI&t=1186s.
20. "Ren Zhengfei Accepts Interview with Sony CEO: Only by Tolerating Opposition Can Talent Emerge" [任正非接受索尼CEO采访: 容忍反对才会人才辈出], *Entrepreneur Daily* [企业家日报], February 19, 2019.
21. "Huawei to Be Removed from UK 5G Networks by 2027," press release,

Gov- ernment of the UK (website), July 14, 2020, https://www.gov.uk/government/news/huawei-to-be-removed-from-uk-5g-networks-by-2027.

22. Vince Cable, interview by the author, 2023.

23. Committee on Civil Liberties, Justice and Home Affairs, *Mission Report Fol- lowing the Mission to Washington D.C. and Boston, United States of America*, European Parliament (website), July 8, 2020, 23, https://www.europarl.eu ropa.eu/doceo/document/LIBE-CR-654092_EN.pdf.

24. Interview by the author with a former senior British security official, 2023.

25. Simon Sharwood (SSharwood), Twitter, August 6, 2020, 12:09 a.m., https://twitter.com/ssharwood/status/1291224981016154112.

26. Juan Ortiz Freuler (JuanOf9), Twitter, August 6, 2020, 11:43 a.m., https://twitter.com/juanof9/status/1291399463874048000.

27. US State Department (StateDept), Twitter, August 1, 2020, 2:13 p.m., https:// twitter.com/StateDept/status/1289625294798835715.

28. Otiato Opali, "Eswatini Withdraws from US 'Clean Network' Program," *China Daily*, updated February 1, 2021, https://www.chinadaily.com.cn/a/202102/01/WS60182362a31024ad0baa68a9.html.

29. "Extending Our Roots Deep into the Soil and Breaking Limits High in the Sky: Remarks by Mr. Ren Zhengfei at Meetings with Scientists and Student Repre- sentatives of Institutions Including Peking University, Tsinghua University and the Chinese Academy of Sciences," *Huawei People* (English), no. 322, Jan- uary 4, 2021.

30. Greg Harper (GS_Harper), "Anti Huawei and Chinese government protes- tors show up outside Meng Wanzhou's Vancouver mansion. Her extradition hearing is scheduled to begin this morning," Twitter, January 20, 2020, 11:04 a.m., https://twitter.com/GS_Harper/status/1219289675149369344.

31. Josh Chin and Liza Lin, *Surveillance State: Inside China's Quest to Launch a New Era of Social Control* (New York: St. Martin's Press, 2022), 165–66.

32. Chin and Lin, *Surveillance State*, 160.

33. John F. Tyson, *Adventures in Innovation: Inside the Rise and Fall of Nortel* (John F. Tyson Publishing, 2014), 140–41.

34. Quoted dialogue from the questioning of John Suffolk comes from Science and Technology Committee, "Oral Evidence: UK Telecommunications Infrastruc- ture, HC 2200," House of Commons, June 10, 2019, Q67, Q72–77, https://com mittees.parliament.uk/oralevidence/9387/html. The committee changed its name to the Science, Innovation and Technology Committee in 2023.

35. Don Maye, interview by the author, 2023; and Drew Harwell and Eva Dou, "Huawei Tested AI Software That Could Recognize Uighur Minorities and Alert Police, Report Says," *Washington Post*, December 8, 2020, https://wapo.st/3VnCKik.

36. Antoine Griezmann (AntoGriezmann), "Suite aux forts soupçons selon lesquels l'entreprise Huawei aurait contribué au développement d'une 'Alerte Ouïghour' grâce à un logiciel de reconnaissance faciale. . . . ," Instagram photo, December 10, 2020, https://www.instagram.com/p/CInqQ5-ptdP/?img_in dex=1.

37. Eva Dou and Drew Harwell, "Huawei Worked on Several Surveillance Systems Promoted to Identify Ethnicity, Documents Show," *Washington Post*, Decem- ber 12, 2020, https://wapo.st/4c2fAUd.

38. Tommy Zwicky, interview by the author, 2023. See also Drew Harwell, "Huawei Official Speaks Out on Why He Resigned after *The Post* Reported the Tech Giant Had Worked on a 'Uighur Alarm,'" *Washington Post*, February 1, 2021, https://wapo.st/3RaEFnQ.

39. Ian Young, "I Knew We'd End Up in Court, Says Border Officer Who Dealt with Meng Wanzhou, as Judge Grants Huawei Executive a Small Win," *South China Morning Post*, October 30, 2020, https://www.scmp.com/news/china/society/article/3107697/i-knew-wed-end-court-says-canada-border-officer-who-quizzed.

40. Amy Smart, "Meng's Lawyer Asks if Border Officer Was Gathering Evidence for the FBI," *CTV News*, November 18, 2020, https://www.ctvnews.ca/mobile/canada/meng-s-lawyer-asks-if-border-officer-was-gathering-evidence-for-the-fbi-1.5195295?cache=?clipId=68597.

41. Smart, "Meng's Lawyer Asks if Border Officer Was Gathering Evidence for the FBI."
42. Keith Fraser, "CBSA Officer Grilled about Authority to Secure Meng's Cell- phones," *Vancouver Sun*, November 20, 2020, https://vancouversun.com/news/cbsa-officer-grilled-about-authority-to-secure-mengs-cellphones.
43. Ian Young, "Canada Border Officer 'Can't Recall' Who Wanted Meng Wan- zhou's Electronic Device Passwords," *South China Morning Post*, November 20, 2020, https://www.scmp.com/news/china/diplomacy/article/3110611/canada-border-officer-says-he-cant-recall-who-wanted-passwords.
44. Jason Proctor, "Meng Wanzhou Lawyer Says Extraditing Huawei Exec Would Run Contrary to Rule of Canadian Law," *CBC News*, updated August 9, 2021, https://www.cbc.ca/news/canada/british-columbia/meng-wanzhou-stay-trump-law-1.6135072.
45. Michael McCullough / *Bloomberg*, "Huawei CFO Fights Extradition as Beijing Raises Pressure," *Al Jazeera English*, August 11, 2021, https://www.aljazeera.com/economy/2021/8/11/ huawei-cfo-fights-extradition-as-beijing-raises-pressure.
46. Jason Proctor, "Decision on Meng Wanzhou Extradition Rests with Judge as Marathon Hearing Concludes," *CBC News*, updated August 18, 2021, https:// www.cbc.ca/news/canada/british-columbia/meng-wanzhou-hearing-ends-decision-1.6145573.

27장. 환영받는 영웅

1. FlightRadar24 (FlightRadar24), "The most tracked flight right now is #CA552 (Vancouver–Shenzhen). According to reports in media, Huawei CFO Meng Wanzhou is on board this flight. . . . ," Twitter, September 25, 2021, 5:32 a.m., https://twitter.com/flightradar24/status/1441697195762225152.
2. CCTV Video News Agency, "LIVE: Huawei CFO Meng Wanzhou Returns to China," streamed live on September 25, 2021, YouTube video,

29:20, https:// www.youtube.com/watch?v=FC8Jnt9Hdqw.

3. "Vice Foreign Minister Le Yucheng's Exclusive Interview with CGTN on Chi- na's Foreign Policy, China-U.S. Relations and Relevant International and Re- gional Hotspot Issues," Embassy of the People's Republic of China in the United States of America (website), October 13, 2021, http:// us.china-embassy.gov.cn/eng/zmgxss/202110/t20211013_9549136.htm.

4. Annabel姚安娜, "My sister's plane has already crossed the North Pole....," [姐姐的飞机已飞过北极上空。。。 。。。], Weibo, September 25, 2021, 12:28 a.m.,https:// weibo.com/7537923740/4685291854238076.

5. Jeffrey Towson, interview by the author, 2023.

6. Justin Trudeau, "Prime Minister Trudeau Announces the Release of Michael Kovrig and Michael Spavor," September 24, 2021, Government of Canada, tran- script and video, 3:59, https://www.pm.gc.ca/en/videos/2021/09/24/primeminister-trudeau-announces-release-michael-kovrig-and-michael-spavor.

7. Tom Blackwell, "Why Media Report I Was Spying in China Is So Hurtfully Wrong: Michael Kovrig," *National Post*, updated December 1, 2023, https://na tionalpost.com/news/world/michael-kovrig-defence-china-spy-claims.

8. John McGill and Kevin Robertson, "Why Former Foreign Minister John Man- ley Thinks Canada Botched Huawei Affair," CBC Radio, updated December 15, 2018, https://www.cbc.ca/radio/asithappens/as-it-happens-friday-edition-1.494 6533/why-former-foreign-minister-john-manley-thinks-canada-botched-huawei-affair-1.4946539.

28장. 블랙 스완

1. Eva Dou, "New Phone Sparks Worry China Has Found a Way around U.S. Tech Limits," *Washington Post*, September 2, 2023, https://wapo.st/3X4LUlh.

2. Paul Triolo, interview by the author, 2024.

3. Commerce Dems, "CHIPS and Science Implementation and Oversight," streamed on October 4, 2023, YouTube video, 2:44:20, https://www.

youtube.com/watch?v=Ph8jWWYzzvk.

4. Zhou Daiqi is mentioned as having retired in Tian Tao [田涛], "Why Is Survival Both the Lowest and Highest Goal for Huawei?" [为什么华为的最低与最高纲领都是活下来?], *Sina*, September 18, 2022. As of this writing, Huawei does not appear to have disclosed who succeeded Zhou as party secretary.

5. Wan Runnan, interview by the author, March 2024. This was also recalled by Wan in Lei Long [雷隆], "Exclusive Interview with Former Stone Group Presi- dent: The Blood Is Not Cold Thirty Years Later, the Changing Landscape Will Bring a New Situation" [专访前四通总裁万润南: 三十年来血仍未冷, 格局变化将带来新局面], *Initium*, June 4, 2019, https:// theinitium.com/zh-Hans/article/20190604-interview-wanrunnan-june-fourth.

6. David Kaye, *Report of the Special Rapporteur on the Promotion and Protection of the Right to Freedom of Opinion and Expression*, UN Doc. A/HRC/32/38, May 11, 2016, accessed via the United Nations Digital Library, https://digitallibrary.un.org/record/842541?ln=en&v=pdf.

7. Javvad Malik, "Privacy, the Feds and Government Surveillance—RSA and Spiceworks Survey Results," *LevelBlue* (blog), AT&T, March 15, 2016, https:// cybersecurity.att.com/ blogs/security- essentials/privacy-the-feds-and-government-surveillance.

8. Michael Joseph, interview by the author.

9. David Ian Chambers, review of *Chinese Spies: From Chairman Mao to Xi Jinping*, by Roger Faligot, *Studies in Intelligence* 64, no. 4 (December 2020): 54, https://www.cia.gov/resources/csi/static/Chinese-Spies-Intelligence.pdf.

10. South China Morning Post, "Huawei 'Can Spy as Much as They Like,' Says Ma- laysia's Mahathir Mohamad," streamed on May 31, 2019, YouTube video, 1:18, https://www.youtube.com/watch?v=NGkdIjNFn70.

11. Charles Clancy, interview by the author, March 2024.

12. Malcolm Turnbull, *A Bigger Picture* (Melbourne: Hardie Grant Books, 2020), chap. 34.

13. Ren Zhengfei, "Survival through Rationality and Practicality" [在理性与平实中存活], *Huawei People* [华为人], no. 8, May 25, 2003, 27.

14. Huawei Technologies Co. Ltd., *We See Beyond Telecom: Huawei Technologies Co. Ltd. 2010 Annual Report* (Shenzhen: Huawei Technologies Co. Ltd., 2011), 58, https://www.annualreports.com/HostedData/AnnualReportArchive/h/hua wei_2010.pdf; and Huawei Investment & Holding Co. Ltd., *Building a Better Connected World: Huawei Investment & Holding Co. Ltd. 2015 Annual Report* (Shenzhen: Huawei Investment & Holding Co. Ltd., 2016), 102, https://www.huawei.com/-/media/corporate/pdf/annual-report/annualreport2015_en.pdf.

15. Huawei Investment & Holding Co. Ltd., *Huawei Investment & Holding Co. Ltd. 2013 Annual Report* (Shenzhen: Huawei Investment & Holding Co. Ltd., 2014), 109, https://www.huawei.com/-/media/corp2020/annual-report/pdf/2013-en-hw_u_323372.pdf.

16. Huawei Investment & Holding Co. Ltd., *Huawei Investment & Holding Co. Ltd. 2023 Annual Report* (Shenzhen: Huawei Investment & Holding Co. Ltd., 2024), 140, https://www-file.huawei.com/minisite/media/annual_report/annual_report_2023_en.pdf.

17. "How CPC Congress Delegates Are Elected?," trans. Alex Xu and Li Jinhui, China Internet Information Center, September 24, 2002, http://english.china.org.cn/english/2002/Sep/43936.htm.

찾아보기

011 기지 60~64, 68
04 교환기 106~107, 109, 129, 191
3세대 파트너십 프로젝트3GPP 332~335
9/11 테러 197~198
AT&T 107, 116, 189, 249, 345, 351, 426
BBC 42, 385
BH-01 89, 92~93, 178
BH-03 93
C&C08 110, 113, 116~117, 123, 129, 141, 155
CCTV(방송사) 145, 299~300, 330
CDMA 185~186
CFO 39, 270, 290, 347, 367, 414
CIA 163, 195, 221, 427
CNBC 370, 372
CNN 42, 381, 384

G20 38, 358, 361, 382
GCHQ 255~256, 299
GSM 157, 185~186
H3C 170 - 72, 376
HSBC 291~293, 369, 389, 411
IBM 94, 103, 109, 170~172, 196, 233, 266, 304, 403~404, 423
IPOs 117, 176
LDPC 334
No.5 교환기 108, 117
SMIC 399, 402, 419~420
TSMC 398~399

가너, 게리 171, 255,
감사위원회 306, 414~415, 431
검열 85, 95, 244, 264, 342, 391

경제 개혁 93, 95, 121, 137, 168
〈관리최적화보〉 220, 230, 236~237, 239
관시 130
광저우 116, 129, 143, 209, 276
구글 221, 267, 304, 306, 332, 374, 380, 402, 425
구이저우 49, 51, 54, 60~62, 75, 82, 134, 303, 316, 423
국가안보국NSA 153, 215, 223, 253, 255
국가안전부MSS 134~135, 180~181, 346~347, 385, 423~424, 426
국공내전 48, 50, 68, 127
궈핑 92, 100, 146~147, 171, 202~203, 214~215, 221, 232, 252, 267, 268, 303, 305, 315, 336, 372, 414
〈글로브 앤드 메일〉 341, 417
기술 이전 106, 117, 223
길리, 브루스 190~191

나이지리아 160, 212, 421
나토NATO 163~164
나폴레옹 보나파르트 381
남아프리카공화국 160, 184, 211
남해석유공사 85~88, 90, 92~93, 173
남해석유선전개발서비스주식회사 85, 90
냉전 155, 198, 427
노아의 방주 연구소 304, 330~331
노키아 153, 185, 193, 204, 221, 267, 293, 312, 332, 398, 400
노텔 105, 111, 131, 153, 214~215, 224, 250, 252, 268, 312, 333, 404, 415
뇌물 131, 292, 314, 413
〈뉴욕 타임스〉 42, 205, 297, 326, 348, 370, 384

뉴질랜드 285, 378
늑대 문화 40, 128, 232
닐슨, 커스텐 367
닛켄세케이 324

다탕 118, 129
달라이 라마 245~246
닷컴 버블 184
대만 143, 154, 245~246, 258, 398, 428
대약진운동 53, 56, 66
대한민국의 시위 315
덩샤오핑 62, 70, 76, 78, 81, 94~95, 104, 127, 137, 139
도청 124, 207, 221, 250~252, 297, 299, 301~302, 340, 378, 424~426
독일 115, 153, 169, 193, 212, 268, 297, 303, 312, 324, 331, 348, 358, 378, 404, 422
돌을 만져가며 강을 건넌다 290
동글 214, 268
두원민족사범대학 53~54
두원제1중학교 74, 82, 119, 316
둥관 323~324
딜런, 산짓 359, 408
딩샤오화(찰스 딩) 273~283

라스베이거스 109~110, 323
랜보스테크놀로지 108, 138, 160
랴오닝 무선 제3공장 89
랴오닝성 89, 90, 234, 314
랴오양 69, 70~71, 80
랴오양 석유화학섬유공장 80
러시아 43, 104, 131~132, 154~156, 318, 325, 378, 412, 424

찾아보기 575

런모쉰 47~55, 58~59, 73~74, 82, 119~120
런완저우 146
런정페이 입당 80
런핑 69, 82, 145, 156~157, 269, 306, 431
레노버 169, 194, 334
레드캡(빨간 모자) 103, 168
〈로스앤젤레스 타임스〉 88
〈로이터〉 94, 289, 291~292, 294, 363
로저스, 마이크 271, 274~275, 277~279, 283, 285
로크, 게리 249~250, 258~259
롬니, 밋 224, 284
루슨트테크놀로지스 153, 189, 208, 222, 312
루이스, 제임스 64, 181
루케 211
루퍼스버거, 찰스 "더치" 274~275, 279~281
류촨즈 169, 194
르 발 데뷔탕트 350~351
〈르몽드〉 345~346
리란칭 123, 138
리비아 159, 261~263
리위줘 118, 169
리유웨이 121, 167
리이난 100, 110, 147, 187, 242, 314
리즈빈 130, 132, 184
리징셴 132, 156
리징취안 66~67
리펑 122, 124
린 생산방식 169

마르코니 153, 214, 268, 312, 415
마오쩌둥 48~51, 53, 56~57, 59~61, 65~66, 68~73, 76, 91, 127, 138, 147, 154, 172, 212
마이크로소프트 221, 299, 303~304, 331, 374, 402
만리방화벽 243, 404
말레이시아 379, 427
매니지드 서비스 220, 222~223, 262, 264, 301
멍둥보 65~67, 73, 76~77
멍쥔 65, 67~68, 78, 82, 86, 120, 134, 145
메이중싱 88, 90, 178
멕시코 179, 189, 234, 288, 355, 358
모리셔스 232~233, 235
모바일 네트워크 185, 201, 206, 214, 217~218, 285, 300
모바일 월드 콩그레스 157, 303
모베코텔레콤 107, 117~119, 143, 183, 188
모블리 222
모토로라 109, 153, 157, 173, 185, 196, 204, 251~252, 267~268
모하맛, 마하티르 379, 427
무역 전쟁 42, 345, 349, 389
문화혁명 56~57, 59, 62~63, 66~67, 73~74, 80, 91, 113, 134, 170, 194, 371
민주적 경영 104
민주화 95, 137, 341, 423
민지엔 87, 102

바, 윌리엄 398
바그다드 151, 164, 194~195
바레인 261, 263
바버, 라이오넬 263, 353
바이든, 조 411, 420~421
바튼, 도미닉 403, 412

박근혜 315
배넌, 스티브 372
백도어 40, 256, 275, 346, 426
밴쿠버 국제공항 38, 355, 357
뱀포드, 제임스 302
버크먼클라인센터 401
범죄수사 통신지원법CALEA 207
법무부, 미국 131, 362, 367, 369, 389, 397, 411
법무부, 캐나다 356, 361, 410
베르사유 43, 324, 381
베스트바이 258
베오그라드 폭격(1999) 163
베이징넷컴 243, 247
베이징대학교 56, 168, 403
베이징정보기술연구소 135
베인캐피털 224~226, 284
베토-화웨이 155
벨 캐나다 399
벨 텔레폰 컴퍼니 106, 153
보다폰 158, 213~214, 242, 300~301
보석 심리 363~364
보첼리, 안드레아 329
볼턴, 존 348, 350, 362~363, 378
부시, 조지 W. 193~194, 197, 198, 200, 219, 224
부패 67, 94, 130, 177, 192, 228, 236, 313~314
북한 40, 52, 69, 76, 216~218, 220, 320, 345, 362, 392, 397, 416
뷰포인트 142~143, 145
브로드컴 334
브로스, 맷 213, 253
브리티시텔레콤BT 213~214, 253~254, 303, 335
블랙 스완 43, 325, 427~428
블레어, 토니 144
비즈니스이피션시솔루션 317
빅데이터 266, 300, 315~316

사내 공산당 위원회 86, 227, 236, 278
사설교환기PBX 89
사우디 텔레콤STC 159, 263
사우디아라비아 160, 222, 262, 264, 275
사이버 공격 243, 279
사이버 보안 116, 254~256, 265, 283, 285, 301, 314, 404, 421, 426~427
사파리콤 215~217, 426
삼성 13, 18, 259, 285, 303, 326, 329, 334, 397, 402
상무부, 미국 64, 181, 196, 249, 289, 319~320, 345, 350, 367, 373, 375, 398, 420~421
상하이벨 106
생자크, 가이 106, 305, 418
샤오미 328~329, 334
서포크, 존 265, 301, 404
석유식량교환 프로그램 152
선데이커뮤니케이션 201, 207
선전 경제특구 83, 92, 114, 161
선전 과학기술국 87, 100, 129, 184
선전대학교 94, 96, 146
선전싼장전자 89~90
세계무역기구WTO 114, 158, 185, 188, 198, 341
세이프 시티 264~266, 303, 316~318, 343
셔코우 84~85
센딩싱 88, 178

소련 41, 53, 68, 71, 114, 154~155, 221,
　　374, 404
소유 구조 122, 168, 177, 187, 382
송류펑 374
수익 40, 70, 76, 107, 129, 176, 218, 292,
　　306, 315
순한 CEO(순환회장) 176, 267~269, 305,
　　315, 343, 348, 353, 376, 414~416
쉬, 에릭(쉬즈쥔) 133, 160, 176, 225, 232,
　　267~268, 305, 348, 376, 414
쉬, 윌리엄 160, 232, 288, 327
〈슈피겔〉 297, 381
스노든, 에드워드 297~299, 302~303, 306,
　　378, 424, 426
스리콤 204~205, 224~226, 284
스마터 시티 266
스마트컴 248, 269~270, 306
스마트폰 39, 41, 185, 257~258, 285, 303,
　　314~315, 325~330, 334, 342, 345,
　　374, 397, 402, 413, 419
스웨덴 105, 131, 153, 185, 189, 193, 211,
　　267, 312, 401
〈스카이뉴스〉 341, 381
스카이컴테크 235, 289~293, 368~370,
　　411
스카이프 244, 264
〈스타 트렉〉(영화) 343
스탠퍼드 대학교 266, 302 202, 331, 372
스테클로, 스티브 231 - 32289~290
스티븐 런(런슈루) 23, 133,139, 147, 232,
　　237, 270, 306, 324
스페이버, 마이클 362, 392, 396, 410, 412,
　　416~417
스페이버, 폴 417

스페인 213, 300, 303
스푸트니크 1호 41
스프린트넥스텔 26, 249, 251, 253
승계 156, 170, 187, 269, 289, 305~306,
　　414, 429
시덴대학 238
시스코 26, 153, 198~199, 202~206, 208,
　　221, 243, 268, 282, 299, 302, 404, 415
시진핑 26, 28, 121, 242, 248, 311~313,
　　315, 324, 350, 361, 379, 413, 415
시프, 애덤 281, 344
신샹랴오위안무선공장(일명 760공장) 135
신장 갈등 317~319, 339~341, 403
〈신화통신〉 79, 122, 246
실랜더, 마이클 333, 344
실리콘밸리 101, 123, 160, 170
심층 패킷 검사 243
쑨야팡 24, 117, 134, 138, 147, 167,
　　178~179, 181, 229, 232, 257, 282,
　　305, 346, 385, 431
쓰촨성 56, 65~67, 76~77, 95, 142, 234,
　　313
쓰퉁그룹 25, 77, 94~96, 169~170, 181, 423

아난, 코피 179
아랍에미리트UAE 207, 219, 221, 262, 264,
　　268, 275, 378
아랍의 봄 261~262, 264, 313
아르헨티나 38, 212, 358, 360, 382
아리칸, 에르달 334
아마디네자드, 마무드 219
아메리링크 252~253
아메텍 71, 79
아스널 FC 327

아시아셀 200, 206~207, 223
아이패드 39, 358, 360
아이폰 39, 258, 299, 328, 330
아이플라이텍 342
아일랜드 301
아편전쟁 144, 152
아프가니스탄 197~198, 218, 262, 318~319
안드로이드 258, 374, 402
안면 인식 244, 316, 324, 340, 405
안순 62
알루엣여성교도소 360, 371
알제리 292
알카텔-루슨트 합작 벤처 222, 259, 267,
알카텔 153, 157, 312
애나벨 야오(야오안나) 24, 157~158,
　　350~352, 395, 413, 422
애플 42, 258, 285, 303~304, 306, 326,
　　328~329, 402
야블론, 애슐리 271, 291, 320
야오링 24, 119~120, 156~157
얀, 제임스(앤진리) 25, 139
양졔치 195
어벤시스파워 188
어키, 윌리엄 363, 371
에릭슨 131, 153, 185, 189, 193, 211, 222,
　　259, 267, 293, 301, 312, 332, 398,
　　400
에머슨일렉트릭 188
에베레스트산 241, 246
에스와티니 401~402
에이드, 매튜 M. 195
에티살랏 207, 262, 275
연방수사국FBI 207, 223, 251, 271, 274,
　　294, 344~345, 356~357, 367~369,

408, 413
연방통신위원회FCC 64, 207, 251
옐친, 보리스 154~155
엡, 윈스턴 356
오랑주 SA 213~214
오바마, 버락 193, 284
오웬스, 윌리엄 A. "빌" 26
오픈랜 421
옥스퍼드 대학교 372
옥스혼 캠퍼스 324
올림픽 241~248
완룬난 25, 77, 94~95, 181, 423, 437
외국인투자위원회CFIUS(시피어스) 225
우루무치 317~318, 341
우방궈 27, 184~185
우장싱 24, 106, 129, 191
우정통신부 93, 110, 116, 122, 142
우즈베키스탄 160
우한 86, 91~92, 146, 330, 394
〈워싱턴 포스트〉 37, 42, 195~196, 218, 406
워털루 전투 43, 381
〈월스트리트 저널〉 37, 221, 264~265, 370,
　　380~381
웨이보 258, 269, 413
위구르 317~318, 339, 403, 405~406
유, 리처드(유청둥) 327~328
유고슬라비아 76, 163
유나이티드와이어리스 276
유럽연합 집행위원회 331
유럽연합EU 293, 370
유엔UN 68, 152~153, 179, 195~196, 199,
　　217, 293, 385, 403, 425
유한책임회사LLC 104, 168, 177
음성 인터넷 프로토콜VoIP 244

이라크 151, 152~153, 194~195, 196~197, 199~201, 206~207, 217, 223, 261~263, 319
이란 사업 289, 294, 368~369, 389, 397, 413
이란 전자산업 220
이스라엘 138, 379, 401
이우 110
이중 범죄 393~395
이집트 223, 301, 305
인공지능AI 41, 170, 244, 304, 313, 343, 429
인권 및 비즈니스 연구소IHRB 301
인도India 144, 157, 210~211, 268, 301, 311, 318, 351, 379
인도네시아 212, 421
〈인민일보〉70, 76
인민해방군 25, 69, 71, 79, 81, 143, 190
인텔 332, 374~375
일대일로 312~313
일본 48, 50, 75, 105, 115, 120, 147, 153, 169, 185~186, 258, 269, 324, 334, 378, 401

자본주의 28, 71, 74~76, 84, 117, 130, 137, 167, 290
자살 59, 188, 230~231, 399
자오밍 329
자오쯔양 27, 76, 95, 114
장시셍 24, 90, 92~93, 431
장쑤성 81, 344
장쩌민 26~27, 113, 115, 144, 154, 198, 212, 421
장칭 65, 73

잭 류(류지엔) 361
저우다이치 238, 279, 422, 431
저우융캉 313
전국과학대회(1978) 79
전국인민대표대회 81, 416, 431
전자과학기술대학교 181
전화교환기 40, 87~88, 91, 99, 106, 121, 129, 145~146, 156~157, 161, 197, 327
정리해고 211, 232
정바오융 100, 109, 147, 161, 187, 305
정보공학 아카데미 191
제2차 세계대전 47, 52, 374, 403
제889조 372
조지프, 마이클 215~216, 426
조핸슨, 스칼릿 325~326,
종업원지주제도ESOP 162, 383
주노-카츠야, 미셸 224, 418
주진원 277
주하이 텔레콤 88~89, 93
중국 공산당 48~51, 54, 56, 58, 66, 79, 81, 86, 95, 113, 120, 127, 172, 174, 215, 227, 236, 278, 281, 401, 431
중국 반도체산업협회 245
중국의 WTO 가입 157, 185, 188, 341
중국인민은행 123
중국자오상은행 116, 342
쥘롱통신(그레이트드래곤) 118-119, 129
즈위키, 토미 406
지난 80 - 82
지멘스 111, 153, 158, 193, 204, 268, 293, 312, 331
지적 재산권IP 93, 161, 204-208, 251
지타, 켄 105, 214, 379
지탄쓰오요치이에 102~103

진보 서점 47

⟨차이나 데일리⟩ 160
차이나유니콤 314
찰스 왕세자 144, 282
창, 모리스 398
챈들러, 마크 202, 208
첫 번째 대량 사퇴식 125-127, 134, 231
청두 69, 75, 117, 134, 234, 353
청위안자오 49~50, 73, 119
체임버스, 존 202-205, 302, 426
체코공화국 300
첸리팡 25, 132
첸주팡 24, 86, 164, 230, 235, 237, 279
첸진양 88, 178
초기 R&D 99-111
초인플레이션 155
충격 요법 155
충칭건축공정학원 56
칭화대학교 56, 316

카니쿨라홀딩스 235
카를로스 류(류샤오종) 234, 288
카스파로프, 게리 170
카이저, 앤디 285
카트라가다, 소우미스 357-359, 408
캐나다 법무부 356, 361
캐나다 왕립기마경찰RCMP 356, 359, 408
캐머런, 데이비드 282
캘리포니아 대학교 버클리 캠퍼스 331, 372
커클랜드, 스콧 357-359, 407-409
컴프레션랩 142
케냐 160, 215, 221, 316, 426
케네디 국제공항(JFK 공항) 307

케이블, 빈스 257, 305, 399
켄 후(후허우쿤) 133, 189, 232, 237, 255, 258, 267~270, 305, 343, 353, 414
코로나19 394, 396, 412-413, 415
코브릭, 마이클 362, 392-396, 410, 412-418
쿠웨이트 152
쿠웨이트 침공 152
쿤밍 87, 119-120, 156, 193
퀄컴 196, 330, 332-335, 374-375, 402
크라크, 키스 348, 376, 401
크라크, 던컨 157-158, 161
클라크, 도널드 C. 312
클래플린, 브루스 205,
클랜시, 찰스 223, 427-428
클리어톡 208, 251
클린턴, 빌 188-189, 246

⟨타임⟩ 212
탈레반 197, 218
태국 212, 390
터키 261-262, 301, 334-335
턴불, 맬컴 349, 428
텅훙페이 314
테레사 허(허팅보) 375
텍사스 인스트루먼트 140
텔러스 334, 400
톈안먼 94-96, 114, 118, 123, 137-139, 164, 242
톈진 129
톈타오 90-93, 173, 175, 187
톰슨, 테리 302
통웬 332~333, 335
트뤼도, 쥐스탱 361, 389, 409, 416

트위터 258, 269, 317, 350, 401
특허 41, 203, 205, 242, 332-335, 382
티베트 51, 245-246

파, 데이비드 N. 188
〈파리마치〉 351
파워해머 187
파월, 콜린 195
파월, 크리스 255-256
〈파이낸셜 타임스〉 191, 225, 253, 263, 288, 348~349, 353, 370
파이브아이즈 285, 400
〈파이스턴 이코노믹 리뷰〉 190
파키스탄 197, 265, 317-318, 343-344
페리, 릭 253
페이민 232
페이스북 208, 221, 303, 315, 332, 402
펙, 리처드 394, 410
펜스, 마이크 349, 373, 384, 398
펫츠닷컴 184
〈포브스〉 191~192, 305
〈폭스 앤 프렌즈〉 377, 397
폴라 코딩 333-335
폴란드 47, 373
폼페이오, 마이크 372, 377, 384, 401
표준필수특허SEP 335
푸르탈레, 가브리엘르 드 351
푸조 192
푸틴, 블라디미르 190, 198
퓨처웨이테크놀로지 138, 146, 374
프로그램 제어 교환기 115-117, 121, 421
플러머, 윌리엄 96, 298, 306-307, 347
필리핀 212, 378, 421

하버드 대학교 384, 395
하워드 량(량화) 347
하원 정보상임위원회HPSCI 271, 274, 276, 283~285, 344
하이델베르크성 43, 324
하이실리콘 244-245, 329-330, 342, 375, 398
해외 파견 189, 200, 234
해저 케이블 220-222, 258, 263, 299, 402
허우웨이구이 161, 186, 294, 349
허치슨텔레콤 141
헤스, 대니얼 "댄" 249-250, 254, 259
호주전략정책연구소ASPI 331, 346
홍위병 57, 65, 67, 74
홍콩 이양 140~141, 144
화상회의 142
화웨이 C&C08 SPC 교환기 110-117, 123, 129, 141, 155
화웨이 P9 325
화웨이 기본법 10장 참고
화웨이 메이트 60 419
화웨이 미국 법인 291, 347
화웨이 사내 당 위원회 86, 173, 227-228, 235-237, 278-279
화웨이 서브머린 네트워크 221
화웨이 아너 328, 402
화웨이 인턴십 92
화웨이 자문 168
화웨이사이버보안평가센터HCSEC 254
화웨이의 기업 문화 173~174, 438
〈화웨이엔〉 130, 135, 139, 143, 145, 172~174
화중이공대 86, 91, 173
황웨이웨이 169, 178

회사법 102, 168, 177~178
후세인, 사담 153, 199~200, 206
후야오방 94, 137
후지쯔 105, 153, 185, 251
후진타오 164, 192~193, 201, 212, 228

훙녠 89, 140
휴렛팩커드 196, 289
흑인의 생명도 소중하다 266
히틀러, 아돌프 47, 304